Weniger schlecht programmieren

Weniger schlecht programmieren

Kathrin Passig & Johannes Jander

O'REILLY®

Beijing · Cambridge · Farnham · Köln · Sebastopol · Tokyo

Kommentare und Fragen können Sie gerne an uns richten:
O'Reilly Verlag
Balthasarstr. 81
50670 Köln
E-Mail: kommentar@oreilly.de

Copyright:
© 2013 by O'Reilly Verlag GmbH & Co. KG
1. Auflage 2013
1., korrigierter Nachdruck 2014

Bibliografische Information der Deutschen Bibliothek
Die Deutsche Bibliothek verzeichnet diese Publikation in der Deutschen Nationalbibliografie; detaillierte bibliografische Daten sind im Internet über *http://dnb.d-nb.de* abrufbar.

Lektorat: Inken Kiupel & Christine Haite, Köln
Fachliche Unterstützung: Dirk Gómez, München,
Jörg Staudemeyer, Berlin & Christian Trabold, Hamburg
Korrektorat: Eike Nitz, Köln
Satz: III-satz, Husby, www.drei-satz.de
Produktion: Karin Driesen, Köln
Belichtung, Druck und buchbinderische Verarbeitung:
Druckerei Kösel, Krugzell; www.koeselbuch.de

ISBN 978-3-89721-567-2

Dieses Buch ist auf 100% chlorfrei gebleichtem Papier gedruckt.

Inhalt

Vorwort

»Von ungezählten Dingen weiß man, dass man sie nicht weiß. Die Anzahl der Dinge, von denen man weiß, dass man sie nicht weiß, soll mal als verwickeltes Beispiel dienen. Das ist nicht weiter schlimm, denn wenn man weiß, dass man etwas nicht weiß, fragt man einfach Google, fertig. Schwieriger wird's, wenn man nicht weiß, was man nicht weiß. Diese Sorte Nichtwissen ist leider eine offene Tür für heftige Überraschungen.«

Kai Schreiber, »Riesenmaschine – Das brandneue Universum«

»Wir sollten alle danach streben, bessere Programmierer zu werden; wenn Ihnen dieser Ehrgeiz fehlt, ist dieses Buch nichts für Sie«, heißt es in der Einleitung zu Pete Goodliffes »Code Craft«. Unser Buch hingegen gibt es, weil es vielleicht genau dieser Ehrgeiz ist, der Ihnen fehlt. Beziehungsweise fehlt er Ihnen vermutlich nicht einmal. Sie haben andere Prioritäten, und ein besserer Programmierer zu werden, kommt auf der Liste Ihrer Ziele im Leben frühestens auf Platz 8. Wenn Sie sich trotzdem gern etwas weniger häufig ins Knie schießen würden als bisher, dann sind Sie hier richtig.

Sie möchten Ihre Programmierkenntnisse pragmatisch ausbauen, haben aber nicht das Bedürfnis, gleich als Referenz für guten Programmierstil zu gelten. Sie haben nicht vor, Softwarearchitekt oder Gruppenleiter für Software in einer Firma zu werden, sondern wollen ein paar alltägliche Probleme lösen, ohne jemanden dafür bezahlen zu müssen.

Eventuell sind Sie weit davon entfernt, sich »Programmierer« zu nennen. Weil Programmierung keine Geheimwissenschaft für Spezialisten mehr ist, haben Sie ein bisschen damit herumgespielt, ob nun zu Ihrem Privatvergnügen oder um sich eine ganz andere Arbeit zu erleichtern. Sie haben das eine oder andere Programm geschrieben und beherrschen mindestens eine Programmiersprache so lala. Für Probleme finden Sie Lösungen, haben aber das Gefühl, dass das bestimmt alles irgendwie besser ginge. Nachträglichen Anpassungen gehen Sie so lange wie möglich aus dem Weg, weil es Ihnen schwer fällt, Ihren eigenen Code aus dem Vorjahr zu verstehen. Sie fragen sich, ob das wohl allen so geht.

Oder aber Sie halten sich trotz geringer Erfahrung für einen ziemlich begabten Programmierer, der nur gelegentlich auf kleine Schwierigkeiten stößt. Das ist das Stadium der

»unbewussten Inkompetenz«, und laut den Interviews, die wir für dieses Buch geführt haben, kann dieser Zustand zehn bis fünfzehn Jahre lang anhalten:

> »Ich habe von den 19 Jahren, die ich programmiere, sicher 13 Jahre sehr schlecht programmiert. Es mussten erst mal Probleme einer bestimmten Größe entstehen, die mich dann zum Umdenken gezwungen haben. Wenn man anfängt, Sachen für andere zu machen, und dann immer noch schlecht ist oder die Abkürzungen nimmt, die man sich halt so angewöhnt hat, dann kann es sein, dass die Sachen sehr schnell zusammenbrechen. Weil die Leute die Software ganz anders benutzen, weil sie die ganzen Fehler nicht kennen und sie auch nicht automatisch umgehen. Da bin ich durch sehr sauren Regen gegangen und hatte viele schreiende Kunden am Telefon. Ich wusste nicht, dass ich ein schlechter Programmierer bin. Ich dachte, was ich kann, reicht völlig aus. Aber der persönliche Stress mit den Leuten ist mir auf die Nerven gegangen. Ein Projekt ist krass gescheitert, das war für mich eine persönliche Niederlage, da dachte ich: So geht's nicht weiter, wie kann man das besser machen? Danach ging's dann schnell bergauf.«

Lukas Hartmann, Softwareentwickler

In der Entwicklungspsychologie gibt es seit den 1970ern ein Modell für die Entwicklung von Verständnis und Fähigkeiten in komplexen Wissensgebieten, die »Vier Stufen der Kompetenzentwicklung«[1]. Auch wenn diese Abstufung wissenschaftlich nur mäßig fundiert ist, illustriert sie ganz gut die Entwicklung eines Programmierers vom Anfänger zum Spezialisten.

Die erste Stufe ist die unbewusste Inkompetenz, bei der man weder die Konzepte des Wissensgebietes kennt noch weiß, dass man Defizite hat. Auf die unbewusste Inkompetenz folgt die bewusste Inkompetenz: Man hat zwar immer noch große Schwierigkeiten, die anfallenden Probleme zu lösen, ist sich aber dessen bewusst. Möglicherweise haben Sie diesen Schritt schon hinter sich; schließlich hätten Sie sonst keinen Grund, dieses Buch zu lesen. Vielleicht haben Sie Ihren Code anderen Menschen gezeigt und wurden ausgelacht, vielleicht haben Sie einmal zu oft versehentlich die projektentscheidende Datenbank gelöscht, oder vielleicht sind Sie einfach von Natur aus ein bescheidener Mensch. Auf die beiden Inkompetenzstufen wiederum folgt die »bewusste Kompetenz«: Man kann alles Nötige, muss sich aber noch stark auf die richtige Ausführung konzentrieren. Ganz zum Schluss erreicht man die Stufe der »unbewussten Kompetenz«. Jetzt läuft alles wie von allein. Nach der Lektüre dieses Buches sollten Sie sich in der bewussten Inkompetenz ganz zu Hause fühlen und hin und wieder einen Anflug bewusster Kompetenz verspüren.

Insgeheim halten Sie sich womöglich für ein bisschen langsamer, dümmer oder technisch untalentierter als andere Menschen. In Wirklichkeit aber ist die Welt voll mit hauptberuflichen Programmierern, die Schwierigkeiten haben, eine einfache Bierdeckelrechnung im Kopf durchzuführen. Ein schlechter Programmierer ist nicht schlecht, weil er noch nicht lange programmiert, weil sein IQ nicht hoch genug ist, weil er ein schlechtes Gedächtnis hat, weil er Autodidakt ist oder weil er erst spät im Leben mit dem Program-

---

1   Siehe *en.wikipedia.org/wiki/Four_stages_of_competence*.

mieren angefangen hat. All diese Faktoren spielen entweder keine große Rolle oder können einem, richtig eingesetzt, sogar zum Vorteil gereichen (dazu später mehr). Ein schlechter Programmierer ist man vor allem, weil man schlecht programmiert.

Warum dauert es so lange, bis der Mensch klüger wird?

Wahrscheinlich wissen Sie über viele Probleme Ihres Codes ganz gut Bescheid. Vielleicht haben Sie sogar eine Vorstellung davon, was Sie in Zukunft tun oder unterlassen müssten, um ein besserer Programmierer zu werden. »Es ist keine Schande, ein schlechter oder mittelmäßiger Programmierer zu sein«, schreibt Steve McConnell in »Code Complete«, »die Frage ist nur, wie lange man schlecht oder mittelmäßig bleibt, nachdem man erkannt hat, wie es besser ginge«[2]. Aber warum ist es oft so schwer, den Schritt von der Einsicht zur Problembehebung zu tun?

Die meisten Ursachen für die Beharrlichkeit, mit der wir auf falsche Lösungswege setzen, liegen nicht in der Natur des schlechten Programmierers, sondern in der des Menschen. An erster Stelle steht dabei der Konservatismus. Gegen den Wunsch, einfach immer so weiterzumachen wie bisher, ist erst einmal nichts einzuwenden. Das Gehirn muss mit seinen Kräften haushalten und tut deshalb gut daran, eine akzeptable Lösung nicht gleich wieder über Bord zu werfen, nur weil am Horizont irgendetwas anderes auftaucht. Und allen relevanten Entwicklungen neuer Technologien, Sprachen, Methoden und Frameworks zu folgen, ist eine so aufwendige Beschäftigung, dass kaum Zeit für vielleicht noch unterhaltsamere Aspekte des Lebens bleibt.

Während Kinder und Jugendliche große Teile des Tages damit verbringen, Neues herauszufinden, kann es vorkommen, dass man als erwachsener Mensch über lange Zeiträume fast gar nichts dazulernt. »Ach, das ging doch bisher auch so«, sagt sich der schlechte Programmierer, weil er keine Lust hat, sich eine bessere Welt vorzustellen, in der es weniger als einen Tag dauert, alle Kleinbuchstaben eines Textes in Großbuchstaben zu verwandeln – inklusive der Umlaute. Denn wir haben es nicht nur mit dem Hang zu tun, bei einer bewährten Lösung zu bleiben, sondern auch mit dem nachvollziehbaren Wunsch, möglichst wenig nachzudenken. Wer ohne großes Nachdenken vor sich hinbastelt, kommt zwar nur langsam ans Ziel, erzeugt aber mit jedem Schritt sichtbare Ergebnisse. Denkt man über ein Problem erst einmal nach, wird man es zwar am Ende in einem Bruchteil der Zeit lösen, muss aber damit leben, in den ersten Stunden, Tagen oder Wochen überhaupt nichts Vorzeigbares zu produzieren. Diese Unlust, ins Dazulernen zu investieren, fällt unter Trägheit – obwohl das resultierende Verhalten paradoxerweise nach Fleiß und Arbeit aussieht. Der nachdenkliche Programmierer ähnelt währenddessen über lange Zeiträume verdächtig einem Menschen, der auf dem Balkon sitzt und mit glasigem Blick in die Wolken starrt oder tagelang das Internet durchliest.

---

2   »Code Complete«, S. 825.

Ein Teil der Unwilligkeit, dazuzulernen, entspringt auch aus Angst: Angst vor dem Neuen, Angst vor dem Unbekannten, Angst vor dem Komplizierteren, Angst vor der Dequalifizierung. Wer das bisherige Framework, die bisherige Programmiersprache weiterverwendet, sieht vor sich selbst und anderen wenigstens halbwegs kompetent aus. Auf einem neuen Gebiet wäre man plötzlich wieder Anfänger. Im Vergleich zur Angst, in einer unbeleuchteten Höhle von Zombies aufgefressen zu werden, handelt es sich dabei zwar um eine sehr überschaubare Besorgnis, aber oft reicht auch sie schon aus, um uns von der Beschäftigung mit dem Unbekannten abzuhalten.

Spezialprobleme schlechter Programmierer

Schlechte Programmierer haben wie alle Menschen mit diesen Hindernissen beim Klügerwerden zu kämpfen. Aber für sie kommen noch ein paar eigene Probleme hinzu. Zunächst einmal überfordern sie sich häufig. Wenn man erst als Erwachsener mit dem Programmieren anfängt – und nicht wie viele hauptberufliche Programmierer im Alter von sieben Jahren –, wird man sich nicht damit zufriedengeben, ein Klötzchen auf dem Bildschirm hin- und herspringen zu lassen. Man hat wahrscheinlich ein konkretes Erwachsenenproblem vor Augen, das man lösen will, zum Beispiel Börsenkurse nach Auffälligkeiten zu durchforsten. Und man wird mit seinen beschränkten Fähigkeiten dabei das interessanteste Unheil anrichten.

Nebenbei-Programmierer neigen außerdem dazu, ihren Code vorsichtshalber niemandem zu zeigen. Dadurch entfällt nicht nur das motivierende Element Scham bzw. Angeberei, sondern auch eine der einfachsten Möglichkeiten, dazuzulernen, nämlich das Lernen von besseren Programmierern. Häufig ist eine kurze Erklärung eines erfahrenen Programmierers mehr wert als wochenlanges Nachlesen – nach Konzepten, die man nicht kennt, kann man nicht suchen. Aber jemand, der sie schon kennt, weiß möglicherweise, an welchen Stellen sie dem Anfänger das Leben erleichtern könnten, und kann sie ihm dann mitsamt ihren Vorteilen für die konkrete Fragestellung erklären.

Ein weiterer Punkt ist die Furcht vor dem eigenen Code: Einerseits erkennt man die Notwendigkeit, den Code neu zu strukturieren, um ihn verständlicher zu machen. Aber es dominiert die Angst, aus undurchschaubarem Code, der die richtige Lösung liefert, durchschaubaren Code zu machen, der aber womöglich ein falsches Ergebnis produziert. Dass diese Angst durchaus berechtigt sein kann, spiegelt sich in der Maxime »Never change a running system« wider. Wenn das System aber gar nicht so funktioniert, wie man es gerne hätte, wird aus der pragmatischen Ruhe eine problematische Scheu vor dem Code.

Schließlich ist auch die Vorstellung »Ach, das geht mich alles nichts an, ich programmiere ja nur so zum Spaß« der Weiterentwicklung nicht dienlich. Dahinter steckt die Vorstellung, das Dazulernen oder das bessere Programmieren mache weniger Spaß als das von Wissen unbelastete Herumbasteln. Dabei stimmt das gar nicht. Unerfreulich ist lediglich der Moment der Einsicht, dass man etwas falsch macht. Im schlimmsten Fall folgt darauf noch etwas geistige Gymnastik bei der Einarbeitung in eine neue Technik. Die dabei investierte Zeit spart man an anderer Stelle mehrfach wieder ein – und zwar dann, wenn man nicht mehr ganze Nächte damit zubringt, den unverständlich gewordenen eigenen Code zu entwirren. Was nämlich, wenn man ehrlich ist, so viel Spaß auch wieder nicht macht.

Die sieben gebräuchlichsten Argumente schlechter Programmierer

Den Code sieht ja eh niemand außer mir.

- Schon morgen kann man jemandem begegnen, der sich nichts dringender wünscht, als an diesem herrlichen Projekt mitzuarbeiten. Bonuspunkte, wenn es sich dabei um jemanden handelt, der kein Deutsch kann, der Code aber voller deutscher Variablennamen und Kommentare ist.

- Aus »Den Code sieht niemand außer mir« wird schnell »Den Code darf niemand außer mir sehen«. Das führt dazu, dass man sich unnötig an Projekte klammert, mit denen man eigentlich überfordert ist oder die einen längst langweilen. Nach Jahren der guten Codeüberarbeitungsvorsätze verlässt man dann den Arbeitsplatz oder das Projekt schließlich doch einfach so. Die unbetreute und unbetreubare Software stirbt einen sinnlosen Tod.

- Dass man selbst den eigenen Code sehen muss – und zwar Jahre später, als klüger gewordener Mensch –, ist schlimm genug.

Die Software benutzt ja eh niemand außer mir.

- Schon kurze Zeit später wird man diesen Gedanken vergessen haben; man wird aber auch vergessen, die nötigen Sicherheitsfunktionen nachzurüsten.

- Auch Sie selbst werden demnächst ein anderer Mensch sein, der sich gar nicht mehr daran erinnert, was bei der Nutzung dieser Software alles zu beachten war.

Später mach ich das alles noch mal ordentlich.

- Eine Grundregel des Universums: Provisorien halten am längsten. So ist praktisch garantiert, dass man ausgerechnet den Code, den man am gedankenlosesten hingeschludert hat, bis ins hohe Alter wiederverwenden wird.

- In 90 Prozent aller Fälle kommt dieses »Später« nie, weil erstens neue Projekte auftauchen, die die ganze Zeit und Aufmerksamkeit in Anspruch nehmen, zweitens niemand Lust hat, gammeligen Code anzufassen, und man drittens gerne verdrängt, wie schlecht der Code ist. Manchmal fängt bereits vor diesem »Später« total überraschend ein neues Jahrtausend an und stellt unerwartet hohe Speicherplatzforderungen für Jahreszahlen, die sich auf die Schnelle nur schwer erfüllen lassen.

Das ist halt ein ganz kompliziertes Problem, da geht es nicht anders, ich muss acht ineinandergeschachtelte Schleifen verwenden.

- Auch bei einem komplizierten Problem sollte niemand acht ineinandergeschachtelte Schleifen verwenden.

- Gerade bei einem komplizierten Problem sollte niemand acht ineinandergeschachtelte Schleifen verwenden.

- Bei genauerem Hinsehen ist ein komplexes Problem lediglich ein Bündel mehrerer mittelkomplexer Probleme, und die wiederum bestehen aus wenig komplexen Problemen, die sich aus trivialen Problemen zusammensetzen. Man braucht also nur eine große Anzahl simpler Funktionen zu schreiben (noch besser: bereits von anderen Menschen geschriebene zu benutzen), und schon ist das komplexe Problem gelöst.

Ich merke mir einfach, dass ich bestimmte Eingaben nicht machen darf.

- Nein, tun Sie nicht. Gerade wenn es hektisch wird, Sie überraschend gebeten werden, der Weltpresse Ihre Erfindung zu präsentieren, oder Sie ein anderes, kompliziertes Problem debuggen, werden Sie genau die Eingaben machen, die Ihre Datenbank in Stücke fallen lassen.

- Andere Programmierer, die neuerdings an Ihrem Projekt mitarbeiten (s. o.), können nicht erahnen, dass bestimmte Eingaben tabu sind.

Ich denke schon dran, das rechtzeitig wieder auszukommentieren.

- Dieser feste Vorsatz hat schon zu romantischen Debug-Nächten im Scheine des Monitors geführt, als Sie noch gar nicht geboren waren. Warum sollte es Ihnen anders gehen? Ein Programmierprojekt im Kopf zu halten, ist schon schwer genug, wenn man sich nicht merken muss, dass irgendwo noch ein paar entsicherte Handgranaten rumliegen.

Es ist ja nur ein ganz kleines Projekt.

- Projekte haben mehrere Dimensionen. Code, der nur ein eng umrissenes Problem lösen soll, bleibt oft über viele Jahre hinweg im Einsatz. Das Projekt ist dann zwar nicht groß, aber lang.

- Am Anfang ist jedes Projekt klein. Bei schlechten Programmierern sorgt die Einstellung »Es ist ja nur ein ganz kleines Projekt« ganz von allein dafür, dass das Projekt niemals groß werden kann. Es erstickt lange vorher an seiner eigenen Unübersichtlichkeit.

Wenige Jahre später

Was braucht man also, um ein weniger schlechter Programmierer zu werden? Nicht viel. Neugier ist hilfreich, ebenso wie ein entspannter Umgang mit der eigenen Ahnungslosigkeit – zum Beispiel dann, wenn man sich entschließen muss, andere um Rat zu bitten. Man braucht die Bereitschaft, geduldig Dinge nicht zu verstehen. Man muss Texte lesen, die man nicht durchschaut, und man muss hinnehmen, dass man sich noch kein funktionierendes Modell der Realität bilden kann. Man darf sich nicht darüber ärgern, dass man nach zwei Stunden Beschäftigung mit einem neuen Konzept immer noch nicht begreift, wovon der Autor von »C++ über Nacht« eigentlich schreibt.

Lernen ist ein langwieriger Prozess. Es dauert viele Jahre – manche sagen, ein Leben lang. Wesentliche Dazulernvorgänge lassen sich zwar etwas beschleunigen, aber sie brauchen trotzdem ihre Zeit. Joe Armstrong, der Erfinder der Programmiersprache Erlang, erklärt in »Coders at Work«, wie er im Laufe seines Lebens klüger wurde: Am Anfang seiner Laufbahn musste er ein Programm erst schreiben, um herauszufinden, ob es funktioniert. 20 Jahre später kann er sich dasselbe einfach denken. Zeit spart er dadurch allerdings nicht – die Ausprobiermethode dauert ein Jahr, die Nachdenkmethode auch –, er muss nur weniger tippen.[3]

Die Lektüre dieses Buchs wird Sie also keineswegs gleich klüger machen. Auch nicht zu einem guten Programmierer. Am Ende des Buchs werden Sie im günstigsten Fall ein weniger schlechter Programmierer geworden sein. Ein weniger schlechter Programmierer weiß, dass er das, was er heute anrichtet, morgen selbst ausbaden wird. Er erkennt, an welchen Stellen er sich das Leben kurzfristig leichter und langfristig dafür sehr viel schwerer macht. Er nimmt Rücksicht auf seine eigene Fehlbarkeit. Ein weniger schlechter Programmierer ist dazu bereit, seinen Code anderen zu zeigen und sich Kritik anzuhören. Er beginnt, Verantwortung für seine Taten zu übernehmen. Er sagt nicht »Die API ist unausgereift«, »In PHP geht es nicht besser«, »Das liegt an Fehlern in der Library, für die ich nichts kann« oder »Es musste halt schnell gehen«. Sogar bei wirklich unverschuldeten Problemen fühlt sich der weniger schlechte Programmierer selbst zuständig und bemüht sich um Verbesserungen. Er tut einfach nicht wider besseres Wissen das Falsche.

Oder wenigstens nicht mehr ganz so oft.

Die nächsten 422 Seiten

Dieses Buch enthält relativ viel Text und nur wenige Codebeispiele. Dass es konkrete Anleitungen für das Schreiben besseren Codes da draußen gibt, wissen Sie ja wahrscheinlich. Aber irgendetwas hat Sie bisher daran gehindert, eine solche Anleitung ausfindig zu machen und zu beherzigen. Unser Buch befasst sich mit den Gründen für diese Scheu vor dem Dazulernen und soll die schlimmsten Probleme auf eine Art lindern, die möglichst wenig Arbeit verursacht.

Der erste Teil, »Hallo Wels Hallo Welt«, beschäftigt sich mit der Gratwanderung zwischen Selbstzweifeln und Selbstüberschätzung und dem Weg von der unbewussten zur

---

3   »Coders at Work« von Peter Seibel (Apress 2009), S. 215.

bewussten Inkompetenz. Im zweiten Teil, »Programmieren als Verständigung«, geht es darum, wie man sich selbst und anderen Menschen klarmacht, was man mit dem Code eigentlich bezweckt – oder in einer fernen Vergangenheit, also letzte Woche, einmal bezweckt haben könnte. Der dritte Teil, »Umgang mit Fehlern«, handelt vom Unrechthaben und seinen Problemen. Wie kann man mit demselben Kopf, der einen Fehler verursacht hat, diesen Fehler erkennen, beheben und vielleicht sogar in Zukunft vermeiden? Im vierten Teil, »Wahl der Mittel«, geht es um den Werkzeugkasten des Programmierers. Was braucht man nicht selbst zu machen, was sollte man auf keinen Fall selbst machen? Nach der Lektüre werden Sie vielleicht immer noch nicht objektorientiert programmieren oder eine Entwicklungsumgebung einsetzen wollen, aber zumindest wissen Sie dann, wozu diese Werkzeuge erfunden wurden und bei welchen Aufgaben Sie sich Arbeit sparen könnten, wenn Sie eines Tages Ihre Meinung ändern.

Am Ende einiger Kapitel und am Ende des Buchs geben wir Tipps zum Weiterlesen. Wenn es einen deutschen Wikipedia-Eintrag zu einem Thema gibt und er gut ist, verweisen wir darauf; wenn nicht, auf den englischen. Falls die Welt so viele schlechte Programmierer beherbergt, wie die inoffizielle Marktforschung der Autoren nahelegt, könnte sich das Buch gut genug für eine zweite Auflage verkaufen. Sie helfen uns und den zukünftigen Lesern, wenn Sie gefundene Fehler, Kritik und Verbesserungsvorschläge an *wenigerschlechtprogrammieren@kulturindustrie.com* schicken.

~~Hallo Wels~~ Hallo Welt

KAPITEL 1

Bin ich hier richtig?

Um herauszufinden, ob dieses Buch für Sie geschrieben ist, nehmen Sie sich ein paar Augenblicke Zeit und lesen Sie sich die unten stehenden Fragen durch. Antworten Sie ehrlich und ohne lange zu überlegen. Wenn Sie eine Antwortmöglichkeit gar nicht verstehen, machen Sie sich keine Gedanken, sondern wählen eine andere.

Ich schreibe meine Programme ...

a) in Notepad.

b) im Browser.

c) in irgendwas anderem.

Wenn etwas nicht funktioniert ...

a) poste ich eine Fehlerbeschreibung mit dem Titel »Hilfe!!!« unter exakter Nennung aller verwendeten Hardwarekomponenten in einem passenden Forum.

b) baue ich viele »print«-Zeilen ein, die mir den Inhalt von Variablen ausgeben.

c) debugge ich mit GDB

Zur Versionskontrolle benutze ich ...

a) gar nichts. Wenn ich versehentlich was lösche, muss ich es neu schreiben. Deshalb passe ich immer sehr gut auf.

b) SVN.

c) Git oder mercurial.

Ich kommentiere meinen Code ...

a) nie, weil ich nicht so viel tippen will.

b) nie, weil ich meinen Code für selbsterklärend halte.

c) nie, weil mein Code selbsterklärend ist.

Wenn ich einen XML-Parser brauche ...

a) nehme ich mir ein Wochenende Zeit und schreibe einen, wie schwer kann das schon sein.

b) Ich brauche keinen XML-Parser.

c) Ich lese die Wikipedia-Einträge zu SAX- und DOM-Parsern durch, sehe mir verschiedene Bibliotheken und deren Bindings an meine verwendete Programmiersprache an, wäge ihre Vor- und Nachteile ab und finde heraus, ob es eine lebendige Community dazu gibt.

Um E-Mail-Adressen zu validieren ...

a) schreibe ich schnell zwei Zeilen hin, die ich an meiner eigenen Mailadresse überprüfe.

b) google ich nach einer Regular Expression, auf deren Korrektheit sich namhafte Projekte verlassen.

c) teste ich, ob ein @-Zeichen enthalten ist.

Mein Code und das Licht der Öffentlichkeit:

a) Ich halte meinen Code geheimer als ein Messie seine Wohnung.

b) Wenn jemand Code von mir sieht, der schon ein halbes Jahr alt ist, dann ist mir das ein bisschen peinlich.

c) Mein Code ist Teil des Linux-Kernels.

Ich teste meinen Code ...

a) gar nicht. Wenn etwas nicht mehr funktioniert, merke ich das schon früher oder später.

b) nach jeder Änderung an meinem Code.

c) gar nicht. Nach jeder Änderung an meinem Code prüfen automatisierte Unit-Tests, ob noch alles funktioniert.

Wie sieht ein geeignetes Datumsspeicherformat aus?

a) Wie schon, »T.M.JJ« natürlich!

b) Die vergangenen Sekunden seit 00:00 Uhr Koordinierter Weltzeit am 1. Januar 1970, wobei Schaltsekunden nicht mitgezählt werden, gespeichert in einem 64-Bit-Integer.

c) ISO 8601.

Optimierung ...

a) ist mir egal.

b) betreibe ich so lange, bis das Programm auf meinem 2,4 GHz Core 2 Duo mit 256MB 2nd Level Cache in 43.3485 Taktzyklen durch ist.

c) ist mir so lange egal, wie die User Experience nicht durch Wartezeit beeinträchtigt wird.

Alle anderen Programmierer ...

a) sind besser als ich.

b) sind schlechter als ich.

c) Mal so, mal so.

Ich überarbeite meinen Code ...

a) nie, ich nehme mir aber hin und wieder vor, alles noch mal neu und besser zu schreiben.

b) in einem winzigen Schritt nach dem anderen, wenn ich gerade viel Zeit habe.

c) in einem winzigen Schritt nach dem anderen, auch wenn ich gerade wenig Zeit habe.

Überschlagen Sie jetzt grob, ob Sie mehr als die Hälfte der Fragen mit a) oder b) beantwortet haben. Wenn ja, dann ist dieses Buch für Sie geschrieben. Haben Sie mehr als die Hälfte der Fragen mit c) beantwortet, dann lachen Sie bitte nicht höhnisch, sondern gehen weiter und programmieren Linux-Kerneltreiber. Oder was Sie sonst so tun.

KAPITEL 2

Zwischen Hybris und Demut

»I regularly have to google the basic syntax of a language I've used every day for 10 years. #coderconfessions«

@HackerNewsOnion / Twitter, 10. Juli 2013

In den letzten Jahren wurde in Geek-Kreisen gern der »Dunning-Kruger-Effekt«[1] zitiert, demzufolge ausgerechnet inkompetente Personen besonders stark dazu neigen, das eigene Können zu überschätzen. Nachfolgestudien deuten darauf hin, dass es sich in Wirklichkeit anders und einfacher verhält: Menschen sind ganz allgemein nur schlecht in der Lage, ihre eigene Kompetenz auch nur halbwegs zutreffend einzuschätzen.

Ungeübte Programmierer schwanken zwischen Selbstüberschätzung und dem Glauben, zu dumm für das Metier zu sein. In der Begeisterung, zu der die Planung eines neuen Projekts führt, werden die eigenen Fähigkeiten oft überschätzt, insbesondere macht man sich keine Vorstellung davon, wie langsam die Entwicklung von funktionierendem Code tatsächlich voranschreitet. Die Konfrontation mit der unangenehmen Wahrheit führt dann entweder zu Verzweiflung (bei Projekten mit Deadline) oder Lustlosigkeit (bei Hobbyprojekten).

Selbstüberschätzung hat mehrere Ursachen. Zum einen lernt man als Anfänger ständig hinzu, das schmeichelt dem Ego. Die Lernkurve ist in den ersten zwölf Monaten, in denen man etwas Neues lernt, so steil, dass man nicht anders kann, als sich für einen ausgemachten Topchecker zu halten. Was schwer zu erkennen ist: Trotz des vielen und schnellen Dazulernens ist man gerade erst bis zu den Knöcheln ins Nichtschwimmerbecken gewatet. Die Welt der Programmierung ist für den Anfänger, um es mit Donald Rumsfeld zu sagen, voller »unknown unknowns«, also voller Wissenslücken, die man gar nicht als Lücken erkennt.

Eine weitere Ursache für Selbstüberschätzung liegt darin, dass unerfahrene Programmierer dazu neigen, nur die ersten 80 Prozent eines Projekts überhaupt zu erledigen, weil sie auf-

---

1   de.wikipedia.org/wiki/Dunning-Kruger-Effekt.

hören, sobald die Aufgabenstellung weniger interessant wird. Der 80-20-Regel[2] zufolge verursachen die dann noch folgenden 20 Prozent allerdings 80 Prozent der Arbeit. Man baut also mit einem Bruchteil der Programmierkenntnisse eines Profis eine Applikation zusammen, die »praktisch dasselbe« ist wie ihr Vorbild. Die dabei durch Unkenntnis und Fehlentscheidungen verursachten Probleme fallen nicht weiter auf, weil sie erst innerhalb der letzten 20 Prozent der Aufgabe ihre hässliche Fratze zeigen.

Überschätzung der eigenen Fähigkeiten oder Unterschätzung einer Aufgabe kann auch Vorteile haben. Wenn jeder von Anfang an über das Ausmaß seines Unwissens Bescheid wüsste, lebte die Menschheit vermutlich immer noch in Erdhöhlen (»Hochbau? Was man da alles wissen müsste!«). Auch bei einzelnen Projekten kann es hilfreich sein, sich zu verschätzen. Als Donald Knuth 1977 – frustriert über den hässlichen Textsatz des zweiten Bandes seines Hauptwerks »The Art of Computer Programming« – beschloss, selbst ein besseres Satzprogramm zu schreiben, rechnete er mit etwa sechs Monaten Entwicklungszeit. Das Ergebnis hieß TeX und war schon knapp zwölf Jahre später fertig. Der Doktorand George Bernard Dantzig erschien 1939 zu spät zu seinem Statistikkurs an der University of California und fand zwei Probleme an der Tafel vor, die er für Hausaufgaben hielt. Einige Tage später entschuldigte er sich bei seinem Professor, dass er so lange gebraucht habe, um die Aufgaben zu lösen; sie seien etwas schwieriger gewesen als sonst. Allerdings handelte es sich gar nicht um Hausaufgaben, sondern um bis dahin unbewiesene Statistiktheoreme, die Dantzig damit versehentlich bewiesen hatte. In manchen Fällen sind Fehleinschätzungen der Lage also durchaus hilfreich, weil sie einen davor bewahren, sich vom Umfang oder der Komplexität einer Aufgabe abschrecken zu lassen.

Auf der anderen Seite des Wetterhäuschens wohnt der Selbstzweifel. Der eigene Code ist ein hässliches, unwartbares Dickicht. Sicher müssen andere, bessere Programmierer nicht jeden Befehl vor jeder Verwendung in der Dokumentation nachschlagen. Niemand sonst vergisst über Nacht, was er sich beim Schreiben des Codes gedacht hat. Man ist einfach unbegabt und faul und wird zeitlebens ein schlechter Programmierer bleiben.

Die gute Nachricht: Den anderen geht es genauso. Auch erfahrene Programmierer sind vergesslich, unkonzentriert, arbeitsscheu und halten den eigenen Code für den schlechtesten der Welt. Es gibt nur wenige Probleme, die ausschließlich unerfahrene, halbherzige oder eilige Programmierer betreffen:

Unwartbarer Code

Code wird ohne Rücksicht auf spätere Wartbarkeit (durch einen selbst oder andere) geschrieben. Das liegt in erster Linie an mangelnder Erfahrung. Erst wenn man oft genug vor einem selbst erzeugten, undurchdringlichen Codedschungel gestanden hat, fällt es etwas leichter, beim Schreiben an den künftigen Leser zu denken. Nur ungewöhnlich

---

2   *de.wikipedia.org/wiki/Paretoprinzip.*

phantasiebegabte oder zukunftsorientierte Programmierer erfassen diesen Sachverhalt gleich von Anfang an. Alle anderen müssen erst das Tal der Schmerzen durchschreiten.

Wahl ungünstiger Mittel

Wer nur eine halbe Programmiersprache oder Technik beherrscht, der wird sie zur Lösung sämtlicher Aufgaben heranziehen, die ihm einfallen. Oft ist das Problem dabei nicht totale Unkenntnis, sondern nur mangelnde Vertrautheit mit der nächstliegenden Herangehensweise.

Selbstüberschätzung

Auch gute Programmiererinnen überschätzen häufig ihre Produktivität. Das liegt zum einen daran, dass ihnen wie allen anderen Menschen die Fähigkeit zur realistischen Einschätzung fehlt, wie lange ein Projekt dauern wird. Zum anderen kristallisiert sich die eigentliche Problemstellung oft erst im Laufe der Arbeit heraus. Das ist bei schlechten Programmiererinnen nicht anders – nur um etwa drei Größenordnungen schlimmer.

Fehlendes Vorwissen

Jedes Konzept, dem der unerfahrene Programmierer begegnet, ist für ihn neu. Auch in der Softwareentwicklung gibt es jedoch relativ viele Ideen, die wieder und wieder in neuem Gewand Anwendung finden. Erfahrene Programmierer erkennen diese Muster, können sie benennen und tun sich dann leichter damit, sie in anderen Kontexten anzuwenden.

Schwächen als Stärken

Der Perl-Erfinder Larry Wall nennt im Standardwerk »Programmieren mit Perl« Faulheit, Ungeduld und Selbstüberschätzung als wichtige Programmiertugenden. Faulheit ist gut, weil sie die Programmiererin dazu motiviert, so viel Energie wie möglich einzusparen. Sie wird arbeitssparende Software schreiben, das Geschriebene gründlich dokumentieren und eine FAQ verfassen, um nicht so viele Fragen dazu beantworten zu müssen. Ungeduld bringt die Programmiererin dazu, Software zu schreiben, die ihre Bedürfnisse nicht nur erfüllt, sondern vorausahnt. Und Selbstüberschätzung lässt sie auch das Unmögliche anpacken. Aber auch andere Untugenden können Programmierern, richtig eingesetzt, zum Vorteil gereichen:

Dummheit

»Mir kommt es oft so vor, als käme der schlimmste Spaghetticode von den Leuten, die am meisten gleichzeitig im Kopf behalten können. Anders bringt man solchen Code ja gar nicht zustande«, vermutet der Softwareentwickler Peter Seibel.[3] Ein weniger intelli-

---

3   »Coders at Work«, S. 311.

genter Programmierer wird versuchen, eine möglichst einfache Lösung zu finden und dadurch mit höherer Wahrscheinlichkeit Code schreiben, den auch andere Menschen verstehen, warten und erweitern können.

Unwissenheit

Wissen um die Details einer Programmiersprache oder um abstraktere Konzepte ist eine feine Sache. Sobald es aber zu einem Paradigmenwechsel kommt – die Einführung der objektorientierten Programmierung war ein solcher –, werden viele bisher kompetente Programmierer durch ihr vorhandenes Wissen ausgebremst. Weitgehend ahnungslose Geschöpfe haben es in so einer Situation leichter, weil sie unvorbelastet an das Neue herangehen können.

Vergesslichkeit

Douglas Crockford, eine wichtige Figur in der Entwicklung von JavaScript, antwortet auf die Interviewfrage, ob Programmieren nur etwas für die Jugend sei: »Ich bin heute vielleicht ein bisschen besser als früher, weil ich gelernt habe, mich weniger auf mein Gedächtnis zu verlassen. Ich dokumentiere jetzt gründlicher, weil ich mir nicht mehr so sicher bin, dass ich nächste Woche noch weiß, warum ich etwas so und nicht anders gelöst habe.«[4] Außerdem wird ein Programmierer, der ständig Namen und Syntax der einfachsten Funktionen vergisst, stärker motiviert sein, sich eine Entwicklungsumgebung oder wenigstens einen Editor mit intelligenten Codevervollständigungsoptionen zuzulegen.

Fehlendes Durchhaltevermögen

In manchen Kreisen gilt es als heroisch, die ganze Nacht durchzuprogrammieren. Die Wahrscheinlichkeit, dass man den so entstandenen Code am nächsten Tag wegwirft, ist hoch. Wer es sich leisten kann, weil ihm kein Chef und keine Deadline im Nacken sitzt, tut besser daran, sich nicht zur Arbeit am Code zu zwingen. Oft kann eine gute Idee am Badesee ganze Wochen unsinniger Arbeit ersetzen.

Prokrastination

Gerade für schlechte Programmierer ist es nützlich, Verbesserungen am Code so lange wie möglich aufzuschieben. Falls es eines Tages wirklich unumgänglich ist, etwas zu ändern, wird man bis dahin ein besserer Programmierer geworden sein. Dann ist es gut, dass man nicht früher ans Werk gegangen ist. Außerdem werden Werkzeuge, Programmiersprachen, Codebibliotheken und Frameworks mit der Zeit immer besser. Die Lösung eines Problems wird also einfacher, je länger man wartet, denn andere, erfahrenere Programmierer erledigen dann einen Teil der Arbeit. Oft genug kann eine Aufgabe einfach ausgesessen werden, bis ein entsprechendes Open Source-Projekt das Problem

---

4   »Coders at Work«, S. 114.

gelöst hat. Durch aktive Beteiligung an so einem Projekt lässt sich dieser Prozess natürlich noch beschleunigen.

Ekel vor dem eigenen Code

Es ist gut und richtig, den eigenen Code zu hassen. An guten Code klammert man sich mit irrationaler Anhänglichkeit. Schlechten Code wird man bereitwillig wegwerfen, sobald Nutzer sich Änderungen wünschen oder ein neuer Lösungsweg auftaucht. Wer seinen Code für perfekt hält, lernt zu wenig dazu. Die Zusammenarbeit mit anderen ist produktiver, wenn die Beteiligten nicht in ihren eigenen Code verliebt sind. Und die übermäßige Beschäftigung mit der Codequalität kann Energie dort abziehen, wo sie dringender gebraucht wird: beim Nachdenken über Zweck und Ergebnis der Arbeit. Code ist lediglich ein Lösungsweg und – im Gegensatz zu Literatur – kein Selbstzweck.

Ehrgeizlosigkeit

Mittelmäßiger Code macht eventuell froher – vielleicht nicht unbedingt seine Nutzer, aber wenigstens seinen Urheber. Die Glücksforschung unterscheidet zwischen »Maximizers«, die stets das Beste anstreben, und »Satisficers«, die sich auch mit weniger zufriedengeben. Die Maximizer mögen bessere Ergebnisse erzielen, glücklicher aber sind die Satisficer.

Trägheit

Geschickt eingesetzte Trägheit kann zum Werkzeug werden. Ein Beispiel: Globale Variablen sollten nur dort verwendet werden, wo sie wirklich nötig sind – also ziemlich selten.[5] Weil es aber so bequem ist, Daten, auf die man an mehreren Stellen zugreifen möchte, in eine globale Variable zu stecken, neigen Anfänger dazu, dieses Mittel überzustrapazieren. Es kostet viel Mühe, eine solche global angelegte Variable später wieder loszuwerden. Umgekehrt kann man die Kraft der eigenen Trägheit in den Dienst der guten Sache stellen, indem man grundsätzlich alle Variablen lokal anlegt und erst dann global werden lässt, wenn es gar nicht mehr anders geht. Jetzt macht sich die Trägheit nützlich, indem sie einen daran hindert, den Code zu verschlechtern.

Das Hauptproblem des Glaubens an die eigenen Schwächen ist, dass er sich so gut als Ausrede benutzen lässt: »Ich muss gar nicht erst versuchen, es besser zu machen, weil ich es nicht besser machen kann. Ich bin einfach nicht schlau genug.« Diese Annahme ist nicht nur kontraproduktiv, sondern auch falsch. Die meisten persönlichen Schwächen und Unfähigkeiten erweisen sich bei näherer Betrachtung als so weit verbreitet, dass man sie sinnvoller als Normalzustand des menschlichen Geistes betrachten sollte. Irgendwo an der Peripherie des Bekanntenkreises mag es einen Superprogrammierer geben, der Fehler im Code auf den ersten Blick identifiziert, die Umgekehrt Polnische Notation

---

5   Die Nachteile globaler Variablen sind im Wikipedia-Eintrag *en.wikipedia.org/wiki/Global_variables* erläutert.

beherrscht und sämtliche Syntaxfinessen seiner zwölf Lieblingssprachen im Kopf hat. Aber die Existenz dieses Superprogrammierers bedeutet nur, dass Ausnahmen von der allgemeinen Unzulänglichkeit möglich sind.

Richtiges muss nicht schwierig sein

Der selbst geschriebene Code sieht womöglich aus wie im Kinderbuch: »Das ist der Hund. Der Hund spielt im Garten. Jetzt bellt der Hund.« Aber das ist kein Grund zur Demut. Nicht die Fähigkeit, möglichst komplexen Code zu schreiben, zeichnet gute Programmierer aus. Elegante und gute Ideen lassen sich auch in schlichtem Code ausdrücken, und umgekehrt kann sich hinter kompetentem Code ein schlecht durchdachtes Konzept verbergen.[6]

Ein aus dem Flugzeugbau stammendes und auch in anderen technischen Bereichen sehr populäres Motto lautet »KISS«, was für »Keep it simple, stupid« steht. Motivation dieses Designprinzips war ursprünglich, zu gewährleisten, dass amerikanische Bomber von einem einzelnen Mechaniker in zwei Minuten mit einem Schweizer Taschenmesser repariert werden können. Auf Softwareentwicklung angewendet, besagt es, dass Formulierungen im Kinderbuchstil nicht nur akzeptabel, sondern sogar vorteilhaft sind, weil sie unmissverständlich und leicht zu warten sind.

Häufig sind die Aufgaben, mit denen man als Programmierer zu tun hat, auch gar nicht so kompliziert wie zunächst gedacht. Bernie Cosell, einer der Programmierer hinter dem Ur-Internet Arpanet, erklärt: »Ich habe ein paar Grundregeln, die ich den Leuten beizubringen versuche. Das sind meistens Leute, die direkt vom College kommen und glauben, sie wüssten alles über Programmierung. Zum einen geht es mir dabei um die Einsicht, dass es nur ganz wenige an sich schwierige Programmierprobleme gibt. Wenn man Code betrachtet, der sehr schwierig aussieht – wenn man überhaupt nicht versteht, was das alles soll –, dann ist das fast immer ein Anzeichen dafür, dass dieser Code schlecht durchdacht ist. Dann krempelt man nicht die Ärmel hoch und versucht, den Code geradezuziehen, sondern man lehnt sich erst mal zurück und denkt nach. Wenn man lange genug nachgedacht hat, stellt sich heraus, dass alles ganz einfach ist. (...) Ich bin lange genug im Geschäft; ich weiß, dass es ein paar sehr komplexe Probleme gibt. Aber das sind nicht viele. Es ist immer wieder dasselbe: Wenn man gründlicher darüber nachdenkt, wird es einfacher, und die eigentliche Programmierung ist dann am Ende ganz leicht.«[7]

---

6 Ein Sonderfall ist schlechter Code, der ein schlechtes Konzept verbirgt: »In other words – and that is a rock-solid principle on which the whole of the Corporation's Galaxywide success is founded – their fundamental design flaws are completely hidden by their superficial design flaws.« Douglas Adams, »So Long, and Thanks For All the Fish«.

7 »Coders at Work«, S. 542.

Wir brauchen einen vernünftigen Umgang mit unserer eigenen Fehlbarkeit und der anderer Menschen. Alles kann immer falsch sein und ist es meistens auch (eine Regel, die man insbesondere beim Lesen von Codekommentaren im Kopf behalten sollte). Aber es ist unproduktiv, sich deshalb für einen Idioten zu halten. Ein Kleinkind, das sprechen lernt, hat kein Problem damit, wenn es »ich habe getrinkt« sagt. Kind und Eltern verstehen, was gemeint ist, und hinter diesem einfachen Satz stecken erhebliche Leistungen der Evolution und des Individuums. Wer in der Lage ist, sich irgendeiner Programmiersprache zu bedienen, um auch nur »Hallo Welt« zu sagen, der hat es weit gebracht und braucht sich nicht durch die Lektüre von Blogbeiträgen, die von »real programmers« handeln, entmutigen zu lassen. Alles, was jetzt noch fehlt, ist der Wille, die Sache halbwegs gut zu machen. Man muss Störendes und Falsches erkennen und bereit sein, es zu ändern – vielleicht nicht sofort, aber doch zumindest irgendwann.

Programmieren als Verständigung

KAPITEL 3

Du bist wie die andern

»Any fool can write code that a computer can understand. Good programmers write code that humans can understand.«

Martin Fowler, »Refactoring«

Eine Programmiersprache ist in erster Linie eine künstliche Sprache zur Kommunikation von Menschen mit Maschinen. Im Unterschied zu natürlichen Sprachen, die der Kommunikation zwischen Menschen dienen, sind Programmiersprachen vollkommen eindeutig definiert: Es gibt keinerlei Interpretationsspielraum, was ein bestimmtes Sprachkonstrukt bedeutet. Diese Eigenschaft macht die Sprache maschinenlesbar.

Dass Programmiersprachen keine Mehrdeutigkeiten zulassen, bedeutet jedoch nicht, dass Missverständnisse ausgeschlossen sind, denn sie haben noch eine zweite wichtige Funktion: Sie sind ein Kommunikationsmittel zwischen dem ursprünglichen Programmierer, der das Programm geschrieben hat, und einem anderen, der es später liest. Da Menschen etwas weniger logisch denken als Computer, kann es dazu kommen, dass der Programmierer nicht schreibt, was er meint, oder dass ein zweiter Programmierer den Text des ersten Programmierers falsch versteht.

Unangenehm wird es, wenn dieser zweite Programmierer auf Grundlage seines falschen Verständnisses den Code verändert oder falsch aufruft, denn dann geht mit großer Wahrscheinlichkeit etwas kaputt. In vielen Fällen ist der zweite Programmierer mit dem ersten identisch – er ist nur ein paar Wochen oder Monate älter.

Diese Missverständnisse sind es, die Zeit kosten und, falls sie nicht erkannt und ausgemerzt werden, zu Abstürzen oder falschen Ergebnissen führen. Für gute Programmierer hat das Vermeiden von Missverständnissen daher allerhöchste Priorität.

Jede unserer Äußerungen, ob sie im Gespräch mit einem Menschen stattfindet, beim Schreiben von Büchern oder beim Programmieren, enthält nur einen Teil der zum Verständnis nötigen Informationen. Der andere Teil bleibt unausgesprochen im Kopf zurück. Was wir im ersten Versuch von uns geben, ist deshalb meistens miss- und oft ganz unverständlich. Wir merken das nur selten, weil sich kaum jemand die Mühe macht, nachzufragen. Der Gesprächspartner hat nicht so ganz zugehört, weil er darüber nachdenkt, was er selbst Wirres sagen will, und Leser haben nicht immer die Möglichkeit, einen Autor so lange zu schütteln, bis der sich verständlich ausdrückt. Nicht zuletzt wegen dieses fehlenden Feedbacks neigen wir fast alle dazu, die Gedankenlesefähigkeiten von Lesern, Zuhörern und Computern zu überschätzen. »Aber das steht da doch!«, protestieren wir auf Nachfrage, und »Hab ich doch gesagt!« In Wirklichkeit haben wir es uns bestenfalls gedacht.

Mit dem Schreiben verständlichen Codes, dem Nachdenken über Namensgebung und dem Kommentieren verhält es sich ein bisschen wie mit Safer Sex: Jeder erkennt den Nutzen und ist dafür, und doch wird es zu selten praktiziert – insbesondere, wenn es wirklich drauf ankommt. Das Haupthindernis ist dabei psychologischer Natur: Im Moment des Schreibens hat man Verständnishilfen nicht nötig. Man weiß, was man tut, und alle nötigen Informationen kursieren noch frisch im Kurzzeitgedächtnis. Außerdem will man mit dem Programm weiterkommen und sich nicht durch das Schreiben von Kommentaren ablenken lassen.

Der Autor müsste sich also in fremde Leser seines Codes hineinversetzen und deren Bedürfnisse nachvollziehen, was zusätzliche Arbeit verursacht und deshalb gern unterlassen wird. Manchmal missachtet er diese Bedürfnisse sogar ganz bewusst, etwa wie er die andren Leser als Konkurrenten um seinen Arbeitsplatz wahrnimmt.

Ob man sich um lesbaren Code bemüht, hängt also auch wesentlich davon ab, welches Verhältnis man zu seinen imaginären Codelesern hat. Dieses Verhältnis lässt sich freundlicher gestalten mithilfe der von buddhistischen Weisen sowie den Fantastischen Vier beschriebenen Einsicht, »Du bist wie die andern und die andern sind wie du.« Die Leser, die jede Hilfe beim Verständnis des Codes gebrauchen können, sind wir selbst – heute beim Versuch, den Code anderer zu verstehen, und morgen beim Betrachten des eigenen Codes. Die Erkenntnis, dass der eigene Code einem sehr schnell sehr fremd wird, ist unter Programmierern so weit verbreitet, dass sie schon vor Jahrzehnten Gesetzesform angenommen hat. »Eagleson's Law« lautet: »Any code of your own that you haven't looked at for six or more months might as well have been written by someone else.« Eine Ergänzung: Eagleson war Optimist, in Wirklichkeit sind es eher drei Wochen.

Widerstehen Sie daher der Einflüsterung »Das merkst du dir doch auch so!« des Codeteufels. Es schadet nicht, sich beim Programmieren vorzustellen, man sei der Protagonist aus »Memento«, der alles, was er nicht sofort schriftlich festhält, wenige Minuten später wieder vergessen hat. Das hat auch mit Respekt vor der eigenen Arbeitszeit zu tun, denn dass man einmal Zeit auf das mühsame Verstehen eines Problems aufgewendet hat, heißt nicht, dass man es ab jetzt für immer verstehen wird. Auch Verständnis hat ein Verfallsdatum, und man kann heute schon die Zeit von morgen einsparen, indem man sich selbst das Verstandene aufschreibt und erklärt. Dass dadurch auch andere Menschen den Code leichter erfassen können, ist eine praktische Nebenwirkung.

KAPITEL 4

Konventionen

»Ich habe in meiner Laufbahn mit vielen Programmierern zusammengearbeitet, und ich habe einige kennengelernt, die waren grauenhaft schlecht. Ganz, ganz furchtbar. Haarsträubend. Da war nicht mal der Code vernünftig eingerückt!«

Lukas Hartmann, Softwareentwickler

Man hat gerade eigenhändig die ersten zwei, drei Projekte zum Laufen gebracht, ohne sich dabei um herkömmliche Praktiken zu scheren. Jetzt blickt man in den Spiegel und sieht dort eine coole Person mit den richtigen Prioritäten im Leben. Jeder, der einem erklären will, dass der so entstandene Code gegen irgendwelche etablierten Regeln verstößt, ist erst mal ein Blockwart und Erbsenzähler. Das ist eine übliche und in gewissen Grenzen auch sinnvolle Reaktion von Menschen, die auf einem bestimmten Gebiet ganz neu anfangen und sich gegen diejenigen behaupten müssen, die schon da sind.

Das Misstrauen des Anfängers gegenüber dem Etablierten ist nicht völlig unbegründet: Zu einem Teil steckt hinter diesen Konventionen wirklich die schäbige Tatsache, dass jede Gruppe bemüht ist, sich durch willkürliche Sprachregelungen und Praktiken vom Rest der Welt abzugrenzen: Hier sind wir, wir machen es richtig. Da sind die anderen, die machen es falsch, essen Hunde und rücken ihren Code nicht ordnungsgemäß ein. Aber dieser Abgrenzungswunsch ist eben nur ein Aspekt. Es gibt auch bessere Argumente für das Einhalten etablierter Bräuche beim Programmieren:

- Als Anfänger ignoriert man die Konventionen seiner Sprache oft gar nicht aus revolutionärer Überzeugung, sondern aus schierer Unkenntnis.

- Einen eigenen Programmierstil kann man erst entwickeln, wenn man seine Sprache beherrscht. Bis dahin ist die Wahrscheinlichkeit recht groß, dass die eigenen neuen Ideen schlechter als etablierte Konventionen sind. Menschen, die das Althergebrachte infrage stellen, arbeiten im Dienste der Weltverbesserung und haben auch die Softwareentwicklung wesentlich vorangebracht. Aber um sich auf diesem Gebiet nützlich zu machen, sollte man a) das Althergebrachte erst mal verstehen und b) es nicht nur anders machen wollen, sondern auch besser machen können. Die Wahrscheinlichkeit, dass man als eher mäßig geübter Programmierer über diese Voraussetzungen verfügt, ist sehr gering.

- Selbst wenn die eigenen Ideen nicht schlechter sind als die etablierten, behindert man sich durch Privatregelungen unnötig beim Lesen von Fremdcode und in der Zusammenarbeit mit anderen.

Für Anfänger ist es Zeitverschwendung, sich mit den relativen Vorteilen bestimmter Klammer- oder Einrückungsstile auseinanderzusetzen. Auf anderen Gebieten kann man viel größere Produktivitätsfortschritte bei geringerem Aufwand erzielen. Wer das Problem pragmatisch lösen möchte, sollte daher einfach in den ersten Jahren alles widerstandslos befolgen, was ihm von besseren Programmierern empfohlen wird, auch wenn es ihm seltsam vorkommt. Auch Standardbibliotheken, also jene Sammlungen von Funktionen und Klassen, die zusammen mit dem Compiler oder Interpreter einer Sprache ausgeliefert werden, sind oft eine gute Quelle, denn mit diesen Konventionen sind die meisten Entwickler bereits vertraut.

Wenn eine bestimmte Konvention Sie ärgert und Sie alles ganz anders machen wollen, dann bedenken Sie bitte, dass Sie indirekt mit ziemlich vielen Leuten zusammenarbeiten, selbst als einzelner Freizeitprogrammierer: Sie verwenden Codebeispiele und Bibliotheken, die von anderen geschrieben wurden, und werden sich wahrscheinlich irgendwann mit einem schwierigen Fehler hilfesuchend an andere Menschen im Netz wenden. Genau in diesem Moment werden Ihre ganz persönlichen Codekonventionen ein Kommunikationshindernis.

Englisch oder nicht?

Die kurze Antwort auf diese Frage lautet:

```
/**
 * Kincskereso halalat vezenyli le.
 */
public void meghal()
{
    Game.jatekVege();
    this.mezo.setCellaElem(null);
}
```

Etwas ausführlicher: Programmiersprachen beruhen auf englischen Begriffen. Die Ausnahmen von dieser Regel lassen sich an relativ wenigen Händen abzählen und sind für Alltagsprogrammierer nicht von Bedeutung.[1] Manchmal wird von der Sprache oder einem verwendeten Framework eine bestimmte Benennung erzwungen: In C oder Java wird man den Startpunkt des Programms immer main nennen müssen, auch als deutschsprachiger Entwickler. Bedeutet das automatisch, dass man als Programmierer auch englische Namen vergeben und englische Kommentare schreiben muss?

---

[1] Eine Liste findet sich unter *en.wikipedia.org/wiki/Non-English-based_programming_languages*.

Für den Einsatz der Muttersprache spricht:

- Es ist mühsamer, sich passende englische Namen auszudenken und verständliche englische Kommentare zu schreiben.

- Das Ergebnis ist je nach Stand der eigenen Englischkenntnisse manchmal wenig überzeugend; schlechtes Englisch führt zu Verwirrung und Missverständnissen.

- Man macht mehr Schreibfehler im Englischen, weil einem als Nicht-Muttersprachler nicht so geläufig ist, wie beispielsweise `height` und `width` geschrieben werden.

Für Englisch spricht:

- Deutsch im Code sagt dem Leser auf den ersten Blick: Hier hat jemand nur für sich selbst programmiert, ohne damit zu rechnen, dass sich jemals jemand anders für den Code interessieren könnte. Das tun überwiegend Anfänger, also ist der Code wahrscheinlich nicht besonders gut.

- Viele Programmierer finden es unbequem oder abstoßend, ein zweisprachiges Code-gemisch lesen zu müssen: `if haus[zaehler] instanceof HochHaus ...` Besonders unbeliebt sind gemischte Methodennamen: `getKundenNummerFromDatenbank()`. Code in einer einzigen Sprache ist angenehmer zu lesen. Und da diese Sprache nun mal nicht Deutsch sein kann, bleibt nur Englisch.

- Wer sein Programmier-Englisch nicht übt, bleibt immer auf deutschsprachige Programmierer-Communities angewiesen. Oft ist die Lösung eines Problems aber nicht dort, sondern nur in einem internationalen Forum zu finden.

- Wenn man sich hilfesuchend an eine englischsprachige Community wendet, muss man vor dem Veröffentlichen eines halb-deutschen Codebeispiels erst alles ins Englische übersetzen.

- Dasselbe gilt, wenn man eigenen Code anderswo als gutes oder schlechtes Beispiel zur Verfügung stellen möchte.

- Englisch kann man immer mal brauchen. Nicht nur in der Programmierung.

Die beste Lösung ist durchgehend englischer, auf Englisch kommentierter Code. Englischer Code mit anderssprachigen Kommentaren ist ein verbreiteter, wenn auch unschöner Kompromiss:

```
// ne pas oublier de renseigner ces valeurs
// sinon l'addon ne pourras pas etre utilisée
_resource = "";
```

Irgendetwas darf der Nutzer des Codes hier nicht vergessen. Nur was, und wann? Wenn Sie sich für diese Variante entscheiden, gestalten Sie den Code aus Rücksicht auf Ihre Leser bitte so, dass er auch ohne Kommentare verständlich ist. Das ist generell eine ganz gute Idee (siehe Kapitel 6).

Angriff der Paamayim Nekudotayim

PHP-Nutzern kann es passieren, dass sie aus heiterem Himmel mit der Nachricht `Parse error: syntax error, unexpected T_PAAMAYIM_NEKUDOTAYIM` konfrontiert werden. Was aussieht wie eine Warnung vor der unmittelbar bevorstehenden Machtübernahme durch Außerirdische, ist eine hebräische Fehlermeldung, die ursprünglich aus der in Israel entwickelten Zend Engine 0.5 stammt. *Paamayim Nekudotayim* sind zwei aufeinanderfolgende Doppelpunkte. Die Fehlermeldung hat immerhin den Vorteil großer Eindeutigkeit, ihre Eingabe in Suchmaschinen führt viel schneller zur Erleuchtung als eine Suche nach »double colon«. Machen Sie es den Zend-Entwicklern trotzdem nicht nach.

Nützlich ist es außerdem, sich frühzeitig mit sich selbst oder anderen Programmierern darüber zu verständigen, ob man US-Englisch oder britisches Englisch verwenden will. Das versäumen nicht nur Programmieramöben, sondern beispielsweise auch die Urheber von Twitter, so dass jeder, der die Twitter-API einsetzte, sich einige Jahre lang merken musste, wann er *favorites* und wann *favourites* zu schreiben hatte. Da deutlich mehr Software US-Englisch verwendet, sollte man sich auf diese Variante festlegen, auch wenn es den Briten gegenüber historisch ungerecht ist.

Englisch lernen mit dem ZX81

»Als ich ungefähr acht war, brachte mein Vater eines Abends einen der ersten Homecomputer, einen ZX81 mit nach Hause. Ein schwarzes, türstopperartiges Ding mit einer kaum benutzbaren Folientastatur, die aber den für mich unschätzbaren Vorteil besaß, dass auf ihr sämtliche BASIC-Befehle aufgedruckt waren. So konnte ich trotz kompletter Unkenntnis der Bedeutung von Wörtern wie ›print‹, ›goto‹ und ›next‹ einfach ausprobieren, was passiert, wenn man diese Befehle in ein Programm schreibt und es dann startet. Während mein Vater bald das Interesse am Programmieren verlor, verbrachte ich jede freie Minute mit dieser vermutlich ineffizientesten Methode des Programmierenlernens durch Stochern im Dunkeln. Nach ein paar Wochen zog ich dann endlich das englischsprachige Anleitungsbuch als Informationsquelle hinzu. Besonders die Codebeispiele waren hilfreich für grundsätzliche Erkenntnisse wie zum Beispiel über die irgendwie geartete Zusammengehörigkeit von `for` und `next` sowie `gosub` und `return`. Als es in der sechsten Klasse dann endlich losging mit dem Englischunterricht, war mein Wortschatz bereits um die Schlüsselwörter der Programmiersprache C angewachsen. Kurze Zeit später konnte ich dann endlich auch Sätze sagen wie: ›My name is Jan. My pen is in my pencil-case. My pencil-case is black.‹«

Jan Bölsche

Die Steinchen des Anstoßes

Klammern, Einrückungen und Leerzeilen sind für Programmierer das, was für streitlustige Badbenutzer die Zahnpastatube ist: Letztlich ist es weitgehend egal, ob die Tube vom Anfang oder vom Ende her ausgedrückt, auf den Deckel gestellt oder hingelegt, zugeschraubt oder offen gelassen wird. Aber wenn zwei Anhänger unterschiedlicher Glaubensrichtungen aufeinandertreffen, gibt es Probleme.

Im Wesentlichen geht es bei Regeln für die Codeformatierung um folgende Fragen:

Wo kommt die öffnende geschweifte Klammer hin – ans Ende der Zeile oder an den Anfang der nächsten Zeile?

```
public boolean hasStableIds() {
    return true;
}
```

Oder so:

```
public boolean hasStableIds()
{
    return true;
}
```

Wo kommt die schließende geschweifte Klammer hin?

```
public boolean hasStableIds() {
    return true;
}
```

Oder so:

```
public boolean hasStableIds() {
    return true; }
```

Werden die Einrückungen mit dem Tabulator oder mit Leerzeichen erzeugt?

Ein leider unterspezifizierter Aspekt von Textdateien ist der Abstand von Tabulator-Stopps. Da Tab-Zeichen gerne zum Einrücken von Programmblöcken verwendet werden, kommt ihnen bei der Programmierung eine besondere Bedeutung zu. In der Programmiersprache Python ist die Einrückung sogar Teil der Semantik eines Programms: Falsch eingerückte Textblöcke können Anweisungen zum Beispiel aus einer Schleife hinausbefördern. Daher vermeiden viele Teams (insbesondere Python-Entwickler) Tab-Stopps komplett und weisen ihre Editoren an, sie durch eine festgelegte Anzahl von Leerzeichen zu ersetzen.

Wie breit hat eine Einrückung zu sein?

Zwei Leerzeichen:

```
public boolean hasStableIds() {
  return true;
}
```

Oder vier:

```
public boolean hasStableIds() {
    return true;
}
```

Oder acht (der Standard im Linux-Kernel):

```
public boolean hasStableIds() {
        return true;
}
```

Sollen Zeilen nach einer bestimmten Maximallänge hart umbrochen werden?

```
scroll.setLayoutParams(new LayoutParams(LayoutParams.FILL_PARENT, LayoutParams.
FILL_PARENT));
```

Oder so:

```
scroll.setLayoutParams(new LayoutParams(LayoutParams.FILL_PARENT,
LayoutParams.FILL_PARENT));
```

Vor und nach welchen Teilen des Codes sollen Leerzeilen stehen?

```
protected void onCreate(Bundle savedInstanceState) {
super.onCreate(savedInstanceState);
setContentView(R.layout.thread_list);
Bundle b = getIntent().getExtras();
byte[] boardS = b.getByteArray("board");
ByteArrayInputStream bitch = new ByteArrayInputStream(boardS);
ObjectInputStream in;
final View progWrapper = findViewById(R.id.threadlist_watcher_wrapper);
progress = (ProgressBar)findViewById(R.id.threadlist_watcher);
progress.setMax(100);
progress.setProgress(0);
new AlertDialog.Builder(KCThreadListActivity.this)
```

Oder so:

```
protected void onCreate(Bundle savedInstanceState) {
super.onCreate(savedInstanceState);
setContentView(R.layout.thread_list);

Bundle b = getIntent().getExtras();
byte[] boardS = b.getByteArray("board");
ByteArrayInputStream bitch = new ByteArrayInputStream(boardS);

ObjectInputStream in;

final View progWrapper = findViewById(R.id.threadlist_watcher_wrapper);
progress = (ProgressBar)findViewById(R.id.threadlist_watcher);
progress.setMax(100);
progress.setProgress(0);

new AlertDialog.Builder(KCThreadListActivity.this)
```

Sollen multiple Bedingungen jeweils auf einzelnen Zeilen stehen?

```
if ((null == fileName) || (null == content)) {
    return;
}
```

Oder so:

```
if ((null == fileName) ||
    (null == content)) {
    return;
}
```

Wie kennzeichnet der verwendete Editor die Zeilenenden?

Die Unterschiede zwischen den verschiedenen Betriebssystemen werden immer geringer. Wo vor ein paar Jahren die Übertragung von Textdateien über Betriebssystemgrenzen hinweg noch für verstümmelte Umlaute gesorgt hat, bringt Unicode jetzt Ruhe. Zumindest Mac OS X und Linux sind sich über Zeilenenden in Textdateien (line feed) und Trennzeichen in Dateipfaden (Schrägstrich /) mittlerweile einig. Windows geht hier jeweils eigene Wege. Zumindest die meisten Programmierwerkzeuge verstehen aber auch unter Windows Dateipfade mit einem normalen Schrägstrich statt einem Backslash.

Alle guten Texteditoren auf allen Plattformen unterstützen die gängigen Konventionen für Zeilenenden. Außer in reinen Windows-Projekten setzt sich hier die Unix-Konvention durch: ein Line-Feed-Character (LF) ASCII 10, hexadezimal: 0A, im Sourcecode vieler Sprachen als \n geschrieben. Unter Windows ist die Zeichenfolge Line-Feed gefolgt von Carriage-Return (CR LF), ASCII 10 gefolgt von ASCII 13, hexadezimal: 0A 0D, im Sourcecode: \n\r) üblich.

Sie sollten darauf achten, dass Ihr Texteditor die im Team verwendete Konvention für Zeilenenden befolgt, ansonsten erscheinen von Ihnen bearbeitete Sourcecode-Dateien bei Ihren Kollegen in einer einzigen, sehr langen Zeile und sorgen für Unmut.

Wie wichtig sind die unterschiedlichen Konventionen wirklich? Es gibt ein paar Untersuchungen, die Lesbarkeitsunterschiede zwischen verschiedenen Code-Layoutkonventionen finden. Im Vergleich zu den riesigen Lesbarkeitsunterschieden zwischen schlechtem und halbwegs brauchbarem Code sind diese Feinheiten aber vollkommen egal. Ob der Code 2, 4 oder 8 Leerzeichen weit eingerückt ist und ob Sie diese Leerzeichen mithilfe der Leertaste oder mit dem Tabulator erzeugen, sollte Sie als Leser dieses Buchs nicht länger als ein paar Minuten beschäftigen. Wichtig ist, dass Sie sich für eine dieser Möglichkeiten entscheiden und nicht mehrere Varianten nebeneinander verwenden. Denken Sie sich keinen eigenen Stil aus, sondern wählen Sie einen der existierenden. Er ist praxiserprobt, leichter zu verteidigen »und Ihre Leser kotzen weniger«[2]. Eine Übersicht finden Sie unter *de.wikipedia.org/wiki/Einrückungsstil*.

---

2   »Code Craft« von Pete Goodliffe (No Starch Press 2006), S. 26.

Konventionen im Team

Wenn man neu in einer Programmiersprache oder in Projekt ist, empfiehlt sich ein zweistufiges Verfahren:

1. Erst mal gucken, wie es die anderen machen.
2. Dann alles genauso machen.

Firmen- oder projektinterne Regelungen sind unter anderem sinnvoll, weil Programmierer sonst zu viel Zeit damit zubringen, den Code anderer Leute neu zu formatieren. Die Vorteile, die sich daraus ergeben, dass alle sich an dieselben Vorgaben halten, sind größer als der Umgewöhnungsärger der einzelnen Programmierer – obwohl dieser Ärger erheblich sein kann, wenn man in mehreren Projekten zugleich arbeitet, die alle ihre eigenen Konventionen haben. Jedenfalls bleibt das Gehirn flexibel, wenn man hin und wieder seine Formatierungsgewohnheiten ändert, die Ketchupmarke wechselt oder ein Land mit Linksverkehr aufsucht.

In der Informatik finden sich viele Menschen ein, die große Aufmerksamkeit für Details aufbringen. Das ist hilfreich beim Programmieren, kann aber zu einer gewissen Zwanghaftigkeit beim Umgang mit dem Code anderer Menschen führen. Wenn Sie selbst keinen unwiderstehlichen Drang dazu verspüren, Fremdcode umzuformatieren, tun Sie der Welt einen großen Gefallen, indem Sie es bleiben lassen. Und bringen Sie Geduld für Menschen auf, die nicht anders können.

Wenn fremder Code wirklich unbedingt umformatiert werden muss, darf das auf keinen Fall von Hand geschehen. Falls Ihr Texteditor keine automatische Formatkorrektur beherrscht, brauchen Sie ein separates Tool. Welches das sein könnte, hängt von der Programmiersprache ab, Stichwörter für die Suche wären »Code Beautifier« oder »Code Formatter«. Manche Texteditoren und Entwicklungsumgebungen haben einen Menüeintrag »Formatierung korrigieren« (oder ähnlich). Man kann dann einen Codeblock markieren und mithilfe dieses Menüs den Formatierungskonventionen entsprechend bereinigen lassen. Das klingt praktisch, birgt aber Sprengkraft, wenn das Programm nicht dieselben Vorstellungen von korrekter Formatierung hat wie die Kollegen.

Es ist weiterhin ungemein schlechter Stil, in einem unbeobachteten Moment dem Kollegen X per automatischer Korrektur an von ihm geschriebenen Code mitzuteilen, dass er sich nicht an Konventionen hält. Auch Versionskontrollsysteme und diff-Tools (siehe dazu den Abschnitt »Diff und Patch« in Kapitel 20) erkennen nicht unbedingt, dass zwei unterschiedlich formatierte Dateien inhaltlich gleich sind. Deshalb darf die automatische Formatierung in solchen Arbeitsumgebungen nur ganz am Anfang zum Einsatz kommen, bevor der Code zum ersten Mal ins Versionskontrollsystem eingecheckt wird. Und zu guter Letzt kann man die Regeln für die automatische Formatkorrektur häufig auch noch anpassen – wehe, wenn in einer Gruppe nicht alle mit den gleichen Einstellungen korrigieren.

Manche Programmiersprachen entschärfen diese sozialen Probleme durch technische Vorgaben. So kann es etwa bei Python weniger Streit um Einrückungen geben, weil die Art der Einrückungen durch die Sprache vorgegeben ist. Für die Programmiersprache Go gibt es das Tool gofmt, das man einfach beim Start des Programms oder vor dem Einchecken ins Versionskontrollsystem über den Code laufen lässt. Es formatiert den Code nach einheitlichen Regeln und beseitigt damit viele Anlässe für kleinliche Auseinandersetzungen.

Trotz aller technischen Linderungsmöglichkeiten werden Sie früher oder später mit jemandem zusammenarbeiten, der Ihre Codeformatierungsgewohnheiten kritisiert. Widerstehen Sie der Versuchung, Ihre Version mit Argumenten zu verteidigen, denn auch der andere hat Argumente für die seine, und schnell gehen Tage und Wochen ins Land, ohne dass eine Zeile Code geschrieben wird. Üblicherweise legt der Autor der ersten Codezeilen die Formatierung fest. Wenn es trotzdem Probleme gibt, können Sie der Klügere sein und nachgeben, oder auf die Zusammenarbeit verzichten. Bitte seien Sie als Leser dieses Buchs nicht derjenige, der sich mit seinen Vorstellungen unbedingt durchsetzen muss. Wir hätten dann als Autoren in unserer Mission versagt.

KAPITEL 5

Namensgebung

»In der Informatik gibt es nur zwei echte Probleme: Cache-Verwaltung und Namensgebung.«

Phil Karlton, Netscape-Programmierer

Viele nicht so gute Programmierer weigern sich, ihre wertvolle Lebenszeit auf das Ausdenken von Variablen- oder Funktionsnamen zu verwenden. Sie wollen schnell ein Ergebnis sehen und auf dem Weg dorthin nicht aufgehalten werden. Also wählen sie einen Namen, der gerade gut zu passen scheint und kurz und knapp ist, zum Beispiel tmp oder var1. Notfalls sogar dings.

Andere stutzen, wenn sie eine Variable oder Funktion benennen sollen. Sie fühlen, dass hier etwas Großes passieren soll, etwas, das den Fortgang des Projekts beeinflussen wird. Die Entscheidung fällt ihnen schwer, der gewählte Funktionsname könnte ja unvorteilhaft sein. Bei der nächsten Funktion wiederholt sich das gleiche Spiel. Tage später stellt sich dann heraus, dass der erste Name gar nicht so recht zum zweiten passen will, es drückt und kneift alles. Aber jetzt ist es zu spät, eine Angleichung der Namen würde vermutlich Probleme verursachen.

Wer schon einmal mit sich gerungen hat, ob die Umbenennung einer Variable wirklich den Aufwand lohnt, wer sich gefragt hat, ob er lieber ganz kurze oder lieber aussagekräftigere Namen verwenden soll, und wer in fremdem Code Namensmonstern wie lpszStreetNameKey begegnet, hat vermutlich das nagende Gefühl, dass eine Auseinandersetzung mit diesem Thema eine gute Sache sein könnte.

Namenskonventionen

Ein Problem der Namensgebung ist, dass es sehr viele verschiedene Namenskonventionen gibt. Für viele Programmiersprachen existieren eigene, mal mehr, mal weniger verbindliche Standards. Jede Firma, ja sogar jede Open Source-Gruppe hat ihre eigene Vorstellung davon, wie gute Namen aufgebaut sein sollten.

Als nicht so guter Programmierer sollten Sie sich zunächst mit den Konventionen der gerade verwendeten Sprache vertraut machen. Eine Suche beispielsweise nach »naming conventions« oder »style guide« in Verbindung mit dem Namen Ihrer bevorzugten Programmiersprache wird einige Dokumente zutage fördern, die eine erste Orientierung bieten. Auch größere Frameworks wie Ruby on Rails, JEE oder die PHP-Frameworks Symfony oder Zend können eine Inspiration sein.

Sprachspezifisch ist in erster Linie die Schreibweise von Namen. Die zwei wesentlichen Fragen sind dabei: »Was wird in Großbuchstaben geschrieben, was in Kleinbuchstaben?« und »Setzt man Wörter in mehrteiligen Namen durch Unterstriche oder durch CamelCase voneinander ab?« Die Namen von Konstanten etwa werden in vielen Sprachen ganz in Großbuchstaben geschrieben; davon abgesehen gibt es nur wenige Gemeinsamkeiten und allgemeingültige Vorgaben.

Ein Beispiel für Namensmuster in Python:

```
module_name, package_name, ClassName, method_name, ExceptionName, function_name, GLOBAL_
    VARIABLE_NAME, instance_variable_name, function_parameter_name, local_variable_name
```

Die Namen von Klassen und Exceptions stehen also in CamelCase, für globale Variablen verwendet man Großbuchstaben, alles andere schreibt man klein und mit Unterstrichen getrennt.

Ein Problem, das auch besseren Programmierern immer wieder zu schaffen macht, ist der konsistente Umgang mit Komposita, d.h. mit Begriffen, die aus mehreren Wörtern bestehen. Im Deutschen schreibt man Begriffe wie Dateiname oder Hintergrundfarbe zusammen. Im Englischen jedoch heißt es korrekt: *file name* und *background color*. Während Letzteres in der freien Wildbahn als backgroundColor oder background_color auftaucht, also immer getrennt geschrieben wird, ist die Sache im Fall von *file name* weniger eindeutig: Die Schreibweisen getFileName und getFilename bzw. get_filename und get_file_name ringen um die Vormachtstellung. Wenn man jedoch eine Ausnahme für filename macht, wie schreibt man dann filePath? Und wie heißt die Variable, die den Namen des Lieblingstiers beinhaltet, favoriteAnimalname?

Dieses Problem berührt den Grundsatz, dass Funktionsnamen und Variablennamen einem konsequenten Schema folgen sollten, damit sie erratbar sind und der Programmierer Zeit spart. Man orientiert sich dann generell an einem bestimmten Prinzip und merkt sich nur noch das Prinzip anstelle der Namensdetails. Im Sinne dieser Konsequenz empfehlen wir, alles, was sich als eigenes Wort verstehen lässt, mit einem Großbuchstaben bzw. Unterstrich abzuteilen, also getFileHandleForPathName bzw. get_file_handle_for_path_name zu schreiben.

Auch auf die Frage, ob Variablennamen im Singular oder im Plural stehen sollten, gibt es keine allgemein akzeptierte Antwort. Wenn eine Sammlung benannt werden soll, also zum Beispiel ein Array, das die Farben red, green, blue und yellow enthält, liegt es nahe, dieser Sammlung einen Namen im Plural zu geben, denn schließlich enthält sie mehrere Dinge. Andererseits verwendet man die Einzelteile dieser Sammlung später oft im Singular: if (isPrimaryColor(colors[$i])) ... Manche Programmierer argumentieren, dass ein Singularname sich hier grammatikalisch ordentlicher anfühlt, andere ziehen es vor, dem Namen der Variable direkt entnehmen zu können, dass sie mehrere Dinge enthält. Versuchen Sie auch hier, sich für eine Variante zu entscheiden (oder die Ihres Teams zu übernehmen) und dann konsequent dabei zu bleiben.

Wie ein Funktions- oder Variablenname geschrieben wird und formal aufgebaut sein soll, ist ein vergleichsweise kleines Problem, das sich – inklusive der Suche nach einer sprachspezifischen Anleitung – in einer halben Stunde für immer lösen lässt. Die Suche nach passenden Namen hingegen ist schwieriger und beschäftigt Programmierer ein Leben lang.

Von Byzanz über Konstantinopel nach Istanbul

Das Nachdenken über Namen kostet Zeit, aber die Alternative ist noch zeitraubender. Schlecht gewählte Namen führen schon kurze Zeit später zu vermehrter Nachdenkarbeit und zur Fehlersuche am falschen Ort. Ein Extrembeispiel aus der »The Daily WTF«-Sammlung:

> »... Ein paar Zeilen weiter sollte ein Template namens InternationalRefTemplate geladen werden. [Der unglückselige Programmierer] verschwendete zwanzig Minuten mit dem Studium von InternationalRefTemplate, bevor ihm klar wurde, dass es eigentlich um InternationRefTemplate ging. Keins von beidem durfte man mit InternatinoalRefTemplate verwechseln, einem absichtlichen Schreibfehler, der eingebaut worden war, weil jemand die Quellcodedatei von InternationalRefTemplate für ein ganzes Wochenende blockiert hatte, ein anderer Entwickler aber Änderungen vornehmen musste.«

thedailywtf.com/Articles/Poke-a-Dot.aspx

Auch erfahrene Programmierer finden selten auf Anhieb den richtigen Namen für eine Variable oder Funktion. Mal war der Name von Anfang an mittelmäßig gewählt, mal ändern sich im Laufe der Zeit die Gegebenheiten im Code oder die Anforderungen. Vielleicht stehen in elapsedTimeInMinutes inzwischen die Sekunden, weil eine höhere Präzision notwendig wurde. Der Vorteil der Namensänderung überwiegt in jedem Fall den Schaden, den das Ego durch das Eingeständnis des Fehlers nimmt, denn eine Investition in die »Knetbarkeit«, also eine Erleichterung, den eigenen Code zu ändern, ist immer lohnend und erhöht auf lange Sicht die Codequalität erheblich.

Um durch mehrfache Hin- und Herbenennungen nicht den Verstand zu verlieren, ist es wichtig, sich bei einer solchen Gelegenheit einen Editor zu suchen, der diese Arbeit aktiv unterstützt. Wer eine Entwicklungsumgebung mit Refactoring-Funktionen verwendet (siehe Kapitel 20), führt ein deutlich einfacheres Leben. Durch die Möglichkeit, Variablen, Funktionen und Klassen über Dateigrenzen hinweg leicht und nebenwirkungsfrei umzubenennen, entfällt viel von der Verantwortung bei der Benennung. Wenn Sie auch ein Versionskontrollsystem verwenden (siehe Kapitel 21), ist die getroffene Entscheidung wenig folgenreich, denn sie kann einfach revidiert werden, wenn sie sich am nächsten Tag als unglücklich herausstellt.

Selbst wenn man nur einen einfachen Editor verwendet und Namensänderungen in mühevoller Handarbeit vornehmen muss, sollte man sich überlegen, ob man einen irreführenden Namen nicht doch ändert. Langfristig spart man dadurch viel Nachdenk- und Sucharbeit, wenn man allein arbeitet, sowie Erklärarbeit, wenn man mit anderen zusammenarbeitet.

Ein Wort der Warnung an Leser, die an dieser Stelle denken, »Ein Glück, dass mein Editor dateiübergreifendes Suchen und Ersetzen beherrscht!«: Dateiübergreifendes Suchen und Ersetzen ist wie Kegeln mit Dynamitstangen. Wer zu diesem Mittel greift, sollte sich den Rest des Tages nichts vornehmen. »Ja, ja, ich pass schon auf«, denken Sie jetzt. Das ist Ihr gutes Recht, und wenn Sie eines Tages doch eine Entwicklungsumgebung mit Refactoring-Unterstützung installieren, wissen Sie danach wenigstens genau, warum.

Was ist der Unterschied zwischen dem einfachen Suchen und Ersetzen und den Umbenennungsfunktionen einer Entwicklungsumgebung (häufig zu finden im Refactoring-Menü)? Letztere verstehen den Code, können also beispielsweise Variablennamen von Funktionsnamen unterscheiden. Die IDE ist auch so schlau, beim Ersetzen von plane durch jetPlane nicht gleichzeitig die Funktion findIntersectionOfLineWithPlane durch findIntersectionOfLineWithjetPlane zu ersetzen.

Behandeln Sie größere Umbenennungen wie Refactoring und stellen Sie vorher sicher, dass Sie Unit-Tests für die betroffenen Codebereiche geschrieben haben (siehe Kapitel 16). Durch Tests können Sie jederzeit überprüfen, ob Ihre Namensänderungen unglückliche Nebenwirkungen hatten, die die Funktion des Codes beeinflussen.

Bei der Arbeit im Team sollte man weitreichende Umbenennungen vorher kurz mit den betroffenen Kollegen absprechen. Häufig genug hat jemand einen noch viel besseren Einfall, außerdem vermeidet man so allgemeine Orientierungslosigkeit am Morgen nach einer nächtlichen Umbenennungsorgie.

Ein schlechter Name und die Folgen

In einem Institut für Biotechnologie gab es eine Datenbanktabelle zu durchgeführten Experimenten. Eine Spalte dieser Tabelle war is_ill – sie besagte, ob der Versuchsorganismus durch das Experiment erkrankt war oder nicht. Ursprünglich konnten nur NULL für unbekannt, ill und healthy im entsprechenden Feld stehen. Bei Funktionen oder Tabellenspalten, die is_irgendwas heißen, ist es eigentlich üblich, nur Boolesche Werte zu wählen, also true oder false (siehe dazu den Abschnitt »Boolesche Variablen« weiter unten in diesem Kapitel). Schon von Anfang an war die Namenswahl also verwirrend, und möglicherweise begünstigte das die späteren Verschlimmerungen: Im Zuge einer Erweiterung des Datenbankschemas wurden Experimentgruppen als virtuelle Experimente abgelegt, deren is_ill-Attribut dann parent hieß. Später wurden noch Experimentvorlagen als Experimente mit template als is_ill-Attribut in der Datenbank abgelegt.

$\rightarrow$

Ältere Mitarbeiter kannten den Werdegang und wunderten sich nicht darüber. Aber die Verwirrung bei frisch Angestellten war groß, wenn sie SQL-Queries schrieben, die alle Template-Experimente aus der Datenbank fischen sollten, und nirgendwo eine type-Spalte zu finden war, wie man sie für diesen Zweck erwarten konnte. Und diese Verwunderung war noch nichts gegen die, die einsetzte, als sie die Experimenttypen in der is_ill-Spalte fanden. Es wäre bei der Erweiterung von Experimenten hin zu Parent- und Template-Experimenten sinnvoll gewesen, ein neues Attribut experiment_type zu schaffen und eine entsprechende Spalte in der Datenbank anzulegen. Warum das unterblieb, ist nicht mehr zu klären. Vermutlich musste es schnell gehen und der damalige Entwickler befürchtete, dass eine Erweiterung der Tabelle Ärger mit Programmen verursachen könnte, die auf die Datenbank zugriffen. Später konnte noch nicht einmal die Spalte is_ill umbenannt werden, weil man dafür eine ganze Reihe Programme, die auf diese Datenbank zugriffen, mühsam von Hand hätte umschreiben müssen. Relationale Datenbanken halten kaum leistungsfähige Refactoring-Tools bereit, und Änderungen am Schema ziehen Änderungen in den Applikationen nach sich, die die Datenbank benutzen. Daher unterbleiben Anpassungen in Schemata noch häufiger als im Programmcode.

Johannes

Was Namen können sollten

Wie findet man einen guten, passenden Namen für eine Variable oder Funktion? In der Praxis lautet die Antwort auf diese Frage gerade bei weniger guten Programmierern oft: Gar nicht. Es geht schließlich viel schneller, einfach temp[1], tmp, x, xxx, xx1, variable, var, arr, value, val, thing, stuff, narf, bla, number, this, that, something, whatever, dummy, one, two, three, foo oder bar[2] hinzuschreiben. Viele haben ihre eigenen Lieblingsvariablennamen für Momente, in denen ihnen gerade nichts Besseres einfällt. Im Freundeskreis der Autoren sind das hustensaft, gurkensalat, nudelholz, huehnerbein, bunnywabbit und pampe (»Aber nur früher!«). Manchmal muss es schnell gehen mit der Variablenbenennung, weil man wichtigere Dinge im Kopf hat, die man sonst während des Nachdenkens über Namensfragen wieder vergessen würde. Schreiben Sie also hustensaft, wenn es unbedingt sein muss. Aber schämen Sie sich dabei ein bisschen und widmen Sie der Umbenennung dieser Variable den nächsten Zeitslot nach Abarbeitung des aktuellen Gedankens. Vielleicht hilft es, wenn Sie sich angewöhnen, als Namensprovisorium grundsätzlich VariableFuerDieMirGeradeKeinSoRichtigGutPassenderNameEinfallenWillUndUeberDieIchSpaeterNochMalNachdenkenMuss zu verwenden, denn das ist so lang, dass Ihnen beim Tippen möglicherweise ein

---

1   In etwa 0,0001 % der Fälle wird temp völlig legitim verwendet, nämlich zur Benennung von Variablen, deren zentrales Wesensmerkmal es ist, temporär zu sein. Das ist zum Beispiel dann der Fall, wenn man den Inhalt zweier Variablen vertauschen möchte und dazu vorübergehend eine dritte als Ablageplatz verwendet.

2   foo, bar und baz sind gebräuchliche »metasyntaktische Variablen«. Das bedeutet, dass sie als Platzhalter für echte Variablennamen dienen, so ähnlich, wie »Lorem ipsum« unter Grafikern als Platzhalter für Text steht.

besserer Name einfällt. Es ist okay, unzulängliche Namen hinzuschreiben. Nicht okay ist es, sie stehenzulassen.

Wenn sich auch nach längerem Nachdenken kein passender Name finden will, kann das ein Zeichen dafür sein, dass Ihnen der Zweck der Funktion oder Variable nicht so ganz klar ist. Oder dass sie zu viel will und in kleinere Teile zerlegt werden sollte. Wenn sich für eine Funktion der Name `validateFormDataAndSubmitToServerOrDisplayErrorDialog()` aufdrängt und dieser Name die Funktion korrekt beschreibt, dann ist das der richtige Name. Eventuell ist die Funktion falsch. Widerstehen Sie der Versuchung, einen schöneren, einfacheren, kürzeren oder abstrakteren Namen zu wählen, ohne die Funktion zu ändern. Die mittelgute Lösung lautet: den Namen ausschreiben und mit seiner Länge leben. Die bessere Lösung: Den Namen ausschreiben und sich über seine Länge so oft ärgern, bis man sich schließlich zu einer Verbesserung aufrafft. Diese Verbesserung ist ganz einfach: Die Funktion wird in mehrere separate Funktionen zerlegt: `validateForm-Data()`, `submitFormToServer()` und `displayErrorDialog()`.

Wenn Sie tippfaul sind, kommen Sie vielleicht auf die Idee, die Funktion der Einfachheit halber `processFormData` zu nennen. Dann müsste daneben allerdings ein Kommentar stehen, der länger wäre als der längste Funktionsname und sowohl die Aufgabe der Funktion als auch die Ein- und Ausgabewerte dokumentiert. Das Argument »Ja, aber den muss ich nur einmal schreiben« zählt nicht, denn das hieße, dass der Leser an der Stelle des Funktionsaufrufs keine Information darüber hat, was `processFormData` denn eigentlich tut.

Evil Twins

Im Code des Riesenmaschine-Blogs gibt es die beiden Funktionen `eintrag_bearbeiten` und `eintrag_verarbeiten`. Vermutlich kann man noch mehr Verbrechen in nur zwei Funktionsnamen unterbringen, aber hier ist auf kleinem Raum schon einiges zu besichtigen. Erstens sollten die Namen natürlich englisch sein und nicht deutsch. »So kann ich leichter unterscheiden, welche Funktionen von mir sind und welche zu PHP gehören«, argumentierte ich damals. – »Aber das zeigt dein Editor doch sowieso in unterschiedlichen Farben an.« – »Oh. Stimmt.« Zweitens sind hier zahlreiche Tätigkeiten in eine umfangreiche Funktion gestopft, die deshalb den maximal vagen Namen `eintrag_bearbeiten` bekommen hat. Und drittens wurde nach einer Weile eine weitere Grabbelkistenfunktion erforderlich, die ich offenbar am liebsten ebenfalls `eintrag_bearbeiten` genannt hätte. Da das nicht ging, war es klar die zweitbeste Lösung, einen zum Verwechseln ähnlichen Namen zu wählen. Und natürlich tauchen beide Namen als Parameter in den Riesenmaschine-URLs auf, damit auch alle Welt davon erfährt.

Kathrin

Lesbarkeit, Verständlichkeit und Unverwechselbarkeit

Wenn der Name einen Kommentar erfordert, der erklärt, dass es sich beim ersten Buchstaben von IllII um ein großes I und nicht um ein kleines Ell handelt, danach aber zwei kleine Ell und eine römische Ziffer II folgen, dann gibt es Spielraum für Verbesserungen. Besteht eine Chance, dass der Name richtig verstanden wird, wenn man ihn durch eine vollbesetzte Bar ruft oder auf einer Zugfahrt mit mäßigem Handyempfang über den Code diskutieren möchte? Vermeiden Sie insbesondere einbuchstabige Variablennamen. Die einzigen Ausnahmen von dieser Regel sind temporäre Integer-Variablen in Schleifen wie i, j und k sowie die geometrischen Koordinaten x, y und z. Abkürzungen sind nur dann erlaubt, wenn sie der breiten Allgemeinheit bekannter sind als die ausgeschriebene Version, also etwa URL und HTML.

Allerdings gibt es einige Ausnahmen von dieser Regel. In diesen Fällen ist es eher unüblich, die vollständige Form zu verwenden:

> num für numberOf
> pos für position
> len für length
> max für maximum
> min für minimum
> temp oder tmp für temporary
> val für value

Count mit Cnt abzukürzen, wie es häufig geschieht, ist hingegen ein mittelmäßiges Geschäft, bei dem minimale Tipparbeit eingespart wird und Verständlichkeit verlorengeht. Widerstehen Sie auch der Versuchung, eine *ID for the Insurance Object Type* idiot zu nennen.[3] Manche Projekte legen sich dafür Abkürzungsverzeichnisse an. Oft gibt es ja Abkürzungen, die in dem jeweiligen Fachgebiet bekannt sind, aber nicht unbedingt dem Programmierer. Wenn Sie mit anderen zusammenarbeiten, sollten Sie frühzeitig herausfinden, ob ein solches Verzeichnis existiert.

Ein häufig genanntes Argument gegen sprechende Namen von Variablen und Funktionen ist die durch Abkürzungen eingesparte Tipparbeit. RHC ist natürlich wesentlich schneller zu tippen als RawHandlerContext. Und die Wahrscheinlichkeit, beim Schreiben eines Bezeichners einen Tippfehler zu machen ist geringer, je kürzer er ist. Tippfehler allerdings fallen fast immer von allein auf, weil der fehlerhafte Code gar nicht erst läuft, es sind also meist harmlose Fehler. Die durch Abkürzungen verursachten Verständnisprobleme aber führen zu schlimmeren Fehlern, die nicht automatisch erkannt werden können und potenziell viel mehr Zeit verschlingen als das Tippen von noch so langen Variablennamen. Außerdem lassen sich k und rbs bei Bedarf viel schlechter suchen und finden als mostAdorableKittenName und numberOfRubysInStoneCollection.

---

3   Ein Beispiel von Gorka Siverio aus *c2.com/cgi-bin/wiki?BadVariableNames*.

Es empfiehlt sich, das Beste aus beiden Welten zu kombinieren: Gute Code-Editoren können den Rest eines Wortes erraten, sobald der eingetippte Wortanfang eindeutig ist. Sie durchsuchen die geöffnete Textdatei nach einem passenden Wort und ergänzen die gerade eingetippte Zeichenkette, sobald sie durch einen Tastaturshortcut dazu aufgefordert werden. So genügt es dann beispielsweise, RawH und die Escape-Taste zu drücken, um RawHandlerContext zu schreiben. (Bei Sprachen, bei denen CamelCase der Standard ist, kann man auch einfach die Großbuchstaben eingeben und dann die Vervollständigung aufrufen, RHC wird dann als RawHandlerContext erkannt.)

Autovervollständigen von Namen in verschiedenen Editoren

Editor	Tastenkürzel
vi	CTRL und P
vim	CTRL und N
Emacs	ESC, dann /
Eclipse	ALT und /
Intellij IDEA	ALT und /
TextMate	ESC
RubyMine	CTRL und Leertaste
UltraEdit	CTRL und Leertaste
XCode	Vervollständigungsvorschläge tauchen von allein auf.
Sublime Text	Vervollständigungsvorschläge tauchen von allein auf. Wenn es schneller gehen soll: CTRL und Leertaste.

Leicht merkbare Namen sind weniger wichtig, wenn man eine Entwicklungsumgebung oder einen der im Kasten genannten Editoren verwendet, denn dann braucht man sich nur noch zu merken, wie der Name angefangen hat, den Rest erledigt die Code-Completion. Aber auch dann gilt: Wenn man sich wiederholt dabei ertappt, bonusPointsMax unter dem Namen maxBonusPoints zu suchen, soll man seinem Gedächtnis den Gefallen tun und dem gesuchten Ding den Namen geben, unter dem man es häufiger zu finden versucht hat.

Wenn sich die gewählten Namen untereinander möglichst wenig ähnlich sehen, vermeidet man Verwirrung, und Flüchtigkeitsfehler fallen eher auf. Das wesentliche Unterscheidungsmerkmal sollte sich nicht tief im Inneren von langen Namen verstecken: setFillColorForUpperPageMarginOfCoverArticle und setFillColorForLowerPageMarginOfCoverArticle sehen sich beim Überfliegen des Codes unangenehm ähnlich. Besser wäre setUpperPageMarginFillColorForCoverArticle und setLowerPageMarginFillColorForCoverArticle, weil Upper und Lower hier sichtbarer sind.

Namen dürfen sich auf keinen Fall nur durch Groß- und Kleinschreibung voneinander unterscheiden. Auch eine Unterscheidung durch einen einzigen Buchstaben ist zu wenig. Das gilt auch dann, wenn dieser Buchstabe dazu dient, Singular und Plural zu kennzeichnen. getUsername und getUsernames sind beispielsweise zu ähnlich, getAllUsernames löst das Problem. Zahlen am Ende von Variablennamen sind ein sicheres Anzeichen dafür, dass der Autor keine Lust zum Nachdenken hatte. Die Ziffer 1 sieht in vielen Schriften übrigens exakt so aus wie ein kleines l, auch dieser Umstand hat einen der Autoren dieses Buches bereits an seinem Verstand zweifeln lassen.

Verständlichkeit und Logik

Gute Namen beschreiben nicht die Oberfläche, sondern den Sinn. Es zahlt sich zum Beispiel nicht aus, die zwei Spalten eines Website-Layouts intern left_column und right_column zu nennen. Eines Tages kommt womöglich jemand auf die Idee, die Navigationsspalte sei auf der anderen Seite besser aufgehoben. Mit left_column und right_column bekommt man jetzt ein Problem, mit navigation_column und text_column nicht. (Jedenfalls so lange nicht, bis jemand beschließt, ab sofort nur noch Bilder in der Textspalte unterzubringen.)

Funktionsnamen sollten beschreiben, was die Funktion tut, nicht, wie sie es tut. highlightCurrentPage() ist besser als setBackgroundOfCurrentPageToWhite(). Sonst muss man alle Aufrufe dieser Funktion ändern, sobald man feststellt, dass Gelb doch die auffälligere Hintergrundfarbe ist oder erst ein Blinken die nötige Aufmerksamkeit erzeugt.

Überlegen Sie, was das Wesen der zu beschreibenden Variable oder Funktion ausmacht. Eine Variable, die den Namen einer Programm-Voreinstellungsdatei enthält, sollte settingsFileName heißen, denn das ist die Essenz dessen, was sie enthält. settingsText würde zu kurz greifen, denn selbst wenn die Datei Text enthält, ist das nicht der Inhalt der Variable. programSettings trifft es auch nicht, denn die Variable enthält nicht die Einstellungen selbst. Wählen Sie im Zweifelsfall die spezifischere Angabe: Man kann zwar in kurzen Funktionen, deren Code klar ist, den Rückgabewert einer arithmetischen Berechnung schon mal result nennen, ohne dass es gleich Frösche regnet. Schöner wäre es aber, der Variable einen sprechenden Namen wie medianValue zu geben.

Wenn eine Information für den Umgang mit dieser Variable sehr wichtig ist, dann gehört sie wahrscheinlich in den Variablennamen. Das gilt insbesondere für Maßeinheiten: Wenn Sie length_in_mm oder delay_seconds schreiben, teilen Sie dem Leser etwas Wichtiges mit, das ein Codekommentar nicht könnte, denn die Maßeinheit ist an jeder Stelle im Code sichtbar, an der die Variable verwendet wird. Ein Codekommentar hingegen steht nur da, wo die Variable deklariert wird. Auf den ersten Blick klingt das zwar nach unnötiger Namensverlängerung, aber wer sich schon einmal mit den unterschiedlichen Maßeinheiten im Webdesign (px, em, pt) herumgeschlagen hat, kennt das Potenzial an Leid, das durch missverstandene Einheiten verursacht werden kann.

Auch andere Zusatzinformationen sind unter Umständen im Variablennamen gut aufgehoben, nämlich dann, wenn ansonsten das Risiko unangenehmer Überraschungen besteht. Es kann sich umständlich und übervorsichtig anfühlen, Variablen untrustedString oder text_UTF8 zu nennen. Tun Sie es trotzdem (mit Augenmaß), spätestens, wenn Sie schon einmal wegen des Fehlens dieser Information auf die Nase gefallen sind. Einerseits sollten Sie nicht jede Stringvariable mit einem UTF8-Suffix versehen, wenn Sie sowieso nur UTF8-codierte Texte verarbeiten, andererseits sollten Sie sich nicht scheuen, es zu tun, wenn Sie beispielsweise ISO-8859-1-codierte Strings lesen und konvertieren und UTF8-codierte weiterverwenden.

Eine Konvention, die über viele Sprachgrenzen hinweg verstanden wird, ist, Konstantennamen komplett in Großbuchstaben zu schreiben. Eine weitere verbreitete Konvention objektorientierter Sprachen ist, die Namen von »private«-Member-Variablen, also Eigenschaften eines Objekts, die nach außen nicht sichtbar sein sollen, mit einem Unterstrich beginnen zu lassen, also beispielsweise _state.

Ein guter Name sitzt weder zu locker noch zu eng. Verwenden Sie nicht dog, wenn Sie in dieser Variable nur den *Namen* eines Hundes speichern möchten. Umgekehrt sollte eine Variable frameColor wirklich nur Farben enthalten. Sollen auch Verläufe und Muster in dieser Variablen gespeichert werden können, dann nennt man sie besser frameFill. Wiederholen Sie aber nicht Klassennamen in Member-Variablen und Getter/Setter. Wenn Sie objektorientiert programmieren und eine Animal-Klasse schreiben, dann braucht die Fellfarbe nicht animalColor zu heißen, color reicht.

Wenn Funktionen aufeinander aufbauen oder voneinander abhängen, sollte das möglichst auf einen Blick erkennbar sein. Einen besseren Überblick über solche Abhängigkeiten schafft man vor allem durch Umstrukturierung des Codes, aber Namensgebung kann dabei helfen. Wenn eine Funktion als Erstes bestimmte Dinge erledigen muss, bevor es weitergehen kann, trägt diese Funktion gern ein initialize oder prepare im Namen: initializeTimer, prepareConnection.

Pflegen Sie zusammengehörige Variablen gemeinsam. Wenn man nur eine einzige Variable namens color hat, dann aber feststellt, dass auch eine Hintergrundfarbe benötigt wird, ist die Verlockung groß, die zweite Variable einfach backgroundColor zu nennen und es dabei bewenden zu lassen. Das ist inkonsistent und stiftet Verwirrung. Besser ist es, auch die erste Variable umzubenennen, so dass man textColor und backgroundColor erhält.

Achten Sie auf mögliche Missverständnisse. Einer Variable map sieht man nicht an, ob in ihr Kartendaten wohnen oder ob sie vielleicht ein *assoziatives Array* ist. Die Verwechslungsgefahr entsteht hier dadurch, dass solche Arrays in einigen Programmiersprachen map heißen, zum Beispiel in C++ und Java. getIP ist kein vorteilhafter Name für eine Funktion, deren Aufgabe »get interesting people« lautet (ein Beispiel aus der Frühgeschichte des sozialen Netzwerks *aka-aki.com*).

Assoziative Arrays

Ein assoziatives Array ist eine Art, Schlüsselwörter und Werte geordnet zu speichern, wie zum Beispiel »name« => »Max Mustermann«.

Metaphern führen besonders leicht zu Verwirrung und Missverständnissen. Programmiersprachen enthalten zwar ebenso wie natürliche Sprachen reichlich Metaphorisches: *trees*, *frames*, *windows*, die *Cloud*, die Decorator- und Factory-Klassen in der objektorientierten Programmierung und vieles mehr. Neue Metaphern sollten Sie trotzdem nur in gut begründeten Fällen einführen. Auch wenn für Sie vollkommen klar sein mag, warum Dogsitter oder Navelgazer Ihre Klasse am allerbesten beschreiben, können Metaphern anderen Lesern Probleme bereiten, insbesondere, wenn diese Leser aus anderen Kulturkreisen stammen. Außerdem besteht die Gefahr einer Kollision mit eingeführten Metaphern, die man als unerfahrener Programmierer womöglich gar nicht kennt. Dann wählt man leicht eine Metapher, die für andere Leser eine ganz spezielle Bedeutung hat. So sind beispielsweise Visitor, Facade oder Observer etablierte *Design Patterns*, die als selbstgewählte Bezeichner tabu sind. Es hilft, vorsorglich eine Liste mit Design Patterns durchzulesen, nur damit man deren Namen schon einmal gesehen hat. Der Wikipedia-Eintrag *en. wikipedia.org/wiki/Software_design_pattern* enthält einen kurzen Überblick.

Design Patterns

Ein Design Pattern ist ein Lösungsmuster für wiederkehrende Probleme. In der Architektur ist etwa ein Reihenhaus ein Design Pattern. Es löst das Problem, dass Einfamilienhäuser ab einer bestimmten Bebauungsdichte nur noch von einem schmalen Gartenrand umgeben sind. Auch wenn man Design Patterns in der Softwareentwicklung nicht selbst aktiv einsetzt, können sie dabei helfen, vage Konzepte mit Namen zu versehen, so dass man nach ihnen suchen oder sich mit anderen Programmierern darüber unterhalten kann.

Keine Witze! Keine Coolness!

Anders als in vielen anderen Lebensbereichen sind Humorlosigkeit und mangelnde Originalität bei der Namensfindung große Tugenden. Ja, es ist oft verlockend, Variablen $c3po, $r2d2, Laserpony und Overlord zu nennen. Nein, man wird sich beim nächsten Blick in den Code nicht zu seinem Witz beglückwünschen, sondern sich fragen, was man wohl in diese Variablen gesteckt haben könnte. Schön für Sie, wenn Sie wissen, dass man unter Profis i18n schreibt, wenn man »internationalization« meint und ein paar Buchstaben einsparen möchte. Schreiben Sie es dennoch aus, denn nicht allen Lesern wird sich dieser Sachverhalt erschließen. Sehen Sie insbesondere davon ab, als heimliches Zeichen Ihrer Überlegenheit in Variablennamen Ihren Auftraggeber, Ihre Nutzer oder den Erfinder der Programmiersprache zu beleidigen. Letzterem ist es vermutlich egal, was ein beliebiger Programmierer von ihm hält, aber falls Chef oder Kunde den Code sehen wollen oder durch ein Missgeschick zu sehen bekommen, wird es Ärger geben.

i18n
Die 18 ergibt sich daraus, dass zwischen dem »i« und dem »n« von »internationalization« 18 Buchstaben sitzen.

Ein unvergesslicher Moment

»Die Firma meines Freundes war Microsoft-Partner. Genaugenommen kam praktisch ihr gesamtes Funding von Microsoft. Sie arbeiteten dort an einem Spiel, hatten aber große Probleme mit DirectX, das noch ganz neu war. Für eine große Spielemesse bereiteten sie eine Demo vor, es fehlte nur noch der Installer. Den schrieben sie in der Nacht vor der Messe (hier Einsatz unheilverheißender Musik), und flogen dann mit der Installations-CD hin.

Die Messe fängt also an, und das Spiel von meinem Freund ist der Mittelpunkt des Microsoft-Messestands. Das Spiel soll auf einem riesigen 5-Meter-Display über dem Stand laufen.

Sie wollen das Spiel auf den Microsoft-Rechnern am Stand installieren, aber ... es läuft nicht.

Der Firmeninhaber ist da. Der für das Projekt zuständige Microsoft-Vorstand ist da. Die Massen strömen in die Messehalle. Die Microsoft-Techniker am Stand helfen beim Troubleshooting. Vielleicht sind es die Treiber? Vielleicht ist es die Betriebssystemversion? Nichts. Auch nichts. Sie öffnen die Registry mit regedit. Richtig, da sitzt das Problem. Die Variable `BILL_GATES_IS_AN_*******` ist im Installer falsch definiert.

Auf dem fünf Meter großen Display in regedit. Bei Microsoft fanden sie das nicht so lustig.«

Anonymer Kommentator, *c2.com/cgi/wiki?BadVariableNames*

Der Stoff, aus dem die Namen sind

Weniger gute Programmierer und Menschen, deren Muttersprache nicht Englisch ist, machen sich gern ein neues Wort für einen Sachverhalt, für den erfahrene Programmierer einen ganz bestimmten Begriff haben. Von der Schimpansin Washoe, die etwa 350 Wörter der Gebärdensprache ASL beherrschte, ist überliefert, sie habe für ihr unbekannte Erscheinungen selbstständig Begriffe wie *water bird* oder *metal cup drink coffee* gefunden. Das ist toll, wenn man ein Schimpanse ist. Noch besser aber ist es, wenn man weiß, dass es für diese Erscheinungen bereits etablierte Begriffe gibt, nämlich *Schwan* und *Thermoskanne*. Auch wenn man im Netz nach Antworten sucht (siehe Kapitel 8), ist es nützlich, den ganz speziellen Begriff für das zu kennen, was man vorhat.

Wir haben deshalb im folgenden Abschnitt ein paar gebräuchliche Namensbestandteile zusammengetragen, auf die man als weniger erfahrener, deutschsprachiger Programmierer nicht unbedingt auf Anhieb kommt oder deren Unterschiede sich nicht von allein erschließen. Es ist eine unvollständige Sammlung, nach deren Lektüre Sie aber zumindest eine Vorstellung davon haben sollten, was im Kopf besserer Programmierer beim Nachdenken über Namen vorgeht. Vielleicht betrachten Sie die Namen aufmerksamer, die Ihnen in Fremdcode begegnen, und nehmen deren Bestandteile in Ihren aktiven Programmierwortschatz auf.

Vorgänge, Funktionen, Methoden

Funktionen tun üblicherweise etwas. Das sollte sich in ihren Namen widerspiegeln, deshalb beginnen sie mit einem Verb. markDirty() ist besser als dirty().

dirty

Das »dirty« bedeutet hier, dass man einen Datensatz verändert hat und dieser Datensatz daher beispielsweise gespeichert werden muss. Um das Programm nicht zu blockieren, kann es sinnvoll sein, das Speichern aufzuschieben. Wenn man den Datensatz als *dirty* markiert, weiß man später, welchen man eigentlich speichern wollte. Es handelt sich zwar um eine Metapher, aber um eine unter Programmierern etablierte.

Deutschsprachige Programmierer neigen manchmal dazu, das Verb ans Ende zu stellen: abbreviation_expand, weil der deutsche Satzbau die Reihenfolge Dinge_machen vorgibt. Tatsächlich gehört es aber an den Anfang: expand_abbreviation.

Objektorientierte Programmierung

Die eine große Ausnahme von dieser Regel ist die objektorientierte Programmierung. Objekte bilden hier einen Namensraum (siehe den Abschnitt »Namespaces« in Kapitel 26), der alle ihre Methoden einschließt. Daher heißt es in vielen objektorientierten Sprachen Ding.machen!, also *Im Namensraum (Kontext) von Ding bitte Folgendes machen*. Dabei schreibt man immer Abbreviation.expand(), wenn man ein Abbreviation-Objekt hat, aber niemals Abbreviation.expand_abbreviation(), denn die Methoden eines Objektes sollten sich möglichst auf das Objekt selbst beziehen – eine weitere Erwähnung von Abbreviation im Methodennamen wäre also überflüssig.

Wir haben eine Liste der Verben zusammengestellt, die häufig in Funktionsnamen Verwendung finden. Einige dieser Verben können je nach Programmiersprache geschützte Begriffe sein, zum Beispiel extract in PHP. Das bedeutet, dass man keine eigenen Funktionen so benennen darf. Die Liste soll nur beim Finden der richtigen Verbbausteine für Namen helfen, denn auf das Verb folgt üblicherweise noch ein Substantiv: getQuestion. Wenn das nicht verwechslungssicher genug ist, kann man vor dem Substantiv ein Adjektiv unterbringen wie in getUnansweredQuestions und/oder nach dem Substantiv eine Bezeichnung für eine Struktur wie in getUnansweredQuestionsList, showUnansweredQuestionsTable.

Suchen und Beschaffen

get

> Beispiele: getParent(), getName(), getRemainingFuel()

Ein Wert wird gegebenenfalls berechnet und von der Funktion zurückgegeben. In objektorientierten Sprachen ist es üblich, zur Kapselung (siehe Kapitel 23) von Variablen eines Objekts eine ganze Reihe von getter-Methoden zu schreiben, die den lesenden Zugriff auf diese ansonsten privaten Variablen ermöglichen. Diese Methoden folgen dem Namensschema getVariablenname(). In manchen Sprachen, beispielsweise in Objective-C, ist es üblich, das Präfix get wegzulassen. Wenn es aber weder die Konventionen der Sprache noch Ihre Mitprogrammierer von Ihnen verlangen, sollten Sie get lieber ausschreiben, das ist eindeutiger.

Wenn eine Funktion mit get anfängt, lesen erfahrene Programmierer daraus, dass der betreffende Vorgang relativ schnell und mühelos über die Bühne gehen wird. Ist das nicht der Fall, weil die Funktion beispielsweise minutenlang das Netz oder die gesamte Festplatte durchsucht, wählt man besser ein Verb, das nach Aufwand klingt, zum Beispiel compute, acquire, fetch, download oder retrieve. Dadurch sind die Nutzer der Funktion gewarnt.

Auch der Gegensatz synchron–asynchron spielt eine Rolle bei der Entscheidung für das passende Verb. Überreicht man einem Skript eine URL und bekommt irgendwann von dieser URL Daten zurück, dann steht der Browser in der Zwischenzeit nicht still. Es handelt sich um einen asynchronen Vorgang. Das Verb request ist häufig ein Indiz dafür, dass hier etwas Asynchrones geschieht. get ist niemals asynchron, request sehr oft, query kann beides sein.

find, search

> Beispiele: string.find in Python, array_search in PHP

find findet etwas in einer Sammlung (eine Datei in einem Verzeichnis, ein Element in einer Liste, eine Nadel im Heuhaufen). Das Ergebnis ist typischerweise die Position des gesuchten Objektes in der Sammlung oder ein spezieller Wert wie null, nil, 0 oder -1, wenn das Objekt nicht gefunden wurde.

Wegen der Ähnlichkeit mit dem deutschen Verb »suchen« können deutschsprachige Programmierer in Versuchung geraten, stattdessen seek zu verwenden. seek ist aber schon für einen anderen Zweck vergeben, es verschiebt einen gedachten Lese-/Schreibkopf, um folgende read- oder write-Operationen an einer anderen Stelle des Datenstroms vorzunehmen.

Das für Deutsche ebenfalls naheliegende search kann Verständnisproblem verursachen, weil es im Englischen ein anderes Objekt hat als im Deutschen: »search a bag« ist das Durchsuchen einer Tasche, nicht das Suchen *nach* der Tasche. Wenn man search in Funktionsnamen verwendet, darf man der Funktion daher nicht das Gesuchte mitgeben, sondern muss den Ort benennen, an dem gesucht werden soll: searchFolder sucht nicht *nach*, sondern *in* einem Verzeichnis.

include

Beispiel: Server Side Includes (Web)

Eine besonders gängige Bedeutung beim Kompilieren in Sprachen wie C oder bei der etwas älteren serverseitigen Webtechnologie Server Side Includes: Eine Datei soll an der Stelle der Include-Anweisung eingebettet werden, bevor die Datei weiterverarbeitet wird.

include kann auch Bestandteil eines Funktionsnamens sein, wenn Sie damit andeuten wollen, dass weitere Datenquellen gelesen und eingebaut werden, häufiger aber als Boolescher Variablenname wie etwa includeOldData, um bestimmte Datenquellen entweder mit in eine Auswertung einzubeziehen oder nicht.

scan

Beispiel: scandir in PHP

Von einer Funktion mit scan im Namen darf man erwarten, dass sie nicht schon nach dem ersten Treffer wieder zurückkehrt, sondern sich die gesamte Tabelle, Festplatte oder Verzeichnisstruktur ansieht und dann Bericht erstattet. Auch wenn man noch gar nicht so genau weiß, wonach man suchen soll, ist scan eine gute Wahl. Wo ein anderes Suchverb wie find oder search bedeuten kann, dass im Hintergrund z. B. nur schnell in einem Index nachgesehen wird, sagt scan: Hier passiert etwas Gründliches, das länger dauern könnte.

Anzeigen

dump

Beispiele: var_dump in PHP, dumpAccountData

Ein zusammengesetztes Objekt wird mit dump halbwegs menschenlesbar, aber nicht besonders schön ausgegeben, typischerweise zu Debug-Zwecken und nicht für den Endanwender.

render

Beispiele: renderFrame, wobei mit Frame ein Einzelbild gemeint ist, renderHTML (als Gegenteil von parseHTML)

Eine irgendwie geartete Umformung von Daten im Sinne einer Aufbereitung, die dann leichter (z. B. vom Menschen) zu konsumieren ist. Beispiele: Ein Datenbankobjekt formatiert sich als HTML-Code, ein Ray-Tracing-Programm berechnet ein Bild aus 3-D-Daten. render hat den Beigeschmack einer aufwendigeren Operation (Größenordnung bis zu Kaffeeholen und -trinken).

show und hide

Beispiele: showTooltip, hideTooltip

show kommt vor allem als Gegenspieler von hide zum Einsatz. Gibt es keine hide-Variante, eignet sich display besser.

Verbinden

join, merge
> Beispiel: `array_merge()` in PHP

> Mit `join` oder `merge` fügt man zwei oder mehr Teile zu einem Ganzen zusammen. `merge` ist dabei meistens die bessere Wahl, denn `join` hat mehrere Konnotationen, je nach Kontext: Im Rahmen von Datenbanken bedeutet es, dass Ergebnisse aus zwei Tabellen anhand einer gemeinsamen Eigenschaft zu einem Ergebnis zusammengelötet werden. Arrays können auch ge-`join`t werden, das bedeutet aber in den meisten Sprachen, dass sie zu einem beispielsweise kommaseparierten String zusammengefasst werden. `Node.js` besitzt die Funktion `Path.join()`, die mehrere Dateipfadfragmente intelligent zu einem neuen Pfad zusammenfasst und dabei unsinnige Einträge entfernt; `os.path.join` in Python funktioniert ähnlich. `merge` impliziert, dass das Ergebnis der Operation den gleichen Typ wie die Eingangsdaten hat.

append, concatenate
> Beispiele: `append` in Python, `concat` in JavaScript

> Hängt etwas an das Ende von etwas anderem an, zum Beispiel einen String an einen anderen oder eine Datei an eine andere. Hängt man den neuen Teil statt ans Ende an den Anfang, heißt es `prepend`. Verwandt ist `concatenate`, das häufig in seiner abgekürzten Form `concat` zum Einsatz kommt. Bei `append` hat man üblicherweise eine *Collection* vor sich, an die man ein Item anhängen möchte. So ist es beispielsweise Konvention bei jQuery. Concatenate hängt eher eine Collection an eine andere an und ist damit eine spezielle Form von `combine`. Hilfreich bei der Entscheidung zwischen den Varianten ist auch die Frage, ob die Funktion wie eine mathematische Operation wirken soll, ob sie also ein Ergebnis zurückliefert, ohne die Operatoren zu verändern: Die Rechnung $2 + 3 = 5$ belässt die 2 und die 3 unverändert. Append verändert den ersten Teil der Operation: Durch das Zusammenhängen von `stringA` und `stringB` entsteht ein verlängerter `stringA`. concatenate *kann* `stringA` verändern, muss aber nicht. Oft entsteht stattdessen ein ganz neuer `stringC`.

> **Collections**
>
> *Collection* ist ein Oberbegriff für Datenstrukturen, die mehrere Elemente der gleichen Sorte enthalten, also z.B. Arrays, Listen, Maps, Dictionaries, Hashtables.

combine
> Beispiele: `combine_arrays`, `combine_tables`

> Ein sehr unscharfer Begriff, aber manchmal ist gerade diese Unschärfe erwünscht. `combine` macht zwei oder mehr Dinge zu einem und wird häufig verwendet, wenn Listen, Arrays oder andere Datensammlungen zusammengeführt werden sollen. Der Begriff macht keine Vorgabe dafür, wie dieses Zusammenführen genau geschehen soll. Beispielsweise könnte man eine Funktion schreiben, die zwei Arrays zu einem

zusammenführt. Falls in Array A ein Element enthalten ist, das auch in Element B enthalten ist, kann es je nach Einsatzgebiet sinnvoll sein, dieses Duplikat unter den Tisch fallen zu lassen. Dieses Verhalten kann durch einen Parameter gesteuert sein:

```
function combine_arrays (var a, var b, var strip_duplicates) {
    ...
}
```

Spezialisiertere Formen, die etwas über die Ordnung in der kombinierten Datensammlung aussagen, sind splice und concatenate.

Bei einfachen Arrays, die Sie selbst erzeugt haben, ist es selten sinnvoll, eine derartige Funktion zu schreiben, weil alle gängigen Programmiersprachen Funktionen für Array-Merge besitzen und auch für das Aussortieren von Duplikaten. Als Wissenschaftler könnten Sie aber z.B. zwei Genomdatenbanken unterschiedlicher Organismen integrieren und dabei Gene, die in beiden Datenbanken vorhanden sind, zu einem Eintrag zusammenführen wollen, weil das für Ihre Benutzer eine wertvolle Zusatzinformation sein kann. Hier würde man den Parameter beispielsweise statt strip_duplicates etwa combine_matching_genes nennen.

Zerlegen

split

> Beispiele: split in Perl und Python

> Teilt etwas in mehrere Teile, häufig sind das durch Kommata (oder andere Separatoren) getrennte Werte in einem String. Das Gegenteil von join.

slice, splice

> Beispiele: slice in Python, splice in JavaScript, PHP und Perl

> Beide schneiden ein Segment aus einer Sammlung heraus, zum Beispiel aus einem Array. Zurück bekommt man immer einen Ausschnitt. Wichtig ist hier die Frage, ob dieser Ausschnitt hinterher an seinem Ursprungsort fehlt – häufig heißt diese Variante splice. splice kann außerdem im selben Arbeitsgang neue Elemente in die Lücke setzen, also genau wie beim *Spleißen* von Seilen. Wer slice oder splice in eigenen Funktionsnamen verwendet, hilft fremden Lesern also, indem er bei diesen etablierten Bedeutungen bleibt. Im Zweifelsfall orientiere man sich an der Standardbibliothek der jeweiligen Sprache.

Umwandeln

parse

> Beispiele: parse_url in PHP, JSON.parse in JavaScript

> Im Grunde geht es darum, eine Grammatik zu parsen. In JavaScript etwa macht JSON.parse aus einem JSON-String ein Objekt. In PHP zerlegt parse_url eine URL intelligent in ihre Bestandteile und gibt ein Array zurück, der Elemente wie [path], [query] oder [port] enthält. HTML-Parser wandeln einen HTML String in einen *DOM-Knoten* um. Ein eindeutiges Gegenstück zu parse gibt es nicht; man könnte

den umgekehrten Vorgang – abhängig von den Details – beispielsweise mit render, serialize oder toSomething beschreiben (siehe dort).

 DOM (Document Object Model)

Das DOM ist eine Schnittstelle für den Zugriff auf die strukturierten Daten in HTML- und XML-Dokumenten. Man betrachtet die Daten dabei nicht als Textsuppe, sondern als Baumstruktur. Der ganze Baum ist der »Dokumentknoten«, ein HTML-Element wie <p> wäre ein »Elementknoten«, und dessen Inhalt ein »Textknoten«.

serialize

Beispiele: serialize und unserialize in PHP

Serialisierung macht aus objektförmigen Daten eine Struktur, die man beispielsweise in eine Textdatei schreiben kann. Der Vorgang kann statt serialize auch stringify heißen (zum Beispiel in JavaScript: JSON.stringify). Beim Benennen eigener Funktionen ist serialize der gebräuchlichste Ausdruck. Das Gegenteil heißt deserialize oder unserialize. In Python heißt das Gegensatzpaar pickle (einlegen) und unpickle, in Perl freeze und thaw.

toSomething

Beispiele: toHTML, toJPG, toString

Eine gebräuchliche Kurzform für convertToSomething.

invert, reverse

Beispiele: reverseSortDirection, invertColors

reverse kehrt eine Reihenfolge oder Richtung um. invert macht aus positiven Werten negative, aus hellen Grautönen dunkle oder aus Blau Gelb.

Anfangen und Aufhören

start-stop, begin-end, open-close

Bei diesen Begriffen kommt es darauf an, die Paarkonventionen einzuhalten. Kombinieren Sie nicht beginTransaction mit closeTransaction oder openFile mit destroyFile. Für bessere Programmierer liest sich Ihr Werk sonst wie ein Satz, der ganz anders aufhört, als er vor allem bei Regen.

pause, stop, exit

Beispiele: pauseMovie, stopListening, exitState

Am unverfänglichsten sind stop und exit. pause bietet sich an, wenn es auch die Möglichkeit eines resume gibt. Ein weiteres mögliches Paar ist pause-play bei sensorisch wahrnehmbaren Vorgängen.

destruct, destroy, kill

Beispiele: destruct und session_destroy in PHP, kill auf der Kommandozeile

Die Entfernungsmethoden unterscheiden sich in ihrer Brutalität. destruct ist das Gegenteil von construct, ein wohlgeregelter Vorgang: Man nimmt erst das Dach weg, dann den Giebel, und bringt alles ordentlich nach unten. Auch destroy bewegt sich immer noch im Rahmen einer geregelten Entsorgung. Ganz oben steht kill, das nur in Ausnahmezuständen zum Einsatz kommt, wenn alles andere nicht mehr hilft.

Auf- und Umräumen

flush

> Beispiel: flushCache schreibt die Daten aus einem Cache auf die Platte.

> Daten sind irgendwo zwischengelagert worden (meistens im *output buffer*) und werden jetzt aus diesem Zwischenlager ausgekippt und weiterverarbeitet, also beispielsweise auf die Festplatte geschrieben oder auf dem Bildschirm angezeigt. Das geschieht als Teil einer Optimierungsmaßnahme: Man hat eine teure Operation, z.B. Schreiben auf die Festplatte, und möchte diese teure Operation eine Weile aufsparen, bis sie sich auch wirklich lohnt. Der Nachteil ist hier die fehlende Datensicherheit – wenn vor dem flush der Strom ausfällt, ist alles weg.

clear, purge

> Beispiele: purgeTempTables, clearFilters

> Etwas wird ausgeleert, ein Puffer oder der Cache zum Beispiel. Anders als bei flush kommt es bei clear nicht so sehr darauf an, den Inhalt dieses Behälters sinnvoll weiterzuverarbeiten. flush leert das Altglas aus dem Wohnungsflur in den Altglascontainer, clear vielleicht einfach nur ins Treppenhaus – Hauptsache, im Flur ist wieder Platz. Etwas stärker als clear ist purge, mit einem Beigeschmack von unerwünschtem Inhalt.

cleanup

> Beispiel: cleanupTempFiles

> Unvollendete oder hängende Vorgänge werden beendet, lose Fäden verknotet.

collapse, compact

> Beispiele: collapseNavigation, compactDatabase

> Etwas Platzraubendes wird zusammengefaltet. Oft betrifft das die sichtbare Darstellung, wie bei collapseNavigation, manchmal passiert aber auch etwas Abstrakteres: collapseEmptyTags macht aus <foo></foo> ein <foo />. Wo ein collapse ist, da gibt es häufig auch eine korrespondierende Funktion, die mit expand beginnt und das Zusammengeklappte wieder in den Ausgangszustand versetzt. Das Verb compact dagegen deutet an, dass die Zusammenfaltung wahrscheinlich irreversibel ist (wenn zum Beispiel aus einer Liste alle Elemente gelöscht werden, die NULL sind).

move

> Beispiel: move_uploaded_file in PHP

> Der Schwerpunkt liegt hier (außerhalb von Spielen) eher selten auf der sichtbaren Bewegung. In der Regel beschreibt move einen Umzugsvorgang, beispielsweise wird eine Datei aus einem Verzeichnis in ein anderes gesteckt. Am alten Platz wird man sie nicht mehr finden, das wäre copy.

```
tidy, pretty, beautify
```
Beispiele: `tidyHTML`, `prettyPrint`, `beautifyJSON`

Hier geht es um Aufräumen um visuellen Sinne, nicht um Ressourcenmanagement. Daten werden für die menschliche Rezeption aufbereitet, indem man zum Beispiel mehr Leerzeichen, Einrückungen und Leerzeilen einfügt, oder vielmehr: automatisch einfügen lässt. Wenn das Gegenteil geschehen soll, weil man Speicherplatz oder Übertragungszeit sparen will, heißt das `minify` oder `uglify`.

Flüchtiges dauerhaft machen

```
save, store, write
```
Beispiele: `saveToTempFile`, `storeResult`, `writeToSocket`

`save` und `store` verstauen Daten in einer Variable oder einem dauerhaften Speichermedium (jedenfalls so dauerhaft, wie Speichermedien eben sind, bis man das nächste Mal eine Tasse Tee oder eine Schachtel Supermagneten über ihnen ausschüttet). `write` kann auch bedeuten, dass man Daten ohne die Absicht, sie zu speichern, beispielsweise in eine Datenverbindung schreibt.

```
commit
```
Beispiele: `commitAllTransactions`, `commitNewItems`

`commit` wird immer da verwendet, wo Transaktionen stattfinden, also Änderungen gesammelt und dann auf einen Schlag festgeschrieben werden. Da dieses Verb in SQL als Befehl verwendet wird, hat es starke Datenbank-Konnotationen.

```
bake
```
Beispiel: `bakeDetectedFrames`

`bake` im Namen einer Funktion sagt dem Leser, dass der Vorgang länger dauern kann und dabei Dinge festgezurrt werden, die danach nicht mehr flexibel sind. Zum Beispiel kann man in einem Videoschnittprogramm Untertitel während des Editierens als Overlay über die Bilder legen, was natürlich etwas länger dauert. `bake` brennt sie dauerhaft ein. Man tauscht dabei Flexibilität gegen Geschwindigkeit.

Nein! Doch nicht!

```
undo
```
Beispiel: `undoMove`

Der nächstliegende Namensbestandteil für Funktionen, die etwas Überschaubares rückgängig machen. Auf das `undo` sollte ein Verb folgen, keine Strukturbezeichnung (wie etwa `undoData`, `undoTree`), wie man es in schlechtem Code manchmal sieht. Eine beliebte Option zum Erzeugen maßgeschneiderter Funktionsverben ist es, ein »un-« vor ein normales Verb zu montieren: `unDelete`. Das geht sogar mit Verben, die ihrerseits bereits etwas rückgängig machen: `unRevert`. Das Gegenteil von `undo` ist allerdings nicht `unUndo`, sondern `redo`.

rollback

> Beispiel: `rollback_patch_installation`

Tendenziell eine umfangreichere Operation, die in erster Linie bei Datenbanktransaktionen eine Rolle spielt. `rollback` impliziert immer, dass hier die bisherigen Verarbeitungsschritte einer Transaktion insgesamt rückgängig gemacht werden (siehe dazu den Abschnitt »Transaktionen und Rollbacks« in Kapitel 26). Verwenden Sie es also nur, wenn Sie garantieren können, dass der Vorgang eine vorangegangene Operation vollständig aufhebt. Bei einem Rollback sind potenziell mehrere Objekte betroffen. `undoTransaction` vermittelt die Komplexität des Geschehens nicht so gut wie ein `rollback`.

restore, revert

> Beispiele: `restoreOriginalSettings`, `revertAllChanges`

Ein früherer oder Default-Zustand wird wiederhergestellt. Dazu muss dieser Zustand vorher irgendwann gespeichert worden sein. Eng verwandt ist revert, aber während sich restore auf einen Zustand oder ein Objekt bezieht, geht es bei revert um die vorgenommenen Änderungen: *to restore a state, a configuration, a file,* aber *to revert changes*. revert kommt vorwiegend im Zusammenhang mit Versionskontrolloperationen zum Einsatz, im Zweifelsfall ist daher restore das besser geeignete Verb.

recover

> Beispiel: `recover_session`

Kommt in Ausnahmesituationen zum Einsatz, in denen man *versucht*, etwas wiederherzustellen, zum Beispiel versehentlich gelöschte Daten. Der Ausgang ist ungewiss. recover ist meist ein braunes M&M (siehe Kapitel 14). Wer versucht ist, eine solche Funktion in seinen Code einzubauen, der überlege es sich daher noch einmal genau und verzichte im Zweifelsfall darauf. Es ist besser, früh zu sterben, als womöglich Daten zu verfälschen.

Vorsicht im Umgang mit

`process`, `do`, `perform`, `dealWith`, `manage`, `change`, `handle`, `resolve`

> »Sie dürfen `processData` nur ein einziges Mal im Laufe Ihrer Karriere verwenden, weil Sie strenggenommen gleich danach gefeuert werden sollten«, schreibt C. L. Wenham, der Autor von *sites.google.com/site/yacoset/Home/naming-tips*. Nicht alle teilen diese Meinung, zum Beispiel werden Methodennamen oft aus guten Gründen abstrakt gehalten. Ein Beispiel wäre eine Klassenbibliothek für Audiofilter: Alle Audiofilter haben bestimmte Gemeinsamkeiten, sie verändern Audiodaten. Daten fließen hinein und verändert wieder heraus. Es spricht nichts dagegen, in einer abstrakten Basisklasse, die die Gemeinsamkeiten dieser Filter definiert, eine Methode namens `process` zu haben. Diese bewusst unscharf gewählten Verben kommen typischerweise in Bibliotheken vor und weniger in Applikationscode. Solange Sie nicht ganz genau wissen, was Sie da tun, und Ihre Entscheidung nicht auf Nachfrage begründen

können, sollten Sie uneindeutige Allzweckwörter meiden. Solche Verben verlocken den Programmierer dazu, eine Fülle unterschiedlicher Aufgaben in die Funktion zu pferchen, und sie verraten dem Anwender wenig darüber, um welche Aufgaben es sich dabei handeln könnte.

`filter`

Filterfunktionen haben immer ein Filterkriterium, aber leider gibt es zwei Konventionen für das, was das Kriterium sagen will: Wird hier das Herausgefilterte weiterverwendet, also der Kaffeesatz? Dann wäre `select`, `find` oder `extract` die bessere Wahl. Oder wirft die Funktion den Kaffeesatz weg und liefert den Kaffee zurück? Dann könnte `reject`, `exclude` oder `strip` passen.

`check, validate, verify, test`

»Pass auf, ob die Milch überkocht«, sagt der eine. »Ich hab genau aufgepasst, es war halb zwölf, als sie übergekocht ist«, der andere. Wenn `checkError` true zurückgibt, sind wir nicht schlauer als vorher. Aus den genannten Verben geht weder hervor, was die Funktion zurückliefern wird, noch, welche Form dieses Ergebnis haben könnte. Häufig lässt sich durch eine Boolesche Variable wie `isValid`, `isDatabase-ConnectionOpen` hier mehr Eindeutigkeit herstellen.

Boolesche Variablen

Für Funktionen, die einen Booleschen Rückgabewert haben, also entweder true oder false zurückliefern, ist das Präfix `is` gebräuchlich: `isValidZipCode()`. Viele Programmierer ignorieren diese Konvention und geben ihren Booleschen Variablen Namen wie `undo`, `empty`, `gender`, `direction`, `disable` oder `status`. Folgen Sie ihrem Beispiel nicht. Zum einen teilt das Präfix `is` auch unaufmerksamen Lesern mit, dass man hier die Rückgabewerte false oder true erwarten kann. Zum anderen nähert man sich so im Code einer natürlichen Ausdrucksweise an. `if (isEnabled && isValid)` liest sich besser als alles andere. Einige Sprachen wie Ruby haben auch ein ? im Funktionsnamen als Konvention: `mayAccess?`.

Man sollte den Namen dieser Variablen ohne langes Nachdenken entnehmen können, was der Rückgabewert bedeutet. Das funktioniert beispielsweise gut bei `isDone`, `hasError`, `isValid`. Schwieriger wird es, wenn der Variablenname eine Negation enthält: `isUnsuccessful`, `isDisabled` Das führt leicht zu verwirrenden doppelten Verneinungen in Bedingungen (»Wurde die Datei nicht nicht gefunden?«). Es zahlt sich nicht aus, negative Variablennamen nicht zu vermeiden.

In seltenen Fällen kann es sinnvoll sein, statt eines `is` ein `was`, `has`, `can` oder `should` voranzustellen: `wasMaximizedAtExit`, `hasPermission`, `canEdit`, `shouldAbort`. Bessere Programmierer raten im Allgemeinen davon ab, weil das `is` so schön eindeutig und leicht zu erkennen ist. Außerdem bringt das `is` den Programmierer dazu, über die Variable selbst nachzudenken und nicht so sehr über die Welt, die sie umgibt: `isMutable` ist daher besser als `canBeModified`. `can` bringt nebenbei ein zweites Problem mit sich: Meint der Autor von `canUndo` damit in Wirklichkeit `isUndoable`, oder spricht er von den Rechten des Benutzers? Jede Sekunde, die der Leser darüber nachdenken muss, ist eine Sekunde zu viel. Schreiben Sie aber nicht `isAbleTo`, nur um ein `can` zu vermeiden.

Die bloße Tatsache, dass ein Vorgang einige Sekunden zurückliegt, ist noch kein Grund für ein `was` (`wasFound`), denn strenggenommen findet man immer nur heraus, wie der Zustand einer Variablen in der Vergangenheit war. `was` eignet sich z. B. für Situationen, in denen ein früherer Zustand eventuell wiederhergestellt werden soll. Häufig kommt man am Ende mit etwas Nachdenken doch noch auf eine Lösung mit `is`.

Namensgebung kann sicherheitskritisch sein

Die *Curl-API* enthält eine Option `CURLOPT_SSL_VERIFYHOST`. Diese Option gibt an, ob *SSL-Zertifikate* überprüft werden sollen.

Curl

Curl steht für *Client for URLs* und ist ein gebräuchliches Tool zum Übertragen von Daten in Rechnernetzen. Wenn man Anwendungen fürs Web schreibt, setzt man oft Curl ein, um Daten anderswoher aus dem Netz zu beschaffen, die man dann in der eigenen Anwendung weiterverarbeitet. Eine API (*application programming interface*) ist eine Programmierschnittstelle, in diesem Fall die zur Bibliothek `libcurl`.

SSL-Zertifikate

Ein SSL-Zertifikat ist im Spiel, wenn man statt HTTP bei Webanwendungen HTTPS und damit eine verschlüsselte Verbindung verwendet, also beispielsweise beim Onlinebanking.

Für Programmierer liegt die Annahme nahe, es handle sich um eine Boolesche Variable, denn schließlich kann man Zertifikate nur entweder überprüfen oder eben nicht. Wenn `VERIFYHOST` = 0 ist, geschieht auch das Erwartbare: Curl kümmert sich nicht um SSL-Zertifikate. Setzt man die Variable allerdings auf 1 oder `TRUE`, dann geschah bis Ende 2012 Folgendes: Curl überprüfte, ob in dem Zertifikat irgendwelche Hostnamen vorkamen, verglich diese Namen aber nicht mit dem aktuellen Host, sondern akzeptierte das Zertifikat in jedem Fall, ganz egal, wer es gerade vorzeigte. Es benahm sich also wie ein Beamter, der sich zwar den Personalausweis zeigen lässt, den Inhaber dann aber ohne Vergleich mit dem Passfoto ungerührt durchwinkt. Dieses Verhalten von Curl erlaubte es, die komplette Sicherheit auszuhebeln, die durch SSL hergestellt werden sollte.

Eine korrekte Überprüfung des SSL-Zertifikats fand nur statt, wenn man `VERIFYHOST` auf 2 setzte. Das ist ungewohnlich, ware aber kein Problem gewesen, wenn die Entwickler die Variable stattdessen zum Beispiel `HOST_VERIFICATION_LEVEL` genannt hätten. Ein solcher Name signalisiert jedem Programmierer sofort, dass es hier mehr als zwei Möglichkeiten geben könnte und man besser in der Dokumentation nachsieht.

Variablennamen mit dem Plural are erzeugen bei vielen Programmierern Unbehagen: areShelvesEmpty, areHamstersHungry. Man sollte sie nur einsetzen, wenn alle anderen Möglichkeiten noch ungrammatischer oder ungebräuchlicher sind. In der objektorientierten Programmierung ist dieser Wunsch nach einem Pluralnamen ein Anzeichen dafür, dass man die Klasse noch weiter aufteilen kann, weil sie beispielsweise eigentlich ein Array oder eine Liste einzelner Objekte ist. Am Ende der Zweige des Klassenbaumes sollten sich keine Pluralnamen mehr finden, dort sollte es Klassen namens Shelf oder Hamster mit ihren eigenen Methoden isEmpty oder isHungry geben. Die Sammlung von Objekten, die sich vorher in der Klasse versteckt hat, sollte als Array oder als Liste refakturiert werden, die dann Shelf- oder Hamster-Objekte hält.

In sehr seltenen Fällen passt überhaupt keines der üblichen Booleschen Präfixe. if (userExists) wurde in einer Diskussion unter Stack Overflow-Nutzern[4] als die am wenigsten schlechte Lösung empfunden, immerhin besser als isUserExist, doesUserExist oder isUserExisting. Aber bitte greifen Sie zu solchen Namen nicht, weil es gerade eilt, sondern nur dann, wenn Sie Ihre Entscheidung bei Bedarf erklären können.

Ein nützliches Verb im Zusammenhang mit Booleschen Variablen ist toggle. Es schaltet von einem Zustand in den entgegengesetzten Zustand und funktioniert im Großen und Ganzen wie ein handelsüblicher Lichtschalter. Zwei Aufrufe von toggle stellen den Ausgangszustand wieder her. Beispiele: toggleVisibility, toggleExpertMode.

Objektorientierte Programmierung

In der objektorientierten Programmierung sind die Klassennamen Substantive. Diese Substantive klingen häufig wie Berufe (Manager, Writer) oder Geräte (Converter, Adapter). Hier schlägt sich nieder, dass man als objektorientierter Programmierer seine Objekte im Geist wie Gegenstände betrachtet, die ein gewisses Verhalten an den Tag legen. Dass es sich um Klassen handelt, braucht nicht im Namen zu stehen, schreiben Sie also nicht IrgendwasClass. Wenn eine Klasse ein Design Pattern implementiert, nimmt man dieses Pattern aber mit in den Klassennamen auf: ConnectionFactory. Genau wie bei den Funktionsnamen kann vor dem Substantiv ein Adjektiv und vielleicht eine Strukturbezeichnung stehen. Nicht ganz ernstgemeinte, aber trotzdem hilfreiche Beispiele für diese Form sind bei *classnamer.com* zu besichtigen. Auch ein Blick in ein Framework wie *Spring* hilft bei der Namenssuche.

Zum Teil werden diese Substantive vom Umfeld bestimmt, in dem der Code steht. Wenn Sie die Software für einen Butterbrotversand schreiben, brauchen Sie vielleicht Slicer- und Butterer-Klassen, die außer Ihnen niemand benutzt. Zu einem wahrscheinlich größeren Teil geht es aber um technische Sachverhalte, für die sich anderswo schon bestimmte Bezeichnungen etabliert haben.

---

4 *stackoverflow.com/q/1566745/2535335.*

Interfaces bekommen in der objektorientierten Programmierung häufig von Verben abgeleitete Adjektive als Namen, beispielsweise `Comparable`, `Runnable` oder `Serializable`. Das soll bedeuten, dass man an allen Objekten, die ein bestimmtes Interface implementieren, eine bestimmte Handlung durchführen kann. Objekte, die `Comparable` implementieren, versprechen, dass man sie untereinander vergleichen kann, `Serializable`-Objekte wissen, wie sie sich serialisieren können, damit man sie beispielsweise auf die Festplatte schreiben kann.

`Helper`, `Manager`, `Util`, `Processor`, `Handler`, `Service`, `Coordinator`

Diese Klassenbezeichnungen sind umstritten. Ihre Gegner finden sie zu vage, zu allgemein, ein Anzeichen dafür, dass da jemand seine prozedurale Denkweise notdürftig mit dem Anschein von Objektorientierung umhüllt. Außerdem verbergen sich hinter solchen Namen oft Klassen, die gegen das »single responsibility«-Prinzip verstoßen, also zu viel auf einmal wollen. Ihre Befürworter wenden ein, diese Namensbestandteile seien weit verbreitet (das .Net-Framework enthält z.B. `Manager`-Klassen in großer Zahl), daher wisse man gleich wenigstens ungefähr, worum es in der Klasse geht. Und außerdem gebe es manchmal einfach keine bessere Lösung. Verwenden Sie sie also wenigstens nicht gedankenlos, erwägen Sie vorher ein paar Alternativen.

Datenbanken

Die Standards für SQL und relationale Datenbanken wurden in der Zeit vor dem WWW festgelegt. Das führte bedauerlicherweise dazu, dass sich um jedes bekanntere Produkt eine eigene Kultur mit eigenen Konventionen bildete. Zwischen diesen Kulturen gab es nur wenig Austausch, denn ein Oracle-Datenbankspezialist hätte nie in einer dBASE- oder MS-SQL-Firma gearbeitet. Inzwischen gibt es SQL-Standards und durch das Netz findet mehr Austausch statt, aber die unterschiedlichen Traditionen bleiben. Teilweise hat das auch technische Gründe. So sind in Oracle SQL-Befehle und Tabellennamen nicht case-sensitive, sondern werden intern zu Großbuchstaben konvertiert, es sei denn, sie stehen in Anführungszeichen. Postgres ist ebenfalls nicht case-sensitive, konvertiert aber alle Schlüsselwörter zu Kleinbuchstaben, während mySQL abhängig von Betriebssystem, Datenbank-Engine und Einstellungen case-sensitive oder -insensitive ist. Deshalb wird weltweit viel Zeit mit Nachdenken darüber verbracht, ob die Kundenadresse in `customer_address`, `CustomerAddress`, `customerAddress`, `tbl_customeraddress` oder `T_CUSTOMER_ADDRESS` zu finden sein könnte. Wenn Sie in ein bestehendes Projekt einsteigen, folgen Sie bitte widerspruchslos den dort herrschenden Gepflogenheiten, auch wenn Sie sich unter Menschenfressern mit Knochen in den Nasen wähnen.

Viele gängige Datenbankkonventionen geben derzeit vor, dass Tabellennamen im Plural stehen. Eine Tabelle, die Personen enthält, heißt also `Persons`. Gebräuchlich ist auch, die Namen für Tabellen und Spalten im sogenannten *PascalCase* oder *UpperCamelCase* zu setzen, also mit einem Großbuchstaben zu beginnen und weitere Wörter mit Großbuchstaben abzusetzen: `FamousPersons`. Mindestens genauso gängig ist jedoch, die Namen komplett in Groß- oder Kleinbuchstaben zu schreiben und durch Unterstriche zu trennen, also FAMOUS_PERSONS. In Rails ist für alle Tabellennamen die Schreibweise nach dem Muster invoice_items vorgegeben. Vorsicht bei der Pluralbildung, eine Personentabelle könnte sowohl Persons als auch People heißen. Möglicherweise enthält sie eine Spalte PersonName oder wird aus einer anderen Tabelle mit dem Foreign Key PersonId referenziert, daher ist People eine ungünstige Wahl.

Tabellen- und Spaltennamen enthalten keine Leerzeichen. Spaltennamen stehen im Singular, die Tabelle Users hat also eine Spalte UserName und ein Query sieht folgendermaßen aus: SELECT UserName FROM Users WHERE UserID = 123;.

Der Primary Key einer Tabelle sollte ID enthalten: Wenn die Tabelle Hedgehogs heißt, ist der Primary Key HedgehogID oder hedgehog_id. Es ist verlockend (und auch weit verbreitet), den Primary Key einfach ID zu nennen, aber gerade als nicht so guter Programmierer wird man schon bald dankbar sein, wenn man mit Daten aus verschiedenen Tabellen hantiert und deren Spalten etwas vielsagender benannt sind. Die meisten Menschen stellen das ID nach hinten – wer es vorne anbringen will, wird nicht nachts abgeholt und erschossen, sollte es dann aber immer und unter allen Umständen vorne behalten und nicht zwischen den beiden Varianten hin- und herspringen.

Enthält eine Tabelle Foreign Keys aus anderen Tabellen, also das, was in einer anderen Tabelle in der id-Spalte steht und dort der Primary Key ist, benennt man diese Spalte nach der Tabelle, aus der die Daten stammen. Hat man eine Tabelle Countries, dann nimmt man auf ihre IDs anderswo in einer Spalte namens country_id oder CountryID Bezug, also SELECT * FROM Users JOIN Countries ON Users.CountryId = Countries.CountryId;.

Wenn gleiche oder ähnlich geformte Inhalte an mehreren Stellen in einer Datenbank vorkommen, sollten sie unbedingt den gleichen und damit vorhersehbaren Namen tragen. Wer eine Postleitzahl an einer Stelle PLZ, an einer anderen Postleitzahl und an einer dritten ZipCode nennt, muss jedesmal wieder nachsehen, welche Variante gerade benötigt wird.

Zum Benennen einer *Kreuztabelle* hängt man die Namen der beiden in ihr zusammengeführten Tabellen in alphabetischer Reihenfolge aneinander: Tabelle Courses enthält Seminare, Tabelle Students Studenten, und in der Tabelle Courses_Students wird vermerkt, welcher Student welches Seminar belegt.

Kreuztabellen

Mit Kreuztabellen lassen sich many-to-many-Beziehungen abbilden, etwa zwischen Studenten und Seminaren: Jeder Student kann mehrere Seminare belegen und jedes Seminar hat viele Teilnehmer.

Lookup-Tabellen bekommen vorne den Namen der Tabelle angehängt, auf die sie sich beziehen, beispielsweise enthält User_roles die Werte »Administrator«, »Enduser«, »Developer« und codiert den Benutzertyp, der für die Abfrage von Berechtigungen verwendet wird. Auf diese Art erkennt man leicht, welche Tabellen zusammengehören, und es gibt keine Namenskonflikte zwischen ähnlichen Lookups für unterschiedliche Tabellen.

 **Lookup-Tabellen**
Lookup-Tabellen, auch Dictionaries genannt, sind Tabellen, die menschenlesbare Namen für die Ein- und Ausgabe eindeutig in Zahlen für Datenbank-Operationen übersetzen.

Manche Datenbankprogrammierer schwören darauf, jedem Spaltennamen eine Abkürzung des Tabellennamens voranzustellen: `cust_first_name`, `cust_last_name`. Das hat den Vorteil, dass alle Spalten der Datenbank einen unverwechselbaren Namen tragen und man beim Refakturieren sehr leicht den gesamten Code nach Zugriffen auf eine bestimmte Spalte durchsuchen kann. Nachteile: Man tippt etwas mehr, die Benennung riecht nach Redundanz und man muss sich merken, für welche Abkürzung man sich entschieden hat. Im Falle von Foreign Keys kann sich das zu einer Monstrosität auswachsen: `SELECT * FROM Orders JOIN Customers ON Orders.Ord_CustomerId = Customers.CustomerId WHERE Customers.Cust_LastName = 'Lauert';`.

Es kann hilfreich sein, dem Namen von Spalten, die ein Datum enthalten, ein `_date` anzuhängen, bei Uhrzeiten ein `_time`, bei Timestamps ein `_ts`. Verwenden Sie keine generischen Bezeichnungen für Datumsangaben (etwa `date`), sondern beschreibende: `created_date` ist das Datum, zu dem ein Datensatz (möglicherweise auf einem anderen System) erzeugt wurde, `inserted_ts` der Zeitpunkt, an dem er in Ihre Datenbank geschrieben wurde, usw. In Rails geben die Konventionen vor, dass Tabellenspalten `created_at` und `updated_at` heißen, wenn sie Datum und Uhrzeit enthalten. Steht nur das Datum darin, verwendet man `created_on` und `updated_on`.

Manche Entwickler geben Tabellennamen das Präfix `T_` oder `tbl_`, Views das Präfix `V_`, materialisierten Views `MV_`. Wir raten eher davon ab, denn wenn man aus Performancegründen aus einem View einen materialisierten View machen muss oder wenn sich Teile der Datenbank ändern und eine Tabelle durch einen View ersetzt wird, hat man entweder sehr viel zu korrigieren oder das Präfix und der Typ stimmen nicht mehr überein. Lieber keine Typangabe als eine falsche.

Falsche Freunde

Fremdsprachenkurse warnen vor »falschen Freunden«, also Wörtern aus der Fremdsprache, die einem Wort in der eigenen Sprache ähneln, aber etwas ganz anderes bedeuten. So ist die »Gettysburg Address« etwa keine Adresse in Gettysburg, wie die Übersetzer des Buchs »Designing Web Usability« von Jakob Nielsen vermuten, sondern eine Rede, die Abraham Lincoln an diesem Ort hielt. Auch in der Programmierung gibt es solche falschen Freunde.

current

Wenn deutschsprachige Programmierer den aktuellen Zustand einer Variable meinen, greifen sie häufig zu Variablennamen wie `actualPosition`. Das englische Wort »actual« bedeutet aber »tatsächlich« und nicht »aktuell«. Das gesuchte Wort lautet current, verständlicher wären hier z.B. `originalPosition` und `currentPosition`. Manchmal passt auch *up to date*: `if (isUpToDate($backup) ...)`. Ebenso falsch ist die direkte Übersetzung von »aktualisieren«, wenn man etwas auf den aktuellen Stand bringen möchte: `actualizePosition` sagt einem Leser ohne Deutschkenntnisse überhaupt nichts, gemeint ist hier `updatePosition`.

Beim Lesen von Fremdcode muss man allerdings die Möglichkeit bedenken, dass der Programmierer *tatsächlich* actual gemeint haben könnte. Häufig ist auch das ein schlechtes Zeichen, weil es bedeuten kann, dass es irgendwo im Code Werte gibt, die falsch, unpräzise oder veraltet, also *un-eigentlich* sind. Manchmal ist das Wort richtig verwendet, aber zu unpräzise, zum Beispiel, wenn es in einem sozialen Netzwerk um die Unterscheidung zwischen »echten« Freunden und »uneigentlichen« geht, deren Beiträge einen überhaupt nicht interessieren. `closeContacts` und `distantContacts` wären möglicherweise bessere Bezeichnungen.

Vollkommen legitim ist actual beispielsweise, wenn man mit Punkten in einem lokalen Koordinatensystem arbeitet, das in ein globales eingebettet ist, beispielsweise die X/Y-Koordinaten eines Punktes in einem Fenster. Dieser Punkt hat die `localPosition (50, 100)`, aber die `actualScreenPosition(153, 207)`, weil das Fenster an Position `(103, 107)` auf dem Schirm ist. Auch im Zusammenhang mit Assertions (siehe den Abschnitt »Assertions« in Kapitel 16) wird actual als Gegenstück zu expected häufig (und korrekt) verwendet.

make

Wenn ein deutschsprachiger Programmierer etwas erzeugen möchte, ist machen häufig das erste Verb, das ihm in den Sinn kommt. An sich funktioniert das englische make nicht wesentlich anders. Allerdings gibt es ein uraltes Unix-Tool namens make, das automatisch ausführbaren Code oder Codebibliotheken aus Quellcode erzeugt. Daher beschreiben Programmierer mit dem Verb make Vorgänge, bei denen sie aus einer Gruppe von Dateien andere Dateien erzeugen, etwa dann, wenn sich der Quellcode von Bibliotheken oder Programmen geändert hat. Es ist irreführend, make wahllos für alle Vorgänge einzusetzen, bei denen irgendetwas erzeugt wird. Das für Deutsche weniger naheliegende create ist fast immer die bessere Wahl. Also nicht `makeBackground`, sondern eher `createBackground`, `renderBackground`, `drawBackground`.

seek, search

Siehe find.

number

Das englische Wort *number* ist weitgehend, aber nicht vollständig deckungsgleich mit *Nummer* und *Anzahl*. number passt dann, wenn man im Voraus eine bestimmte Anzahl festlegen möchte, z.B. `numberOfIterations`, oder wenn man in einer einfachen Routine mit den zwei Zahlen `firstNumber` und `secondNumber` hantiert. Auch Hausnummern und Telefonnummern sind `numbers`, ihre einstelligen Zahlenbestandteile heißen `digit`. Zählt man allerdings etwas Vorhandenes nachträglich ab, ist das ein Fall für `count`, also z.B. `countKittens` (wenn es um den Vorgang geht, beispielsweise in einem Funktionsnamen) oder `kittenCount` (wenn das Ergebnis gemeint ist). Will man ganz unmissverständlich sagen, dass man es mit einem Ergebnis und nicht mit einem Vorgang zu tun hat, ist `total` eine Alternative: `totalKittens`.

form

Eine *form* ist ein Formular. Wenn eine geometrische Form gemeint ist, heißt das *shape*. Umgekehrt bedeutet das natürlich auch, dass man seine Formulare nicht formular nennen sollte.

control

Das englische *to control* bezeichnet eine kontinuierliche Überwachung und Steuerung. Wenn etwas nur mal schnell überprüft werden soll, heißt das *check* oder *verify*.

eventually

Eventually heißt nicht *eventuell*, sondern *schließlich*. Vor allem in Kommentaren können deutsche Programmierer mit ihrer eigenwilligen Verwendung von *eventually* Verwirrung stiften: /* Basic setup, remove eventually registered sessions */ ist bestenfalls für deutsche Leser verständlich. (Wo tatsächlich *eventually* in Kommentaren stehen sollte, schreiben deutschsprachige Programmierer dafür gern *at last*. Auch das ist irreführend, denn *at last* heißt *endlich*.) Im Code kommt eventually meist im Zusammenhang mit dem Konzept der *eventual consistency* bei verteilter Datenhaltung vor. Das ist keine Nur-vielleicht-Konsistenz, sondern eine, die sich schließlich einstellt, wenn man nur lange genug abwartet.

limit, border

Eine räumliche Begrenzung, zum Beispiel die einer Fläche, heißt *border*. Geht es um Abstrakteres, handelt es sich um ein *limit*. Wenn `limit` nicht näher spezifiziert wird, handelt es sich um eine Obergrenze, ansonsten kommen Konstruktionen wie `lowerLimit` und `upperLimit` zum Einsatz. Und wenn eine bestimmte Schwelle überschritten werden muss, damit etwas passiert, oder wenn es um die Schwelle der Wahrnehmbarkeit geht, ist das eine *threshold*.

register

Auf Deutsch kann *registrieren* unter anderem *feststellen* bedeuten. Das englische *to register* hat diese Bedeutung nicht. Wenn etwas nur festgestellt, aber nicht unbedingt gleich aufgezeichnet wird, ist detect das gesuchte Verb.

faculty

Die mathematische Funktion *Fakultät*, das Produkt aller natürlichen Zahlen kleiner oder gleich einer Zahl, heißt auf Englisch nicht `faculty`, sondern `factorial`. (Fakultäten von Universitäten können *faculty* heißen, gebräuchlicher ist aber *department* oder *school*.)

concurrent

> Hat wenig mit Konkurrenz zu tun, sondern bedeutet *nichtsequenziell. Concurrent operations* werden von Menschen, die Informatik studiert haben, im Deutschen auch als *nebenläufig* bezeichnet.

dates

> Im Deutschen heißt das Kalenderdatum genau wie ein einzelner Datenpunkt *Datum*, im Plural sind beide *Daten*. Im Englischen ist das Kalenderdatum ein *date* mit dem Plural *dates*, der Datenpunkt ist ein *data point* oder seltener *datum* mit dem Plural *data*. Die fehlende Unterscheidung in der Muttersprache kann deutsche Programmierer dazu verleiten, *dates* zu schreiben, wenn sie *data* meinen.

address, resource, authentication

> Diese falschen Freunde sind harmloser als die bisher genannten Beispiele, weil jeder internationale Leser verstehen wird, was deutschsprachige Programmierer mit adress, ressource oder authentification meinen. Sie stiften aber trotzdem Verwirrung: Die Suche nach dem richtig geschriebenen Begriff im Code schlägt fehl. Eventuell existieren beide Schreibweisen parallel und bezeichnen unterschiedliche Dinge. Alle Beteiligten müssen zu lange darüber nachdenken, unter welcher Schreibweise das Gesuchte zu finden sein könnte.

Wie es weitergeht

Wenn Sie auch nach der Lektüre dieses Kapitels immer wieder mit Namensfindungsproblemen zu kämpfen haben, ist das kein Grund zur Besorgnis, sondern eher ein gutes Zeichen. Der Bioinformatiker Roland Krause berichtet aus der Universitätspraxis: »Meine schlaueren Studenten sagen: Ja, mit Namen hab' ich ein Problem. Die schlechteren sehen erst gar nicht ein, warum man sich damit befassen soll.« Wer verstanden hat, dass es sich lohnt, ab und zu über Namensfragen nachzudenken, der hat den wesentlichen Schritt bereits getan.

Verfallen Sie nicht in Namensfindungsstarre. Wenn Ihnen innerhalb von zehn Minuten kein guter Name einfällt, schreiben Sie einen schlechten hin, vielleicht klappt es ja bei der nächsten Begegnung mit dem Code. Manchmal lassen sich Namensfindungsprobleme umgehen, indem man Werte gar nicht erst in selbstgemachte Variablen steckt, sondern bei jeder Verwendung neu beschafft. Beim PHP-Befehl date('Y') kann man im Zweifelsfall einfach in der Dokumentation nachsehen, was gemeint ist, bei den selbst ausgedachten Krücken this_year oder now nicht. Selbst wenn Sie bei der Einführung von now gewissenhaft einen Kommentar geschrieben haben, steht dieser Kommentar ja nicht neben jedem Vorkommen der Variablen. Es bringt gewisse Performanceeinbußen mit sich, wenn bei jedem Durchlaufen einer Schleife wieder irgendetwas neu gezählt, nachgemessen, umgerechnet oder überprüft werden muss, aber als Anfänger haben Sie andere Sorgen.

Verlassen Sie sich beim Lesen von Fremdcode nicht darauf, dass irgendwelche der hier geschilderten Feinheiten eingehalten werden. Wenn der Autor des fremden Codes einiges anders macht, als wir es hier empfehlen, rufen Sie nicht gleich von der Höhe Ihres neu erworbenen Wissens herab, das sei ja alles Schrott. Es kann so sein, es kann sich aber auch um die bewussten Entscheidungen eines erfahrenen Programmierers handeln.

KAPITEL 6

Kommentare

»Tatsächlich, wenn man sich nötigt, Kommentare für den Code zu schreiben, beginnt man ja sogar ansatzweise zu verstehen, was man da tut.«

Christian Heller / @plomlompom, Twitter, 3. Dezember 2009

Wenn Sie selbst programmieren, dann ist es entscheidend, dass Sie daran denken, dass die Leserschaft Ihres Sourcecodes eben nur zum Teil aus Maschinen besteht. Der weitaus wichtigere Teil Ihres Publikums besteht aus anderen Menschen. Sie sind die eigentliche Zielgruppe. Und im Unterschied zum Compiler Ihrer Programmiersprache findet diese Zielgruppe Kommentare oft sehr hilfreich.

Bjarne Stroustrup, der Entwickler der Programmiersprache C++, versichert in »The C++ Programming Language«: »Gute Kommentare können genauso schwierig zu schreiben sein wie das eigentliche Programm.« Gehen Sie deshalb nicht zu hart mit sich ins Gericht, wenn Ihnen Ihre eigenen Kommentare von vor zwei Wochen wie rätselhafte archäologische Fundstücke ohne erkennbaren Bezug zur Gegenwart erscheinen. Aber beheben Sie das Problem, denn das Schreiben guter Kommentare ist nicht nur genauso schwierig, sondern auch genauso wichtig wie das Schreiben von gutem Code.

Wie man von unverständlichem Code und möglicherweise hinderlichen Kommentaren zu hilfreichen gelangt, soll das folgende Beispiel erläutern.

Dieser C-Code ist unverständlich:

```
void finalize(RHC* rhc) {
    int i;
    for(i=0; rhc._mIdG->c > i; i=i+1) {
        free(rhc._mIdG->p[i]);
    }
}
```

Dieser Code hat Kommentare, die ihn um 100% länger machen, ist aber kaum weniger unverständlich:

```
/* --------------------
 * void finalize(RHC* rhc)
 * Finalizing an RHC structure.
 * rhc: a pointer to the RHC structure to finalize
 * --------------------*/
void finalize(RHC* rhc) {
    int i;
    // iterate over all IdGs
    // and free their pointers
    for(i=0; rhc._mIdG->c > i; i=i+1) {
        free(rhc._mIdG->p[i]);
    }
}
```

Leider ist das oben genannte Beispiel durchaus repräsentativ für viele Programmierprojekte. Kommentare, die einfach nur die in der Programmiersprache formulierte Aussage 1:1 ins Englische – oder ins Deutsche – übersetzen, sind nicht nur wenig hilfreich, sondern sogar kontraproduktiv. Ihre Redundanz wird zum Problem, wenn man den Code umschreibt und dabei vergisst, die Kommentare nachzuziehen. Im Eifer einer nächtlichen Debugging-Session an einer abgestürzten Webapplikation kann es leicht passieren, dass zwar der Code, nicht aber die zugehörigen Kommentare verändert werden. Wenn dann alles wieder läuft, kümmert sich niemand mehr darum, dass sich Englisch und C nun widersprechen, und ein Jahr später wird jemand viel Zeit mit Haareraufen und Zweifeln am eigenen Verstand zubringen. Es bewährt sich, beim Lesen eigener wie fremder Kommentare allgemein nicht davon auszugehen, dass diese Kommentare in irgendeinem sinnvollen Verhältnis zum Code stehen. Betrachten Sie sie wie die Auskünfte eines Betrunkenen: interessiert, aber skeptisch.

Der Code im ersten, unkommentierten Beispiel ist nicht unverständlich, weil Programmiersprachen generell unverständlich für den Menschen sind und einer Übersetzung in Form von Kommentaren bedürften. Er ist unverständlich, weil der Autor keinerlei Mitgefühl für den Leser zeigt. Er ist unverständlich, weil der Autor eine Unzahl von Abkürzungen verwendet, die beim Leser ein detailliertes Wissen über den Rest des Programmcodes voraussetzen. Er ist unverständlich, weil er den Leser im Dunklen darüber lässt, was die Idee hinter diesem Code ist, warum er überhaupt nötig ist – er gibt dem Leser keinen Kontext. Diese Eigenschaften finden sich in der Welt der natürlichen Sprachen so geballt nur noch in Anleitungen der Deutschen Telekom zum Anschluss des NTBA an den ADSL2+-Splitter und das Datenendgerät wieder.

Durch Vermeidung von Abkürzungen und eine Benennung der Funktion, die ihren Zweck offenbart (siehe auch Kapitel 5), erhalten wir folgenden Code:

```
void freeAllGlobalIDs(RawHandlerContext* rhc) {
    for(int i=0; i < rhc.globalID->count; ++i) {
        free(rhc.globalID->buffer[i]);
    }
}
```

Zwar haben wir keine Ahnung, was wohl ein `RawHandlerContext` sein mag. Immerhin wissen wir jetzt aber, dass es ihn gibt, dass er globale IDs von irgendwas hat und dass diese Funktion diese IDs freigibt. Das sind schon mal sehr viel mehr Informationen. Und das ganz ohne Kommentare.

Und noch eine Version des Codes:

```
/* Unfortunately this code is necessary because there seems
to be a glitch in RawHandlerManager that otherwise leaks
GlobalID buffers. I have not the slightest idea why.
Hope we can fix that bug soon and then get rid of
this workaround. 2008-07-23 -- regular@muskelfisch.com */

void freeAllGlobalIDs(RawHandlerContext* rhc) {
    for(int i=0; i < rhc.globalID->count; ++i) {
        free(rhc.globalID->buffer[i]);
    }
}
```

Aha! Dieser Kommentar wiederholt nichts mehr von dem, was bereits im Code steht. Er erklärt uns den Gesamtkontext. Er enthält die Informationen, die für die Maschine irrelevant sind und sich ausschließlich an Menschen richten, weshalb sie nicht in der Programmiersprache ausdrückbar sind. Wir wissen nun, wo wir weiterrecherchieren können, und sogar, wen wir dazu befragen könnten. Noch wichtiger: Wir wissen, dass der Autor mit dieser Funktion unglücklich ist. Und das gibt uns in wenigen Worten einen sehr tiefen Einblick, den wir aus perfektem Code allein nicht hätten gewinnen können.

Mehr ist manchmal mehr

Zur angemessenen Kommentarmenge lässt sich wenig Allgemeingültiges sagen. Sehr schlechte Programmierer kommentieren ihren Code manchmal überhaupt nicht, aber das tun auch viele gute Programmierer. Man kann die beiden daran unterscheiden, dass die guten Programmierer ihren eigenen Code auch später noch verstehen.

> »Ich kommentiere sehr viel; manche sagen: viel zu viel. Aber ich habe es gern, wenn mir der Code alles erklärt, als wäre ich vier Jahre alt. Ich sehe auch nicht gern viele Codezeilen ohne Leerzeilen dazwischen. Wenn ich irgendwo drei, vier Zeilen sehe, die zusammengehören, dann füge ich eine Leerzeile ein und meistens auch gleich einen kurzen Kommentar, der erklärt, was im nächsten Block passiert. [...] Das einzige Problem, das ich dabei sehe, ist, dass viele Leute vergessen, die Kommentare zu ändern, wenn sich der Code ändert. Dann steht da ein falscher Kommentar, und das ist schlimmer als gar kein Kommentar, weil es den Leser auf eine falsche Fährte lockt.«
>
> Richard Mazorodze, Softwareentwickler

Ratgeber für erfahrenere Programmierer empfehlen, nicht das Offensichtliche noch einmal in Worte zu fassen. Aber nicht alles ist für alle Leser gleichermaßen offensichtlich, und gerade als Anfänger tut man sich mit der Beurteilung schwer, welcher Kommentar sich später als hilfreich erweisen wird. Wir möchten unseren Lesern daher abweichend vom Empfehlungsstandard dazu raten, erst einmal lieber zu viel als zu wenig zu kommentieren. Mangelhafter, gründlich kommentierter Code ist mangelhaftem, unkommentiertem Code klar vorzuziehen. Vielleicht hilft die ausführliche Beschreibung dabei, den Vorgang im Kopf des Programmierers zu strukturieren, ähnlich wie bei kleinen Kindern, die im Laufe des Spracherwerbs eine Phase durchmachen, in der sie laut denken: »Jetzt leg ich den blauen Stein auf den grünen, und dann ...« Selbst wenn man längst ein besserer Programmierer geworden ist, kann man nie wissen, welches hilflose Häschen, das diesen Code vielleicht im Rahmen eines Praktikums einmal lesen muss, sich auch über offensichtliche Hinweise freuen wird. Und wenn es einmal sein muss, sind peinliche Kommentare leichter zu löschen als peinlicher Code – nur weil man sie entfernt, bricht nicht an der anderen Hausecke alles zusammen.

Stellt man allerdings fest, dass man ausufernde Kommentare nur verfasst, um den Code halbwegs verständlich zu machen, dann ist das ein Warnsignal. In diesem Zusammenhang werden häufig die Programmierautoritäten Brian Kernighan und Rob Pike mit dem Satz »Don't document bad code – rewrite it« zitiert. Das ist natürlich leichter gesagt als getan und kann dazu führen, dass schlechter Code aus Furcht vor Kernighan und Pike nicht kommentiert, aber auch nicht neu geschrieben wird. Deshalb möchten wir den Ratschlag um einen zweiten Teil ergänzen: Wenn man den schlechten Code nicht neu schreibt, soll man ihn wenigstens kommentieren. Sonst vergisst man am Ende noch, was daran schlecht war und warum. Nebenbei ärgert man sich vielleicht währenddessen so sehr über die Kommentarmühe, dass man lieber doch alles neu schreibt.

Zur äußeren Form von Kommentaren

Es gibt in vielen Sprachen zwei Arten von Kommentaren: Inline-Kommentare, die am Ende der Codezeile stehen, und mehrzeilige Kommentare, die vor dem betreffenden Code stehen und sich über mehrere Zeilen erstrecken können.

Inline-Kommentare sind mit einem speziellen Kommentarzeichen vom Codeteil der Zeile abgesetzt, je nach Sprache zum Beispiel //, # oder --.

```
// set the default color
color = "#ff0000" // insanely red
if ( (rowIndex % 2) == 0) { // even rows only
    color = "#303060" // a blueish shade of gray
}
```

Für mehrzeilige Kommentare hat sich in vielen Sprachen der C++-Standard durchgesetzt:

```
/* To make our table more friendly to the eye
 * we use two alternating colors for the table row
 * background.
 */
```

Der englische Wikipedia-Eintrag *Comment (computer programming)*[1] enthält einen Überblick über die Kommentarstile in verschiedenen Sprachen.

Anfänger benutzen oft nur eine der Varianten, mehrzeilig oder inline. Tatsächlich haben aber beide ihre spezifischen Einsatzgebiete. Die meisten Kommentare sind auf eigenen Zeilen gut aufgehoben. Erstens sind sie dort beim Lesen des Codes leichter zu überblicken. Zweitens hat man auf eigenen Zeilen mehr Platz und ist deshalb weniger stark versucht, Kommentare auf Kürze statt auf Verständlichkeit zu optimieren. Die Zeilenende-Variante hingegen eignet sich zur Dokumentation von Parametern und Variablen und wird häufig verwendet, um beispielsweise die Maßeinheit und den Wertebereich einer Variablen anzugeben:

```
const float speedLimit = 300.0; // meters per second
global int timeLastMoved = 0; // in milliseconds since start of the program
```

... viele Zeilen anderer Code ...

```
void moveSpaceship(
    int currentTime, // in milliseconds since start of program (needs to be >=0)
    float deltaX, // horizontal movement in meters
    float deltaY // vertical movement in meters
) {
    spaceShip.x += deltaX;
    spaceShip.y += deltaY;
    // calculate the distance the spaceship was just moved
    // using formula a^2 + b^2 = c^2
    float distanceMoved = squareRoot(deltaX* detaX + deltaY* detlaY);
    // calculate number of seconds passed since last movement
    float deltaT = (currentTime - timeLastMoved) / 1000.0; // calculate speed in meters
per second
    float speed = distanceMoved / deltaT;
    // if we have no record of when we were called
    // the last time, we cannot calculate the ship's speed
    if (timeLastMoved != 0) {
        // is the spaceship faster than allowed?
        boolean tooFast = speed > speedLimit;
        if (tooFast) {
            ...
        }
    }
    // remember current time for next call
    timeLastMoved = currentTime;
}
```

Dabei ergibt sich ein Problem: Oft hat der Programmierer beim Lesen des Codes weder die Variablendeklaration noch den dort stehenden Kommentar im Blick, geschweige denn im Kopf. Da aber zum Beispiel die Maßeinheit von speedLimit im Beispiel oben nur in der Deklaration erwähnt wird, müsste er dort nachsehen, um sicherzustellen, dass bei einem Vergleich der Form speed > speedLimit nicht Äpfel mit Birnen verglichen

---

1 *en.wikipedia.org/wiki/Comment_(computer_programming)#Styles.*

werden. Besser ist es daher, die Maßeinheit in den Variablennamen aufzunehmen (siehe Kapitel 5). Dann reicht ein einziger Blick, um die Korrektheit des Codes zu überprüfen: speedInMetersPerSecond > speedLimitInMetersPerSecond.

Eine Angabe des gültigen Wertebereichs zum Beispiel für einen Funktionsparameter (im Beispiel oben muss currentTime ein positiver Wert sein) ist sehr hilfreich. Noch besser ist es, diese Angabe gleich vom Computer testen zu lassen, hierfür gibt es die Assert-Anweisung (siehe den Abschnitt »Assertions« in Kapitel 26).

Mehrzeilige Kommentare sollten vor dem Code stehen. Das sorgt dafür, dass man bei kritischen Codeblöcken erst den Kommentar wahrnimmt und sich nicht schon länger den Kopf über den Code zerbrochen hat. Ein Beispiel:

```
webSettings.setJavaScriptCanOpenWindowsAutomatically(false);
webView.setWebViewClient(new KCWebViewClient());

/* Workaround for
 * https://code.google.com/p/android/issues/detail?id=12987 "WebView
 * is broken on Android 2.3". Workaround courtesy of
 * http://quitenoteworthy.blogspot.com/2010/12/handling-android-23-webviews-broken.html
 */
if ((Build.VERSION.SDK_INT == 9) || (Build.VERSION.SDK_INT == 10)) {
    javascriptInterfaceBroken = true;
    webView.setWebChromeClient(new KCWebChromeClient());
}
```

Der Kommentar bezieht sich auf den if-Block und soll mit den Links erläutern, warum hier seltsame Bedingungen abgefragt werden, um Features des Programms auf bestimmten Versionen der Plattform abzuschalten.

Mehrzeilige Kommentare werden zusammen mit der Zeile eingerückt, zu der sie gehören (hier also die if-Anweisung), damit sie auch optisch einen Bezug zu ihrem Code bekommen

Kommentare müssen möglichst nah an den Zeilen stehen, die sie betreffen, sonst ist es nicht nur unwahrscheinlich, sondern praktisch ausgeschlossen, dass man sie jemals zusammen mit dem Code ändern wird. Statt einen ganzen Roman am Anfang einer Funktion schreibt man also besser kurze Kommentare vor ihre Einzelteile.

Dokumentationskommentare

Die oben beschriebenen Kommentare sind für Leser des Sourcecodes gedacht und stehen deshalb im Code an den Stellen, auf die sie sich beziehen. Eine andere Art von Kommentaren, die sogenannten Dokumentationskommentare, ist dazu bestimmt, durch Dokumentationsgeneratoren aus den Source-Dateien herausgezogen und in externe Dokumentation verwandelt zu werden, beispielsweise in Form von HTML-Seiten.

Dokumentationskommentare stehen immer oberhalb von Variablen bzw. Funktionen oder am Anfang von Klassendefinitionen und beschreiben die Klasse oder direkt folgende

Funktion oder Variable. Für den Compiler sind es normale Kommentare, die durch zusätzliche Formatierungszeichen dem Dokumentationsgenerator verraten, dass sie durch diesen verarbeitet werden wollen.

Java war bei der Verwendung von Dokumentationskommentaren führend: Bereits die ersten Versionen der Sprache wurden durch diese Kommentarform, hier JavaDoc genannt, dokumentiert. Ein JavaDoc-Kommentarblock vor einer Methode sieht ungefähr folgendermaßen aus:

```
/**
 * Constructor and main entry point for reading a board page
 *
 * @date: 10.11.2009 17:27:11
 * @author Johannes Jander
 *
 * @param url URL to load and parse
 * @param boardDbId unique ID of board in database
 * @return parsed page content
 */
public String KCPageParser(String url, long boardDbId) {
    ...
}
```

Normale mehrzeilige Codekommentare sind bei Java in /* */ eingeschlossen. Das zusätzliche Sternchen am Beginn des Kommentars kennzeichnet ihn als JavaDoc-Kommentar.

Dokumentationskommentare haben eine bestimmte Struktur: Der erste Absatz enthält eine kurze Beschreibung der Klasse oder der dokumentierten Funktion. Er soll einem Programmierer ermöglichen, diesen Code zu verwenden, ohne den Code selbst lesen zu müssen, indem er kurz erläutert, was der Code bezweckt. Daraufhin folgen bei einer Funktion ihre Parameter, die jeweils mit @param gekennzeichnet werden, und durch @return benannt das Resultat der Funktion. Weitere Felder wie @author oder @version sind weniger gebräuchlich.

In anderen Sprachen existieren teilweise ähnliche, teilweise unterschiedliche Dokumentationsgeneratoren: RDoc für Ruby, Docstrings für Python, Doxygen für C++. Perl hat ein Dokumentationssystem (»pod«), das etwas anders funktioniert, und C# hat ein XMLDOC genanntes System, bei dem Dokumentationskommentare in XML geschrieben werden.

Wann und was soll man kommentieren?

Kommentare sind kein dekoratives Element, das man ganz zum Schluss anbringt, wenn die eigentliche Arbeit getan ist.[2] Bei Menschen von durchschnittlicher (lies: nicht vorhandener) Selbstdisziplin und Willenskraft findet dieser letzte Schritt sowieso nie statt. Und

---

2   Ausnahme: Ein Hase in ASCII-Art am Dateiende.

selbst wenn man sich dazu durchringt, hat man die Hälfte der Überlegungen, die einen beim Schreiben des Codes beschäftigten, schon wieder vergessen. Besser ist es daher, die Kommentare zusammen mit dem Code zu schreiben. Wenn einem der Code so viel Konzentration abverlangt, dass man währenddessen keine Kommentare schreiben kann, dann handelt es sich um Code, den man besser gar nicht erst schreibt – nämlich um viel zu komplizierten. Manche Autoren empfehlen sogar, die Kommentare vor dem Code zu schreiben. Denn wenn man zuerst in Pseudocode darlegt, was man plant, verheddert man sich nicht in den Details der Umsetzung, sondern hat Zeit, erst einmal über das allgemeine Design des Codes nachzudenken. Der Pseudocode funktioniert dann als Erklärung für einen selbst und andere Leser. Nebenbei kann man durch den Vergleich von Kommentar und Code überprüfen, ob man wirklich das geschrieben hat, was man ursprünglich vorhatte.

Als Faustregel kann man sich daran orientieren, dass ein Kommentar alles enthalten sollte, was man auch seinen Kollegen sagen würde, ginge man mit ihnen den Code durch. Idealerweise wiederholt der Kommentar dabei nicht das, was der Code tut, sondern beschreibt, was der Code tun sollte und warum. Es ist kein Fehler, dabei statt des spezifischen Lösungswegs das allgemeine Konzept zu beschreiben. (Das hat nebenbei den Vorteil, dass der Kommentar nicht geändert werden muss, wenn man später dasselbe Ziel auf andere, elegantere Weise erreicht.) Ein gutes Zeichen ist es, wenn Ihre Kommentare ein »weil ...« enthalten. Schreiben Sie also nicht einfach nur »Loop rückwärts durch das Array«, sondern »Loop rückwärts durch das Array, weil die Default-Sortierung in der Anzeige absteigend ist«. Dass das Array rückwärts durchlaufen wird, kann man dem Code relativ leicht ansehen, warum das geschieht, aber nicht.

Wenn Sie vor Ihre Funktionen und Methoden Kommentare schreiben, die deren Bedeutung erläutern, können Sie dazu eine Erzählform nutzen: »Ich möchte, dass die Funktion von einem gegebenen Startwert die nächsten 50 Einträge aus der USER-Tabelle holt. Falls keine weiteren 50 Einträge vorhanden sind, soll sie mir eben die restlichen geben. Wenn der Startwert größer als die Zahl der Einträge der Tabelle ist, soll sie nichts zurückliefern, und wenn er kleiner 0 ist, einen Fehler werfen«. Diese weniger technische Form hat den Vorteil, dass Sie nicht so sehr in Versuchung geführt werden, den bestehenden Code zu beschreiben. Sie hilft Ihnen, stattdessen die Anforderungen und das gewünschte Verhalten zu notieren.

Unser Beispiel ist von den »User Stories« aus der Agilen Softwareentwicklung abgeleitet, die immer in der Ich-Form erzählt sind. Eine andere häufige Kommentarperspektive ist das Wir:

```
// we need to check if the file exists before we write to it
```

Damit können unterschiedliche Wirs gemeint sein: »Wir, die Entwickler dieses Codes«, »Ich und die Technik, wir beide« oder »Ich als Autor und du als Leser, wir beide«. Ebenfalls gebräuchliche Varianten sind die direkte Anrede,

```
// you need to change this value to 0 for debugging
```

Passivkonstruktionen

```
// this value needs to be changed to 0 for debugging
```

und die uneindeutige Form

```
// check if the file exists, then write to it
```

Deutschsprachige Programmierer neigen zu Passivkonstruktionen – auch wenn sie Englisch schreiben. Das hat den Nachteil, dass man häufig nicht weiß, wer da agiert. Es sollte immer klar formuliert sein, wer da etwas tut: der beschriebene Code, der aufrufende Code, ein bestimmtes Objekt, der Benutzer oder mystische Kräfte des Universums.

Davon abgesehen, ist die Entscheidung Geschmackssache, und es ist auch nicht nötig, sich konsequent an eine bestimmte Variante zu halten. In manchen Situationen bietet sich eine bestimmte Form an, etwa die »you«-Form, wenn man Leserinnen des Codes erklärt, wie eine API zu benutzen ist. Geht es um das Eingeständnis schändlicher Hacks, sollten Sie zur Ich-Form stehen. Versetzen Sie sich beim Schreiben hin und wieder in die Leserperspektive, damit es Ihnen nicht ergeht wie »mrgoat«, der über warnende Kommentare der Form »Don't be tempted to do blah without looking at foo« schreibt: »Ich habe früher selbst so kommentiert. Später musste ich dann was am Code reparieren und war beleidigt wegen der arroganten Unterstellungen von irgendeinem Programmiereridioten. ›Tja‹, dachte ich, ›du kannst mich mal mit deinem bugverseuchten Code!‹ Und dann fiel mir wieder ein, dass der Code von mir war.«[3]

Anzeichen, dass ein Kommentar eine gute Idee wäre

Wenn der Code unerwartetes Verhalten zeigt

Normalerweise sollten Sie dieses Verhalten zwar beseitigen, aber vielleicht verwenden Sie Fremdcode, Frameworks oder APIs, auf die Sie wenig Einfluss haben. Wenn etwas beim ersten Lesen kontraintuitiv ist, dann wird es das beim zweiten Mal auch noch sein und gehört kommentiert. Das folgende Beispiel (in Java) illustriert dieses Prinzip.[4]

```
File tempFile = new File(tempFStr);
FileOutputStream out = new FileOutputStream (tempFile);
out.write(content);
out.close();

/* If we cannot move files across file system boundaries, we have to do a copy and
rename. See the API-docs for the reasoning.
(http://docs.oracle.com/javase/7/docs/api/java.io/File.html#renameTo(java.io.File)):
"Many aspects of the behavior of this method are inherently platform dependent: The
rename operation might not be able to move a file from one filesystem to another, it
```

---

3   *www.hulver.com/scoop/poll/1086869940_ZZXTfTNN.*

4   Dieses Beispiel ist stark vereinfacht, zum Beispiel fehlt jede Fehlerbehandlung. Außerdem wäre es sinnvoller, stattdessen eine Bibliothek wie »FileUtils« von Apache Commons zu verwenden, die das renameTo-Problem selbstständig berücksichtigt. Aber dann gäbe es hier kein Beispiel, also nehmen Sie es bitte nicht so genau.

```
might not be atomic, and it might not succeed if a file with the destination abstract
pathname already exists. The return value should always be checked to make sure that the
rename operation was successful."*/

if (!tempFile.renameTo(outFile)) {
    FileInputStream source = new FileInputStream(tempFile);
    FileOutputStream destination = new FileOutputStream(outFile);

    FileChannel sourceFileChannel = source.getChannel();
    FileChannel destinationFileChannel = destination.getChannel();
    sourceFileChannel.transferTo(0, sourceFileChannel.size(), destinationFileChannel);
}
```

Hier passiert Folgendes: Unser Programm soll eine Datei mit Messwerten von einem
Webserver füllen. Dabei darf nicht etwa bei einem Verbindungsabbruch nur die Hälfte
der Daten geschrieben werden, sondern es soll das Prinzip »ganz oder gar nicht« gelten.
Daher schreiben wir die Daten (content) zunächst in eine temporäre Datei. Weil wir
gesetzestreue Bürger sind, haben wir diese Datei im Verzeichnis für temporäre Dateien,
dem temp-Verzeichnis angelegt, das Schreiben hat geklappt und wir sind uns an dieser
Stelle sicher, dass wir den Inhalt der temporären Datei verwenden können.

Wir möchten die in Java vorhandene renameTo()-Methode verwenden, um die temporäre
Datei an ihren endgültigen Ort zu verschieben. Die Erwartung wäre, dass das bis auf Fehlerfälle (am Zielort existiert bereits eine Datei gleichen Namens) problemlos klappt.

Leider stellt sich dann aber heraus, dass Java intern nur die systemeigene Funktion zum
Verschieben und Umbenennen von Dateien verwendet – und diese hat z.B. unter Linux
die Eigenschaft, nicht über Filesystem-Grenzen hinweg verschieben zu können (also z.B.
von einer Festplatte auf eine andere). Damit scheitert auch ihr Java-Pendant dann kläg-
lich, wenn das temp-Verzeichnis auf einer anderen Festplatte als das Zielverzeichnis liegt
(und das ist so ungewöhnlich nicht). Die Entwickler der renameTo()-Methode haben sich
unschönerweise für einen Booleschen Rückgabewert entschieden, der nur den Erfolg der
Operation anzeigt, anstatt die Fehlerursache – etwa durch eine Exception – zu nennen.

Kein großes Problem, in diesem Fall kopieren wir die Datei einfach an ihren neuen Ort
(im Beispiel sind noch ein paar Fehlerfälle und ihre Behandlung ausgelassen) und können
dann die temporäre Datei löschen. Das dauert zwar länger, führt aber auch zum Ziel. Da
diese Einschränkung von renameTo() schnell in Vergessenheit geraten kann, ist ein Kommentar sehr sinnvoll, der einem auch zwei Jahre später noch erklärt, warum man den
Erfolg von renameTo() prüft und im Fehlerfall eine andere Art wählt, um die Datei an
ihren endgültigen Platz zu befördern.

Wenn Sie Überarbeitungsbedarf sehen, aber gerade nicht genug Aufmerksamkeit oder Zeit übrig haben

Allein die Tatsache, dass ein Codeabschnitt überarbeitet oder neu geschrieben werden
muss, ist einen Kommentar wert. Hat man erkannt, dass ein Rewrite nötig ist, es fehlt
aber gerade die Muße dafür, weil die Aufmerksamkeit auf ein anderes Problem gerichtet

ist, hilft ein Kommentar in der Form »TODO: this code is bad, rewrite it« zumindest, die Stelle zu markieren. Die Information, dass der Autor beim Schreiben nicht von seinem Code überzeugt war, ist immerhin besser als gar nichts. Noch besser natürlich, er schreibt auch dazu, warum.

Der folgende Kommentar ist schlecht (er stammt aus dem Code der Riesenmaschine-Blog-Engine). Trotzdem war es kein Fehler, ihn zu schreiben:

```
# TODO: ein bisschen bescheuert ist das schon
```

Was hier warum bescheuert ist, bleibt unklar. Aber immerhin teilt der Kommentar der nächsten Leserin mit, dass bei zukünftigen Änderungen an dieser Stelle erhöhte Vorsicht geboten ist.

Wahrscheinlich wusste die Autorin des Kommentars im Moment des Schreibens sogar, was an dieser Stelle nicht stimmte. Sie hielt das Problem jedoch für offensichtlich und glaubte daher, es sei nicht nötig, die Details im Kommentar niederzulegen. Wenn Sie zufällig gerade a) verstehen, was der Missstand ist und b) womöglich sogar eine Idee haben, wie man ihn beheben könnte: Schreiben Sie beides unbedingt sofort auf! Was sich in diesem Moment wie selbstverständliches Wissen anfühlt, fällt Ihnen in Wirklichkeit nur auf, weil Sie gerade im Thema drin sind.

Entscheiden Sie sich für eine einheitliche Kennzeichnung solcher Stellen, schreiben Sie also nicht »to do«, »TODO«, »FIXME«, »XXX« und »!!!!!« durcheinander, das erschwert die spätere Suche nach Problemen. Eine gängige Konvention ist, »TODO« für alles zu verwenden, was nicht kaputt, aber verbesserungsfähig ist. Mit »FIXME« Markiertes ist bekanntermaßen kaputt, und »XXX« kennzeichnet das Code-Äquivalent von heraushängenden Starkstromkabeln. Hierzu gehört am besten eine entsprechende Regel im Projekt: TODOS, FIXMEs usw. sind grundsätzlich vor dem nächsten Release zu beseitigen.

TODO-Kommentare

In vielen Entwicklungsumgebungen werden Kommentare, die mit »TODO« anfangen, als Aufgaben für später geführt. Es gibt eine spezielle Ansicht, die die ganzen TODOs auflistet, und diese Punkte werden beim Compile auch gerne als eigene Problemklasse aufgezählt.

Wenn der Code nur für einen eingeschränkten Anwendungsbereich bestimmt ist

Aaron Darling, Bioinformatiker an der University of California, berichtet in der Zeitschrift *Nature* von einem durch fahrlässige Dokumentation verursachten Problem: Sein Code zum Vergleich von Genomen war nur für die Arbeit mit nah verwandten Organismen ausgelegt. Weil er diese Einschränkung nicht deutlich genug erwähnte, verwendeten andere Forscher seinen Code zum Vergleich entfernter Verwandter, was zu einer unbrauchbaren Veröffentlichung führte: »Es war reines Glück, dass mir das aufgefallen ist, denn die veröffentlichten Ergebnisse der anderen waren komplett falsch, aber das konnten sie nicht wissen, weil ich meinen Code nicht ausreichend dokumentiert hatte.«[5]

Wenn Sie Codeteile »vorübergehend« auskommentieren

Oft wird zum Testen ein Codeteil auskommentiert, der zum Beispiel prüft, ob ein Benutzer berechtigt ist, eine Funktion auszuführen. Das ist ein schneller und bequemer Weg, einzelne Codeteile zu debuggen[6] (siehe Kapitel 16). Klingelt dann aber im falschen Moment das Telefon, besteht die Gefahr, dass ein solcher Codeteil versehentlich auskommentiert bleibt (`/* if (not user_is_authorized) return*/'`). Gleich zu Anfang ein »XXX« zu vermerken, hilft dabei, diese Stelle wiederzufinden. Noch besser: Man notiert den Grund für die Auskommentierung, denn wer weiß, ob man nach dem Telefonklingeln nicht vielleicht erst nächstes Jahr wieder an diese Stelle im Code zurückkehrt. Dasselbe gilt sinngemäß für vorübergehend geänderte Werte: `$days_to_keep = 1; // CHANGEME` ist weniger hilfreich als `$days_to_keep = 1; // XXX change me back to 7'`.

Wenn Sie einen naheliegenden Lösungsansatz schon ausprobiert haben und damit gescheitert sind

Der Gedanke, der Ihnen heute naheliegend erscheint, wird das vermutlich in drei Monaten wieder tun, und dann verschwenden Sie ein zweites Mal Zeit in derselben Sackgasse. Kommentieren Sie den Code aus und vermerken Sie so etwas wie:

```
// This doesn't work (for reasons unknown)
```

Wenn Sie unseren guten Rat ignorieren, ein Versionskontrollsystem einzusetzen

In diesem Fall ist es hilfreich, alle Änderungen mit einem Datum zu versehen. Wenn mehrere Personen am Code arbeiten, empfiehlt sich außerdem ein Namenskürzel. So haben Sie drei Wochen später, wenn nichts mehr geht, eine Chance, zu erahnen, woran das liegt. Das gilt insbesondere für Änderungen, die Sie nicht so ganz verstehen oder für heikel halten. Nachteil: Sie werden den Vermerk niemals anpassen, wenn Sie den Code verändern. Denken Sie noch einmal über ein Versionskontrollsystem nach.

Wenn eine Lösung auf den Betrachter unnötig kompliziert wirken könnte

Wenn Sie tatsächlich einmal eine schlaue Lösung gefunden haben, belegen Sie deren Schlauheit am besten (»Code wird dadurch um 75% schneller«) und begründen auch, warum sie besonders schlau ist. Die Ursache kann ja möglicherweise längst weggefallen sein, wenn Sie das nächste Mal auf den Code sehen. Wenn Sie Ihre Lösung unkommentiert lassen, kommt sonst demnächst jemand, der den Code für reine Angeberei auf Kosten der Lesbarkeit hält, und macht alles wieder zunichte.

---

5 *www.nature.com/nature/journal/v467/n7317/index.html.*

6 Leider ist es aber auch ein Zeichen für schlechtes Design. Besser wäre es, den Code testbar anzulegen und entsprechende Testroutinen zu schreiben (siehe Kapitel 16).

Wenn Sie schon wissen oder ahnen, dass Sie gerade etwas falsch machen

Wenn Sie beispielsweise nicht testen, ob etwas wirklich passiert ist, sondern es nur aus irgendwelchen indirekten Zeichen ableiten oder schlicht annehmen, dann verschweigen Sie diesen Sachverhalt nicht schamvoll. Schreiben Sie einen ehrlichen Kommentar und markieren Sie ihn mit einem TODO. Wenn es später Probleme gibt, können Sie auf diese Art schneller zur Ursache vordringen.

Wenn Sie öfter unter Verwirrung angesichts Ihrer verschlungenen Kontrollstrukturen leiden

Sie könnten es sich zur Gewohnheit machen, das Ende solcher Strukturen mit einem Kommentar zu versehen:

```
for (cat_counter = 0; cat_counter < count(cats); cat_counter++) {
    if (cat_counter % 2 != 0) {
        for (hedgehog_counter = 0; hedgehog_counter < count(hedgehogs); hedgehog_
counter++) {

            // hier steht viel Code

        } // end for hedgehog_counter
    } else {

        // hier steht noch mehr Code

    } // end if cat_counter
} // end for cat_counter
```

Langfristig sollten Sie versuchen, zu kürzeren, übersichtlicheren Kontrollstrukturen zu gelangen. Ein paar Vorschläge, wie das gehen könnte, finden Sie in Kapitel 15.

Wenn Fremdcodeschnipsel zum Einsatz kommen

Vermerken Sie die Quelle des fremden Codes. Vielleicht tauchen später Fragen dazu auf, vielleicht stellt der Autor eines Tages auch eine neue und verbesserte Version zur Verfügung. (Achtung: Das gilt wirklich nur für Schnipsel. Wenn Sie größere Mengen Fremdcode einbinden, also alles in der Größenordnung zwischen ein paar Zeilen und einer ganzen Bibliothek, sollten Sie den fremden Code als separate Datei einsetzen und diese Datei unbedingt unverändert lassen.)

Wenn mitten im Code Zahlen auftauchen

Nachdem Sie Kapitel 14 gelesen und beherzigt haben, stehen in Ihrem Code hoffentlich keine Zahlen mehr einfach so im Weg herum. Sie haben diese Zahlen in Konstanten gesteckt. Die Definition einer solchen Konstante gewinnt fast immer an Nützlichkeit, wenn Sie noch einen Kommentar hinzufügen, der erläutert, warum Sie sich gerade für diesen Wert entschieden haben und wofür er verwendet wird.

Selbst wenn der Grund

```
// found by trial and error: this value seems to provide
// the least retina-scorching colors
```

lautet, helfen Sie Ihren Lesern damit weiter.

Problematische Kommentare

Kommentare können auch schädlich sein, nämlich dann, wenn sie falsch sind und ihre Leser auf zeitraubende Irrwege führen. Selbst sinnvolle Kommentare bringen zusätzliche Arbeit mit sich: In Zukunft wird man nicht nur den Code überarbeiten müssen, sondern auch den zugehörigen Kommentar. Wer schon ahnt, dass er sich dazu nicht immer aufraffen wird, der sollte sich beim Schreiben von Kommentaren fragen: »Kann ich diese Information aus dem Kommentar in den Code verschieben?«

Oben haben wir insbesondere Einsteigern in die Programmierung empfohlen, etwas mehr zu kommentieren, als eigentlich nötig wäre. Folgt man diesem Rat, dann ist es noch wichtiger als sonst, Kommentare rücksichtslos zu löschen, wenn sie überholt oder falsch sind. Viele Entwickler haben Scheu davor, Code zu löschen, weil seine Erstellung immerhin mit Mühe verbunden war. Diese Haltung überträgt sich auch auf Kommentare, sie ist aber falsch.

Überholte Codekommentare, die den Stand von gestern dokumentieren, sind schlechter als keine. Wenn Sie nicht die Zeit finden, einen Kommentar nachzuziehen, dann versehen Sie ihn zumindest mit einem TODO und einer kurzen Erklärung dazu, warum er veraltet ist. Wenn er wirklich überflüssig geworden ist, löschen Sie ihn. Gute Programmierer sind ziemlich rücksichtslos im Löschen von Code und noch rücksichtsloser im Entfernen von Kommentaren, weil sie wissen, dass sie notfalls immer zurück können, etwa indem sie einen alten Stand aus dem Versionskontrollsystem zurückspielen oder mit überschaubarem Aufwand neu schreiben.

Weitere Anzeichen für Kommentarprobleme sind:

Der Kommentar ist sehr lang

Jede nicht ganz triviale Funktion sollte am Anfang mit ein oder zwei beschreibenden Sätzen ausgestattet werden. Wenn man mehr als diese Sätze benötigt, stimmt etwas mit der Funktion nicht. Vermutlich will sie zu viel auf einmal oder ist überkompliziert angelegt.

Der Kommentar bezieht sich auf umbenannte Elemente

Sie haben mit einem Refactoring-Tool den Namen einer Klasse, Funktion oder Variable geändert, Ihr Tool hat die Kommentare aber nicht berücksichtigt. Im Kommentar trägt das geänderte Element jetzt noch den alten Namen. An sich ist es nicht falsch vom Refactoring-Tool, die Kommentare zu ignorieren, denn es kann ja sein, dass Sie eine sehr schlampig benannte Variable namens variable haben, die Sie eines Tages beim Aufräumen entdecken und in `timestamp` umbenennen. Dann würde es große Verwirrung stiften, wenn jedes Auftauchen des Worts `variable` in den Kommentaren ebenfalls durch `timestamp` ersetzt würde. In vielen Entwicklungsumgebungen gibt es die Option, beim Refactoring die Kommentare mitzuberücksichtigen.

Der Kommentar enthält Abkürzungen

Wie bei Variablennamen (siehe Kapitel 5) gilt auch hier: Verwenden Sie Abkürzungen nur dann, wenn die Abkürzung gebräuchlicher ist als die ausgeschriebene Version (»HTML«, »PDF«).

Der Kommentar gehört eigentlich in die *commit message* des Versionskontrollsystems oder umgekehrt

Wer einen Bug behoben hat und ein Versionskontrollsystem verwendet, steht vor der Frage: Wohin gehört der Kommentar, in den Code oder in die *commit message*? In der Regel ist es sinnvoll, zusammen mit dem Commit nur zu vermerken, *was* geändert wurde. Gut organisierte Projekte verwenden ein Aufgaben-Tracking-System wie Jira und verlinken die *commit message* mit der zugehörigen Task-ID, damit man den Hintergrund einer Änderung auch später noch nachvollziehen kann. Betreibt man ein weniger gut organisiertes Projekt, schreibt man die Begründung für die Änderung als Kommentar in den Code selbst. Das ist nicht ganz so günstig, weil die lange Vorgeschichte den Code irgendwann schwer lesbar macht.

Der Kommentar ist für seine mögliche Leserschaft unverständlich

Denken Sie sehr genau über die Voraussetzungen fürs Verständnis nach, wenn der Code von Nicht- oder Seltenprogrammierern angefasst werden könnte. Das ist zum Beispiel dann der Fall, wenn Sie der Welt ein WordPress-Plugin, ein Browser-Add-on oder ein Greasemonkey-Tool zur Verfügung stellen, oder wenn die Nutzer Ihres Codes vor der Inbetriebnahme noch irgendwelche Zugangsdaten in eine Code-Datei eintragen müssen.

Aus dem Schatzkästlein der Kommentierkunst

- `# total_hours_wasted_here = 16`
- `# Now, God only knows`
- `# to my wife, Darlene`
- `# drunk, fix later`
- `# Temporary my ass!`
- `# please work`
- `# too scared to delete`

$\rightarrow$

- # Dear future me. Please forgive me.
- # it was hard to write so it should be hard to read
- # TODO: Fix this. Fix what?
- # Ruby lexer adapted from irb - The internals are not documented because they are scary.
- # This Code can only be loved by a mother.
- # Was, warum geht das nicht?

Quellen: *stackoverflow.com/questions/184618/what-is-the-best-comment-in-source-code-you-have-ever-encountered/, blog.fefe.de/?ts=b2708668, @inoxio* / Twitter, *@IAmMarth* / Twitter.

KAPITEL 7

Code lesen

»Code lesen ist ja manchmal auch so das ›aus Innereien wahrsagen‹ unserer Zeit.«

Rin Räuber / @rinpaku, Twitter, 10. Mai 2013

Häufig ist es leichter, Code zu schreiben, als ihn zu lesen. Das hat damit zu tun, dass wir beim Schreiben von Code bereits ein geistiges Modell des Programms im Kopf haben, das wir dann nur noch aufschreiben. Dieses »nur Aufschreiben« ist schon schwierig genug. Um aber Code, insbesondere fremden, lesen und verstehen zu können, muss man das geistige Modell im Kopf des Entwicklers durch Lesen des Produkts rekonstruieren, und das ist sehr viel schwieriger. Selbst wenn man gut geschriebenen Code liest, muss man gleichzeitig die Syntax verstehen und das Verhalten des Codes als Ganzes im Hinterkopf behalten können, während man die Details einer Funktion nachzuvollziehen versucht. Das fällt nicht nur Einsteigern schwer.

Dennoch ist es wichtig, gelegentlich den Code anderer Leute zu lesen, weil es einem dabei hilft, zu einem besseren Programmierer zu werden. Ganz häufig machen andere Programmierer Dinge anders, und zwar besser. Da wir nicht immer die Gelegenheit und/oder den Mut dazu haben, andere zu einem konkreten Problem auszufragen, ist es ein guter Ersatz, ihre Problemlösungen nachzulesen.

Muss ich wirklich?

Es ist normal, gegenüber dem Lesen von Code einen gewissen Widerwillen zu empfinden. Das Gehirn der meisten Menschen sträubt sich gegen übermäßige Anstrengung und findet, ein wenig Zerstreuung sei harter Arbeit durchaus vorzuziehen. Wozu unverständlichen Code lesen und verstehen, wenn man in der gleichen Zeit Katzenbildchen und Rage-Comics betrachten kann? Jeff Atwood, der Autor des Blogs *Coding Horror*, schreibt: »Keiner liest aus Spaß an der Freude fremder Leute Code – ich lese noch nicht mal meinen eigenen gerne. Die Vorstellung, dass man sich gemütlich in einem Ledersessel niederlässt, um sich bei einem guten Gläschen Brandy mit fremdem Sourcecode einen schönen Leseabend zu machen, ist absurd.«[1]

Allerdings widersprechen ihm nicht wenige andere Programmierer, die das gar nicht so absurd finden oder sogar beim Lesen eleganten Codes Befriedigung empfinden. Vielleicht geht es Ihnen wie Jeff Atwood. Vielleicht gehören Sie auch zur zweiten Gruppe, oder vielleicht werden Sie irgendwann später einmal ein Mensch werden, der Code zum Vergnügen liest. Versuchen Sie jedenfalls für den Anfang, folgenden Deal mit Ihrem Gehirn zu schließen: Sie lesen wenigstens gelegentlich längere Codepassagen und denken darüber nach, ohne dass Ihre bequemeren Persönlichkeitsanteile Sie immer wieder in ein anderes Browserfenster zerren wollen.

Falls Sie Widerwillen beim Lesen von Code empfinden, gehen Sie ehrlich damit um: Nein, es liegt nicht am Code. Es liegt auch nicht an Ihrer Intelligenz. Es liegt nur daran, dass Sie beim Betrachten von Fremdcode nachdenken müssen. Das ist okay, denn Nachdenken macht Arbeit und man darf es jederzeit verweigern. Aber man sollte es mit der Begründung tun »Ich will darüber jetzt gerade nicht nachdenken«, und nicht mit der Begründung »Dieser Code ist so hässlich« oder »Ich bin einfach zu dumm«.

Ein grundsätzlicher Unwille, auch nur das kleinste Stück Fremdcode zu lesen, kann Sie auch dann vom Dazulernen abhalten, wenn Sie eigentlich gerade etwas herausfinden wollen. Man betrachtet eine Bibliothek, die man einsetzen möchte, oder man liest ein an sich informatives, aber mit Codebeispielen durchsetztes Buch. Hat man gar keine Übung im Codelesen, macht man nur schaudernde Geräusche und blättert weiter.

Wenn Sie sich in eine neue Sprache oder eine neue Technologie einarbeiten wollen, dann ist es grundsätzlich eine gute Idee, existierenden Code zu suchen und zu lesen, um sich ein Bild davon zu machen, wie die üblichen Programmierkonventionen aussehen. Dabei müssen Sie den Code nicht vollständig und in aller Tiefe verstanden haben – häufig ist es sogar nützlich, an der Oberfläche zu bleiben. Haben Sie die Sprache oder die Funktionen der Bibliothek so weit begriffen, dass Sie sie mechanisch nachahmen können, sind Sie schon kompetent genug, um die ersten hässlichen Versuche zu starten. Der Rest ergibt sich dann durch Versuch und Irrtum und weiteres Nachlesen.

Sie können auch durch äußere Umstände dazu gezwungen sein, sich mit fremdem Code zu beschäftigen, und dann ist es gut, wenn Sie schon Erfahrung mit dem Codelesen haben. Für Programmierer, die in Firmen angestellt sind, aber auch für viele Nichtprogrammierer, die an ihrem Arbeitsplatz gelegentlich mit kleinen Skripten und Programmen hantieren müssen, ist es recht üblich, den Code von Vorgängern oder Kollegen überarbeiten zu müssen – und das geht nicht, ohne ihn gelesen und einigermaßen verstanden zu haben.

Selbst wenn Sie nur aus Spaß und ganz alleine vor sich hinprogrammieren, können Sie in die Verlegenheit geraten, sich eingehend mit fremdem Code beschäftigen zu müssen. Es

---

1   *www.codinghorror.com/blog/2012/04/learn-to-read-the-source-luke.html.*

ist heute selbst für einfache Programme üblich, auf Fremdcode aufzubauen. Sprachen bringen ihre grundlegenden Bibliotheken mit, und Anwendungsumgebungen wie das Web oder Mobile Devices sind ohne die Verwendung eines Frameworks kaum zu programmieren. Immer mehr dieses Fremdcodes ist Open Source, was es möglich macht, in die Quellen zu schauen. Und Open Source-Code wird häufig nicht unbedingt mit einer gut ausgebauten Dokumentation geliefert, auch wenn PHP und jQuery zwei beeindruckende Ausnahmen darstellen. Spätestens, wenn Sie bei einem hartnäckigen Fehler nicht weiterkommen und in einem Forum für Programmierer nachfragen, wird die Antwort Code enthalten, den Sie verstehen müssen.

Auch wenn Sie etwas geschrieben haben, was irgendjemand außer Ihnen selbst nutzt – und das kann schon drei Wochen nach Ihrer Lektüre von »LEGO-Roboter bauen und programmieren« der Fall sein –, kommen Sie manchmal nicht daran vorbei, Fremdcode zu lesen. Nämlich dann, wenn Ihr Code bei jemand anderem nicht das tut, was er soll. In diesem Moment sind Sie selbst für alle Bestandteile verantwortlich, auch für die, die Sie gar nicht selbst geschrieben haben. Sie können sich nicht damit herausreden, dass Sie dafür nicht zuständig sind. In dem Moment, in dem Sie der Welt Ihren Code überlassen haben, haben Sie implizit die Verantwortung für ihn übernommen. Es ist so ähnlich wie mit dem Kinderkriegen: Man kann sich zwar nach einer Weile davonschleichen, aber anständig ist das nicht.

Wer häufig Code liest, achtet beim Schreiben mehr auf Lesbarkeit, denn er hat leichter oder schwerer verständlichen Code kennengelernt und sich schon in der Rolle desjenigen befunden, der den fremden Gedanken folgen muss. Und wer ein paarmal über schlechte Beispiele, unverständliche Einrückungen und veraltete Dokumentation geflucht hat, denkt vielleicht beim Schreiben eigenen Codes eher an den Leser: »Code muss lesbar sein, das hat für mich inzwischen die höchste Priorität. Lesbarkeit ist wichtiger als Geschwindigkeit und fast so wichtig wie Korrektheit. Aber meiner Meinung nach bekommt man korrekten Code sowieso am ehesten, indem man lesbaren Code schreibt.«[2] Für Anfänger ist das eine gute Nachricht, denn es ist leichter, leserlichen Code zu schreiben als hochoptimierten Code.

Ein paar Ratschläge zum erfolgreichen Lesen fremden und eigenen Codes finden Sie im folgenden Abschnitt.

Zuerst die Dokumentation lesen

»Eine Stunde Code lesen kann einem eine Minute Lesen in der Dokumentation ersparen.«

Diomidis Spinellis: »Code Reading«

Falls es Dokumentation zum Quellcode oder dem Programm gibt, an dem Sie arbeiten, lesen Sie die zuerst. Das spart viel Zeit beim Codelesen, denn die Dokumentation liefert

---

2   Douglas Crockford in »Coders at Work«, S. 107.

Ihnen einen Überblick über die Funktionsweise des Programms und darüber, wie es typischerweise verwendet wird. Diese Konzepte müssten Sie sich sonst erst mühsam aus dem Code erschließen.

Insbesondere wenn unbekannte Bibliotheken eingebunden werden, reicht es häufig aus, die Dokumentation zu lesen. Im Quellcode verirren Sie sich nur (Bibliothekscode ist häufig ziemlich groß) und verlieren das eigentliche Ziel, die Bibliothek nur zu verwenden, schnell aus den Augen. Bibliotheken sind Code, der für die Wiederverwendung in fremden Projekten geschrieben ist. Er sollte eine übersichtliche Schnittstelle mitbringen und vom Benutzer (also dem Programmierer) keine Beschäftigung mit den Interna erwarten. Programmbibliotheken bringen in der Regel auch Dokumentation mit.

Was man beim Lesen der Dokumentation weniger gut lernt, sind die Zusammenhänge: Wie kann man die Rückgabewerte einer Funktion sinnvoll für den Aufruf einer anderen verwenden, welche Best Practices gibt es in der Sprache, wie kann man eine Bibliothek in ein lauffähiges Programm einbinden? Eine solche Übersicht gewinnen Sie am besten, indem Sie Beispielcode lesen – der wird von manchen Sprach- oder Bibliotheksentwicklern bereitgestellt. Zu etwas bekannteren Programmen und Bibliotheken gibt es auch immer Foren, Blogbeiträge und/oder Codebeispiele (»Snippets«) im Web. Wenn Sie überhaupt nichts finden, das dokumentiert, wie der Code verwendet werden soll, dann sollte Sie das misstrauisch machen – die Bibliothek ist entweder noch sehr jung und damit möglicherweise auch noch unausgereift, oder keiner verwendet sie. Beides ist keine Schande, aber ungünstig für Sie, da Sie vermutlich hin und wieder die Unterstützung anderer Nutzer benötigen werden.

Anfänger haben dabei einen Vorteil: Sie müssen sich nicht überlegen, ob der Code, den User in irgendeinem Forum veröffentlichen, gut oder schlecht ist. Er ist wahrscheinlich jedenfalls nicht schlechter als ihrer. Solange Sie sich nicht nur auf den Code einer einzelnen anderen Person verlassen, werden Sie mittelfristig besser werden, selbst wenn Sie sich gelegentlich Unsitten oder suboptimale Lösungen abschauen.

Sourcecode ausdrucken

Wenn Sie gern mit Papier arbeiten, kann ausgedruckter Sourcecode die Darstellung auf dem Monitor ergänzen. Auf Papier schreiben sich schneller Kommentare, Ausgedrucktes ist für manche Menschen leichter zu lesen als der Bildschirminhalt und man kann zwei Seiten nebeneinander legen, während man auf dem Monitor den Code editiert. Sie brauchen sich dabei nicht blöd vorzukommen, auch ausgewachsene Programmierer verfahren so: »Wenn ich ein System durchschauen will, das so eng verzahnt ist, dass ich alles lesen muss, um ein bestimmtes Element zu verstehen, das ist ein Albtraum ... Meistens drucke ich alles aus, setze mich mit dem Ausdruck auf den Boden und schreibe Notizen dran.«[3]

---

3   Der Java-Entwickler Joshua Bloch in »Coders at Work«, S. 182.

Diese Methode ist vor allem dann interessant, wenn Sie keine IDE einsetzen, denn moderne Entwicklungsumgebungen stellen viele Hilfen zum Verständnis des Codes zur Verfügung, deren man sich durch einen Ausdruck beraubt. Außerdem machen lange Namen den Text oft so breit, dass er nicht mehr auf die Seite passt, und durch Umbrechen geht die optische Struktur verloren. Bei größeren Projekten stößt das Ausdrucken sowieso an Grenzen: Wenn Sie eine umfangreiche Bibliothek ausdrucken, bekommen Sie einen 500-Seiten-Stapel in die Hand. Das ist zum einen unökonomisch, zum anderen werden Sie sich in einem solchen Wust nicht zurechtfinden. Drucken Sie daher selektiv, zum Beispiel den Verzeichnisbaum des Projekts, damit Sie die Dateien, die dazugehören, immer im Blick haben. Oder die API, damit Sie sehen, welche Funktionen zur Verfügung stehen. Wenn Sie ein Programm und keine Bibliothek lesen wollen, dann drucken Sie zunächst den Einstiegspunkt (main() bei C-ähnlichen Sprachen, also etwa PHP, Perl, Java, JavaScript, C++ oder C#) und die Funktionen aus, die Ihnen interessant erscheinen.

Zeichnen Sie schematisch auf, was einzelne Programmteile tun

Die 1980er Jahre waren die große Zeit der schematischen Programmdarstellung. Damals waren Struktogramme[4] und Flowcharts[5] zur Visualisierung des Programmablaufs sehr beliebt. Diese Darstellungsarten haben heute ein wenig an Bedeutung verloren, obwohl sie eine gute Möglichkeit darstellen, das Buchstabensuppenproblem zu entschärfen: Sie bieten eine weniger abstrakt anmutende Sicht auf das Programm, die nicht durch Syntaxelemente wie { oder] verstellt wird.

Es reicht völlig aus, ein Blatt Papier zu nehmen und mit Kästchen, Pfeilen und Kreisen den Programmablauf aufzuzeichnen – welche genauen Figuren bei Flowcharts für was stehen, ist unerheblich, denn Sie wollen diese Darstellung nur für Ihr Verständnis des Programms erzeugen. Falls Sie viel Zeit haben oder sich dringend vor wichtigeren Aufgaben drücken müssen, können Sie sich auch in die grafische Modellierungssprache UML einarbeiten und damit viel professioneller als mit Stift und Papier die statischen und dynamischen Strukturen von Programmen abbilden.

Außerdem gibt es erste Ansätze für Visualisierungstools, die den Code automatisch in einer besser verständlichen Form darstellen. Wenn Sie mit einer Suche nach *code visualization* im Zusammenhang mit der Programmiersprache Ihrer Wahl ein Tool finden, mit dem Sie arbeiten können und wollen, brauchen Sie die Filzstifte nicht auszupacken. Und wenn Sie den Code eines professionellen Projekts studieren, kann es sein, dass es bereits irgendwo die allerschönsten Diagramme gibt, die Sie bloß noch ausfindig machen müssen.

---

4   *en.wikipedia.org/wiki/Nassi–Shneiderman_diagram.*

5   *en.wikipedia.org/wiki/Flowchart.*

Von oben nach unten, von leicht nach schwer

Wenn die Dokumentation nicht ausreicht oder es gar keine gibt, sollten Sie sich zunächst anhand der Organisation des Codes eine grobe Übersicht verschaffen. Wie viele Dateien gibt es? Was sagen deren Namen über ihre Funktionen aus?

Eine Datei, die so heißt wie das Projekt, enthält meist den Start des Programms und seine wichtigsten Bereiche. Hier verbergen sich die main()-Methode oder – im Fall einer Bibliothek – die Funktionen, die für Sie als Anwender der Bibliothek besonders interessant sind. Sie sollten daher zunächst diese Datei untersuchen, während alles, was »helper« oder »util« im Namen trägt, für den Überblick eher unwichtig ist.

Ein Texteditor mit Code Folding hilft ungemein dabei, die Grobstruktur eines Codemoduls zu verstehen. Code Folding bedeutet, dass man Teile des Codes vorübergehend ausblenden kann, so dass zum Beispiel nur noch die äußerste Einrückungsebene zu sehen ist. Der Wikipedia-Eintrag »Code Folding« enthält eine Übersicht der Editoren und Entwicklungsumgebungen mit dieser Fähigkeit.

Wenn Sie einen Überblick gewonnen haben, kommen die Detailbetrachtungen. Beginnen Sie beim detaillierten Lesen mit den leicht verständlichen Bereichen, sonst verlieren Sie die Lust und werfen die Quellcodedatei angewidert in die Ecke. Selbst wenn Sie schwer verständliche Codestücke niedergerungen und ihre Funktionen genau begriffen haben, bringt Ihnen das für das Verständnis des Gesamtcodes eher wenig. Investieren Sie die Zeit daher lieber in die oberflächliche Lektüre großer Codemengen.

Wenn Sie merken, dass Sie sich in einem Bereich festgebissen haben und nicht richtig weiterkommen, dann wenden Sie sich lieber einem anderen zu. Sturheit ist eine schöne Tugend und für Softwareentwickler gelegentlich sehr nützlich, aber übertreiben Sie es nicht. Möglicherweise kehren Sie später in einem anderen Geisteszustand oder mit neuen Kenntnissen zu diesem Modul oder dieser Funktion zurück, und dann erschließt sich alles wie von allein.

Lernen Sie Spurenlesen

Debug-Ausgaben, Ausgaben in eine Logdatei und Asserts stehen häufig an wichtigen und/oder fehlergeplagten Bereichen. Anmerkungen wie FIXME und TODO finden sich in Bereichen, wo der Code eher minderwertig ist. Nutzen Sie auch die Informationen in Variablen- und Funktionsnamen – wenn diese Namen zu wenige oder irreführende Auskünfte geben, ist erhöhte Vorsicht geboten.

Lernen Sie rekursive Funktionen erkennen, denn die sind meist ein Indikator dafür, dass hierarchische Daten verarbeitet werden, beispielsweise ein Dateibaum:

```
function findCsvFiles (fileOrDirectory, csvFiles) {
    if (fileOrDirectory.isFile() && (fileOrDirectory.name.endsWith('.csv'))) {
        return fileOrDirectory;
```

```
    } else if (fileOrDirectory.isDirectory()) {
        var files = fileOrDirectory.list();
        for (var file : files) {
            csvFiles.add(findCsvFiles (files, csvFiles));
        }
    }
}
```

Diese Funktion ist rekursiv, weil sie sich im unteren Teil selbst aufruft, falls sie unter den Einträgen in einem Verzeichnis ein Unterverzeichnis gefunden hat. Dann geht sie die Kinder dieses Verzeichnisses durch und hängt die gefundenen CSV-Dateien an das csvFiles-Array an. Falls sie auf ein weiteres Unterverzeichnis stößt, macht sie zunächst dort weiter, bevor sie zum übergeordneten Verzeichnis zurückkehrt.

Lernen Sie erkennen, wie in der Sprache Ihrer Wahl asynchrone Verarbeitung (Threads oder Ajax-Calls) gestartet wird. Das ist ein Zeichen dafür, dass die Verarbeitung zeitlich ganz anders aussehen kann, als der lineare Code nahelegt.

```
var db_conn;
Thread.new ({
    var success = db_conn.connect (database: "mysql@server",
                    user: "johannes", password: "pass");
    if (success == false) {
        throw DatabaseConnectException.new();
    }
    ... //weiterer Code
});
print ("connecting to database");
```

Dieses Programm verbindet sich in einem parallel laufenden Thread mit der Datenbank, und weil hier eine asynchrone Verarbeitung gestartet wird, wird die print-Ausgabe aufgerufen, *bevor* das Programm sich tatsächlich mit der Datenbank verbunden hat. Das hat den Vorteil, dass das User Interface nicht hängt, während das Programm die Datenbankverbindung aufbaut. Aber beim Lesen des Codes muss man darauf achten, dass es in der Zeile mit der print-Anweisung zu früh wäre, »connected to database« zu schreiben, denn falls die Datenbankverbindung fehlschlägt, wird die DatabaseConnectException erst nach der print-Anweisung geworfen werden.

80/20 ist gut genug (meistens)

Es ist ungemein befriedigend, ein Stück Code wirklich verstanden zu haben, aber das ist für die Bewältigung einer bestimmten Programmieraufgabe häufig nicht nötig, und für Anfänger auch nicht immer zu erreichen. Wenn Sie Code lesen, um Ihre Programmierfähigkeiten zu verbessern, dann analysieren Sie ruhig auch den für Sie anspruchsvollen Code bis ins kleinste Detail. Festbeißen ist dann manchmal ganz nützlich, weil es den Kopf dazu zwingt, den Code Schritt für Schritt nachzuvollziehen – man kommt nicht mehr wie sonst mit einer ungefahren Vorstellung davon.

Falls Ihnen das aber viel zu viel ist oder Sie nicht genug Zeit haben, trösten Sie sich: Ein ungefähres Verständnis reicht in der Regel aus, und den Rest lernen Sie dann schon, wenn Sie mit dem Code arbeiten. Ausschließlich diejenigen Codebereiche zu lesen und zu verstehen, die Sie später mit einer gewissen Wahrscheinlichkeit auch benutzen oder umschreiben werden, ist auch deswegen sinnvoll, weil Sie überflüssige Arbeit vermeiden. Auch wenn Code-Studium grundsätzlich sinnvoll und gut ist, gilt das nicht unbedingt für Code, dem Sie später nie mehr begegnen werden.

Vergessen Sie die Daten nicht

Wenn Sie eine Sammlung von VBA-Makros[6] übernehmen, die in Excel-Dateien eingebettet sind, sollten Sie nicht nur auf den Code schauen. Die Daten in den Excel-Sheets geben Ihnen häufig schneller einen Überblick darüber, wofür der Code gut ist, als die Visual-Basic-Quellen. Ähnliches gilt für Access-Projekte, aber auch für andere Software, die sehr stark auf die Verarbeitung von Daten zugeschnitten ist.

Lernen Sie, bestimmte Datenformate zu erkennen. Beispiele:

- *20060712* ist ein Datestamp, also Jahr, Monat, Tag hintereinander. Dieses Format findet sich häufig bei Datumsangaben in SQL-Datenbanken.
- *1152680400* 10-stellige Zahlen, die mit 10 bis 14 anfangen, sind häufig Unix-Timestamps, gerechnet in Sekunden seit 1970.
- *192.168.1.10* Vier durch Punkte getrennte Nummernblöcke, deren Werte zwischen 0 und 255 liegen, deuten auf eine IPv4-Adresse hin.
- *2001:DB8:0:0:211:22FF:FE33:4455* Acht durch Doppelpunkte getrennte Nummernblöcke oder weniger und dafür irgendwo in der Zeichenfolge ein doppelter Doppelpunkt (::) zeigen eine IPv6-Adresse an.
- *f09090* Sechs Hexadezimalziffern stehen häufig für Farben.

Der Beweis ist das Programm

Wenn Sie ein Problem nicht ganz verstehen und/oder mit den angewendeten Techniken nicht vertraut sind, werden Sie durch das Lesen des Codes nicht unbedingt alles begreifen können, dazu sind Programme zu komplex und häufig auch zu groß. Im Endeffekt hilft häufig nur, das Programm zu starten und seine Funktionsweise zu beobachten.

Wenn Sie den Sourcecode sowieso schon haben, können Sie die Gelegenheit nutzen und Bereiche auskommentieren oder print()-Anweisungen einfügen, um den Programmablauf und die Gliederung des Programms besser zu begreifen. Wenn ein Debugger kein fremdes Wesen für Sie ist (siehe den Abschnitt »Debugger« in Kapitel 13), kommen Sie damit noch schneller ans Ziel.

---

6   VBA steht für Visual Basic for Applications, eine klassische Skriptsprache in Großfirmen.

Eine gute Möglichkeit, um mehr über die Funktion von Code zu erfahren, sind Tests. Wenn Sie Code lesen, der nicht sowieso schon durch Tests dokumentiert ist, dann können Sie selbst Unit-Tests (siehe Kapitel 16) schreiben, um Ihre Vorstellung von der Funktion des Codes mit der Realität abzugleichen.

Gemeinsames Code-Lesen

Wer Kollegen hat, die auch programmieren, oder wer in seiner Freizeit Software entwickelt und Freunde hat, die das auch tun, kann die eigenen Fähigkeiten durch gemeinsames Lesen von Code deutlich verbessern. Wenn Sie sich trauen, dann halten Sie ein Code-Review ab, in dem Sie eigenen Code mit den Freunden oder Kollegen durchgehen. Wenn Ihnen das zu abschreckend erscheint, dann lesen Sie zusammen fremden Code.

Ziel des Code-Lesens ist nicht, herauszufinden, wer das größte Geweih hat und Fehler oder schlechten Code bei anderen finden kann. Es geht darum, ein Verständnis des Codes zu gewinnen. Gelegentlich wird man beim Lesen die Funktion des Codes nicht ganz verstehen oder sich irren. Wenn man mit mehreren Leuten diskutiert, fällt schnell auf, an welchen Stellen sich die Annahmen über die Funktion des Codes unterscheiden.

Wenn alles andere nicht weiterhilft (aber nicht vorher!), haben Sie die Berechtigung, andere Menschen um eine Erklärung zu bitten. Wie Sie das anstellen, ohne diesen Menschen übermäßig auf die Nerven zu fallen oder ihre Zeit zu stehlen, steht in Kapitel 8.

KAPITEL 8

Hilfe suchen

```
<+kritical> christin: you need to learn how to figure out stuff yourself.
<+Christin1> how do i do that
```

www.bash.org/?3936

Wenn manche Autoren dieses Buches heute mittelmäßige bis gute Programmierer sind, dann verdanken sie das auch freundlichen Mitmenschen, die ihnen bei Anfängerfragen geholfen haben. In der Antike der Programmierung konnte man sich glücklich schätzen, wenn man noch ein oder zwei andere kannte, die auch programmierten. Heute gibt es Tausende von Orten im Netz, an denen man als Anfänger seine Fragen loswerden kann und – wenn man es richtig anstellt – sogar konstruktive Antworten erhält. Wenn man es falsch anstellt, kann es allerdings passieren, dass man mit schroffen Hinweisen wie »erst suchen, dann fragen«, »LMGTFY«[1] oder »RTFM«[2] abgefertigt wird.

Viel Verdruss und Ärger kommt dadurch in die Welt, dass Programmierer ihre Hilfegesuche ungeschickt formulieren. Stellen wir uns jemanden vor, der in das Entwicklerforum der (fiktiven) »PHPschnargl«-Bibliothek diesen Hilferuf absetzt:

```
from: achim1990
to: phpschnargl-dev
subject: HELP!!!
I am trying to use PHPschnargl in my latest project and it doesn't work. When I access
the page, my script stops working. Please tell my why it isn't working!
Here is my code
```

(Hier folgen dann zwei Bildschirmseiten PHP.)

Eine Anfrage dieser Art wird voraussichtlich gereizte Reaktionen hervorrufen, weil der Fragende ein paar Fehler gemacht hat:

---

1   »Let me google that for you«, wird gern in Form eines Links zu *lmgtfy.com* gereicht.

2   »Read the fucking manual«, die nicht ganz so freundliche Bitte, doch erst mal die Dokumentation zu lesen und dann wiederzukommen.

- Er hat das falsche Forum gewählt. Er dachte zwar, *phpschnargl-dev* wäre richtig, weil der Zusatz »dev« wie Developer auf Entwickler als Zielgruppe hinweist, und so einer ist er ja schließlich. Leider hat er übersehen, dass es sich um das Forum der Entwickler der »PHPschnargl«-Bibliothek handelt. Als Programmierer, der die Bibliothek nur verwendet, hätte er sich an *phpschnargl-user* wenden sollen.
- »HELP!!!« als Überschrift ist vollkommen nichtssagend. Jeder Hilfswillige muss die Nachricht erst öffnen, um zu erkennen, wo hier Hilfe benötigt wird.
- Die Problembeschreibung ist nicht geeignet, das Problem jemand anderem verständlich zu machen. Der Fragesteller hat keine Informationen über den Kontext, also die PHP-Version, die Version der Bibliothek oder Ähnliches geliefert. Wichtig wären auch Fehlerlogs gewesen, denn aus denen kann ein erfahrener Programmierer meist wichtige Informationen gewinnen.
- Der Code ist sehr lang. Niemandem fällt es besonders leicht, sich in fremden Code hineinzudenken. Kaum jemand wird sich dazu aufraffen, wenn der Code nicht auf das wesentliche Problem reduziert ist.

Auch einfache Hilfsanfragen sind also gar nicht so einfach zu stellen, wie man annehmen könnte. Dieses Kapitel soll ein paar Grundlagen vermitteln, wie Sie so um Hilfe nachsuchen, dass Sie die Nerven der anderen schonen und möglichst sinnvolle Resultate erhalten.

Der richtige Zeitpunkt

Grundsätzlich gilt es, die Zeit der anderen zu respektieren, aber auch die eigene nicht sinnlos zu verschwenden. Wer zu früh fragt, wirkt unselbstständig und stiehlt anderen Menschen die Zeit. Wer zu spät fragt, bringt vielleicht völlig unnötig sechs Stunden mit einem Problem zu, das sich durch eine einfache Frage innerhalb von Minuten hätte lösen lassen. Außerdem sind das Netz und vermutlich auch die übrige Welt voll von Menschen, denen es tatsächlich Spaß macht, sich mit den Problemen anderer Leute zu befassen – vorausgesetzt, diese anderen Leute haben vorher ein Mindestmaß an eigener Vorarbeit geleistet. Diese Vorarbeit ist in jedem Fall ein Gebot der Höflichkeit und hilft, den richtigen Fragezeitpunkt zu treffen. Wenn Sie alle Fragen aus der folgenden Checkliste mit »Ja« beantworten können, dürfen Sie andere ohne Verlegenheit um Hilfe bitten:

Haben Sie das Problem oder, noch besser, den Wortlaut der Fehlermeldung einer Suchmaschine vorgelegt?

Ein paar Tipps für die Suche finden Sie im Kasten *Erst suchen, dann fragen.* Falls Sie aus irgendeinem Grund eine deutschsprachige Fehlermeldung erhalten: Haben Sie herausgefunden, wie sie auf Englisch lautet, und nach dieser Version gesucht? Nebenbei vermeiden Sie so, mit rotem Kopf vor dem Rechner zu sitzen, weil jemand einen Link mit der Antwort postet, versehen mit dem Hinweis, dass es sich um den allerersten Treffer zum Thema handelt.

Wenn Ihre Frage mit HTML, CSS, JavaScript oder XML zu tun hat: Haben Sie den zuständigen Validator bemüht und sichergestellt, dass Ihr Code den Standards entspricht?

Eine Liste gängiger Validatoren für Webtechnologien finden Sie in Kapitel 13. Der Validator wird eine Vielzahl erbsenzählerischer Beschwerden zurückliefern. Eine dieser Beschwerden hat wahrscheinlich unmittelbar mit ihrem Problem zu tun. Solange Ihr Code nicht validiert, stehlen Sie anderen mit Ihrer Frage die Zeit. Übrigens bringen Entwicklungsumgebungen für gängige Sprachen und Formate bereits Validatoren mit (siehe dazu den Abschnitt »Entwicklungsumgebungen« in Kapitel 20).

Haben Sie alle Regler Ihrer Programmiersprache für das Anzeigen von Fehlermeldungen und Warnungen ganz nach rechts gedreht? Haben Sie diese Fehlermeldungen und Warnungen berücksichtigt und beseitigt?

Details dazu finden Sie in Kapitel 13.

Haben Sie herausgefunden, ob es eine offizielle FAQ zu der Software, der Bibliothek oder dem Projekt gibt, wovon Ihre Frage handelt? Haben Sie diese FAQ nach einer Antwort durchsucht?

So lässt sich das Eselsmützengefühl vermeiden, das sich einstellt, wenn dreißig Sekunden nach Abschicken der Frage eine Antwort eintrifft, die auf Punkt 2 der offiziellen FAQ verweist.

Haben Sie die Archive der Website durchsucht, auf der Sie Ihre Frage stellen wollen?

Vielleicht wird dieselbe Frage ständig gestellt und die Zuständigen waren bisher nur zu träge, sie in die FAQ aufzunehmen.

Es gibt keine Entschuldigung dafür, diese Punkte nicht vor dem Fragen abzuhaken. Wer seine Frage mit »Sorry, hab noch nirgends danach gesucht, aber es EILT« oder »Ich weiß schon, der Code validiert nicht, aber das liegt nicht an mir, sondern an ...« einleitet, dessen Nummer soll auf den Listen aller Telefonmarketer Deutschlands landen, und sie sollen ihn anrufen Tag für Tag um fünf Uhr morgens und ihre Anrufe einleiten mit: »Ich weiß, es ist früh, aber es passte mir grade so gut!«Außerdem wird er wahrscheinlich keine Antwort auf seine Frage bekommen.

Erst suchen, dann fragen – so geht's

Suchen Sie auf Englisch, nicht auf Deutsch.

Es gibt erheblich mehr Menschen auf der Welt, die sich auf Englisch über Programmierprobleme austauschen. Entsprechend größer ist – speziell bei seltener vorkommenden Problemen – die Chance, eine Antwort zu finden. Wenn Sie gar keine Vorstellung davon haben, wie die Stichwörter Ihres Problems auf Englisch heißen könnten, hilft es vielleicht, einen deutschsprachigen Wikipedia-Eintrag zum Thema ausfindig zu machen und dort auf den Link zur englischen Version zu klicken.

Suchen Sie nach der Antwort, nicht nach der Frage.

Eine Suche nach »how do i escape a string in java« wird vor allem Seiten zutage fördern, auf denen andere dieselbe Frage haben. Eine Suche nach »escaping a string in java« hingegen führt schon eher zu einer Seite, die eine Antwort enthält. Versuchen Sie vorherzusehen, welche Formulierung in der Antwort wahrscheinlich vorkommen wird und suchen Sie danach. In der Praxis kann das bedeuten, dass Sie zunächst eine Weile herumprobieren müssen, um herauszufinden, nach welchen Stichwörtern man eigentlich suchen müsste, um die Antwort zu entdecken. Tragen Sie es mit Fassung. Auch dieser Vorgang bildet, denn Sie kennen sich danach besser mit den relevanten Begriffen rund um Ihr Thema aus.

Klassische Messageboards sind bei konkreten Problemen so gut wie nie eine Hilfe.

Wenn Sie aus der Suchmaschine auf eine Seite geraten, die Sie schon am Layout als Forum vom Typ phpBB oder vBulletin erkennen, können Sie Zeit sparen und sie gleich wieder schließen. Zudem sind solche Foren häufig nicht sinnvoll von Suchmaschinen indizierbar, der antwortverheißende Link führt also längst zu einem ganz anderen Teil der Diskussion. In den seltenen Fällen, in denen die Suchvorschau eine ganz konkrete Lösung Ihres Problems verheißt, bringt es mehr, dem Link zum Suchmaschinencache zu folgen. Der enthält nämlich tatsächlich noch die damals indizierte Stelle.

Geben Sie nicht gleich auf.

Falls Sie zu viele nichtssagende Treffer erhalten, probieren Sie Ihre Anfrage in Kombination mit antwortverheißenden Stichwörtern wie »FAQ«, »solved«, »solution«, »code example«, »answered«, »thanks« oder »did the trick«.

Vielleicht ist die Antwort auf Ihr Problem gar nicht im Netz zu finden.

Weil auch andere unbedarfte Programmierer so vorgehen wie Sie, bilden sich automatisch Orte im Netz, an denen schlechte Fragen gestellt und schlechte Antworten gegeben werden. Erwägen Sie die Anschaffung eines O'Reilly-»Cookbook« zu Ihrem Thema oder Ihrer Programmiersprache. 80 Prozent der Lösungen, die Sie suchen (oder suchen würden, wenn Sie wüssten, dass diese Lösungen überhaupt existieren), sind darin bereits abgehandelt.

$\rightarrow$

> **Vielleicht ist alles ganz anders.**
>
> Wenn Sie als nicht so guter Programmierer keinerlei Suchmaschinentreffer für Ihr Problem erhalten, bedeutet das nicht, dass das Problem ganz neu und aufregend ist und die Welt davon erfahren muss. Es bedeutet, dass Ihr Problem entweder keines ist oder Sie sich ein falsches geistiges Modell von der Art des Problems gebildet haben. Am besten denken Sie bei einer Tasse Tee noch einmal gründlich über alles nach.

An der richtigen Stelle fragen

Die Suche nach Antworten auf Programmierfragen ist seit der Gründung von Stack Overflow (*stackoverflow.com*) im Jahr 2008 wesentlich einfacher geworden. Anders als in den bis dahin gängigen Foren schwimmt die beste Antwort dank der Vergabe von Plus- und Minuspunkten nach oben, man muss sich also nicht mehr durch 32 Forumsseiten klicken, um am Ende doch keine Antwort zu finden. Das hat die Site bei guten Programmierern beliebt gemacht. Die Wahrscheinlichkeit, dort auf eine hilfreiche Antwort zu stoßen, ist so hoch, dass Stack Overflow immer dann Ihre erste Anlaufstelle sein sollte, wenn Sie nicht bereits eine auf Ihr Thema spezialisierte Website kennen, von der Sie sich mehr erhoffen. Nebenbei kann man aus den Begründungen dafür, warum eine Frage dort gut oder schlecht bewertet wurde, viel darüber lernen, wie man solche Anfragen sinnvoll formuliert. Seit 2008 ist allerdings schon wieder viel Zeit vergangen, achten Sie deshalb darauf, von wann die gefundene Antwort stammt. Manche Programmierprobleme sind relativ zeitlos, bei anderen kann die Antwort schon nach wenigen Monaten veralten.

Falls Stack Overflow Ihr Problem nicht löst, gibt es bei Open Source-Projekten häufig mehr als eine Anlaufstelle. Gibt es den Luxus eines Einsteigerforums, dann sollte man als Anfänger unbedingt dort fragen, weil man vermutlich zunächst triviale Probleme haben wird, die in den Foren für Fortgeschrittene nur stören würden. In Einsteigerforen wird auch weniger harsch über dusselige Fehler geurteilt.

Schreiben Sie nur im äußersten Notfall (also nie) individuelle Entwickler von Open Source-Software mit der Bitte um Hilfestellung an. Die einzige Ausnahme von dieser Regel: Wenn das Open Source-Projekt so obskur und/oder hochspezialisiert ist, dass Sie einer von ungefähr sieben Nutzern weltweit sind, freut sich der Entwickler vermutlich über jede Frage. Die einzige andere Ausnahme: Ihre Firma kann dem Entwickler ein Beratungshonorar zahlen.

Die Anfrage richtig strukturieren

Machen Sie sich vor dem Abschicken der Frage klar, was Sie eigentlich wissen wollen. Bei konkreten Programmfehlern ist das noch relativ einfach. Versteht man aber nicht, wie zum Beispiel eine bestimmte Bibliothek verwendet wird, dann sollte man sich vorher genau überlegen, was man fragen will. Die Frage könnte etwa so lauten:

»Hat jemand ein Codebeispiel, wie PHPschnargl unter PHP 5.0 auf Ubuntu ›Stoned Snail‹ initialisiert wird?«

Oder sie könnte so lauten:

»Die Initialisierung von PHPschnargl unter PHP 5.0 auf Ubuntu Stoned Snail liefert den Fehler e_param_range_violation zurück. Wer hat das auch schon erlebt und kann mir sagen, was ich falsch mache?«

Im ersten Fall signalisiert man, dass man einfach nur lauffähigen Code haben will, im zweiten, dass man sich für das Problem und seine Lösung interessiert. Beides ist legitim, kann aber zu unterschiedlichen Antworten führen.

Wenn man sich klargemacht hat, was man sich eigentlich von den anderen Leuten wünscht, kann man die Anfrage formulieren. Es ist hilfreich, zunächst eine Kurzzusammenfassung zu liefern. Sie sollte enthalten, was man zu erreichen versucht hat und was dabei schiefgeht. Für »Ticket Tracking«-Systeme gibt es – ähnlich wie auf den Aufklebern an Notrufsäulen, nur ohne Verletzte – die immer gleichen Fragen:

- Wer sind Sie?
- Was haben Sie gemacht?
- Wann haben Sie das gemacht?
- Was ist passiert?
- Was haben Sie erwartet?

An dieser Liste kann man sich auch orientieren, wenn man eine Anfrage an eine Benutzer-Community stellt. So können sich die Leser einen schnellen Eindruck davon verschaffen, was das Problem ist und ob sie helfen können. Gleichzeitig geben Sie der Welt eine Chance, Sie darauf hinzuweisen, dass Ihr Lösungsansatz zu kompliziert oder einfach falsch ist.

Schreiben Sie also nicht das hier:

»Ich will php_schnargl.init mit Parameter x und y aufrufen, erhalte aber den Fehler e_param_range_violation.«

Sondern lieber das hier:

»Ich will PHPschnargl für ein Personenverzeichnis mit Angaben zu deren Social-Network-Profilen einsetzen. Um ein Personenobjekt zu erhalten, dessen Profil in einer URL-Liste enthalten ist, rufe ich php_schnargl.init mit Parameter x (leeres Personenobjekt) und y (URL-Array) auf, erhalte aber den Fehler e_param_range_violation.«

Das Schreiben dieser Zusammenfassung hilft Ihnen übrigens auch dabei, Wichtiges von Unwichtigem zu trennen – häufig verbessert das Ihren Code. Er ist dann zwar immer noch fehlerhaft, aber die Fehler sind eleganter.

Dann folgt eine längere Beschreibung, in der Sie Ihre Voraussetzungen, Annahmen und die Idee, die Sie verwirklichen wollen, darlegen. Vielleicht ist PHPschnargl gar keine besonders gebräuchliche Lösung für Ihr Problem, und der Rest der Welt verwendet SozialGraf. Aber Ihre uneinsichtigen Kollegen zwingen Sie dazu, auf PHPschnargl zu setzen, weil es ein seit Jahren in der Firma eingeführter Standard ist, der Chef in seiner aktiven Programmierzeit damit gearbeitet hat und keiner sich mit einer anderen Library befassen will. Das ist eine wichtige Information für jeden, der sich mit Ihrer Supportanfrage befassen soll. Verschweigen Sie sie, dann werden die ersten Antworten sich darauf beschränken, Sie über das Vorhandensein von SozialGraf aufzuklären. Außerdem nehmen Sie Ihren hilfsbereiten Lesern die Möglichkeit, Sie auf einen dritten Lösungsweg aufmerksam zu machen, der besser ist als PHPschnargl und gleichzeitig Ihre speziellen Voraussetzungen berücksichtigt.

Ähnliches gilt für die in Ihrem Lösungsansatz enthaltenen Annahmen über die Welt. Wenn Sie sie explizit formulieren, helfen Sie den anderen, Fehler in diesen Annahmen zu finden und Sie darauf hinzuweisen.

Also nicht:

»Wenn ich PHPschnargl initialisiere, bekomme ich die Fehlermeldung e_param_range_violation zurück.«

Sondern:

»Ich initialisiere PHPschnargl mit einem leeren Personenobjekt und einem Array mit Strings, die URLs repräsentieren. Ich erwarte ein gefülltes Personenobjekt und den Status status_ok, bekomme aber stattdessen das leere Personenobjekt und die Fehlermeldung e_param_range_violation zurück.«

Legen Sie alle Schritte dar, die Sie zur Lösung des Problems schon selbst unternommen haben. Das macht für den Leser transparent, was Sie versucht haben und wie Ihr Gedankengang bei der Suche nach einer Lösung aussah, und es zwingt Sie nebenbei dazu, diese Schritte überhaupt erst mal zu unternehmen. Manchmal wird man im Web zwar fündig, aber das Problem ist in der entsprechenden Diskussion auch nicht gelöst worden. Dann sollte man sich die URL notieren und bei der Bitte um Hilfe in Form einer Bemerkung anhängen: »Ich habe schon folgende Diskussionen gelesen, dort ist das Problem auch beschrieben, aber nicht gelöst: ...« So dokumentieren Sie, dass Sie schon vorgearbeitet haben, und vermeiden, auf die schon bekannten Diskussionen verwiesen zu werden.

Zuletzt kommen der Code und die relevanten Fehlermeldungen und Logfiles. Hängen Sie möglichst viele Informationen über Betriebssystem, Sprachversion und dergleichen an. Manche Fehler sind bekannt und treten nur auf einer bestimmten Plattform auf. Wenn die jeweilige Community explizit um bestimmte Angaben bittet, kommen Sie dieser Bitte unbedingt nach, auch wenn Sie den Grund dafür vielleicht nicht ganz verstehen. Es gibt ganz sicher einen.

Wichtig ist, eine reduzierte Version des Codes mitzuliefern. Es sollte idealerweise das kleinste Codestück sein, das das beschriebene Problem noch hervorruft. Anfängern fällt es oft schwer, ihren Code zu reduzieren, weil sie keine Versionskontrolle verwenden, keine Backups machen und kein Testsystem haben, auf dem sie die reduzierte Version testen können, ohne die Ursprungsversion unwiderruflich zu verändern. Das ist aber in keinem Fall eine legitime Ausrede, sondern sollte Ihnen ein Ansporn sein, Ihre Arbeitsmethoden so zu verbessern, dass Sie jederzeit Tests durchführen können. Das macht Ihr Programmierleben auch dann viel einfacher, wenn Sie gerade nicht in einem Forum nachfragen müssen.

Wenn Sie Webseiten oder -apps entwickeln, dann legen Sie Ihr reduziertes Codebeispiel auf einer Site wie *jsfiddle.net* oder *codepen.io* ab. Das HTML kommt in ein Kästchen, das CSS in ein anderes und das JavaScript in ein drittes. Überprüfen Sie dann, ob Ihr Problem immer noch existiert, und wenn ja, dann veröffentlichen Sie den Link zum Testcode. Der Vorteil: Alles ist beisammen, und Ihre Leser können ohne großen Aufwand den Code und die Auswirkungen des Fehlers sehen und den Link zu einer korrigierten Fassung zurückmailen.

Sehr vielen Anfängern, auch mittelmäßigen und manchmal sogar guten Programmierern ist ihr Code peinlich. Selbst wer kein großes Interesse an Eleganz und Effizienz hat, verspürt häufig ein Gefühl von Unterlegenheit, wenn er seinen Code mit den Beispielen in Lehrbüchern vergleicht. Während der Entwicklung schämt man sich heimlich, ist aber auch nicht gezwungen, den Code anderen Personen zu zeigen. Was aber, wenn man eine Frage hat und dazu die relevanten Passagen anhängen will?

Wenn Sie relativ viel Zeit haben, können Sie versuchen, den Code vor dem Abschicken aufzuräumen. Soll es aber schnell gehen, dann müssen Sie einfach damit leben, dass der Rest der Welt jetzt Ihr kleines schmutziges Geheimnis kennt. Investieren Sie Ihre Zeit lieber darin, den Code zu reduzieren, und trösten Sie sich damit, dass viele der Leser auch keinen besseren Code schreiben würden – Lehrbuchcode stammt nun mal nicht aus der freien Wildbahn, sondern wird von Menschen mit sehr viel Erfahrung speziell für eine Lehrbuchsituation geschrieben.

Testen Sie auf jeden Fall vor dem Abschicken der Frage, ob diese Minimalversion Ihres Codes das Problem überhaupt noch hervorruft. Die Versuchung ist wahrscheinlich groß, diesen Schritt zu überspringen. Oft ergibt sich aber gerade dabei ganz von allein die Antwort auf die Frage, die man eigentlich stellen wollte. Wenn das geschieht – ob durch das Reduzieren des Codes oder durch einen anderen Teil der Fragevorbereitung – und wenn Sie ein besonders netter Mensch sind, dann formulieren Sie Ihren Beitrag von einer Frage zu einer Lösung um und veröffentlichen ihn trotzdem.

An den Leser denken

Ihnen ist das Problem vertraut, und Sie wollen schnell Hilfe. Diejenigen, die Ihnen helfen sollen, müssen sich erst einlesen. Geben Sie Ihrer Frage daher eine aussagekräftige Überschrift mit auf den Weg. »HILFE!!!« als Überschrift ist in verschiedener Hinsicht falsch: Es wirkt durch die Großschreibung und die übertriebenen Ausrufezeichen aufdringlich und gibt keinerlei Aufschluss darüber, wo das Problem liegt. »PHPschnargl –

Initialisierungsproblem unter Debian Shady« ermöglicht dem Leser schon eher, vorab zu beurteilen, ob er hier wohl helfen könnte. Schreiben Sie nicht »Wichtig!« oder »Dringend!« in die Überschrift, das führt bloß dazu, dass die Leser sich gedrängt und ausgenutzt fühlen. Die Dringlichkeit ist Ihr privates Problem, nicht das Ihrer Helfer. Behalten Sie auch Ihre Vermutung für sich, dass andere an Ihrem Problem schuld sind: »Epischer Bug in PHP 5.0???«

Fassen Sie sich generell kurz. Aus Höflichkeit leitet man zwar normalerweise Sachfragen gerne einmal mit einer sozialen Hilfsfrage ein, wie »Äh, kann mir mal jemand bitte helfen?«, um nicht das Gefühl zu erwecken, mit der Tür ins Haus zu fallen. Bei Anfragen in Supportforen oder Chats sollte man aber direkt zur Sache kommen und einleitende Fragen wie »Kennt sich jemand hier mit XXX aus?« weglassen. Dass sich an diesen Orten hilfswillige Leute aufhalten, darf man voraussetzen.

Schreiben Sie möglichst korrektes Englisch oder Deutsch. Schalten Sie die Rechtschreibkontrolle der jeweiligen Sprache ein – Anfragen, in die der Verfasser ein ersichtliches Minimum an Mühe investiert hat, werden ernster genommen als fehlerdurchsetztes Geschreibsel.

Verzichten Sie auf Demutsgesten. Wenn Sie Ihre Hausaufgaben (siehe oben) gemacht haben, brauchen Sie Ihre Frage nicht mit »Ich weiß, ich bin doof, sicher liegt es an mir, ich programmiere auch erst seit fünf Minuten, aber ...« einzuleiten. Und wenn Sie Ihre Hausaufgaben nicht gemacht haben, dann werden Floskeln Ihre Leser nicht darüber hinwegtäuschen.

Wenn Sie Daten anhängen, wählen Sie verbreitete, offene Formate. Nicht jeder besitzt eine Lizenz für Microsoft Office und kann Ihre Word- oder Excel-Dateien lesen. Exportieren Sie solche Daten zum Beispiel als HTML, PDF oder CSV.

Nicht zu viel erwarten

Die einfachste Unterstützung erhalten Sie dort, wo sich Leute unbezahlt tummeln. Sie müssen keine Wartungsverträge abschließen und kein Service Level Agreement definieren, und es ist natürlich schön, für den Support kein Geld zahlen zu müssen. Die Kehrseite ist, dass diese Leute ihre Freizeit für die gute Sache opfern. Wenn Sie eine Frage der Form »Kann mir jemand bitte die Funktionsweise von X erklären?« stellen, bitten Sie Ihre Mitmenschen darum, sehr viel Zeit zu investieren und einen längeren Text zu schreiben. Das funktioniert eher selten und ist ein respektloser Umgang mit der Zeit anderer Leute. Eine Frage der Form »Kann mir jemand bitte einen Link zu einer für Anfänger verständlichen Erklärung der Funktionsweise von X geben?« ist schon viel besser. Noch besser ist es natürlich, den Link selbst zu suchen.

Wenn Sie eine Antwort nicht gleich verstehen, versuchen Sie sich erst durch Suchen und Nachdenken selbst zu helfen, bevor Sie beim Autor nachfragen. Sobald Sie eine hilfsbereite Person gefunden haben, die Ihre Anfangsfrage beantworten konnte, ist die Versuchung groß, sich mit allen weiteren Fragen ohne vorheriges Nachdenken direkt an sie zu wenden. Bitte beißen Sie niemandem den ganzen Arm ab, nur weil er ihnen den kleinen Finger gereicht hat. Für Folgefragen gilt das gleiche Gebot der höflichen eigenen Vorarbeiten.

Je präziser Sie um Hilfe bitten, desto eher werden Sie sie bekommen. Gute Fragen sind Fragen nach (schwer zu findenden) Anleitungen, nach funktionierenden Codebeispielen oder danach, ob sich jemand ein eng umrissenes, im Idealfall sogar interessantes Problem anschauen und Hilfestellung zur Lösung leisten mag.

Erwarten Sie auf keinen Fall, dass die anderen Ihnen den Code debuggen und eine fixfertige Lösung für ein nur ungefähr skizziertes Problem schreiben. Anfragen der Art »Send me the codes please« sind in Programmierforen verhasst, weil solche Poster schamlos versuchen, andere ihre Arbeit machen zu lassen. Jede Community verkraftet gelegentlich solche Postings, aber auf Dauer führt zu große Toleranz dazu, dass sich gute Leute abwenden und die entsprechende Community kollabiert.

Keine unbewussten Fallen stellen

Häufig schildern Fragesteller ihre *Annahmen* darüber, wo das Problem liegen könnte, und vernachlässigen darüber die Problem*beschreibung*. Das ist aus zwei Gründen nicht hilfreich: Erstens wäre die Zeit und der Platz, in dem diese Fragesteller ihre Annahmen beschreiben, besser für echte, möglichst annahmenfreie Informationen genutzt. Dadurch, dass sie Annahmen und Problembeschreibung verwechseln, haben sie das gute Gefühl, das Problem hinreichend klar dargestellt zu haben. In Wirklichkeit haben sie aber nur ihre Sicht der Dinge dargelegt.

Zweitens führt eine solche Schilderung die Leser auf eine falsche Fährte. Denn auch wenn die Vorstellung des Fragenden mit dem tatsächlichen Problem nichts zu tun hat, wird sie im Kopf des Lesers erst einmal verankert. Er wird zunächst genau in diese beschriebene Richtung suchen. Da Sie aber schon mit Ihrer Vermutung gescheitert sind, ist die Wahrscheinlichkeit hoch, dass auch der hilfreiche Leser den wahren Grund so nicht finden wird. Trotz eines solchen Ankers das echte Problem zu sehen, ist viel schwerer, als wenn man als Leser ohne vorgefasste Annahmen an das Problem herangeht.

Höflich bleiben – egal, was passiert

Nicht immer ist die Antwort im Tonfall so, wie man es sich erhoffen würde. Dafür kann es verschiedene Gründe geben, etwa dass die Frage am falschen Ort gelandet ist, unpräzise gestellt oder schon über 9.000 Mal beantwortet wurde. Antworten Sie mit einer kurzen Entschuldigung und reichen Sie gegebenenfalls die fehlenden Informationen nach. Gibt es unterschiedliche Reaktionen, antworten Sie nur auf die konstruktiven und ignorieren pampige Antworten und offensichtlichen Quatsch. Aber Vorsicht: Was sich beim ersten Betrachten pampig und wie offensichtlicher Quatsch anfühlt, das kann auch eine richtige, aber unbequeme Antwort sein. Versuchen Sie zu unterscheiden, ob Sie schlechte Laune bekommen, weil die Antwortende Sie gekränkt hat, oder ob Sie schlechte Laune bekommen, weil die Antwortende recht hat und Sie nicht.

Bekommen Sie nur abweisende oder grobe Antworten, ohne sich eines Fehlers bewusst zu sein, oder können Sie partout nicht nachvollziehen, warum die Vorwürfe an Sie gerechtfertigt sei sollen, dann haben vielleicht die anderen einen schlechten Tag oder sind generell unhöfliche Menschen. Auch Netz-Communities haben ihre guten und ihre schlechten Phasen, und gegen Ende ihrer Lebensdauer ist von der anfänglichen Hilfsbereitschaft oft nicht mehr viel zu spüren. Vermeiden Sie eine aufgebrachte oder zurechtweisende Antwort, so verlockend das in der ersten Empörung scheint. Und zwar auch dann, wenn Ihnen die schlagfertigste Replik der Welt in den Fingern juckt. Wir wissen, wie schwer das fällt, und fühlen mit Ihnen. Aber nicht nur im Internet ist es häufig am klügsten, aufkommenden Streit durch Nichtbeachtung wieder einschlafen zu lassen – jede Antwort facht die Flammen nur weiter an, bringt Sie Ihrem Ziel nicht näher und zehrt an Ihren Nerven und Ihrer Zeit. Zusatzvorteil: Schon nach einigen Jahrzehnten der Übung erlangen Sie so die Gemütsverfassung eines buddhistischen Weisen, werden aus dem Leidenskreislauf der fühlenden Wesen befreit und können den Beruf des erleuchteten Meisters ergreifen.[3]

Wenn Sie nur blöde oder gar keine Antworten erhalten, sehen Sie davon ab, die Frage unverändert und mit Vorwürfen garniert ein zweites Mal zu stellen. Probieren Sie es anderswo. Falls es Ihnen dort ebenso ergeht, ist die Wahrscheinlichkeit groß, dass es doch an Ihnen liegt. Lesen Sie dieses Kapitel dann noch einmal von vorn.

Haben Sie konstruktive Antworten erhalten, dann bedanken Sie sich bei den Helfenden und schreiben Sie eine kurze Zusammenfassung, die anderen mit der gleichen Frage weiterhelfen kann. Sie geben so ein wenig von dem zurück, wovon Sie profitiert haben – und machen die Welt zu einem besseren Ort. Die Zusammenfassung sollte unter der gleichen Überschrift wie die Ursprungsfrage stehen, aber zusätzlich ein »GELÖST:« oder »SOLVED:« enthalten. Leser, deren Zeit knapp ist, können sie überspringen, wenn sie wissen, dass hier nur noch eine Zusammenfassung und Dank zu erwarten sind. Andere Leser, die sich für die Diskussion um die Lösung nicht interessieren, können viel Zeit sparen, indem sie nur die Eingangsfrage und die Lösung lesen.

Auch wenn Suchmaschinen keine Antwort lieferten und in den zuständigen Supportforen niemand weiterhelfen konnte oder wollte, so dass Sie Ihr Problem im Schweiße Ihres Angesichts selbst lösen mussten: Gerade dann sollten Sie sich die Mühe machen, Ihren Lösungsweg noch einmal nachvollziehbar aufzuschreiben und an einer passenden Stelle im Internet zu verewigen. Diese Stelle darf gern auch Ihr eigenes Blog sein, wenn das Problem spezifisch genug dafür ist, dass zukünftige Suchende eine Chance haben, von Suchmaschinen direkt an Sie verwiesen zu werden. Die Welt dankt es Ihnen (manchmal sogar in Form begeisterter E-Mails).

---

3   Alle Ihre Programmierfragen sind dadurch automatisch beantwortet: »Es gibt kein Problem.«

KAPITEL 9

Lizenz zum Helfen

»There's always a little Hä? behind every ›verstehe‹.«

Matthias Rampke / @matthiasr, Twitter, 21. Februar 2011

Auch die ahnungsloseste Programmieramöbe kennt jemanden, der noch weniger weiß. Deshalb können auf beiden Seiten schlechte Programmierer stehen, wenn es heißt: »Ich erklär' dir das mal kurz.« In mancher Hinsicht ist das ein Vorteil, denn gerade als schlechter Programmierer ist man in der seltenen Lage, sich eventuell in den ratlosen Menschen hineinversetzen zu können, der da etwas erklärt bekommen soll. Fortgeschrittene haben oft bereits vergessen, wie es war, mit glasigem Blick einer unverständlichen Erklärung zu lauschen. In diesem Kapitel geht es um die Frage, warum gutgemeinte Hilfsversuche so oft scheitern, und wie Sie es besser machen können, wenn Sie selbst auf der erklärenden Seite landen. Sie dürfen es aber auch gern erklärfreudigen Vollzeitprogrammierern zu lesen geben. Vielleicht erleichtert das ja die Verständigung.

Der falsche Anlass

In der unschuldigsten Variante des scheiternden Erklärversuchs meint der bessere Programmierer es zwar gut mit seinem Gesprächspartner, hilft ihm aber trotzdem nicht weiter. Wissen über ein Thema qualifiziert einen noch nicht automatisch dazu, es zu vermitteln. Und nach einem fehlgeschlagenen Erklärungsversuch ist der Gesprächspartner unter Umständen schlechter dran als vorher. Vor dem Gespräch hat er vielleicht noch gar keine Meinung über das *MVC-Modell*, danach wird er die nächsten fünf Jahre sagen: »Oh, das hab ich schon mal zu verstehen versucht, das war mir viel zu kompliziert.« Deshalb ist es gut, erst einmal darüber nachzudenken, ob man wirklich versuchen soll, einem anderen Menschen etwas zu erklären.

MVC-Modell
Eine in der professionellen Software-Entwicklung etablierte Art, Programme zu konzipieren: MVC steht als Abkürzung für Model/View/Controller und beschreibt, dass Daten in einem Datenmodell (»Model«) strukturiert gespei-

chert sind, wie der View sie dem Benutzer präsentiert und wie der Controller die Benutzereingaben und Reaktionen des Programms verarbeitet. MVC ist bei Programmen mit grafischer Benutzerschnittstelle ein Weg, um die verschiedenen Aufgabenbereiche eines Programms im Code sauber zu trennen. Näheres steht unter *en.wikipedia.org/wiki/Model–view–controller*.

Das gilt insbesondere für Erklärungen, um die man gar nicht gebeten wurde. Denn ein Thema ist nicht automatisch interessant, nur weil man es selbst interessant findet. Auch wenn man noch so hingerissen vom Lambda-Kalkül ist – diese Begeisterung lässt sich nicht übertragen, indem man einfach lange genug auf andere Menschen einredet. Interesse ist ein scheues Tier, es kommt zum Menschen entweder freiwillig oder gar nicht.

Es ist durchaus legitim, dass sich der andere nicht die Bohne für das eigene Steckenpferd interessiert, selbst wenn es die Zukunft der Welt darstellt. Er hat wahrscheinlich wenig Zeit, genug eigene Spezialinteressen und ein soziales Umfeld, das ebenfalls häufig um Aufmerksamkeit für seine Lieblingsthemen wirbt. Daher sollte man ihn dort abholen, wo er steht, und seine (mutmaßlichen) Interessen berücksichtigen.

Eins darf man dabei nicht vergessen: Auch die eigene Begeisterung entspringt keinen rationalen Ursachen, obwohl man sich nachträglich welche zurechtgelegt hat. Bestimmt haben Sie gute Gründe für Ihre Meinung, dass jeder Mensch über Prozessorarchitektur Bescheid wissen sollte, wenn er sich im 21. Jahrhundert zurechtfinden will. Heimlich geht aber auch Ihre eigene Freude an diesem Thema eventuell auf etwas so Unseriöses wie die Kindheitserinnerung an einen prozessorförmigen Schokoladenkäfer zurück. Und es gibt viele andere Kenntnisse, die für das Zurechtfinden im 21. Jahrhundert ebenfalls sehr hilfreich wären und Ihnen fehlen.

Wer anderen gegen deren Willen etwas beibringen will, soll Lehrer werden. Unter gleichberechtigten Erwachsenen bleibt einem nichts anderes übrig, als das Desinteresse der Gesprächspartner an den eigenen herrlichen Spezialkenntnissen zu akzeptieren. Sonst erklärt man aus reinem Geltungsbedürfnis, was immer ein unschöner Zug ist. Wenn man ein außerordentlich geschickter Mentor ist oder der Gesprächspartner einen sowieso anbetet, gelingt es in seltenen Fällen, den Funken der Begeisterung überspringen zu lassen. Die Regel ist das aber nicht.

Ungefragt helfen – so geht's

Ein Sonderfall sind Probleme, die der andere bisher für unlösbar hielt und stoisch erträgt. Er wird dann nicht von sich aus um Hilfe bitten. Aber wenn man es geschickt anstellt, kann man ein solches Problem identifizieren und lösen. Wie das geht, erklärt Johannes an einem Beispiel:

$\rightarrow$

»Nachdem meine früheren Versuche, meine Mutter von Windows auf Mac OS umzustellen (die durch Technologie-Evangelismus geprägt waren), am Fehlen von konkreten vorzeigbaren Vorteilen gescheitert waren, hatte ich beschlossen, die Umstellung von Internet Explorer auf Firefox anders anzugehen. Zunächst schaute ich mir an, welche Websites sie ständig verwendete – das T-Online-Portal war eine dieser Seiten und besonders geeignet, weil es eine Flash-überladene Usability-Hölle war. Meine Mutter ist zudem leicht ablenkbar, daher bereiten ihr zappelnde Flash-Banner echte Konzentrationsprobleme.

Daher erklärte ich ihr im Groben den Vorteil von Firefox, beruhigte sie dahingehend, dass sich grundsätzlich nichts ändern würde, und installierte Firefox mit dem Werbeblocker Adblock Plus – verbunden mit dem Versprechen, alles bei Nichtgefallen rückstandsfrei zu löschen.

Dann zeigte ich ihr das T-Online-Portal einmal mit Firefox und einmal mit Internet Explorer im direkten Vergleich. Danach war es nur noch nötig, die Bookmarks zu übertragen und ihr kurz zu erklären, wo bei Firefox die Buttons sind. Dann Internet Explorer raus aus dem Schnellstartmenü, Firefox rein und sich noch Wochen später am Glück der Anwenderin erfreuen.«

Wodurch unterscheidet sich dieser Sonderfall von der ungefragten und unwillkommenen Einmischung in die Lebensführung anderer Menschen? Erstens hat Johannes hier unter Zuhilfenahme von Einfühlungsvermögen ein Problem identifiziert, das seine Mutter tatsächlich hatte und nicht nur seiner Meinung nach haben sollte. Zweitens ist es ihm gelungen, ihr einen konkreten Vorteil zu demonstrieren. Und drittens hat er ihr die Wahl zwischen dem vorigen Zustand und der neuen Lösung überlassen, anstatt sie vor vollendete Tatsachen zu stellen.

Die eigennützige Motivation

Wenn die Frage nach dem *Ob* geklärt ist, sollte man sich die Frage nach dem *Warum* stellen. Denn die Motivationen desjenigen, der etwas weiß und dieses Wissen vermitteln möchte, sind selten vollständig edel und rein.[1] Allgemein wird es nicht sehr geschätzt, wenn jemand sich selbst einen Gefallen tut und dafür Dankbarkeit erwartet. Genau das geschieht aber bei vielen Erklär- und Belehrvorgängen insbesondere im technischen Bereich. Eigennützige Motivationen können folgende sein:

- Man möchte Nachwuchs für das eigene Lager rekrutieren (»Mach doch einfach alles mit Ruby!«) und ignoriert dabei mutwillig, dass ein anderer Lösungsansatz vielleicht viel besser geeignet wäre. Für Fans des Hammers sieht jedes Problem wie ein Nagel aus – jedenfalls bis sie ein paar Wochen später entdecken, dass der Schraubenschlüssel noch viel toller ist.

---

1   Die Autoren dieses Buchs zum Beispiel interessieren sich gar nicht so sehr für die Weiterbildung ihrer Leser. Sie wollten aus persönlicher Eitelkeit ein Buch bei O'Reilly veröffentlichen, nach Möglichkeit mit einem Tier auf dem Titelbild, einem Esel zum Beispiel. Und für den Fall, dass sie in den Besitz einer Zeitmaschine kämen, wollten sie ihren eigenen früheren Ichs ein nützliches Buch an die Hand geben.

- Die Investition der eigenen Lebenszeit soll nachträglich gerechtfertigt werden. Man hat Monate damit zugebracht, sich tief ins Thema NoSQL einzuarbeiten, obwohl – na gut: *weil* – man stattdessen eigentlich dringend die Diplomarbeit fertigstellen sollte. Das darf nicht umsonst gewesen sein! Andere Menschen müssen von der Wichtigkeit von NoSQL überzeugt werden!

- Man möchte eigentlich gar nicht, dass der andere etwas lernt. Man will nur demonstrieren, dass man schlauer ist als er. Und das soll bitte auch so bleiben. Das wird es auch, denn zum einen wirkt diese Haltung abschreckend auf die meisten Zuhörer, zum anderen arbeitet man dabei selbst unbewusst der Wissensvermittlung entgegen. Und zwar unter anderem, indem man das Problem schwieriger darstellt, als es eigentlich ist, denn nur so kommt richtig zur Geltung, wie toll es ist, dass man selbst diese komplizierte Angelegenheit verstanden hat. Wenn man die Komplexität des Problems dramatisch genug schildert, wird man am Ende womöglich sogar gegen Geld mit der Lösung beauftragt.

Natürlich entspringt keine menschliche Handlung nur einer einzigen Motivation. Letztlich hat man es immer mit einer Gemengelage aus verschiedenen netten und weniger netten Antrieben zu tun. Auf der Grenze zwischen hilfswilliger und eigennütziger Motivation bewegt sich insbesondere der klassische Wunsch nach Sex. Dabei zeigt man sich von seiner besten Seite, man ist freundlich, witzig und geduldig, gute Voraussetzungen also für die Wissensvermittlung. Gleichzeitig möchte man dem Gesprächspartner aber gar nicht so gut wie möglich ins Thema TYPO3, sondern vielmehr ins eigene Bett hineinhelfen. Und wäre es da nicht hilfreich, wenn er einen bewunderte, weil man so viel mehr weiß? Wenn er erst mal von einem abhängig bliebe, schließlich kann so ein Ins-Bett-helf-Prozess ja länger dauern? Und hat es dann schließlich geklappt, dann, Baby, brauchst du kein TYPO3 mehr zu können. Du hast ja jetzt mich. Ich mach das schon.

Die fehlende Einfühlung

Sie sind tatsächlich von jemandem um Hilfe gebeten worden. Sie haben sich Ihre Motivationen vergegenwärtigt und halten sie für redlich genug. Wie geht es jetzt weiter? Investieren Sie als Erstes einen Moment, um herauszufinden, was der hilfesuchende Mensch eigentlich will und braucht. Es ist vermutlich etwas ganz anderes als das, was Sie selbst sich an seiner Stelle wünschen würden.

Vielleicht befassen Sie sich begeistert mit jeder neuen Technologie und die Vorstellung, dass Ihre Freunde nicht die bestmögliche technische Lösung für ein Problem wählen könnten, ist Ihnen unerträglich. Ihr Gesprächspartner hingegen ist vielleicht jemand, der sich in seinen Gewohnheiten bequem eingerichtet hat und gar nicht so gerne Neues ausprobiert. Technik ist für ihn nur ein Mittel zum Zweck. Unter Umständen interessiert er sich nicht einmal für jedes Detail unter der Motorhaube. Unhaltbare Zustände! Man muss dem Armen genau auseinandersetzen, wie unzulänglich seine bisherige Lösung war und wie dringend er einen neuen Rechner, ein neues Betriebssystem und eine ganz neue

Programmiersprache benötigt, um dieses Kaulquappenstadium zu verlassen und ein richtiger Frosch zu werden. Tritt das Gespräch einmal in diese Phase ein, schaltet der hilfesuchende Mensch normalerweise auf Durchzug, denn er will sich weder kränken lassen noch ein neues Leben anfangen. Er sucht einfach nur eine für ihn verständliche Lösung eines überschaubaren Problems. Wenn Sie nicht bereit sind, sich eine solche Lösung gemeinsam mit ihm auszudenken und das Risiko einzugehen, dass diese Lösung Skandale wie das Erstellen von HTML-Seiten in Word umfasst, dann tun Sie sich beiden einen Gefallen und beenden das Gespräch. Sie können ja Freunde bleiben.

If it ain't broken, don't fix it

Einer der Autoren dieses Buchs hat einige Jahre in einer Abteilung eines Konzerns zugebracht. Diese Abteilung – die immerhin Umsätze macht, von denen man ziemlich sorgenfrei leben könnte – organisierte ihre Arbeitsabläufe komplett durch ein Gestrüpp aus Excel-Sheets, VBA-Makros und von Werksstudenten zusammengezimmerten Ruby-Skripten. Server, SQL und leistungsfähige Architekturen gab es schlicht nicht. Dennoch erledigte diese Abteilung ihre Aufgaben, zwar in einer häufig ineffizienten Weise, aber doch so, dass sie nicht das Schicksal der DDR-Planwirtschaft erlitt.

Interessant war, dass die Mitarbeiter häufig ziemlich kreative Wege gefunden hatten, mit den Begrenzungen und Performanceproblemen ihres »Workflows« umzugehen. Von außen betrachtet, war die Situation in vielerlei Hinsicht untragbar, aber manche Mitarbeiter hatten sich erstaunliche Fähigkeiten zugelegt, um aus MS Office ein Datenanalysetool zu machen. Der Versuch, den Projektleitern und Budgetverantwortlichen eine von Grund auf sinnvoll designte Analyselösung zu verkaufen, scheiterte krachend. Aber nicht Budgetprobleme oder zu wenig Rücksicht auf gewachsene Strukturen waren dafür ausschlaggebend, sondern der Unwille, ein halbwegs funktionierendes System für ein ungewisses Versprechen aufzugeben.

Der Autor hat – neben profunden Excel-Kenntnissen – hieraus vor allem eine Erkenntnis mitgenommen: Die perfekte Lösung ist manchmal nicht die geeignete. Und Berater sollten sich auch mal zurückhalten können und evolutionäre kleine Verbesserungen am Treppengeländer vornehmen, statt gleich das ganze Gebäude abzureißen.

Es half in diesem speziellen Fall sicherlich auch, dass der Konzern die finanziellen Mittel hatte, teure Workstations zu kaufen, um Rechenzeiten von 6 Stunden auf 1,5 Stunden zu drücken. In der Zeit konnte man ja gemütlich zu Mittag essen.

Zu viel auf einmal

Wenn Sie herausgefunden haben, was Ihr Gesprächspartner eigentlich braucht, überlegen Sie sich, welche Kenntnisse Sie vermitteln wollen. Streichen Sie dann drei Viertel von der gedanklichen Liste. Das menschliche Gehirn kann nicht unbegrenzt viele neue Ideen und Informationen auf einmal bewältigen. Wer anderen Menschen zwei oder drei kleine Einsichten pro Tag vermittelt, der hat schon viel geschafft. Diese allgemeine Beschränktheit der Aufnahmefähigkeit ist für beide Parteien ein heikles Thema. Für diejenige, die sich in der Mentorenrolle befindet, fühlt es sich unangenehm nach eigenem Scheitern bei der Vermittlung von Wissen an, wenn der Zuhörer schon nach der Einleitung eine mehrtägige Nachdenkpause verlangt. Und derjenige, der etwas dazulernen will, glaubt fast immer, andere Menschen verstünden in derselben Zeit das Zehnfache, nur er selbst sei halt etwas begriffsstutzig. Zu den Pflichten der Mentorin gehört es, zu wissen, was möglich ist. Sie muss einen bescheidenen Plan machen (»erst mal erklären, was eine Funktion ist«) und dann der Versuchung widerstehen, weit darüber hinauszugehen.

Ähnliches gilt für die Erklärgeschwindigkeit: Schätzen Sie, wie lange Sie brauchen werden, um einen bestimmten Sachverhalt zu vermitteln. Verdoppeln Sie diese Zeit. Wer vor Ablauf der verdoppelten Zeitspanne mit seiner Erklärung fertig ist, hat sein Publikum überfordert. (Falls Sie in die Lage geraten, vor einer Gruppe von Menschen sprechen zu müssen, die vom Arbeitgeber oder einer anderen Autorität zum Zuhören genötigt wird, reicht der Faktor 2 nicht. Sie dürfen die Länge Ihrer geplanten Ausführungen dann getrost mal zehn nehmen.)

Halten Sie an dieser Stelle noch einmal inne. Sie gehen immer noch von Ihrem Wissensstand aus, auf den Sie den anderen heben wollen, nicht von dem Wissenstand desjenigen, dem Sie etwas beibringen wollen. Der Weg nach oben ist steinig, streichen Sie daher frohen Herzens noch ein paar Aspekte.

Widerstehen Sie der Versuchung, mit einer Erklärung des abstrakten Prinzips zu beginnen. Konkrete Beispiele sind Ihre Freunde. Für abstrakte Prinzipien ist am Ende immer noch Zeit. Wählen Sie diese Beispiele so, dass der Zuhörer möglichst wenig durch sonstigen geistigen Ballast verwirrt wird. Vereinfachte Modelle à la »Hallo Welt« schonen die Aufnahmefähigkeit.

Überprüfen Sie bei jedem Schritt Ihrer Erklärung, ob der andere versteht, was Sie meinen. Nehmen Sie dabei nicht einfach an, dass er schon Bescheid weiß, nur weil er nickt. Wahrscheinlich will er nur nicht zugeben, dass er keine Ahnung hat, was Sie mit »Array« meinen. Weil Sie sich selbst im Alter von sieben Jahren erstmals damit beschäftigt haben, erinnern Sie sich jetzt weder daran, wie es war, keine Ahnung davon zu haben, noch daran, wie lange es gedauert hat, das Konzept tatsächlich zu verstehen.

Es genügt auch nicht, nachzufragen, »Weißt du, was ein Array ist?« Callcenter-Mitarbeiter fragen nicht »Ist der Stecker denn in der Dose?«, weil darauf jeder Anrufer gekränkt und ohne nachzusehen »Klar, ich bin ja nicht blöd« antwortet. Fragt man stattdessen »Können Sie mal nachsehen, welche Form der Netzstecker hat?«, kriecht der Gesprächspartner unter den Schreibtisch und stellt dort fest, dass der Stecker gar nicht in der Dose ist. Formulieren Sie Ihre Fragen zum Verständnis daher a) taktvoll und b) so, dass der andere nicht reflexartig »Kenn ich, weiß ich« antworten kann.

Antworten auf konkrete Fragen

Angenommen, jemand stellt Ihnen die Frage: »Welche Ausrüstung brauche ich, um einen 16.000 Meter hohen Berg zu besteigen?« Jetzt haben Sie zwei Möglichkeiten: Sie können eine ausführliche, technisch korrekte Antwort geben: Jahrelanges Training, Druckanzug, Sauerstoff. Oder Sie können angesichts der Höhe des Berges stutzig werden. Denken Sie sich nicht einfach einen Grund aus, warum die Fragestellerin wohl ausgerechnet auf einen 16.000 Meter hohen Berg steigen möchte – fragen Sie sie selbst. So geben Sie ihr die Chance, mitzuteilen, dass sie eigentlich nur eine Tasse Tee zubereiten möchte und ausgerechnet hat, dass Wasser in 16.000 Meter Höhe bei Raumtemperatur siedet. Für die Antwort »Das geht am einfachsten mit einem Wasserkocher« brauchen Sie dann nur noch wenige Sekunden.

Die Abwägung ist allerdings nicht immer so einfach wie in unserem Beispiel. Gerade nicht so gute Programmierer bekommen auf ihre Fragen häufig die Antwort, dass ihr Lösungsansatz grundverkehrt ist (»you're doing it wrong!«), obwohl sie sich vielleicht aus einem bestimmten Grund für diesen Lösungsansatz entschieden haben. Der Grund mag in der Frage nicht genannt sein. Und wenn er genannt wird, erscheint er Ihnen vielleicht sehr schlecht. Für die Situation, in der sich der Fragesteller befindet, und über die Sie vermutlich nicht genug wissen, um sich ein Urteil bilden zu können, kann der hässliche Lösungsansatz trotzdem angemessen sein. Außerdem kränken Sie den Fragesteller, wenn Sie wie ein Textbausteine zusammenklickender First-Level-Supportmitarbeiter mechanisch davon ausgehen, dass er nicht weiß, was er tut.

Ein Kompromiss wäre hier, beide Antworten zu liefern: den gewünschten Workaround und eine Erklärung der eleganteren Lösung, die Ihnen vorschwebt. Formulieren Sie beides höflich, schreiben Sie nicht »Hier die Deppenlösung, und so machen es wir richtigen Programmierer.«

Falls ein Fragesteller Ihnen unhöflich, aggressiv oder über die Maßen dumm erscheint, bleiben Sie friedlich. Gerade wenn es sich um ein akutes Problem handelt (Cola in der Tastatur, heruntergefallene Festplatte, die Warenwirtschaftsdatenbank verliert Bestelleingänge), kann der Stress auch bei ansonsten netten Menschen vorübergehend das Denkvermögen und/oder die Manieren ausschalten. Und auch wenn der Fragesteller ganz offensichtlich eine verdammt faule Kreatur ist, die vor dem Fragen nicht die geringsten Anstalten gemacht hat, eine Suchmaschine zu bemühen: Schreiben Sie nicht nur »RTFM«. Liefern Sie einen Link oder wenigstens die richtigen Stichwörter mit, und zwar nicht unter Verwendung eines höhnischen Links zu lmgtfy.com. Falls es sich um ein Gespräch unter Anwesenden handelt, bei dem Sie sich nicht einfach schweigend zurückziehen können wie beim schriftlichen Austausch, ist ein freundlich vorgebrachtes »Das kannst du leicht selbst rausfinden« ein legitimer Ausweg. Das bringt das Problem, über das Sie sich ärgern, auf den Punkt und vermeidet, dass Sie sich ausgenutzt fühlen.

Wenn der Verdacht besteht, dass Ihre Reaktion auf eine dumm oder am falschen Ort gestellte Frage den Empfänger demütigen könnte: Geben Sie sie nicht öffentlich. Lassen

Sie dem Fragenden eine Nachricht zukommen. Falls er persönlich anwesend ist, reagieren Sie erst dann, wenn niemand anderer zuhört. Wir könnten jetzt damit argumentieren, dass auch der Lerneffekt ein größerer ist, wenn der Empfänger nicht öffentlich bloßgestellt wird, aber eigentlich sollte Ihnen genügen, dass ganz normale menschliche Nettigkeit dieses Vorgehen gebietet. Bedenken Sie, in wie vielen anderen Situationen (Autowerkstatt, Försterball, Darkroom) Sie sich selbst aus reiner Unkenntnis schon falsch benommen haben.

Falls die Frage Hinweise darauf enthält, dass der Fragesteller vergeblich versucht hat, die Antwort zu finden: Gehen Sie nicht einfach davon aus, dass er dabei einen Eimer auf dem Kopf hatte. Sie und alle anderen, die am Open Source-Projekt »GNUsperflocken« mitarbeiten, wissen, wo genau die Dokumentation, die FAQ oder die Antwort auf seine Frage versteckt ist. Aber für Ahnungslose ist sie offenbar eben doch nicht so leicht zu finden. Was könnte man ändern, damit der nächste Suchende es leichter hat? Auch wenn die Frage bisher schlicht unbeantwortet war, können Sie vielleicht die Welt für den nächsten Menschen mit demselben Problem besser machen (und gleichzeitig sich und anderen weitere Antwortarbeit ersparen), indem Sie die Dokumentation ergänzen oder den dafür Zuständigen eine Nachricht mit dem möglichst fertig ausformulierten Ergänzungsvorschlag schicken.

Wenn Sie selbst keine Antwort wissen

Helfen ist eine schöne Sache. So schön, dass wir oft versucht sind, auch dann zu helfen, wenn wir eigentlich selbst gar keine Antwort wissen und nur herumraten. Falls es noch keine kompetenten Antworten gibt (und die Frage nicht erst vor zehn Minuten schriftlich oder vor zwei Sekunden mündlich gestellt wurde), können Sie dem Fragesteller auch mit einer Vermutung weiterhelfen – vorausgesetzt, Sie sind ehrlich genug, in Ihrer Antwort darauf hinzuweisen, dass es sich um eine solche handelt. Wenn Sie die Lösung selbst anderswo gesucht und gefunden haben, dann tun Sie nicht so, als seien Sie mit diesem Wissen zur Welt gekommen. Geben Sie den Weg zur Lösung an, daraus lernt der Fragesteller eventuell mehr als aus der eigentlichen Antwort.

Wenn Sie weder eine Antwort wissen, noch nach einer suchen wollen, dann stehen Sie bitte den Rettungsmannschaften nicht im Weg herum. Unterlassen Sie insbesondere Scherze, die ein unbedarfter Fragender als Antwort missverstehen könnte. Als Negativbeispiel darf die Begeisterung durchgehen, mit der in Motorradforen auf die Frage »Die Bremsen meiner Maschine quietschen, was tun?« reflexhaft geantwortet wird:

    Constantin H. 30. Apr 1998, 9:00 ... Öl hilft auch. Guten Rutsch!

    Kungfufighter 01. Jun 2008 20:53 Einfachste Lösung, Beläge ausbauen und ein
    bisschen einölen.

    Cheffee 8. Feb 2011, 14:57 Öl mindert das Quietschen ungemein

Ein köstlicher Scherz, der seit über zehn Jahren immer wieder jemandem als Höhepunkt mitteleuropäischen situativen Humors erscheint, aber nicht nur lahm, sondern auch potenziell gefährlich ist.

Wenn Sie mit schlechteren Programmierern zusammenarbeiten

Falls eines Tages ein okayer oder sogar guter Programmierer aus Ihnen wird, geraten Sie vielleicht in eine Situation, in der Sie mit schlechteren Programmierern zusammenarbeiten müssen. Die Fähigkeit, zivil mit diesen Menschen umzugehen und ihnen vielleicht sogar weiterzuhelfen, ist so selten, dass Sie sich außerordentlich beliebt machen werden, wenn Ihnen das gelingt. Ihr Ruhm wird Ihnen vorauseilen, die Nachwelt dankend von Ihnen sprechen. Sie brauchen nur die folgenden Vorschläge zu berücksichtigen:

Gut genug ist gut genug

Der Psychoanalytiker Donald Winnicott beschrieb in den 1950er Jahren das Konzept der »good enough mother«: Solange der Säugling noch hilflos ist, erfüllt die Mutter ihm jedes Bedürfnis. Mit wachsenden Kompetenzen des Kindes reagiert sie nicht mehr ganz so schnell und einfühlsam auf dessen Wünsche, so dass das Kind allmählich den Weg in die Selbstständigkeit findet. Übertragen auf den Umgang mit Programmieranfängern heißt das, dass man ab einem bestimmten Punkt nicht mehr auf jeden Hilferuf sofort reagieren muss. Das geht dann leicht, wenn man sich nicht am selben Ort aufhält und die Mail oder Message mit der Anfrage einfach eine Weile liegenlassen kann. Aber auch, wenn der Fragesteller am Schreibtisch nebenan sitzt, kann man ihn bitten, eine Viertelstunde zu warten, bis man etwas anderes erledigt hat. In dieser Viertelstunde kommt der andere oft selbst auf die Antwort.

»Pass auf, das ist ganz einfach.«

Sie kennen das Problem wahrscheinlich in einem anderen Lebensbereich aus eigener Anschauung: Steuerberater sagen, »Da heften Sie ganz einfach nach jeder Reise die Belege ab«, weil ihnen dieser Schritt trivial und leicht durchführbar erscheint. Weniger gut organisierte Menschen haben am Ende des Jahres zwei Belege abgeheftet und die übrigen 98 verloren. Hobbyköche erklären einem, es sei ganz einfach, eine Nudelsuppe vollständig selbst zu machen, von der Nudelherstellung über die Brühe bis zu den Kräutern vom eigenen Balkon. Natürlich ist es eigentlich nicht schwierig, eine Nudelsuppe zu machen, aber schon vor der eigentlichen Zubereitung stehen unzählige Schritte, an die sich der Nudelsuppenkoch gar nicht mehr erinnert, die Anschaffung spezieller Küchengeräte und Zutaten, die man »halt einfach im Haus hat«. Eine wichtige Voraussetzung, und vielleicht die schwierigste, ist die Herstellung eines geistigen Zustands, in dem man überhaupt selbst Nudelsuppe machen möchte, anstatt sie aus einer Tüte zu nehmen. Die Aussage »das ist doch ganz einfach« heißt übersetzt nur: »Ich habe vollständig vergessen, welche Rahmenbedingungen ich herstellen und was ich dazulernen musste, bis dieser Vorgang für mich selbstverständlich wurde.«[2]

Nebenbei bedeutet diese Vergesslichkeit, dass Sie den Menschen, dem Sie gerade etwas beibringen, dazu bewegen müssen, von sich aus Fragen zu stellen. Und zwar möglichst, ohne dass er sich dabei blöd vorkommt. Dazu reicht es in der Regel nicht aus, dem Gegenüber zu versichern, es gäbe keine dummen Fragen, weil eigentlich jeder weiß, dass das so nicht stimmt – insbesondere, wenn Sie gelegentlich über schlechten Code lästern. Wenn Sie hingegen eine Kultur des Fragenstellens und Fragenbeantwortens als normalen Teil der Zusammenarbeit etablieren, wird es besser klappen. Am besten, indem Sie schüchterne Fragen erfreut aufgreifen (»sehr gute Frage ...«) und dem Fragesteller die Frage zunächst beantworten, um dann (»das war eine gute Frage, weil...«) ein paar Hintergründe zu vermitteln, die sein Leben in Zukunft erleichtern. So hat er zu seiner Frage nicht nur ein paar Faktenbröckchen erfahren, sondern gleich den größeren Kontext gelernt.

Schlechten Code gefasst ertragen

Schreiben Sie nicht den Code schlechterer Programmierer kurzerhand neu. Nicht im Beisein des Autors, und auch nicht in seiner Abwesenheit. Die meisten Menschen empfinden das nicht als hilfreich, sondern als kränkend. Der so zurechtgewiesene Programmierer wird wenig Lust haben, aus der Schönheit Ihres neu geschriebenen Codes etwas zu lernen, sondern stattdessen über einen Wechsel in die Marketingabteilung nachdenken.

Falls der Code nur einfach hässlich ist, aber nicht durch seine Qualitätsmängel das gemeinsame Projekt bedroht, kaufen Sie sich einen Gummiknautschball zum Stressabbau und schweigen. Wenn Sie am selben Code zusammenarbeiten, gehen Sie selbst mit gutem Beispiel voran. Dadurch ermöglichen Sie dem anderen stilles Dazulernen ohne Gesichtsverlust. Hilfreich ist es auch, zu zweit den Code von Ihnen im Idealfall nicht persönlich bekannten Dritten zu besprechen (siehe dazu den Abschnitt »Gemeinsames Code-Lesen« in Kapitel 7). Dabei können Sie erläutern, wie Sie sich professionellen Code vorstellen, ohne Anwesende zu kränken. (Sagen Sie aber auch dann nicht, der fremde Code sei offensichtlich von einer Rotte über die Tastatur trampelnder Wildschweine geschrieben. Zuhörern, die über einen Hauch Sozialkompetenz verfügen, ist nämlich klar, dass Sie hinter ihrem Rücken genauso über den Code der Anwesenden sprechen

---

2   Umgekehrt heißt das auch, dass fast alles tatsächlich einfach ist, wenn man bereit ist, die vielen kleinen Schritte hinter sich zu bringen. Joe Armstrong, der Erfinder der Programmiersprache Erlang, erklärt: »Manchmal sagen Leute zu mir: ›Oh, wow, einen Compiler schreiben, das klingt schwierig.‹ Ist es aber nicht. Es ist relativ einfach. Man muss ziemlich viele Kleinigkeiten verstehen, die aber alle nicht schwierig sind. Man muss sich mit Datenstrukturen auskennen. Man muss Hashtables verstehen, man muss Parsing verstehen, man muss verstehen, wie man Code maschinell erzeugt. Man muss wissen, wie Interpreter funktionieren. Das ist alles nicht besonders schwierig. Als Anfänger hält man das vermutlich für eine große, komplizierte Aufgabe, also lässt man es bleiben. Was man nicht macht, ist schwer, und was man schon mal gemacht hat, ist einfach. Darum versucht man es gar nicht erst. Ich glaube, das ist ein Fehler.« (Coders at Work, S. 223.)

---

werden.) Werfen Sie dabei nicht alle Goldstandards der guten Programmierung gleichzeitig auf Ihre armen Kollegen ab. Ein oder zwei Konzepte pro Tag reichen, mehr kann niemand verarbeiten.

Wenn Sie zusammen vor einem Rechner sitzen, weil Sie Pair Programming betreiben oder sich zum gemeinsamen Refactoring (siehe Kapitel 15) verabredet haben: Korrigieren Sie den anderen nicht sofort, wenn er einen suboptimalen Lösungsweg einschlägt oder Fehler macht. Lassen Sie sich davon auch nicht abbringen, wenn Ihr Mitprogrammierer ein ängstlicher oder bescheidener Mensch ist, der vor jeder Zeile »Mimimi, das stimmt jetzt sicher nicht!« sagt und Sie fragend ansieht. Merken Sie sich, wo das Problem liegt, und warten Sie ab. Bonuspunkte gibt es, wenn Sie während des Abwartens eine bestimmte Art wiederkehrender Probleme und vielleicht sogar deren Ursache identifizieren. Der Lerneffekt ist größer, wenn der andere selbst bemerkt, was es zu verbessern gibt. Und der wichtigste Punkt: Stellen Sie sich dabei vor, die Tastatur sei eine vor zwei Wochen überfahrene Katze. Sie müssen um jeden Preis Ihren Drang beherrschen, die Tastatur zu übernehmen. Setzen Sie sich auf Ihre Hände, wenn es sein muss.

Lernerfolg verhindern

Die erfolgreichsten Techniken, Leute vom Lernen abzuhalten, sind:

1. Den Kopf des Wissenssuchenden mit Kettensäge abtrennen
2. Dem Lernenden die Tastatur aus der Hand nehmen
3. Unterrichtssprache Klingonisch (außer bei Klingonen)

Dass es ein Fehler ist, die Tastatur an sich zu reißen, gilt im übertragenen Sinne auch dann, wenn Sie jemandem beibringen wollen, wie man ein Fahrrad repariert, lötet oder ein Kind wickelt.

Es handelt sich um einen der am vielseitigsten einsetzbaren Ratschläge der Welt, und wenn Sie alles vergessen, was in diesem Kapitel steht, und sich nur diesen einen Punkt merken, sind wir schon zufrieden.

KAPITEL 10

Überleben im Team

»Meetings mit sich selbst laufen meistens konfliktfrei ab. Habe trotzdem Puffer eingeplant.«

@roarrrbert_we, Twitter, 16. November 2011

Irgendwann im Leben eines mittelguten Programmierers kommt der Tag, an dem er zum ersten Mal mit anderen Programmierern zusammenarbeitet. Das ist kein leichter Tag. Für viele ist es das erste Mal, das überhaupt ein anderer Menschen einen Blick auf den eigenen Code wirft und Kritik äußert. Es kann die erste Begegnung mit einem Versionskontrollsystem sein und die erste Erfahrung mit einer heterogenen Umgebung (»Oh Gott, die anderen haben Macs!/Linux!/Windows!«).

Das Bedürfnis, sich als wertvolles Teammitglied zu profilieren, trifft aufs Ungünstigste zusammen mit der ersten Begegnung unterschiedlicher Arbeitsweisen. Die über die Jahre selbst zusammengereimten Methoden und ein willkürlich gewachsener Programmierstil sehen sich zum ersten Mal kritischen Blicken ausgesetzt. Selbst wenn Sie Ihre Programmiersprache bestens beherrschten – was Sie nicht tun, sonst würden Sie ein anderes Buch lesen –, würden sich noch unzählige Stolperdrähte im ungewohnten Zusammenspiel im Team bieten.

An dieser Stelle liegt der Einwand nahe, »Wer dieses Buch liest, arbeitet doch sowieso nicht in einem professionellen Softwareentwicklerteam.« Aber weit gefehlt! Gerade auf neuen Gebieten wird oft händeringend alles eingestellt, was den Namen der Programmiersprache buchstabieren kann. Es kann passieren, dass Ihnen ein Angebot gemacht wird, das Sie nicht ablehnen können:

> »Trotzdem brauchten wir noch zwei Leute, die am Montag irgendwo in Mecklenburg-Vorpommern an einer Tastatur javaähnliche Buchstabenkombinationen würden eintippen können. Die Rückmeldungen aus den Jobbörsen wurden immer aberwitziger. Der Markt für ernsthafte Programmierer schien leer gekauft zu sein.
>
> Als wir am Nachmittag auch mit Rundmails in den weiteren Bekanntenkreisen unserer Mitarbeiter keinen Erfolg erzielt hatten, kam ich auf die Idee, mit einem Bündel Geldscheine in den Informatik-Fachbereich der Universität zu gehen, um vor Ort Studenten anzuheuern. (...)

›Hier. Zehntausend. Das ist die Antrittsprämie, für denjenigen, der am Montag in Sassnitz Java programmiert. Und den Vertrag für sechs Monate unterschreibt, natürlich.‹«

Sascha Lobo: »Strohfeuer«

Softwareentwicklung ist inzwischen Teil vieler Berufsbilder, zu denen sie vor einigen Jahren noch nicht gehörte. Es kann Doktoranden treffen, die für ihre Dissertation kleine Tools schreiben müssen, oder Grafiker, die nicht mehr nur einen Photoshop-Entwurf abliefern, sondern inzwischen auch die Umsetzung nach HTML und JavaScript übernehmen sollen. Wenn Sie mit einem Backend-Entwickler zusammenarbeiten, der den serverseitigen Teil Ihrer vom Kunden beauftragten Website erledigt, dann sind Sie plötzlich Teil eines Entwicklungsteams. Von Naturwissenschaftlern wird häufig erwartet, dass sie ihre eigenen Softwarewerkzeuge entwickeln. Was harmlos klingt, kann anstrengende Folgen haben:

> »Über einen solchen Fehler stolperte eine Arbeitsgruppe in der Strukturaufklärung unter Geoffrey Chang am Scripps Research Institute im kalifornischen La Jolla. 2006 bemerkte das Team einen Vorzeichenfehler in einem Programm, das aus einem anderen Labor stammte. Der Fehler führte dazu, dass das Vorzeichen in zwei Spalten der Eingabedaten nicht stimmte, und dadurch waren die Kristallstrukturen von Proteinen invertiert, zu denen die Gruppe gelangt war. (...) Changs Team musste fünf Veröffentlichungen in *Science*, dem *Journal of Molecular Biology* und den *Proceedings of the National Academy of Sciences* zurückziehen und überprüft seitdem alles doppelt und dreifach.«
>
> Aus: »Computational science: ...Error – Why scientific computing does not compute«, *www.nature.com/news/2010/101013/full/467775a.html*

Auch wer schon einmal in einem Team gearbeitet hat und dann in eine neue Firma wechselt, kann sich unsicher fühlen. Gelten hier dieselben Regeln wie in der alten Firma? Komme ich zu besserwisserisch rüber, wenn ich die Konventionen der früheren Arbeitsgruppe vorschlage, oder werde ich scheel angesehen, weil sie längst veraltet sind?

Wenn man kein geübter Entwickler ist, sollte man die erste Zeit in einem neuen Team mit Lesen und Lernen verbringen. Lesen Sie alles, was da ist: Sourcecode, Dokumentation, Lasten- und Pflichtenhefte, Organigramme und Buildskripten. Lernen Sie von den anderen, indem Sie sich möglichst häufig neben einen der zugänglicheren Kollegen setzen und ihm auf die Finger schauen. In vielen Teams ist das guter Standard, aber längst nicht in allen. Falls nicht, dann sollte man diese Zeit, in der man einfach mitläuft, aktiv einfordern. Und man sollte diese Zeit nutzen, um möglichst viele Fragen zu stellen – vielleicht nicht gerade, wenn jemand einen offensichtlich komplizierten Algorithmus zusammenschraubt, aber sofort, wenn er damit fertig ist.

Durch eine solche Einarbeitungsphase lernt man den Hausstil: Wie benennen die anderen ihre Instanzvariablen und Methoden? Wie kommentieren sie? Gibt es einen einheitlichen Klammerstil? Über Stilfragen hinaus kommt man als Zuschauer am schnellsten an lebenswichtige Informationen wie folgende: Wie heißen die Datenbankserver? Welche Passwörter werde ich brauchen? Wie ist das Projekt aufgebaut? Und man lernt relativ schnell seine Mitarbeiter kennen: Wer kann gut erklären, wer lässt sich ungern in die Karten sehen?

Ich war's nicht!

Es gibt einen Zustand, den Softwareentwickler mehr hassen als jeden anderen: Programmieren wollen und von äußeren Umständen daran gehindert werden. Dieses Trauma entsteht häufig im Schulalter, ausgelöst durch eine Mutter, die das Bedürfnis ihres Kindes, im Flowzustand ungestört in einen Monitor zu starren, geringer einstuft als das eines Haustieres, sein Revier zu markieren (»Warst du schon mit dem Hund draußen?«). Es ist häufig nur unzureichend bewältigt. Sie haben gute Chancen, genau diesen Zustand herbeizuführen. Gleich an Ihrem ersten Tag! Und zwar für alle Mitarbeiter auf einmal!

»Du hast den Build gebrochen!«, könnten beispielsweise die Worte eines Neukollegen sein, der damit zum Ausdruck bringen möchte, dass Sie soeben dem gesamten Team die Möglichkeit genommen haben, neuen Code zu testen, also den Betrieb nahezu lahmgelegt haben und somit im Zentrum der Aufmerksamkeit stehen.

Passiert ist das, weil Sie Code in ein zentrales Versionskontrollsystem eingecheckt haben, der bei den anderen zu Fehlern beim Kompilieren führt oder das Programm sofort nach dem Start zum Abstürzen bringt. Ein sinnvolles Arbeiten ist dann kaum noch möglich, da die meisten Entwickler darauf angewiesen sind, das fehlerfreie Funktionieren ihrer Änderungen dauernd zu überprüfen.

Es gibt Teams, die den Schuldigen bestrafen, indem sie ihm einen albernen Hut aufsetzen, den er tragen muss, bis ein anderer sich derselben Missetat schuldig gemacht hat. In anderen Unternehmen besteht die Strafe einfach darin, dass alle anderen in der Kaffeeküche so lange lärmend Milch aufschäumen, bis eine Weiterarbeit möglich ist.

Sie können gar nicht zu viele Maßnahmen treffen, um diesen Zustand zu vermeiden. Dass Sie überprüfen, ob die Änderungen auf Ihrem eigenen Rechner durch den Compiler laufen und zum gewünschten Ergebnis führen, ist das selbstverständliche Minimum. Darüber hinaus sollten Sie aber auch ausschließen, dass Ihre Änderungen unerwünschte Auswirkungen auf ganz andere Programmteile haben. Wie immer gilt auch hier, dass Mutmaßungen wertlos sind und allein harte Fakten zählen. Auch wenn Sie sich partout nicht vorstellen können, dass die Korrektur eines Rechtschreibfehlers in einer Ausgaberoutine irgendeine negative Nebenwirkung haben könnte – testen Sie trotzdem!

Gerade wenn Sie neu in einem Projekt sind, sind Ihnen viele Abhängigkeiten nicht bekannt. Um trotzdem testen zu können, ob eine Änderung negative Folgen hat, verwenden viele Teams automatisierte Unit-Tests (siehe Kapitel 16). So erfährt man beispielsweise, dass die harmlos erscheinende Korrektur eines Rechtschreibfehlers in einer Ausgabefunktion zu einem Fehler in einem ganz anderen Programmteil führt, von dessen Existenz man bis eben nicht einmal wusste: einem Parser, der ebendiese Ausgabe mitsamt Rechtschreibfehler erwartet.

Ein anderer Fehler, der die Arbeit der anderen mit Sicherheit blockiert, ist das Versäumnis, eine für den Build nötige Datei einzuchecken. Weil die Datei dann auf dem eigenen Rechner vorhanden ist, bei den anderen aber fehlt, führt das zum unangenehmen »Bei mir geht's aber«-Syndrom. Zum Glück bieten alle Versionskontrollsysteme eine Funktion, die eine Liste der Dateien liefert, die nicht unter Versionskontrolle stehen, also potenziell vergessen wurden.

Hygiene sollten Sie auch in Bezug auf Warnungen walten lassen, die das Buildsystem und der Compiler oder Interpreter von sich geben. Selbst wenn diese Warnungen auf Umstände hinweisen, von denen Sie wissen, dass sie harmlos sind – wenn etwa der Compiler anmerkt, dass Sie eine deklarierte Variable gar nicht verwenden –, sollten Sie vor dem Einchecken in das Versionskontrollsystem dafür sorgen, dass diese Warnungen verschwinden. Es ist rücksichtslos, eine solche Warnung den anderen Entwicklern zuzumuten, denn damit verlangen Sie von Ihren Mitarbeitern, dass sie sich daran gewöhnen, Warnungen zu ignorieren. Das wiederholte und ständige Ignorieren von Warnungen führt aber zu einem Gewöhnungseffekt, der diese hilfreichen Meldungen unserer Aufmerksamkeit entzieht und uns damit die Chance nimmt, Bugs frühzeitig zu erkennen.

Der Bus-Faktor

Wie beim Hausbau ist es auch bei der Entwicklung einer Applikation üblich, die Aufgaben je nach Ausbildung, Erfahrung und/oder Vorlieben auf die verschiedenen Teammitglieder zu verteilen. Zwar heißen die Gewerke im Softwarebereich »Datenbank«, »Backend« und »Frontend« statt »Erdarbeiten«, »Maurerarbeiten« und »Dachdeckerarbeiten«, das Prinzip der Arbeitsteilung gilt jedoch hier wie dort. Selbst wenn die Verantwortlichkeiten nicht im Detail explizit zugewiesen sein sollten, entwickelt sich nach einer Weile im gesamten Team ein Einverständnis darüber, welche Aspekte der Software und welcher Teil des Codes welchem Entwickler »gehören« und wer für darin enthaltene Fehler die Verantwortung zu tragen hat.

In vielen IT-Projekten erweist sich aber genau diese Spezialisierung, also die ungleiche Verteilung von Wissen im Team, als problematisch. Immer wieder entstehen Situationen, die einzelne Personen sehr unter Druck setzen. Wenn beispielsweise am Abend vor einer wichtigen Kundenpräsentation ein sogenannter »Showstopper« auftaucht, also ein Programmierfehler, der eine Präsentation unmöglich macht, weil sich das Programm schon beim Starten mit einer Fehlermeldung verabschiedet, wird der für diesen Codeabschnitt verantwortliche Entwickler auf seine Nachtruhe verzichten müssen. Andere Teammitglieder werden ihm nur bedingt zur Seite stehen können, denn ihnen fehlt das detaillierte Wissen um die Zusammenhänge. Da nur wenige Entwickler unter starkem Druck in der Lage dazu sind, fehlerfreien und verständlichen Code zu schreiben, wird in dieser Nacht – obwohl der Showstopper unter Umständen gefunden und entfernt werden kann – die Qualität der Codebase insgesamt vermutlich leiden.

> »Ich selbst habe am Anfang meiner Karriere fieberhaft einen Bug im C++-Code einer Promotion-CD-ROM für einen Hollywood-Film gejagt, während der Fahrradkurier, der den Golden Master zum Presswerk bringen sollte, bereits neben mir am Schreibtisch stand und unruhig auf seinen Pedal-Clips wippte. In meiner Verzweiflung habe ich einige Dinge am Code geändert, die ich im Nachhinein bestenfalls als harmlosen Aberglauben, im schlimms-

ten Fall als gefährliche Zeitbombe bezeichnen würde. Für das Installationsprogramm, das bei der Deinstallation nicht nur unsere Software, sondern gleich die gesamte Festplatte des Benutzers löschte, war — zum Glück — ein anderer übernächtigter Experte verantwortlich.«

Jan Bölsche, Softwareentwickler

Fälle wie diese sind keine Ausnahme, sondern die Regel in fast allen Softwareunternehmen. Aber ungleiche Verteilung von Wissen führt nicht nur bei der Suche von Fehlern zu Flaschenhälsen. Auch im Krankheitsfall oder wenn einer der Spezialisten einfach mal Urlaub machen möchte, kommt es immer wieder zu Engpässen und Blockaden. »Das Datenmodell fasse ich nicht an, das ist von Jörg und ich habe keine Ahnung, was er sich dabei gedacht hat«, sagt Jörgs Kollege dem Projektleiter als Begründung dafür, dass er nicht weiterarbeiten kann, bevor sein Kollege aus dem Urlaub zurückkommt und eine nötige Änderung vornimmt. Wenn das Projekt wichtig genug ist, bekommt Jörg jetzt ein Rückflugticket von seinem Arbeitgeber geschenkt.

Der sogenannte *bus factor* oder *truck factor* gibt an, wie viele Teammitglieder gleichzeitig überfahren werden dürfen, ohne dass das Projekt zum Stillstand kommt. Er bewegt sich zwischen null (im ungünstigsten Fall) und der Anzahl der Teammitglieder. Letzteres ist der günstigste Fall, jedenfalls für das Projekt, nicht so sehr für das überfahrene Team. Mit »überfahren werden« sind natürlich auch andere Ausfallgründe gemeint: Mitarbeiter kündigen, bekommen Kinder oder werden krank. Für unbezahlte Projekte können schon einfache Veränderungen im Lebenswandel der Beteiligten zum Problem werden: Ende des Studiums, Verliebtsein, Trennung, Umzug, neue Interessen. Wenn Sie nicht gerade unter einem Projektleiter arbeiten, dem »shared code ownership« wirklich, wirklich wichtig ist, wird sich der *bus factor* ganz von allein gegen null bewegen. Man kann das Problem dann nur zu lindern versuchen, ganz aus der Welt schaffen lässt es sich nicht. Dabei helfen

- eine eindeutige, schriftlich niedergelegte Aufteilung der Zuständigkeiten,
- klar definierte Interfaces zwischen den Projektteilen,
- Code Reviews (siehe Kapitel 7),
- ein Bugtracker und
- gemeinsame Arbeit am Code.

In Firmen, die nach einer Agile-Methodik arbeiten, ist es einfacher, das Wissen auf mehrere Köpfe zu verteilen, weil das zu dieser Art von Software-Entwicklungsprozess gehört. Wenn Sie in einer Firma landen, die keinem Entwicklungsprozess folgt, dann sorgen Sie wenigstens in Ihrem direkten Umfeld dafür, dass jemand einspringen kann, falls Sie ausfallen. Wenn es organisatorisch möglich ist, suchen Sie sich einen Kollegen als Ersatz, falls Sie plötzlich länger erkranken. Erklären Sie diesem Kollegen die Projektorganisation, die Voraussetzungen, um das System laufen zu lassen, und die erforderlichen Maintenance-Aufgaben. Dokumentieren Sie, was Sie getan haben, und warum. Checken Sie alles in die Versionskontrolle ein, was zum Kompilieren Ihres Programms nötig ist, und die Dokumentation am besten gleich mit.

Auch Code, den man ganz allein und ohne Auftraggeber geschrieben hat, sollten andere weiter nutzen können, wenn man eines Tages die Lust daran verliert. Im Idealfall sollten diese Anderen nicht erst um Erlaubnis fragen müssen, denn wenn es sich nicht um ein außerordentlich beliebtes Tool gehandelt hat, wird sich niemand diese Mühe machen. Das bedeutet, dass der Code gleich irgendwo ein öffentliches Leben führen sollte, zum Beispiel bei Github (siehe dazu Kapitel 21).

Zusammenarbeit mit Anwendern

Ein großes Missverständnis vieler Entwickler ist ihr Bild von ihrem Beruf, nach dem sie nur für die Entwicklung von Software zuständig sind, die Kunden aber für präzise Angaben darüber, was entwickelt werden soll. Tatsächlich ist das Schreiben von Software häufig genug nur ein relativ kleiner Teil ihres Jobs, den Löwenanteil macht Consulting aus.

Als Entwicklerin sind Sie diejenige, die weiß, wie Ideen in Code umgesetzt werden können, und Sie sind diejenige, die unrealistische Erwartungen bemerken und ansprechen sollte. Wenn Sie nicht gerade das Glück haben, mit einem technisch sehr versierten Kunden zu arbeiten, müssen Sie viel Zeit aufwenden, um die häufig nebulösen und gelegentlich widersprüchlichen Anforderungen Ihres Kunden aufzunehmen und realistische Vorschläge zur Umsetzung zu machen, denn Ihr Kunde kann nicht einschätzen, was möglich ist und was nicht.

Und auch wenn Kunden oder Nutzer sich klar äußern, meinen sie häufig nicht das, was sie sagen. Ihre Zielgruppe wünscht sich ausdrücklich einen blauen Knopf links oben, der den Schnork fuppen soll. Daraufhin implementieren Sie geduldig einen blauen Knopf, der sogar zwei Schnorks gleichzeitig fuppt und bei dessen Anblick die Nutzer sagen, ja, *so* hätten sie sich das aber nicht vorgestellt. Verfluchen Sie jetzt nicht die Dummheit der anderen Menschen. So ist die Welt nun einmal beschaffen, und es gehört zu Ihren Aufgaben als Entwicklerin, durch geduldiges Nachfragen und Ausprobieren gemeinsam mit den Anwendern zu einem Ergebnis zu gelangen, dessen Details keiner von Ihnen präzise vorhersehen konnte.

Schwierig wird es, wenn Sie nicht mit einem Kunden konfrontiert sind, sondern Ihnen auf Kundenseite mehrere Interessenvertreter gegenübersitzen – womöglich noch aus verschiedenen Abteilungen, die sich nicht grün sind. Ihre Arbeitstreffen laufen dann Gefahr, zum Schauplatz von Auseinandersetzungen zu werden; zumindest kann es dazu führen, dass Ihre Kunden in den Treffen weniger mit Ihnen über das Projekt sprechen, als untereinander Ziele und Anforderungen anzugleichen. Solange die Stimmung gut ist und Sie für die Anwesenheit bezahlt werden, ist das noch nicht tragisch, dann können Sie versuchen, die internen Diskussionen ein wenig zu moderieren, damit am Ende des Meetings doch noch Einigkeit über Ziele und Wege dahin herrscht. Ist die Stimmung zwischen den verschiedenen Kundenvertretern jedoch angespannt, laufen Sie ein hohes Risiko, dass das Projekt scheitern wird, egal, wie gut Sie als Softwareentwickler sind. Falls Sie es sich leisten können, werfen Sie hin und suchen Sie sich andere Kunden. Falls nicht: Denken Sie ans Geld und bleiben Sie dem Alkohol fern – es kommen auch wieder bessere Zeiten.

Zusammenarbeit mit Freiwilligen

Es ist keineswegs selbstverständlich, dass man überhaupt jemanden findet, der mit einem an irgendetwas unbezahlt zusammenarbeiten will. Wenn Sie das Glück haben, solche Menschen zu finden, und wenn Sie mit diesen Menschen auch noch gut zusammenarbeiten können, sollten Sie das über die eigenen technischen Vorlieben und Gewohnheiten stellen und sich nicht über Codeformatierung und andere Kleinigkeiten streiten.[1] Insbesondere sollten Sie niemanden aus Spaßprojekten vergraulen (durch Unzuverlässigkeit, unhöfliches Codeumschreiben etc.). Schon in wenigen Jahren werden es diese Menschen sein, die Sie in bezahlte Projekte holen oder mit Ihnen Firmen gründen. Beziehungsweise eben nicht.

Werfen Sie auch nicht türenknallend alles hin, wenn im laufenden Projekt eine Entscheidung getroffen wird, mit der Sie nicht einverstanden sind. Gegen diese Versuchung hilft vielleicht die im Vorfeld vereinbarte Regel, dass jeder, der die Worte »wenn ihr das so machen wollt, dann ohne mich!« in den Mund nimmt, mit dem Aussprechen der Drohung automatisch aus dem Projekt ausgeschlossen wird. Das Türenknallen und Hinwerfen ist übrigens auch dann nicht ratsam, wenn Sie sich moralisch im Recht fühlen, weil Sie beispielsweise ein fortschrittliches Open Source-Format verteidigen, das von niemandem unterstützt oder verstanden wird. Es mag schon sein, dass die Welt ein besserer Ort wäre, wenn alle auf Ihre Linie umschwenken und sich neue Betriebssysteme zulegen würden, auf denen das Format funktioniert. Schlagen Sie das ruhig ein bis drei Mal vor. Aber wenn Sie danach weiter stur bleiben und damit den Fortbestand des gemeinsamen Projekts gefährden, tragen Sie nicht zur Weltverbesserung bei.

Aussprache von Begriffen

Sobald man beginnt, sich mit anderen Menschen nicht mehr nur schriftlich über Programmierthemen auszutauschen, steht man vor dem Problem, dass viele Begriffe im eigenen Kopf bisher ein bequemes, deutsch oder überhaupt nicht ausgesprochenes Leben führten. Mit etwas Glück kann man den anderen so lange zuhören, bis sie von sich aus einmal »C#« sagen. Mit etwas weniger Glück wissen die anderen auch nicht so genau Bescheid und vermeiden die Erwähnung, oder im Team bürgern sich Ausspracheversionen ein, die englische Muttersprachler vor mittelgroße Rätsel stellen. Diese Liste in Tabelle 10-1 deckt einige gebräuchliche Zweifelsfälle ab. Wenn Sie uns nicht über den Weg trauen oder weitere Fragen haben, können Sie sich bei *forvo.com* anhören, wie englische Begriffe von Muttersprachlern ausgesprochen werden.

---

1   Wie man zu dieser entspannten Haltung gelangt, können wir Ihnen leider auch nicht mitteilen. Die Entstehung dieses Buchs verzögerte sich unter anderem durch einen einjährigen Streit über den zu verwendenden Editor.

Tabelle 10-1: Aussprache gängiger IT-Begriffe

Begriff	Aussprache
Antialiasing	ˈænti ˈeɪliəsɪŋ oder ˈæntaɪ ˈeɪliəsɪŋ
C#	wie »see sharp« (ein Wortspiel, die Note Cis wird genauso geschrieben und heißt ebenfalls »c sharp«)
Cache	kæʃ, also genau wie das Bargeld
Cocoa	ˈkəʊkəʊ oder ˈkoʊkoʊ (die Betonung liegt vorne, das a am Schluss einfach ignorieren)
Default	dɪˈfɔːlt (Betonung auf der zweiten Silbe)
Font	wie man's schreibt (nicht französisch-nasal aussprechen)
JPEG	ˈdʒeɪpɛg
Locale	ləʊˈkɑːl oder loʊˈkæl (also in jedem Fall auf der zweiten Silbe betont, das e ist stumm)
O'Reilly Verlag	wie man's schreibt (nicht wie »Oh really?«)
PNG	ˈpɪŋ (also quasi Ping)
Preferences	ˈprɛf(ə)ɪ(ə)nsəs (also nicht auf der zweiten Silbe betonen und nicht mit langem i in der Mitte)
Python	entweder englisch oder deutsch aussprechen, aber nicht deutsch mit einem englischen th

Worüber man nicht mit anderen zu streiten braucht, weil die meisten Varianten richtig sind, zeigt Tabelle 10-2.

Tabelle 10-2: IT-Begriffe mit mehr als einer Aussprachemöglichkeit

Begriff	Aussprache
Boolean	ˈbuːliən, buːˈliən, ˈbuliən oder buˈliən
Char	tʃɑː, tʃɑɪ, oder kær wie in *character* (aber nicht kɑː oder kɑɪ wie Auto)
Query	ˈkwɪəri oder ˈkwɛri
Router	ˈɹuːtə(ɪ) oder ˈɹaʊtə(ɪ)
SQL	ˈɛs kjuː ˈɛl oder wie das englische Wort »Sequel«. Dieselbe Uneinigkeit herrscht bei MySQL und SQLite.

Auch die Aussprache von Zeichen kann zu Verwirrungen führen. Tabelle 10-3 listet die Aussprache einer Auswahl gängiger Zeichen auf.

Tabelle 10-3: Aussprache gängiger Zeichen

Zeichen	Name bzw. Aussprache
#!	shebang oder hash-bang
_	underscore, Unterstrich
#	hash, pound sign
|	pipe, außer in seiner Rolle als logischer Operator, dann wie das englische »or«
-	dash
&	ampersand, außer in seiner Rolle als logischer Operator, dann wie das englische »and«
!	bang

Tabelle 10-3: Aussprache gängiger Zeichen (Fortsetzung)

Zeichen	Name bzw. Aussprache
/	slash
\	backslash
( )	parentheses, round brackets, runde Klammern
{ }	braces, curly brackets, geschweifte Klammern
[ ]	brackets, square brackets, eckige Klammern
< >	angle brackets, spitze Klammern
'	tick, single quote
`	backtick
´	acute accent
"	double quote
:	colon
^	caret (nicht französisch aussprechen)
~	tilde (Aussprache fast wie im Deutschen)
*	asterisk oder splat

Umgang mit Fehlern

KAPITEL 11

Unrecht haben für Anfänger

>Seine Intuition verlangte hartnäckig eine Drehung nach links, weil er sich bisher immer rechtsum gewandt hatte, aber die gleiche Intuition sagte ihm auch, dass sein räumliches Denken so verworren war, dass auf die Intuition selbst kein Verlass sein konnte, und so wandte er sich abermals nach rechts.«

> Wolfgang Herrndorf, »Sand«

In vielen Lebensbereichen ist es gängige Praxis, Fehler für individuelle Probleme zu halten, aus denen man nichts lernen kann. »Ich kann einfach nicht gut abstrakt denken«, sagen schlechte Programmierer, oder »Ich bin halt ein unordentlicher Mensch und müsste mich mehr zusammenreißen«, und geben sich persönlich die Schuld, wenn sie komplexere Sachverhalte auch beim dritten Mal nicht verstanden haben. Umgekehrt neigt man als Programmierer zu der Annahme, der Benutzer der eigenen Website oder des Fahrkartenautomaten sei ein Trottel und an der Software keinesfalls etwas zu verbessern. In beiden Fällen werden Fehler als einmalige, zufällige Fehlleistungen abgetan, aus denen nichts Allgemeineres abzuleiten ist. Aber Fehler fallen nicht vom Himmel, sie haben Ursachen. Über diese Ursachen kann man mehr herausfinden und so das künftige Auftreten derselben Fehler verhindern. Na gut, nicht verhindern, aber etwas unwahrscheinlicher machen.

Als Programmierer ist man bei der Fehlerforschung in einer privilegierten Position: Man kann der Erkenntnis, unrecht gehabt zu haben, weniger leicht ausweichen als im Rest des Lebens. Zwar können auch in der Softwareentwicklung alle Fehler bis auf Syntaxfehler lange unentdeckt bleiben. Man lebt dann in dem süßen Glauben, das Programm laufe, während es in Wirklichkeit nur darauf wartet, in Randbereichen falsche Werte auszugeben oder abzustürzen. Auch ist es ohne Weiteres möglich, ein syntaktisch korrektes, funktionierendes Programm zu schreiben, das insgesamt ein Riesenirrtum ist. Aber wenigstens das Unrechthaben auf niedrigem Niveau fliegt beim Programmieren schneller auf als, sagen wir, in einer Podiumsdiskussion. Das ist zwar nicht einzigartig, denn auch Ingenieure, Piloten und Ärzte werden bald bemerken, wenn sie sich verrechnet, verflogen oder eine falsche Diagnose gestellt haben. Im Alltag aber ist diese Konfrontation mit der eigenen Fehlbarkeit doch eher selten. Man kann dadurch Erfahrung mit dem Unrechthaben sammeln, die bei anderen Beschäftigungen nicht so leicht zu erwerben ist.

Einen weiteren Vorteil genießt man als Programmierer dadurch, dass man beim Auftreten eines Fehlers genau weiß, dass es sich um einen Fehler handelt, nicht um einen unglücklichen Zufall am Aktienmarkt, eine Weltverschwörung oder eine Zumutung durchs Amt. Man kann die Schuld dann zwar noch eine Weile auf andere abwälzen: Der Compiler ist unausgereift, die Fehlermeldungen sind erbsenzählerisch, die Programmiersprache taugt nichts, man hat fremden Code eingebunden, der bestimmt voller Fehler ist, oder der Hoster, bei dem der Server steht, hat über Nacht irgendwas geändert. Aber früher oder später drängt sich meistens doch die Einsicht auf, dass man tatsächlich selbst einen Fehler gemacht hat (oder zehn, oder hundert).

Der wohl wesentlichste Vorzug von Programmierfehlern: Man kann meistens einfach auf »Replay« drücken, um sie sich in voller Schönheit noch einmal anzuschauen. Wären Fehler in der Programmierung nicht reproduzierbar, würde man sich ihnen vermutlich genauso wenig stellen wie in anderen Bereichen des Lebens.

Im Irrtum zu Hause

Aus der Wissenschaftsgeschichte ist bekannt, dass wissenschaftliche Theorien nicht dann verworfen werden, wenn sich die Widersprüche häufen, sondern erst dann, wenn eine alternative Theorie da ist, die die Lücke füllen kann. Als Nichtwissenschaftler macht man es genauso: Man hält an einer Überzeugung so lange fest, bis man eine andere gefunden hat. Das ist ein praktischer, alltagstauglicher Ansatz, aber das eigentliche Unrechthaben schrumpft dadurch auf einen kurzen Moment zusammen.

Auch hier sind Programmierer in einer etwas günstigeren Situation: Unrechthaben beim Programmieren ist häufig nicht nur ein kurzer Moment zwischen einer Überzeugung und einer anderen. Oft genug steckt man stunden- oder tagelang in einer Situation fest, in der man einer fehlerhaften Theorie über die Wirklichkeit anhängt und das von einem nicht funktionierenden Programm auch ständig unter die Nase gerieben bekommt. Der Irrtum ist für Programmierer kein kurzer Zustand, den man schnell übergehen und wieder vergessen kann, sondern einer, in dem man viel Zeit verbringt.

Das ist von Vorteil, weil der Mensch, wenn er vom Irrtum nur lange und hart genug gebeutelt wird, etwas weniger hartnäckig als sonst an seinen vorgefassten Meinungen hängt und offener für neue Informationen ist. Man kann den Irrtum als eine Art Meditationspraxis betrachten: Je mehr Zeit man in dem unbeschönigten Wissen verbringt, gerade unrecht zu haben, desto besser ist es – vielleicht nicht gerade für das aktuelle Softwareprojekt, aber für das langfristige Klügerwerden.

Wie blind vorgefasste Meinungen machen können, zeigt sich unter anderem daran, dass man nach der Lösung eines Problems häufig feststellt: Das Problem ist in der Dokumentation, im Netz oder an einer anderen naheliegenden und bereits mehrfach konsultierten Stelle exakt beschrieben. Mitsamt Lösung. In fetter Schrift. Solange man sich noch an falsche Überzeugungen klammerte, war diese Lösung unsichtbar. Die Augen haben sie zwar gelesen, das Gehirn hat sie aber als Störfaktor betrachtet und daher verworfen.

Daher sollte man gerade auch als ungeübter Programmierer versuchen, ein Gefühl dafür zu entwickeln, bis zu welchem Zeitpunkt man versucht, die Hinweise darauf zu ignorieren, dass man unrecht hat. Jetzt folgt ein Moment der Kapitulation, in dem man erschöpft »na gut« denkt und die bisherige Überzeugung aus dem Fenster wirft. Das ist der Moment, in dem man sich von einem falschen geistigen Modell trennt und damit beginnt, (zumindest für kurze Zeit) genauer und weniger voreingenommen hinzuschauen.

Häufig regten sich vor diesem Moment schon nagende Zweifel, denen man aber nicht nachgehen wollte. Tief drinnen spürt man, dass irgendetwas faul ist, klickt aber trotzdem noch dreimal auf Reload, in der Hoffnung, dass das Problem von selbst weggeht. Psychologen sprechen bei diesem unguten Gefühl im Bauch von kognitiver Dissonanz: Man krallt sich an eine Vorstellung von der Welt, obwohl die Fakten eine andere Sprache sprechen. Ein paar schwache Stimmchen piepsen: »Das stimmt doch vielleicht gar nicht!«, während der überwiegende Teil des Chors im Brustton der Überzeugung ruft: »Doch, natürlich!« Diese innere Zerrissenheit ist unangenehm und kann auf zwei Arten aufgelöst werden: Entweder passt man sein Modell an die Fakten an oder man versucht, die Fakten an das Modell anzupassen. Dass man diese Zweifel erst einmal niederkämpft, statt ihnen nachzugehen, ist kein Zeichen von Dummheit oder Faulheit, sondern der Versuch, eine vorgefasste Meinung zu retten, indem man sich die Fakten zurechtbiegt. Dieses Verfahren ist nicht grundsätzlich falsch, es führt in vielen Fällen zu einem völlig akzeptablen Ergebnis. Fakten sind – auch außerhalb totalitärer Staaten – biegsamer, als man ihnen gemeinhin zutraut. Halten wir an dieser Stelle nur fest, dass man Zeit spart, wenn man das Piepsen der protestierenden Stimmchen hört und berücksichtigt.

Fehlerforschung im Alltag

Als Gelegenheitsprogrammierer wird man einen Fehler, den man schon dreimal gemacht hat, beim vierten Mal nicht unbedingt wiedererkennen. Wer nur alle paar Wochen oder Monate programmiert, hat genügend Zeit, die häufigsten eigenen Fehler immer wieder zu vergessen. Deshalb lohnt es sich gerade für Gelegenheitsprogrammierer, sich Fehlerforschung auch im Rest des Lebens zur Gewohnheit zu machen. Auch wenn man nur selten programmiert, kann man auf diese Art üben, Fehler zu erkennen, ihre Ursachen zu analysieren und die Folgen abzufangen oder zu mildern.

Wahrscheinlich ähneln die individuellen Fehlerursachen beim Zurechtfinden in fremden Städten oder beim Zusammenbau von IKEA-Möbeln sogar denen, die hinter den Programmierproblemen stecken. Es ist schließlich derselbe Kopf, der für alle diese Tätigkeiten zuständig ist. Wer immer nur an den unmittelbar nächsten Schritt denkt, anstatt vorauszuplanen, oder zu »ach, das geht auch so«-Lösungen neigt, der wird im Alltag wie in der Programmierung hin und wieder mit leerem Benzintank auf einsamen Landstraßen stranden. Und wer immer sämtliche Eventualitäten einkalkuliert, wird eine Handtasche vom Umfang eines Tourenrucksacks herumschleppen und in der Programmierung vermutlich das YAGNI-Prinzip (siehe Kapitel 18) mit Füßen treten.

Hat man sich einmal mit der eigenen Fehlbarkeit arrangiert, fällt es auch leichter, damit zu leben, dass auch andere Menschen sich manchmal nicht so schlau anstellen. Wenn man bei eigenen Fehlern keine Zeit damit verschwendet, sich über ihr Auftreten zu ärgern, sondern stattdessen darüber nachdenkt, wie es zu einem Fehler gekommen ist und wie man ihn in Zukunft vermeidet, dann kann man auch anderen eher weiterhelfen, statt sie zu entmutigen oder bloßzustellen.

Bei der Erforschung des eigenen Unrechthabens geht es also darum, Fehler nicht mehr als flüchtige, bedeutungslose, einmalige Ausrutscher oder bloße Ärgernisse zu begreifen, sondern als Gelegenheiten zum Dazulernen. Wie und warum ist es zu dem Fehler gekommen? Hätte man ihn früher bemerken können? Wenn ja, wie? Gibt es ähnliche Fehler auch noch in anderen Bereichen des Lebens oder des Codes? Kann man diese Parallelfehler eventuell gleich mitbeheben? Lässt sich ein nochmaliges Auftreten desselben Fehlers zuverlässig vermeiden, und wenn nicht, wie lassen sich seine Folgen lindern?

Der Hund hat die Datenbank gefressen!

Gerade wenn man kein besonders guter Programmierer ist, ist es sehr viel wahrscheinlicher, dass man an einem Fehler selbst schuld ist, als dass irgendein anderer Verursacher dahintersteckt. Deshalb ist es schon statistisch gesehen sinnvoll, grundsätzlich zunächst einmal die Verantwortung für alle auftretenden Probleme zu übernehmen. So vermeidet man auch die peinlichen Situationen, die entstehen, wenn man vor Publikum tagelang den Compiler, die Programmiersprache oder andere Programmierer beschuldigt hat, und sich am Ende herausstellt, dass der Fehler eben doch selbstgemacht war.

Man kommt dabei vielleicht ein winziges bisschen schneller voran, wenn man den Fehler in Selbstgesprächen und anderen gegenüber als Fehler bezeichnet und nicht als Bug. Denn die Probleme sind keine Krabbeltierchen, die sich ohne unser Zutun in den Code eingeschlichen haben und dort ein eigenständiges Leben führen. Sie sind selbstgemachte Irrtümer. Als Programmierer schreiben wir zu häufig das hin, was wir wollen, ohne kritisch zu prüfen, ob es auch das ist, was passieren wird. Wir haben ein geistiges Modell des Programmablaufs und wollen dieses Modell in ein Programm gießen. Um damit fertig zu werden, übergehen wir die Prüfung von Details zugunsten der Implementierung. Macht unser Programm dann nicht das, was wir erwarten, dann »ist da ein Bug«. Tatsächlich haben wir uns in der überwiegenden Zahl der Fälle nicht genug Gedanken darüber gemacht, was passiert, wenn ein erwarteter Wert nicht eingegeben wurde, oder wir haben uns bei einer Schleife zu wenig darum gekümmert, ob sie jetzt von 0 bis `produktAnzahl` minus 1 oder aber von 1 bis `produktAnzahl` laufen muss. Wer den Fehler als Bug im Programm sucht statt bei sich als dem Schöpfer des Programms, der wird schnell ungeduldig werden, fluchen, das Programm stur immer wieder starten oder den Computer für dumm erklären. Diese emotionalen Reaktionen stehen einer systematischen Fehlersuche (siehe Kapitel 12) im Weg. Wer einen Fehler bis zum Beweis des Gegenteils als seinen eigenen Fehler akzeptiert, sucht eher im eigenen Code, statt der Programmiersprache oder dem Compiler die Schuld zu geben.

Der gepolsterte Helm

Wenn man oft genug zu der Einsicht gelangt ist, dass man einen Fehler tatsächlich selbst verursacht hat, wird man langsam ein kleines bisschen schlauer. Man eignet sich dann Metawissen an, das ungefähr folgendermaßen aussieht: »Es fühlt sich zwar überzeugend so an, als hätte ich recht, aber wahrscheinlich stimmt das nicht, und dieses Rechthabegefühl ist nur ein weiterer Teil des Irrtums.« Nach einer Weile weiß man, welche Fehler man immer wieder macht, und vor allem, dass es sich die eigenen Fehler handelt, nicht um die Bosheit der Welt oder das Versagen anderer.

Kalkulieren Sie als weniger guter Programmierer die eigene Fehlbarkeit ein, so wie hellhäutige Menschen sich mit Lichtschutzfaktor 50 eincremen oder Skater Knie- und Ellbogenschützer tragen. Es gibt so vieles, was man auch als erfahrener Programmierer trotz Nachschlagens im Netz und mehrfacher Nachbesserungen nicht hundertprozentig korrekt hinbekommen wird: Formate von URLs, Telefonnummern, Post- und Mailadressen oder die Sonderzeichensituationen in Fremdsprachen sind überraschend vielfältig. Das selbstgeschriebene Tool lehnt korrekte Eingaben kategorisch ab, und der Nutzer ärgert sich. Schuld ist die Überzeugung des Programmierers, alle Sonderfälle vorausgesehen zu haben. Ein Programmierer, der sich selbst für ein schwaches, fehlbares Geschöpf hält, wird den Nutzer weniger belästigen, indem er bei zweifelhaften Adressen stattdessen eine Rückfrage einbaut: »Ihre Adresse hat eine ungewöhnliche Form, bitte überprüfen Sie doch noch mal, ob Sie sich nicht vertippt haben. Danke!« Beim zweiten Mal wird die Eingabe dann akzeptiert, auch wenn sie nicht den Vorstellungen des Programmierers entspricht. Auf diese Art fängt man einfache Fehler wie die Verwechslung von Eingabefeldern ab, ohne dabei Nutzer mit ungewöhnlichen Namen oder Adressen in die Arme der Konkurrenz zu treiben.

In Kapitel 13 gibt es eine Liste der häufigsten Fehlerursachen. Jeder hat zusätzlich seine eigenen Spezialirrtümer, die auf dieser Liste nicht auftauchen. Es hilft, irgendwo ein Dokument anzulegen, in dem man diese eigenen Lieblingsfehler notiert. So wird man sie vielleicht ein bisschen seltener begehen oder doch wenigstens – nach Konsultieren des Dokuments – schneller finden. Und wenn man so vorausschauend ist, die möglichen Lösungen gleich dazuzunotieren, erleichtert man sich das Leben ungemein.

Auszug aus Kathrins Liste

- Wichtigste Fehlerursache: Diese Liste nicht beachtet.

- Manchmal reicht es nicht, irgendwas hinzuschreiben wie `fopen($name_der_datei)`, man muss das Ergebnis auch in eine Variable stecken, sonst passiert gar nichts. Und manchmal ist es genau umgekehrt.

- Irgendwas funktioniert zwar in PHP4, aber nicht PHP5 oder umgekehrt (und auf dem Server kommen unterschiedliche PHP-Versionen zum Einsatz, je nachdem, ob das Skript von einem cronjob aufgerufen oder von Hand gestartet wird).

- Variablen sind aus Faulheit nicht initialisiert worden. Wenn dieser Teil des Programms aus irgendeinem Grund mehrfach aufgerufen wird, enthält die Variable jetzt noch Überreste aus dem vorigen Durchgang.

- Die `while`-Schleife und ich sind keine Freunde. Immer, immer, immer ein Abbruchkriterium einbauen, das auf jeden Fall irgendwann greift. Auch wenn es so aussieht, als sei es diesmal wirklich nicht nötig.

Auszug aus Johannes' Liste

- Vor »svn ci« (Änderungen ins Versionskontrollsystem schreiben) erst einmal »svn st« machen, um zu sehen, was man einchecken wird. Sonst hat man garantiert vergessen, eine wichtige Datei mit »svn add« zu versionieren, und kriegt von den Kollegen auf die Mütze, weil sie dort fehlt. Der Hinweis »Hier geht's aber« macht einen auch nicht beliebter.

- Lies die verfluchte Dokumentation von Android, Angular oder D3, statt immer nur bei Stack Overflow passende Codeschnipsel einzusammeln!

- Bei Webapplikationen nach dem Updaten von CSS- und JavaScript-Dateien wirklich ganz sicher mit Shift-Reload (bzw. Ctrl-Reload beim Internet Explorer) neu laden, damit man ganz sicher die aktuellen erhält.

- Immer erst mal schauen, ob die Datenbankverbindung wirklich lebt.

- In Eclipse bei Problemen immer ein »Clean« des Projekts machen, nur dann wird es von Grund auf neu kompiliert und die Fehlermeldungen verschwinden oder werden aussagekräftiger.

- Bei Webprojekten lege ich zwar eine Entwicklungsversion und eine produktive an, damit nur funktionierender Code auf die Websitebesucher losgelassen wird. Aber ich habe schon aus Versehen in der produktiven Version rumgehackt. Seitdem versehe ich den Page-Title immer mit einem deutlich sichtbaren Hinweis in der Art: `### DEV ### Bildwirkerey ### DEV ###`, denn der fällt sowohl im Browser als auch im Texteditor auf. Wenn ich das HTML dann in die produktive Version verschiebe, kann mir schlimmstenfalls passieren, dass ich die `#### DEV ###`-Marker zu entfernen vergesse, aber das bemerke ich sehr schnell.

Als schlechter Programmierer sollten Sie grundsätzlich Ihrer Intuition misstrauen. Intuition funktioniert nur dann gut, wenn man sie vorher jahrelang mit Daten und Fakten gefüttert hat. Wenn man ein erfahrener Programmierer wäre, könnte das Bauchgefühl recht haben. Wenn man aber kein erfahrener Programmierer ist, sondern nur jemand, der ein Buch von Malcolm Gladwell gelesen hat, hat der Bauch nicht recht.

Andererseits schadet es nichts, auf sein Gefühl zu hören, solange man dieses Gefühl nicht unüberprüft zur Basis von Annahmen macht. Manchmal fühlt sich Code einfach »falsch« an, ohne dass ein konkreter Grund dafür zu erkennen ist. Es ist kein Fehler, diesen Code sehr aufmerksam mit dem Debugger durchzugehen oder, falls das keine Option ist, ausführliche Logfiles auszugeben. Dieses Gefühl ist ein Zeichen dafür, dass man langsam zu einem besseren Programmierer wird, denn gute Programmierer müssen Code nicht mühsam Anweisung für Anweisung lesen, um zu merken, wo schlechter und möglicherweise fehlerhafter Code schlummert.

Für Annahmen gilt dasselbe wie für Intuition: Sie führen unerfahrene Programmierer so oft in die Irre, dass man unterm Strich Zeit spart, wenn man einfach gar nichts annimmt. Alle Annahmen, die sich einschleichen, sollte man gründlich testen, bevor man auf ihrer Grundlage irgendetwas unternimmt. Das gilt insbesondere für Annahmen darüber, durch welche Änderungen sich der Code optimieren lässt. Als Anfänger sollte man von Performance-Optimierungen generell die Finger lassen. Wenn man wirklich glaubt, es tun zu müssen, dann sollte man nach dem A/B-Testverfahren vorgehen: Immer eine unoptimierte Version des Programm-Moduls gegen eine testen, die die gleichen Ergebnisse liefern sollte, aber optimiert ist. Sind die Berechnungen eher schnell, dann sollte man das Verfahren jeweils 1.000 Mal durchlaufen, um real messbare Unterschiede zu sehen.

Annahmen vermeiden I

Ich hatte eine wissenschaftliche Webanwendung zu schreiben, in der eine Punktewolke als Bild serverseitig erzeugt wurde. Im Browser sollten per JavaScript Tooltips angezeigt werden, wenn der Benutzer mit dem Mauszeiger über einen Punkt fuhr. Die Texte für die Tooltips kamen als Liste aus einer Datenbank und wurden mit einer Softwarekomponente als versteckte Tabelle in die Webpage eingebaut. Das funktionierte so weit ganz gut, aber nicht für alle Punkte, sondern nur für einen kleinen Teil – je mehr Punkte die Punktewolke umfasste, desto seltener wurde ein Tooltip angezeigt. Nach längerem Debuggen stellte sich heraus, dass der Hersteller dieser Komponente als Default-Wert nur 25 Einträge einer jeden Textliste in die Webpage ausgab und den Rest einfach unterschlug. Man konnte die Komponente so konfigurieren, dass sie alle Einträge ausgab – unglücklicherweise, indem man den Maximalwert auf 0 setzte (ja, Oracle, ich schaue in eure Richtung). Meine Annahme war, dass »keine Angabe« für den Maximalwert bedeuten würde, dass beliebig lange Listen ausgegeben werden können. Tatsächlich war die etwas unglückliche Logik mit einem Default-Wert von 25 sogar in der Dokumentation erwähnt.

Johannes

Annahmen vermeiden II

Der Ubuntu-Upstart-Bug wurde Anfang 2010 bekannt: Ein Skript, das eigentlich nach dem Mounten der Festplatte das temporäre Verzeichnis */tmp* aufräumen sollte, löschte stattdessen ohne Warnung die gesamte Festplatte, als ein neugieriger Nutzer es testhalber von Hand und ohne Argumente startete. Das Skript, oder besser: der Autor des Skripts ging einfach davon aus, dass der Pfad zum temporären Verzeichnis schon korrekt eingelesen würde, ohne zu überprüfen, ob dieses Verzeichnis überhaupt existierte und ob ein Wechsel in dieses Verzeichnis erfolgreich war. Wenn dem nicht so war, startete das Skript automatisch im Root-Verzeichnis und putzte von dort aus die gesamte Festplatte schön sauber. Der vorbildlich unaufgeregte Bugreport des Festplattenbesitzers ist unter *bugs.launchpad.net/ubuntu/%2Bsource/upstart/%2Bbug/557177* nachzulesen.

Annahmen zu vermeiden, bedeutet unter anderem, dass man die Fehlbarkeit anderer genauso einkalkulieren muss wie die eigene. Denn die Welt tut nicht immer das, was man von ihr erwartet. Daten, die man aus dem Netz oder aus anderen Programmteilen anfordert, werden nicht so schnell geliefert, wie man sie gern hätte. Manchmal antwortet die Gegenseite überhaupt nicht. Funktionen und Bibliotheken funktionieren anders, als die Kommentare oder die Dokumentation behaupten. Nutzer verhalten sich nicht so, wie man sich selbst verhalten würde.

Gute Praxis ist es deshalb, möglichst wenige Annahmen zu machen und davon auszugehen, dass alles, was schiefgehen kann, auch irgendwann schiefgehen wird (genau wie auch einige Dinge, die eigentlich gar nicht schiefgehen können). Lesen Sie daher Kapitel 16 und schreiben Sie für Ihre Annahmen Tests, die Fehler in Ihren Annahmen frühzeitig aufdecken.

KAPITEL 12

Debugging I:
Fehlersuche als Wissenschaft

»»SoftwareENTWICKLER‹ Der Begriff suggeriert, dass man da ein verknotetes Knäuel Code hat, das man dann auseinanderfriemelt. Stimmt sogar meist.«

Jan Varwig / @agento, Twitter, 4. August 2013

Wer wandern geht, wird sich früher oder später verirren. Die Literatur ist voll von lustigen und schauerlichen Geschichten, in denen Menschen den Weg verloren und sich durch unüberlegte Handlungen noch tiefer ins Unglück befördert haben. Wandervereine und die Verwaltungen von Nationalparks geben daher eine Reihe von guten Tipps für Wanderer, wie man sich in einem solchen Fall wieder in Sicherheit bringen kann – oder zumindest die Lage nicht verschlimmert.

Software-Entwicklung ist in der Regel viel ungefährlicher als Trekking. Man kann dabei nicht verdursten, muss selten im nassen Zelt schlafen, und plötzliche Unwetter lassen sich am Schreibtisch komfortabler überstehen als auf einer Hochgebirgsalm. Gemeinsam ist beiden Tätigkeiten jedoch, dass man sich in einer unübersichtlichen und häufig nicht gut bekannten Landschaft bewegt. Um ans Ziel zu kommen, brauchen Sie im Falle der Wanderung ein geistiges Konzept von Ihrer Umwelt, bei der Software-Entwicklung müssen Sie Ihr Programm und dessen Verhalten im Kopf modellieren. Fehler führen nicht selten zu großer Verwirrung, weil Ihre Vorstellung von der Welt und die tatsächlichen Gegebenheiten nicht mehr zusammenpassen.

Und Fehler sind in der Software-Entwicklung nicht die Ausnahme, sondern die Regel. Diverse ältere Untersuchungen[1] kommen zu dem Schluss, dass Programmierer in ungefähr 2 bis 5 Prozent der Codezeilen Fehler machen – und diese Untersuchungen beziehen sich auf geübte Entwickler.

Nicht alle Wandertipps sind auf den Umgang mit Fehlern in Software übertragbar. So hilft es Ihnen als Entwickler nichts, Zeit und Ziel einem Hüttenwirt mitzuteilen, denn wenn Sie sich im Code verheddert haben, wird niemand die Bergwacht schicken. Es gibt

---

1   Eine Zusammenstellung gibt es hier: *panko.shidler.hawaii.edu/HumanErr/ProgNorm.htm*.

aber in der Vorbereitung und auch im Umgang mit verwirrenden Programmiersituationen ein paar Faustregeln, mit denen Sie sich das Leben erleichtern können.

Planen Sie vorausschauend. Sorgen Sie insbesondere dafür, dass Sie immer wieder zurück zum Ausgangspunkt gelangen können.

Bevor Sie sich auf den Weg machen, ein Stück Code umzuschreiben oder einen hartnäckigen Fehler zu eliminieren, sollten Sie sich vorbereitet haben. Benutzen Sie ein Versionskontrollsystem (siehe Kapitel 21) und checken Sie den Code ein, bevor Sie große Umbaumaßnahmen oder die Reparatur schwieriger Fehler beginnen. Nur so können Sie jederzeit zurück zum Ausgangspunkt. Wenn Sie im Team arbeiten, sollten Sie allerdings keinen bekanntermaßen fehlerhaften Code in das allgemeine Repository einchecken. In diesem Fall sollten Sie sich mit den Möglichkeiten des Versionskontrollsystems beschäftigen, Branches anzulegen, und einen privaten Seitenzweig für die Behebung eines bestimmten Fehlers eröffnen. Ist der Fehler erledigt, wird der Branch in die allgemeine Entwicklungslinie zurückgemergt.

Wir raten ganz dringend zu Versionskontrollsystemen, aber falls Sie sich nicht zu ihrer Verwendung überwinden können, tun Sie sich den Gefallen und legen Sie ein Backup der Dateien an, die Sie bearbeiten wollen. Wenn Sie schon wissen, dass Sie sich auch dazu nicht jedes Mal aufraffen werden, dann sorgen Sie für tägliche, automatisierte Backups auf dem Server und/oder dem lokalen Rechner. Auf diese Art können Sie immerhin noch zurück zum Stand von gestern. Wie das geht, steht in Kapitel 21.

Erkennen Sie den Punkt, an dem Sie den Überblick verloren haben. Beharren Sie nicht darauf, dass alles noch in Ordnung ist oder zumindest gleich wieder von allein in Ordnung kommen wird.

Die meisten Programmierfehler sind leicht zu erkennen und zu reparieren, es handelt sich häufig um Schreib- und einfache Syntaxfehler. Logische Fehler hingegen, die sich nicht im Programmabbruch, sondern in Datenverfälschung äußern, können frustrierend schwer zu finden und zu reparieren sein. Gerade als ungeübte Programmierer verlieren wir leicht die Übersicht und reparieren auf gut Glück an vermuteten Fehlern – häufig begleitet von dem Gefühl, »ich hab doch nichts falsch gemacht«. An dieser Stelle beginnt häufig der Aberglauben: Wir beharren darauf, eigentlich alles zu verstehen, nur der Compiler, die Datenbank oder das Betriebssystem hätten sich gegen uns verschworen. Treten Sie an dieser Stelle zurück und gestehen sich ein, dass Sie eigentlich keine Ahnung haben, was gerade vor sich geht. Das macht den Weg frei für die systematische Fehlersuche, wie wir sie weiter unten beschreiben.

Wenn Sie den Überblick verloren haben, geraten Sie nicht in Panik, Sie machen die Lage dadurch nur schlimmer.

Wenn Ihnen beim Programmieren gerade gar nichts gelingt, dann versuchen Sie nicht, mit Gewalt doch noch ans Ziel zu gelangen. Sobald man bei der Fehlersuche von Frustration, Wut oder Langeweile befallen wird oder sich bei abergläubischen Ideen ertappt, richtet man leicht Schaden an, der größer ist als das ursprüngliche Problem. Das ist der Geisteszustand, in dem man dazu neigt, versehentlich die Datenbank zu löschen oder den Laptop vom Tisch zu werfen. In unserem Beispiel riskieren Sie nur Ihren Code, aber dieselbe Beeinträchtigung des klaren Denkens führt dazu, dass verirrte Wanderer – abgelenkt durch Zorn auf die Wanderkarte – in eine Schlucht fallen. In beiden Fällen wird aus einem harmlosen Problem ein ernstes.

Es ist auch gar nicht alles schlecht am Zustand der Ratlosigkeit: Alle Ihre bisherigen Ansichten und Urteile über die Ursachen des gesuchten Fehlers sind bereits gründlich in Stücke geschlagen worden. Sie hängen in diesem Moment nicht ganz so vielen vorgefassten Meinungen wie sonst an und könnten – theoretisch, wenn Sie nicht zu sehr mit Ihrem Ärger beschäftigt wären – unverstellter zur Kenntnis nehmen, was eigentlich in Ihrem Code oder Ihrer Umwelt vorgeht. Freunde des Horrorfilmgenres kennen die Situation, in der die blutverschmierte Protagonistin nach allerlei Strapazen innehält und zu dem Schluss kommt, dass ihre bisherige Strategie nicht so erfolgreich war. In diesem Moment wird sie ein anderer Mensch, einer, der Auswege entdeckt, wo bisher keine waren. Zwar kann man aus Horrorfilmen nur begrenzt für den zombielosen Alltag lernen, aber in diesem Punkt bieten sie echte Lebenshilfe: Unflexible Ansichten und unangemessene Strategien hindern uns daran, in neuen Situationen das zu erkennen, was uns weiterhelfen könnte.

Sich auf eine schwierige Situation einzulassen und ihr weder mit roher Gewalt (»Ich hämmere jetzt einfach so lange auf den Code ein, bis es geht, und wenn es die ganze Nacht dauert!«) noch mit Ausweichmanövern (»Was tut sich eigentlich bei Twitter?«) zu begegnen, ist nicht leicht. Die wenigsten Menschen geben gern zu, dass sie vielleicht gar nicht so kompetent sind, wie sie auf Bewerbungsfotos aussehen. Weniger gute Programmierer sind hier wieder in einer günstigen Ausgangsposition: Sie müssen weder sich noch der Welt vortäuschen, alles im Griff zu haben. Sie dürfen sich entspannen, »dieses Programmieren, gar nicht so einfach!« denken und die eigene Verwirrung akzeptieren.

Systematische Fehlersuche

> »Viele verstehen nicht, dass die Wartung eines Motorrades ein komplett rationaler Prozess ist. Sie glauben, es sei eine Art Kniff oder jemand hätte ein ›Händchen für Maschinen‹. Das stimmt zwar, aber der Kniff besteht fast ausschließlich aus logischem Vorgehen, und die meisten Probleme werden von einem ›Kurzschluss zwischen den Kopfhörern‹ verursacht, wie alte Amateurfunkbastler das nennen: der Unfähigkeit, den Kopf richtig einzusetzen. Ein Motorrad gehorcht vollständig den Gesetzen der Logik. Deshalb absolviert man eine Art Studium der Rationalität, wenn man lernt, ein Motorrad zu warten.«
>
> Robert M. Pirsig, »Zen und die Kunst, ein Motorrad zu warten«, Übersetzung d. A.

Unwissenschaftliche Fehlersuche besteht im Wesentlichen aus den Schritten »Auf gut Glück irgendwas ändern« und »Ausprobieren, ob es jetzt geht«. Im Kopf des Programmierers spielt sich dabei ungefähr Folgendes ab: »Irgendwie sieht das Ergebnis zu klein aus, schwierige Sache, diese Prozentrechnung. Vielleicht muss man am Ende doch noch mit 100 multiplizieren. Ja, jetzt sieht es besser aus. Hurra, Feierabend!«

Aufgrund einer bloßen Vermutung Code umzuschreiben, ist selten eine gute Idee. Zum einen bauen Sie beim Umschreiben wahrscheinlich neue Fehler ein. Schlechte Programmierer können von vornherein einkalkulieren, dass sie pro behobenem Fehler ein bis zwei neue erzeugen werden. Wenn der Umbau des Codes auf der Basis einer bloßen Vermutung stattfindet, ist die Wahrscheinlichkeit groß, dass die Vermutung falsch ist und Sie ausschließlich die neuen Fehler einbauen, ohne dabei das ursprüngliche Problem zu beheben. Sie machen dann nicht zwei Schritte vor und einen zurück, sondern nur den Schritt zurück.

Zum anderen kann man Fehler nur zuverlässig beseitigen, wenn man ihre Ursache erkannt hat. Wer geduldig genug im Code herumstochert und Änderungen durchprobiert, bringt den Fehler wahrscheinlich auch irgendwann zum Verschwinden. Eventuell hat er ihn sogar wirklich behoben. Wahrscheinlicher ist es aber, dass er nur die Symptome verschleiert oder den Fehler an eine andere Stelle verschoben hat. Ein paar Wochen oder Monate später taucht der alte Fehler in neuem Gewand wieder auf, und die Suche geht von vorne los.

Fehlersuche ist eine gute Gelegenheit, wissenschaftliches Vorgehen zu üben. Der erste Schritt ist die genaue Beobachtung. Was passiert da überhaupt? Was ist der Fehler und was hätte eigentlich passieren sollen? Unter welchen Bedingungen tritt der Fehler auf? In diesem Stadium hat man das Problem wahrgenommen und definiert. Im zweiten Schritt stellt man eine Hypothese darüber auf, wie dieser Fehler zustande kommt, und im dritten Schritt testet man diese Hypothese, indem man den mutmaßlich falschen Codebereich repariert und unter den Bedingungen laufen lässt, unter denen der Fehler aufgetreten ist. Danach ist der Fehler entweder behoben, oder man fängt wieder bei Schritt zwei an und stellt eine neue Hypothese auf. Dabei ist es speziell für Vergessliche und Unerfahrene hilfreich, ein Debuggingprotokoll zu führen, in dem man notiert, was man gerade macht. Versucht man sich ohne Notizen zu merken, was man getan hat, wird man schon nach einer halben Stunde den nagenden Verdacht haben, wie ein Verirrter im Kreis gelaufen zu sein und gerade wieder genau dasselbe auszuprobieren wie ganz zu Anfang.

> »Ganz ärgerlich ist immer, wenn man sich nichts notiert, und dann ist man zum Beispiel eine Woche auf Urlaub. Dann kommt man zurück und denkt sich: Was war eigentlich zu machen? Aha, es funktioniert nicht, was ist denn der Fehler? Nur um den ganzen Tag den Fehler zu suchen, um später draufzukommen, dass das genau das ist, was man am Tag vor dem Urlaub gemacht hat: Nämlich den ganzen Tag den Fehler zu suchen, ihn zu finden, aber nicht zu notieren, was der Fehler war.
>
> Rund um den Computer bin ich ein sehr analoger Mensch, ich hab immer einen Notizblock. Also alles, was irgendwie Rekursionen sind oder Transformationen von Koordinaten in einem Koordinatensystem oder dergleichen – ich mach da wirklich oft handschriftliche Notizen dazu. Entweder vorher schon, dann funktioniert's meistens, oder, wenn's nicht funktioniert: nachher.«
>
> Cornelia Travnicek, Softwareentwicklerin und Autorin

Beobachtung

Das Beobachten ist der vielleicht am meisten unterschätzte Schritt der wissenschaftlichen Methode, denn hinzuschauen, wie schwer kann das schon sein? Tatsächlich sind unsere Beobachtungen aber stark von unserer Erwartung dessen geprägt, was wir sehen werden. Unvoreingenommene Beobachtung, also das Abschalten der Erwartungshaltung, kann überraschend schwierig sein, denn wir formulieren unbewusst bei jeder Beobachtung schon Hypothesen über das Gesehene. Das ist meistens hilfreich, weil man nicht wegen eines einfachen Tippfehlers minutenlang dasitzen und wie eine Kuh glotzen muss, aber für die Suche nach komplexeren Fehlern ist diese Verquickung von Hinschauen und der Suche nach den Ursachen gelegentlich hinderlich.

Die Trennung von Beobachtungen und Hypothesen wird leichter, wenn Sie das Beobachtete schriftlich notieren, denn Sie können Ihrem schriftlichen Protokoll leichter eine systematische Struktur geben, als wenn Sie das Problem nur im Kopf wälzen.

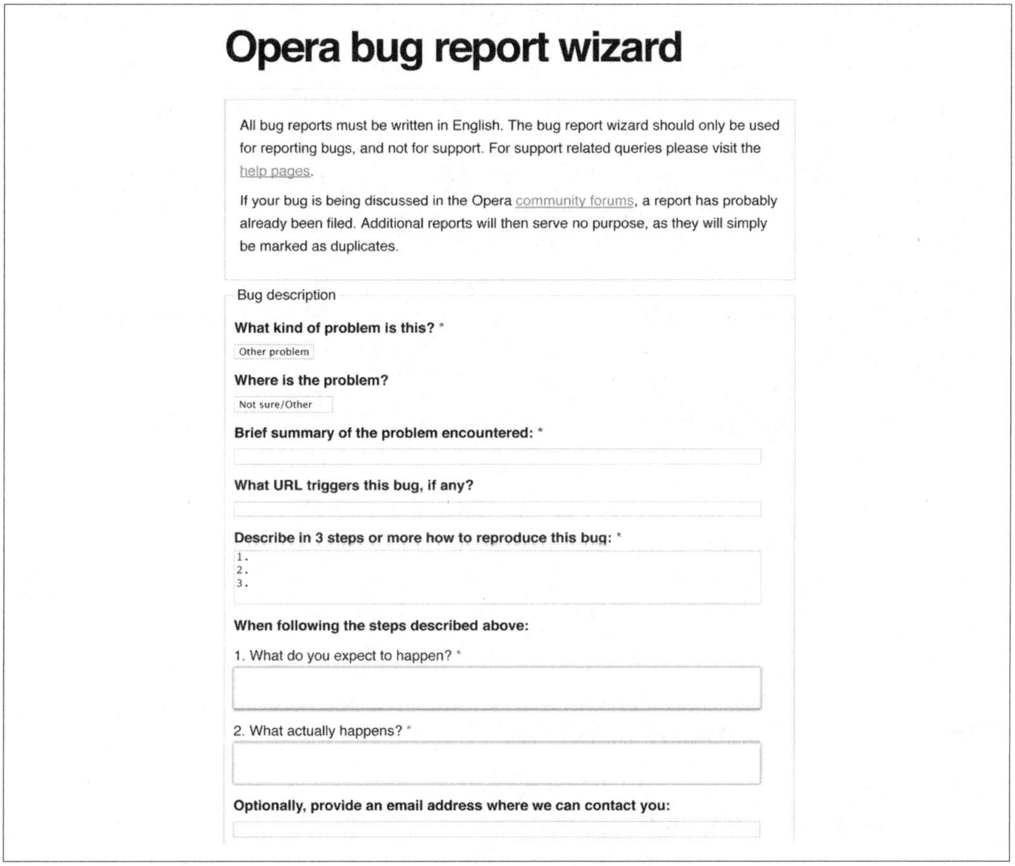

Abbildung 12-1: Vorbildliches Formular, um Fehler in Opera zu melden

Das Bug-Report-Formular von Opera ist in dieser Hinsicht vorbildlich (siehe Abbildung 12-1):

- Um welche Art von Problem handelt es sich? (Crash, Sicherheitslücke ...)
- Kurzbeschreibung (einzeilig)
- Welche äußeren Umstände (in Operas Fall, welche URL) lösen das Problem aus?
- Kurze Schritt-für-Schritt-Beschreibung, wie man das Problem reproduzieren kann (drei Schritte)
- Welches Verhalten hätten Sie erwartet?
- Was ist in Wirklichkeit passiert?

Sie müssen nicht dauerhaft so bürokratisch vorgehen, aber für den Anfang ist es nützlich, wenn Sie sich diese Liste ausdrucken und neben die Tastatur legen. Wenn Sie einen Fehler suchen, füllen Sie sie aus. Möglicherweise fällt Ihnen schon in diesem Schritt oder bei späterem Betrachten der Notizen auf, dass der Fehler immer noch nicht besonders klar umrissen ist. Nehmen Sie sich die Zeit, die Beschreibung noch einmal durchzugehen.

Nützlich kann außerdem eine Randspalte im Debugging-Protokoll für »ungewöhnliche Vorkommnisse« sein, in der Sie notieren, was ganz unabhängig vom gerade verfolgten Fehler nicht so ist wie sonst, von »Server reagiert noch lahmer als sonst« bis »immer, wenn ich das Programm starte, geht der Feueralarm im Gebäude los«. Am Ende wird sich hin und wieder herausstellen, dass diese Beobachtungen gar nicht so unabhängig von der eigentlichen Frage waren, wie Sie zunächst dachten:

> »Ein JPEG-Parser, der auf einer Überwachungskamera lief und jedesmal abstürzte, wenn der CEO der Firma zur Tür hereinkam. 100% reproduzierbarer Fehler. Kein Scherz. Die Ursache: Für alle, die nicht so viel über JPEG-Komprimierung wissen: Das Bild wird in eine Art Matrix aus kleinen Blöcken zerlegt, die dann mit Hilfe von Magie etc. kodiert werden. Der Parser verschluckte sich jedesmal, wenn der CEO hereinkam, weil der immer ein kariertes Hemd trug, das irgendeinen Sonderfall aus Kontrast und Blockgrenzen erzeugte.«
>
> *stackoverflow.com/questions/169713/whats-the-toughest-bug-you-ever-found-and-fixed*

Je mehr Daten Sie in diesem Schritt zusammentragen, desto besser. Machen Sie dabei auch von unterschiedlichen Darstellungsformen der Daten Gebrauch, soweit das möglich ist. Eine Hypothese, auf die man beim Betrachten der Daten als Textdatei nie gekommen wäre, kann beim Betrachten derselben Daten in einer grafischen Darstellung sofort ins Auge springen.

Was das Beobachten erschwert

Beobachtungen wollen Hypothesen werden

Es ist gar nicht so leicht, nur das zu protokollieren, was man tatsächlich sehen kann. Der ungeübte Beobachter sieht einen Mann dem Bus hinterherlaufen, wo in Wirklichkeit nur ein Mann in dieselbe Richtung läuft wie der zufällig gerade vorbeigefahrene Bus. Ganz hypothesenfreies Beobachten ist unmöglich, seien Sie also nicht zu streng mit sich. Jede Beobachtung ist mit bestimmten Annahmen verknüpft, in unserem Beispiel könnte es sich statt um einen Mann auch um eine Frau, einen Außerirdischen oder eine Simulation der Matrix handeln. Wenn man seine Beobachtungen aufschreibt und später noch einmal betrachtet, kann man aber die eine oder andere ungebetene Hypothese entdecken und streichen.

Selektive Wahrnehmung

Am Ende einer Fehlersuche wird man häufig feststellen, dass die Welt eigentlich von Anfang an voll mit riesigen Hinweisschildern »Zum Fehler bitte hier entlang!« war. Das ist nicht nur beim Programmieren so. Daran ist im Wesentlichen ein Phänomen namens »Unaufmerksamkeitsblindheit« schuld, das sich am besten anhand des klassischen Gorilla-Experiments aus den 1990er Jahren erklären lässt: Zeigt man Versuchspersonen ein kurzes Basketballvideo und bittet sie, die Ballwechsel zu zählen, dann bemerkt ungefähr die Hälfte der Zuschauer vor lauter Konzentration auf den Ball nicht, dass mitten im Video eine Person im Gorillakostüm über das Spielfeld geht. Beim Debugging entspricht das Zählen der Ballwechsel der Suche nach bestimmten Symptomen, von denen wir vermuten, dass sie den Weg zum Fehler weisen. Andere Probleme, so groß und haarig wie Gorillas, können dabei ungesehen durchs Bild wandern.

Kognitive Dissonanz

Der Wunsch, die Probleme selbstgeschriebenen Codes zu beheben, ist nur einer von vielen, die das Gehirn gegeneinander abwägen muss. Er konkurriert unter anderem mit den Wünschen, nicht unrecht zu haben, nie unrecht gehabt zu haben, vor anderen Menschen klug zu wirken und nicht allzu hart nachdenken zu müssen. Leicht gewinnt einer dieser anderen Wünsche die Oberhand, und dann gibt sich das Gehirn redlich Mühe, alle Hinweise auf den Fehler oder seine Ursachen aus der Wahrnehmung zu tilgen. Wenn die Faktenlage uns wie gute Programmierer aussehen lässt, dann nehmen wir sie dankbar hin. Wenn die Fakten aber den Schluss nahelegen, dass wir etwas falsch gemacht haben, gucken wir in eine andere Richtung.

Dazu ein praktischer Hinweis von Charles Darwin: »Ich hatte auch viele Jahre lang eine goldene Regel befolgt, nämlich daß ich, sobald ich nur immer einer veröffentlichten Thatsache begegnete oder mir eine neue Beobachtung oder ein Gedanke vorkam, welcher mit meinen allgemeinen Resultaten in Widerspruch stand, ohne Aufschub und auf der Stelle mir eine Notiz davon machte, denn ich hatte aus Erfahrung gefunden, daß derartige Thatsachen und Gedanken viel mehr geneigt sind, dem Gedächtnisse wieder zu entfallen, als günstige.« Auch hier hilft also ein Debugging-Protokoll, oder noch besser: ein allgemeines Protokoll zum Code, in dem man Auffälligkeiten notieren kann, noch bevor man Debugging überhaupt für nötig hält. Auch Rubber-Duck-Debugging (siehe Kapitel 13) wirkt der Fehlerblindheit entgegen, weil man den Code dabei mit mehr Abstand sieht.

Analyse und Hypothesenbildung

Wenn Sie das Problem isoliert und möglichst notiert haben, dann denken Sie sich im nächsten Schritt Hypothesen aus, die den Fehler erklären könnten. Das kann ganz banal sein: »Hmm, also wenn der Fehler *in* dieser Funktion liegt, dann sollte der Eingangswert so sein und nur der Ausgangswert ist dann falsch. Wenn er aber *davor* liegt, dann ist der Eingangswert schon anders, also mal Eingangswerte und Ausgangswerte anschauen.« Schon haben Sie zwei konkurrierende Hypothesen und einen Test, um zwischen ihnen zu unterscheiden.

Entwickeln und testen Sie Hypothesen eine nach der anderen, auch wenn es verlockend ist, zwei Dinge auf einmal zu erledigen, weil das schneller geht und Sie sowieso schon gerade die richtige Zeile vor sich haben. Es ist schwierig genug, eine einzelne Änderung im Code vorzunehmen und dabei keine neuen Probleme einzuführen. Ändert man mehrere Stellen auf einmal, erzeugt man leicht ein ganz neues Problem, dessen Auswirkungen dem ursprünglichen Fehler ähneln. Dabei brauchen sich der neue und der alte Fehler gar nicht besonders ähnlich zu sehen – als unerfahrener Programmierer vergisst man so schnell, welches Problem man eigentlich beheben wollte, dass man auch einen völlig anderen, ganz neuen Fehler für den alten zu halten bereit ist. Das ist das Ende der wissenschaftlichen Methode und der Beginn einer neuen, noch unübersichtlicheren Situation: Hat man den Fehler übersehen, oder hat man ihn behoben, aber dafür einen neuen mit ähnlichen Folgen eingeführt, oder hat man ihn übersehen und zusätzlich einen neuen Fehler eingeführt? Mühsamer, aber weniger verwirrend und unterm Strich zeitsparender ist es, in winzigen Schritten zu debuggen und nach jedem Schritt das Ergebnis zu überprüfen.

Fällt Ihnen eine weitere Hypothese ein, während Sie gerade eine prüfen, dann notieren Sie die neue Idee und legen die Notiz beiseite. Spielen sie die gegenwärtige Idee erst vollständig durch, bevor Sie sich der glänzenden neuen widmen. Wenn der Fehler bei bestimmten Datensätzen auftritt, dann notieren Sie sich diese Datensätze sowie ein paar andere, bei denen der Fehler sicher nicht auftritt, als Testdaten.

Was das Bilden von Hypothesen erschwert

Vorgefasste Meinungen

Wir neigen dazu, anderen (Personen, Gegenständen oder Software) die Schuld an Fehlern zu geben. Wenn man als Entwickler in einem bestimmten Modul schon einmal einen Fehler gefunden hat, dann wird man dieses Modul in Zukunft schnell für den Schuldigen halten, wenn wieder etwas schiefgeht. Das ist einerseits sinnvoll, weil Fehler erfahrungsgemäß in Rudeln auftreten, verführt aber zu einer vorschnellen Festlegung. Wir wollen den Fehler dann auch in diesem Modul sehen und bilden keine konkurrierenden Hypothesen – die zum Beispiel lauten könnten, dass der Fehler in einem verdächtigen Modul nur sichtbar wird, aber tatsächlich in einem ganz anderen liegt.

Hypothesen wollen Überzeugungen werden

Die in Kapitel 11 beschriebene Lücke zwischen zwei Überzeugungen ist ein fruchtbarer Zustand. Aber es ist ungemütlich in diesem Zwischenreich, und die Verlockung ist groß, so schnell wie möglich wieder den vermeintlich festen Boden einer neuen Überzeugung zu erreichen. Ob diese neue Überzeugung in irgendeiner Weise zu den beobachteten Tatsachen passt, ist dabei oft zweitrangig. Hypothesen sind für den Kopf unbequem zu handhaben und verwandeln sich heimlich in Überzeugungen, wenn man sie nicht aktiv daran hindert. Sich dieser Tendenz bewusst zu werden, ist nicht nur für das Debuggen von Software nützlich, es hilft auch im Umgang mit politischen Themen, bei der Orientierung im Gelände und in zwischenmenschlichen Beziehungen.

Test der Hypothesen

Auch unser verirrter Wanderer aus der Kapiteleinleitung bildet Hypothesen über seine tatsächliche Position und testet sie an der Realität, indem er auf der Karte nach Landmarken sucht und beispielsweise um eine Bergnase herumgeht, um die Konturen des nächsten Tals mit der Karte zu vergleichen. Wenn er besonders geduldig und/oder erfahren ist, sieht er auch in der anderen Richtung nach, wie sich die Landschaft mit der Karte in Deckung bringen lässt. Das lindert die Versuchung, ein vage ähnliches Gelände für das gesuchte zu halten. Beim Debuggen läuft es ganz ähnlich: Man testet Hypothesen, indem man Programmausgaben mit dem gewünschten Ergebnis vergleicht.

Testen Sie zunächst Ihre Annahmen darüber, wo der Fehler grob auftritt. Erst wenn Sie das Wo festgenagelt haben, sollten Sie zum Warum übergehen. Wenn eine Funktion noch korrekte Eingabewerte erhält, aber falsche Ausgaben liefert, dann ist diese Funktion oder eine von ihr aufgerufene fehlerhaft. Versuchen Sie dann, innerhalb dieser Funktion einzukreisen, wo der Fehler auftritt – je nach persönlichen Vorlieben durch Print-Statements oder Loganweisungen (siehe Kapitel 13). Gehen Sie dabei blockweise vor: Vor einen Codeblock eine Anweisung wie eine Schleife, ein if/else-Konstrukt oder einen Funktionsaufruf, und eine Anweisung dahinter. Im allerschlichtesten Fall sieht das so aus:

```
function do_something() {
    print "i was here 1";
    if (foo == bar) {
        print "i was here 2";
    } else {
        print "i was here 3";
    }
    print "i was here 4";
    return something;
    print "look, i was even here 5";
}
```

Wenn Sie den fehlerhaften Codeblock isoliert haben, können Sie sich daranmachen, inhaltliche Hypothesen zu formulieren und zu testen: »Aha, möglicherweise wird die

Schleife einmal zu oft durchlaufen, also geben wir den Schleifenzähler mal probehalber mit aus«.

Es kann durchaus sein, dass Sie Testcode schreiben oder Testdaten erzeugen müssen, um die aufgestellten Hypothesen prüfen zu können. Bei einfachen Fehlern, die zu einem Programmabsturz führen, sind Testcode und -daten weniger wichtig, weil das Fehlerbild so klar ist. Wenn Sie hingegen Programme zur Auswertung großer Datenmengen schreiben – beispielsweise im wissenschaftlichen Bereich –, dann haben Sie häufig ein Übersichtlichkeits- und/oder Zeitproblem. Wenn Sie beispielsweise hierarchische Datenstrukturen mit mehreren Ebenen verarbeiten wollen, oder wenn die Datenmengen so groß sind, dass ein Testlauf Minuten dauert, dann ist es gut investierte Zeit, einen speziellen kleinen, vereinfachten Testdatensatz zu produzieren.

Was das Testen von Hypothesen erschwert

Confirmation Bias

Wie der englische Psychologe Peter Cathcart Wason in einem 1960 veröffentlichten Experiment herausfand, tendieren Menschen dazu, ihre Annahmen zu bestätigen, und vermeiden es, sie ins Wanken zu bringen. Das wird als »Confirmation Bias« oder Suche nach Bestätigung bezeichnet. In seinem Experiment bekamen Versuchsteilnehmer eine Folge von drei Zahlen vorgelegt: 2, 4, 6. Ihre Aufgabe war es, herauszufinden, nach welcher Regel diese Zahlenreihe gebildet worden war. Dazu legten sie dem Experimentleiter eigene Zahlentripel vor und erhielten Auskunft darüber, ob sie der Regel entsprachen oder nicht. Ohne Bias sollten die Versuchsteilnehmer folgendermaßen vorgehen:

1. Die Beispielzahlenfolge betrachten und eine Hypothese aufstellen, welches Bildungsgesetz dahintersteckt, also zum Beispiel »immer zwei addieren«.

2. Entsprechend dem hypothetischen Bildungsgesetz ein Zahlentripel bilden und dem Versuchsleiter vorlegen (Verifikationsbeispiel): »12, 14, 16«.

3. Ein Zahlentripel bilden, das der angenommenen Regel widerspricht und dem Versuchsleiter vorlegen (Falsifikationsbeispiel): »10, 11, 12«.

4. Wenn das Verifikationsbeispiel vom Versuchsleiter abgelehnt oder das Falsifikationsbeispiel als korrekt akzeptiert wurde, die Hypothese verwerfen und ein neues Bildungsgesetz ausdenken.

Die Versuchsteilnehmer ließen aber fast alle den dritten Schritt aus. Sie legten dem Versuchsleiter vor allem solche Zahlentripel vor, die ihr angenommenes Bildungsgesetz stützten, aber nur ganz selten solche, die zur Falsifikation ihrer Annahmen taugten. Da die zugrundeliegende Regel in der Aufgabe »aufsteigende Zahlen« lautete und also auch Vorschläge wie »1, 37, 948563« akzeptiert worden wären, war es für die Versuchsteilnehmer schwer, auf diesem Weg zur richtigen Lösung zu gelangen. Die Suche nach Bestätigung unserer Annahmen lässt uns davor zurückscheuen, harte Kriterien zu definieren, anhand derer wir bereit wären, unsere Überzeugungen über den Haufen zu werfen.

Missachtung negativer Testergebnisse

In der Wissenschaft wird immer wieder das Problem diskutiert, dass wissenschaftliche Zeitschriften zu gern Studien mit positiven oder signifikanten Ergebnissen veröffentlichen, und zu selten Studien, die nichts ergeben haben. Das ist der sogenannte Publikationsbias. Eine Studie, aus der hervorgeht, dass Mittel X keine Auswirkung auf Krankheit Y hat, ist aber für die Wissenschaft wichtig, und wenn man sie unveröffentlicht in der Schublade verschwinden lässt, verzerrt man die Datenlage. Beim Debugging ist es ganz ähnlich. Wenn man zur Überprüfung eines Verdachts einen Test durchführt, und dieser Test keinen Fehler aufdeckt, dann gibt es zwei Möglichkeiten: Entweder tut der Test nicht das, was er sollte, oder der Programmierer hat noch nicht ganz verstanden, was das Problem ist, und testet daher an der falschen Stelle. Das unscheinbare Ergebnis kann auf dem Weg zur Fehlerbehebung genauso hilfreich sein wie eines, das auf den ersten Blick viel positiver und eindeutiger daherkommt. Seien Sie ein guter Wissenschaftler, hegen und pflegen Sie auch ihre negativen Ergebnisse.

Missachtung unpassender Antworten

Ergebnisse, die sich nicht geschmeidig in unsere Vorstellung vom Problem einfügen, stören uns – gelegentlich ärgern wir uns sogar über sie. Wir neigen dazu, sie zu ignorieren, aber das ist ein Fehler. Jede Tatsache, die nicht unseren Erwartungen entspricht, vermittelt uns eine wichtige Botschaft, nämlich, dass wir das Problem entweder noch nicht wirklich verstanden haben oder uns sogar eine ganz falsche Vorstellung davon machen.

> »Halten Sie das Problem eine Weile aus. Betrachten Sie es, wie man beim Angeln die Schnur betrachtet. Es wird gar nicht so lange dauern, dann werden Sie ein leichtes Zucken spüren, ein kleines bescheidenes Ergebnis, das schüchtern anfragt, ob Sie sich für so was interessieren. (...) Zeigen Sie Interesse. Versuchen Sie, das neue Ergebnis erst mal weniger im Hinblick auf Ihr großes Problem zu verstehen als um seiner selbst willen. Vielleicht ist Ihr Problem nicht so groß, wie Sie glauben. Und vielleicht ist das Ergebnis nicht so klein, wie Sie glauben. Vielleicht ist es nicht das Ergebnis, das Sie brauchen, aber verwerfen Sie es erst, wenn Sie das ganz sicher wissen. Wenn Sie es nicht gleich verwerfen, werden Sie oft feststellen, dass es Freunde in der Nähe hat, die abwarten, wie Sie reagieren. Unter diesen Freunden ist vielleicht genau die Information, die Sie suchen.«

> Robert Pirsig: »Zen und die Kunst, ein Motorrad zu warten«, Übersetzung d. A.

»Wissenschaftliches Vorgehen«, das klingt viel einfacher und wohlgeordneter, als es in Wirklichkeit ist. Auch wenn wir eigentlich ein ganz konkretes Interesse daran haben, Fehler in unseren Denkvorgängen und unserem Code aufzuspüren, stehen wir uns dabei oft selbst im Weg. Das ist kein individueller Defekt – schon gar nicht einer, der nur bei schlechten Programmierern auftritt –, sondern ein allgemeines Problem im menschlichen Kopf. Weder die Fehler noch die Umwege bei ihrer Behebung passieren »einfach so« oder »aus Blödheit«. Es hilft, sich zu vergegenwärtigen, was dabei im eigenen Kopf vor sich gegangen ist.

KAPITEL 13

Debugging II:
Finde den Fehler

»Habe den Sourcecode jetzt ausgedruckt und überbacke ihn mit Käse, ich hoffe, dadurch
werden alle verbleibenden Bugs beseitigt.«

Tobias Fiebiger / @scholt, Twitter, 7. August 2010

Fehlermeldungen sind unsere Freunde

Debugging sollte möglichst wenig mit Mutmaßen, Raten und frustriertem Ändern
irgendwelcher zufälligen Teile des Programms zu tun haben. Bringen Sie daher Datenbank, Browser, Webserver und die sonstigen Einzelteile des Programms dazu, den
Zustand von Variablen und den zeitlichen Ablauf des Programms möglichst genau auszugeben, denn mithilfe dieser Debug-Ausgaben können Sie häufig den Programmablauf bis
hin zu einem Fehler nachvollziehen. Das fängt mit denjenigen Auskünften an, die die
Programmiersprache oder der Compiler von sich aus produzieren: Fehlermeldungen und
Warnungen.

Auch wenn Warnungen zunächst wie lästiges Rauschen und viel weniger wichtig wirken
als Fehlermeldungen, sollten Sie sie ernst nehmen und beseitigen. Denn erstens kann sich
nach stundenlanger Fehlersuche herausstellen, dass genau die Warnung, die man die
ganze Zeit für belangloses Beiwerk hielt, der Schlüssel zum Fehler war. Zweitens gewöhnen Sie sich sonst an die Warnungen, beginnen sie zu ignorieren, und wozu das führt,
sieht man an diversen unerfreulichen Ereignissen in Atomkraftwerken, bei Raketenstarts
und im Zusammenhang mit Ölstandswarnleuchten im Auto. Warnungen sind keine
reine Erbsenzählerei, auch wenn unerfahrene Programmierer sie häufig so interpretieren.
Die Sprachentwickler haben sie in die Sprache aufgenommen, um auf unsaubere Praktiken oder mögliche Fallstricke aufmerksam zu machen, und man muss zugeben, dass
diese Sprachentwickler sehr wahrscheinlich mehr von der jeweiligen Programmiersprache verstehen als wir selbst. Warnungen sind daher ein Angebot, das Sie nicht leichtfertig
ausschlagen sollten.

Selbst wenn Sie grundsätzlich gar nichts irgendwo nachlesen, lohnt es sich, herauszufinden, wie Sie in der Programmiersprache Ihrer Wahl alle Diagnoseregler nach rechts drehen. Falls das dazu führt, dass die bisher tadellos funktionierende Software jetzt eine unüberschaubare Menge Fehlermeldungen ausgibt, ist das kein Grund zur Verzweiflung. Die Anzahl der Fehler sagt nichts darüber aus, wie schlimm die Lage wirklich ist. Ein einziger Fehler kann für grobe Missverständnisse auf Seiten des Systems sorgen, das aber trotzdem tapfer weiter versucht, etwas mit dem Code anzufangen. Das anfängliche Missverständnis provoziert seitenweise weitere Fehlermeldungen. Korrigieren Sie den ursprünglichen Fehler, dann verschwinden auch diese Folgefehler. Wenn Sie also mit einer Lawine an Fehlermeldungen konfrontiert sind, konzentrieren Sie sich auf die erste davon.

Leider ist es keineswegs in allen Sprachen so, dass Fehlermeldungen tatsächlich den Fehler beschreiben. Insbesondere die Codezeile, in der der Fehler angeblich aufgetreten ist, wird häufig falsch angegeben, denn der Compiler beschwert sich an der Stelle, an der ihm ein Fehler auffällt. Haben Sie beispielsweise eine öffnende Klammer vergessen, dann merkt das der Compiler nicht, sondern er sieht eine schließende Klammer zu viel und wird diese bemängeln. Die in der Fehlermeldung angegebene Zeilennummer ist also die spätestmögliche – der Fehler kann hier liegen, er kann weiter vorne liegen, aber er kann nicht in den Zeilen danach liegen. Häufig liegt der Fehler genau eine Zeile weiter oben, weil man dort z.B. das Semikolon vergessen hat. Angebliche Fehler in der allerletzten Zeile deuten auf eine fehlende geschweifte Klammer hin. Diese Klammer kann überall im darüberliegenden Code fehlen, deshalb tut man gut daran, einen Editor mit *brace highlighting* zu verwenden.[1]

Wer will da was von mir?

Fehlermeldungen können unterschiedlichen Quellen entstammen. *Syntaxfehler* werden vom Sprachparser gemeldet, einem Programm, das Abweichungen von den Syntaxregeln einer Sprache erkennen kann. Wenn Sie also prnit tippen, dann wird Ihr Editor (wenn er einen Sprachparser für die von Ihnen verwendete Sprache besitzt) oder der Parser im *Compiler/Interpreter* feststellen, dass er dieses Keyword nicht kennt. Daraufhin wird er in eingebundenen Bibliotheken und Ihrem Sourcecode nachschauen, ob es dort irgendwo definiert ist. Da es sich um einen Tippfehler handelt, wird er nichts finden und Ihnen einen Syntaxfehler zurückmelden. Syntaxfehler sind daher recht einfache Fehler: Sie werden frühzeitig gefunden, und zwar zuverlässig. Gute Editoren und Entwicklungsumge-

---

1   Wenn nicht einmal klar ist, in welcher Datei die Klammer fehlen könnte, hilft ein Lösungsansatz, der auch in ganz einfachen Editoren funktioniert: Man öffnet alle Dateien gleichzeitig und sucht mithilfe einer Funktion, die meist so ähnlich heißt wie »Find in all open documents« nach { und }. Wenn wirklich eine Klammer fehlt, ergibt sich ein Unterschied von 1. Jetzt schließt man auf gut Glück einige Dateien, zählt noch einmal nach, und wenn der Unterschied verschwunden ist, lag der Fehler in einer der geschlossenen Dateien. Mit diesen Dateien wiederholt man das Verfahren so lange, bis der Wohnort des Klammerfehlers feststeht.

bungen sind für ihre Behandlung eine besondere Hilfe, da sie derartige Fehler schon während des Schreibens bemängeln. In stark typisierten Programmiersprachen (siehe dazu den Abschnitt »Variablentypen« in Kapitel 26) führen auch unpassende Variablentypen (also die Übergabe eines Strings, wo eine Zahl erwartet wurde) zu Fehlern, die Ihnen schon gemeldet werden, während Sie noch programmieren.

Compiler und Interpreter

Ein Compiler übersetzt Ihren Sourcecode in ein lauffähiges Programm, das auf einem anderen Rechner gestartet werden kann, ohne dass der Compiler installiert sein muss. Ein Interpreter liest Ihren Quellcode ein und führt ihn aus, muss aber auf demselben Rechner vorhanden sein.

Kompilationsfehler treten bei Sprachen auf, die eine klare Trennung zwischen Compilerlauf und Programmstart besitzen. Zwar werden heutzutage die meisten Sprachen kompiliert (früher gab es viel mehr Sprachen, die ausschließlich interpretiert wurden), aber die heute gängige Methode ist »Just in Time«-Compilation – der Sourcecode wird erst dann kompiliert, wenn er abgearbeitet werden soll. In älteren Sprachen und in solchen, die auf sehr hohe Performance ausgerichtet sind, findet in der Regel ein expliziter Compilerlauf statt. Der Compiler verarbeitet den Sourcecode, bestimmt, welche weiteren Ressourcen (Bibliotheken, andere Quelldateien) notwendig sind, überprüft, ob diese existieren, und übersetzt dann alles nach *Maschinensprache*. Haben Sie eine Bibliothek referenziert, aber beispielsweise in einen falschen Pfad gelegt, dann wird der Compiler die Übersetzung des Programms mit einem Fehler abbrechen.

Maschinensprache

Die Maschinensprache ist tatsächlich genau das, was in die CPU kommt und dort abgearbeitet wird, weshalb ein Programm auch nur auf der CPU laufen kann, für die es kompiliert wurde. Jede CPU-Familie hat ihre eigene Maschinensprache, Intel-Prozessoren also eine andere als die ARM-CPUs in Smartphones oder die alten PPC-Macs.

»Ich bin mittlerweile sehr stark auf der Seite, wo es einen Compiler gibt, der dein Programm analysieren kann und der dir, schon bevor es läuft, sagen kann, wo die Fehler sind. Ich bin irgendwann dahin gewechselt, von Ruby zu Scala, und ich will nicht mehr zurück, weil ich jetzt einen Gesprächspartner habe mit dem Compiler, der mir total hilft, weil er mir sagt, wo ich offensichtliche Fehler gemacht habe. Das hatte ich vorher nie, sondern ich musste immer mühsam ausprobieren, wo es gecrasht ist.«

Lukas Hartmann, Softwareentwickler

Laufzeitfehler hingegen fallen erst auf, während das Programm läuft, und sorgen meist für einen abrupten Programmabbruch, wenn der Entwickler sie nicht durch geeignetes Error Handling abfängt (siehe dazu den Abschnitt »Error Handling« in Kapitel 26). In diese Klasse fallen Ressourcenfehler durch falsche Konfiguration (Sie haben einen falschen Datenbankserver in Ihrer Programmkonfiguration eingegeben) und durch unvorhergesehene Ereignisse (ein Zielserver ist gerade down). Die meisten Laufzeitfehler sind aber Programmierfehler, beispielsweise folgende:

- Sie haben eine Variable nicht initialisiert, wollen sie aber verwenden. In Sprachen mit einem expliziten Compilerlauf (beispielsweise C++ oder Java) wird dieser Fehler meist schon zur Kompilierzeit erkannt, in dynamischen Sprachen wie JavaScript oder Ruby erst zur Laufzeit.

- Ein Variablenwert ist 0, und Sie versuchen, eine andere Zahl durch diesen Wert zu teilen.

- Sie versuchen, aus einer Datei zu lesen, haben sie aber nicht geöffnet. Manche Sprachen öffnen die Datei dann für Sie, viele geben einen Fehler aus.

- Sie versuchen, aus einem Array der Länge 5 das sechste Element zu lesen. Viele Sprachen melden einen Laufzeitfehler, weil eine solche Operation auf einen Programmierfehler hindeutet. Auch negative Array-Indizes führen bei vielen Sprachen zu Laufzeitfehlern.

- Sie versuchen, statt des Strings »42« den String »supersüßes Kätzchen« mit einer Funktion parseInteger() in eine Zahl zu verwandeln, weil Sie falsche Daten eingelesen haben. Üblicherweise führt das zu einem Laufzeitfehler. Manche Sprachen sind der Meinung, dass der Zahlenwert von »supersüßes Kätzchen« 0 ist, wir finden aber, dass an dieser Stelle ein Laufzeitfehler sinnvoller wäre.

Logische Fehler sind Laufzeitfehler, die eher selten zum Programmabsturz führen, aber bewirken, dass das Programm sich nicht so verhält, wie Sie es erwarten. Häufig bleiben es stille Fehler, die keine Fehlermeldung provozieren und daher schwer zu bemerken sind. Um ihr Auftreten nachzuvollziehen, müssen Sie mit print-Statements oder einem Debugger (zu beidem unten mehr) die Datenverarbeitung in Ihrem Programm schrittweise nachvollziehen.

Rufen Sie beispielsweise eine Funktion mit vertauschten Parametern auf, dann kann diese häufig trotzdem mit den Daten arbeiten und einen Ausgabewert berechnen – allerdings den falschen. Ein um 1 zu hoher oder zu niedriger Schleifenzähler kann dazu führen, dass Sie falsche Daten aus einem Array lesen.

Viele Probleme kommen bereitwillig aus dem Gebüsch, wenn man Warnungen und Fehlermeldungen aktiviert. Aber irgendwann sind diese Möglichkeiten erschöpft. Der Code ist syntaktisch korrekt und enthält keine für den Editor oder Compiler offensichtlichen Fehlerquellen, er funktioniert aber trotzdem nicht. Es handelt sich um logische Fehler, und um die zu finden, muss man eben wissen, was das Programm eigentlich machen soll. Das kann die Maschine natürlich nicht. Je nach Sprache, Entwicklungsumgebung, Fähigkeiten und Vorlieben des Programmierers gibt es aber auch jetzt noch ein breites Sortiment an Strategien, die Sie einsetzen können, um Fehler einzukreisen.

Diagnosewerkzeuge und -strategien

Einige der in diesem Abschnitt beschriebenen Werkzeuge sind in einer Entwicklungsumgebung (siehe dazu den Abschnitt »Entwicklungsumgebungen« in Kapitel 20) bereits eingebaut. Manche Sprachen wie Objective-C oder Java werden fast immer mithilfe einer IDE programmiert, in anderen ist es eher unüblich. Da die Frage nach der Verwendung von Entwicklungsumgebungen ein geradezu religiöses Thema ist, geben wir hier keine Empfehlung ab – aber Sie sollten wenigstens irgendwann einmal eine installieren und ausprobieren, bevor Sie sie ablehnen.

Die üblichen Verdächtigen

Es gibt einige Faustregeln dafür, an welchen Stellen man den Fehler am wahrscheinlichsten aufspüren wird. Ein Jäger wird sich auch dorthin begeben, wo die Wahrscheinlichkeit am größten ist, auf Wild zu treffen, also eher auf eine Lichtung im Wald als in den eigenen Kartoffelkeller.

»Joe's Law of Debugging«[2] besagt, dass sich alle Fehler innerhalb von drei Anweisungen vor und nach der zuletzt geänderten Stelle aufhalten. Das bedeutet, dass man entweder nach jeder Änderung sofort testen oder sich merken muss, was man zuletzt geändert hat. Weil man sich das nicht merken kann, braucht man Versionskontrolle. Wenn man jetzt noch ein Diff-Tool zur Hand hat (siehe Kapitel 20), dann kann man die Unterschiede zwischen den beiden Versionen sehr schnell finden. Eine der farbig unterlegten Zeilen ist sehr wahrscheinlich schadhaft.

Allerdings ist die Welt nicht immer ganz so einfach. Es kommt durchaus vor, dass Fehler zwar latent im Code vorhanden sind, aber erst durch eine Änderung an einer anderen Stelle überhaupt auffallen. Solche »schlafenden« Fehler sind schwer zu finden, weil man aufgrund von »Joe's Law« an der falschen Stelle sucht. Tröstlich ist, dass sie relativ selten sind. Die überwiegende Mehrzahl der Fehler findet man in den zuletzt angefassten Codeteilen.

Ebenfalls verdächtig sind Klassen und Codeteile, die schon früher einmal durch Fehlerhaftigkeit aufgefallen sind. Das hat mit der beschriebenen hohen Wahrscheinlichkeit zu tun, dass man bei der Fehlersuche das ursprüngliche Problem nur verschleiert, verschiebt oder zwar behebt, aber dabei ein neues einführt. Springt der Fehler weder hier noch dort ins Auge, kann man die verdächtigen Regionen eingrenzen, indem man nach und nach größere Teile des Codes löscht oder auskommentiert.

Konzentrieren Sie sich aber nicht zu sehr auf diese verdächtigen Stellen. Eine vorgefasste Überzeugung darüber, wo der Fehler zu Hause ist, kann – siehe Kapitel 12 – zur Blindheit für Symptome führen, die in eine andere Richtung deuten.

---

2   Joe Armstrong in »Coders at Work«.

Validatoren, Linting, Code-Analyse

Wenn Sie schon mit HTML, CSS oder verwandten Technologien gearbeitet haben, haben Sie vermutlich schon einmal einen Validator benutzt. Das ist ein Programm, das Fehler in Ihrem Quellcode finden und anzeigen kann. Auch für echte Programmiersprachen gibt es ähnliche Tools, *Linter* genannt (von engl. *lint* »Fussel«), weil sie eine Art Fusselbürste für den Code darstellen. Sie tragen daher gern das Wort »lint« oder »linter« im Namen: Pylint (für Python), JavaScriptlint oder das Java-Compilerflag -Xlint etwa. Sie suchen nach dubiosen Programmierpraktiken wie der Verwendung nicht initialisierter Variablen und geben eine Liste möglicher Fehler aus. Sie gehören zur Familie der *Static code analyzer* (SCA). Unter den SCAs finden sich neben ganz kleinen Helfern, die nur auf die Rechtschreibung achten, auch umfangreiche Tools zur Code-Analyse und Fehlersuche. *Static code analyzer* erledigen vieles von dem, worum sich anderswo der Compiler kümmern würde, abzüglich des Übersetzungsvorgangs in die Maschinensprache.

Die besseren von ihnen finden auch eine Klasse von Fehlern, die dem Compiler egal sind, zum Beispiel Speicherlecks, weil sie den Programmablauf analysieren und feststellen, dass ein Codeblock auf jeden Fall ausgeführt wird (eine Datei wird geöffnet), ein anderer aber nur unter bestimmten Umständen (die Datei wird wieder geschlossen). Allerdings können sie ihre Vorteile nur bei statisch typisierten kompilierten Sprachen wie C, C#, C++ und Java vollständig ausspielen, denn in diesen Sprachen sind Variablentypen (siehe den Abschnitt »Variablentypen« in Kapitel 26) sehr rigide festgelegt und eine dynamische Typumwandlung findet nicht statt. Der Compilerlauf ist bei diesen Sprachen völlig getrennt vom Programmstart und diese Sprachen kennen dynamische Konstrukte wie eval() nicht, das zur Laufzeit des Programms erzeugten Quellcode kompilieren lässt. Daher kann ein SCA in diesen eher statischen Sprachen das Laufzeitverhalten des Programms viel besser vorhersagen und Fehler erkennen. In einer dynamischen Sprache hingegen kann es immer sein, dass eine fehlende Funktion erst zur Laufzeit erzeugt wird.

Falls die von Ihnen verwendete Sprache einen *strict mode* kennt, sollten Sie ihn einschalten. Der Sprachparser bzw. Validator reagiert dann viel strenger auf dubiose Coding-Praktiken: Was ohne Strict-Mode als Warnung durchgeht, wird zu einem Fehler. Diese Strenge hilft Ihnen dabei, latente Fehler zu vermeiden.

Printline-Debugging

> »Die Götter der Programmierung sagen: ›Du sollst `printf`-Anweisungen in deinen Code schreiben an der Stelle, an der irgendwas nicht stimmt, und dann sollst du ihn kompilieren und laufen lassen.‹«
>
> Joe Armstrong, »Coders at Work«

Eine bewährte Methode der Fehlersuche ist es, den Code durch Logausgaben aufzuteilen wie einen Wald durch Brandschneisen. Man setzt an den Anfang einer Funktion eine

Logausgabe "Hier beginnt die Funktion getBookmarks()" und ans Ende eine Logausgabe "Hier endet die Funktion getBookmarks()". Zwischen die beiden Logausgaben streut man weitere Anweisungen ein, die den gegenwärtigen Inhalt von Variablen, den Zustand von Datenbankverbindungen, Zeitspannen oder gefangene Exceptions ausgeben. Ist bei der ersten Logausgabe noch alles in Ordnung, bei der späteren jedoch nicht, dann muss der Fehler im Code zwischen den beiden stecken. Häufig werden Sie feststellen, dass die Funktion noch weitere Funktionen aufruft – spicken Sie in diesem Fall auch die anderen Funktionen mit solchen Anfang/Ende-Logausgaben, bis Sie wissen, dass Sie den Fehler in einer Funktion zwischen zwei solchen Brandschneisen lokalisiert haben. Je nach Länge der Funktion können Sie den Fehler direkt im Code suchen oder das Verfahren mit dem eingegrenzten Bereich wiederholen.

Häufig ist diese Eingrenzungsmethode in Kombination mit Printline-Anweisungen die einzige verfügbare Debugging-Methode – leider aber keine sehr effiziente, weil man auf Verdacht hin Print-Anweisungen in den Code einstreuen muss. Selten trifft man auf Anhieb die richtigen Stellen und muss das Programm daher dann mehrfach starten, die Logdateien auswerten, neue Print-Anweisungen einstreuen und neu starten.

Diese Art, den Programm-State zu loggen, wird auch *printf-Debugging* genannt. Sie wurde schon in der Zeit eingesetzt, als C die populärste Sprache war, und ist nach der verwendeten Funktion printf (Print Formatted) von C benannt. Ein Beispiel:

```
for (i = 0; i < endPoint; i++) {
    printf("Loop: %d\n", i);
}
```

Der Wert des Schleifenzählers i wird bei jedem Durchlauf einmal ausgegeben.

Speziell für Datenbanksprachen (man kann in manchen Datenbanken Programme direkt auf der Datenbank ablaufen lassen) ist es eine Alternative, Logging-Tabellen anzulegen und die Werte hineinzuschreiben.

Printline-Debugging hat den Nachteil, dass Sie schnell vom Output des Programms überwältigt werden (das wird teilweise auch als »Scrolling Blindness« bezeichnet). Wenn Sie in Ihrem Programm an zehn Stellen printf-Statements einbauen und dann beispielsweise Daten aus einer mittelgroßen CSV-Datei einlesen, müssen Sie möglicherweise ein paar tausend Zeilen durchkämmen.

Logging

Laufzeitfehler, die schwer genug sind, um Ihr Programm zum Absturz zu bringen, werden Sie von selbst bemerken. Aber es gibt auch Fehler, die sich nicht so dramatisch bemerkbar machen, aber trotzdem aufgezeichnet werden sollten: Sei es, dass Sie Daten von einem Server beziehen und einen gewissen Überblick behalten wollen, wie häufig dieser Server nicht erreichbar ist, oder sei es, dass Sie Funktionen haben, in denen Exceptions auftreten können und Sie jedesmal einen Logeintrag schreiben möchten, wenn eine solche Exception geworfen wird. Möglicherweise möchten Sie auch an bestimmten

Punkten Ihres Programms Variablenwerte loggen, um später nachvollziehen zu können, ob Ihr Programm richtig gerechnet hat.

Sie könnten diese Logs durch »Printline«-Debugging erzeugen, aber der Einsatz einer Logging-Bibliothek ist eine bessere Lösung. Solche Bibliotheken sind zum einen standardisiert, zum anderen können Sie einstellen, wie viele und welche Diagnosemeldungen ausgegeben werden sollen. Typischerweise gibt es verschiedene Loglevel, die von Fatal (das System ist nicht mehr funktionsfähig, jemand muss eingreifen und den Fehler beseitigen) bis Debug (alles, was an Systeminformationen ausgegeben werden kann, wird auch geloggt) reichen. Wie die Zwischenstufen heißen und wie viele es gibt, ist je nach Bibliothek unterschiedlich: Meistens gibt es noch Info (ziemlich viele Logausgaben; die richtige Einstellung, um die Software auf einem neuen Rechner das erste Mal zu testen), Warning (es werden nur Probleme ausgegeben, auch solche, die die Funktion nicht stark beeinträchtigen) und Error (ernsthafte Fehler, die den Programmablauf beeinträchtigen können).

Beim Einsatz einer Logging-Bibliothek können Sie fallweise entscheiden, mit welchem Loglevel Sie einen Logeintrag schreiben möchten. Haben Sie beispielsweise eine Exception gefangen, können Sie diesen ernsthaften Fehler entsprechend loggen:

```
Logger.log(LogLevel.ERROR, "HostedMode exception: ", e);
```

Einen Variablenwert würden Sie aus demselben Programm mit Loglevel Debug loggen:

```
Logger.log(LogLevel.DEBUG, "Users connected:"+numConnectedUsers);
```

Und beim Programmstart könnten Sie ins Logfile Angaben über die Konfiguration schreiben, damit Sie später leicht feststellen können, ob das System mit der richtigen Konfiguration gestartet wurde:

```
Logger.log(LogLevel.INFO, "Configured to use database instance "+Config.databaseName);
```

Sie können in Logging-Bibliotheken einstellen, ob alle Logeinträge auch wirklich ins Logfile geschrieben oder unwichtige unterdrückt werden. Wenn Sie Ihr Programm debuggen, ist Debug oder Info eine gute Wahl, es werden dann wirklich alle Loganweisungen aus Ihrem Programm ins Logfile geschrieben. Stellen Sie fest, dass Sie in der Flut der Meldungen ertrinken, dann stellen Sie den Loglevel etwas leiser, beispielsweise auf Warning. Damit verschwinden Lognachrichten der Stufen Debug und Info aus dem Logfile, ohne dass Sie Ihren Programmcode dafür ändern müssen. Für Tests der Software ist Warning oder Error meist richtig, und wenn die Software produktiv läuft, sollten Sie Error oder Fatal einstellen, denn wichtige Fehler sollen nicht im Rauschen unwichtiger Debug-Ausgaben untergehen.

Wenn Sie eine Sprache verwenden, die keine definierten Loglevel unterstützt, und Sie auch kein Logging-Framework einsetzen möchten, dann sollten Sie zumindest Ihr Logging einstellbar machen. Um die Print-Ausgaben einer Funktion zu unterdrücken, können Sie in der Funktion eine lokale Boolesche Variable debug definieren und von deren Zustand die Print-Anweisungen abhängig machen:

```
function readAnalysisData (fileName) {
    var debug = true;
    ...
    if (debug) {printf("readAnalysisData, checkpoint1,\n", i);}
}
```

Setzen Sie diese Variable auf `false`, verschwinden die Logausgaben dieser Funktion.

Wenn Sie auf einem Unix-System entwickeln (Mac oder Linux) oder Cygwin unter Windows nutzen, können Sie die Ausgabe Ihrer Print-Anweisungen in eine Datei schreiben, beispielsweise, indem Sie Ihr Programm mit `./myprogram >log.txt` starten und `tail -f log.txt` nutzen, um der Ausgabe zuzuschauen (siehe auch Kapitel 22).

Sie können die Logdaten auch als kommaseparierte oder tabseparierte Datei schreiben und nach dem Programmlauf in Excel oder einem anderen Spreadsheet analysieren. Wenn Sie mehrere Print-Anweisungen in Ihrem Programm verwenden, dann schreiben Sie unterschiedliche kurze Strings als Marker mit in die Debug-Ausgabe:

```
function readAnalysisData (fileName) {
    printf("readAnalysisData, enter,\n", i);
    file = open(fileName);
    for (i = 0; i < file.length; i++) {
        printf("readAnalysisData, loopstart, %d\n", i);
        ...
        printf("readAnalysisData, loopend, %d\n", i);
    }
    printf("readAnalysisData, exit,\n", i);
}
```

Starten Sie das Programm `./myprogram >log.csv`, und Sie erhalten eine CSV-Datei, die ungefähr so aussieht:

```
readAnalysisData, enter,
readAnalysisData, loopstart, 0
readAnalysisData, loopend, 0
readAnalysisData, loopstart, 1
readAnalysisData, loopend, 1
readAnalysisData, exit
```

Wenn Sie diese Datei in ein Spreadsheet importieren, können Sie nach Spalten sortieren, beispielsweise um sicherzustellen, dass genauso viele loopstart wie loopend geloggt wurden. Wenn Sie sich mit Ihrem Spreadsheet-Programm auskennen, können Sie durch Spaltenfilter auch gezielt nur die Logausgaben aus der Funktion readAnalysisData anschauen. Das ist zeitaufwendig, kann aber manchmal netto Zeit sparen, die man sonst mit Raten verbringen würde.

Wenn Ihr Programm große Datensätze verarbeitet, verschaffen Sie sich einen Testdatensatz, der sehr viel kleiner ist. Ihr Programm wird dann entsprechend weniger Logdaten produzieren. Tritt ein bestimmter Fehler mit dem kleineren Datensatz nicht auf, sollte Sie das hellhörig machen: Möglicherweise versteckt sich im Rest des großen Datensatzes ein Datenfehler.

Debugger

Debugger sind Hilfsmittel, um in ein laufendes Programm hineinzuschauen. Mit ihrer Hilfe können Sie Variablenwerte prüfen, während sie verändert werden, und dem Programmablauf durch die verschiedenen Dateien, Objekte und/oder Funktionen folgen. Sie können mit einem Debugger genau nachvollziehen, was das Programm wirklich macht, anstatt nur zu mutmaßen. Auch bei an sich fehlerfreiem Code, dessen Funktion Ihnen Verständnisschwierigkeiten bereitet, kann ein Debugger helfen, denn Sie können Ihre Annahmen direkt überprüfen.

Die Magie eines Debuggers besteht darin, dass er sich an ein laufendes Programm »anheften« und an von Ihnen definierten Punkten anhalten kann, die als *Breakpoints* bezeichnet werden. Wird ein Programm an einem Breakpoint gestoppt, dann können Sie Folgendes tun:

- Alle aktuell sichtbaren Variablenwerte auslesen und sogar verändern.
- Das Programm von diesem Breakpoint aus weiterlaufen oder abbrechen lassen.
- Ein besonders interessantes Feature besteht darin, dass Sie das Programm schrittweise ablaufen lassen können: Ihr Sourcecode wird Zeile für Zeile abgearbeitet und nach jeder Zeile hält der Debugger das Programm wieder an, damit Sie in die Variablenwerte schauen können.

Es gibt für die meisten gängigen Programmiersprachen Debugger, die auf Sourcecode-Basis funktionieren: Egal, ob Sie in einer Skriptsprache programmieren, in JavaScript im Browser oder in einer kompilierten Sprache, in Wirklichkeit läuft auf der CPU niemals Ihr Sourcecode ab, sondern ein mehr oder minder stark optimiertes Maschinensprachprogramm, das aus dem Sourcecode erzeugt wurde. Damit Sie nicht in einer Sprache programmieren und in Maschinensprache debuggen müssen, sind Debugger inzwischen so weit fortgeschritten, dass sie Ihnen vorgaukeln, Sie könnten Schritt für Schritt durch Ihren Sourcecode durchgehen und die von Ihnen geschriebenen Rechenoperationen bei der Arbeit beobachten. Dieses »Sourcemapping« ist ein kleines technisches Wunder, das Debugger wesentlich benutzerfreundlicher macht. In Abbildung 13-1 sehen Sie die Firefox-Erweiterung Firebug, die unter Webentwicklern sehr beliebt ist.

Debugger gibt es in zwei Ausführungen: Kommandozeilen-Debugger, die in den meisten Programmiersprachen mitgeliefert werden, und IDE-Debugger, die zu einer Entwicklungsumgebung gehören. Ihre Funktionsweise ist im Grunde gleich, die Benutzung und Anmutung unterscheiden sich jedoch stark.

Wie ein Debugger funktioniert, soll an einem kleinen Ruby-Programm erläutert werden – einmal für einen IDE-Debugger, einmal für den Ruby-Kommandozeilen-Debugger. Das Programm liest eine *TSV-Datei* ein und zählt für jede Zeile die Spalten. Die Zahl der Spalten wird mit den Spaltenwerten zusammen ausgegeben. Hierfür benutzt es die Funktion count_terms, die aus der zeilenweisen Schleife aufgerufen wird (die Funktion wird oben definiert, die Hauptfunktion beginnt darunter):

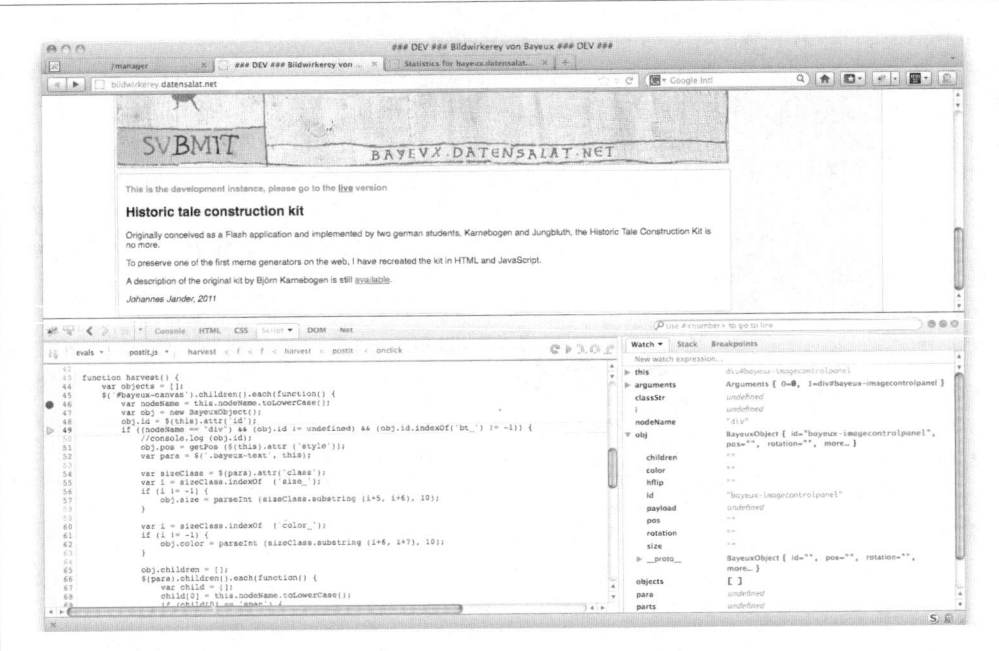

Abbildung 13-1: FireBug als Entwicklungsumgebung – JavaScript Sourcelevel Debugger

TSV (Tab-Separated Values)

Unter TSV versteht man eine Darstellungsmöglichkeit von Tabellen im Nur-Text-Format. Die Einträge in den einzelnen Tabellenspalten sind durch Tabulatorzeichen voneinander getrennt.

```ruby
#!/usr/bin/env ruby

def count_terms(terms)
    return terms.length;
end

File.open("testdata.tsv", "r").map{|line|
    terms = line.split("\t");
    len = count_terms(terms);
    puts "#{len} terms in #{terms.join(' ')}";
}
```

Debuggen in einem IDE-Debugger

Laden wir das Programm in einer IDE, können wir links in der Randspalte durch einen Klick einen Breakpoint setzen, der in Abbildung 13-2 als Kreis in der Randspalte links erscheint. Ein Pfeil in derselben Randspalte gibt an, in welcher Zeile das Programm gerade angehalten wurde.

Der Debugger einer IDE besitzt eine Reihe von Anzeige- und Steuerfeldern: In Abbildung 13-2 ist im mittleren Bereich read_tsv.rb der Sourcecode des Programms dargestellt. Es ist bis zum Breakpoint in Zeile 9 gelaufen. Das Programm hat also die TSV-Datei eingelesen und in Zeilen zerhackt, und die Variable terms enthält jetzt den Inhalt der ersten Zeile als Array, aufgetrennt anhand der Tab-Zeichen. Rechts oben, im Variables-Bereich, ist dieses Array aufgeklappt und die ersten Elemente sind sichtbar. Links oben, im Debug-Bereich, ist der Programmablauf gezeigt und vermerkt, dass das Programm an einem Breakpoint angehalten wurde. Eventuelle Programmausgaben nach STDOUT erscheinen im Bereich Console.

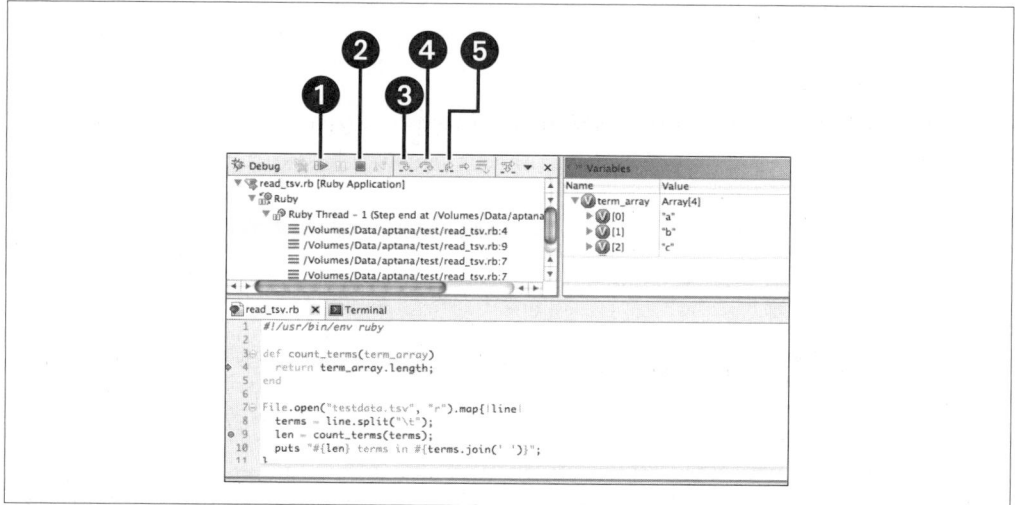

Abbildung 13-2: IDE-Debugger – Das Programm wurde am Breakpoint angehalten.

Das rote Rechteck im Debug-Feld ❷ bricht das Programm ab, der grüne Pfeil (run) ❶ lässt es (bis zum nächsten Breakpoint) weiterlaufen, und die gelben Pfeile (❸ bis ❺) erlauben Ihnen, den weiteren Programmablauf bequem in Einzelschritten zu verfolgen.

Debuggen in einem Kommandozeilen-Debugger

Kommandozeilen-Debugger besitzen ungefähr die gleichen Kommandos wie ihre IDE-Pendants:

- Breakpoint setzen/löschen
- bis zum nächsten Breakpoint weiterlaufen (run)
- in eine Funktion springen und dort anhalten (Step into)
- aus der aktuellen Funktion springen und dann anhalten (Step out)
- genau eine Programmzeile ausführen und dann anhalten (Step over)

Um ein Ruby-Skript im Ruby-Debugger zu starten, tippen Sie

```
ruby -rdebug myscript.rb
```

ein. Das Skript startet dann, hält aber an der ersten Zeile an. Dort bekommen Sie eine Eingabeaufforderung, in der Sie folgende Kommandos eingeben können:

- b(reakpoint) <Zeilennummer>: Setzt einen Breakpoint in dieser Zeile.
- n(ext): Setzt das Skript fort und stoppt an der nächsten Zeile (unser Step over von oben).
- s(tep): Ruft die Funktion in der aktuellen Zeile auf und stoppt an ihrem Anfang (unser Step into von oben).
- fin(ish): Setzt das Skript fort und stoppt nach Beenden der aktuellen Funktion (unser Step out von oben).
- c(ontinue): Skript läuft bis zum nächsten Breakpoint (run).
- c <Zeilennummer>: Skript läuft bis zur angegebenen Zeile und stoppt da .
- p(uts): Gibt einen Variablenwert aus.

Debugger besitzen für das »Steppen«, also das Ausführen des Codes in einzelnen Schritten, drei Befehle: Step into, Step over und Step out.

Steppen in einem IDE-Debugger

Der mittlere Pfeil (❹ in Abbildung 13-2) bedeutet Step over. Ein Klick auf ihn führt dazu, dass die Funktion count_terms() zwar ausgeführt, das Programm aber erst danach wieder angehalten wird. Sie gelangen dann zu dem Bildschirm in Abbildung 13-3. Für Sie als Benutzer wird die Funktion scheinbar übersprungen, allerdings haben die Variablen, die durch die Funktion verändert werden, danach andere Werte. Step over ist beim Debugging der Regelfall, denn Sie wollen nicht jedesmal jede Funktion mit allen Unterfunktionen durchgehen.

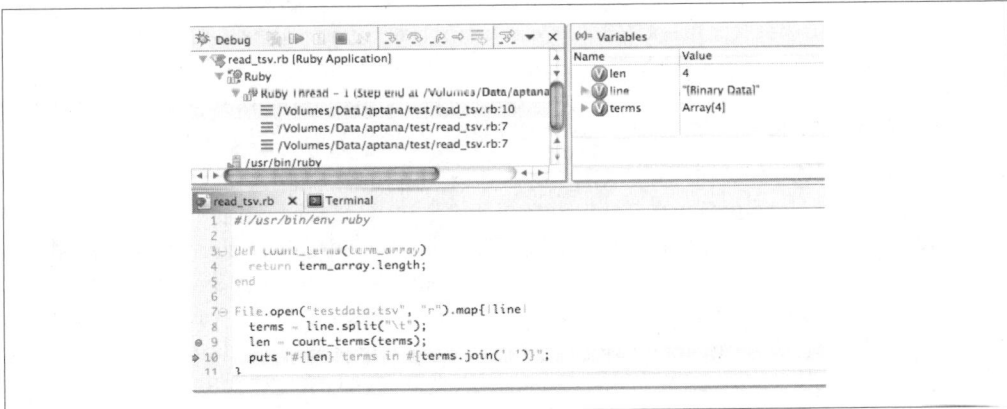

Abbildung 13-3: IDE-Debugger nach Step Over

Der Pfeil links (❸ in Abbildung 13-2) steht für Step into. Das bedeutet »Ruf die Funktion auf, die in dieser Zeile steht, und halte dort an«. Wenn Sie in eine Funktion »hinein-steppen«, sehen Sie die lokalen Variablen und deren Werte. Sie können in noch tiefere Unterfunktionen hineinsteppen oder sich mit Step over die Operationen der gewählten Funktion Stück für Stück anschauen.

In unserem Fall lassen wir das Programm erneut im Debugger laufen bis es am Break-point steht, und steppen dann in die Funktion count_terms(). In dem Moment, in dem das Programm am Breakpoint am Aufruf dieser Funktion angelangt ist, klicken wir den Step into-Pfeil an und gelangen so zum Stand in Abbildung 13-4.

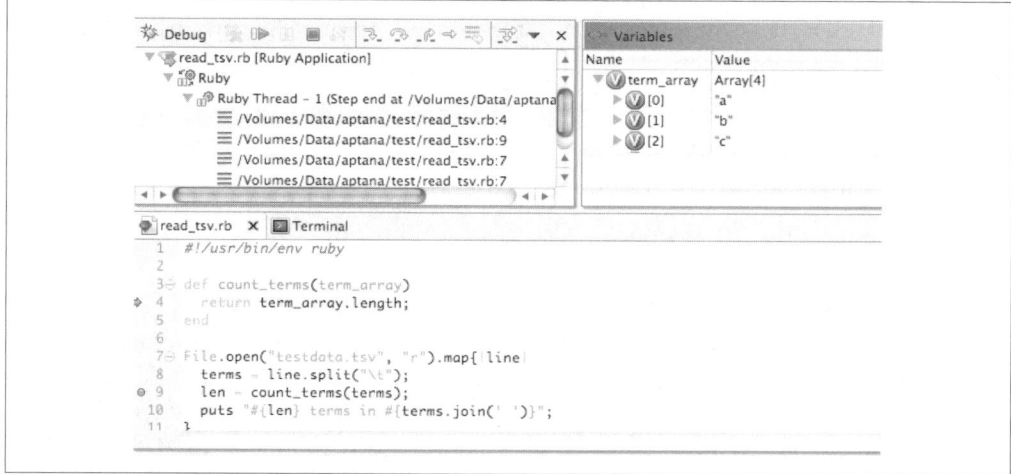

Abbildung 13-4: IDE-Debugger nach Step Into

Der Kreis unseres Breakpoints in der Randspalte befindet sich weiterhin in Zeile 9, der Pfeil jedoch in Zeile 4. Das Programm ist jetzt in die Funktion cnt_terms() gesprungen und wartet dort auf unsere weiteren Anweisungen. Rechts unter Variables sehen Sie die lokalen Variablen der Funktion, daher ist hier term_array sichtbar und nicht terms. Immer, wenn Sie den Verdacht haben, dass in einer Funktion ein Fehler wohnen könnte, sollten Sie mit Step into in diese Funktion hineinspringen und die Berechnungen anhand der Variablenwerte kontrollieren.

Der rechte Pfeil (❺ in Abbildung 13-2) bedeutet Step out. Er führt dazu, dass das Pro-gramm den Rest der aktuellen Funktion ausführt und danach anhält. Wenn Sie also irgendwo in der Funktion count_terms() klicken, dann gelangen Sie zum Stand in Abbil-dung 13-3. Alle Berechnungen in count_terms() wurden ausgeführt und der Funktions-aufruf wird ordnungsgemäß beendet. Step out wird eingesetzt, nachdem man per Step into in eine Funktion gesprungen ist und sich davon überzeugt hat, dass sie das Richtige macht – man erspart sich dann per Step out, den Rest der Funktion auch noch durchzu-gehen, und kann eine Ebene weiter oben weitermachen.

Typischerweise arbeitet man mit einem Debugger, indem man einen Breakpoint vor einen vermuteten Fehler setzt, dort das Programm anhalten lässt und dann die Werte der Variablen daraufhin durchgeht, ob sie sinnvoll erscheinen. Was das im Einzelfall bedeutet, hängt vom Fehler ab, den Sie debuggen wollen – handelt es sich um eine Division durch null, werden Sie den Breakpoint dort setzen, wo der Divisor, also der Wert im Nenner, berechnet wird. Bei einer Exception können Sie in der Regel die Zeilennummer, an der sie aufgetreten ist, im Log ablesen, und setzen dann einen Breakpoint versuchsweise ein paar Zeilen vorher. Dann steppen Sie auf die kritische Zeile zu und beobachten, welche Funktionsaufrufe und Variablenwerte beteiligt sind. Häufig müssen Sie den Programmlauf dann abbrechen, einen anderen Breakpoint setzen und noch einmal starten.

Steppen in einem Kommandozeilen-Debugger

Starten wir unser Beispielprogramm von oben statt in einer IDE in Rubys Kommandozeilen-Debugger rdebug:

```
johannes$ ruby -rdebug read_tsv.rb testdata.tsv
read_tsv.rb:3:def count_terms(terms)
```

Das Programm wurde im Debugger gestartet, hält aber gleich an der ersten Funktion count_terms(terms) an.

```
rdb:1) b 9
Set breakpoint 1 at read_tsv.rb:9
```

Wir setzen einen Breakpoint in Zeile 9, sie lautet: len = count_terms(terms);

```
(rdb:1) c
Breakpoint 1, toplevel at read_tsv.rb:9
read_tsv.rb:9:   len = count_terms(terms);
```

Wir lassen das Programm weiterlaufen und es stoppt am Breakpoint in Zeile 9. Der Debugger sagt uns freundlicherweise auch, welchen Code die Zeile enthält.

```
(rdb:1) s
read_tsv.rb:4:   return terms.length;
```

Wir steppen in die Funktion count_terms(terms). Dort hält der Debugger das Programm an und gibt wieder den Sourcecode der Zeile aus.

```
(rdb:1) p terms.length
4
```

Wir können im Debugger die Länge des terms-Array ausgeben: 4.

```
(rdb:1) s
read_tsv.rb:10:   puts "#{len} terms in #{terms.join(' ')}";
```

Wir steppen weiter und verlassen die Funktion count_terms(terms).

```
(rdb:1) s
4 terms in a b c d
read_tsv.rb:8:   terms = line.split("\t");
```

Wir steppen weiter und sehen das Ergebnis der puts- (also print-)Anweisung.

Debugging in deklarativen Sprachen

Bei der Programmierung mithilfe deklarativer Sprachen (siehe den Abschnitt »Sprachfamilien« in Kapitel 26) wie SQL oder CSS gibt der Programmierer keine Schritt-für-Schritt-Anleitung dafür vor, wie das Programm ein gegebenes Problem lösen soll, sondern definiert mit Selektoren und Regeln, welche Elemente verändert werden sollen. Der Computer ist relativ frei darin, wie er diese Anweisungen umsetzt.

Das ist einerseits schön, weil erfahrungsgemäß in deklarativen Sprachen weniger schwerwiegende Fehler passieren. Wir können uns leichter vorstellen, »das will ich haben«, als dass wir die 100 Schritte, die dahin führen, auch noch im Kopf behalten und in allen Details korrekt aufschreiben. Wenn aber andererseits Fehler auftreten, etwa weil ein größeres SQL-Statement keine Ergebnisse zurückliefert, obwohl Daten in den Tabellen sind, wenn eine Regular Expression nur leere Strings zurückliefert oder CSS-Anweisungen nicht greifen, wird es hakelig. Deklarative Sprachen bieten keine Möglichkeiten, um mit Printline-Debugging während des Programmlaufs Variablenwerte auszugeben. Mittels eines Sourcelevel-Debuggers Schrittchen für Schrittchen durch das Programm zu gehen und zu beobachten, welche Werte wann geändert werden, ist auch nicht möglich. Technisch gibt es einen guten Grund dafür: Deklarative Sprachen erlauben es dem Programmierer, nur die Datenselektion und -manipulation zu beschreiben, die Sprache ist frei darin, wie sie dieses Ziel erreicht. Wenn Sie mit einem hartnäckigen Fehler kämpfen, wird diese Einsicht aber wenig tröstlich sein.

Es ist allerdings nicht alles hoffnungslos, denn auch für deklarative Sprachen gibt es Möglichkeiten, ins Innere des Systems zu schauen, mit denen wir uns in den folgenden Abschnitten befassen.

SQL

explain ist ein mächtiges Tool, wenn Ihr SQL sehr langsam ist, denn explain sagt Ihnen genau, wie die Datenbank eine Abfrage verarbeitet hat. Mit etwas Erfahrung können Sie erkennen, wo die Datenbank eine ganze Tabellenspalte durchsuchen muss, weil Sie keinen Index definiert haben. Um Queries zu debuggen, die keine oder zu viele Zeilen zurückliefern, hilft es leider nur sehr begrenzt. Solche Queries sind häufig Joins, die viele Tabellen verknüpfen und bei denen ein paar NULL-Werte dazu führen, dass keine Werte zurückgeliefert werden, oder bei denen die Join-Bedingung zu unspezifisch ist, wodurch zu viele Zeilen im Ergebnis entstehen. explain kann Hinweise auf den Entstehungsort von Problemen liefern, indem es die Größe der Datensätze in den verschiedenen Stufen einer komplexen Query anzeigt.

Hier hilft es, die Query in ihre einzelnen Komponenten zu zerlegen und diese einzeln zu testen. Legen Sie sich einen Testdatensatz an, kalkulieren Sie im Kopf und auf Papier das richtige Ergebnis und bauen Sie dann Stein für Stein die fehlerhafte Query wieder zusammen. An einem bestimmten Schritt weicht die Ergebnismenge von Ihren Erwartungen ab, und hier müssen Sie dann etwa mit left join oder anderen spezifischeren Join-Bedingungen ansetzen.

Relationale Datenbanksysteme, die die WITH-Anweisung verstehen, erleichtern diese Arbeit. WITH erlaubt es, die verschiedenen Subqueries in eigene Blöcke zu ziehen, die optisch von der eigentlichen Join-Query getrennt sind. Mit dieser Herangehensweise können Sie leicht jede dieser Subqueries herauskopieren und testen. Funktionieren alle Subqueries, stimmt das Gesamtergebnis aber immer noch nicht, dann ist die Haupt-Query das Problem.

Regular Expressions

Regular Expressions sind schwer zu lesen, schwer zu verstehen und leider auch nicht leicht zu debuggen. Da in ihrer kondensierten Schreibweise recht komplexe Abläufe codiert sind, tun wir uns schwer damit, diese im Kopf fehlerfrei nachzuvollziehen. Dass bei komplexeren Regular Expressions mehrere Gruppen gematcht werden und dabei häufig die eine oder andere optional ist, macht es nicht leichter, sie zu verstehen oder Fehler zu finden.

Seit einigen Jahren existieren Hilfsmittel, mit denen man Regular Expressions interaktiv zusammenbauen und auch debuggen kann. Ein Beispiel dafür ist *debuggex.com*, eine Website, auf der Sie Ihre Regular Expression und einen Teststring eingeben (siehe Abbildung 13-5). Eine Suche nach *regex tester* wird weitere Angebote zutage fördern. Die Applikation zeigt Ihnen, ob die Regular Expression matcht, gibt Capturing Groups an (also Zeichenfolgen in Klammern, die Sie definieren, um sie als Ergebnis der Regular Expression zu verwenden) und erzeugt ein paar zufällige, auf Ihre Regular Expression passende Strings.

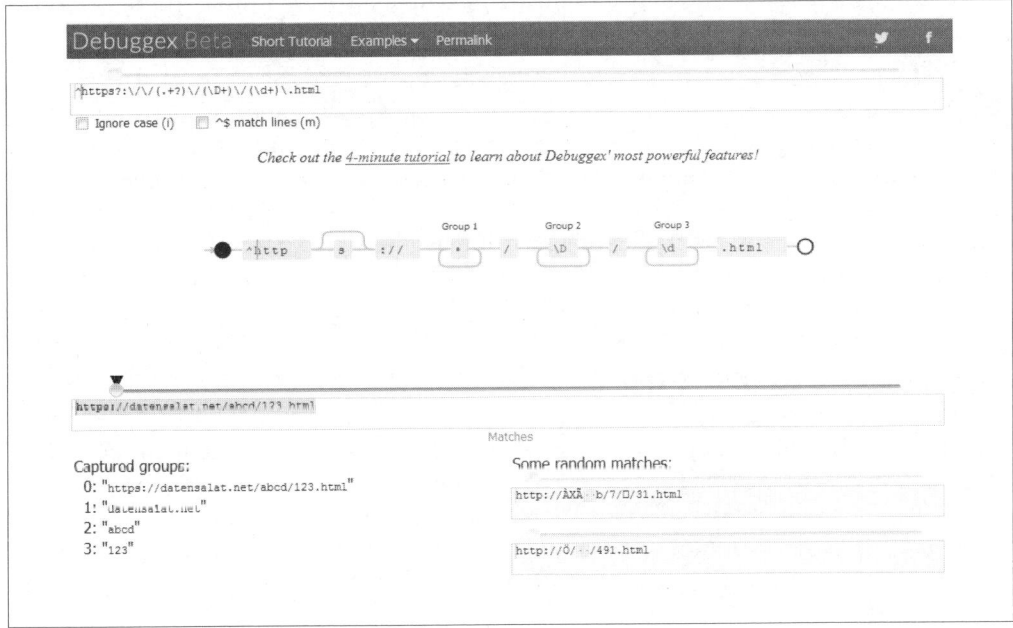

Abbildung 13-5: Debuggex – Darstellung einer Regular Expression

RegexBuddy ist eine Windows-Desktop-Applikation, die noch ausgefeiltere, farbkodierte Hinweise auf Treffer, Backtracks[3] und Schritte bis zum Ergebnis liefert.

CSS

Alle Browser bringen Entwicklertools mit. Diese Tools zeigen die für ein markiertes HTML-Element gültigen CSS-Anweisungen in einer hübschen Liste. CSS-Anweisungen, die durch andere überschrieben werden, werden durchgestrichen angezeigt.

Fehlt eine Ihrer Style-Angaben, dann könnte es sein, dass Sie sich vertippt haben, denn Syntaxfehler im CSS führen dazu, dass Anweisungen gar nicht aufgelistet werden. Oder aber Sie haben nicht gespeichert oder in die falsche Datei – jedenfalls ist das Fehlen einer CSS-Angabe etwas, das Ihnen weiterhilft. Mithilfe von CSS-Validatoren wie CSS Lint (*csslint.net/*) oder Jigsaw, dem CSS-Validator vom W3C (*jigsaw.w3.org/css-validator/*), können Sie syntaktische Fehler in Ihrem CSS schnell finden.

Warum Anweisungen durch andere überschrieben wurden (etwa weil die andere Anweisung einen spezifischeren Selektor verwendet oder in einer später eingebundenen Datei steht), können diese Tools leider nicht sagen, aber sie geben zumindest einen ersten Anhaltspunkt dafür, warum die Anweisungen nicht greifen.

Wenn Sie zwischen verschiedenen modernen Browsern größere Unterschiede sehen, dann gibt es vermutlich einen Fehler in Ihrem HTML oder CSS, denn inzwischen sind die Ergebnisse zwischen den verschiedenen Browsern bis auf Details gleich. Oder es liegt daran, dass Sie mit der Brechstange versuchen, CSS-Konzepte miteinander zu verbinden, die nicht zusammengehören. Inline-Elemente mögen keine `height`- und `width`-Vorschriften, die sind Block-Level-Elementen vorbehalten. Umgekehrt ist `line-height` Inline-Elementen vorbehalten.

Verhalten sich Ihre Elemente partout nicht, wie sie sollen, und haben Sie HTML und CSS auf Fehler untersucht, dann reduzieren Sie die Style-Angaben – insbesondere diejenigen, die den Display-Typ und die Positionierung beeinflussen, denn es gibt subtile Wechselwirkungen zwischen ihnen. So implizieren beispielsweise `float: left` und `position: absolute` auch `display: block`, allerdings nehmen Float-Elemente ohne `width`-Angabe nicht 100 % der Breite ein, sondern schrumpfen auf die Breite ihres Inhalts – verhalten sich also in dieser Hinsicht eher wie `display: inline-block`.

Wenn sonst nichts hilft

Wenn man sich an einem Problem festgefressen hat, das unlösbar scheint, dann hilft es oft, sich körperlich oder wenigstens geistig von der Tastatur zu entfernen. Spazierengehen, Schwimmen oder Fahrradfahren führen oft zu guten Ideen, denn dabei schwappen im Gehirn die langsamen Alphawellen hin und her, die kreative Problemlösungen befördern. Ein Teil der Hirntätigkeit ist mit der motorischen Kontrolle beschäftigt, die Auf-

---

3   Ein Teil der Regular Expression hat nicht gegriffen, daher geht es mit einem anderen Teil weiter.

merksamkeit ist woanders und gerade deshalb kann man gelegentlich wie aus dem Augenwinkel Aspekte des Problems wahrnehmen, die einem bei voller Konzentration verborgen geblieben sind. Es ist außerdem ganz hilfreich, dass man sich bei den meisten motorischen Tätigkeiten nicht durch Facebook ablenken kann.

Beim Einschlafen gibt es ein Zeitfenster mit den noch langsameren Thetawellen, die das gesuchte Ergebnis ans Licht fördern können. Und auch der Schlaf selbst hilft, wie die Schlafforschung mittlerweile herausgefunden hat, beim Problemlösen. Manchmal ist die Lösung am nächsten Morgen einfach da. Anstatt sich die ganze Nacht die Zähne an einer Aufgabe auszubeißen, kann man also auch einfach ins Bett gehen. Eventuell gehört die im Schlaf gefundene Lösung sogar zu einem Problem, von dessen Existenz man noch gar nichts wusste:

> »Ich träumte von einer schauerlichen Sicherheitslücke in der Riesenmaschine-Blogengine. Beim Aufwachen wurde mir klar, dass diese Sicherheitslücke wirklich existierte. Jeder Witzbold hätte damit sämtliche Bilder im Blog durch seinen eingescannten Hintern ersetzen können.«

> Kathrin

Man braucht dabei allerdings neben dem Schlafplatz einen Zettel oder ein anderes Gerät zum Aufzeichnen der Eingebung. Sonst ist sie am nächsten Morgen weg – egal, wie zwingend und unvergesslich sie sich abends anfühlte. Und wer weiß, ob sie je wiederkommt?

Schlafen am Arbeitsplatz ist nicht immer eine Option, insbesondere für Angestellte. Ein kleiner Trost: Auch Müdigkeit kann beim Problemlösen helfen. Wenn man Versuchspersonen Aufgaben vorsetzt, die einen kreativen Lösungsweg erfordern, dann schneiden sie zu den Tageszeiten besser ab, zu denen sie eigentlich am wenigsten wach sind, also Nachteulen am frühen Morgen und umgekehrt. Auch betrunkene Studenten kommen im Experiment schneller auf unerwartete Lösungen als nüchterne. Das müde und verwirrte Gehirn kann sich schlechter gegen abwegige Ideen und Querverbindungen wehren, und genau diese Ideen sind es, die man für bestimmte Problemlösungen braucht.[4]

Eine der einfachsten und beliebtesten Strategien ist das Rubber-Duck-Debugging. Der Name geht auf einen nicht mehr identifizierbaren Programmierer zurück, der die Gewohnheit hatte, zwecks Fehlersuche seinen Code einem Gummientchen auf seinem Schreibtisch zu erklären. Wenn kein Gummientchen zur Hand ist, tut es auch eine beliebige gerade anwesende Person, die von Programmierung nicht mehr zu verstehen braucht als ein Plastiktier. Dieser Person beschreibt man nun Zeile für Zeile, was der Code machen soll und was er stattdessen tut. In vielen Fällen wird man dabei schon nach kurzer Zeit »Oh« sagen, »das steht da ja gar nicht. Vielen Dank für deine Hilfe, jetzt weiß ich Bescheid.« Das Gummientchen-Verfahren kann auch in der Planungsphase schon nützlich sein: Wenn man jemand anderem beschreibt, was man vorhat, wird der Lösungsweg klarer. Beim Aussprechen muss der Plan offenbar andere Gehirnteile durchqueren als beim bloßen Ausdenken.

---

4   Mehr dazu finden Sie unter *www.wired.com/wiredscience/2012/02/why-being-sleepy-and-drunk-are-great-for-creativity/*.

»Früher habe ich dafür irgendwelche Sachen auf meinem Schreibtisch verwendet, dann ein Gummientchen (das verlorengegangen ist), und schließlich ›My Little Pony‹-Figuren. Ein Frage-Antwort-Spiel im Kopf mit einem Pony, je nach den Eigenschaften der Ponyfigur aus der Serie, hat mir manchmal beim Problemlösen geholfen. Aber kürzlich habe ich eine Katze adoptiert. Jetzt rede ich mit meiner Katze, wenn ich ein Problem mit jemandem besprechen muss.«

www.flickr.com/photos/chix0r/8419684010

Für die IntelliJ-Idea-Entwicklungsumgebung gibt es ein »Code Consultant Plugin« (*sites. google.com/site/codeconsultantplugin*). Der »Code Consultant« stellt Anteil nehmende Fragen wie »Ist das denn auch die richtige Klasse?« oder »Und was sagt uns das?«. Der Entwickler, Nathan Voxland, warnt allerdings: »Der Code Consultant ist nur zur Unterhaltung da. Wenn Sie wirklich Hilfe benötigen, dann sprechen Sie einen Kollegen oder eine andere echte Person an.« Ist gerade weder Kollege noch Code Consultant und nicht einmal ein Gummientchen greifbar, kann die allzeit bereite »Developer Duck« einspringen: *www.developerduck.com.*

Mit dem Rubber Duck Debugging verwandt ist das Stack Overflow Debugging, dessen Namen wir einem Kommentar bei »Hacker News« entnehmen:

> »Bei mir heißt das Stack Overflow Debugging. Ich habe schon viele Probleme gelöst, indem ich versucht habe, sie in die Form einer guten Frage für Stack Overflow zu bringen. Das Problem wirkt kompliziert, wenn ich die Frage im Kopf in einem einzigen Satz formuliere. Aber wenn ich zu beschreiben versuche, was Hintergrund der Frage ist, was ich erreichen will, was ich dazu verwende, wann das Problem auftritt, und das alles am Beispiel von vereinfachten Fällen, dann fällt mir meistens die Antwort ein, bevor ich die Frage fertig hingeschrieben habe.«

news.ycombinator.com/item?id=5239925

Wenn auch das nicht hilft

Auch von Programmierprofis kann man immer wieder hören oder lesen, dass sie häufig nicht wissen, wie ihnen die Behebung eines Fehlers genau gelungen ist. Zum Beispiel Arpanet-Programmierer Bernie Cosell: »Ich hatte einen guten Ruf – ich konnte mysteriöse Fehler beheben, die sonst niemand beheben konnte. Zum Glück wurde ich nie gefragt, was der Fehler eigentlich war. In Wirklichkeit war es nämlich so: Wenn mich jemand gefragt hätte: ›Wie hast du den Fehler denn jetzt behoben?‹, hätte ich antworten müssen: ›Ich hab den Code nicht so richtig verstanden, also hab ich alles neu geschrieben.‹«[5] Allerdings erklärt Cosell, dass er im Neuschreiben eben auch sehr gut war – für schlechte Programmierer empfiehlt sich das Beispiel eher nicht zur Nachahmung.

Neu schreiben ist nicht die beste oder schnellste Lösung, aber im Leben jedes Programmierers gibt es irgendwann einmal die Situation, dass Code partout nicht zu debuggen ist. Ist man an diesem Punkt angelangt, kann man entweder einen erfahrenen Kollegen

---

5   »Coders at Work«, S. 526.

zurate ziehen oder man schreibt den problematischen Teil eben neu – am besten, ohne dabei den kaputten Code anzuschauen. Man notiert sich, was die Eingabewerte sind und was der Code tun soll, und entwirft eine möglicherweise sogar bessere Version. Netto spart man Zeit und Nerven.

Nach der Fehlersuche ist vor der Fehlersuche

Wenn Sie den Fehler entdeckt haben, dann tun Sie nicht so, als sei das ganz bestimmt der letzte Programmierfehler Ihres Lebens gewesen. Denken Sie ein paar Sekunden darüber nach:

- Hat eine meiner Programmiergewohnheiten zu diesem Fehler geführt? Wenn ja, welche?
- Hat das Konzept meines Codes zu diesem Fehler geführt? Wenn ja, wie?
- Wodurch hätte ich diesem Fehler schneller auf die Spur kommen können?

Falls Sie schon wissen, dass Sie zur Vergesslichkeit neigen, schreiben Sie das Ergebnis dieser Überlegungen in eine »Lessons Learned«-Liste. Die paar Minuten, die das Nachdenken und Aufschreiben kostet, sparen Sie an den nächsten Fehlersuchtagen wieder ein.

Schreiben Sie am besten zu jedem Fehler, den Sie behoben haben, einen Test. Auf diese Weise werden Sie später dran erinnert, falls der Fehler jemals wieder auftauchen sollte – sei es, dass Sie ihn nicht wirklich behoben, sondern nur ein Symptom übertüncht haben, oder sei es, dass aus irgendwelchen Gründen alter Code wiederauferstanden ist, beispielsweise, weil Sie aus einem Versionskontrollsystem einen alten Stand ausgecheckt haben. Wie Sie sinnvolle Softwaretests schreiben können, ist in Kapitel 16 ausführlicher erklärt.

Die häufigsten Fehlerursachen schlechter Programmierer

1. *Die geänderte Datei ist nicht die verwendete Datei.* Wenn Ihre Änderungen keinerlei Wirkung zeigen, tragen Sie testhalber einen absurden Wert für eine Variable ein, der sich auf jeden Fall bemerkbar machen müsste. Tut sich dann immer noch nichts, ändern Sie vermutlich in der falschen Datei oder an der falschen Stelle herum. Möglicherweise sind auch Pfadnamen in der config-Datei oder im Programm falsch, was dazu führt, dass Sie in der richtigen Datei editieren, das Programm aber die falsche ausführt.

2. *Eine Variable wurde nicht initialisiert.* (Die Initialisierung der Variable ist die etwas überflüssig aussehende Zeile, in der foo erst mal auf 0 gesetzt oder ein leeres Array angelegt wird.) Das passiert gern in der Frühphase einer Programmiererlaufbahn, begleitet von dem Gedanken: »Ha, Erbsenzählerei! Es geht ja, wie ich gerade herausgefunden habe, sehr gut auch ohne das bürokratische Initialisieren!« Erst mal geht es auch tatsächlich, dann aber steckt der Programmierer den Code in eine Schleife, viel-

leicht sogar, ohne es zu wissen. Jetzt enthält die Variable statt eines schönen sauberen Nichts immer Datenreste aus dem vorigen Durchgang und stiftet damit Verwirrung.

3. *Die Auswertungsreihenfolge bei längeren Berechnungen ist falsch.* Abhilfe schaffen zusätzliche Klammern, auch da, wo man sie gar nicht für nötig hält. Hören Sie nicht hin, wenn andere Programmierer Sie wegen überflüssiger Klammern verlachen. Klammern kosten nichts und dokumentieren außerdem, was man eigentlich beabsichtigt hat.

4. *Sie verwenden die falsche Version einer Bibliothek, eines Frameworks oder eines anderen eingebundenen Tools.* Im günstigsten Fall schlägt der Compile-Vorgang fehl, weil der Compiler mit der verwendeten Version nichts anfangen kann. Das kann nur bei Sprachen passieren, die vor dem Lauf des Programms kompiliert werden (also z.B. C++); Skriptsprachen wie PHP oder JavaScript binden Bibliotheken nicht in der gleichen Form ein, bei ihnen merkt man erst zur Laufzeit, dass die verwendete Version der Bibliothek nicht mit der Sprachversion kompatibel ist.

5. *Probleme mit Regular Expressions, und hier insbesondere mit* greedy. Statt des kleinen gesuchten Schnipsels apportiert die Regular Expression gleich die halbe Welt. Dagegen hilft ein Regex-Tester (siehe oben).

6. *Unterschiedliche Funktionen tragen versehentlich denselben Namen.* Man hat zwei Funktionen mit demselben Namen geschrieben und die Ausgabe des Programms so hingebogen, dass man die entsprechende Fehlermeldung nie zu sehen bekommen wird. Kleiner Trost: Immerhin ist das ein Zeichen für lobenswert konsistente Gepflogenheiten in der Namensgebung (siehe Kapitel 5).

7. *Die aufgerufene Funktion ist nicht die gemeinte Funktion.* Sie heißt nur so ähnlich. Das passiert vor allem dann, wenn man einen Editor verwendet, der Funktions- und Variablennamen automatisch ergänzt, die Programmiererin aber zu ähnliche Namen verwendet hat, die dann falsch vervollständigt werden.

8. *Generelle Verwirrung über isset, empty, NULL und dergleichen* (siehe den Abschnitt »Der schwierige Umgang mit dem Nichts« in Kapitel 17).

9. *Off-by-One-Probleme.* Beim Schreiben oder Lesen eines Arrays vergisst man, ob der Startindex mit 0 oder 1 anfängt oder die Länge eines Arrays mit 0 oder 1 beginnend berechnet wird, oder man korrigiert das Problem in die falsche Richtung. Teuflischerweise beginnen sehr viele Sprachen mit dem Array-Index 0, die Länge wird aber beginnend mit 1 angegeben. Daher macht Folgendes beispielsweise Ärger:

```
var values = String[5]; // values ist jetzt ['','','','','']
var index = values.length(); // index ist jetzt 5
var val = values[index]; // values hat gültige Wert für values[0] bis values[4],
    es wird aber auf values[5] zugegriffen
```

In die Kategorie der Off-by-One-Probleme gehören auch die häufigen Fehler, bei denen eine Schleife einmal zu oft oder einmal zu wenig durchlaufen wird. Schuld ist meistens ein i = 0; i < max_value; i++, in dessen Mittelteil statt des < eigentlich ein <= stehen sollte.

KAPITEL 14

Schlechte Zeichen oder Braune M & Ms

»Der Code ist schon sehr schlecht.«
»Ist doch Geschmackssache.«
»Naja, es sind GOTOs drin.«
»Oh.«

Kathrin Passig im Gespräch mit der Softwareentwicklerin Anne Schüßler

Die Band Van Halen verlangte in ihren Verträgen von allen Veranstaltern, dass im Backstagebereich eine Schüssel M&Ms bereitstehen musste, die keine braunen M&Ms enthalten durfte. Das klingt zunächst nach einer Legende, ist aber keine. David Lee Roth begründet die Forderung in seiner Autobiografie:

> »Van Halen war die erste Band, die riesige Bühnenshows auch in mittelgroßen Locations veranstaltete. Wir fuhren mit neun Sattelschleppern voller Equipment vor, wo bis dahin maximal drei der Standard waren. Und die technischen Probleme waren endlos – der Bühnenunterbau hält das Gewicht nicht aus, der Fußboden bricht ein, die Türen sind nicht groß genug für unsere Geräte.
>
> Unsere Anforderungsliste las sich wie die chinesischen Gelben Seiten, weil wir so viel Equipment hatten, und so viele Leute, die dafür sorgen mussten, dass alles funktioniert. (...) Deshalb hatten wir als kleinen Test im Technikabschnitt der Liste stehen: ›Im Backstagebereich darf es keine braunen M&Ms geben, bei einem Verstoß steht der Band das Recht zu, die Leistung zu verweigern, bei vollem Anspruch auf die vereinbarte Gage.‹ Wenn ich also ein braunes M&M in der Schüssel fand, musste die ganze Veranstaltung von Grund auf durchgecheckt werden. Unter Garantie gab es dann irgendeinen technischen Fehler. Die hatten den Vertrag nicht gelesen. Da konnte man sich drauf verlassen. Manchmal fand sich dabei was, was die ganze Show ruinieren konnte. Da gab es buchstäblich lebensgefährliche Probleme.«

David Lee Roth: Crazy From the Heat, S. 110, Übersetzung d. A.

Braune M&Ms gibt es auch im Code. Bestimmte, an sich harmlose Anzeichen deuten fast immer darauf hin, dass etwas Grundlegendes nicht stimmt. So erklärt sich die schroffe Reaktion von Profis auf Kleinigkeiten wie etwa uneinheitliche Formatierung, die auf Anfänger oft übertrieben und erbsenzählerisch wirkt. Die folgende Liste soll Ihnen im günstigsten Fall dabei helfen, solche Symptome in Ihrem Code zu erkennen und zu beheben. Aber selbst wenn Sie gar nichts weiter unternehmen, werden Sie nach der Lektüre wenigstens wissen, woran bessere Programmierer schon nach einem flüchtigen Blick bemerken, dass Ihr Code demnächst die Show ruinieren wird.

Zu große Dateien

Anfänger neigen dazu, alles in eine einzige große Datei zu schreiben, was den Code unübersichtlich macht. Aber es hilft auch nichts, den Code sorgsam auf zwölf Dateien zu verteilen, wenn diese Dateien ihrerseits riesig sind. Wann ist eine Datei zu groß? Als Faustregel reicht das Wissen, dass fünf Bildschirmseiten viel sind. Eine Datei, die zehn wichtige Funktionen enthält (also keine kleinen Helferlein, die nur aus dieser Datei selbst aufgerufen werden), ist ebenfalls ziemlich groß.

Problem: Eine große Datei verlockt zur schludrigen Gliederung des Codes. Neu hinzukommende Funktionen werden einfach oben oder unten angeflickt. Man verbringt viel Zeit damit, in der großen Datei umherzuscrollen. Während sinnvoll in kleine Dateien gegliederter Code leicht zu erfassen ist, enthält eine einzige große Datei Code mit vielen Aufgaben. Der Code wird dadurch schwer zu verstehen.

Abhilfe: Verteilen Sie den Code auf mehrere Dateien. Dabei ist eine Entwicklungsumgebung (siehe Kapitel 20) eine Hilfe. Eine gute Faustregel ist hierfür: ein Aufgabenbereich pro Datei. So werden zum Beispiel alle Funktionen zur Datumsberechnung in einer Datei zusammengefasst, statt sie in der Nähe derjenigen Funktionen zu halten, die sie benötigen. Wichtig ist eine logische, leicht nachvollziehbare Verteilung des Codes auf verschiedene Dateien.

In vielen objektorientierten Sprachen gilt die Regel: Jede Klasse lebt in ihrer eigenen Datei. Oftmals sogar in zwei Dateien: eine für die nach außen sichtbaren Interfaces und eine für die privaten Details, die Implementierung, die andere Klassen nichts angeht. Für die genaue Benennung dieser Dateien geben die verschiedenen Sprachen jeweils eigene Konventionen vor.

Beispielsweise wird in C++ eine Klasse in einem Headerfile deklariert (man verkündet der Welt, dass es sie gibt), und in einem Sourcefile steht der eigentliche Code. C++ ist sehr stark von Konventionen und weniger von festen Regeln geprägt. Die Konventionen für die Dateinamen sind, dass sie in CamelCase geschrieben sind und Source- und Headerfile sich nur in der Dateiendung unterscheiden, also

`SpaceShip.h` für das Headerfile und
`SpaceShip.cpp` für das Sourcefile.

Von diesen Konventionen gibt es bei C++ leider verschiedene. Daher könnte das Headerfile auch `SpaceShip.hpp` oder `SpaceShip.hh` heißen und das Sourcefile `SpaceShip.cc` oder `SpaceShip.c++`.

Sehr lange Funktionen

Alles, was nicht mehr auf eine Bildschirmseite passt, ist zu lang. Robert C. Martin emp-fiehlt in »Clean Code« ein Maximum von zehn Zeilen. Alles über 50 Zeilen ist definitiv viel zu lang. Wer Funktionen von mehr als 100 Zeilen Länge schreibt, wird im nächsten Leben als zwei Meter zwanzig großer Mensch wiedergeboren und muss ganzjährig in Hotelbetten übernachten.

Problem: Lange Funktionen sind unübersichtlich, schwer verständlich und deuten da-rauf hin, dass ihr Autor nicht gründlich genug nachgedacht hat. Sie erledigen häufig mehr als eine Aufgabe.

Abhilfe: Eine Funktion sollte genau eine Aufgabe erledigen. Sie können das leicht testen, indem Sie die Aufgabe der Funktion einer anderen Programmiererin erklären. Wenn in dieser Erläuterung das Wort »und« vorkommt, sollten Sie sich überlegen, wie Sie die Funktion aufteilen könnten. Wenn die Funktion beispielsweise einen Datensatz berech-net, sollte sie ihn nicht auch noch auf die Platte schreiben, das ist die Aufgabe einer ande-ren Funktion. Hat man sehr lange Funktionen, die alles Mögliche tun, dann sollte man aufschreiben, welche Belange in ihnen behandelt werden, und dann zusammengehörige Teile in eigene Funktionen auslagern (siehe Kapitel 15).

Ausführliche Kommentare an einem Codeblock sind oft ein Anzeichen dafür, dass der kommentierte Abschnitt als eigene Funktion besser dran wäre. Es lohnt sich, selbst ein-zelne Zeilen auszulagern, wenn sie erklärungsbedürftig und deshalb mit längeren Kom-mentaren versehen sind.

Auch die Zweige von Bedingungen und Schleifen können oft zu selbstständigen Funktio-nen befördert werden. Im Fall von Bedingungen stehen die Zweige dann in einer Funk-tion nah beieinander, `if` und `else` sind gleichzeitig sichtbar. So bleibt die Funktion, die die Bedingung enthält, übersichtlich und spiegelt die Gesamtzusammenhänge besser wider.

Längere Berechnungen für lokale Variablen und Codebereiche, die Strings zusammen-bauen, sind oft ebenfalls Kandidaten für eigene Funktionen.

Zu breite Funktionen

Als Leser dieses Buchs sollten Sie versuchen, sich auf allerhöchstens drei Einrückungs-ebenen zu beschränken; zwei sind noch besser. Aber auch eine einzige Einrückung, die sich dafür über viele Zeilen erstreckt, ist kein gutes Zeichen.

Problem: Ebenso wie zu lange sind auch zu breite Funktionen unübersichtlich und schwer verständlich und deuten darauf hin, dass ihr Autor nicht gründlich genug nachge-dacht hat. Die Breite ist nicht nur ein Formatierungsproblem, sondern zeigt, dass der innerste (= weit eingerückte) Code entweder in zu vielen Schleifen oder zu vielen Bedin-gungen steckt.

Abhilfe: Häufig hilft es, sich zu überlegen, wie man ein Problem in noch kleinere Probleme aufspalten kann, die man jeweils in eigene Funktionen steckt. Irgendwann werden die Probleme dann unteilbar und ihre Lösung ist häufig genug eine triviale, leicht zu verstehende Funktion. Wenn der Code quadratisch wird, also weder in der Länge noch in der Breite zu viel auf einmal erledigen will, ist das ein gutes Zeichen:

> »Ein schlechtes Zeichen ist bei studentischem Code, wenn er sehr lang wird. Sehr einfache, kurze Zeilen mit wenig Abhängigkeiten in der Zeile, dafür dann halt alles ineinandergeschachtelt. Viele von den Variablen sind temporär und werden nie wieder verwendet, da kann man schnell aufräumen, das macht die Sache übersichtlicher. Wenn die Studenten das gelernt haben, produzieren sie im nächsten Schritt 200-Zeichen-Zeilen, in denen dann alles gemacht wird. Da muss man dann den richtigen Tradeoff finden. Am Ende nimmt der Code quadratische Form an.«

Roland Krause, Bioinformatiker

Beispielsweise ist die folgende Zeile, die eine Schleife einleitet, relativ lang und schwer verständlich:

```
for (var index = customerRecords.GetInitialValue(); index <= customerRecords.
GetLastValue(); index += customerRecords.GetIncrement()) {
    // Code, der in der Schleife ausgeführt wird
}
```

Man könnte den Code auf zwei Arten quadratischer machen. Zum einen, indem man Zeilenumbrüche einfügt. Das geht nicht in allen Sprachen, macht aber den Code optisch weniger breit:

```
for (var index = customerRecords.GetInitialValue();
    index <= customerRecords.GetLastValue();
    index += customerRecords.GetIncrement()) {
        // Code, der in der Schleife ausgeführt wird
}
```

Noch übersichtlicher ist es, durch temporäre Variablen an dieser Stelle den Schleifenkopf zu entzerren:

```
var start = customerRecords.GetInitialValue();
var end = customerRecords.GetLastValue();
var increment = customerRecords.GetIncrement();
for (var index = start ; index <= end; index += increment ) {
    // Code, der in der Schleife ausgeführt wird
}
```

Der Code ist jetzt nicht nur quadratischer, sondern der Schleifenkopf ist durch die Benennung der temporären Variable auch leichter verständlich geworden.

Tief verschachtelte if/then-Bedingungen

Verwandt mit dem schlechten Zeichen der »tiefen Klammerebenen«, zeigt sich dieser unangenehme Zeitgenosse besonders dann, wenn zwei oder mehr Bedingungen den weiteren Programmablauf beeinflussen. Sich zu sagen, »also wenn A und B wahr sind, dann muss das passieren, wenn nur A, dann jenes und wenn keines wahr ist, dann einfach weitermachen«, ist einfach, und es in Code umzusetzen auch. Leider entsteht dabei Code, der viel leichter zu schreiben als zu lesen ist.

Problem: Hängt der Ablauf des Programms an mehreren Bedingungen, dann muss man diese im selben Codeblock prüfen. Das führt schnell zu Verschachtelungen, deren Sinn später schwer zu begreifen ist.

Ein Beispiel:

```
if (test_database() == OK ){
  if (load_file() == OK ){
    /* Code für den Normalzustand */
  } else {
    /* Fehlerbehandlungscode load_file() */
  }
} else {
  /* Fehlerbehandlungscode test_database() */
}
```

Eigentlich relativ einfacher Code mit drei Codezweigen für den Fall, dass test_database() und function_B() den Status »OK« zurückgeben, und für die Fälle, dass eine der beiden Funktionen einen Fehlerstatus liefert. Der Code ist in verschiedener Hinsicht problematisch:

- Die beiden Zweige für »test_database() liefert ›OK‹« bzw. »test_database() liefert einen Fehlerstatus« sind durch den Einschub getrennt.
- Der Rückgabewert von test_database() wird zuerst getestet, aber der Fehlerfall für load_file() zuerst behandelt.
- Das if/else-Gestrüpp ist mit einem Blick nicht zu erfassen.

Abhilfe: Alle Permutationen der Bedingungen in einzelne if/else if-Zweige aufgliedern oder gleich in eigene Funktionen auslagern. Dadurch wird der Code zwar etwas länger, aber übersichtlicher.

So wäre das Beispiel verständlicher:

```
if (test database() == OK) { parse_file(); } else { /* Fehlerbehandlungscode test_
database() */ }
function parse_file() {
    it (load_file() == OK ){
        /* Code für den Normalzustand */
    } else {
        /* Fehlerbehandlungscode load_file() */
    }
}
```

Die Tests und Fehlerbehandlung für test_database() und load_file() haben wir entzerrt, indem wir das ganze Filehandling in eine eigene Funktion ausgelagert haben.

Mitten im Code auftauchende Zahlen

Nicht alle Zahlen passen sich so schön in unser Dezimalsystem ein wie `var lengthMM = lengthM * 1000`. Hier kann man, auch ohne das Programm zu kennen, vermuten, dass eine Länge von Metern in Millimeter übersetzt wird. Auch eine Multiplikation mit 3.14159 werden viele noch als Multiplikation mit π erkennen. Steht hingegen im Code 2.71828, bemerken schon deutlich weniger Leser Ihres Codes, dass Sie irgendwas mit Logarithmen im Sinn hatten. Und was könnte der Sinn der Zahl 86400 sein, die als Konstante in einer Multiplikation verwendet wird? In der englischsprachigen Literatur werden solche Zahlen auch als *magic numbers* bezeichnet.

Problem: Man wird sich schon kurze Zeit später nicht mehr daran erinnern, dass da »86400« steht, weil der Tag 86.400 Sekunden hat.[1] Wenn man beim Design eines User-Interface einen Rand von 30 Pixeln definiert hat und später zu dem Schluss kommt, dass er doch lieber 50 Pixel breit sein soll, muss man alle Stellen suchen und ändern, an denen »30« vorkommt. Und wenn der Code von *magic numbers* durchsetzt ist, kann es leicht sein, dass dieselbe Zahl in mehreren unterschiedlichen Funktionen vorkommt. Wenn Sie jetzt die Breite des Randes ändern wollen und dabei nicht aufpassen, statten Sie nebenbei einige Kalendermonate mit einer Länge von 50 Tagen aus.

Abhilfe: Viele Codeanalysetools erkennen und bemängeln die Verwendung von *magic numbers*. Stecken Sie Zahlen in Variablen oder, noch besser, falls Ihre Programmiersprache das unterstützt, in Konstanten, also beispielsweise `const secondsPerDay = 86400;`. Diese Konstanten sollten Sie dort unterbringen, wo man sie leicht findet – das ist insbesondere dann hilfreich, wenn die Zahlen später einmal geändert werden sollen. Wenn Sie in einer objektorientierten Sprache programmieren, sollten Sie sich überlegen, ob diese Werte vielleicht besser Eigenschaften eines Objekts (Member-Variablen) sein sollten. Ansonsten sollten Sie sich angewöhnen, feste Zahlenwerte typischerweise an den Anfang einer Datei zu schreiben. Seltene Werte wie die Anzahl der Sekunden eines Tages sollten lieber nicht als Ergebnis im Code stehen, sondern dem Compiler oder Interpreter als Aufgabe überlassen werden, wenn sie sich aus einer Berechnung herleiten lassen. Man wird es später leichter verstehen, wenn 24 * 60 * 60 im Code steht.

Komplexe arithmetische Ausdrücke im Code

Ähnlich wie Zahlen, die ohne Kontext im Code auftauchen, sind auch größere Berechnungen ohne Kommentare oder hilfreiche Gliederung leichter zu schreiben als später nachzuvollziehen. Insbesondere wird sich der Leser schwer tun, sie auf Richtigkeit zu prüfen.

---

1 Näherungsweise, aber bitte beachten Sie Kapitel 17 und schreiben Sie keine Kalenderfunktionen, die eine Tageslänge von 86.400 Sekunden fest voraussetzen.

Problem: Zeitgenossen ohne Liebe zur Mathematik können Formeln noch schwerer lesen und verstehen als Programmcode, das färbt auch auf in Programmcode umgesetzte Formeln ab. Formeln sind eine stark kondensierte Art, eine Berechnung auszudrücken. Werden sie zu lang, fangen viele Leser an, Teile zu überfliegen, oder blenden die ganze Formel aus. Das kostet speziell bei der Fehlersuche viel Zeit.

Abhilfe: Vereinfachen Sie den Code und/oder lagern Sie ihn in eine Funktion aus, deren Name idealerweise gleich beschreibt, was dort vor sich geht. Komplexität lässt sich reduzieren, indem Zwischenergebnisse temporären Variablen zugewiesen werden. Wenn diese Variablen gut benannt sind, dokumentieren sie gleichzeitig die einzelnen Rechenschritte.

So nicht:

```
kiloWattPerWeek = wattPerYear / (52 * 1000)
```

So schon eher:

```
weeksPerYear = 52
wattPerWeek = wattPerYear / weeksPerYear
kiloWattPerWeek = wattPerWeek / 1000
```

Globale Variablen

Im Code tauchen viele globale Variablen auf, also Variablen, die über den gesamten Code hinweg sichtbar sind, nicht nur innerhalb einzelner Funktionen. (Mehr zum Geltungsbereich von Variablen steht im Kapitel 26.)

Problem: Viele ungeübte Programmierer lernen globale Objekte oder Variablen zu schätzen und verwenden sie gerne und reichlich für die Kommunikation zwischen verschiedenen Programmteilen. Beispielsweise benötigen die meisten Programme Einstellungen, die für das ganze Programm zentral verwaltet werden, zum Beispiel die Zugangsdaten für die Datenbank. Egal, ob der Benutzer solche globalen Einstellungen ändern kann oder sie im Code festgeschrieben sind: In jedem Fall muss sichergestellt sein, dass unterschiedliche Programmteile immer dieselben Werte verwenden.

Die einfachste Lösung für dieses Problem sind globale Variablen. Sie sind zunächst praktisch, machen den Code aber fehleranfällig und schwer wartbar. Ein konkreter Nachteil: Leicht legt man versehentlich in einer Funktion eine lokale Variable mit demselben Namen wie eine global bereits existierende an und löst damit unbeabsichtigte und schwer zu debuggende Veränderungen an der falschen Variable aus. Ein etwas abstrakterer Nachteil: Die Existenz von globalen Variablen verleitet die Entwicklerin, sich sowohl in ganz tiefen Architekturschichten (zum Beispiel in Helferfunktionen, die die Verbindung zur Datenbank aufbauen) als auch in höheren (zum Beispiel im User-Interface) auf sie zu verlassen. Auf Dauer wird der Code an allen Stellen von irgendwelchen globalen Variablen abhängig sein, die an ganz anderen Stellen definiert wurden. Die Folge ist, dass man Code schlecht in anderen Projekten wiederverwenden kann und er durch das Unterwandern der Modularität schwerer verständlich ist.

Abhilfe: Verwenden Sie am besten überhaupt keine globalen Variablen, auch wenn sie so schön praktisch sind. Wenn eine mühsam zu beschaffende Information an mehreren Stellen gebraucht wird, legt man eine get()-Funktion an, die nur beim ersten Mal die teure Operation ausführt und bei allen weiteren Aufrufen immer nur das Ergebnis vom ersten Mal zurückgibt.

Wenn man auch nur ganz vage über sein Programm als Module in unterschiedlichen Schichten nachdenkt (zum Beispiel von der niedrigsten Schicht der Helfer über Datenbankfunktionen und Berechnungen bis hin zu User-Interface-Funktionen als höchster Schicht), dann hat man einen großen Schritt getan, ein besserer Programmierer zu werden.

Reparaturcode

Das Ergebnis einer Berechnung ist nicht das, was es eigentlich sein soll, es hat zum Beispiel einen »Off-by-one«-Fehler, d.h., es ist konsistent um 1 zu groß oder zu klein. Statt das grundlegende Problem in der Berechnung selbst zu lösen, haben Sie Code geschrieben, der das falsche Ergebnis danach korrigiert.

Problem: Auch wenn solche Flickschusterei häufig gutgeht, ist sie doch ein schlechtes Zeichen. Sie verrät Lesern das eigentliche Problem, nämlich, dass Sie sich nicht trauen, die Berechnung von Grund auf neu zu schreiben oder so zu korrigieren, dass auf Anhieb das richtige Ergebnis herauskommt. Auch wenn das im einen oder anderen Fall folgenlos bleibt, lässt es darauf schließen, dass Sie sich auch an andere, ernstere Bugs nur ungern heranwagen.

Ein einfaches Beispiel: Sie wollen aus einem Array einen String machen, der die einzelnen Array-Elemente durch Kommata getrennt enthält.

```
var elements = [1, 5, 7, 3];
var formattedStr = "";
for (var i = 0; i < elements.length(); i++) {
    formattedStr = formattedStr + elements[i] + ", ";
}
formattedStr = formattedStr.subString (0, formattedStr.length -2);
```

Sie bauen also erst einen String zusammen, der so aussieht: »1, 5, 7, 3, « und kappen dann die letzten zwei Zeichen, um zum gewünschten Ergebnis zu gelangen: »1, 5, 7, 3«. Das funktioniert in diesem Fall, könnte aber vermieden werden:

```
var elements = [1, 5, 7, 3];
var formattedStr = "";
for (var i = 0; i < elements.length(); i++) {
    if (i != 0) {
        formattedStr = formattedStr + ", ";
    }
    formattedStr = formattedStr + elements[i];
}
```

(Falls Ihnen an dieser Stelle auffällt, dass auch das noch nicht die optimale Lösung ist: Nur Geduld, sie folgt im nächsten Punkt.)

Wenn Sie, wie im zweiten Beispiel, in der Schleife zwischen dem ersten und allen anderen Elementen unterscheiden, dann können Sie gezielt ein Komma weniger anflanschen. Genauso gut könnte man in der if-Bedingung testen, ob `i = elements.length() - 1` ist, das liest sich nur schwerer.

Abhilfe: Nehmen Sie solche folgenlosen Fehler ernst. Sie erkennen leicht selbst, wo Sie Berechnungsergebnisse mit dem Hammer zurechtgedengelt haben.

Ersetzen Sie solche Stellen durch besseren Code. In Sprachen, die for each-Schleifen kennen, können Sie häufig auch diese einsetzen, dann können Sie sich den Array-Index sparen und sind das ganze Problem los.

Eigene Implementierung vorhandener Funktionen

Der Code enthält Funktionen, die ähnlich sind und häufig auch ähnlich heißen wie solche, die die Sprache schon bereitstellt.

Problem: Als Einsteiger haben Sie nicht den Überblick über all die Funktionen, die die Sprache oder von Ihnen verwendete Bibliotheken bereitstellen, und das ist auch okay. Im Laufe der Zeit führt das leider dazu, dass Ihr Code Funktionen enthält, die Ähnliches leisten wie vorhandene, aber subtil anders heißen oder anders aufgerufen werden.

Da Sie wahrscheinlich mehr Fehler machen als die Erfinder der Sprache Ihrer Wahl, und da deren Code noch von anderen Entwicklern geprüft und in der Praxis erprobt ist, wird Ihre Implementation schlechter sein als die vorhandene.

Das Beispiel von oben, in dem aus einem Array ein String gebaut werden sollte, kann man in vielen Sprachen noch drastisch vereinfachen. Statt das Array Stück für Stück an den String anzukleben

```
var elements = [1, 5, 7, 3];
var formattedStr = "";
for (var i = 0; i < elements.length(); i++) {
    if (i != 0) {
        formattedStr = formattedStr + ", ";
    }
    formattedStr = formattedStr + elements[i];
}
```

nutzen Sie besser eine Funktion wie join():

```
var elements = [1, 5, 7, 3];
var formattedStr = elements.join (", ");
```

Abhilfe: Hier hilft nur Lesen. Am besten ein »In a Nutshell«-Buch von O'Reilly zu Ihrer Sprache, als zweitbestes jede Menge fremden Code. Wann immer Sie Basisfunktionen wie Sortieren, Aufspalten von Strings, Filtern, formatierte Ausgabe oder Typumwandlung betreiben, sollten Sie nachsehen, ob es dafür nicht schon etwas gibt (siehe auch Kapitel 19).

Sonderfälle

Ihr Code gibt eigentlich immer das richtige Ergebnis zurück, aber nur eigentlich. Immer wenn er einen String mit genau 71 Zeichen behandeln soll, geht es schief. Deshalb haben Sie eine Abfrage eingebaut, die diesen einen Sonderfall anders behandelt.

Problem: Es gibt einen Grund für diesen Fehler. Und mit ziemlich hoher Wahrscheinlichkeit verursacht dieser Grund nicht nur den einen Fehler, den Sie kennen, sondern noch ein paar andere. Das Symptom will Ihnen eigentlich helfen, aber Sie tapezieren drüber und vergessen danach, dass es existiert. Außerdem funktioniert Ihre Fehlerbehebung wahrscheinlich gar nicht, und bald scheint der hässliche Fleck wieder durch die Tapete. Über kurz oder lang ist der ganze Code zugekleistert mit Sonderfällen, die Sie dann bei allen Veränderungen und Erweiterungen wieder berücksichtigen müssen.

Abhilfe: Finden Sie das eigentliche Problem. Beheben Sie es.

Inkonsistente Schreibweisen

Funktionen oder Variablen sind mal in CamelCase, mal underscore_separated, mal deutsch und mal englisch benannt. Es werden abwechselnd Tabs und Leerzeichen zur Einrückung verwendet, um Operatoren stehen manchmal Leerzeichen und manchmal nicht, zum Beispiel $i=1 und $i = 1.

Problem: Hier hat sich entweder eine Auseinandersetzung zwischen mehreren Programmierern abgespielt, oder aber der Autor tackert seit Jahren nur hastige Ergänzungen an den Code. Oder er war gedanklich schon beim Feierabendbier. Gleichgültigkeit in Kleinigkeiten ist ein Anzeichen dafür, dass wahrscheinlich auch in wichtigeren Fragen geschlampt wurde. Es gibt viele unterschiedliche Konventionen, aber keine Entschuldigung dafür, mehreren gleichzeitig zu folgen oder sich ganz neue auszudenken.

Abhilfe: Suchen Sie in den FAQs zur verwendeten Sprache nach Konventionen und orientieren Sie sich daran. Oder lesen Sie Kapitel 4 und Kapitel 5, entscheiden Sie sich für eine Konvention und bleiben Sie dann dabei. Eine Entwicklungsumgebung vereinfacht das Geradeziehen eines solchen Durcheinanders.

Funktionen mit mehr als fünf Parametern

Ein Beispiel aus der Dokumentation von tcpdf.org, einer Bibliothek zur Erzeugung von PDFs:

```
Image ($file, $x='', $y='', $w=0, $h=0, $type='', $link='', $align='', $resize=false,
$dpi=300, $palign='', $ismask=false, $imgmask=false, $border=0, $fitbox=false,
$hidden=false, $fitonpage=false, $alt=false, $altimgs=array()).
```

Problem: Lange Parameterlisten sind ein Zeichen dafür, dass hier jemand versäumt hat, Daten nach Zusammengehörigkeit in Objekte oder Arrays zu stecken. Oder es weist darauf hin, dass nicht genügend Funktionen existieren, die man nach Werten fragen kann. Zusätzliche Parameter verursachen zusätzliche Arbeit für jeden, der die Funktion aufrufen möchte. Robert C. Martin gibt in »Clean Code« null als ideale Parameteranzahl an, ein Parameter ist etwas schlechter als keiner, zwei sind etwas schlechter als einer, drei sollte man vermeiden und für alles über drei braucht man sehr gute Gründe. Weil es aber auch in allgemein akzeptiertem und häufig eingesetztem Code immer wieder Funktionen mit erstaunlich vielen Parametern gibt, haben wir die Grenze hier mit fünf etwas höher gelegt.

Abhilfe: Sehen Sie nach, ob die Empfängermethode die Berechnung vielleicht selbst anstellen kann. Oder befördern Sie den Teil des Codes, der den Parameter erzeugt, zu einer eigenen Funktion. Oder geben Sie der Funktion statt diverser einzelner Parameter gleich ein ganzes Objekt bzw. ein Array mit, das zusammengehörige Werte enthält.

Beispielsweise hätte die oben zitierte Funktion davon profitiert, wenn der Entwickler sinnvolle Defaultwerte für alle PDF-Einstellungen definiert hätte. x- und y-Werte wären dann 0, wenn derjenige, der die Funktion aufruft, sie nicht anders definiert. Neben dem Dateinamen würde die Funktion dann nur noch mit einem assoziativen Array aufgerufen, das die abweichenden Einstellungen enthält:

```
$settings = {
    $dpi => 600,
    $fitonpage => true
};

$img = Image ($file, $settings);
```

Code-Duplikation

Identischer oder sehr ähnlicher Code taucht mehrfach im Code auf.

Problem: Kopierter Code ist unpraktisch, weil spätere Änderungen an mehreren Stellen vorgenommen werden müssen. Das vergisst man bis dahin üblicherweise. Außerdem verwirren die ähnlichen Passagen Leser des Codes so, wie Reihenhaussiedlungen die Orientierung nicht gerade befördern. Man verbringt dann viel Zeit damit, auf der Suche nach der richtigen Stelle im Code herumzuirren.

Abhilfe: Codewiederholungen sind ein Anzeichen für Denkfaulheit. Ein bisschen Denkfaulheit aber ist eine nützliche Sache, und deshalb gilt hier die »Rule of Three«[2]: Es ist in Ordnung, Code zweimal zu verwenden. Sobald Sie sich dabei ertappen, denselben Code an eine dritte Stelle zu kopieren, sollten Sie über eine Vereinheitlichung nachdenken.

Beginnen Sie die Vereinheitlichung, indem Sie den gemeinsamen Teil der mehrfachen Funktionen in eine eigene Funktion auslagern. Diese Funktion wird dann von den bisherigen Funktionen aufgerufen, in denen jetzt nur noch für die jeweilige Aufgabe spezifischer Code steht.

---

2   Erstmals beschrieben in Martin Fowlers »Refactoring«.

Zweifelhafte Dateinamen

Die Dateien, auf die sich ein Programm verteilt, tragen Namen wie *SuperActionMaster-MainLoop*, *AllMiscellaneousHelperFunctions* und *ExtraMagicHacks*.

Problem: Dateinamen sind wie ein Inhaltsverzeichnis. Wenn dieses Inhaltsverzeichnis versagt, muss sich der Leser die ganze Struktur des Programms erst in mühsamer Handarbeit erschließen. Außerdem ist es um die Namen der Methoden und Variablen in solchen Dateien oft auch nicht besser bestellt.

Abhilfe: Lesen Sie Kapitel 5 und beherzigen Sie es.

Leselabyrinth

Es gibt in den meisten modernen Sprachen keine Notwendigkeit, eine bestimmte Reihenfolge der geschriebenen Funktionen einzuhalten, daher ist die Versuchung groß, eine Funktion einfach an die Stelle zu schreiben, wo man den Texteditor gerade offen hat. Verwandte Funktionen, die zu anderen Zeiten geschrieben wurden, können unter Umständen an ganz anderen Stellen stehen.

Problem: Es ist sehr schwer, beim Lesen des Codes zu verstehen, wo das Programm anfängt und was in welcher Reihenfolge passiert.

Abhilfe: Strukturieren Sie das Programm so um, dass logisch zusammengehörende Teile nahe beieinander liegen. Folgen Sie dabei den Abhängigkeiten: Wenn eine Funktion drei andere braucht, versteht man den Code leichter, wenn man diese Funktionen nicht erst lange suchen muss. Ordnen Sie den Code außerdem grob nach seinem Interessantheitsgrad. Es gibt häufig sehr langweiligen Code in Helperfunktionen, der zwar vorhanden sein muss, aber niemanden interessiert, weil er beispielsweise nur Strings formatiert aneinanderschraubt. Verbannen Sie diesen Code ganz ans Ende der Datei. Code hingegen, der auch anderswo gebraucht wird, also z.B. das Interface einer Klasse oder die Deklarationen von Funktionen, die von außen sichtbar sein sollen, gehören an den Anfang der Datei bzw. des Codeblocks. Viele Funktionen treten paarweise auf: Die eine initialisiert beispielsweise eine Struktur oder ein Objekt, die andere gibt es wieder frei. Oder eine Funktion setzt eine Variable, die andere gibt den Zustand zurück. Diese Funktionen sollten Sie unmittelbar hintereinander platzieren, denn Änderungen an der einen Funktion erfordern sehr häufig auch Änderungen an der anderen, und die unmittelbare Nachbarschaft erinnert daran.

Ratlose Kommentare

Kommentare wie /* weiß auch nicht, warum der nächste Codeblock da stehen muss, aber wenn man ihn rausnimmt, gehts nicht mehr */ zeigen, dass der Autor seinen Code nicht richtig verstanden hat und sich auch nicht die Mühe macht, sich dieses Verständnis zu erarbeiten. Unverstandener Code enthält aber häufig Fehler, die sich im normalen Ablauf bisher nur nicht gezeigt haben.

Problem: Dieses spezielle schlechte Zeichen wirkt wie ein Appell des ursprünglichen Programmierers an die Umwelt, ihm auf die Sprünge zu helfen – aber es war niemand da. Also hat er den Code aus Angst, ihn zu verschlechtern, lieber nicht angefasst. Angst vor eigenem Code ist aber ein nahezu sicheres Zeichen, dass dieser Code nicht gut ist.

Gelegentlich werden solche Kommentare auch von anderen Programmieren angefügt, die den Code später lesen (`/* TODO: was passiert hier, und vor allem, warum? */`). Das ist dann eher ein Zeichen dafür, dass der Code schwer verständlich ist, nicht notwendigerweise, dass er schlecht ist.

Abhilfe: Wenn Sie solche Kommentare in Code vorfinden, sollten Sie misstrauisch werden. Müssen Sie diesen Code weiterentwickeln, lesen Sie ihn aufmerksam, um ein besseres Verständnis als der Originalautor zu entwickeln. Wenn es geht, sollten Sie ihn so umschreiben, dass er funktioniert, *weil* gewisse Bedingungen zutreffen, nicht *obwohl*.

Sehr viele Basisklassen oder Interfaces

Das Problem ist nur für klassenbasierte objektorientierte Sprachen wie C++ oder Java relevant. Eine Klasse sollte nicht mehr als zwei Basisklassen bzw. Interfaces haben. User-Interface-Klassen dürfen notfalls vier haben, aber das sollte Ihnen bereits Anlass geben, den Code mit erhöhter Aufmerksamkeit zu betrachten.

Problem: Dieses schlechte Zeichen ist ein Indiz dafür, dass Sie das Klassendesign noch einmal überdenken könnten. Die Probleme, die solches schlechtes Design mit sich bringt, sind vielfältig und haben gemeinsam, dass sie Änderungen am vorhandenen Code unnötig kompliziert machen.

Abhilfe: Wenn Sie überprüfen wollen, ob eine Klasse wirklich von einer bestimmten anderen Klasse abgeleitet sein sollte, hilft es, die beiden Klassennamen laut auszusprechen und dazwischen ein »is a« zu schieben. Wenn dabei merkwürdige Aussagen wie »Car is a Wheel« entstehen, sollten Sie von der Vererbung vielleicht Abstand nehmen. Stattdessen bietet es sich vielleicht an, die ehemalige Basisklasse als Typ einer Member-Variable der ehemalig abgeleiteten Klasse zu verwenden. Eine solche Beziehung können Sie als »has a« aussprechen. Car has a wheel.

Sehr viele Methoden oder Member-Variablen

Problem: Die Klasse ist schwer zu verstehen und schlecht zu warten. Wann »sehr viel« und dann »zu viel« beginnt, kann man nicht verbindlich festlegen. Wenn Sie Ihren Code mit einem gewissen zeitlichen Abstand betrachten und sich in der Vielzahl der Funktionen und Variablen nicht mehr zurechtfinden, dann sind es zu viele.

Abhilfe: Zunächst sollten Sie prüfen, ob die Klasse nicht in mehrere Klassen aufgespalten werden kann. Vielleicht versucht die Klasse, mehrere Probleme zu lösen, die besser von separaten, spezialisierten Klassen erledigt werden sollten? Sehen Sie nach, ob vielleicht bestimmte Member-Variablen nur als Gruppe sinnvoll sind. Oft treten diese Haufen auch an anderen Stellen gemeinsam auf. In so einem Fall lohnt es sich, sie in einer Klasse zusammenzufassen, in die dann oft auch ein Teil der Methoden verschoben werden kann.

Auskommentierte Codeblöcke und Funktionen

Problem: Sie sind häufig ein Indikator dafür, dass sich in irgendeiner Funktion unklare Fehler verbergen oder ein Refactoring nicht zu Ende geführt wurde (siehe Kapitel 15).

Abhilfe: Es ist nicht schlimm, wenn man eine Funktion erst einmal kopiert und dann die eine Version auskommentiert und die andere umbaut. Stößt man auf unklare Fehler, kann man die ursprüngliche Version wieder einkommentieren. So hat man einen schnellen Test dafür, ob die Fehler in der neuen Version lauern oder ob man etwa fehlerhafte Daten in die Datenbank geschrieben hat, die jetzt ihr Unwesen treiben. Tut die überarbeitete Funktion aber, was sie soll, dann ist es Zeit, die auskommentierte Version gnadenlos zu löschen. Wenn man ein Versionskontrollsystem besitzt, löscht man übrigens viel bereitwilliger, weil man sich jederzeit wieder auf den letzten funktionierenden Stand retten kann.

Browservorschriften

Wer sich schon einmal mit HTML, CSS und JavaScript beschäftigt hat, den Basiszutaten jeder schmackhaften Webapplikation, der weiß, dass unterschiedliche Browserhersteller Dinge unterschiedlich handhaben – und teilweise sogar Standards fehlerhaft auslegen. Das hat einer ganzen Generation von Entwicklern erhöhten Blutdruck beschert und macht es bis heute unangenehm kompliziert, Webapplikationen für alle wichtigen Browser zu erstellen (obwohl sich die Lage schon deutlich gebessert hat). Viele Entwickler gehen den einfachen Weg und versuchen, ihren Benutzern einen bestimmten Browser vorzuschreiben.

Problem: Das verärgert zum einen die Benutzer, die diesen Browser nicht benutzen dürfen (etwa am Arbeitsplatz), auf deren Betriebssystem er nicht läuft, oder die einfach keinen anderen Browser benutzen wollen, weil sie mit ihrer Wahl ganz zufrieden sind.

Abhilfe: Nutzen Sie Validatoren! Es gibt sie für alle wesentlichen Webtechnologien (siehe Kapitel 13). Testen Sie ausgiebig mit den wichtigsten Browsern. Spekulieren Sie nicht aufgrund Ihrer eigenen Vorlieben und denen Ihrer Freunde, welche das sein könnten, sondern nutzen Sie aktuelle Statistiken, die Sie z.B. im Wikipedia-Eintrag »Webbrowser« verlinkt finden. Verfallen Sie darüber nicht versehentlich ins andere Extrem, indem Sie versuchen, es allen recht zu machen. Mit Support für seltene Browser reiben Sie sich auf und verschwenden Ihre Arbeitskraft am falschen Ort.

Um die Unterschiede in den JavaScript-Fähigkeiten der verschiedenen Browser auszuglei-chen, sollten Sie sich mit Bibliotheken wie jQuery, Underscore oder Prototype beschäfti-gen. Zwar werden die JavaScript-Implementierungen in ihren Fähigkeiten ungefähr seit 2010 sehr viel ähnlicher, aber es gibt trotzdem weiterhin Unterschiede und möglicher-weise müssen Sie auch ältere Browser unterstützen.

Es gibt eine ganze Reihe von JavaScript-Bibliotheken, die nur dafür existieren, Unter-schiede zwischen Browsern auszugleichen und auf älteren Versionen Fähigkeiten nach-zurüsten; sie werden als »Polyfills« bezeichnet. Benötigen Sie also ein bestimmtes Browserfeature, dann sollten Sie im Web suchen, ob Sie für Benutzer älterer Browser eine Polyfill-Bibliothek einbinden können.

Verdächtige Tastaturgeräusche

Sie erzeugen über Zeiträume von mehr als 30 Sekunden Tastaturgeräusche, die sich rhythmisch wiederholen.

Problem: Dieses Geräusch zeigt an (und zwar nicht nur Ihnen, sondern allen Anwesen-den), dass Sie etwas von Hand erledigen, was besser durch ein Skript oder durch Suchen/ Ersetzen erledigt werden sollte. Die Lösung, die weniger verdächtiges Tastaturgeklapper erzeugt, hat mehrere Vorzüge: Man baut nicht versehentlich Fehler ein, indem man sich vertippt, es ist besser für die Selbstachtung, und im Unterschied zum rein mechanischen Verfahren lernt man wahrscheinlich etwas dabei. Außerdem ist dieses Geräusch ein Anzeichen dafür, dass sein Verursacher irgendetwas ganz Elementares nicht weiß, zum Beispiel, wie man in seinem Editor mehrere Zeilen auf einmal ein- oder auskommentiert.

Abhilfe: Investieren Sie die paar Minuten und finden Sie heraus, wie andere Menschen dasselbe Problem lösen. In erfreulich vielen Fällen werden Sie feststellen, dass das Tool, mit dem Sie arbeiten, für genau diesen Fall eine außerordentlich bequeme Funktion mit-bringt.

Auf die Frage »Ist Ihnen schon mal schlecht formatierter Code begegnet, der sich nach dem Aufräumen doch als guter Code entpuppt hat?« antwortet der JavaScript-Entwickler Douglas Crockford:

> »Das habe ich eigentlich noch nie gesehen. Ich glaube, es ist sehr schwer, guten Code schlampig zu schreiben. Und mit gutem Code meine ich lesbaren Code. Es kommt nicht darauf an, was der Computer mit dem Code anfangen kann, wenn ich nicht begreife, was da passiert. Es könnte also schon sein, dass der Code supereffizient ist, oder besonders kompakt, oder in irgendeiner anderen Hinsicht gut, die mir egal ist.«[3]

Selbst wenn man nur die auffälligsten Symptome korrigiert oder in Zukunft vermeidet und die dahinterliegenden, weniger leicht sicht- und behebbaren Probleme ignoriert, ist schon viel gewonnen. Es lohnt sich daher, den eigenen Code als Erstes auf die hier

---

3   Peter Seibel: »Coders at Work«, S. 107. Douglas Crockford ist unter anderem der Verfasser von »JavaScript: The Good Parts« (O'Reilly 2008, deutsche Ausgabe: »Das Beste an JavaScript«, O'Reilly 2008).

beschriebenen braunen M&Ms hin abzuklopfen. Erstens merken fremde Leser dann nicht mehr auf den allerersten Blick, dass sie schlecht ausgedachten Unfug vor sich haben, und zweitens handelt es sich nach Durchführung der vorgeschlagenen Reparaturmaßnahmen wahrscheinlich auch gar nicht mehr um schlecht ausgedachten Unfug. Der Code ist dann mindestens in der Qualitätsstufe »mittelgut ausgedachter Unfug« angekommen.

KAPITEL 15

Refactoring

»Refactoring ist, wenn einem auffällt, daß der Funktionsname ›foobar‹ ziemlich bescheuert ist, und man die Funktion in ›sinus‹ umbenennt.«

Andreas Bogk, in: Lutz Donnerhacke: »Fachbegriffe der Informatik«

In Kapitel 14 ging es um Symptome zweifelhaften Codes, die schon bei flüchtiger Betrachtung auffallen. Aber auch Code, der auf den ersten und zweiten Blick ganz aufgeräumt wirkt, kann von Überarbeitungen profitieren. Als Anfänger sind Sie zunächst froh, ein lauffähiges Programm entwickelt zu haben, das ungefähr das macht, was es soll. Dabei wird es aber auf Dauer nicht bleiben. Sie stellen fest, dass Ihr Programm auch für andere Bereiche erweitert werden könnte. Ihr Chef – falls Sie beruflich programmieren – erwartet Erweiterungen. Aus einem Prototyp soll doch die spätere Produktivversion werden (Sie haben hoffentlich versucht, sich dagegen zu wehren). Sie haben erkannt, dass Sie von Anfang an mit einer anderen Bibliothek besser gefahren wären.

Außerdem altert jeder Code, auch wenn das bei digitaler Information seltsam klingt. Zwar ist er nicht eines Tages abgenutzt und kaputt wie ein durchgerostetes Fahrrad, aber er wird im Laufe der Zeit weniger nützlich. Zum einen ändern sich die Umweltbedingungen, zum anderen verwischen Änderungen das ursprüngliche Konzept. Was gestern noch richtig und sinnvoll war, ist es heute nur noch teilweise. Neuere Bereiche passen weniger gut zu älteren, der rote Faden, der das Programm hoffentlich einmal ausgezeichnet hat, kann im Laufe der Zeit verloren gegangen sein. Der letzte und für die Leser dieses Buchs wohl wichtigste Faktor: Als weniger guter und geübter Programmierer macht man relativ schnell Fortschritte. Daher steht man häufig vor Code, der gestern noch ganz solide schien und einem heute die Schamesröte ins Gesicht treibt.

Das alles sind gute Gründe für eine Überarbeitung des vorhandenen Codes. Diese Wartung und Pflege des Codes nennt sich Refactoring, und ist nicht das Gleiche wie Debugging. Während Debugging das Ausmerzen konkreter Fehler bedeutet, soll Refactoring einen vor zukünftigen bewahren oder zumindest die Entwicklung erleichtern. Weil Refactoring selbst neue Bugs nach sich ziehen kann, sollten Sie keinen Code überarbeiten, der bekannte Bugs und Probleme hat. Beim Refactoring können Sie keine vorher vorhandenen Bugs gebrauchen, weil dann nicht mehr zu unterscheiden ist, ob ein Bug erst durch das Refactoring in den Code eingeschleppt wurde oder vorher schon vorhanden war.

Es geht beim Refactoring nicht primär darum, den Code nach persönlichen Vorlieben zu verschönern. Refakturieren Sie Ihren Code nur, wenn Sie damit konkrete Dinge verbessern wollen. Der Code sollte nach der Refakturierung

- übersichtlicher,
- allgemeiner und
- möglichst kürzer

sein als vorher. Der neue und bessere Code ist leichter zu verstehen, weil er übersichtlicher ist. Er ist besser wiederverwendbar, weil er allgemeiner ist. Und er hat weniger Fehler, weil er kürzer ist.[1]

Neu schreiben oder nicht?

In vielen Situationen steht man vor der Wahl, entweder Tabula Rasa zu machen und den Code von Grund auf neu zu schreiben oder ihn Stück für Stück zu verbessern. Die Versuchung ist groß, das bisher Geschriebene zu verwerfen und ganz neu anzufangen – gar nicht erst an den Symptomen herumdoktern, sondern gleich eine neue, herrliche Welt erschaffen, Code von der Brillanz eines lupenreinen Diamanten! Ein naheliegender Impuls, dem sowohl Einzelkämpfer als auch ganze Firmen schon erlegen sind. Leider führt er häufig ins Debakel. Der alte Code war nicht nur schwer zu durchschauen, weil sein Autor damals noch schlechter programmierte als heute, sondern auch, weil er viele Sonderfälle und Nebenbedingungen abdecken und sich in eine vorhandene Umgebung einfügen musste. Die Hyäne, der Nacktmull und die Vogelspinne gelten gemeinhin nicht als gutaussehende Tiere, aber es gibt Gründe für ihr Aussehen. Sie alle haben sich an bestimmte Anforderungen und Umweltbedingungen angepasst. Die alten Rahmenbedingungen werden sich genauso auf das neue Projekt auswirken und einige der alten Hässlichkeiten in die neue Version hinüberretten.

Die Meinungen darüber, ob man gelegentlich einen völligen Neustart versuchen sollte, sind bei professionellen Programmierern und Autoren kluger Artikel durchaus geteilt. Während die einen schlechten Code einfach löschen und besseren Code schreiben, warnen andere genau davor. Joel Spolsky, einer der bekanntesten Blogger im Bereich der Softwareentwicklung, schreibt: »Dass neuer Code besser sein soll als alter, ist eine absurde Vorstellung. Den alten Code hat man verwendet. Man hat ihn getestet. Man hat jede Menge Bugs darin gefunden und behoben.«[2] Es gibt laut Spolsky überhaupt keinen Grund

---

1   Kürzerer Code enthält weniger Fehler als längerer, und das nicht nur, weil es darin einfach weniger Platz gibt; siehe *blog.vivekhaldar.com/post/10669678292/size-is-the-best-predictor-of-code-quality*.

2   Joel Spolsky, »Things You Should Never Do, Part I«, *www.joelonsoftware.com/articles/fog0000000069.html*.

zu der Annahme, dass man im zweiten Anlauf besseren Code schreiben wird als im ersten. Allerdings redet der Autor hier von dem mindestens mittelguten Code, den professionelle Programmierer hervorbringen, und nicht von dem unansehnlichen Gestrüpp, das Thema dieses Buchs ist.

Wer noch neu im Programmiergeschäft ist, darf zwar davon ausgehen, dass er im zweiten Versuch besseren Code produzieren wird, aber trotzdem spielt viel Wunschdenken in die Vorstellung vom ganz neuen, viel besseren Code hinein. Wir raten deshalb dazu, bestehenden Code nur dann von Grund auf neu zu schreiben, wenn er Fehler enthält und Sie auch nach gründlicher Suche nicht dahinterkommen, wo diese Fehler sitzen. In allen anderen Fällen investieren Sie Ihre Zeit besser in graduelle Verbesserungen, denn Sie kommen damit ebenfalls ans Ziel, bloß ist das Risiko geringer, dass hinterher gar nichts mehr funktioniert.

Wann sollte man refakturieren?

Anders als beim Debugging gibt es für Refactoring keinen konkreten, unausweichlichen Anlass. Schieben Sie das Refakturieren auf, wird der bisherige Code weiter funktionieren und Sie können ihn auch durch neue Features ergänzen. Das macht es schwieriger, einfache Faustregeln dafür aufzustellen, wann Sie eine existierende Codebasis überarbeiten sollten.

Grundsätzlich empfehlen Ratgeber für Softwareentwicklung, dass man immer dann refakturieren sollte, wenn man auf schlechten Code stößt. Für Anfänger kann das ein Problem sein, weil sie ständig auf Verbesserungswürdiges stoßen. Refactoring gibt einem zwar das gute Gefühl, aufgeräumt und geputzt zu haben, nötig ist aber ein sinnvolles Gleichgewicht zwischen dem Schreiben von neuem Code und dem Polieren des vorhandenen. Ein günstiger Zeitpunkt für Refactoring liegt relativ nah, aber nicht zu nah an der Entstehung des Codes: Man erinnert sich zwar noch einigermaßen an die nötigen Details, hält aber nicht mehr unbedingt an schlechten Lösungen fest, nur weil es viel Arbeit war, sie sich auszudenken.

Für Messies gibt es einen zweiteiligen Ratschlag, der das Betreten von Zimmern der eigenen Wohnung betrifft:

1. Mach es nicht noch schlimmer.
2. Mach jedes Mal, wenn du einen Raum betrittst, irgendeine Kleinigkeit besser.

Diese Regeln lassen sich auch auf Refactoring anwenden. Manchen Codeteilen werden Sie dabei nie begegnen, weil Sie diesen Raum einfach nie betreten. Das ist okay, denn wenn kein Grund auftaucht, jemals in diese entlegenen Keller hinabzusteigen, dann heißt das, dass der betreffende Code zwar vielleicht hässlich sein mag, aber gut genug funktioniert. Sie können Ihre Zeit also wichtigeren Dingen widmen.

Wenn Sie auf Code treffen, den Sie für neue Aufgaben erweitern und anpassen wollen, dann tun Sie das auf eine Weise, die zumindest die Qualität nicht verschlechtert. Der Code sollte nachher mindestens so gut strukturiert und lesbar sein wie vorher.

Bauen Sie daher keine Sonderfälle für Ihre neuen Anforderungen ein, sondern machen Sie eine Lösung allgemeiner, wo immer es möglich ist. Wenn Sie beim Lesen eines Code-blocks auf Abschnitte stoßen, von denen Sie denken »das könnte klarer sein« – und wenn Sie womöglich auch schon wissen, wodurch diese Klarheit herzustellen wäre –, dann zögern Sie nicht, sondern schreiben Sie sie gleich um. Ihr zukünftiges Selbst wird es Ihnen danken. Und ziehen Sie Codekommentare nach; wenn keine existieren, dann schreiben Sie welche.

Passen Sie sich an Namenskonventionen und Formatierung des Abschnitts an. Wenn die Ihrem jetzigen Stil widersprechen, dann ändern Sie den ganzen Abschnitt. Zwischen die-sen beiden Möglichkeiten liegt die Flickschusterei: Sie fügen schnell ein paar neue Zeilen in ihrem aktuell bevorzugten Stil ein und lassen den Rest der Funktion unverändert. Ver-meiden Sie diesen dritten Weg.

Schreiben Sie möglichst ein Änderungsdatum an die Funktion, das erleichtert es Ihnen, refakturierten von älterem Code zu unterscheiden, wenn Sie die Datei wieder lesen. Wenn Sie ein Versionskontrollsystem diszipliniert nutzen, können Sie auf das Notieren von Änderungsdaten auch verzichten und stattdessen in seiner History nachsehen. Das funktioniert aber nur, wenn Sie häufig Ihre Änderungen in das VCS einchecken – wenn Sie das nur einmal im Monat tun, können Sie Änderungen schlecht nachvollziehen.

Die neue Lösung wird nicht unbedingt gleich attraktiver als die alte sein. Lassen Sie sich davon nicht abschrecken. Wenn die Richtung stimmt, in die Sie sich mit Ihrem Code bewegen, aber das Ergebnis Ihrer Umbauarbeiten Sie noch nicht zufriedenstellt, macht der Code nur eine notwendige Zwischenphase durch, eine Art Larvenstadium.

Anzeichen dafür, dass Überarbeitungen jetzt kein Fehler wären

Schwer erklärbarer Code
> Stellen Sie sich gelegentlich folgende Frage: »Könnte ich diese Funktion einem ande-ren Programmierer in einer Minute erklären? In fünf Minuten? Wenigstens in zehn? Gar nicht?« Neigen Sie zu den beiden letzten Antworten, sollten Sie die betreffende Funktion vereinfachen.

Schlechte Zeichen
> Der Code enthält offensichtliche Probleme, die in Kapitel 14 beschrieben sind.

Sich häufende Ärgernisse
> Von einigen Autoren wird eine Dreierregel propagiert, die mit der im Kapitel »Schlechte Zeichen« beschriebenen »Rule of Three« verwandt ist: Wenn Sie sich zum dritten Mal über eine suboptimale Lösung ärgern, ist die Wahrscheinlichkeit groß, dass Sie sich noch viele weitere Male darüber ärgern werden. Eine gute Gelegenheit, das Ärgernis abzustellen.

Falsche Orte

Sie suchen eine Datei oder Codestelle an einem bestimmten Ort, finden sie dort aber nicht. Offenbar ist das der naheliegendste Ort und es wäre günstig, das Gesuchte dorthin umzuziehen. Zum einen findet man es dann beim nächsten Mal schneller, zum anderen sind die Schubladen, in denen das Gehirn als Erstes sucht, oft auch die logischsten und besten.

Verständnisprobleme

Sie verstehen den eigenen Code beim Wiederlesen zunächst nicht, nach einigem Nachdenken aber schließlich doch: Nutzen Sie das neue Verständnis und schreiben Sie den Code so um, dass Sie beim nächsten Wiederlesen eine Chance haben, ihn direkt zu verstehen. Das kann bedeuten, dass Sie eine weniger elegante, aber leichter verständliche Lösung vorziehen müssen. Vielleicht haben Sie schon beim ersten Hinschreiben vor dieser Wahl gestanden und sich stolz für die elegante, komplizierte Variante entschieden. Aber komplexen Code schreiben können viele. Die schwierigere Aufgabe ist es, Code zu schreiben, den man beim Wiederlesen selbst noch versteht. Hier ist Ihr Ehrgeiz besser aufgehoben.

Zu viele Speziallösungen

Sie wissen schon beim Implementieren neuer Features, dass Sie spätere Änderungen immer an mehreren Stellen vornehmen müssen, und sind vielleicht sogar vorausschauend genug, einen Kommentar zu schreiben, in dem Sie Ihr zukünftiges Ich daran erinnern. In diesem Fall sollten Sie alle betroffenen Stellen zu einer Funktion zusammenfassen (siehe den Abschnitt »Code zusammenfassen« weiter unten). Wenn Ihr vergangenes Ich den letzten Punkt nicht beachtet hat und Sie jetzt ähnliche Änderungen und Reparaturen an verschiedenen Stellen Ihrer Software vornehmen müssen, dann ergreifen Sie die Gelegenheit und fassen Sie diese Stellen zusammen.

Fehler sind entstanden, weil Sie irgendetwas vergessen haben, woran Sie »einfach immer denken« wollten.

Beseitigen Sie den Anlass für diesen Knoten im Taschentuch. Menschen denken nicht einmal dann immer zuverlässig an das, woran sie unbedingt denken sollten, wenn ihr Leben auf dem Spiel steht: Eine wiederkehrende Unfallursache auch bei den erfahrensten Kletterern sind unvollständig geknüpfte Anseilknoten. Deshalb rät man Kletterern, an »Partnerchecks« zu denken. Und auch der Partnercheck wird immer wieder vergessen. Es gibt nicht für alles, aber für sehr vieles im Leben eine bessere Lösung als »da muss ich halt einfach jedes Mal aufmerksam dran denken«.

Schlechte Nachbarschaft

Schlechter Code wird meist auch von schlechtem Code aufgerufen, einfach weil er normalerweise vom selben Autor zur selben Zeit geschrieben wurde. Wenn Sie eine faule Stelle gefunden haben, notieren Sie, welche Funktionen den refakturierten Code aufrufen, und werfen Sie einen kritischen Blick darauf – möglicherweise verbergen sich hier Bereiche, die ebenfalls refakturiert gehören.

Bevor Sie jetzt nicken und loslegen, gehen Sie bitte noch einmal kurz in sich. Haben Sie verstanden, was der Code bewirkt, den Sie refakturieren wollen? Wenn nicht, kann es peinlich werden (siehe den Kasten »Ist das Code oder kann das weg?« weiter unten in diesem Kapitel). Und haben Sie genug Zeit, das funktionierende System nicht nur zu zerlegen, sondern auch wieder in Gang zu bringen? Das Leben nach einem unvollendeten Refactoring kann schwieriger und hässlicher sein als vorher, genau wie nach einer halbfertigen Wohnungsrenovierung. Die beiden Punkte klingen trivial, sind aber gar nicht so leicht zu beachten. Wenn Sie schon wissen, dass Sie überhaupt keine Lust auf das Umschreiben von Code haben, ständig durch Meetings und andere Projekte unterbrochen werden oder die Zeit knapp ist, müssen Sie priorisieren, ob Sie jetzt Code refakturieren oder neue Features entwickeln wollen.

Über die Frage, ob man unter Zeitdruck refakturieren sollte, gehen die Meinungen auseinander:

> »Das ist der völlig falsche Zeitpunkt, weil die Wahrscheinlichkeit für Fehler steigt und man sich in einem Wirrwarr aus halb refakturiertem Code mit neuen und interessanten Fehlern verlieren kann, während man eigentlich an anderen Stellen alle Hände voll zu tun hätte.«

> Johannes Jander

> »Ich muss generell bei allen Argumenten widersprechen, die darauf hinauslaufen, das Richtige gerade dann nicht zu tun, wenn Zeitdruck herrscht. Dann gerade! Denn *best practices* sparen Zeit. Man muss aber die Nerven dazu haben und die Fokussiertheit, das ist das Problem. Wenn man beides nicht hat, fasst man den Code am besten gar nicht erst an.«

> Jan Bölsche

Eine brauchbare Kompromissposition ist vermutlich, etwas mehr Zeit in Refactoring zu stecken, als man unter Zeitdruck eigentlich will, aber auch mehr liegen zu lassen, als eigentlich schön wäre.

Eins nach dem anderen

Wenn Sie sich für gezieltes Refactoring eines prinzipiell funktionierenden Stücks Software entschieden haben, dann lohnt es sich, zunächst eine Bestandsaufnahme zu machen. Schreiben Sie die Probleme samt dem Funktionsnamen auf. Schreiben Sie auch auf, was Sie besser machen wollen und warum. Seien Sie sich darüber im Klaren, was Sie aus welchen Gründen besser machen wollen – kratzen Sie sich nur da, wo es juckt. Wenn Sie anfangen, Ihr Programm an allen Enden gleichzeitig zu refakturieren, dann verlieren Sie schnell den Fokus und machen nichts besser.

Die Bestandsaufnahme ist eine Übersicht und sollte nicht übermäßig detailliert sein, denn der Vorgang des Aufschreibens ist wichtiger als das konkrete Ergebnis. Das Niederschreiben des Problems hilft Ihnen, es konkreter zu fassen und zu verstehen, und es wirkt gleichzeitig als Erinnerung und Selbstverpflichtung. Und falls alle unsere Ermahnungen vergeblich waren und Sie mitten im Refactoring überraschend für sechs Monate nach Australien verreisen, haben Sie mithilfe dieser Notizen danach zumindest eine Chance, den Code wieder zum Laufen zu bringen.

Ein gescheiterter Plan

Die Beiträge der Riesenmaschine waren aus Dummheitsgründen in einem Format angelegt, das zwar so ähnlich wie XML aussah, aber keines war. Überliefert sind einige Zeilen guter Änderungsvorsätze in einem separaten Textdokument mit dieser Überschrift:

Fahrplan für den Umbau der Beitragsdateien zu richtigem XML und dann für den Einsatz von SimpleXML [1]

- erst das bisherige Tool so umschreiben, dass es Dateien in der alten UND der neuen Form verdauen und schreiben kann (done) [2]
- dann alle Dateien ändern (und zwar so, dass sie nicht versehentlich 2x geändert werden können) [3]
    - `<?xml version="1.0" encoding="iso8859-1" ?>` einbauen [4]
    - um den Beitrag herum so was wie `<beitrag> </beitrag>`
    - `&amp;` statt `&` [5]
- dann Umstellung auf SimpleXML
- alles Ausgelesene muss durch `utf8_decode` wegen der Umlaute

[1] Die Überschrift diente der Erinnerung daran, wozu dieser Umbau eigentlich gut war, und damit der Motivation. SimpleXML ist eine PHP-Extension, die große Vereinfachungen im Umgang mit den Beitragsdateien versprach.

[2] In der ursprünglichen Version musste jedes Element des Pseudo-XML in einer ganz bestimmten Zeile der Datei stehen, um erkannt zu werden. Man muss nicht unbedingt erwähnen, dass das keine gute Idee war. Wir erwähnen es vorsichtshalber trotzdem: Es ist keine gute Idee. Don't try this at home.

[3] Dass hinter dieser Zeile kein »done« mehr steht, deutet darauf hin, dass es sich um eine immer noch viel zu komplexe Suchen-und-Ersetzen-Maßnahme mit zahlreichen Fehlermöglichkeiten handelte. Weniger schlechte Programmierer hätten gewusst, dass man so etwas nicht mit Suchen und Ersetzen löst, sondern ein kleines Programm schreibt, das Beiträge im alten Format einliest und im neuen zurückschreibt. Man hält die Maschine an, lässt den Konverter testhalber auf ein paar Beiträge los, und bearbeitet dann den gesamten Datenbestand damit.

[4] Eine mäßig gute Idee, UTF-8 wäre besser gewesen (siehe Kapitel 17, Abschnitt »Zeichenkodierung«).

[5] Das & ist in XML ein für den internen Gebrauch reserviertes Zeichen und darf daher nicht einfach so im Text vorkommen.

Dieser Refactoringversuch ist also einerseits gescheitert, andererseits ist immerhin der Plan erhalten geblieben, aus dem bei einem neuen Anlauf hervorginge, dass es jetzt zwei Sorten von Beiträgen gibt: neue in korrekterem XML und alte, unkorrigierte. Ohne dieses Dokument würde man vermutlich nur einen der neueren Beiträge betrachten und leichtfertig davon ausgehen, dass alle älteren dasselbe Format haben — ein Ausgangspunkt für neues Unglück.

Bevor Sie den Codeeditor öffnen, um mit dem Refactoring anzufangen, checken Sie bitte den Stand der Dinge in ein Versionskontrollsystem ein oder machen Sie wenigstens ein Backup. Das Unangenehmste, was Ihnen beim Refactoring passieren kann, ist, dass Sie überraschend den Stand von gestern wiederherstellen müssten, um einen plötzlich aufgetauchten, datenbankzerstörenden Fehler zu suchen, der bisher nicht bekannt war. Um diesen Fehler zu finden, müssten Sie auf Ihrem Rechner den Zustand des beim Kunden oder auf Ihrem Webserver laufenden Systems herstellen. Wenn Sie jetzt mit Ihren durch das Refactoring bedingten Änderungen noch nicht fertig sind und kein Versionskontrollsystem haben, müssen Sie alle Ihre Änderungen verwerfen. Eine andere Gefahr besteht darin, sich beim Refactoring zu vergaloppieren und nicht mehr zurück zu können oder Fehler einzubauen. In all diesen Fällen ist es besser, die Refactoring-Änderungen zu verwerfen und auf den bewährten, wenn auch hässlichen Stand zurückzugehen. Als Softwareentwickler befinden Sie sich – anders als z. B. auf einer Everest-Expedition – in einer beneidenswerten Lage, denn wenn Sie ein Versionskontrollsystem verwenden, dann gibt es keinen *point of no return*.

Drucken Sie den problematischen Code aus und legen Sie ihn mit Anmerkungen neben die Bestandsaufnahme der Probleme. Dieser Ausdruck ist eine Detailsicht des bestehenden Codes und ergänzt die Übersicht. Den Quellcodestand vor dem Refactoring neben der Tastatur liegen zu haben, kann als Gedächtnisstütze sehr hilfreich sein. Außerdem hilft es gegen Prokrastinationsanfälle, die damit beginnen, dass man aus dem Versionskontrollsystem die alte Version ziehen will und nach einer Stunde das Reddit-Tab wieder schließt. (Und wenn Sie alle unsere guten Backupratschläge ignoriert haben, werden Sie möglicherweise schon in wenigen Stunden dankbar dafür sein, dass wenigstens noch ein Papierausdruck Ihres ursprünglichen Codes existiert.)

Prüfen Sie dann, ob Sie wirklich verstanden haben, warum der Code existiert und was er macht. Wenn Sie sich nicht sicher sind, ob Sie Zweck und Funktionsweise des Codes verstanden haben, fragen Sie jemanden, wenn es möglich ist. Erklären Sie ihm, was der Code Ihrer Meinung nach macht und was daran verbesserungswürdig wäre. Ist gerade niemand zur Hand, erklären Sie den Code Ihrem Gummientchen (siehe dazu den Abschnitt »Wenn sonst nichts hilft« in Kapitel 13).

Refakturieren sollten Sie immer von oben nach unten: erst die Änderungen an der groben Architektur und dann die Feinheiten, sonst verlieren Sie sich in Details, erreichen aber nicht viel. Wenn Sie also beispielsweise feststellen, dass Ihre Benutzerverwaltung inzwischen auch Aufgaben wie Bestellungen und Zahlungsabwicklung übernimmt, die in einem eigenen Modul besser aufgehoben wären, dann sollten Sie zunächst diese Funktionen abspalten und sich erst dann Gedanken machen, ob das neue Finanzmodul jetzt eigene Fenster, Menüs und Datenbankinstanzen bekommt. Aber Vorsicht, »Änderung an der Architektur« bedeutet nicht, dass Sie das ganze Softwaregebilde mit der Planierraupe einebnen. Wenn Sie sich bei solchen Plänen ertappen, entfernen Sie sich vom Rechner, atmen Sie tief durch und denken Sie an Ameisen beim Herumtragen einzelner Fichtennadeln. Es gibt für alle Probleme eine Refactoring-Lösung, die aus kleinen, in sich abgeschlossenen Schritten besteht. Auch für Ihres.

Refactoring sollte möglichst nur die interne Struktur eines Codemoduls betreffen. Nach außen, also in Richtung des Codes, der das zu refakturierende Modul verwendet, sollte sich möglichst wenig ändern. Es gibt natürlich die Ausnahme, dass die Schnittstelle eines Moduls unglücklich spezifiziert wurde oder erweitert werden muss. Ein Beispiel dafür wäre eine Schnittstelle, die einen Benutzernamen als Parameter übergibt und erwartet – und dann merkt man, dass man eigentlich lieber eine Benutzer-ID übergeben will, weil nur die eindeutig sind. In diesem Fall umfasst das Refactoring auch den Code, der das Modul verwendet.

Obwohl solche Änderungen im Code im Idealfall nur klein sind, ziehen sie nicht weniger Fehler nach sich als große. Die Wahrscheinlichkeit, dass nach einer Änderung ein Fehler auftritt, steigt zwischen »eine Zeile geändert« und »fünf Zeilen geändert« steil auf 80 % an und sinkt dann bei 20 Zeilen wieder auf 40 %.[3] Das liegt vor allem daran, dass kleine Änderungen banal wirken und deshalb nicht ernst genug genommen werden.

Testen Sie deshalb nach jedem Schritt, ob alles noch geht. Ohne Unit Tests (siehe Kapitel 16) werden Sie beim Ausprobieren vermutlich irgendwelche Sonderfälle übersehen. Die beim Refactoring erzeugten Fehler machen sich dann erst im Laufe der nächsten Tage oder Wochen bemerkbar.

Wenn Sie kein Versionskontrollsystem einsetzen, die Folgen der so entstehenden neuen Probleme aber trotzdem beherrschbar halten möchten, können Sie die alte Version einer Funktion stehenlassen, ihren Inhalt auskommentieren und die alte Funktion nur noch dazu benutzen, die neue aufzurufen. Falls es Ärger gibt, ist der Weg zurück zur alten Lösung nicht ganz verstellt. Der Nachteil: Mit einer gewissen Wahrscheinlichkeit wird die alte Funktion nach dem Eintreten der Projektdeadline oder mit dem Nachlassen Ihres Interesses für immer und ewig stehenbleiben und künftige Leser verwirren.

Genau dieser Logik verdanken wir folgendes Codebeispiel in C, das Johannes in den frühen 90ern schrieb, Mitte der 90er für eine neue Programmierplattform erweiterte und in den späten 90ern durch den Aufruf einer einzigen Library-Funktion ersetzte. Es ist der etwas stümperhafte Vergleich zweier Strings. Weil es ihm unheimlich war, den alten Code zu löschen, kommentierte er ihn zunächst mal aus – und 15 Jahre später ist dieser fossilisierte Zustand in Bernstein hervorragend erhalten. Man kann – bei starker Vergrößerung – sogar noch die Code-Unreinheiten erkennen.

```
int compare_strings (long firstData, long secondData) {
    /* #if TARGET_API_MAC_CARBON // die Erweiterung für die neue Programmierplattform
        p2cstrcpy ((char*) &str1, ((MWNickPtr)firstData)->nick);
        p2cstrcpy ((char*) &str2, ((MWNickPtr)secondData)->nick);
```

---

3   Diese Zahlen entnehmen wir dem Standardwerk »Code Complete« von Steve McConnell (Microsoft Press 2004, deutsche Ausgabe bei Microsoft Press Deutschland 2005).

```
#else // der Urzustand vom Beginn der 90er
    BlockMove (((MWNickPtr)firstData)->nick , &str1, 255);
    p2cstr (str); BlockMove (((MWNickPtr)secondData)->nick , &str2, 255);
    p2cstr (str);
#endif
    result = strcmp((char*)&str1, (char*)&str2);
*/
result = RelString (((MWNickPtr)firstData)->nick, ((MWNickPtr)secondData)->nick,
    false, false); // die aktuelle Version
return result;
}
```

Prinzipiell können Sie mit einem Texteditor und Suchen und Ersetzen refakturieren. Wir empfehlen Ihnen aber, sich Unterstützung durch Software zu holen, wo immer es möglich ist. Entwicklungsumgebungen wie Eclipse erlauben es, einige der unten beschriebenen Arbeitsgänge teilweise zu automatisieren. Die Software kann Ihnen zwar nicht sagen, was Sie verbessern sollen, greift Ihnen aber beim Wie unter die Arme: Sie können mit einem Klick bestimmen, dass eine bestimmte Funktion in eine andere Datei oder Klasse verlegt werden soll, die Software erledigt dann den Umzug und die nötigen Umbenennungen (siehe Abbildung 15-1).

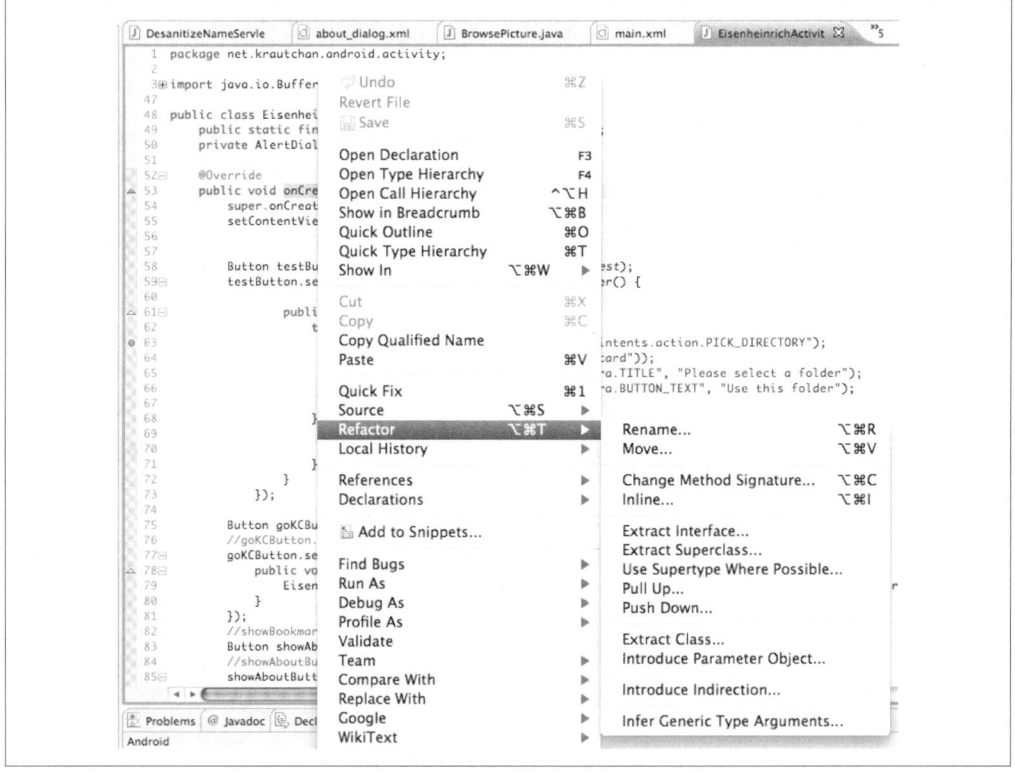

Abbildung 15-1: Das Refactoring-Menü von Eclipse

Ähnliche Refactoring-Hilfen gibt es für diverse Sprachen und Entwicklungsumgebungen. Im Wikipedia-Eintrag »Code Refactoring« (*en.wikipedia.org/wiki/Code_refactoring*) sind die aktuell verfügbaren Tools aufgelistet.

Code auf mehrere Dateien verteilen

Ein guter erster Schritt ist es, die Furcht vor dem großen Klumpen überarbeitungswürdigen Codes zu lindern. Lagern Sie abschreckende Codeteile, die Ihnen schon immer Unglück beschert haben, in eigene Dateien aus. So lindern Sie Demotivation und Angst davor, den eigenen Code anzufassen.

In Objective-C und vielen anderen Sprachen gehört es zum allgemein anerkannten Standard, jede Klasse in eine Datei zu packen, in Java ist es sogar technisch schwierig, etwas anderes zu tun. In jeder anderen Sprache ist es eine gute Idee. Versuchen Sie, logische Trennlinien zwischen den Teilen des Codes zu finden. Es macht erst mal nichts, wenn diese Teile immer noch ziemlich groß sind, in diesem Stadium hilft jede Reduzierung.

Den Code auf einzelne Dateien zu verteilen, hat auch folgenden Vorteil: Solange alles in einer einzigen Datei steckt, ist man versucht, ganze Arbeitsgänge wie ein Kochrezept in einer einzigen Funktion abzuhandeln. Zergliedert man komplexe Workflows in einzelne Dateien, die jeweils nur noch für einen Arbeitsschritt zuständig sind, dann tut man sich leichter, diese Arbeitsschritte in kleine Funktionen aufzuteilen. Das ist der nächste Schritt.

Ein Codemodul in kleinere aufspalten

In der Theorie ist alles ganz einfach: Egal, ob Sie objektorientiert, funktional oder prozedural programmieren, jedes Softwaremodul[4] sollte für eine Aufgabe zuständig sein – und umgekehrt sollte eine Aufgabe nicht über verschiedene Module verstreut werden. In einer wissenschaftlichen Auswertungssoftware zum Beispiel sollten Experimentdaten in einem Modul gelesen und in einem zweiten ausgewertet werden, und in einem dritten sollen die Ergebnisse in Dateien geschrieben werden.

Im Zuge der Programmierung wird es jedoch häufig komplizierter: So brauchen Sie für die Auswertung nicht nur die Experimentdaten aus Ihrer Datenbank, sondern auch noch Kalibrierungsparameter, die aus einer Datei stammen, also müssen Sie auch Funktionen schreiben, die diese Parametrisierungsdateien lesen. Die Funktionen, die die Ergebnisse in Dateien schreiben, müssen diese aber noch nach XML übersetzen, damit andere Software etwas mit den Ergebnissen anfangen kann – und nach Ende der Auswertung soll auch noch eine Mail an den Auswerter verschickt werden. Was zunächst einfach

---

4   Mit »Modul« meinen wir hier etwa eine Klasse in der objektorientierten Programmierung oder eine Funktion in der prozeduralen.

erscheint, kann sich daher schnell zu einem System entwickeln, in dem Datenbankabfragen und Dateioperationen nebeneinander stehen und in dem ein Modul für Formatierung, Ausgabe und das Senden der Erfolgsmail zuständig ist. Das ist zwar tolerierbar, macht das System aber unübersichtlich – und sorgt dafür, dass Sie mit etwas zeitlichem Abstand ständig suchen müssen, wo was genau implementiert wurde.

Daher ist es sinnvoll, aus den drei bisherigen Modulen fünf zu machen.

Vorher:

- Lesemodul
- Auswertungsmodul
- Schreibmodul

Nachher:

- Datenbankmodul
- Dateimodul (hierhin wandern die Leseoperationen aus dem ersten und die Schreiboperationen aus dem letzten Modul)
- Auswertungsmodul
- XML-Formatierer
- Mailmodul

Nach diesem Umbau ist jedes Modul kleiner und fokussierter. Schon der Name kann jetzt ziemlich präzise darüber Auskunft geben, was das Modul macht. Das Hauptprogramm ist nur noch für die Orchestrierung zuständig, indem es aus den einzelnen Modulen in der richtigen Reihenfolge Funktionen aufruft.

Allgemeiner formuliert: Zerlegen Sie zu *große Codemodule* oder Objekte in handlichere Einheiten, die nur noch einen Aspekt abdecken. Schreiben Sie zu diesem Zweck auf, wofür jedes Modul da ist, und überlegen Sie, ob es sich dabei um eine Aufgabe handelt oder um mehrere. Legen Sie dann neue Module an, auf die Sie den Code verteilen, damit ähnliche Funktionen zusammenkommen und Dinge, die Unverwandtes erledigen, getrennt sind.

Was ist »zu groß«?

Es gibt keine einfache Faustregel, die besagt, wie viele Zeilen man braucht, um eine Idee auszudrücken. Als Leser dieses Buchs können Sie provisorisch davon ausgehen, dass Ihre Funktionen, Objekte oder Klassen eher zu groß als zu klein sind.

Achten Sie auf Wiederholungen gleicher oder ähnlicher Codeteile.

Fast immer, wenn man lange Codeblöcke schreibt, finden sich darin Bereiche, die mehrfach vorkommen – vielleicht nicht unbedingt alle auf einem Fleck, aber doch über das

Programm verstreut. Solche Wiederholungen kann man vermeiden, indem man den Code in Funktionen auslagert und nur noch diese Funktionen aufruft.

»Überschriften-Code« deutet darauf hin, dass der betreffende Code gern in Funktionen wandern möchte.

Wenn Sie Code vorfinden, der durch zahlreiche überschriftenartige Kommentare in einzelne Schritte gegliedert ist, ist ein Teil Ihrer Arbeit bereits getan. Die Überschriften sagen Ihnen wahrscheinlich sogar, wie die neuen Funktionen heißen könnten.

Suchen Sie aktiv nach Unterproblemen, die mit der eigentlichen Aufgabe des Codes an dieser Stelle nichts zu tun haben.

Übersetzt die Funktion, die Daten aus der Datenbank liest, diese Daten gleich nach HTML? Dann ist es meist sinnvoll, die HTML-Transformation in eine Funktion auszulagern. Mehr dazu im nächsten Abschnitt, »Nebenwirkungen entfernen«.

Zerlegen Sie Code rigoros in kürzere Funktionen.

Funktionen dienen der Strukturierung des Codes, und Strukturierung ist mindestens genauso wichtig wie Wiederverwendbarkeit – einfach, weil sie das Lesen so viel leichter macht. Führen Sie Funktionen auch dort ein, wo etwas ganz Spezielles, nirgendwo Wiederverwendbares geschieht. Später wird sich außerdem oft herausstellen, dass das, was man beim Schreiben für garantiert nicht wiederverwendbar hielt, doch auch an anderen Stellen nützlich sein kann.

Eine Entwicklungsumgebung (siehe Kapitel 20) kann diese Aufgabe erleichtern. Viele Entwicklungsumgebungen bringen eine »Extract Method«-Funktion mit, die einen markierten Codebereich automatisch mitsamt allen benötigten Parametern in eine separate Methode befördert und vielleicht sogar Vorschläge dazu macht, welche anderen Codebereiche sich ebenfalls durch diese Methode ersetzen lassen würden.

Dieses Isolieren von einzelnen Aufgaben in kurze, abgeschlossene Einheiten ist ein wichtiger Schritt, der die Grundlage für weiteres Refactoring darstellt, denn Sie können Ihren Code nur dann sinnvoll neu zusammenstellen, wenn er nicht in endlos langen Funktionen aufbewahrt wird. Auch Codeduplikationen lassen sich leichter finden, wenn der Code nicht irgendwo in einer tiefen Einrückungsebene versteckt ist.

Machen Sie sich jedoch bewusst, dass die schiere Größe eines Moduls noch nichts darüber aussagt, ob es hinreichend fokussiert ist. Einfache Aufgaben sind normalerweise mit wenig Code zu erledigen, komplexe Aufgaben benötigen hingegen viele einzelne Anweisungen. Insbesondere Programme, die ein grafisches Benutzerinterface mitbringen, haben häufig recht große Module für diese GUI-Aufgaben. Der Code für die interne Datenverarbeitung mag viel anspruchsvoller sein, beansprucht letztendlich jedoch nur einen Bruchteil der Codezeilen des grafischen Frontends.

Schrecken Sie daher nicht davor zurück, Module zu schreiben, die deutlich größer sind als andere. Ein gut durchdachtes Modul verkörpert eine ganz bestimmte Idee – nicht mehr, aber auch nicht weniger.

Nebenwirkungen entfernen

Es kostet etwas Überwindung, Code so zu strukturieren, dass er aus kurzen Funktionen besteht, von denen jede nur eine Sache erledigt. Typischerweise schreibt man gerade als Anfänger Code so runter, wie man den Programmablauf plant, und führt eher beiläufig hier und da mal eine Funktion ein, in die man Teile auslagert.

Wenn eine Funktion analyzeExperimentData() Experimentdaten auswertet und auch gleich noch in eine Datei schreibt, dann ist das Speichern ein Nebeneffekt. Nebeneffekte sind problematisch, weil sie das Verständnis des Codes erschweren und ihn weniger gut wartbar machen. Man erkennt solche Funktionen mit Nebeneffekten gelegentlich an Kommentaren wie »Achtung, diese Funktion macht AUSSERDEM noch ...« Eine Funktion ohne Nebeneffekte kann man so oft aufrufen, wie man will, und man kann den Aufruf der Funktion bei Bedarf an eine andere Stelle verschieben. Insbesondere Funktionen, die einen Wert zurückliefern, sollten das nebenwirkungsfrei erledigen.

Aufgrund des Funktionsnamens weiß man in unserem Beispiel, was die eigentliche Aufgabe der Funktion sein soll. Erledigt die Funktion scheinbar bequem das Speichern gleich mit, dann muss man sie umbauen, sobald man die Ergebnisse lieber in einer Datenbank hätte. Oder man kopiert sie in eine zweite Funktion und ersetzt den Teil, der die Ergebnisse in eine Datei schreibt, durch einen, der sie in einer Datenbank speichert. Jetzt hat man zwei sehr ähnliche Funktionen mit hoher Verwechslungsgefahr.

Reduzieren Sie!

Zerlegen Sie den Code in kurze Funktionen, die wirklich nur die notwendigen Berechnungen erledigen und die Ergebnisse zurückliefern. Wenn Sie eine Datenauswertungsfunktion schreiben wollen, sollte diese die Daten an den Code zurückliefern, der sie aufgerufen hat. Dieser Code ruft dann eine Funktion auf, die die Ergebnisse in eine Datei (oder eine Datenbank) speichert. Es genügt nicht, das Speichern in eine Funktion auszulagern, die Sie direkt aus der Auswertefunktion aufrufen. Das verschiebt das Problem nur, und der Nebeneffekt passiert dann eben indirekt.

Eine Aufgabe für jedes Modul

Generell sollte jedes Modul des Codes, egal ob Klasse oder Funktion, nur eine einzige Aufgabe haben. Ein Beispiel für das Unglück, das aus einer Überladung von Beitrags-IDs mit Zusatzfunktionen resultiert, tauchte beim Schreiben dieses Buchs auf: Im zu diesem Zeitpunkt noch recht neuen Editor *Stypi*, einem Onlinetool zum gemeinsamen und gleichzeitigen Bearbeiten von Texten, werden die Beiträge unterschiedlicher Autoren in unterschiedlichen Farben markiert, jedenfalls in der Theorie. In der Praxis blieb der Text verwirrenderweise einfarbig. Nach einigem Kopfkratzen und mit den Entwicklern gewechselten Mails stellte sich Folgendes heraus: Jeder Nutzer bekommt automatisch eine von nur 16 Farben zugewiesen. Diese Farbe leitet sich durch eine Modulo-16-Division aus der Nutzer-ID ab und lässt sich demzufolge auch nicht ändern. Die einzige Lösung bestand darin, so lange immer neue Accounts anzulegen, bis schließlich alle Beteiligten unterschiedlich eingefärbt waren.

Code zusammenfassen

Ziemlich häufig schreibt man über die Dauer eines Projektes hinweg immer wieder ähnliche Funktionen und benutzt ähnliche Datenstrukturen. Das ist zunächst einmal auch sinnvoll, weil es schneller geht, Code zur Lösung des konkreten Problems zu schreiben. Eine allgemeinere Lösung verursacht mehr Denkaufwand und dauert länger. Häufig ist während der Entwicklung auch gar nicht klar, welche Form der endgültige Code annehmen wird.

Wenn das Programm aber prinzipiell lauffähig ist, wird es Zeit, ähnliche Funktionen durch allgemeinere zu ersetzen. Das bietet mehrere Vorteile. So wird der Code insgesamt kürzer, selbst wenn die allgemeiner gehaltene Funktion etwas länger sein sollte. Er wird auch weniger fehleranfällig, weil es nicht mehr verschiedene Implementierungen für ähnliche Aufgaben gibt. Und er ist viel wartungsfreundlicher – Sie müssen nur an einer Stelle Änderungen vornehmen, wenn Sie Funktionalität erweitern wollen.

Sehen Sie nach, wo ähnliche Funktionen existieren – das muss nicht unbedingt in derselben Klasse oder im selben Codemodul sein. Überlegen Sie, wie Sie sie zu einer allgemeineren Funktion zusammenfassen können. Wenn Ihnen das unüberwindlich viel scheint, dann sollten Sie wenigstens damit rechnen, dass Sie in Zukunft das mehrfache Vorkommen ähnlicher Funktionen vergessen werden, und einen Kommentar dazuschreiben: »Achtung, auch hier und hier ändern!«

Ein Beispiel: Eine Applikation will Daten zu Personen und Abbildungen von einem Webserver laden. Der Programmierer hat im Laufe der Entwicklung die beiden Funktionen geschrieben:

```
function getFigures (startFigureId, endFigureId) {
    if (startFigureId >= endFigureId) {
        return null;
    }
    var numFigures = endFigureId - startFigureId;
    var figures = getViaHttp('http://www.example.com/figures/?start=' + startFigureId +
'&amp;end=' + endFigureId);
    if (figures != undefined) {
        return figures;
    }
```

```
        return null;
    }

    function getPersons (startPersonId, numPersons) {
        if ((numPersons == null) || (numPersons <= 0)) {
            return null;
        }
        var persons = getViaHttp('http://www.example.com/persons/?start=' + startPersoIdn +
    '&amp;count=' + numPersons);
        if (persons != undefined) {
            return persons;
        }
        return null;
    }
```

Im ersten Fall hat der Entwickler sich dazu entschieden, einen Startindex und einen Endindex zu erwarten. Die Funktion testet dann, ob Start- und Endindex sinnvoll sind, also ob der Endindex größer als der Startindex ist. Ist das der Fall, lädt er die Abbildungsdaten und prüft, ob das Laden erfolgreich war.

Im zweiten Fall hat sich der Entwickler hingegen dafür entschieden, einen Startindex und eine Anzahl von Personen zu erwarten. Die Funktion testet, ob die Anzahl definiert wurde und größer als 0 ist und lädt dann ganz ähnlich zur ersten Funktion Personendaten.

Ein Refactoring der Funktionen führt zu folgendem Ergebnis:

```
    function loadFromWebservice (startIndex, endIndex, url) {
        if (startIndex >= endIndex) {
            return null;
        }

        var num = endIndex - startIndex;
        var data = getViaHttp(url + '?start=' + startIndex + '&amp;count=' + num);

        if (data != undefined) {
            return data;
        }
        return null;
    }
```

Im Programm würde die Funktion dann folgendermaßen aufgerufen:

```
    var figures = loadFromWebservice (startFigureId, endFigureId, 'http://www.example.com/
    figures/');
    var persons = loadFromWebservice (startPersonId, endPersonId, 'http://www.example.com/
    persons/');
```

Da sich die *Methodensignatur* für das Holen von Personendaten geändert hat, muss der Programmcode, der bisher getPersons() aufgerufen hat, ebenfalls angepasst werden. Meist ist es von Vorteil, wenn ähnliche Funktionen nach dem Refactoring auf die gleiche Weise aufgerufen werden müssen, denn es bewirkt, dass der aufrufende Code ebenfalls ähnlicher wird. In unserem Fall wird der Code, der getPersons() aufgerufen hat, nach dem Refactoring größere Ähnlichkeit als vorher mit dem Code haben, der getFigures() aufgerufen hat.

Methodensignatur

Eine Methodensignatur ist so etwas wie die Schnittstelle einer Methode, also alles, was einen von außen interessieren könnte: Der Name, mit dem die Methode aufgerufen wird, Anzahl und Reihenfolge ihrer Parameter sowie die Art des Rückgabewerts.

Eine weitere Auswirkung des Refactoring in unserem Beispiel ist, dass das Wissen, unter welcher URL die Daten zu holen sind, aus der Funktion nach außen verlagert wurde. Das ist meist gut so, denn es sorgt dafür, dass die Funktion besser wiederverwendbar ist. Würde man den Code dazu verwenden wollen, von unterschiedlichen Servern Daten zu laden, dann könnte man das nach dem Refactoring leichter als vorher tun.

Ist dieser Effekt hingegen unerwünscht, etwa, weil der Code aus ganz unterschiedlichen Bereichen der Applikation aufgerufen wird und man die Variablen für die URLs nicht quer durch den Code verstreuen will, dann kann man sogenannte Convenience-Methoden schreiben. Sie stehen im Code möglichst nahe an der allgemeinen Funktion und bilden die spezifischen Anwendungsfälle ab. In unserem Beispiel sehen sie so aus:

```
function getFigures (startIndex, endIndex) {
    return loadFromWebservice (startIndex, endIndex, 'http://www.example.com/figures/');
}
```

Und so:

```
function getPersons (startIndex, endIndex) {
    return loadFromWebservice (startIndex, endIndex, 'http://www.example.com/persons/');
}
```

Generalisierung ist nicht immer und ausschließlich von Vorteil. Wer zwei Funktionen zu einer zusammenlegt, schafft unter Umständen Abhängigkeiten, wo vorher keine waren. Statt zwei selbstständige Funktionen, die sich flexibel weiterentwickeln können – wenn nötig, in unterschiedliche Richtungen –, hat man jetzt eine einzige. Lassen Sie sich dadurch nicht vom Generalisieren abhalten, aber denken Sie vorher kurz darüber nach, ob die beiden Teile Ihres Codes wirklich mehr als nur oberflächliche Gemeinsamkeiten haben.

Zwingen Sie keine Dinge zusammen, wenn das Ergebnis später weniger übersichtlich und schwerer zu verstehen ist als vorher. Wenn Sie schon vorhersehen können, dass das Ergebnis Ihrer Zusammenlegung eine Funktion sein wird, die je nach übergebenen Parametern sehr unterschiedliche Dinge tut, ist das ein Anzeichen dafür, dass Generalisierung hier mehr Nachteile als Vorteile einbringt. Beispielsweise bräuchte man bei einer Funktion drawShape(shapeType, posX, posY) einen Kommentar, der erklärt, dass die Optionen »circle«, »square« und »bunny rabbit« wären. Die Funktionen drawCircle(posX, posY), `drawSquare(posX, posY)` und `drawBunnyRabbit(posX, posY)` sind hingegen selbsterklärend.

Das bedeutet auch, dass man sich beim Refactoring gelegentlich von einer übergeneralisierten Lösung weg bewegt. Finden Sie eine Funktion, die einige wenige (häufig: zwei) bestimmte Parameter akzeptiert und in Abhängigkeit von diesen Parametern sehr unterschiedliche Aufgaben erfüllt, dann sollten Sie überlegen, sie in separate Funktionen zerlegen. Parameter, die nur das Verhalten steuern, sind ein Indiz für eine Funktion, die zu viel will.

In unserem `drawShape()`-Beispiel stecken eigentlich drei Funktionen, die ganz Unterschiedliches tun – was genau, wird über den Parameter `shapeType` gesteuert. Sinnvollerweise würde man die Gemeinsamkeiten in einer neuen Funktion bündeln, aber drei Funktionen »drawCircle«, »drawSquare« und »drawBunnyRabbit« schreiben, die jeweils die gemeinsame Funktion aufrufen.

Bedingungen verständlicher gestalten

In Kapitel 14 ging es unter anderem um auffällig wirre und tief eingerückte if/then-Bedingungen. Im Zuge eines Refactoring lohnt es sich, auch diejenigen Bedingungen kritisch zu betrachten, die auf den ersten Blick ganz ordentlich aussehen.

Wo ein »if« steht, da sollte auch ein »else« sein.

Es gibt zwar relativ häufig Fälle, in denen nur eine Bedingung bedacht sein will und nicht ihr Gegenteil, aber noch wesentlich häufiger sollte beim Nichteintreten der Bedingung etwas anderes geschehen. Wenn Sie den »else«-Zweig weglassen, dann vergessen Sie wahrscheinlich, sich darum zu kümmern, was sonst passieren sollte. Überlegen Sie, ob Ihnen nicht doch etwas einfällt, was in den `else`-Zweig passen könnte. Wenn nicht, legen Sie am besten trotzdem ein leeres `else` an und schreiben als Kommentar hinein, warum dieser Fall nie eintreten kann. So teilen Sie Ihrem künftigen Selbst mit, dass Sie zumindest darüber nachgedacht haben.

Vorzeitiges `return` kann den Code übersichtlicher machen.

In C gehörte es zum guten Stil, jede Funktion nur mit einen einzigen `return` zu versehen. Am Ende der Funktion wurden selbst allozierte Ressourcen wieder freigegeben, und jede zusätzliche Rückkehrmöglichkeit zog leicht Speicherlecks nach sich. In Sprachen mit *garbage collection* ist das kein Problem mehr, mit dem Sie sich beschäftigen müssten. Wenn Sie ein Codeanalysetool (siehe Kapitel 13) verwenden, kann es allerdings sein, dass es etwas säuerlich auf übermäßig viele Ausgänge aus einer Funktion reagiert – mit der Begründung, das sei ein Anzeichen dafür, dass die Funktion zu viel auf einmal will oder zu schwer verständlich ist.

Garbage Collector

Ein Garbage Collector ist ein Teil der Laufzeitumgebung einer Sprache, der dafür sorgt, dass nicht mehr benötigte Objekte aus dem Arbeitsspeicher verschwinden, und damit Platz für neue Objekte schafft.

Pseudocode mit einem einzigen return:

```
doSomething(someVariable, someOtherVariable) {
    if (someVariable != null) {
        // do something
    } else {
        // do something else
    }
    return someResult;
}
```

Derselbe Code mit zwei Ausgängen:

```
doSomething(someVariable, someOtherVariable) {
    if (someVariable == null) {
        return false;
    }
    // do something
    return someResult;
}
```

Der Hauptteil des Codes (das // do something) ist jetzt eine Einrückungsebene weiter nach außen gerückt. Man sieht es unserem kurzen Beispiel nicht an, aber idealerweise sollten Sie multiple Ausgänge nur am Anfang und am Ende der Funktion vorsehen, wo Leser mit ihrem Auftauchen rechnen, und möglichst nicht im Mittelteil, wo sie bei längeren Funktionen Verwirrung stiften könnten. Noch besser: Schreiben Sie keine längeren Funktionen.

if- und else-Zweig einer Bedingung sollten ungefähr gleich wichtig sein.

Wo das nicht der Fall ist, räumt man besser die trivialen und die Sonderfälle gleich zu Anfang aus dem Weg, wie im vorigen Punkt beschrieben. So lassen sich Einrückungen und Verschachtelungen reduzieren.

Lange und/oder komplizierte Zeilen im if-Zweig, im else-Zweig oder im Inneren der Bedingung lassen sich in Funktionen extrahieren.

Die Komplexität wandert dann in die Funktionen, wo sie nicht stört. Durch die Einführung der Funktion

```
function isCuteHedgehog(someAnimal) {
    if (isHedgehog(someAnimal) && isCute(someAnimal)) {
        return true;
    }
}
```

lassen sich an der Stelle im Code, an der die Bedingung abgefragt wird, Platz und Nachdenken einsparen. Dort steht dann nur noch `if (isCuteHedgehog(someAnimal))`. Die Funktion können Sie in eine entlegene Werkzeugkastenabteilung Ihres Codes auslagern.

Teile der Bedingung in Funktionen auszulagern, kann sich auch dann lohnen, wenn das Original schon recht kurz war – nämlich wenn man in der neuen Version weniger nachdenken muss, weil der neue Funktionsname die Aufgabe eines Kommentars übernimmt. `if isEven(someNumber)` liest sich müheloser als `if (someNumber % 2 == 0)`.

Suchen Sie nach identischen Zeilen, die in allen Zweigen einer if/then-Bedingung auftauchen.

Diese Zeilen können Sie herausziehen und hinter der schließenden Klammer der Bedingung unterbringen. Künftige Änderungen brauchen Sie dann nur noch an dieser einen Stelle vorzunehmen.

Denken Sie über den Einsatz von Switch/Case-Konstruktionen nach.

Switch/Case-Statements wirken wie eine Reihe hintereinandergeschalteter If-Anweisungen. Was mit If/Else ein kompliziertes Bedingungsgestrüpp wäre, wird mit Switch/Case oft gleich viel übersichtlicher. Zusatzvorteil: Switch/Case-Konstruktionen sehen eine Defaultoption vor (unter dem Namen `default` oder `else`), die man hier eher benutzen wird als bei If/Else. Leider hat Switch/Case in einigen gebräuchlichen Sprachen den Nachteil, dass jedes Case-Statement explizit mit einem `break` beendet werden muss, sonst rutscht man in das nächste Case-Statement durch. Das kann beabsichtigt sein, so wie hier:

```
switch (animal) {
    case 'rabbit':
    case 'kitten':
        // do something
        break;
    case 'velociraptor':
    case 'shark':
        // do something else
        break;
    default:
        // do nothing
}
```

Aber das Fallthrough schleicht sich gern auch unbeabsichtigt in den Code ein und ist dann schwer zu debuggen. Douglas Crockford rät in »JavaScript: The Good Parts« aus diesem Grund generell von der Verwendung von Switch/Case ab. Wenn Sie noch nie über eine fehlende Defaultoption gestolpert sind, aber schon öfter über versehentliches Fallthrough, dann sind Sie vielleicht eher ein If/Else-Typ. Entscheiden Sie selbst. Falls ein Fallthrough tatsächlich beabsichtigt sein sollte, versehen Sie es am besten mit einem Kommentar.

Die richtige Schleife für den richtigen Zweck

Als nicht so erfahrener Programmierer haben Sie womöglich eine bevorzugte Schleifenform, mit der Sie sich am sichersten fühlen. Aber es gibt die verschiedenen Typen von Schleifen nicht nur, weil Programmierer Abwechslung lieben. Jede von ihnen eignet sich für einen ganz bestimmten Zweck am besten. Zwar kann man jeden Schleifentyp so verbiegen, dass er auch die Aufgaben der anderen erfüllt, aber man macht sich damit nur unnötig das Leben schwer.

Wenn Sie von Anfang an wissen, wie oft die Schleife durchlaufen werden soll, wählen Sie eine for-Schleife. Wenn nicht, eine while-Schleife. while-Schleifen sind etwas besser lesbar als do-while-Schleifen, weil die Bedingung gleich zu Anfang genannt wird. Viele do-while-Schleifen lassen sich problemlos zu while-Schleifen umbauen.

Wenn Sie in einer for-Schleife ein Abbruchkriterium (üblicherweise mit break) vorsehen, ist das ein Anzeichen dafür, dass diese Schleife lieber eine while-Schleife wäre. Auch wenn Sie im Header einer for-Schleife eine Konstruktion unterbringen, die stark von i = 0; i < someValue, i++ abweicht, ist das ein Anzeichen dafür, dass diese Schleife lieber eine while-Schleife wäre. Wenn Sie den Zähler missbrauchen, um die Schleife vorzeitig zu verlassen (zum Beispiel, indem Sie mittendrin plötzlich die Zählervariable i auf 100 setzen) ist das ebenfalls ein Anzeichen dafür, dass diese Schleife lieber eine while-Schleife wäre.

Wenn Sie in einer foreach- oder while-Schleife eine Zählervariable mitführen, die nach jedem Durchgang erhöht wird, ist das ein Anzeichen dafür, dass diese Schleife lieber eine for-Schleife wäre. (Eine Ausnahme von dieser Regel sind *safety counters*.)

Das alles sind nur Anhaltspunkte. Es kann gute Gründe dafür geben, sich trotzdem für einen anderen Schleifentyp zu entscheiden. Sie sollten diese Gründe dann vielleicht in einem Kommentar niederlegen, damit Sie bei der nächsten Begegnung mit dem Code nicht wieder darüber nachdenken müssen.

Schleifen verständlicher gestalten

Wie bei den Bedingungen lohnt es sich auch bei den Schleifen, kritisch hinzusehen, auch wenn auf den ersten Blick nichts Störendes zu erkennen ist. Hier verbirgt sich häufig noch Optimierungspotenzial.

Jede Schleife sollte nur eine Funktion haben.

Die Tatsache, dass sich auch zwei Funktionen darin unterbringen lassen würden, ist kein Grund, von dieser Regel abzuweichen. Unerfahrenere Programmierer hegen hier oft vage Gedanken über Sparsamkeit. Man kann aber nur durch Nachmessen (siehe den Abschnitt »Performancetests« in Kapitel 16) herausfinden, ob eine Schleife mit Mehrfachfunktion wirklich eine signifikante Menge an Rechenzeit einspart. Wenn Ihnen das zu mühsam ist, verwenden Sie im Interesse Ihrer menschlichen Leser stattdessen mehrere separate Schleifen mit je einer Aufgabe.

Zwei Verschachtelungsebenen reichen.

Steve McConnell, der Autor von »Code Complete«, erlaubt seinen Lesern bis zu drei Ebenen. Als Leser dieses Buchs sollten Sie sich vielleicht besser auf zwei beschränken. Es gibt Studien, aus denen hervorgeht, dass auch bessere Programmierer ab drei Ebenen erhebliche Verständnisprobleme bekommen.

Ab der Einführung einer zweiten Ebene sollten alle Schleifenzähler sprechende Namen bekommen.

i und j sind beim Schreiben leichter zu verwechseln und beim Lesen schwerer zu deuten als beispielsweise lineCounter und wordCounter.

Je weniger Zeilen eingerückt sind, desto besser.

Viele Einrückungsprobleme lassen sich lindern, indem man in bestimmten Fällen vorzeitig zurückkehrt, also wie oben beschrieben nicht nur ein einziges return am Ende vorsieht.

continue ist für viele Leser verwirrend und fast immer vermeidbar.

Dass das Verb continue »brich das ab, was du da gerade tust (und mach mit dem nächsten Schritt der Schleife weiter)« bedeutet und break etwas ganz anderes, verursacht längeres Nachdenken sowie häufige Nachfragen im Netz nach dem Unterschied zwischen break und continue. Als Eselsbrücke hilft es, sich das Wort loop dazuzudenken: break loop und continue loop sagen deutlicher, was hier geschieht. Zu viele Ausgänge aus der Schleife sind ein Anzeichen dafür, dass es besser sein könnte, den Inhalt in kleinere Stücke zu zerteilen. Nebenbei führt continue in while-Loops gern versehentlich zu Endlosschleifen. Am allerbesten ist es, im Inneren der Schleife gar keine Ausgänge vorzusehen, also auf break und continue zu verzichten. Douglas Crockford erläutert in dem Interviewband »Coders at Work«: »Ich habe noch nie Code gesehen, der sich nicht durch das Weglassen von continue verbessern ließ. Bestimmte komplizierte Strukturen lassen sich damit einfacher schreiben. Aber meiner Erfahrung nach tut eine Lösung ohne continue der Struktur immer gut, Deshalb habe ich es mir zur Gewohnheit gemacht, ganz auf continue zu verzichten. Wenn ich ein continue in meinem Code finde, weiß ich, dass ich nicht gründlich genug nachgedacht habe.«[5]

Routineaufgaben der Schleife sollten gemeinsam am Anfang oder am Ende stehen.

Verteilen Sie sie nicht über den ganzen Mittelteil. Solche Aufgaben haben in der Regel mit denjenigen Variablen zu tun, die Sie unmittelbar vor der Schleife eingeführt haben, meist wird z.B. eine Variable hochgezählt, ein String oder ein Array verlängert.

---

5 »Coders at Work«, S. 106.

while-Schleifen sollten ein Abbruchkriterium als Notbremse haben.

Zumindest, wenn sie auf Dateien oder übers Netz auf andere Server zugreifen. Weil die Wahrscheinlichkeit von Fehlern beim Zugriff auf externe Ressourcen viel höher ist als beim Lesen aus dem Speicher oder von der Festplatte, sollten Sie die Anzahl der Versuche begrenzen und lieber das Programm mit einem Fehler beenden, wenn diese Grenze überschritten ist. Also zum Beispiel »tu irgendwas, solange x kleiner y ist, aber spätestens nach 100 Mal ist Schluss«. Der dazugehörige Code könnte so aussehen:

```
tries = 0
max_tries = 100
while (some condition) {
    do something
    tries++
    if (tries >= max_tries) {
        log_error ("connect failed")
        exit (1)
    }
}
```

Stecken Sie das Abbruchkriterium nicht in die while-Bedingung. Die while-Bedingung und die Abbruchbedingung haben ganz unterschiedliche Aufgaben und sollten räumlich voneinander getrennt sein.

Variablen kritisch betrachten

In Kapitel 14 ging es bereits um globale Variablen und ihre Vermeidungswürdigkeit. Aber auch bei den übrigen Variablen kann es sich lohnen, sie noch »lokaler« zu gestalten. Betrachten Sie alle Variablen mit kritischem Blick: Muss sich ihr Dasein wirklich über weite Codebereiche erstrecken? Sind sie überhaupt nötig? Wenn es Ihnen gelingt, Anzahl und Ausdehnung Ihrer Variablen einzudämmen, macht das den Code leichter verständlich, weil Ihre Leser nicht so viele Elemente gleichzeitig im Kopf behalten müssen. (Mehr zum Gültigkeitsbereich von Variablen steht in Kapitel 26.)

Machen Sie aus Member-Variablen lokale Variablen, wo das möglich ist.

In der objektorientierten Programmierung kann man eventuell aus Member-Variablen lokale Variablen von Methoden machen. Member-Variablen sollten ausschließlich Werte enthalten, die für den Zustand des Objekts wichtig sind und nicht durch einfache Berechnung erzeugt werden können. Zwischenwerte oder einfach zu berechnende Werte (beispielsweise einen Bruttobetrag) sollte man nicht in Member-Variablen speichern.

Member-Variablen
Member-Variablen sind Variablen, die von allen Funktionen eines Objekts gelesen und verändert werden können.

»Control flags« in Schleifen zeigen an, dass es hier Verbesserungs-potenzial gibt.

Häufig tragen solche Flags Namen wie done, found, success oder keepGoing, die schon andeuten, dass der Autor hier elementare Funktionen seiner Programmiersprache in Form des Flag selbst neu implementiert hat. Das ist unelegant und lässt sich vermeiden, indem man zusätzliche Ausgänge (vorzeitiges return) vorsieht oder Teile des Codes in Methoden auslagert. Auf diese Art nötigen Sie Ihre Leser nicht dazu, bis zum Ende der Schleife weiterzulesen, wenn dort eigentlich gar nichts mehr passiert.

Wenn eine Variable nie verändert wird, lohnt es sich, sie zu einer Konstanten zu machen.

Zum einen ist es sauberer, zum anderen erspart man sich jedes weitere Nachdenken über ihren Zustand. In vielen Sprachen bewirkt ein versehentliches Verändern dieser Konstante einen Syntaxfehler und erinnert Sie so schon beim Programmieren daran, dass es sich um eine Konstante handelt.

Erwägen Sie, Variablen in unmittelbarer Nähe ihres Einsatzortes unterzubringen.

Wenn man alle in einer Funktion benötigten Variablen gleich zu Beginn definiert, sieht der Code zwar aufgeräumter aus. Gleichzeitig müssen Ihre Leser aber über diese Variablen nachdenken, noch bevor deren Einsatzzweck klar ist.

Refactoring von Datenbanken

Auch wenn Sie wenig mit relationalen Datenbanken machen und sich noch weniger dafür interessieren, sollten Sie sich mit dem Thema Normalisierung beschäftigen. Die Normalisierung eines Datenbankschemas ist grob vergleichbar mit dem Refakturieren von Programmcode und bietet ähnliche Vorteile: Vermeidung von Redundanzen, höhere Abstraktion und Reduzieren von Fehlermöglichkeiten.

Es gibt verschiedene Stufen der Datenbankschema-Normalisierung, wobei man von der 1. bis 6. Normalform und weiteren wie der BCNF spricht, je nachdem, wie weitgehend man sein Schema an diese Best Practices angenähert hat. Erfahrungsgemäß sind nur die ersten drei Normalformen wirklich wichtig.[6]

1. Normalform (1NF): Datenbankspalten enthalten keine Werte, die sich noch weiter in sinnvolle Teilbereiche aufspalten lassen. So wird beispielsweise die Spalte Name, die vor der Normalisierung den Wert Laura Berndsen enthielt, in eine Firstname und eine Lastname-Spalte aufgeteilt, die Spalte Address wird in Straße, Hausnummer und Postleitzahl zerlegt. So können Sie problemlos eine Suche nur nach Nachnamen anbie-

---

6   Alle Normalformen sind unter *de.wikipedia.org/wiki/Normalisierung_(Datenbank)* ausführlich beschrieben.

ten, ohne jeden einzelnen Namen in Ihrem Programm in Vor- und Nachnamen zerlegen zu müssen.

Auch sollten Eigenschaften eines Datensatzes, die von dessen Kern unabhängig sind, in eigene Tabellen wandern. Für eine Personendatenbank bedeutet das zum Beispiel, dass es neben der Personen- auch noch eine Adresstabelle geben sollte, denn Adressen könnten auch für eine Filialtabelle nützlich sein oder für eine Lieferantentabelle.

Sie sollten für jede Tabelle eine Unique ID (siehe Kapitel 26) definieren, die in der Welt der relationalen Datenbanken als `Primary Key` bezeichnet wird, damit Sie zwischen Tabellen Bezüge auf einen bestimmten Datensatz herstellen können.

2. Normalform (2NF): Lagern Sie Eigenschaften in eigene Tabellen aus, wenn Ihr Datensatz ein Array oder eine Liste dieser Eigenschaften enthält. Bei einer Lieferantentabelle könnte es beispielsweise ohne Weiteres sein, dass ein Lieferant als Firma mehrere Fabrikadressen besitzt. Sie sollten vermeiden, das Problem durch mehrere ähnliche Spalten in Ihrem Datenbankschema zu lösen, beispielsweise drei Adressspalten. So etwas ist ein sicheres Anzeichen dafür, dass diese mehrfach vorkommenden Eigenschaften eine eigene Tabelle wollen.

In der zweiten Normalform sind Tabellen durch Relationen verknüpft. Relationen definieren Sie dadurch, dass Sie in der Tabelle mit den mehrfach vorkommenden Eigenschaften (in unserem Beispiel der Adresstabelle) eine Spalte als `Foreign Key` definieren, der mit dem `Primary Key` einer anderen Tabelle (unserer Lieferanten) verbunden ist. Die Datenbank weiß dann, dass alle Adressen mit einem bestimmten `Foreign Key` demselben Lieferanten zugeordnet sind.

3. Normalform (3NF): Während die 2NF sich damit beschäftigt, mehrere Spalten für die gleiche Eigenschaft zu vermeiden, ist die Kunst der 3NF, Spalten zu finden, die zeilenweise immer wieder bestimmte Strings enthalten, und in eigene Tabellen auszulagern. Wird beispielsweise in der Mitarbeiterdatenbank die Niederlassung mitgepflegt, in der der Mitarbeiter arbeitet, dann steht der Name der Niederlassung in der 3. Normalform nicht in einer Spalte der Mitarbeitertabelle. Stattdessen wird eine Tabelle `Niederlassungen` eingeführt und aus der Mitarbeitertabelle referenziert. In der Mitarbeitertabelle steht dann nur noch die ID der Niederlassung.

3NF ist toll, um Formulare zu erstellen, bei denen Werte wie Straßennamen oder Städte nicht immer wieder neu eingegeben werden müssen. Stattdessen werden sie aus einer existierenden Tabelle gelesen und in Form von Drop-down-Menüs angeboten. Das trägt dazu bei, Tippfehler und leicht unterschiedliche Schreibweisen zu vermeiden.

Aus dieser datenbanktheoretischen Betrachtung ergeben sich folgende Faustregeln:

Betrachten Sie Tabellen mit sehr vielen Spalten misstrauisch.

Oft lässt sich der Inhalt sinnvoller auf mehrere separate Tabellen verteilen. Als Anfänger sind Sie vielleicht ganz froh darüber, dass es Ihnen überhaupt gelungen ist, die Daten in eine Tabelle zu stecken, alles Weitere erscheint Ihnen vage gefährlich. Langfristig tun Sie sich damit aber keinen Gefallen.

Spalten sollten nur einem einzigen Zweck dienen.

Wenn Sie abhängig vom Inhalt anderer Tabellenspalten eine Spalte für unterschiedliche Sorten von Daten verwenden, sollten Sie diese Spalte besser in zwei neue aufgliedern.

Halten Sie keine redundanten Daten vor.

Wenn Sie dieselben Daten an mehreren unterschiedlichen Orten speichern, öffnen Sie Inkonsistenzen Tür und Tor. Das gilt auch für Daten, die nicht identisch, sondern nur eng verwandt sind und sich voneinander ableiten lassen, zum Beispiel Brutto- und Netto-beträge.

Was man nebenbei erledigen kann

Einerseits wollen Sie sich beim Refactoring nicht verzetteln, andererseits stechen Ihnen dabei ständig neue Unvollkommenheiten Ihres Codes ins Auge. Machen Sie sich Notizen. Das kann in Form von Kommentaren geschehen, auf einem Zettel am Monitor oder in einer speziell dafür vorgesehenen Liste Ihrer Entwicklungsumgebung. IDEs wie Eclipse oder Visual Studio haben beispielsweise eine solche »task list«, die alle mit bestimmten Stichwörtern wie FIX, HACK oder TODO versehenen Kommentare in einer übersichtlichen Darstellung anzeigt (siehe Abbildung 15-2).

Abbildung 15-2: Eine Task List in Eclipse

Änderungen von wirklich geringem Umfang können Sie im Vorbeigehen durchführen. Testen müssen Sie allerdings trotzdem: Leicht manövriert man sich in eine Situation, in der die kleinen Nebenbei-Änderungen schuld sind, wenn nichts mehr geht.

Funktionen, Methoden, Codemodule oder Variablen umbenennen

Reine Umbenennungen sind eher Grenzfälle des Refactoring, weil dabei die Struktur des Codes nicht verändert wird. Wir erwähnen sie hier, weil sie gut zum Zweck der Refakturierung von Code passen, nämlich, den Code besser verständlich und zukunftssicherer zu machen.

Funktionen ändern häufiger einmal ihren Arbeitsschwerpunkt. So kann es im Laufe der Entwicklung dazu kommen, dass Ihre `printUserData()`-Funktion nicht mehr viel mit der eigentlichen Ausgabe eines Strings auf den Bildschirm zu tun hat, sondern einen String zurückliefert, der entweder in einer Datei oder in einem Fenster landet. (Historisch interessierte Leser erkennen an dieser Stelle, dass schon der Befehl `print` für die Ausgabe auf den Bildschirm ein Anachronismus und damit selbst ein Beispiel für das beschriebene Phänomen ist.) In diesem Fall wäre es an der Zeit, die Funktion in `serializeUserData()` umzubenennen, damit Aufgabe und Name wieder übereinstimmen.

Noch häufiger kommt es dazu, dass Variablen nicht mehr das enthalten, was der Name verspricht. Vielleicht enthielt `$position` anfangs noch eine relative Positionsangabe, aber später entdecken Sie, dass eine absolute Positionierung doch einfacher ist. Dann empfiehlt es sich, die Variable in `$absolutePosition` umzubenennen. Näheres zum Vorgehen bei Umbenennungen steht in Kapitel 5, Abschnitt »Von Byzanz über Konstantinopel nach Istanbul«.

Unbenutzte Variablen entfernen

Es lohnt sich nicht, den Quellcode mit dem Läusekamm nach unbenutzten Variablen durchzugehen, denn sie beeinträchtigen das laufende Programm nicht. Allerdings verwirren sie den Leser, deshalb sollte man sie entfernen, wenn man über sie stolpert. Angenommen, Sie wollen ein Modul erweitern und finden eine Variable, Funktion oder Klasse, die unbenutzt aussieht. Wenn Sie gar keine Entwicklungsumgebung haben, können Sie in wirklich jedem Editor eine Suche über alle Dateien des Projekts laufen lassen und herausfinden, ob das verdächtige Ding tatsächlich nicht gebraucht wird. Wenn es nicht gebraucht wird, löschen Sie es gnadenlos. Wenn Sie sich dazu zu unsicher fühlen, kommentieren Sie es wenigstens aus und schreiben Sie dazu, an welchem Datum Sie es außer Betrieb genommen haben. Bei der nächsten Begegnung können Sie es dann löschen, wenn in der Zwischenzeit nichts Schlimmes passiert ist.

Umformatieren

Manchmal lässt sich durch umständlichere Formatierung bessere Lesbarkeit herstellen, zum Beispiel so:

```
if (some condition &&
    some condition &&
    some condition &&
    some condition)
    do something
```

Besser wäre es allerdings, hier die komplexe Bedingung in eine Funktion auszulagern, wie oben am `cuteHedgehog`-Beispiel beschrieben.

Ist das jetzt wirklich besser?

Falls Sie nach diesen Umbauschritten vor Code stehen, der zwar jetzt aus lauter kurzen Stücken besteht, aber dafür viel mehr Methoden, Klassen oder Dateien enthält, und falls Sie sich jetzt fragen, ob das wirklich übersichtlicher ist als vorher: Das ist auch unter Fachleuten ein umstrittenes Thema. Meistens kann man nur entweder die Anzahl der Einzelteile reduzieren oder deren Länge, nicht beides. »One man's simpler is another man's complex«, heißt es in einem Blogbeitrag von Mike Taylor.[7]

Orientieren Sie sich im Zweifelsfall nicht an der Frage, was kürzer ist, sondern an der Frage danach, welche Variante des Codes Sie beim nächsten Wiederlesen schneller verstehen können. Wenn Sie mit anderen Menschen zusammenarbeiten, ist es komplizierter, denn dann müssen Sie herausfinden, welche Variante für diese anderen Menschen verständlicher ist. Das Ergebnis wird immer ein Kompromiss sein (siehe Kapitel 18). Wenn Sie wenig Programmiererfahrung oder keine ausgeprägte Präferenz für eine der beiden Varianten haben, sollten Sie im Zweifelsfall lieber den Fehler machen, alles *zu* klein zu zerlegen. Programmieranfänger fallen viel häufiger durch überlangen und unstrukturierten Code unangenehm auf als durch zu viele Einzelteile. Das Nachdenken, das in die Zerlegung des Codes eingeflossen ist, zahlt sich später in jedem Fall aus.

Jetzt haben Sie eigentlich das Wichtigste erledigt. Widerstehen Sie der Versuchung, immer weiter am Code zu feilen – Ihre Aufgabe ist es, Programme zu schreiben, die bestimmte Dinge erledigen, und nicht, erste Plätze in Schönheitswettbewerben für Quellcode zu gewinnen.

Steve McConnell beschreibt in »Code Complete« eine brauchbare Faustregel: »Setzen Sie Ihre Zeit für die 20 Prozent Refactoring ein, die Ihnen 80 Prozent des Gewinns bringt.« Zu Anfang werden Sie noch nicht wissen, woran Sie diese magischen 20 Prozent erkennen sollen. Im Laufe der Zeit bekommen Sie ein besseres Gefühl dafür, wo Refactoring sich für Sie lohnt und wo eher nicht. Bis dahin genügt es, wenn Sie im Hinterkopf behalten, dass auch Profis 80 Prozent des theoretisch denkbaren Refactoring unerledigt lassen.

Wann man auf Refactoring besser verzichtet

Selbst wenn man für seinen Code nicht bezahlt wird, programmiert man ja meistens nicht ziellos vor sich hin, sondern möchte etwas Bestimmtes entstehen lassen. Nur wenn Sie rein aus Spaß programmieren oder gerade eine neue Sprache ausprobieren, bringt die Entscheidung für das Refactoring keinerlei Risiken und Nebenwirkungen mit sich. In jedem anderen Fall hat Refactoring Kosten.

Wenn Sie nur Funktions- oder Variablennamen umbenennen oder die Einrückungen auf den lokalen Styleguide umschreiben wollen, dann lassen Sie es lieber sein. Sie bringen

---

7   Der Beitrag ist ein guter Ausgangspunkt zum Weiterlesen, wenn Sie mehr über diese Abwägung erfahren wollen: *reprog.wordpress.com/2010/03/28/what-is-simplicity-in-programming/*.

keine strukturellen Verbesserungen in den Code, machen es sich und anderen in der Zukunft aber möglicherweise schwerer, den Sinn Ihrer Änderungen zu verstehen. Gerade unter Zeitdruck ist es unschön, wenn man in der History des Versionskontrollsystems sehr viele Änderungen findet, die man dann in echtes Refactoring und rein kosmetische Veränderungen auseinandersortieren muss.

Auch das Auftauchen neuer Technologien ist noch kein ausreichender Grund. Wenn Sie nicht außerordentlich stichhaltige Argumente dafür vorbringen können, dass der Code durch den Einsatz einer neuen Technik oder eines neuen Frameworks wesentlich schneller, besser wartbar oder nützlicher wird, dann lassen Sie lieber alles so, wie es ist. Suchen Sie sich ein kleines Privatprojekt, bei dem Sie mit der attraktiven Neuerung herumspielen können.

Für das Nichtstun spricht insbesondere dann manches, wenn man mit anderen zusammenarbeitet. Der Wunsch nach Refactoring in einem Gemeinschaftsprojekt erwächst oft aus Gründen, die mit dem Sourcecode an sich wenig zu tun haben, z.B. Angeberei, Prokrastination oder Machtspielchen.

Wer den Code eines anderen umschreibt, der behauptet dadurch, dass er die Aufgabe besser verstanden hat als der ursprüngliche Entwickler. Das ist dann kein Problem, wenn ein tatsächliches Kompetenzgefälle existiert und von allen anerkannt ist. Sind die Teammitglieder aber ungefähr gleich erfahren, dann sendet Refactoring von fremden Code eine nicht ganz so nette Botschaft. Um den sozialen Frieden zu wahren, sollten Sie hier vorsichtig auftreten und lieber Ihren eigenen Code überarbeiten. Zwar sollte in Entwicklerteams die goldene Regel »Code ist kein Privateigentum« gelten, und jeder sollte den Code jedes anderen erweitern und reparieren dürfen. Trotzdem empfiehlt es sich, ausführliches Refactoring möglichst vorher mit allen Beteiligten abzusprechen.

Wenn man im Zuge einer Refactoring-Orgie die gesamte Projektstruktur umbaut, bringt man die Mitstreiter durcheinander. Vielleicht nur in ihren Arbeitsabläufen und Gewohnheiten, vielleicht fühlen sie sich aber auch zu Programmierern zweiter Klasse degradiert.

Bedenken Sie auch, dass Sie in der Zeit, in der Sie bestehenden Quellcode umbauen, nicht das tun, was die anderen sich vielleicht dringender wünschen, nämlich dass Sie unangenehme Aufgaben erledigen, die Ihre Kollegen genauso ungern übernehmen wollen wie Sie. Jeder hat unproduktive Phasen, in denen die Implementierung von neuen Features sehr zäh läuft. Diese Phasen kann man manchmal zur Codepflege nutzen, aber man sollte nicht aus purer Prokrastination den Code einmal von rechts auf links wenden. Man geht dann zwar mit dem Gefühl nach Hause, etwas getan zu haben, hat aber netto die Produktivität der Gruppe möglicherweise verringert. Auch wenn Sie nur ganz allein vor sich hinprogrammieren: Widerstehen Sie der Verlockung, Ihren Code zu verschönern, um schwierigeren Aufgaben aus dem Weg zu gehen. Das ist das Äquivalent zum gründlichen Wohnungsputz, wenn man eigentlich gerade eine Diplomarbeit schreiben sollte.

Selbst wenn das alles nicht zutrifft und Sie nur die alleredelsten Beweggründe für Ihr Refactoring haben: Man wird es Ihnen nicht unbedingt danken. Sie werden viel Zeit in

Änderungen investieren, nach denen der Code exakt dasselbe tut wie vorher. Wenn alles gutgeht, dürfen Sie nicht viel Beifall erwarten. Und wahrscheinlich wird es nicht gutgehen – wie oft haben Sie schon Code geändert, ohne dabei neue Fehler einzubauen? Im schlimmsten Fall machen Sie aus unwichtigem Grund etwas Wichtiges kaputt. Damit ziehen Sie dann schnell den berechtigten Ärger der Mitprogrammierer auf sich, denn Refactoring ist kein Selbstzweck, sondern soll die zukünftige Arbeit vereinfachen. Erschwert es die derzeitige Arbeit, dann machen Sie etwas falsch.

Von Gerald Weinberg stammt dieser Aphorismus: »There is no code so big, twisted or complex that maintenance can't make it worse.« Er mahnt zur Vorsicht, komplexen Code nicht durch gut gemeinte Wartungsarbeiten zu verschlechtern. Refakturieren Sie also keinen Code, den Sie nicht verstanden haben, denn sonst ergeht es Ihnen wie einem der Autoren in dem Fall, der im nachfolgenden Kasten beschrieben wird.

Ist das Code oder kann das weg?

In einem meiner ersten Projekte arbeitete ich mit dem Lead-Developer an einer Java-Applikation. Ein Teil des von ihm geschriebenen Codes erschien mir überkomplex und schwer verständlich, also überarbeitete ich den Quellcode mit dem Ziel, Überflüssiges rauszuwerfen und den Code besser an die konkrete Aufgabe anzupassen.

Am nächsten Tag zitierte er mich dann etwas säuerlich zu sich und fragte mich, warum ich die von ihm geschriebene *State-Machine* in Stücke gehauen hätte. Es stellte sich heraus, dass ich sie nicht als solche erkannt hatte und auch nicht wusste, dass er sie für konkrete Erweiterungen vorgesehen hatte. Zwar konnte man meine Änderungen durch das Versionskontrollsystem schnell rückgängig machen, aber es war kein schöner Moment, eingestehen zu müssen, dass ich den Code nicht richtig verstanden hatte.

Johannes

 **State-Machine**
Ein Programmierparadigma, bei dem bestimmte Zustände und die Übergänge zwischen ihnen besonders wichtig sind – beispielsweise, um zu garantieren, dass eine Finanztransaktion entweder erfolgreich abgewickelt oder im Fehlerfall vollständig rückgängig gemacht wird.

Das war ein sehr kurzer Überblick über ein Thema, das anderswo ganze Bücher füllt. Wenn Sie nach der Lektüre eine Vorstellung davon haben, wann Refactoring eine gute Idee sein und wie es ungefähr aussehen könnte, hat das Kapitel seinen Zweck erfüllt.

Falls Sie es etwas genauer wissen wollen, empfehlen wir die Lektüre der sehr laienfreundlichen Refactoring-Tipps in »The Art of Readable Code« von Dustin Boswell und Trevor Foucher. Auch Steve McConnells »Code Complete« enthält sehr ausführliche und verständliche Beispiele. Wer gründlich in das Thema einsteigen möchte, dem sei Martin

Fowlers »Refactoring: Improving the Design of Existing Code« (Addison Wesley Professional 1999) ans Herz gelegt. Das Buch wendet sich an Fortgeschrittene und enthält etwas anspruchsvollere Konzepte, in weiten Teilen sind Fowlers Anleitungen aber auch für Anfänger gut nachvollziehbar. Unter *martinfowler.com/refactoring/catalog/* kann man eine Kurzfassung aller Verbesserungstechniken aus seinem Buch nachlesen.

Ein Problem und seine Lösung

Kathrin: »Was ist zu tun, wenn man schlauer geworden ist und den Horror der früheren Taten sieht, aber das zu Ändernde ganz tief in den Fundamenten des Codes sitzt? Die Nummerierung der Riesenmaschine-Beiträge ist ein Timestamp, der sich so lange immer wieder ändert, wie der Beitrag intern bearbeitet wird, und erst bei der Freischaltung dauerhaft festgelegt wird. Diese Flüchtigkeit der internen Beitragsnummern bringt zahlreiche Ärgernisse mit sich. Wie hätte ein weniger unbedarfter Programmierer das Problem von vornherein besser gelöst? Und wie funktioniert Refactoring, wenn man dafür einen der untersten Bausteine austauschen müsste?«

Johannes: »Das zugrunde liegende Problem ist, dass die IDs zu viel wollen, einerseits Timestamp des letzten Edits sein, andererseits Unique-ID und drittens noch so etwas wie Session-Tracking: Welche Beiträge werden gerade editiert, sollten also mit einer Warnung versehen sein, wenn jemand anderer sie editieren will? Diese Mehrfachfunktion verletzt das Prinzip, dass eine Variable nur für eine Aufgabe zuständig sein soll. Gerade bei IDs wird gerne übersehen, dass sie als unverwechselbare, eindeutige Bezeichner eine wichtige Funktion haben. Sie laden offenbar dazu ein, zu denken: ›Ach, das ist nur ein String, da kann ich gleich was Sinnvolles reintun.‹ IDs mit Zweitbedeutung (Timestamps oder E-Mail-Adressen) sind aber ein häufiger Fehler, der immer wieder für Ärger sorgt.«

Diese Überladung der Variable würde man auflösen, indem man als Unique-ID bei der Anlage des Beitrags eine große Zufallszahl berechnet, die man nie mehr verändert. Andere Funktionalität würde man in neue Felder im XML abspalten: `timeLastEdited` und `lastEditor` zum Beispiel. Diese Felder könnte man jetzt jederzeit updaten, ohne dass sich die Unique-ID verändert.

Häufig kann man das Problem nicht in einem Durchgang lösen, sondern muss es in Teile zerlegen, um die man sich der Reihe nach kümmert. Man schreibt sogenannte Bottleneck-Funktionen, das sind Funktionen, die das Monopol darauf haben, bestimmte Daten zu verwalten. Im obigen Fall gäbe es also beispielsweise eine `getPostingID()`, eine `setPostingID()` und eine `updatePostingID()`-Funktion.

Diese Funktionen würden weiterhin zunächst die unglücklich gewählte Art der Beitragsnummerierung fortführen, aber zentralisiert – nirgends sonst im Programm würden IDs berechnet oder geändert. Da sich an der Logik der Nummerierung nichts ändert, ist dieser Umbau normalerweise Schritt für Schritt machbar, ohne dass das darüberliegende Kartenhaus zusammenfällt: Da, wo bisher IDs geändert wurden, wird die Bottleneck-

Funktion updatePostingID() aufgerufen. Da in der Funktion die gleiche Logik wie bisher steckt, können andere Codebereiche, die noch nicht überarbeitet sind, weiterhin auf eigene Faust mit den IDs hantieren. Analog ersetzt man die Stellen, an denen Beiträge sortiert werden, durch Aufrufe einer sortArticle()-Funktion.

Wenn man das geschafft und ausgiebig getestet hat, ist ein großer Teil der zu hütenden Flöhe im Sack – jetzt kann man sich daran machen, eine Downtime des Systems vorzunehmen, damit man in Ruhe die Logik der ID-Berechnung verändern kann. Das geschieht dann nur noch zentral in den wenigen Bottleneck-Funktionen.

Am Ende gibt es allerdings noch ein Datenmigrationsproblem: Die alte Art der Nummerierung der Beiträge passt nicht zur neuen, denn die alten IDs bestanden aus Timestamps – die sind zwar nicht fortlaufend, aber doch immer weiter aufsteigende Zahlen. Die neuen IDs sind hingegen Zufallszahlen. Während man Beiträge nach den alten IDs sortieren konnte, ist das mit den neuen nicht mehr möglich. Man muss also die beiden Bedeutungen der bisherigen IDs, nämlich Unique-ID und Sortierhilfe, in zwei Felder (ID und timeLastEdited) im Dateiformat auftrennen. Damit sind das alte und das neue Dateiformat leider nicht mehr kompatibel.

Damit man im Code nicht zwei Formate behandeln muss, wäre es sinnvoll, ein kleines Programm zu schreiben, das die alten Beiträge auf das neue Format umstellt: Es nimmt die alten Beitragsdateien, liest den Wert der alten ID und schreibt ihn in timeLastEdited und in die neue ID. Dieses Programm lässt man einmal durchlaufen, danach kann man die alten Beiträge editieren, ohne dass sich ihre ID jemals wieder ändert – das timeLastEdited-Feld hingegen wird sich bei jedem Editieren eines Beitrags ändern.

Vor dem Refakturieren und dem Datenupdate würde der Datenbestand so aussehen (ohne die XML-Tags):

```
Eintrag 1236739535
    content blafasel
```

Nach dem Refakturieren und dem Datenupdate würde der Datenbestand so aussehen (wieder ohne die XML-Tags) wie unten.

Alter Eintrag:

```
Eintrag 1236739535
    lastTimeEdited 1236743135
    lastEditor null (weil es dieses Feld im alten Format nicht gab)
    content blafasel
```

Ein im neuen Format angelegter neuer Eintrag:

```
Eintrag 23459030940243059283489029435
    lastTimeEdited 1486587262
    lastEditor Johannes
    content blafasel
```

KAPITEL 16

Testing

»Testing is an infinite process of comparing the invisible to the ambiguous in order to avoid the unthinkable happening to the anonymous.«

James Bach

Software kann man auf unterschiedliche Weise testen. Das fängt damit an, dass man das Programm einfach laufen lässt, um herauszufinden, ob es sich so verhält, wie man es erwartet. Am anderen Ende der Skala stehen automatisierte Testsysteme, die den Code aus dem Versionskontrollsystem auschecken, kompilieren und testen. Neben Tests, die Laufzeitfehler aufdecken sollen, die das Programm abstürzen lassen, gibt es Tests, um sicherzustellen, dass während der Entwicklung nicht durch einen ungeschickten Algorithmus die Performance leidet, Tests, um Speicherlecks zu finden, durch die ein Programm immer mehr Arbeitsspeicher an sich reißt, Tests, die herausfinden sollen, ob Datentransformationen die Daten verfälscht haben, und Zertifizierungstests, die Software bestehen muss, damit sie in bestimmten Bereichen eingesetzt werden darf.

Von diesen Testverfahren sind für uns insbesondere zwei wichtig: Gesamttests durch den Anwender (also »Wie verhält sich das Programm?«) und Unit-Tests (also »Wie verhalten sich Einzelkomponenten des Programms?«).

Warum testen?

Es ist nicht nur Faulheit, die uns davon abhält, brav für allen Code Tests zu schreiben, sondern häufig auch das Gefühl, nicht genug Zeit zur Verfügung zu haben. Dieses Gefühl ist nicht völlig falsch, denn Tests ziehen – wie andere Maßnahmen zur Qualitätssicherung, etwa Dokumentation – Zeit von der Weiterentwicklung der Software ab. Dennoch gibt es eine Reihe von Gründen, die dafür sprechen, wenigstens die wichtigsten Teile einer Applikation durch Tests zu unterfüttern.

Tests schreiben im Gegensatz zu anderen Formen der Dokumentation die Annahmen, die dem Code zugrunde liegen, im Code fest (nämlich im Testcode und seinen Testwerten). Programmlogik, die in Kommentaren aufgeschrieben ist, wird nicht unbedingt angepasst und überarbeitet werden, wenn Sie den Code verändern. Passen Sie hingegen die Tests nicht an, dann schlagen sie fehl und erinnern Sie daran, dass Sie grundlegende Annahmen Ihres Programms verändert haben.

Tests sind eine gute Grundlage fürs Refactoring (siehe Kapitel 15), denn wenn Sie nach ausgiebigem Refactoring einfach eine Reihe von Tests ablaufen lassen können, die Ihnen sagen, ob der Code sich noch so verhält, wie er sollte, dann werden Sie viel eher bereit sein, auch schwer verständlichen oder älteren Code zu überarbeiten – und genau dieser Code hat es häufig am nötigsten. Wenn Sie hingegen nur hoffen können, dass ein komplexer Programmteil nachher noch funktioniert, werden Sie Refactoring immer wieder aufschieben. Auch fehlschlagende Tests nach Refactoring haben ihr Gutes: Sie sagen Ihnen genau, wo etwas nicht stimmt.

Falls Sie in einem Team mitarbeiten, sind Tests eine wichtige Stütze der Zusammenarbeit, denn wenn jede Schnittstelle zwischen Programmmodulen durch Tests abgesichert ist, wissen Ihre Mitstreiter, dass sie die Funktion Ihres Codes jederzeit durch Tests überprüfen können. Umgekehrt können Sie den Code der anderen testen, falls es zu neuen Fehlern kommt, um so herauszufinden, ob der Fehler im fremden Code steckt oder in Ihrem.

Testverfahren

Es gibt verschiedene Testverfahren, die nicht miteinander konkurrieren, sondern je nach Anwendungsgebiet mehr oder weniger sinnvoll sind.

Systemtests (Klicktests)

Auch als weniger guter Programmierer werden Sie diese Art von Tests vermutlich vornehmen: Gelegentlich klicken Sie sich durch die Funktionen Ihres Programms, um sich zu vergewissern, dass alles noch funktioniert.

Diese Tests des Gesamtsystems sind ein wichtiger Schritt, weil erst durch sie gewisse Fehler sichtbar werden. Beispielsweise könnte eine wissenschaftliche Datenauswertung folgende Schritte umfassen:

- Daten einlesen.
- Alle Datenpunkte normalisieren. Hierzu werden der Wert des Datenpunkts mit dem größten absoluten Wert gesucht und alle Werte durch diesen Maximalwert geteilt. Die Werte sind dann auf das Intervall −1 bis 1 normalisiert.
- Statistische Analyse dieser normalisierten Werte.

Wenn in unserem Beispiel die Auswertung Teil einer web- oder GUI-basierten Software ist, werden die Einzelschritte meist durch das User-Interface gesteuert: Der Benutzer wählt eine Eingangsdatei aus, das System rechnet und der Benutzer gibt zum Schluss einen Zielort für die Ergebnisse an. Die Benutzerinteraktion mit dem System ist schwer durch automatisierte Tests zu simulieren. Es gibt zwar Makrorekorder-Software wie *Selenium*, die eine Folge von Klicks und Tastatureingaben aufzeichnen und abspielen kann, aber das ist selten eine komfortable Lösung.

Bei kleinen und mittleren Projekten verzichtet man daher häufig auf die Automatisierung von Systemtests und führt sie stattdessen von Hand durch. Irgendjemand, meist der Entwickler oder ein armer Praktikant, setzt sich vor den Rechner und klickt ein paar Workflows mit Beispieldaten durch, um auch Fehler zu finden wie Buttons, die beim Klick falsche Aktionen auslösen.

Typische Probleme dieser Art von Systemtest werden im Folgenden beschrieben.

Jeder Benutzer verwendet nur einen kleinen Teil der Funktionen, die das System insgesamt bietet. Und noch schlimmer: Als Gewohnheitstiere verwenden wir immer den gleichen kleinen Teil. Wir sind sehr schnell bereit, uns auf bekannten Wegen durch ein System zu klicken und zu denken: »Okay, bin am letzten Screen, alles wie immer, jetzt an den Kunden releasen und dann Feierabend und Bier am See.« Leider sind User-Interfaces selten linear – wenn wir oder einer unserer Kollegen an einem Seitenzweig etwas geändert haben, werden wir das wahrscheinlich übersehen.

Wenn wir dasselbe System ein paar Mal getestet haben, dann klicken wir uns im Halbschlaf durch die Screens, anstatt aufmerksam für Fehler und Veränderungen zu sein. Werte sind nicht mehr so, wie sie sonst waren? Wahrscheinlich werden wir sie übersehen, weil wir nur auf den Mauszeiger und seine Bewegung zum »OK«-Button achten. Tendenziell findet man mit solchen Tests also nur Fehler, die relativ offensichtlich sind, datenverfälschende Fehler ohne Absturz hingegen nicht.

Wir neigen dazu, immer gleiche Testdaten zu verwenden, und wir übersehen schnell, dass wir auch an unvermuteten Stellen mit Testdaten hantieren. Wenn Sie sich bei einer Webapplikation einloggen müssen, dann ist Ihr Benutzername schon die erste Dateneingabe. Als Entwickler oder Tester sind sie sehr wahrscheinlich einer der ersten Benutzer, die im System eingetragen wurden. Als deutschsprachiger Entwickler werden Sie weiterhin eher einen Benutzernamen aus einem links nach rechts laufenden lateinischen Schriftsystem haben und das Benutzerinterface auf Deutsch einstellen. Was ist aber, wenn die Benutzeranmeldung über chinesische Benutzernamen stolpert? Was, wenn sich später ein Fehler eingeschlichen hat, der Benutzeranmeldungen stört? Im Rahmen von Unit-Tests sind wir viel leichter bereit, ein existierendes Datenbankschema mit Daten komplett einzureißen und für jeden Test neu aufzubauen – für Tests durch Benutzer ist das klar unpraktisch.

Diese Art von Tests macht Mühe und kostet Zeit. Daher werden sie oft nicht oder nur halbherzig durchgeführt, und im Laufe eines Projektes irgendwann gar nicht mehr. Als Entwickler werden wir schließlich nicht dafür bezahlt, stumpf auf Buttons zu klicken, sondern dafür, Programme zu schreiben. Das macht außerdem mehr Spaß.

Aus diesen Gründen raten wir dazu, möglichst wenig Zeit in manuelle Tests zu stecken und alles, was sich automatisieren lässt, zu automatisieren. Falls Sie sich dazu aber nicht durchringen können, schlagen wir ein paar Faustregeln vor:

Klickanleitungen

Wenn Sie sich notieren, welche Aktionen in welcher Reihenfolge zu testen sind, dann können Sie auch alternative Navigationen durch das Programm vorgeben. Eine derartige Klickanweisung können Sie an andere Benutzer verteilen, um der persönlichen Selektivität vorzubeugen. Und um der Neigung zu Abkürzungen entgegenzutreten: Schreiben Sie eine Checkliste, die Sie für Tests ausdrucken und abhaken können.

Selektiv testen

Nehmen Sie sich nicht zu viel vor. Wenn Sie während der Entwicklung notieren, welche Bereiche Ihres Programms Sie angefasst haben, können Sie sich einen vollen Test sparen. Investieren Sie die Zeit lieber in einen sorgfältigen Test der geänderten Bereiche, Screen für Screen. Wenn Sie einen vollständigen Test durchführen, dann fangen Sie möglichst weit vorn im Arbeitsablauf an – bei der Benutzerregistrierung oder dem ersten Befüllen der Datenbank.

Screenshots einsetzen

Machen Sie Screenshots, wenn viele Felder mit Werten ausgefüllt werden müssen oder viele Anzeigefelder auf einer Seite sind. Vergleichen Sie den Screenshot mit dem, was Sie sehen.

Fehler testen

Bereiten Sie ungültige Datensätze vor und geben Sie sie testweise ins System ein. Beobachten Sie, ob das Benutzerinterface an ihnen zerbricht, sie stillschweigend schluckt oder eine klare und für Laien verständliche Fehlermeldung erzeugt.

Unit-Tests

Unit-Tests sind kleine Programme, die die Module Ihrer Software wie Funktionen und Objekte mit verschiedenen Eingaben aufrufen und die Ergebnisse mit bekanntermaßen richtigen Werten vergleichen. Diese Art der Fehlersuche ist eine der zu Recht oft empfohlenen Praktiken, denn sie ist effektiv, schnell und leicht automatisierbar.

Unit-Tests sind im Zweitberuf gleichzeitig Teil der Dokumentation: Man kann jederzeit in die Testcases hineinschauen und nachlesen, welche Ausgabe zu einer bestimmten Eingabe zu erwarten ist. Damit sind Tests quasi ausführbare Codekommentare.

Unit-Tests sind auch die richtige Methode, um Sicherheitsvorkehrungen zu testen. Schreiben Sie Tests, die Benutzereingaben in das System mit XSS oder SQL-Injections simulieren, und testen Sie, ob diese Angriffe abgefangen werden.

Während man in der Softwareentwicklung sonst immer versucht, möglichst allgemeinen Code zu schreiben, sind Unit-Tests eine Labsal für das faule Gehirn: Man darf und soll für diese Tests ganz konkrete Testdaten durch den Code schleusen und nachher mit hart in den Code geschriebenen Zahlen vergleichen.

Haben Sie beispielsweise eine Funktion `readExperiments()` geschrieben, die aus einer CSV-Datei für mehrere Experimente alle Messwerte liest, dann schreiben Sie die Tests dem Programmablauf entsprechend innerhalb dieser Funktion. Wahrscheinlich wird die Funktion ungefähr Folgendes machen:

- die Datei öffnen,
- sie zeilenweise lesen und für jede Zeile ein neues Experiment (als Objekt oder als Array) anlegen,
- jede Zeile in die einzelnen Messwerte zerhacken und damit das aktuelle Experimentobjekt bzw. Array füllen,
- das frisch geschlüpfte Experiment in eine große Experimentliste oder ein anderes Gehege stecken und
- diese Liste von Experimenten zurückgeben.

Jeder dieser Schritte kann durch einen oder mehrere Unit-Tests abgesichert werden, aber wenn Sie wenig Zeit haben oder Ihnen das Thema Unit-Tests noch nicht vertraut ist, können Sie einsteigen, indem Sie ein paar Tests schreiben, die die Funktion als Ganzes testen.

Legen Sie dafür zu den Sourcecode-Dateien eine Input-Datei, von der Sie sich sicher sind, dass sie korrekte Daten enthält. Und dann kann es schon losgehen:

```
function testReadExperimentsIsNumExperimentsOK () {
    var experimentList = readExperiments("/home/johannes/sampledata_20130312.csv");
    assert(experimentList.length == 5);
}
```

Gratulation, Ihr erster Unit-Test!

Assertions

Wenn Ihnen die `assert()`-Anweisung im Beispiel oben nicht geläufig ist, können Sie in Kapitel 26 mehr dazu lesen. Das Grundkonzept ist aber ganz einfach: Sie testet eine Boolesche Bedingung, und wenn diese `false` ist, dann bricht das Programm mit einem Fehler ab bzw. wirft `assert()` eine Exception. Die `assert()`-Anweisung ist für einen Unit-Test das entscheidende Kriterium dafür, ob er erfolgreich war oder nicht – sie übernimmt die Rolle, die Sie selbst bei manuellen Tests spielen.

Je nach Sprache und Testumgebung kann diese Prüfung statt `assert()` auch anders heißen, bei Angular.js, einem JavaScript-Framework, würde es folgendermaßen aussehen:

```
expect(experimentList.length).toBe(5);
```

Unit-Testing hat sich als Spielplatz etabliert, auf dem Teams darin wetteifern, die Assertions möglichst wie menschliche Sprache zu gestalten. Das führt zu Assertions wie der hier:

```
expect(experiment.name).to.be.a('string');
```

Der Test ist damit erfolgreich, wenn sich in der Variable experiment.name irgendein String befindet.

Ein anderer Stil verwendet should statt expect oder assert:

```
experimentList.should.have.length(5);
```

Hier wird geprüft, ob das Array experimentList am Ende des Tests fünf Elemente enthält.

Test-Suites

Der Unit-Test oben testet nur einen Aspekt dessen, was readExperiments() kann, nämlich ob diese Funktion die richtige Anzahl von Experimenten in der Eingangsdatei findet. Findet sie nur vier oder gar sechs, schlägt der Test fehl. Ob die Experimente sinnvolle Werte enthalten, wird in diesem ersten Test nicht geprüft.

In einem weiteren Test würden Sie die Liste der Experimente durchgehen und für jedes Experiment prüfen, ob es den richtigen Namen hat:

```
function testReadExperimentsNamesOK () {
    var names = ['exp_ 1356346800', 'exp_ 1356347203', 'exp_ 1356350314', 'exp_
1356351341', 'exp_ 1356354958'];
    var experimentList = readExperiments("testdata/sampledata_20130312.csv");
    for (var i = 0; i < experimentList.length; i++) {
        assert(experimentList[i].name == names[i]);
    }
}
```

Sie müssen sich für diesen Test keine Gedanken mehr darüber machen, ob überhaupt Experimente oder ob alle Experimente gelesen werden, denn das haben Sie bereits im vorigen Test geprüft. Man kann Unit-Tests hochziehen wie ein Maurer eine Mauer: Immer schön Stein auf Stein, Lage auf Lage, die vorigen stützen die späteren – das hilft, die einzelnen Tests übersichtlich zu halten und zu fokussieren, denn jeder Test sollte möglichst nur eine Annahme testen.

Aus einer Serie von Einzeltests kann man so eine Test-Suite zusammenstellen, die von ganz einfachen Prüfungen bis hin zu immer komplexeren fortschreitet und so umfangreich sein sollte, dass sie möglichst alle Aspekte der zu testenden Programmeinheit auf einmal testet.

Fixtures

Häufig ist es nicht möglich, Code in kompletter Isolation zu testen. Beispielsweise muss Ihr Code möglicherweise auf eine Datenbank zugreifen, um dort Werte zu lesen oder abzulegen. Sie müssen in diesem Fall zunächst eine Testdatenbank einrichten und zusätzlichen Code schreiben, der die richtigen Tabellen mit Testdaten füllt und nach dem Test wieder leert.

Für diese komplexeren Situationen hat sich der Begriff *Fixture* eingebürgert – er beschreibt eine Umgebung, in der der Test abläuft. Zusätzlich zur eigentlichen Testphase kommen hier noch eine Setup- und eine Teardown-Phase hinzu. In der Setup-Phase werden beispielsweise die Datenbankverbindung aufgebaut, Eingangstabellen gefüllt und Ergebnistabellen geleert. Nachdem der Test gelaufen ist und die Ergebnisse geprüft sind, werden in der Teardown-Phase die Datenbankverbindung wieder abgebaut oder temporäre Dateien gelöscht. Durch Setup und Teardown sind die einzelnen Tests nicht mehr abgeschlossen, aber gelegentlich ist das aus Performancegründen nicht anders zu machen: Wenn Ihr Programm zunächst zu einem fernen Server connecten oder aus einer Datenbank lesen muss, sollte es das in einem Testlauf nur ein einziges Mal tun und nicht für jeden Test wieder. Dass die Tests dann weniger abgeschlossen sind, ist in diesem Fall das kleinere Übel.

Für erfolgreiches Unit-Testing sind ein paar Kriterien der Tests wichtig:

Urteilsfähigkeit
> Jeder Test muss selbst bestimmen können, ob er erfolgreich verlaufen ist oder nicht. Ein Test, der aus einer Eingangsdatei eine Ausgangsdatei erzeugt, die von einem Menschen inhaltlich geprüft werden muss, ist kein Unit-Test.

Unabhängigkeit
> Die Einzeltests einer Test-Suite sollten unabhängig sein. Es sollte möglich sein, jeden Test zu jedem Zeitpunkt laufen zu lassen. Das ist wichtig, damit Sie sich schnell ein Bild von einem neu aufgetretenen Fehler verschaffen können. Wenn Tests Vorbedingungen wie eine gefüllte Datenbank benötigen, sollten die Tests diese – soweit das unter Performancegesichtspunkten möglich ist – auch selbst schaffen. Es sollte möglichst nicht erforderlich sein, zunächst einen Test A laufen zu lassen, damit die Daten eine bestimmte Struktur haben, und dann Test B, der auf diese Struktur aufbaut.

Codebezug
> Die Tests sollten so gruppiert sein wie der Code, den sie testen. Alle Tests für unsere readExperiments()-Funktion würden also in einer Datei stehen, die beispielsweise TestReadExperiments heißen könnte. In dieser Datei sollten möglichst keine Tests anderer Programmeinheiten stehen, und umgekehrt sollten alle Funktionen, die mit readExperiments() zu tun haben, ihre Tests möglichst in derselben Datei versammeln.

Abgeschlossenheit
> Jeder Test sollte abgeschlossen sein, also keine Input-Parameter benötigen und keinen Output liefern. Läuft der Test erfolgreich durch, sollte gar nichts passieren. Schlägt er fehl, dann sollte ein Fehler ausgegeben werden, beispielsweise eine Exception – was genau passiert, ist allerdings stark sprachabhängig.

Automatisierbarkeit

Die Tests sollten automatisiert ablaufen. Nur wenn Sie nach Debugging oder Refactoring eine ganze Reihe von Tests schnell durchlaufen lassen können, sind Sie sicher, dass Ihre Codeänderungen keine neuen Fehler eingeführt haben.

Fehler testen

Neben den oben beschriebenen Tests, die das Verhalten im Umgang mit korrekten Daten testen, sollten Sie auch Tests schreiben, die der zu testenden Einheit fehlerhafte oder grenzwertige Daten vorwerfen – beispielsweise einmal ein NaN oder null statt Zahlenwerten, Kommas in CSV-Spalten, UTF-8-codierte Zeichen, mitten in einem Datensatz abgehackte Eingangsdateien und dergleichen mehr. Ein gut geschriebenes System sollte bei fehlerhaften Eingangsdaten einen Fehler zurückgeben und nicht halbe Datensätze erzeugen.

Testdaten aufbewahren

So weit wie möglich gehören Testdaten zum Programm und sollten mit dem Code in ein Versionskontrollsystem eingecheckt werden. Sind Ihre Testdaten vertraulich oder riesig, dann ist das allerdings eventuell nicht möglich. Checken Sie ersatzweise eine Notiz ein, wie die Testdateien hießen und wo sie lagen – mit ein wenig Glück existieren sie nach ein paar Jahren sogar noch.

Test-Frameworks

Für viele Sprachen gibt es Test-Frameworks wie jUnit (Java), NUnit (.NET), Test:: Unit (Ruby), Mocha (JavaScript) oder unittest (Python). Sie bringen Unterstützung für die Gliederung in Setup, Test-Suite und Teardown sowie verschiedene assert()-Varianten mit.

Im Grunde sind das eher kleine Frameworks, die einen recht überschaubaren Funktionsumfang haben. Das Meiste könnten Sie auch schnell selbst schreiben, aber zum einen spart es Arbeit, auf eine vorhandene Lösung zu setzen, und zum anderen ist es einfacher, wenn Sie jemand anderen zurate ziehen wollen, der dann die Struktur einer jUnit-Test-Suite sofort erkennen kann.

Datenvalidierungen

Insbesondere im Finanzwesen und im wissenschaftlichen Bereich werden häufig große bis riesige Datenmengen eingelesen, transformiert und in Datenbanken gesteckt oder von einer Datenbank in eine andere übertragen, die nach einem anderen Schema aufgebaut ist. Aber auch in der Buchhaltung ist es häufig wichtig, neben dem Code vor allem auch große Datenmengen auf Konsistenz zu prüfen. Selbst wenn Sie nur eine Kundendatenbank von Excel aus in eine SQL-Datenbank importieren, werden Sie nicht jeden Datensatz nach dem Import von Hand auf Korrektheit prüfen können. In solchen Situationen sind Berechnungsfehler, logische Fehler in Datenkonvertern und andere datenverfälschende Fehler eine große Gefahr, denn sie führen nicht zum Programmabbruch und können daher lange unentdeckt bleiben, gleichzeitig aber immensen Schaden anrichten.

Die folgenden Methoden helfen dabei, sich so gut wie möglich vor Überraschungen zu schützen.

Überblicksprüfungen des gesamten Datensatzes

Wenn Sie beispielsweise wissen, dass in Ihrem Importdatensatz jeder einzelne Eintrag durch eine Leerzeile abgetrennt ist, dann können Sie in einem Texteditor oder durch einen Einzeiler zählen, wie viele Leerzeilen der Datensatz enthielt. Nach dem Import zählen Sie, wie viele neue Einträge in Ihrer Datenbank entstanden sind. Wenn die Zahlen nicht zusammenpassen, müssen Sie den Fehler finden. Wenn Sie eine Kundendatenbank importieren, können Sie eventuell für jeden Kundentyp durch ein Tabellenkalkulationsprogramm schnell herausfinden, wie viele Einträge es gibt. Nach dem Import können Sie die Zahlen leicht mit dem Stand der Datenbank abgleichen.

Wenn Sie in eine Datenbank importieren, stellt das Datenbanksystem Ihnen mit Constraints ein wichtiges Hilfsmittel zur Verfügung: Setzen Sie Ihre Tabellen so auf, dass alle wichtigen Spalten mit »NOT NULL«-Constraints versehen sind. Fehlt in den Importdaten ein Feld, das in eine Spalte mit einem solchen Constraint importiert werden soll, dann schlägt der Import fehl. Wenn Sie Daten in mehrere Tabellen gleichzeitig importieren, sollten Sie sich mit *»Foreign Key«-Constraints* dahingehend absichern, dass Bezüge zwischen den Tabellen immer ordentlich importiert werden. Bereiten Sie eine Testdatenbank vor und importieren Sie immer zunächst in die, falls Sie sich nicht absolut sicher sind, dass der Import bei einem Fehler in einem einzelnen Datensatz komplett fehlschlägt und die Datenbank durch einen »Rollback« den Zustand vor dem Import wiederherstellt.

Foreign Keys

Wenn eine Tabelle A einen Primärschlüssel ID besitzt und ein Eintrag in dieser Tabelle aus einer anderen Tabelle B referenziert wird, dann existiert in Tabelle B eine Spalte mit einem Foreign Key. Der Constraint sorgt dafür, dass in Tabelle B nur Datensätze eingefügt werden können, deren Foreign Key einem Primärschlüssel in Tabelle A entspricht.

Stichprobenkontrollen

Picken Sie einzelne Datensätze heraus und prüfen Sie von Hand, ob sie richtig ausgewertet bzw. importiert wurden. Das ist ein ziemlich zeitaufwendiges und immer noch fehleranfälliges Verfahren.

Round Trip

Schreiben Sie einen Exporter, der die Daten wieder im Ausgangsformat exportieren kann, und prüfen Sie, indem Sie die Daten importieren, wieder exportieren und die Importdatei mit der Exportdatei vergleichen. Das ist leider nicht immer möglich, zum Beispiel, wenn Sie aus mehreren Datenquellen importieren, um Lücken zu ergänzen. Auch kann die Entwicklung des Exporters noch einmal so viel Arbeit verursachen wie die des Importers.

Plausibilitätsprüfungen

Wenn Ihr Spreadsheet eine Spalte mit Prozentangaben enthält, dann fügen Sie irgendwo eine Zelle ein, die diese Spalte aufsummiert. Kommen dabei mehr als 100 Prozent heraus, dann ist etwas faul.

Auch wenn Tabellenkalkulationsprogramme bei Entwicklern meist unbeliebt sind, bieten sie für Datenvalidierungen eine gute Plattform. Durch Klick auf die Spaltenköpfe können Sie sehr schnell Filter definieren, durch die Sie einen Großteil der uninteressanten Daten wegfiltern können. Sie können Datensätze nach ihren unterschiedlichen Spalten sortieren. Summenfunktionen und bedingte Einfärbungen von Zellen (»wenn Summe von Spalte C kleiner Zelle D10, dann rot färben«) helfen auf einen Blick dabei, Dateninkonsistenzen zu erkennen.

Performancetests

Im Gegensatz zu Unit-Tests liefern Performancetests keine korrekt/fehlerhaft-Aussage, sondern eine Zeitdauer für das Abarbeiten einer Funktion oder ein Maß dafür, wie viele Datensätze pro Sekunde verarbeitet wurden. Diese Ergebnisse sind keine absolute Angabe, sondern müssen vor dem Hintergrund früherer Performancemessungen bewertet werden.

Generell sollen Sie nicht viel Zeit mit Performanceabwägungen verbringen, weil Sie wahrscheinlich keine Software schreiben, die von Tausenden von Benutzern verwendet wird – und je weniger Benutzer Ihre Software hat, desto weniger Leute werden sich über schlechte Performance ärgern. Wenn Sie später eine Version entwickelt haben, die sich großer Beliebtheit erfreut, dann erzielen Sie damit hoffentlich auch Einkünfte und können sich bezahlte Zeit für die Optimierung der Applikation freiräumen. Wenn Ihre Software als Open Source sehr erfolgreich wird, finden sich möglicherweise Mitstreiter, die einen Teil der Arbeit übernehmen.

Haben Sie aber mit einem hartnäckigen Performanceproblem zu kämpfen, dann sollten Sie frühzeitig auf Tests setzen, um Geschwindigkeitsverbesserungen messbar zu machen. Ein gutes Beispiel ist Mozilla, dessen Firefox-Browser vor einigen Jahren mit erheblichen Problemen mit der JavaScript-Geschwindigkeit zu kämpfen hatte. Konkurrenzprodukte hatten erheblich besser optimierte JavaScript-Laufzeitumgebungen und Firefox stand in dem Ruf, langsam zu sein. Um seine Entwickler zu motivieren und Fortschritte messbar zu machen, setzte Mozilla die Site *AreWeFastYet.com* auf, auf der die verschiedenen JavaScript-Laufzeitumgebungen von Firefox, Google Chrome und Apple Safari mit JavaScript-Benchmarks getestet und die jeweiligen Geschwindigkeiten als Graph aufgezeichnet werden.

Als einzelner Entwickler haben Sie nicht die Möglichkeiten, ein derartig aufwendiges Performance-Monitoring zu betreiben. Aber wenn Sie für Kernbereiche Ihrer Applikationen Performancetests aufsetzen, können Sie schnell erkennen, wenn neuer Code echte Performanceprobleme einschleppt. Insbesondere bei Mobile-Applikationen ist Performance wieder wichtiger geworden, weil die CPUs der Smartphones relativ langsam sind und längere Laufzeiten viel Strom verbrauchen. Aber auch wenn Sie eine Webapplikation schreiben, sollten Sie Serverantwortzeiten und JavaScript-Laufzeiten im Auge behalten.

Die einfachste Performancemessung besteht darin, vor dem zu messenden Codeblock die derzeitige Systemzeit auszugeben und nach Durchlaufen des Blocks noch einmal. Wenn Sie die Startzeit von der Endzeit subtrahieren, wissen Sie, wie lange Ihr Rechner für den Block benötigt hat. Wenn Sie diese Laufzeit mit Datumsangabe notieren, dann haben Sie ein Maß, mit dem Sie den Code zukünftig vergleichen können: Verschlechtern sich die Zeiten nach Codeänderungen, dann sollten Sie eventuell prüfen, woran das liegt.

Etwas ausgefeilter sind Benchmark-Bibliotheken wie *jvisualvm* für Java, *timeit* für Python und *Benchmark* für Ruby. Sie werden auch als Profiling-Tools bezeichnet und erlauben Ihnen, den Beitrag zu analysieren, den einzelne Funktionsaufrufe für die Gesamtdauer haben. Bei relationalen Datenbanken gibt explain Ihnen interessante Auskünfte über die Laufzeitperformance von Queries.

Fallstricke

Performancetests sind ein Feld, auf dem man sich vor einigen Fallen hüten muss. Beispielsweise könnten Sie die oben beschriebene Funktion für die Auswertung wissenschaftlicher Daten folgendermaßen messen:

```
function readExperiments(experimentFileName, resultFileName) {
    var startTime = time.now();
    print ("Start time: "+startTime);
    var  experimentFile = open (experimentFileName);
    var experiments = new Array();
    while (experimentFile.canRead()) {
        var line = experimentFile.readLine();
        experiments.add (parseExperiment(line));
    }
    var results = processExperiments (experiments);
    var resultFile = open (resultFileName);
    resultFile.write (results);
    var endTime = time.now();
    print ("End time: "+endTime);
    print ("Total time: "+ (endTime - startTime));
}
```

Dieses Beispiel gibt zwar eine Zeit für die Auswertung der Daten an, leidet aber an ein paar Problemen:

Code verändern

In dem Beispiel wurde die Laufzeitmessung ad hoc in den Code eingestreut. Das wird Sie zwar nicht stören, wenn Sie auf der Suche nach einem Performanceproblem sind, denn in dieser Situation wollen Sie ja Messdaten. Aber zum einen können Codeänderungen Fehler einschleppen, zum anderen sollten Sie die Änderungen für den Normalbetrieb später wieder entfernen – dann können Sie die Laufzeit aber nicht mehr messen.

Ausreißer

Der Test wird nur ein einziges Mal durchlaufen. Jeden Test sollte man aber mehrfach laufen lassen, denn gelegentlich benötigt ein anderes Programm im Hintergrund viel Rechenzeit und lässt den Test viel langsamer ablaufen, als es seiner Performance entsprechen würde. Solche Ausreißer sind zwar selten, dafür aber sehr verwirrend. Indem Sie es sich zur Angewohnheit machen, mehrfach zu testen und nur den Durchschnitts- oder den Medianwert zu verwenden, sichern Sie sich dagegen ab.[1]

Das Falsche messen

Wenn Sie die Laufzeit einer Funktion messen, die 1.000 Datenpunkte von der Festplatte liest, den Durchschnitt bildet und die Ergebnisse wieder in eine Datei schreibt, dann messen Sie überwiegend nicht das, was Sie messen wollen. Die Dateioperationen Lesen und Schreiben werden so viel länger benötigen, dass die eigentliche Berechnung nur einen ganz geringen Teil der Gesamtlaufzeit ausmacht. Da Dateioperationen zumindest auf Festplatten mit rotierenden Scheiben aber sehr wechselhaft schnell sind, überlagert die Streuung der Dateioperationen jede Veränderung in der Geschwindigkeit Ihrer Berechnungen. Lesen Sie die Dateien daher zunächst ein, starten Sie dann die Messung und geben Sie das Ergebnis aus, bevor Sie die Berechnungen auf Platte schreiben. Gelegentlich kann sogar das Lesen und Schreiben vom und auf dem Arbeitsspeicher der Flaschenhals sein.

Laufzeit in Abhängigkeit von der Größe des Datensatzes

Manche Algorithmen haben eine konstante Laufzeit, egal wie groß der Datensatz ist, aber bei den meisten steigt die Laufzeit mit der Größe des Datensatzes – und zwar teilweise überproportional. Diese Abhängigkeit wird mit der sogenannten »Big O Notation« erfasst. Wenn Sie das Pech haben, dass Ihr Programm für größere Datensätze exponentiell mehr Zeit benötigt, dann hilft es Ihnen auch nicht, schnellere Rechner zu kaufen, sondern Sie werden den Algorithmus verändern oder sich in der Größe der Daten beschränken müssen. Um die Big-O-Charakteristik Ihres Programms abzuschätzen, sollten Sie Testdatensätze deutlich unterschiedlicher Größe testen statt wie im Beispiel nur mit einem Datensatz. Ein verbessertes Beispiel:

```
function testProcessExperiments() {
    var experimentFile = open ("testdata/smallsampledata.csv");
    var experiments = new Array();
    while (experimentFile.canRead()) {
        var line = experimentFile.readLine();
        experiments.add (parseExperiment(line));
    }
```

---

1   Je nach Fragestellung des Tests kann das Eine oder das Andere besser sein, der Median gibt die tatsächlich mittleren Werte aus. Wenn Sie stark schwankende Werte erwarten, sollten Sie vielleicht auch Maximal- und Minimalwerte ausgeben.

```
        var startTime = time.now();
        var results = processExperiments (experiments);
        var endTime = time.now();
        return endTime - startTime;
    }

    function testProcess20Experiments() {
        var smallSampleTime = new Array();
        var largeSampleTime = new Array();
        for (var i = 0..20) {
            if (random() > 0.5) {
                smallSampleTime[i] = testProcessExperiments ("testdata/smallsampledata.csv");
            } else {
                largeSampleTime[i] = testProcessExperiments ("testdata/largesampledata.csv");
            }
        }
        print "Small experiment median: "+math.median(smallSampleTime);
        print "Large experiment median: "+math.median(largeSampleTime);
    }
```

Wir versuchen die beschriebenen Probleme jetzt zu lösen, indem wir ...

- nur die Zeit für die processExperiments()-Funktion in einer eigenen Testfunktion messen. Die readExperiments() lassen wir ganz unangetastet, da die Zeit für die Festplattenoperationen sie zu einem schlechten Testkandidaten macht.
- einen großen und einen kleinen Testdatensatz verarbeiten lassen ...
- ... und zwar jeweils zehn Mal, damit Ausreißer uns die Statistik nicht verfälschen können.

Als zusätzliche Vorsichtsmaßnahme gegen Ausreißer geben wir nicht den Durchschnitt aus, sondern den Median.

Und wir lassen per Zufall mal den einen und mal den anderen Datensatz verarbeiten, da sich das Laden von Daten zwischen den Tests möglicherweise auf die Ergebnisse nachfolgender Tests auswirken könnte, da moderne Betriebssysteme ziemlich komplexe Algorithmen für Caching und Speicherverwaltung haben.

Richtig testen

Automatisieren Sie Ihre Tests so weit wie möglich, denn je weniger Arbeit Sie mit dem Testen haben, desto eher werden Sie es tun – und automatisierte Tests sind die einzigen, die sehr wenig Arbeit machen. Idealerweise können Sie sie sogar bei jeder Codeänderung automatisch laufen lassen.

Testen Sie niemals anhand von Livedaten oder mit einer produktiven Datenbank. Zum einen sollten Sie vermeiden, aus Versehen Ihre produktiven Daten zu verändern, zum anderen verändern sich produktive Datenbestände. Wenn Sie sich für Ihre Tests auf Daten verlassen, die sich ändern können, dann verlieren Sie die Sicherheit, dass Ihre

Tests aussagekräftige Ergebnisse liefern. Testen Sie stattdessen immer mit Daten, die sich nicht ändern. Führt die Weiterentwicklung Ihres Programms dazu, dass sich das Datenformat ändert, dann müssen Sie neue Testdaten erzeugen und alle Tests anpassen. Daran führt leider kein Weg vorbei.

Gruppieren Sie Ihre Tests und testen Sie zusammengehörige Funktionen, Objekte und Programmfunktionen in einer Testgruppe. Wenn ein Test aufgrund eines Fehlers im Code fehlschlägt, zieht das häufig Fehler in weiteren Tests nach sich. In diesem Fall ist es günstig, wenn nur eine Gruppe von Tests betroffen ist, das macht die Analyse übersichtlicher.

Testen Sie möglichst mit unterschiedlichen Daten: sehr kleine Datensätze und sehr große. Daten aus dem unteren Wertebereich, den Sie erwarten, und sehr große Zahlen. Testen Sie mit NULL-Werten, 0, −1 und 1, da diese häufiger als andere Zahlen Fehler aufdecken. Testen Sie immer auch Ihre Fehlerbehandlung, denn nur so erfahren Sie, wie sich das Programm verhält, wenn etwas schiefläuft. Entwickeln Sie dafür Tests mit leeren Strings, Null-Pointern, NaN-Werten für Fließkommazahlen und anderen unerwarteten oder ungültigen Werten.

Lassen Sie die Kirche im Dorf. Sie müssen nicht testen, ob die Datenbank Daten abspeichert und wieder ausgibt. Das testet der Hersteller der Software extrem akribisch. Testen Sie auch keine Bibliotheksfunktionen oder Framework-Methoden. Konzentrieren Sie sich auf Ihren eigenen Code und lassen Sie auch hier gesunden Menschenverstand walten. Eine Getter-Methode wie die folgende müssen Sie nicht testen. Dass sie korrekt ist, glaubt Ihnen jeder:

```
void setColor (newColor) {
    this.color = newColor;
}
```

In manchen Programmiererkreisen gilt es als Qualitätskriterium, ob 100% des Codes durch Unit-Tests abgedeckt sind. Wir halten das zwar als akademische Übung für schön, in der Praxis aber für übertrieben, insbesondere wenn Sie nicht hauptberuflich als Softwareentwickler arbeiten. Sichern Sie die wichtigen Funktionen Ihres Programms durch Tests ab und halten Sie diese Tests aktuell – und schon sind Sie in diesem Bereich besser als die meisten Programmierer.

KAPITEL 17

Warnhinweise

»#wasfehlt: Ein Gesetz, das Schriftgrößen unter 500 Punkt für den Hinweis ›Flasche nicht legen‹ verbietet.«

Kathrin Passig / @kathrinpassig, Twitter, 16. August 2013

Man kann in der Programmierung mit sehr geringen Fähigkeiten schon einiges bewerkstelligen. Auch wer einen Hammer, ein paar Nägel, eine Säge und keine Ahnung hat, kann sich ein Häuschen bauen. Es wird vielleicht ein bisschen windschief sein und keine Architekturpreise gewinnen, aber wahrscheinlich erfüllt es einige wesentliche Hausfunktionen, zum Beispiel hält es seinen Bewohner bei Regen trocken. Beim Heimwerken wie beim Programmieren lässt sich vieles einfach erraten. Anderes findet man durch Erfahrung heraus: Zu kurz abgesägte Bretter lassen sich nicht so einfach wieder auf die richtige Länge bringen, und einmal gelöschter Code ist oft weg, wenn man sich nicht rechtzeitig um Backups oder Versionskontrolle gekümmert hat.

Ein paar Bereiche gibt es aber, in denen die richtige Vorgehensweise nicht so einfach zu erraten ist und die Folgen eines Fehlers auch nicht unmittelbar sichtbar werden. Um noch einmal den Heimwerkervergleich zu bemühen: Wer nicht weiß, dass eine DIN-Norm für das Verlegen von Leitungen unter Putz existiert, wird diese Leitungen einfach so verlegen, wie es für ihn am bequemsten ist. Der nächste Bewohner des Hauses möchte ein Bild aufhängen, schlägt einen Nagel in die Wand und trifft die Isolation eines Kabels. Auch jetzt gibt es vielleicht noch gar kein unmittelbares Feedback, dem man entnehmen könnte, dass gerade etwas Unvorteilhaftes und Unvorhergesehenes passiert ist. Irgendwann aber beginnt das Kabel zu schmoren, und eines Nachts geht das ganze Haus in Flammen auf.

In diesem Kapitel sind ein paar Hinweise auf solche unerwarteten Stolperstellen versammelt. Auch wenn Ihr Lebensmotto »Ach was, das geht auch so!« lautet, tun Sie sich und Ihren Nachmietern einen Gefallen, wenn Sie diese Punkte wenigstens überfliegen. Sie brauchen sich die Details nicht zu merken, aber eines Tages, wenn Sie Hammer und Nagel ansetzen, werden Sie vielleicht innehalten und denken: »Da war doch was ...« Dann hat dieses Kapitel seinen Zweck erfüllt.

GET und POST

Anwendungsgebiet: Programmierung fürs Web

Folgen der Ahnungslosigkeit: Der Googlebot kommt zu Besuch und löscht alle Daten.

Mindestwissen: POST wird verwendet, wenn der Browser Daten an den Server übertragen muss, zum Beispiel beim Upload einer Datei oder beim Abschicken eines ausgefüllten Formulars. Dadurch kann auf dem Server etwas Neues entstehen (etwa ein Blogbeitrag) oder etwas Vorhandenes geändert werden (etwa das Profil eines Nutzers). POST-Requests können durch den Klick auf einen Submit-Button oder per JavaScript ausgelöst werden, nicht aber durch einen einfachen Link.

GET kommt, wie der Name schon andeutet, dann zum Einsatz, wenn Daten vom Server beschafft werden sollen, zum Beispiel die Ergebnisse einer Suche. GET soll auf dem Server keine Änderungen bewirken (abgesehen von unvermeidlichen Kleinigkeiten, denn natürlich wird die GET-Anfrage z.B. als Zugriff in den Serverlogs vermerkt). Leider ist das nur eine Empfehlung und technisch spricht nichts dagegen, mit einem GET-Request alle möglichen Verheerungen auf dem Server anzurichten. Zum Beispiel, indem Sie ein Content-Management-System für eine große staatliche Website schreiben, dessen »Seite löschen«-Links via GET funktionieren. Schon wenige Tage nach dem Start Ihrer schönen neuen Website kommt der Googlebot, um die Seiten dem Google-Index einzuverleiben. Wie es nun mal seine Aufgabe ist, folgt er jedem der Links und vernichtet so über Nacht den gesamten Content.[1]

GET soll keine Nebenwirkungen haben. Der Nutzer muss einfach Reload klicken können, ohne dass etwas Unerwünschtes passiert.

GET-URLs werden in der Browser-History und in den Logfiles des Webservers gespeichert. Es wäre günstig, wenn dann nicht ausgerechnet Kundendaten und Kreditkartennummern darin vorkämen. (So handhabt es offenbar die Firma Connect 2 Cleanrooms Ltd. aus Kirkby Lonsdale, die einer Autorin dieses Buchs bei jedem Aufruf einer vom Browser gespeicherten, unschuldig benannten Seite ein neues sperriges Paket aus England zuschickte und in Rechnung stellte.)

POST ist eine Message, die wie ein Paket etwas beinhalten kann – zum Beispiel eine Datei, die hochgeladen werden soll. GET verhält sich in dieser Hinsicht eher wie ein Telegramm, hier wird alles in der URL übertragen. Das kann insbesondere bei älteren Browsern zu Problemen mit zu langen GET-Strings führen, wobei »zu lang« bei etwa 2.000 Zeichen anfängt.

Das Ergebnis einer via POST abgeschickten Anfrage lässt sich nicht bookmarken. Wenn man das dem Benutzer ermöglichen will, empfiehlt sich GET. Schon dieser Punkt allein spricht dafür, Suchanfragen per GET zu schicken und Bestellungen per POST.

---

1 Die erbaulichen Details der Geschichte sind unter *thedailywtf.com/articles/the_spider_of_doom.aspx* nachzulesen. Die Verwendung von GET statt POST war hier nur eine von mehreren fahrlässigen Taten.

Weil die URL alle Daten eines GET-Requests enthält, sind sämtliche Parameter für jedermann sichtbar. Auch Menschen mit ansonsten geringer Hackerneigung geraten angesichts solcher URLs häufig in Versuchung, mal probehalber einen solchen Parameter gegen einen anderen auszutauschen. (POST-Requests sind allerdings auch nicht wesentlich sicherer. Schon mit einem einfachen Browser-Add-on oder einem Kommandozeilenprogramm wie cURL lassen sich die Parameter eines POST-Requests leicht verändern. Das ist einer der Gründe dafür, dass Sicherheit serverseitig implementiert werden muss; siehe dazu Kapitel 25.)

Tröstlich: Auch alle anderen verwechseln ständig GET und POST.

Weniger tröstlich: Wir als Nutzer des Internet müssen es ausbaden und bekommen zwei Gefrierschränke statt einem geliefert.

Zeichenkodierung

Anwendungsgebiet: überall

Folgen der Ahnungslosigkeit: Man läuft dem Softwareentwickler Joel Spolsky[2] in die Hände, der schon vor geraumer Zeit schrieb: »Wenn Sie im Jahr 2003 als Programmierer arbeiten und ich Sie dabei erwische, dass Sie kein Grundlagenwissen über Zeichen, Zeichensätze, Zeichenkodierung und Unicode haben, dann lasse ich Sie zur Strafe sechs Monate lang in einem U-Boot Zwiebeln schälen, das schwöre ich.« Au�erdem sehen Ihre Texte unter Umst�nden f�r Menschen mit anderen Heimatl�ndern, Schriftarten, Betriebssystemen oder Browsereinstellungen ein bi�chen merkw�rdig aus.

Mindestwissen: »Einfach nur normaler Text« existiert nicht. Jeder Text hat eine Zeichenkodierung (auch *character encoding* oder kurz *Encoding* genannt).

Zeichenkodierung heißt, dass die Zeichen in Zahlen übersetzt werden, und zwar aus historischen Gründen je nach Zeichenkodierung in verschiedene Zahlen. ASCII ist eine Zeichenkodierung aus einer Zeit, in der man sich in englischsprachigen Ländern dachte: »Ach, 7 Bit reichen doch«. Deshalb kommen einige deutsche Buchstaben in ASCII gar nicht vor, von polnischen oder chinesischen ganz zu schweigen. Später wurde eine Vielzahl zusätzlicher Zeichenkodierungen wie ISO-8859-1 (für einige westeuropäische Sprachen) oder Windows-1252 (so ähnlich, nur anders) erfunden.

Das Problem ist haariger, als man denkt. Das liegt nur zu einem Teil daran, dass die Welt schlecht ist und sich immer wieder untereinander inkompatible Konventionen bilden anstatt eines einzigen Verfahrens. Vor allem aber ist Zeichenkodierung einfach keine triviale Aufgabe.

Heute ist internationale Vereinheitlichung wichtiger als Speichersparsamkeit, deshalb ist der vorläufig letzte Schritt der Entwicklung Unicode. Betrachten Sie bei Gelegenheit

---

2 Spolskys lesenswertes Blog ist unter *joelonsoftware.com* zu finden.

wenigstens flüchtig den Wikipedia-Eintrag »Unicode«, um sich einen Eindruck vom Umfang und der Komplexität dieses Wunderwerks zu verschaffen.

Unicode ist ein Standard, keine Zeichenkodierung. Eine Reihe von verschiedenen Zeichenkodierungen – zum Beispiel UTF-8 oder UTF-16 – implementiert den Unicode-Zeichensatz. Die Übersetzung von Zeichen in Zahlen ist in allen diesen Kodierungen dieselbe, der Unterschied liegt nur darin, wie die Zahl binär dargestellt wird. (Ja, es gibt da mehr als eine Möglichkeit.)

In vielen Programmiersprachen dürfen Funktions- und Variablennamen im Code nur mit Buchstaben und einigen Zeichen wie _ beginnen, nicht mit Zahlen und nicht mit anderen Zeichen. Unicode kennt – wie ASCII – die Unterscheidung zwischen Buchstaben, Zahlen und Zeichen, aber da Buchstaben aus allen Schriftsystemen der Welt kommen können, ist die Unterscheidung nicht mehr so klar. Sie könnten in vielen Programmiersprachen eine Variable Δ nennen, weil das ein griechischer Buchstabe ist, aber nicht ☺, das ist ein Zeichen. Tun Sie es aber bitte trotzdem nicht. Nutzen Sie Unicode nur für Inhalte, nicht für Programmcode, denn das verwirrt den Leser nur.

Lassen Sie die Finger von ASCII. Bei Bibliotheken haben Sie manchmal die Wahl, ob eine Funktion UTF-8 oder ASCII entgegennehmen soll. Entscheiden Sie sich in diesem Fall immer zugunsten von UTF-8, auch wenn Sie sich ganz sicher sind, nur ASCII zu brauchen. Eines Tages taucht immer jemand auf, der den Nutzernamen Świętobor Jabłoński haben möchte. Dann werden Sie sich zu Ihrer vorausschauenden Wahl beglückwünschen.

Tröstlich: Zeichenkodierung ist einer der wenigen Bereiche, in denen man als Programmierer Vorteile aus seiner nicht englischen Muttersprache zieht. Englischsprachige Programmierer vernachlässigen diese Fragen noch viel mehr als wir. Außerdem verschwindet das Problem langsam, denn mehr und mehr Software ist von Haus aus Unicode-fähig.

Zeitangaben

Anwendungsgebiet: vor allem im Web

Folgen der Ahnungslosigkeit: Ihre Benutzer in Indien werden sofort nach dem Einloggen wieder ausgeloggt, weil ihre Sessions wegen scheinbarer Untätigkeit abgelaufen sind.

Mindestwissen: Zeit ist zwar ein lineares Konzept, aber die von uns täglich verwendeten Zeitangaben sind nicht linear, sondern haben durch Schaltsekunden und den Wechsel zwischen Sommer- und Winterzeit Sprünge in die Zukunft und sogar in die Vergangenheit. Sie können sich daher nicht darauf verlassen, dass jede Minute 60 Sekunden hat. Es gibt welche, die haben 61. Monate haben nicht immer 30 oder 31 Tage, und das Jahr nicht immer 365.

Eine bestimmte Uhrzeit eines Tages ist nicht immer eindeutig. Beim Übergang von Sommer- auf Winterzeit gibt es die Stunde von 2 Uhr bis 3 Uhr zweimal. Die erste Stunde (von 2 Uhr bis 3 Uhr mitteleuropäischer Sommerzeit) wird amtlich mit 2 A und die zweite Stunde (von 2 Uhr bis 3 Uhr mitteleuropäischer Zeit) mit 2 B bezeichnet.

Zeit im Computer ist noch sprunghafter, weil die meisten Rechner eine eingebaute Quarzuhr besitzen, die periodisch mit einem Zeitserver abgeglichen wird. Diese eingebauten Quarzuhren sind ziemlich ungenau und entfernen sich daher unter Umständen merkbar von der Serverzeit, bis sie wieder angeglichen werden. Falls Sie die Systemuhr zur Synchronisation oder zum genauen Takten Ihres Programms verwenden, lesen Sie nach, ob Ihr Zielsystem eine lineare Zeit für Sie bereit hält, also eine, die nie zurückgestellt wird.

Manche Rechner und insbesondere Smartphones haben keinen voreingestellten Zeitserver, weshalb ihre lokale Zeit Sekunden oder sogar Minuten von der amtlichen Zeit abweichen kann. Wenn Sie Webapplikationen schreiben oder Mobile Apps mit Serverbackend, dann müssen Sie damit rechnen, dass die Serveruhr und die Uhren auf den Smartphones deutlich abweichende Zeiten haben. Falls Sie jemals Mobile Apps programmieren sollten, sollten Sie auch daran denken, dass sich die Zeitzone jederzeit ändern kann, zum Beispiel wenn ein Benutzer Ihrer App in Peking aus dem Flugzeug steigt.

Und wenn wir schon bei Zeitzonen sind: Zwar existiert mit UTC eine Standardzeitzone, die als gemeinsame Basis für Zeiten in aller Welt dienen kann, aber Sie sollten grundsätzlich immer, wenn Sie mit Zeit- und Datumsangaben hantieren, die Zeitzone mitbedenken. Wenn Sie Zeitangaben von Ihren Nutzern oder aus anderen Datenquellen beziehen, dann können Sie diese in UTC umwandeln, aber nur, wenn Ihre Anwendung intern ausschließlich mit UTC arbeitet und Sie grundsätzlich externe Zeitangaben nach UTC konvertieren und in UTC speichern. Wenn Sie Zeiten herausgeben, dann bitte mit Angabe der Zeitzone.

Timestamps sind die Zeitpunkte, an denen ein Ereignis stattgefunden hat. Das gängigste Format für Timestamps ist der Unix-Timestamp, der in Sekunden seit dem 1.1.1970 rechnet. Die Erfinder von Unix nannten diesen Zeitpunkt, der grob mit der Einführung dieses Betriebssystems zusammenfällt, ganz unbescheiden den »Beginn der Epoche«. Inzwischen gibt es in jedem Betriebssystem auch Timer, die genauer sind und beispielsweise in Millisekunden seit Anfang 1970 rechnen. Der herkömmliche Sekundentimestamp ist eine 10-stellige Dezimalzahl, der Millisekundentimestamp eine 13-stellige. Bekommen Sie grob falsche Datumsangaben, dann haben Sie möglicherweise einen Timestamp im falschen System in ein Datum übersetzen lassen. Oder Sie haben einen UTC-Timestamp vor sich, konvertieren ihn aber mit einer Funktion, die die lokale Zeitzone verwendet.

Es gibt sehr viele Datumsformate. Speichern Sie Zeiten immer im selben Format ab und nutzen Sie hierfür möglichst ISO-8601 (also Jahr, Monat, Tag in der Form YYYY-MM-DD, eine Zeitzone passt auch hinein). Im Gegensatz zu Unix-Timestamps ist dieses Format nebenbei noch menschenlesbar.

Tröstlich: Es gibt für jede Programmierumgebung inzwischen Libraries, die die Konvertierung zwischen lokaler Zeit, Sommerzeit und UTC sowie beliebigen anderen Zeitzonen implementieren. Mit Glück sogar welche, die auch den gregorianischen Kalender beherrschen.

Kommazahlen als String, Integer oder Decimal speichern

Anwendungsgebiet: selten, aber dafür überall

Folgen der Ahnungslosigkeit: Man hantiert mit falschen Zahlen und bekommt schlimmstenfalls Ärger mit dem Finanzamt.

Mindestwissen: Computer speichern Zahlen intern im Binärsystem ab, Menschen rechnen im Dezimalsystem. Da 10 keine Zweierpotenz ist, gibt es im Dezimalsystem Zahlen, die sich im Binärsystem nicht exakt speichern lassen. So wird 0,1 in den meisten Sprachen als 0,0999999... gespeichert und bei der Ausgabe wieder auf 0,1 gerundet.

Selbst wenn Computer intern dezimal arbeiten würden, könnte man grundsätzlich nicht alle Zahlen präzise in begrenztem Speicher ablegen. Im Wesentlichen gibt es eine Abwägung zwischen folgenden Punkten: Integervariablen haben einen begrenzten Wertebereich und keine Nachkommastellen, dafür gibt es keine Kompromisse bei der Präzision. Der Wertebereich von Gleitkommavariablen ist viel größer, und auch Nachkommastellen sind kein Problem, aber dafür muss immer irgendwo gerundet werden. Rechnet man mit so einer Zahl, dann addieren sich diese Ungenauigkeiten auf. In beiden Fällen kann man als Programmierer in den meisten Sprachen eine Entscheidung treffen, wie viel Speicher man investieren will, um diese Einschränkungen zu lindern.

Da wir selten mit Kommazahlen im Multimilliardstelbereich operieren und eigentlich genug Puffer für Multiplikationen haben, bevor Rundungsfehler sichtbar werden, wirkt das nicht wie ein relevantes Problem. Überraschenderweise kann die unpräzise Speicherung von Zahlen jedoch auch in ganz alltäglichen Wertebereichen für Ärger sorgen.

Ein Beispiel, das die Probleme durch die Umwandlung von dezimalen in binäre Zahlen demonstriert:

```
double a = 0,7;
double b = 0,9;
double x = a + 0,1;
double y = b - 0,1;
if (x == y) {
    /* Dieser Vergleich wird in den meisten gängigen Sprachen fehlschlagen */
}
```

Es gibt Mathematikbibliotheken, die Kommazahlen beliebiger Genauigkeit verarbeiten können. Manche Sprachen haben auch Datentypen wie Decimal oder bignum eingebaut, die die geschilderten Probleme nicht haben. Verarbeiten Sie Geldbeträge oder müssen aus anderen Gründen Exaktheit sicherstellen, dann sollten Sie sich unbedingt mit solchen Bibliotheken oder Typen befassen.

Falls Sie die Möglichkeit haben, auf Integerzahlen auszuweichen, können Sie Nachkommastellen auch ganz loswerden und die geschilderten Probleme umgehen. Beispielsweise ist in einer einfachen Buchhaltung ohne Zinsberechnung die Genauigkeit für Währungsbeträge in US-Dollar oder Euro auf zwei Kommastellen begrenzt. Sie können also die

Beträge auch als ganzzahlige Centbeträge statt als Kommazahlen-Eurobeträge speichern, indem Sie sie mit 100 multiplizieren.

Vorsicht auch, wenn Sie Gleitkommazahlen aus Ihrem Programm exportieren oder aus anderen Quellen importieren. Im deutschen Sprachraum ist ein Komma üblich, um den Ganzzahlteil von den Nachkommastellen zu trennen, in den USA hingegen der Dezimalpunkt. In der Programmierung wird das amerikanische System verwendet, aber in der Buchhaltung hierzulande das deutsche, und Tabellenkalkulationsprogramme wie Excel verwenden leider auch beim Export nach CSV (siehe Kapitel 24) das nationale Format. Wer schon einmal in einem transnationalen Konzern gearbeitet hat, hat sich bestimmt schon über diesen Unterschied geärgert, während er Dateien aus dem jeweils anderen Zahlensystem zu importieren versuchte.

Mit dem Aufkommen des Web haben Textformate an Bedeutung gewonnen (XML, JSON, SOAP), in denen dieses Problem noch viel häufiger als in den früher verwendeten binären Formaten seine hässliche Fratze zeigt. Wenn Sie daher Daten über System- und damit möglicherweise Formatgrenzen hinweg austauschen, dann sollten Sie sich überlegen, ob der Verzicht auf Gleitkommazahlen eine Option ist. Sie sollten dann eine Ganzzahl und einen zugehörigen Divisionsfaktor übertragen. Wenn nicht, verwenden Sie auf jeden Fall das amerikanische System und seien Sie darauf gefasst, möglicherweise auch Zahlen in wissenschaftlicher Notation (2e-4 statt 0,0002) zu bekommen – mit denen zum Glück die parseFloat()-Funktion egal welcher Programmiersprache umgehen kann.

Tröstlich: Auch Spracherfinder fallen an dieser Stelle gelegentlich auf die Nase. Im Jahre 2011 wurde in PHP und Java ein Fehler durch die Speicherung von Kommazahlen gefunden, der ganze Webapplikationen zum Stillstand brachte (*www.theregister.co.uk/ 2011/01/04/weird_php_dos_vuln/*). Tröstlich ist weiterhin, dass man normalerweise auch im wissenschaftlichen Bereich nur sehr hohe Genauigkeit, aber keine Exaktheit benötigt.

Variablen als Werte oder Referenzen übergeben

Anwendungsgebiet: überall

Folgen der Ahnungslosigkeit: Verwirrung

Mindestwissen: Eine Variable ist nicht dasselbe wie ihr Wert. Diesen Satz sollte man ungefähr alle sechs Monate durchlesen und zu verstehen versuchen. Er ist weniger kryptisch, als er zunächst, und profunder, als er später klingt.

Beispiel:

```
var1 = 5;
var2 = var1;
```

Es wird den meisten intuitiv klar sein, dass var2 jetzt ebenfalls den Wert 5 hat. Die meisten denken »klar, denn var1 ist ja 5« – das stimmt aber so nicht.

```
function confuse (local_var) {
    local_var = 7;
}

var1 = 5;
confuse (var1);
```

Hier wird es schon schwerer. Welchen Wert hat var1 jetzt, 5 oder 7?

In den meisten Sprachen wird var1 immer noch den Wert 5 haben, weil die Variable loc_var eine rein lokale Variable ist (siehe den Abschnitt »Scope von Variablen« in Kapitel 26). Der Wert von var1 (also die Zahl 5) wird beim Funktionsaufruf nach local_var kopiert, die Variable var1 bleibt hingegen unangetastet. Daher kann die Zuweisung von 7 an local_var den Wert von var1 nicht ändern.

```
function confuse ($local_var) {
    local_var->firstName = "Bernadette";
}
```

Die Funktion ruft man jetzt folgendermaßen auf:

```
var1 = new User {
    firstName => "Bernd",
    lastName => "Lauert"
}
confuse (var1);
```

Wie heißt var1 jetzt mit Vornamen? In den meisten Sprachen überraschenderweise »Bernadette«. Im Gegensatz zu einfachen Variablen (beispielsweise Integern), bei denen in einem Funktionsaufruf nur der Wert übergeben wird, wird bei zusammengesetzten Typen wie Arrays, Structs, Objekten und teilweise auch bei Strings in die lokale Variable eine Referenz übergeben. Das liegt daran, dass auch var1 nicht das Array »ist«, sondern nur eine Referenz auf das Array enthält. Die lokale Variable local_var schlüpft in gewisser Weise in die Haut von var1 und wird das Gleiche. Entsprechend ändert sich der Inhalt von var1, wenn man den von local_var verändert.

Ein Grund für dieses unterschiedliche Verhalten ist ganz pragmatisch: Wenn man ein Array mit einer Million Einträgen hat und es als Referenz an eine Funktion übergibt, werden hinter den Kulissen an die Funktion nur ein paar Byte für die Speicheradresse übergeben, an der die Array-Inhalte liegen (die Referenz). Würde man das Array als Wert übergeben, dann müsste der gesamte Inhalt des Arrays umkopiert werden – bei großen Datenstrukturen wäre das unsäglich langsam. Einfache Datentypen werden hingegen häufig als Werte übergeben, weil ihre Darstellung im Speicher nicht besonders viel Platz verbraucht. Es wäre aufwendiger, sie als Referenzen zu übergeben.

Konzeptuell ist diese Unterscheidung zwischen einfachen und komplexen Datentypen ebenfalls sinnvoll, denn wenn man an einfache Typen wie Zahlen denkt, dann denkt man an nicht änderbare Konstanten. Die Zahl 5 ist für uns unveränderbar. Wenn ich also einer Variable mit dem Wert 5 eine 3 zuweise, dann will ich nicht die 5 in ihrer »Fünfhaftigkeit« verändern, sondern den Variablenwert ersetzen. Wenn ich einen Datensatz wie Personeninformationen in einem Array halte, dann will ich hingegen die Möglichkeit haben, Aspekte dieses Datensatzes (beispielsweise den Vornamen) zu verändern.

Manche Sprachen haben eine feste Vorstellung davon, welche Variablentypen per Referenz und welche als Wert übergeben werden, während andere (z. B. C++) flexibel sind. In C++ kann man sich für eine Variable die Referenz geben lassen und diese an eine Funktion übergeben:

```
void square(int x, int& result) {
    result = x * x;
}
```

Diese Funktion kann man folgendermaßen aufrufen:

```
int result = 0;
square (5, result);
```

Auch wenn die Funktion keinen Rückgabewert hat, hat result nach dem Funktionsaufruf den Wert 25, weil das & den Compiler anweist, der Funktion nicht den Wert der Variable result zu übergeben, sondern eine Referenz auf diese Variable.

void

Das void legt fest, dass es keine Zuweisung in der Art result = square (5) gibt.

Es gibt Sprachen, die sehr deutlich machen, welche Variablen in einer Funktion schreibbar sind, indem sie sie zum Beispiel als IN OUT kennzeichnen. Eine solche Sprache ist die Datenbanksprache PL/SQL, die für die Programmierung der Datenbankengine von Oracle verwendet wird und deshalb in vielen großen Unternehmen eine Rolle spielt. Gehen Sie sparsam mit dem Verändern von By-Reference bzw. IN OUT-Variablen in Funktionen um. Sie werden Ihren Code besser verstehen, wenn Sie Funktionen möglichst immer nach der Form *Input -> Funktion -> Output*, also var x = function(y) schreiben.

Programmiersprachen unterscheiden sich erheblich darin, wann sie Referenzen und wann Werte in Variablen speichern. Lernt man eine neue Sprache, dann sollte man in einer ruhigen Stunde nach »by value« und »by reference« in Kombination mit dem Namen der Sprache suchen. Leider ist es bei vielen Sprachen schwierig, ihr Verhalten zu verstehen. Ruby ist ein Beispiel für eine moderne Sprache, die alles per Referenz übergibt, sich aber an vielen Stellen so verhält, als würden Werte übergeben. Sucht man für Ruby nach den Übergabekonventionen, findet man lange Diskussionen, in denen sich kompetente Programmierer nur schwer darüber einigen können, ob die Sprache Werte oder Referenzen übergibt. Java hingegen übergibt immer »by Value«, verhält sich aber so, dass die meisten Java-Entwickler darauf schwören würden, dass für Objekte Referenzen übergeben werden.

TL;DR: Wenn Ihnen das alles viel zu lang war, sollten Sie sich eine einzige Sache merken: Variablen, die per Referenz übergeben werden, können von der Funktion, an die sie übergeben wurden, modifiziert werden. Übergibt man nur den Wert, dann ist von außen betrachtet die Variable durch die aufgerufene Funktion nicht veränderbar (*immutable*).

Tröstlich: Wenn man das Prinzip nicht versteht, kommt man bis zu mittelkomplexen Programmen mit Trial and Error trotzdem klar. Das Web ist voll von Kommentaren, die zeigen, dass auch viele fortgeschrittene Programmierer nicht verstanden haben, wie die Sprache ihrer Wahl die Details handhabt.

Weniger tröstlich: Unverständnis kann zu Fehlern führen, die schwer zu begreifen und zu beheben sind.

Der schwierige Umgang mit dem Nichts

Anwendungsgebiet: Datenbanken, viele Sprachen

Folgen der Ahnungslosigkeit: geraufte Haare

Mindestwissen: NULL ist nicht dasselbe wie die Zahl 0, sondern so etwas wie das Vakuum – es bedeutet: »hier ist gar kein Wert, nicht einmal eine 0«. Grob gesprochen entspricht NULL nicht 0, sondern »unbekannt«. Leider ist die genaue Bedeutung von Sprache zu Sprache subtil unterschiedlich, und bei manchen Sprachen wie SQL auch noch vom Kontext abhängig, in dem NULL verwendet wird. Das Konzept NULL wird in unterschiedlichen Sprachen unterschiedlich bezeichnet: beispielsweise als null in Java, nil in Ruby und None in Python.

In vielen Sprachen haben nicht initialisierte Variablen den Wert NULL. In manchen Sprachen (zum Beispiel JavaScript) gibt es stattdessen undefined (Perl: undef) für eine Variable, der noch nie etwas zugewiesen wurde. (Diese Sprachen können durchaus trotzdem noch ein NULL besitzen, mit einer leicht anderen Bedeutung.)

Manche Sprachen haben andere, ähnliche Ausdrücke wie NaN (Not a Number) oder Infinity für das Konzept »hier steht kein sinnvoller Wert« – in diesem Fall etwas, das nicht als Zahl ausdrückbar ist, etwa »unendlich«. NULL, undefined, Infinity und NaN unterscheiden sich erheblich, gemeinsam ist ihnen aber, dass man sie nicht für mathematische Operationen einsetzen sollte – meistens kommt entweder eine Fehlermeldung oder wieder NULL, undefined, Infinity oder NaN raus.

Aber Vorsicht. In JavaScript beispielsweise gibt es mathematische Unterschiede zwischen undefined und null:

```
>1 + undefined
NaN

>1 + null
1
```

In diesem speziellen Kontext verhält sich NULL dann doch wieder wie die Zahl 0.

In SQL kann man NULL in Vergleichen nicht wie eine Zahl behandeln (also etwa select * from users where firstname = NULL), sondern muss einen anderen Vergleichsoperator verwenden: select * from users where firstname is NULL. Ähnlich in Perl: Hier muss man if defined ($var) schreiben, um zu testen, ob $var undef ist. In Java und vielen anderen Sprachen kann man hingegen völlig problemlos auf NULL testen: if myObject == null {....

Wer bei Datenbankabfragen select * from users where firstname = NULL schreibt, wird sich wundern, denn SQL-Queries, die = und NULL verwenden, liefern nie Ergebnisse zurück. Verwirrenderweise liefern auch Queries, die <> (ungleich) NULL verwenden, keine Ergebnisse zurück, weil jeder Vergleich mit NULL nur NULL ergibt.

In objektorientierten Sprachen kann ein Objekt NULL sein, etwa weil sein Konstruktor noch nicht aufgerufen wurde. Versucht man, auf Werte oder Methoden eines NULL-Objektes zuzugreifen (z.B. print user.firstname), wird das Programm mit einer Nullpointer-Exception oder einem ähnlichen Fehler beendet, denn NULL hat keinen firstname.

Boolesche Variablen, die eigentlich nur true oder false enthalten können, enthalten möglicherweise nichts, sondern sind NULL. Häufig muss man das in if/then/else-Bedingungen beachten – in SQL zum Beispiel ist ein Vergleich mit NULL immer NULL, in Java immer false. In JavaScript ergibt ein Vergleich der Art if myVar == null immer false – es sei denn, die Variable ist undefined oder null, dann ergibt der Vergleich true. Java-Script und auch PHP besitzen zusätzlich den Operator ===, der bei diesem Vergleich false für undefined und true für null zurückgibt.

Tröstlich: NULL in Variablen führt häufig zu schnell erkennbaren Fehlern.

Weniger tröstlich: Die genaue Bedeutung von NULL hängt stark von der Sprache ab. Man tut daher gut daran, sich für jede Sprache wieder von Neuem mit dem Verhalten von NULL vertraut zu machen.

Rekursion

Anwendungsgebiet: Verarbeitung hierarchischer Daten (zum Beispiel Unterkategorien von Kategorien), generell alle baumartigen Strukturen

Folgen der Ahnungslosigkeit: Ihr Programm reißt den gesamten verfügbaren Speicher an sich und produziert 100 % CPU-Auslastung, so dass der Computer nur noch sehr träge reagiert. Das liegt daran, dass Sie die Funktion, die sich immer wieder aufruft, mit einem fehlerhaften Kriterium für den Rekursionsabbruch geschrieben haben. Sie würde sich unendlich weiter aufrufen, wenn nicht irgendwann der verfügbare Speicher voll wäre.

Mindestwissen: Mit Rekursion kann man sehr kompakten und eleganten Code schreiben, wenn man es mit baumartigen hierarchischen Datenstrukturen zu tun hat.

Alles, was man mit Rekursion machen kann, geht auch ohne, es ist nur häufig mehr Schreibarbeit.

Wenn man ein Problem rekursiv löst, sollte man ein Auge auf die maximale Größe der Datensätze haben, die man damit verarbeiten wird. Während nichtrekursive Ansätze in der Regel bei wachsender Datenmenge einfach länger brauchen, führt bei rekursiven Ansätzen die zunehmende Schachteltiefe irgendwann zum Programmabbruch.

Wenn man eine maximale Schachteltiefe definieren kann, sollte man ihr Überschreiten als Abbruchkriterium der Rekursion nutzen.

Hier sehen Sie ein Beispiel, nämlich eine Funktion, die rekursiv einen endlosen String ausgibt:

```
main () {
    print "ich bin eine Funktion, ";
    subfunction ();
}
function subfunction () {
    print "die eine Funktion aufruft, ";
    subfunction ();
}
```

Aus dem Beispiel kann man schon etwas Wichtiges über Rekursion lernen: Mit ein paar Zeilen Code kann man endlose Datenmassen erzeugen. Oder den Rechner lahmlegen. Oder zumindest das Programm abstürzen lassen.

Tröstlich: Fehlerhafte Rekursionen fallen einem häufig schon beim ersten Test auf die Zehen. Im Gegensatz zu manchen obskureren Fehlerquellen produzieren sie ein ziemlich deutliches Fehlerbild, zum Beispiel Stack Overflows, »Out of Memory«-Fehler oder aufheulende Lüfter. Heutzutage muss man wegen einer fehlerhaft programmierten Rekursion auch den Rechner nicht mehr neu booten.

Usability

Anwendungsgebiet: Überall

Folgen der Ahnungslosigkeit: Die Benutzer Ihrer Software ärgern sich und verbringen mehr Zeit als nötig mit Nachdenken und Haareraufen und zu wenig Zeit mit der Abschaffung von Malaria und Postidentverfahren. Sie als Autor verbringen mehr Zeit als nötig mit Support und der Reparatur der mit einem falschen Klick von Nutzerhand zerstörten Teile Ihrer Anwendung. Mittelfristig verlieren Sie den Glauben an die Intelligenz Ihrer Mitmenschen und werden zum Wähler konservativer Parteien.

Mindestwissen: Wenn Sie Anwendungen oder Websites entwerfen, die auch von anderen Menschen als Ihnen selbst genutzt werden, lohnt es sich wirklich, eines der zahlreichen guten Blogs und Bücher über Usability zu lesen. Hier folgt das Wichtigste in Kürze.

Der Nutzer ist nie schuld. Wenn Ihre Nutzer sich beim Umgang mit Ihrer Software anstellen wie Höhlenmenschen, ist es Ihr gutes Recht, sie dafür zu beschimpfen und sich mit der flachen Hand vor die Stirn zu schlagen. Aber nur heimlich im Keller. Nein, nicht in Ihrem Blog. Nein, auch nicht im engen Mitarbeiterkreis. Denn in Wirklichkeit ist es Ihre Software, deren Unzulänglichkeit die Nutzer dazu verführt, das Falsche zu tun. Wenn Ihre Nutzer nachdenken möchten, dann lösen sie ein Sudoku oder belegen Onlinekurse am MIT. Ihre Anwendung hingegen soll kein Nachdenken erfordern, sondern auch von Höhlenmenschen zu bedienen sein. Von betrunkenen Höhlenmenschen.

Der Nutzer ist *nie* schuld. Man kann es nicht oft genug sagen. Wirklich nie.

Wenn es für einen bestimmten Zweck eine etablierte, bekannte Lösung gibt (z. B. Scrollbalken, die Formulierung »Login/Registrieren«, die Konvention, dass ein Klick auf das Websitelogo zurück zur Startseite führt), dann weichen Sie von dieser Lösung bitte nicht ab. Es gibt seltene Ausnahmefälle, in denen Innovationen an solchen Stellen gerechtfertigt sein können, aber wenn Sie nicht leitender Mitarbeiter einer Apple-Entwicklungsabteilung sind, betrifft Sie keiner davon.

Gehen Sie nicht zu sehr von sich selbst aus. Der Nutzer Ihrer Software ist womöglich ein Farbenblinder aus einem Land, in dem von rechts nach links geschrieben wird, und er betrachtet Ihr Werk auf dem 30 x 1280 Pixel großen Display seiner Espressomaschine (japanisches Modell mit Internetzugang), ohne die Hände vom Lenkrad zu nehmen. Na gut, das Beispiel ist ein ganz klein wenig übertrieben. Nehmen Sie einfach an, dass andere Nutzer ein etwas kleineres, etwas schlechteres Endgerät als Sie benutzen und zwei Dioptrien mehr haben.

Wichtiges und Übliches sollte groß und leicht zu klicken sein. Gefährliches und Unübliches ist klein, anders gestaltet und an einem nicht so naheliegenden Ort untergebracht.

Zusätzliche Erklärungen sind im Idealfall unnötig. Wo es nicht ohne sie geht, bringt man sie am besten genau dort unter, wo sie gebraucht werden. Fehlermeldungen zu einem falsch ausgefüllten Formular gehören nicht an den Anfang oder das Ende der Seite, sondern neben das betreffende, farbig hervorgehobene Feld. Hilfetexte sollten nicht auf unverlinkte Dokumente verweisen, die der Nutzer dann erst mühsam selbst ausfindig machen muss.

Tröstlich: Trotz einiger Fortschritte in den letzten Jahren ist die Aufmerksamkeit von Programmierern für Usabilityfragen immer noch so gering, dass Ihre eigenen Untaten und innovativen Benutzeroberflächen gar nicht besonders auffallen werden.

KAPITEL 18

Kompromisse

»Should array indices start at 0 or 1? My compromise of 0.5 was rejected without, I thought, proper consideration.«

Stan Kelly-Bootle, britischer Musiker und Informatiker

In Programmierratgebern sieht die Welt oft so aus, als gebe es den Einen Wahren Weg, dem man nur zu folgen brauche. Spricht man dann mit Programmierern oder liest ihre Blogs, dann geben die meisten aber doch zu, dass sie ihre eigenen seltsamen Methoden einsetzen. Eindeutige Lösungen, auf die sich auch langfristig alle verständigen können, sind eher die Ausnahme als die Regel.

Das hat damit zu tun, dass »Lösung« nur ein schöneres Wort für »Verschiebung von Problemen« ist. Man kann etwas Unbequemes, Unzulängliches an einer Stelle entfernen, handelt sich dafür aber an einer anderen Stelle neue Komplikationen ein. In John Galls für das Verständnis komplexer Systeme ungemein hilfreichem Ratgeber »Systemantics«[1] heißt es dazu:

> »Die Vorstellung, dass Fehler verschwinden, weil Bauteile immer zuverlässiger werden, ist natürlich reines Wunschdenken. Nur die banalsten Fehler haben irgendetwas mit der Zuverlässigkeit von Bauteilen zu tun. Eine Fehlerrate von eins zu einer Million ist kein Problem für Computer, deren Herstellerfirmen in einem von drei Fällen zugrunde gehen, so dass der Käufer mit einem vollständigen System dasteht, das nicht mehr gewartet wird. Im Allgemeinen verschiebt eine erhöhte Zuverlässigkeit von Bauteilen nur Anergie[2] in die Verbindungskomponenten des Systems oder in andere Bauteile, die sich weniger leicht verbessern lassen. Die Regel lautet: Wenn es nicht hier kaputtgeht, geht es woanders kaputt.«

Man kann ein Problem so umgestalten, dass man selbst besser mit der neuen Version zurechtkommt. Mit etwas Glück lässt es sich sogar so umgestalten, dass viele andere Menschen besser mit der neuen Version zurechtkommen. Aber auch hier gilt die Regel: There ain't no such thing as a free lunch, umsonst gibt es nichts. An irgendeiner Stelle

---

1   John Gall: Systemantics: How Systems Work and Especially How They Fail.

2.   Anergie ist in der Systemantics-Theorie das Gegenteil von Energie. Verfahrene Situationen speichern Anergie, wie eine gespannte Sprungfeder Energie speichert.

wird die neue Version schlechter sein als die alte. Und wenn Ihr Code mehr als einen Nutzer hat, wird irgendjemandem diese Stelle so wichtig sein, dass er die Umbauentscheidung für einen Fehler hält. Häufige Abwägungsaspekte sind die folgenden:

- Das klassische Dreieck des Projektmanagements: Das Projekt soll schnell, billig und gut umgesetzt werden. In der Praxis muss man sich für höchstens zwei dieser drei Eigenschaften entscheiden.

- In der Softwareentwicklung kommt dazu nicht selten die Frage, ob das Projekt überhaupt umgesetzt wird, also die Abwägung zwischen erbärmlichem Code, der aber tatsächlich irgendwann ausgeliefert werden kann, und solidem Code, der nie fertig wird.

- Hard- und Software mit vielen Konfigurationsmöglichkeiten eröffnet einigen wenigen technisch interessierten Menschen große Freiheiten. Die Limitierung von Optionen führt zu größerer Benutzerfreundlichkeit und gibt sehr vielen Menschen die Möglichkeit, sich in einer sehr viel stärker eingeschränkten Weise zu betätigen.

- Kleine, elegante Systeme tun nicht viel: Man muss erst wieder ein großes, unordentliches Gebäude über ihnen errichten, damit man Ergebnisse sieht.

- Meistens kann man entweder die Anzahl der verwendeten Methoden, Klassen und Dateien reduzieren oder deren Länge, nicht aber beides.

- Gute Kommentare machen den Code verständlicher. Schlechte, falsche, überholte, irreführende Kommentare machen den Code schlechter verständlich. Gute Kommentare verwandeln sich im Laufe der Zeit von allein in schlechte.

- In den meisten Sprachen kann man lokale Variablen am Beginn einer Funktion deklarieren oder an der Stelle, an der man sie braucht, also mitten im Funktionskörper. Beide Methoden haben ihre Vor- und Nachteile: Die erste führt dazu, dass alle Variablen an einer Stelle sauber aufgelistet werden, aber teilweise weit weg von ihrer ersten Verwendung. Die zweite Methode ist etwas unübersichtlicher, aber man hat die Variablendeklaration im Blick, wenn man ihre erste Verwendung sieht.

- Soft Coding (*thedailywtf.com/Articles/Soft_Coding.aspx*): Es ist an sich gut, wenn man Dinge wie den Steuersatz nicht ins Programm einkompiliert, sondern in Settings-Files auslagert, weil sie sich ändern können. Man sollte aber dringend bedenken, was passiert, wenn ein Nutzer (oder Administrator) den Wert ändert: Werden dann alte Rechnungen ab sofort mit dem neuen Steuersatz ausgegeben (große Katastrophe) oder muss der Admin genau am 31.12. 00:00 Uhr den neuen Steuersatz eintragen, damit die neuen Rechnungen genau ab diesem Moment den richtigen Satz enthalten, oder macht man es möglich, eine chronologische Liste von Steuersätzen anzulegen? Manchmal ist es einfacher, Dinge hart zu codieren, und wenn sie sich doch verändern, eine neue Programmversion zu bauen.

- Als schlechter Programmierer muss man sowieso jedes Mal den ganzen Code durchsuchen, wenn man eine bestimmte Stelle sucht. Folgt man jetzt den üblichen Empfehlungen und verteilt den Code auf mehrere Dateien, dann sucht man unter Umständen noch länger als bisher.

Wenn eine Vorgehensweise oder Konvention dauerhaft sehr umstritten ist, ist das ein Zeichen dafür, dass es sich hier um so eine Abwägungsfrage handelt. Es gehen dann einfach die Meinungen darüber auseinander, ob es sich lohnt, das Problem aus diesem Teil des Systems zu vertreiben und in ein anderes umzusiedeln.

Weil unterschiedliche Menschen unterschiedlich denken und unterschiedliche Vorlieben haben, schreiben sie unterschiedlichen Code, und das ist auch gut so. Ähnlich wie die genetische Vielfalt in der Biologie macht es die Softwarebranche robuster und trägt zu ihrer Weiterentwicklung bei.

Trügerische Tugenden

Auch wenn man als schlechter Programmierer einen guten Tag hat, an dem man alles richtig machen und den Code verbessern möchte, kommt es vor, dass man dabei auf ungeeignete Konzepte setzt. Ähnlich wie Wahlversprechen von Politikern klingen solche Konzepte nach Fortschritt, bringen aber in der Praxis entweder nichts oder verursachen neue Probleme, ohne die alten zu lösen. Wir haben hier drei von ihnen herausgegriffen: Zukunftssicherheit, Geschwindigkeitsoptimierung und Eleganz.

Zukunftssicherheit

Sie haben Code geschrieben, auf den Sie sehr stolz sind, weil er nicht nur die aktuellen Anforderungen abdeckt, sondern mögliche Weiterentwicklungen von morgen und übermorgen gleich mitberücksichtigt.

Profiprogrammierer in Ihrem Freundeskreis rufen »YAGNI!«, wenn sie Ihren Code sehen. Sie meinen damit: »You ain't gonna need it.« Ihr Programm ist komplizierter, als es sein müsste, es hat also mehr Arbeit verursacht, enthält mehr Bugs und ist schwerer zu ändern. Vor allem aber besteht die Gefahr, dass diese Investitionen sich niemals auszahlen, weil die in der Glaskugel vorhergesehene Zukunft nie eintritt. Dann leiden Sie unter den Nachteilen Ihrer Konstruktion, ohne jemals von den Vorteilen zu profitieren.

Schreiben Sie deshalb nur den Code, den Sie aktuell zur Lösung eines Problems benötigen. Wenn irgendwann tatsächlich einmal die Situation eintritt, die Sie jetzt erahnen, dann werden Sie bereits ein ganzes Stück klüger sein und das Problem besser lösen, als Sie es sich momentan vorstellen können. Außerdem stehen dann vielleicht schon ganz andere technische Möglichkeiten zur Verfügung. Die beste Vorbereitung auf zukünftige Anforderungen ist leicht verständlicher, lesbarer Code. Und bis diese Zukunft tatsächlich eintritt, schmeißen Sie einfach alles weg, was Sie jetzt nicht brauchen. Das macht das Leben einfacher und schöner.

YAGNI-Anzeichen sind insbesondere die folgenden:

Abstraktionen und Generalisierungen
   Ergänzend zu YAGNI liest man hin und wieder »You're not gonna reuse it«. Bei nicht so guten Programmierern ist die Wahrscheinlichkeit hoch, dass man selbst bis

zum Zeitpunkt einer möglichen Code-Wiederverwendung längst eine viel bessere Lösung gefunden hat. Bei besseren Programmierern kommt es immer noch oft genug vor, dass der Rest der Welt bis dahin eine viel bessere Lösung gefunden hat.

Konfigurationsmöglichkeiten in großer Zahl

Insbesondere, wenn man Programme mit grafischer Benutzeroberfläche baut, kommt man irgendwann an den Punkt, wo man für alles und jedes Konfigurationsmöglichkeiten einbaut – entweder weil man denkt, es sei nötig, oder weil Nutzer es verlangen. Relativ fix ist dann das Konfigurationsmenü so unübersichtlich geworden, dass kein Benutzer mehr irgendetwas konfiguriert. Stattdessen sollten die Voreinstellungen gut sein und die Optionen auf das Allernotwendigste gestutzt werden. Das hört sich leider viel einfacher an, als es in der Praxis ist, denn gute Default-Einstellungen setzen voraus, dass man sich intensiv mit den Gewohnheiten und Bedürfnissen der Nutzer auseinandersetzt.

Es hilft, sich grundsätzlich von der Annahme zu trennen, man könne irgendwas auf Anhieb richtig entscheiden. Die Zuordnung, welches Objekt wofür zuständig sein soll oder welchen Namen eine Funktion tragen soll, kriegen auch Fachleute nicht gleich perfekt hin. Man kann also ohne schlechtes Gewissen erst einmal etwas zusammenbasteln und es später zurechtbiegen oder an die passenden Stellen schieben. Dabei helfen Techniken und Tools, die die Kosten für späteres Ändern minimieren. Das ist allerdings kein Freibrief für schäbige Praktiken. Wenn Sie Ihre Variablen dings nennen wollen, können Sie sich nicht auf uns berufen (siehe Kapitel 5). Es bedeutet lediglich, dass es kein Schandfleck im Lebenslauf ist, im Laufe der Arbeit ein paar unvollkommene Entscheidungen zu treffen und später zu revidieren.

Geschwindigkeit

Wer sich an 24-Nadel-Drucker erinnert, kennt vielleicht noch den sogenannten »Draft-« oder »Quickmode«: Weil gute Lesbarkeit und hohe Druckgeschwindigkeit bei dieser Technologie nicht gleichzeitig zu haben waren, musste sich der Benutzer für eines von beiden entscheiden: Entweder gibt der Drucker sich Mühe und tupft grauenhaft langsam, aber unter Verwendung all seiner Möglichkeiten die Menükarte des Edelrestaurants auf das marmorierte Papier. Oder er rattert in kaum lesbarer Schnellschrift die Kontoauszüge der letzten 20 Jahre aufs Endlospapier.

Geschwindigkeit und Lesbarkeit sind auch bei Code selten im Doppelpack erhältlich. Der optimierte Code stellt nicht mehr die einfachste Lösung des gegebenen Problems dar und ist schwerer nachzuvollziehen, was wiederum die Fehlersuche verkomplizieren kann. Und auch bei der Geschwindigkeitsoptimierung passiert es leicht, dass man sich durch ungeschicktes Vorgehen lediglich die Nachteile einhandelt, ohne von den Vorteilen zu profitieren.

Verdrängen Sie deshalb jeden Gedanken an Performance, der Ihnen beim Programmieren in den Sinn kommt. Die Wahrscheinlichkeit, dass Ihr Bauchgefühl Sie trügt, ist extrem hoch, denn erstens werden 80 Prozent Ihres Codes innerhalb des Programms so selten ausgeführt, dass es komplett unerheblich ist, ob das nun 2 Millisekunden oder 20 Millisekunden dauert. Zweitens gelingt es auch sehr erfahrenen Programmierern kaum, die restlichen 20 Prozent, die wirklich eine Rolle spielen, zu erraten.

Verlässt man sich auf seine Intuition, dann wird man immer den Teil des Codes optimieren, der sich am bequemsten optimieren lässt (wenn man ein schlechter Programmierer ist) oder den Teil des Codes, dessen Optimierung am interessantesten scheint (wenn man ein etwas besserer Programmierer ist). Genau wie für Baumarktbesuche gilt aber auch für die Geschwindigkeitsoptimierung von Code: Man muss immer vorher irgendetwas ausmessen (siehe dazu den Abschnitt »Performancetests« in Kapitel 16) – auch und insbesondere die Dinge, von denen man annimmt, man bräuchte sie bestimmt nicht auszumessen.

Als weniger guter Programmierer dürfen Sie ruhig alle derartigen Pläne auf »später irgendwann mal« verschieben. Zeit und Ressourcen in Optimierungen zu stecken, wenn einem das Wesen von Computern oder Compilern unklar ist, ist ein Rezept zum Scheitern. Wenn Sie sich trotzdem weiterbilden wollen, dann helfen Ihnen vielleicht folgende Faustregeln:

Der Code muss sauber getestet sein und darf keine bekannten Probleme mehr haben. Optimieren und Fehlerbehebung passen ganz schlecht zusammen.

Codeoptimierung führt normalerweise zu neuen Fehlern, die später wieder ausgebügelt werden müssen – kalkulieren Sie diese Zeit gleich mit ein.

Machen Sie sich mit Bibliotheken zum Performance-Testing vertraut (siehe Kapitel 16) und finden Sie heraus, was andere im Web zu den Optimierungsmöglichkeiten der gewählten Sprache schreiben. Es gibt Sprachen wie z.B. JavaScript, die notorisch schwer zu optimieren sind, weil die Umgebung, in der sie laufen – im Falle von JavaScript sind das Webbrowser – gerade eine explosive Evolution durchmacht. Die Optimierungen von heute könnten die Bremsklötze von morgen sein.

Wenn Sie in einer kompilierten Sprache wie C oder C++ programmieren, können Sie als erster Schritt den Compiler anweisen, den Code mit einer höheren Optimierungsstufe zu übersetzen. In Entwicklungsumgebungen gibt es dazu in den Projekteinstellungen Checkboxen, auf der Kommandozeile Flags. Nachdem der Code mit höherer Optimierung übersetzt wurde, sollten Sie unbedingt neu testen, denn manche Optimierungen können Fehler enthüllen. Überschätzen Sie den Geschwindigkeitsgewinn durch aggressivere Optimierungseinstellungen jedoch nicht, typischerweise sind das ein paar Prozent.

Für viele Sprachen gibt es sogenannte Profiling-Werkzeuge. Sie analysieren den Code entweder statisch oder zur Laufzeit und zeigen in einer Auswertung Bereiche, in denen das Programm besonders viel Zeit verbringt bzw. die häufig durchlaufen werden.

Nur Bereiche, die vom Profiler als »Hotspots« gewertet werden, sollte man optimieren. Entlegene Codebereiche, die selten durchlaufen werden, verbessern die Reaktionsgeschwindigkeit des Programms auch bei elegantester Optimierung nicht merkbar.

Wer keine Lust hat, sich mit einem Profiler auseinanderzusetzen, aber über einen Debugger oder sonst eine Möglichkeit verfügt, sein Programm mittendrin anzuhalten und nachzusehen, an welcher Stelle es gerade angekommen ist, der kann stattdessen auf eine einfache Technik setzen, die sowohl auf der Kommandozeile mit `kill` angewandt werden kann als auch in einer Entwicklungsumgebung mit dem eingebauten Debugger: Man hält ein paarmal hintereinander auf gut Glück die Ausführung an und betrachtet jeweils den »call stack«. Wenn es ein Performanceproblem gibt, das beispielsweise 80 Prozent der gesamten Laufzeit verschlingt, dann wird man in ungefähr 80 Prozent aller Fälle beim Anhalten genau an dieser Stelle landen.

Programme mit einem grafischen Benutzerinterface kann man gefühlt stark beschleunigen, indem man allen Optimierungsaufwand in die Komponenten des Benutzerinterface steckt. Das Programm reagiert auf Benutzereingaben dann direkter, was als insgesamt schneller wahrgenommen wird. Hintergrundberechnungen, deren Fortschrittsbalken 10 Prozent länger braucht, werden dagegen viel eher toleriert.

Bei Webapplikationen ist meistens die Zeit entscheidend, die beim Transport der Daten vom Server zum Browser und zurück verbraucht wird. Optimierung kann hier vor allem bedeuten, statt die Serverperformance zu tunen, weniger Daten zu übertragen, zum Beispiel durch Einschalten der `deflate`-Kompression im Webserver, durch minified JavaScript und CSS oder kleinere und weniger Bilder. Der nächstbeste Optimierungsschritt ist, die Struktur des HTML zu vereinfachen, damit die Seiten schneller gerendert werden (vergleiche den vorangegangenen Punkt).

Bei Tools ohne grafisches Frontend und ohne Webanbindung kann es sich lohnen, die Aufgabe so in Arbeitspakete aufzuteilen, dass man sie auf Multikern-CPUs parallel verarbeiten kann. Dazu braucht man in der Regel aber ein Verständnis von Multithreading. Und Multithreading ist deutlich jenseits der Bereiche angesiedelt, mit denen sich schlechte Programmierer befassen sollten.

Perfektion, Schönheit, Eleganz

Mit der Schönheit von Code verhält es sich in vieler Hinsicht ähnlich wie mit der des menschlichen Körpers: An der Oberfläche sieht es mit etwas Glück einigermaßen attraktiv aus, aber gleich darunter befindet sich der Stoff, von dem Horrorfilme handeln. Bei Code wie beim Menschen kann man mit überschaubarem Aufwand ein akzeptables Maß an Attraktivität erzielen – aber das Streben nach Perfektion ist eine Vollzeitbeschäftigung. Und auch nach dem schönsten Code dreht sich schon wenige Jahre später niemand mehr um.

Natürlich ist die Vorstellung attraktiv, ein Problem ein für alle Mal abschließend zu lösen, bevor man sich einem neuen zuwendet. Aber gegen Ende eines Projekts sinkt der Ertrag weiterer Verschönerungen immer weiter gegen null. Ein schlechter Programmierer wird sich zu früh ausklinken und eine bestenfalls halbfertige Lösung für gut genug erklären. Aber auch wer den Absprung zu spät oder gar nicht schafft, kann den Erfolg eines Projekts gefährden. Man muss in der Lage sein, irgendwann einen Schlussstrich zu ziehen und an einer Stelle weiterzuarbeiten, wo die Zeit sinnvoller investiert ist.

Softwareentwicklung ist kein Schönheitswettbewerb. Sie ist eine ständige Auseinandersetzung mit der Komplexität des Programmiergeschäfts, einem Gewirr unklarer, widersprüchlicher und veränderlicher Anforderungen, und den eigenen Beschränkungen. Und am Ende stirbt man. Genau wie im Rest des Lebens braucht man die Fähigkeit, Unvollkommenes zu akzeptieren und damit zu arbeiten.

Der Wunsch nach Perfektion ist es auch, der immer wieder folgende fatale Idee hervorbringt, um die es bereits in Kapitel 15 ging: »Einfach mal gründlich aufräumen! Ganz von vorn anfangen! Diesmal alles richtig machen!« Wenn diese Idee vor der Tür steht und mit Ihnen über Schönheit, Eleganz und Vollkommenheit sprechen möchte, öffnen Sie nicht. In schwierigen Fällen brauchen Sie vielleicht das Äquivalent eines Sponsors, wie ihn die Anonymen Alkoholiker vorsehen – rufen Sie einen Freund an und sagen Sie: »Hilf mir! Ich verspüre das dringende Bedürfnis, den gesamten Code wegzuwerfen und noch mal neu anzufangen.« Ein guter Freund wird Sie davon abhalten.

Code ist nie vollkommen. Das heißt aber auch, dass er nie ein vollkommenes Debakel ist. Ihr Code ist heute nicht schön, und er wird es vermutlich auch in zehn Jahren nicht sein. Wenn Sie ab sofort das Hervorbringen von schönem, elegantem Code zu Ihrem vorrangigen Lebensziel machen, dann gelingen Ihnen vielleicht in ferner Zukunft ein paar Zeilen, von denen Sie auch einige Jahre später noch sagen, die könne man so stehen lassen. Die Welt wird aber sicher kein schlechterer Ort dadurch, dass Sie stattdessen die allgemeine Unzulänglichkeit von fast allem anerkennen und sich damit begnügen, Code zu schreiben, den Sie selbst auch in sechs Monaten noch verstehen können.

Absolution: Wann Bad Practice okay ist

Alle Bücher, How-tos und Podcasts zum Thema Softwareentwicklung legen Wert darauf, dass es wichtig ist, sauberen Code zu schreiben, Versionskontrollsysteme zu benutzen und generell Ordnung zu halten. Das ist im Allgemeinen auch gut und richtig so und der folgende Abschnitt soll Sie keineswegs dazu verleiten, aus Desinteresse an Verbesserung schlampig zu arbeiten.

Aber es gibt die Ausnahmen.

Bewusst schlechten Code zu schreiben, ist wie Schulden zu machen: Es ist sozial nicht gerne gesehen, aber in bestimmten Lebenslagen ist es dennoch die einzige Wahl. So, wie man Kredite später einmal – mit Zinsen – zurückzahlen muss, zahlt man eine Strafe dafür, wenn man Code hinschludert, um schnell an ein Ziel zu gelangen: Man hat später die undankbare Aufgabe, den wirren Codefluss zu entflechten, Settings in Dateien auszulagern und größere Codeteile wegzuwerfen.

Ausnahme 1: Ex-und-Hopp-Programme

Dieser Code muss nur einmal oder nur wenige Male laufen, beispielsweise weil man ein Migrationsprogramm für eine Individualanwendung braucht, mit dem man den Datenbestand an eine neue Programmversion anpasst. Man korrigiert den Code dann einfach so lange, bis er seinen Dienst getan hat. Hier lohnt sich der Aufwand der Perfektionierung meist nicht.

Ausnahme 2: Prototypen

Prototypen sind Kritzeleien, die eine Idee in Code skizzieren sollen. Es ist legitim, bei ihrer Entwicklung auf Dinge wie Fehlerbehandlung zu verzichten und nur die Idee zu implementieren, ohne Rücksicht darauf, wie der Einsatzzweck später vielleicht erweitert werden könnte. Es ist schlau, auch Prototypen in ein Versionskontrollsystem einzuchecken, weil man so die ganze Entwicklungsgeschichte als Backup hat und auch ein aufgegebener Prototyp möglicherweise interessante Ideen enthält, die man später noch einmal brauchen kann.

Leider werden Prototypen dann gerne als Version 1 einer Applikation angesehen. Genau in diesem Moment rächen sich dann die ganzen hart codierten Werte und unterdrückten Exceptions. Man kann damit sinnvoll umgehen, indem man den Code refakturiert, modularisiert und debuggt.

Aus einem Prototyp ein System für den Ernstfall abzuleiten, ist keine Sünde – solange man sich die Zeit nimmt, die meist hingeschluderte Architektur noch einmal zu überdenken, kleinere und größere Sünden auszubügeln und sich um Sicherheit, Wartbarkeit und Erweiterbarkeit Gedanken zu machen. Problematisch ist in vielen Firmen, dass die Zeit hierfür häufig nicht einkalkuliert wird.

Ausnahme 3: Man weiß es nicht besser

Es kommt vor, dass man etwas implementieren will, das man selbst noch nicht ganz verstanden hat. In einer solchen Situation schreibt man besser den Code erst einmal hin und betrachtet die Ergebnisse, um dann das Problem vollständig zu erfassen. Dann verändert man den Code, bügelt die unsauberen Praktiken aus und kümmert sich um korrekte Fehlerbehandlung.

Diese Art, Code iterativ zu entwickeln, funktioniert ziemlich gut, wenn man sie im kleinen Rahmen verwendet, um eine bisher unbekannte Bibliothek auszuprobieren oder eine Problemlösung zu testen. Sie führt direkt ins Abseits, wenn sie dauerhaft im Rahmen eines großen Projekts verwendet wird, weil die schlampigen Praktiken dann für immer Teil des Codes werden.

Auch Copypasta-Code ist in Grenzen legitim – also Codeschnipsel, die man sich schnell aus Programmierforen zusammengesucht oder aus Blogs übernommen hat. Diese zusammenkopierten Codestückchen passen häufig nicht so ganz zum eigenen Programm und sind möglicherweise veraltet oder von zweifelhafter Qualität. Aber ihr Vorteil ist, dass sie funktionieren und einem möglicherweise an einer Stelle weiterhelfen, an der man sonst stundenlang Dokumentation lesen und Konzepte verstehen müsste. Wenn Sie Code blind irgendwoher kopieren, dann sollten Sie zumindest nachlesen, was andere an der Quelle dazu schreiben (beispielsweise als Leserkommentare), und Ihren Code mit einem entsprechenden Kommentar versehen.

Prioritäten setzen

Ich wollte mich nach einigen Jahren Pause mit neueren Webtechnologien vertraut machen, insbesondere das Objektmodell von JavaScript verstehen, jQuery intensiver lernen und die neuen Möglichkeiten von HTML5 ausprobieren. Dazu hatte ich mir als Freizeitprojekt eine Art webgestützten Collagenbaukasten vorgestellt, bei dem man vorgegebene Bilder kombinieren und mit Text versehen kann. Als Zeitbudget hatte ich vier Wochen nebenbei in der Elternzeit vorgesehen, um einen funktionierenden Prototyp auf die Beine zu stellen. Das ist wenig Zeit, um neben der Betreuung eines Neugeborenen drei eher große Themenkreise zu lernen. Ich entschloss mich daher, das Objektmodell niedrig zu priorisieren und den Code nicht, wie ursprünglich geplant, zu modularisieren, sondern alles in ein riesiges JavaScript-File zu schreiben, in der Hoffnung, den Code später sauber gliedern zu können. Der Entschluss resultierte zum einen aus der Überlegung, dass bei einem überschaubaren Projekt die Nachteile fehlender Modularisierung des Codes nicht so schwerwiegend sind, und zum anderen aus dem Gefühl, dass ich die Aufgliederung in Objekte ohne Verständnis des Objektmodells noch zwei oder drei Mal hätte über den Haufen werfen müssen.

Die Strategie ist in diesem Fall aufgegangen, ich habe jetzt ein laufendes System, habe einen guten Überblick über HTML5 und jQuery bekommen und befasse mich derzeit damit, den Code zu modularisieren.

Johannes

Ausnahme 4: Die Alternative wäre extrem aufwendig

Dieser Fall ist heikel, denn er lädt zu Fehleinschätzungen aus Bequemlichkeit ein. Häufig ist scheinbar unüberwindbare Komplexität auch ein Zeichen dafür, dass man entweder das Problem nicht ganz verstanden hat oder der vorhandene Code schlecht strukturiert ist.

Dennoch gibt es Abwägungsfälle auf allen Ebenen – von Migrationsskripten, die Daten aus einer Datenbankstruktur in die andere überführen und daher nur auf einer Maschine laufen und getestet werden müssen, bis zum »Rettungs-GOTO«, das drei Verschachtelungsebenen einspart.

Ausnahme 5: Die Deadline ist plötzlich auf einen zugerutscht

Deadlines sind normalerweise nur nach hinten flexibel – zumindest redet man sich das gerne ein. Es gibt aber auch Fälle, wo sie plötzlich auf einen zuspringen. Das ist vor allem dann sehr unangenehm, wenn man mit einem kritischen Feature zwar gerade angefangen hat, aber noch lange nicht fertig ist, der Kunde aber auf einen lauffähigen Prototyp besteht, »so schnell wie möglich, spätestens aber morgen«.

Oder weil man – wahre Geschichte – aus Lust und Liebe an einer Android-Applikation arbeitet, weil man sich damit brüsten möchte, für diesen bestimmten Zweck die erste ihrer Art geschrieben zu haben – nur um dann vage Ankündigungen zu lesen, dass ein anderer offenbar dasselbe vorhat. So wie man am Südpol nicht gern als Zweiter ankommt, haut man in dem Fall ganz schnell eine Version mit minimalen Features zusammen und hofft, dass man keine allzu schlimmen Bugs einbaut. Später hat man immer noch Zeit, den schludrigen Code zu zerlegen und neu zusammenzukleben.

Eine Gelegenheit, bei der sich unsaubere Praktiken und Pfusch ganz sicher rächen, sind Hotfixes an laufenden Systemen. Wenn irgendetwas nicht funktioniert, ist es fast immer eine ganz schlechte Idee, »mal eben schnell« den Fehler zu suchen und zu beheben. Erstens, weil man unter Zeitdruck steht und Zeitdruck dafür sorgt, dass man Fehler macht. Und zweitens, weil man den ursprünglichen Fehler gemacht hat, als man länger über die Aufgabe nachgedacht hatte. Es ist ein Irrglaube, anzunehmen, man könne sich sofort wieder in die Aufgabe hineindenken und zusätzlich besser sein als beim letzten Mal.

Ausnahme 6: Man will einen »Obfuscated Code Contest« gewinnen

Es gibt Programmierer, die so gut programmieren können, dass sie grauenhaften, unverständlichen Code von großer Raffinesse produzieren. Dann treffen sie sich mit ähnlich brillanten Angebern zum Duell. Ziel dieser »Obfuscated Code Contests« ist, ein Programm abzuliefern, das möglichst nur von einer Maschine, aber nicht von einem Menschen verstanden werden kann.

Für einen Einsteiger ist es unwahrscheinlich, dass er auch nur den Hauch einer Chance hätte, einen dieser Contests zu gewinnen – selbst wenn er vollständig ahnungslos programmiert und aus Unkenntnis alle Konventionen mit Füßen tritt. Siegreicher Code ist zwar unverständlich, aber er ist von Profis absichtsvoll unverständlich geschrieben.

Wenn Sie es trotzdem versuchen wollen, können Sie sich einen Contest in der Programmiersprache Ihrer Wahl aussuchen: *en.wikipedia.org/wiki/Obfuscated_code*.

Unter folgenden Bedingungen dürfen Sie sich also auf uns berufen, wenn Sie unsaubere Praktiken einsetzen möchten:

- Die Folgen bleiben überschaubar, weil es nur ein kleines Projekt betrifft oder nur ein einzelnes Modul in einem größeren (auf keinen Fall aber in einem Projekt, das die Gesundheit oder das Bankkonto von Menschen gefährdet).

- Es ist Ihnen bewusst, dass Sie gerade mit schlammverkrusteten Stiefeln durch Ihr Projekt latschen, und Sie sind gewillt, später auch wirklich zu putzen.

- Sie werden später die Zeit und die Fähigkeiten haben, das angerichtete Chaos auch wieder zu beseitigen.

Idealerweise sollten Sie diesen schlechten Code sehr deutlich als solchen kennzeichnen.

Diese Liste bringt natürlich ein Problem mit sich: Mit nur ganz wenig bösem Willen kann man in jeder Situation behaupten, eine der Bedingungen sei erfüllt. Als Abgrenzungshilfe taugt sie daher eigentlich nicht. Vielleicht sollte man sich in Anknüpfung an das Schuldenbeispiel von oben eine Art innerer Schuldnerkartei einrichten, die »Schutzgemeinschaft für allgemeine Codequalitätssicherung« (SCHUFAC): Jedesmal, wenn man einen solchen Kredit aufnimmt, versieht man sich in dieser Kartei mit einem Eintrag. Erst wenn man den Kredit durch Refactoring des schlechten Codes abbezahlt hat, löscht man den Eintrag wieder. Solange noch Zahlungen ausstehen, bekommt man keinen neuen Kredit. Auf diese Art begeht man schlimme »Nur mal schnell«-Codeverbrechen wenigstens nur ein Mal – vorausgesetzt, man hält sich an die Regeln dieser fiktiven SCHUFAC.

Wenn man sich wirklich niemals aufraffen kann, den schlechten Code aufzuräumen, dann gibt es immer noch die Möglichkeit des Ablasshandels. Bei *codeoffsets.com* kann man sich von seinen Codefreveln freikaufen wie anderswo vom übermäßigen CO_2-Verbrauch. $ 1,50 kostet dort der Ausgleich für drei schändliche Zeilen, eine schlecht designte Klasse wird für $ 50 verziehen, und eine vollständig missratene Anwendung schlägt mit $ 5.000 zu Buche. Das Geld kommt verschiedenen Open Source-Projekten in ihrem täglichen Kampf gegen schlechten Code zugute.

TEIL 4

Wahl der Mittel

KAPITEL 19

Mach es nicht selbst

»In Polen lebte einmal ein armer Jude, der hatte kein Geld, zu studieren, aber die Mathematik brannte ihm im Gehirn. Er las, was er bekommen konnte, die paar spärlichen Bücher, und er studierte und dachte, dachte für sich weiter. Und erfand eines Tages etwas, er entdeckte es, ein ganz neues System, und er fühlte: ich habe etwas gefunden. Und als er seine kleine Stadt verließ und in die Welt hinauskam, da sah er neue Bücher, und das, was er für sich entdeckt hatte, das gab es bereits: es war die Differentialrechnung. Und da starb er. Die Leute sagen: an der Schwindsucht. Aber er ist nicht an der Schwindsucht gestorben.«

Kurt Tucholsky, »Es gibt keinen Neuschnee«

Unerfahrene Programmierer bringen viel Zeit damit zu, Funktionen neu zu erfinden, die es in ihrer Sprache oder deren Standardbibliotheken bereits gibt. Natürlich ist es kaum möglich, von Anfang an einen Überblick über alle Funktionen zu haben, die die Programmiersprache mitbringt. Niemand liest sich als Erstes die alphabetische Auflistung sämtlicher Befehle einer Sprache.[1] Wie können Sie trotzdem ohne großen Aufwand feststellen, wo sich eigene Nachdenk- und Programmierarbeit lohnt und wo Sie nur das Rad neu erfinden (in Form von aneinandergenagelten Dreiecken)?

»Unvollständige Liste der PHP-Befehle, die ich aus Unwissenheit selbst nachgebaut habe: array_rand, disk_free_space, file_get_contents, file_put_contents, filter_var, htmlspecialchars, import_request_variables, localeconv, number_format, parse_url, strip_tags, wordwrap.«

Kathrin

Es sind nicht nur Unerfahrenheit und Unwissenheit, die nicht so gute Programmierer von der Verwendung bestehender Lösungen abhalten. Selbst wenn eine Aufgabe im Programmierer den vagen Verdacht erweckt, dieses Problem könnte eventuell schon einmal ein anderer Mensch gehabt und gelöst haben, folgt daraus nicht unbedingt der naheliegende Schritt, nach der Lösung zu suchen. Viele Menschen empfinden Programmieren als die

---

1   Fast niemand. Aber eigentlich ist es sogar eine ganz gute Idee, irgendwann genau das zu tun, um exotische Funktionen zu finden, von deren Existenz man nicht einmal zu träumen gewagt hat.

angenehmere und spannendere Tätigkeit und verbringen folglich ihre Zeit lieber mit dem Schreiben von Code als mit der Suche nach bereits geschriebenem. Auch überschätzt man gern die eigenen Fähigkeiten und unterschätzt die Komplexität des Problems. Gerade Aufgaben, die überschaubar wirken, bringen dabei Probleme mit sich, weil auch unerfahrene Programmierer bei ihrer Betrachtung sofort einen Lösungsweg erkennen oder zu erkennen glauben.

Aufmerksame Leser werden in diesen Problemen die Kehrseite von Larry Walls wichtigen Programmierertugenden Faulheit, Ungeduld und Selbstüberschätzung (siehe Kapitel 2) wiedererkennen. Zum Vorteil gereichen diese Eigenschaften Programmierern nämlich nur dann, wenn sie bei den passenden Anlässen zum Einsatz kommen. Wer alle seine Tools ohne vorherige Recherche selber schreibt, dem fehlt schlicht die Zeit, mithilfe seiner Untugenden eines Tages etwas wirklich Nützliches und bisher nicht Dagewesenes hervorzubringen. Denn eine erste funktionierende Version der eigenen Datumsfunktionen, der eigenen Blogsoftware oder des eigenen Zeiterfassungstools ist zwar schnell geschrieben, aber die im weiteren Verlauf überraschend auftauchenden Sonderfälle, Bugs, Erweiterungswünsche und – wenn andere Menschen den Code nutzen – Supportanfragen können eine erstaunliche Menge Lebenszeit verschlingen. Ein erfahrener Softwareentwickler produziert einer gängigen Faustregel zufolge inklusive Nachdenken, Testen, Debugging, Optimierung und Dokumentation ungefähr zehn ausgereifte Zeilen pro Tag. (Bei Buchautoren ist es ähnlich.) Als unerfahrener Entwickler schaffen Sie sicher nicht mehr.

Es gibt für viele immer wiederkehrende Problemfälle inzwischen Standardlösungen, die von mehreren Generationen von Programmierern verfeinert wurden, zum Beispiel Sortieralgorithmen. Dass man an einem Problem arbeitet, das ein spezielles, bisher noch nicht existierendes Sortierverfahren benötigt, ist selbst für mittelgute Programmierer unwahrscheinlich. Nur weil die vom Framework gelieferte Standardlösung nicht absolut passgenau ist, sollte man sich nicht dazu verleiten lassen, etwas Eigenes zu schnitzen, denn man verbringt damit viel Zeit, baut vermutlich Fehler ein und arbeitet gegen das Framework – das heißt, man hat zwar danach einen schönen Sortieralgorithmus für sich, aber die Schwierigkeiten mit der Passgenauigkeit werden an anderer Stelle wieder auftauchen.

Für den Einsatz fertiger Lösungen spricht auch, dass man mit selbstgeschnitzten Werkzeugen zukünftigen Nutzern und Lesern des Codes keine Freude macht. Vielleicht möchten diese hilfsbereiten Leser die Performance der Anwendung verbessern oder nach Fehlern suchen. Wenn dort statt Aufrufen von vertrauten Standardfunktionen eine eigene Lösung auftaucht, erregt der unbekannte Code zu Recht Misstrauen. Die Leser müssen sich nun beispielsweise mit den Details einer Spezial-Sortierfunktion auseinandersetzen, um sich davon zu überzeugen, dass sie fehlerfrei ist und das Problem effizient löst. Hätte der Programmierer hingegen eine Standardfunktion verwendet, könnte sich ein erfahrener Leser diesen Aufwand sparen, denn auf die Implementierung der Standardfunktion haben so viele Augenpaare gesehen, dass sie mit einiger Sicherheit nicht nur viel weniger Fehler enthält, sondern auch effizient ist.

Der Weg zur Lösung

Wenn man feststellt, dass man immer wieder ähnlichen Code für eine relativ überschaubare Aufgabe selbst schreibt, ist das ein Anzeichen dafür, dass wahrscheinlich bereits eine fertige, wenige Zeichen lange Lösung existiert. Es gibt diverse Möglichkeiten, diese Lösung aufzuspüren:

- Man liest in der Dokumentation der Sprache einen verwandten Bereich durch und hofft auf Querverweise zur gesuchten Funktion.

- Man betrachtet eine Liste aller Funktionen oder der Funktionen eines bestimmten Themenfeldes und hofft darauf, dass das gesuchte Ding einen sprechenden Namen trägt: `array_rand` aus dem oben genannten Beispiel etwa hätte sich in der PHP-Dokumentation unter *php.net* leicht durch Betrachten des Abschnitts »Array Functions« finden lassen.

- Man konsultiert ein Buch, das Standardlösungen auflistet. Die englischen »Cookbooks« bzw. deutschen »Kochbücher« von O'Reilly eignen sich dafür, denn sie sammeln typische Fragestellungen aus der Programmierpraxis und beantworten sie rezeptartig.

- Man wirft das Problem einer Suchmaschine vor und hofft, zum Beispiel bei *stackoverflow.com* dazu eine Frage zu finden, bei deren Beantwortung sich mehrere Autoren gegenseitig mit immer eleganteren Lösungen übertreffen. Auf `array_rand` wäre man zum Beispiel durch eine Suche nach »*how to*« »*random element*« *array php* gestoßen.

- Man sucht zum Beispiel auf *github.com* oder *sourceforge.net* in den Beschreibungen von Open Source-Projekten nach einem Projekt in der jeweiligen Sprache, das dieses Problem mit großer Wahrscheinlichkeit auch zu lösen hatte. Dann sieht man nach, wie dessen Autoren die Sache angegangen sind.

- Wenn man etwas mehr Erfahrung gesammelt hat, weiß man auch in einer neuen Sprache, mit welchen Grundfunktionen zu rechnen ist, und braucht dann nur noch deren Namen und die technischen Details herauszufinden. Man muss der Suchmaschine keine mühsame Beschreibung vorlegen wie in unserem Beispiel mit »*how to*« »*random element*« *array php*. Stattdessen kann man einfach nach *array_rand in python* suchen, um das Python-Äquivalent zum schon bekannten PHP-Befehl zu finden.

Erst wenn wirklich nirgendwo wiederverwendbarer Code zu entdecken ist, lohnt es sich, sich selber mit der Aufgabe zu befassen. Dabei kann dann auch in einer anderen Sprache geschriebener Quellcode sehr nützlich sein, und sei es nur, weil man nach der Betrachtung die tatsächliche Größe der selbstgestellten Aufgabe besser einschätzen kann.

Mehr zuhören, weniger arbeiten

»Dieser Tage lerne ich unnötige Arbeit vermeiden, indem ich ständig Podcasts über Open Source-Projekte höre. Und zwar lerne ich speziell aus denen, deren Titel mich erst einmal gar nicht interessieren. Damit man das Rad nicht neu erfindet, muss man überhaupt erst mal wissen, dass es das Rad gibt. Ein Überblick über die Open-Source-Landschaft hilft da sehr. Außerdem helfen diese Podcasts, die schädliche ›Open Source ist unbrauchbar, buggy und hässlich‹-Haltung abzulegen, die nur eine weitere Spielart des ›Not Invented Here‹-Problems[2] ist, und zwar, weil man die Projektgründer begeistert über ihre Kinder sprechen hört.

Der englischsprachige Podcast FLOSS weekly (*twit.tv/FLOSS*) stellt regelmäßig Open Source-Projekte vor und lässt Projektbeteiligte über ihre Beweggründe und Designentscheidungen berichten. In einigen Folgen tut das auch der deutschsprachige Podcast Chaosradio Express (*chaosradio.ccc.de/chaosradio_express.html*). In anderen Folgen wird ein Thema breiter behandelt. Programmierern, die sich erstmals mit einer neuen Sprache, Bibliothek oder Technologie befassen, sei hiermit sehr ans Herz gelegt, vorab ein paar Stunden mit Zuhören zu verbringen.«

Jan Bölsche

Bibliotheken

Wenn Sie auf der Suche nach einer spracheigenen Funktion für eine bestimmte Aufgabe nicht fündig geworden sind, dann kann es sein, dass der eigentliche Sprachkern dafür keine Bordmittel bereitstellt. Für etwas komplexere Aufgaben (sich mit einer Datenbank verbinden, XML parsen, Bild- oder Sprachverarbeitung betreiben) werden Sie in der Werkskonfiguration der Sprache Ihrer Wahl vielleicht keine fertigen Werkzeuge finden. Sie sollten sich dann auf die Suche nach geeigneten Bibliotheken machen.

Eine Bibliothek[3] ist eine Sammlung von Funktionen – oder, in objektorientierten Sprachen, Klassen –, die Probleme lösen, die in mehr als nur einem Programm auftauchen. (Richtig, das trifft auf erstaunlich viele Probleme zu.) Der Autor einer Bibliothek gibt sich im Idealfall besonders viel Mühe, die Schnittstelle zu seinem Bibliothekscode für ein breites Publikum verständlich zu gestalten und gut zu dokumentieren. Diese Oberfläche einer Bibliothek wird auch Application Programming Interface (API) genannt. Bei der Gestaltung einer guten API legen ihre Entwickler besonderes Augenmerk auf die konsequente Einhaltung von Konventionen (siehe Kapitel 4), um dem Applikationsprogrammierer durch Vorhersagbarkeit das Leben zu erleichtern.

---

2   *en.wikipedia.org/wiki/Not_invented_here*.

3   Die Begriffe Bibliothek, Library, Package und Paket nutzen wir hier als Synonyme.

Programmiersprachen werden dem Entwickler nicht nackt vor die Füße geworfen, sondern bringen eine sehr allgemeine Funktionssammlung mit, ohne die es mühsam wäre, irgendein sinnvolles Programm zu schreiben. Eine solche Sammlung heißt Standardbibliothek, Laufzeitbibliothek oder Runtime Library[4]. Das Angenehme an Standardbibliotheken ist, dass man als Programmierer ihre Existenz einfach voraussetzen und ihre Funktionen ebenso selbstverständlich benutzen kann wie die fest eingebauten Befehle der Sprache. Oft ist die Grenze zwischen Sprachkern und Standardbibliothek gar nicht so einfach auszumachen, in der Praxis ist sie auch kaum relevant.

Anders sieht es mit den Bibliotheken aus, die nicht fest mit der Sprache verheiratet sind, denn sie müssen vom Programmierer erst einmal gefunden und dann heruntergeladen und installiert werden. Auch auf dem Rechner des Endanwenders müssen diese Spezialbibliotheken vorhanden sein, es sei denn, Sie beschränken sich auf Webanwendungen, die nur einen Browser erfordern. Wenn Sie solche Bibliotheken einsetzen wollen, müssen Sie sich also Gedanken darüber machen, wie diese Bibliotheken auf Ihren Rechner und gegebenenfalls auf die Ihrer Anwender kommen. (Auch dafür gibt es typischerweise Lösungen, die man verwenden sollte, anstatt sich etwas auszudenken.)

Richtig kompliziert und nervenaufreibend kann es werden, wenn eine Bibliothek wiederum drei andere Bibliotheken voraussetzt und die jeweils noch fünf andere. Diese Abhängigkeiten erreichen oft eine Komplexität, die kaum noch handhabbar ist, weshalb weniger abgebrühte Programmierer irgendwann entnervt aufgeben und doch lieber alles wieder selber machen. Programme, die Ihnen helfen, solche Abhängigkeiten aufzulösen und Bibliotheken zu installieren, heißen Paketmanager oder *package manager* (siehe den Abschnitt »Paketmanager« in Kapitel 20).

Wenn es zur Programmiersprache Ihrer Wahl eine Community gibt, die eine solche paketbasierte Installation von Bibliotheken gebaut hat und ein entsprechendes Onlineverzeichnis pflegt, haben Sie Glück. Denn diese Verzeichnisse sind die komfortabelste Möglichkeit, nach einer Bibliothek für ein vorhandenes Problem zu suchen. Sie sollten daher die erste Anlaufstelle sein. Teilweise bieten diese Kataloge abonnierbare RSS-Feeds, die über Neuerscheinungen informieren, und manche haben ein Bewertungssystem oder ein anderes Verfahren zur Qualitätssicherung. Einige solcher Anlaufstellen finden Sie in Tabelle 19-1.

Tabelle 19-1: Bibliotheksverzeichnisse

Sprache	Bibliotheksverzeichnis	Webadresse
JavaScript	JavaScript Libraries	*javascriptlibraries.com*
Python	Python Package Index	*pypi.python.org*
Perl	Comprehensive Perl Archive Network	*cpan.org*

---

4   Typischerweise beinhalten diese Bibliotheken so grundlegende Funktionen wie Dateioperationen, Textein- und ausgaben, mathematische Funktionen und Funktionen zum Umgang mit Listen, Arrays und Strings.

Tabelle 19-1: Bibliotheksverzeichnisse (Fortsetzung)

Sprache	Bibliotheksverzeichnis	Webadresse
R	Comprehensive R Archive Network	*cran.r-project.org*
Ruby	Ruby Gems	*rubygems.org*
PHP	PECL (PHP Extension Community Library)	*pecl.php.net*
PHP	PEAR (PHP Extension and Application Repository)	*pear.php.net*
Node.js	Node Packaged Modules	*npmjs.org*

Für Java und C++ fehlt so ein praktisches Verzeichnis leider. *javascriptlibraries.com* enthält nur die wichtigsten JavaScript-Bibliotheken. Für C++-Programmierer sei aber die Bibliothekensammlung *boost.org* erwähnt. Die ist zwar weniger guten Programmierern aufgrund ihrer Komplexität nicht eben leicht zugänglich, aber C++-Programmierer sind diesen Kummer ja gewohnt.

Außer diesen sprachspezifischen Verzeichnissen gibt es Internetdienste wie *github.com*, *bitbucket.org* und *sourceforge.net*, auf deren Servern alle möglichen Open Source-Projekte ihren Code zum Download bereitstellen.

Bindings

Oft basieren übrigens die verschiedenen sprachspezifischen Lösungen alle auf ein und derselben Bibliothek, die meist in C geschrieben ist. Sie bestehen dann eigentlich nur aus einem kleinen Übersetzungsteil, der zwischen den unterschiedlichen Sprachwelten vermittelt. Ein solcher Übersetzungsteil wird Binding genannt. Wenn Sie z.B. den Satz hören, »Wir verwenden das PHP-Binding von open-ssl«, dann heißt das, dass in einem Projekt die (in C geschriebene) Kryptobibliothek open-ssl zum Einsatz kommt, die durch ein entsprechendes PHP-Modul in die Welt von PHP eingeklinkt wurde.

Für quasi alle größeren Aufgabenbereiche gibt es schon kostenlose, frei verfügbare Libraries. Allerdings meist nicht nur eine, sondern zwischen zwei und zehn. Das stellt den Programmierer vor ein Auswahlproblem und kostet Zeit. Faustregel: Die am weitesten verbreitete nehmen, oder die mit der besten Website (ein Zeichen dafür, dass die Entwickler Wert auf Zugänglichkeit legen), oder die mit der besten Dokumentation und verständlichsten API.

Und beachten Sie die Lizenz. Es gibt Lizenzen wie die GPL, die Sie zwingen, Ihren gesamten Programmcode ebenfalls unter derselben Lizenz freizugeben, falls Sie irgendein Stück Fremdcode einbinden, das unter dieser Lizenz steht. Die Affero-GPL (AGPL) geht sogar noch einen Schritt weiter und zwingt Sie, den Code Ihres Webservice unter der AGPL zu veröffentlichen, wenn Sie AGPL-lizensierte Bibliotheken verwenden. Bibliotheken werden zwar meist unter weniger restriktiven Lizenzen wie der BSD-, der MIT- oder der LGPL-Lizenz veröffentlicht, aber schauen Sie dennoch genau hin, falls Sie nicht sowieso Open Source-Programme schreiben.

Umgang mit Fremdcode

Wenn Sie Codeschnipsel zusammenkopieren oder Ihr Codingstil durch die Lektüre von Fremdcode beeinflusst wird, ergibt sich ein heterogenes Bild im entstehenden Code. Das ist im Grunde unvermeidbar; schlechte Programmierer müssen es einfach hinnehmen – schon weil es im Laufe ihrer Entwicklung zu weniger schlechten Programmierern sowieso passieren wird. Am besten akzeptiert man diese Tatsache und macht die Grenzen von Eigen- und Fremdcode möglichst gut erkennbar, indem man den Fremdcode in separate Dateien auslagert. Den fremden Code mühsam den eigenen Konventionen (siehe Kapitel 4) anzupassen, hat ohnehin nur Nachteile: Erstens wird man die Lage voraussichtlich eher verschlimmern, zweitens verzettelt man sich, und drittens ist das Ergebnis nicht wartbar bei Updates des Fremdcodes. Stattdessen kann man in Erwägung ziehen, komplizierte Dinge schön zu verpacken, indem man etwa außen um den Aufruf einer Bibliotheksfunktion herum eine eigene Funktion bastelt, die eine stark vereinfachte Parameterliste hat und all die Funktionalität weglässt, die man im eigenen Projekt nicht braucht. Man spricht dann von *code wrapping*.

Kleinere Stücke Fremdcode kann man jederzeit übernehmen, auch wenn man sie noch nicht ganz versteht. Es ist eine der schnellsten und elegantesten Arten, dazuzulernen. Ein bisschen allerdings sollte man schon begreifen, was der fremde Code da tut. Wenn nicht, ist die Gefahr groß, dass er ganz andere Aus- und Nebenwirkungen als die beabsichtigten hat. Bei umfangreicheren Übernahmen hilft es, die URL der Quelle als Kommentar zu vermerken. Man kann sich dann später noch einmal die Erklärungen auf der Seite ansehen, und manchmal gibt es sogar Updates. Diese Praxis beugt außerdem dem Vorwurf vor, man würde sich mit fremden Federn schmücken. Die Quelle zu vermerken, ist also selbst dann eine gute Idee, wenn es von der Lizenz nicht gefordert wird.

Beliebte Fehler im Umgang mit Fremdcode

Verändern Sie keinen Bibliothekscode in der lokalen Kopie. Sie können den fremden Code danach nie wieder updaten. Was Sie da angelegt haben, ist ein *Fork*, auch wenn Sie von Forks gar nichts wissen und nie etwas wissen wollten.

Fork

Als Fork (im Sinne von Gabelung) bezeichnet man ein Softwareprojekt, das irgendwann einmal durch Änderungen an einem Originalprojekt entstanden ist. Weil diese Änderungen nicht in den Entwicklungsstrang des Originalprojekts zurückgeflossen sind (dafür kann es viele Gründe sozialer, politischer oder technischer Natur geben), haben sich die beiden Projekte im Laufe der Zeit immer weiter von einander entfernt und streben unterschiedlichen Zielen entgegen. Verbesserungen und Fehlerbehebungen an einem dieser Projekte in das andere zu bekommen, wird daher immer aufwendiger. Ein Beispiel sind etwa die verschiedenen Derivate des Betriebssystems BSD: OpenBSD, FreeBSD und NetBSD.

Verwenden Sie fremden Code nicht stillschweigend, wenn dessen Autor sich ausdrücklich eine Namensnennung wünscht. Das könnten Sie aus verschiedenen Gründen tun wollen, von ästhetischen Bedenken (»wo soll ich den Namen denn jetzt unterbringen«) über persönliche Eitelkeit (»die Leute denken ja, ich komm nicht selber klar«) bis hin zu Kundenwünschen. Die einzige korrekte Lösung aber lautet: Wenn man nicht willens oder in der Lage ist, den Autor zu nennen, darf man solchen Code nicht verwenden.

Verwenden Sie keinen Fremdcode zu anderen als den vorgegebenen Bedingungen. Wer Fremdcode übernimmt, muss nachsehen, unter welcher Lizenz dieser Code steht, und sicherstellen, dass die genannten Bedingungen erfüllt werden. Alles andere stellt eine Verletzung des Urheberrechts des Codeautors dar, wofür sich der Gesetzgeber teilweise recht drakonische Strafen hat einfallen lassen. Außerdem gehört es sich nicht.

Was man nicht selbst zu machen braucht

Die folgenden Aufgaben brauchen Sie nicht selbst zu erledigen. Es passiert aber auch nichts Schlimmes, wenn Sie es tun. Sie machen sich lediglich selbst das Leben etwas schwerer.

Eine Funktion schreiben, die aus Kleinbuchstaben Großbuchstaben macht

Sie bekommen das mit Sicherheit für Deutsch und Englisch korrekt hin. Vielleicht sogar unter Berücksichtigung der besonderen Eigenschaft von »ß«, die Zeichenkette zu verlängern, wenn man es in »ss« umwandelt. Anderen ist das aber bereits für wesentlich mehr Sprachen gelungen. Sie glauben jetzt, dass andere Sprachen Sie nicht zu interessieren brauchen, und übersehen dabei, dass zum Beispiel Orts- und Familiennamen manchmal auch lustige Sonderzeichen enthalten.

Eine Suchfunktion für die eigene Website

Die Suche selbst mag schnell geschrieben sein. Dafür zu sorgen, dass sie Eingaben in den üblichen Formaten verarbeitet und die Ergebnisse in benutzerfreundlicher Form darstellt, ist mehr Arbeit und wird deshalb häufig vernachlässigt. Die großen Suchmaschinen bieten Anleitungen dafür, wie man mit geringem Aufwand z. B. eine Google-Suche in die eigene Website einbinden kann. Und auch für die meisten anderen Anwendungsfälle gibt es fertige Lösungen. Lucene und Lucy, beides Open Source-Projekte der Apache Foundation, sind beispielsweise Bibliotheken für eine Volltextsuchfunktion für Java, C, Perl und Ruby.

Eigene Parser für Dateiformate oder URLs

»Comma-separated values, wie schwer kann das schon sein, es sind halt Werte mit Kommas dazwischen!«, denken Sie, und werfen mit String.Split(',') oder explode(",", $string) die Kommas weg. Tatsächlich gibt es selbst bei so einfachen Formaten wie CSV und JSON überraschend viele Möglichkeiten, sich in Schwierigkeiten zu bringen: Kommas können escaped sein oder im Inneren von Zitaten stehen, dasselbe gilt für Anführungszeichen; Werte können sich über mehrere Zeilen erstrecken ... von komplizierteren Formaten wie XML wollen wir gar nicht erst anfangen. Auch die Parameter aus URLs sollten Sie aus ähnlichen Gründen nicht von Hand herausfiletieren.

Dasselbe gilt für die umgekehrte Richtung: Schreiben Sie keinen eigenen Serializer (eine Funktion, die Variablen oder Objekte in speicher- bzw. verschickbare Form bringt). Nutzen Sie die fertigen Lösungen, die es reichlich gibt, dann brauchen Sie sich nicht selbst um Escaping, richtige Klammersetzung und andere lästige Details zu kümmern.

Kommunikation mit SQL-Datenbanken

Für fast jede Kombination aus Programmiersprache und Datenbank gibt es Module, die den Zustand eines Objektes oder einer Struktur in einer Datenbanktabelle ablegen, beziehungsweise einen bereits abgelegten Zustand wiederherstellen können, sogenannte »object-relational Mapping Libraries« (ORM). Die Idee dahinter ist, dass der Programmierer sich nicht mit der Erzeugung von SQL-Befehlen auseinandersetzen muss. Denn genau das ist erstens komplizierter, als man denkt, zweitens für jede Datenbank subtil anders und drittens der Grund für eine ganze Klasse von Sicherheitslücken (siehe dazu den Abschnitt »SQL Injection und XSS – die Gefahren in User-Content« in Kapitel 25)

Regular Expressions für gängige Aufgaben selbst konstruieren

Wenn auch nur der Hauch eines Verdachts besteht, dass jemand anders dasselbe Problem bereits gelöst hat, spart man Zeit und Debugging-Aufwand, indem man die fertige Lösung einsetzt. Beim Finden hilft z. B. *regexlib.com*.

Funktionen schreiben, die dafür sorgen, dass irgendetwas zu bestimmten Tages-, Wochen- oder Jahreszeiten geschieht

Auch diese Aufgabe wirkt auf den ersten Blick einfach und erweist sich schon kurze Zeit später als überraschend reich an Fallstricken. Vorausschauendere Menschen machen deshalb von den eingebauten Fähigkeiten ihrer jeweiligen Betriebssysteme Gebrauch: Unter Windows gibt es den *Windows Task Scheduler*, unter Unix (und damit auch am Mac) nutzt man das Unix-Tool cron (siehe Kapitel 22). Wenn die Zeitschaltuhr wirklich in den Code eingebaut werden muss, gibt es auch dafür Bibliotheken. Man findet sie mit einer Suche nach *scheduling library* in Kombination mit dem Namen der jeweiligen Programmiersprache.

Nichttriviale Mathematik- oder Physikalgorithmen

Wenn Sie nicht gerade Mathematiker oder Physiker sind, sollten sie alles, was wesentlich über Ihre Erinnerung an den Schulunterricht hinausgeht, anderen überlassen. Solche Algorithmen sind nicht nur schwer fehlerlos hinzubekommen, sondern auch schwer zu testen. Es gibt Bibliotheken dafür, die von freundlichen Fachleuten durchgesehen und korrigiert wurden. Außerdem sind deren Lösungen wahrscheinlich um ein Vielfaches schneller und effizienter als Ihre eigene Version. Wenn Sie schon wissen, dass Sie in einem Projekt mit mathematisch-statistischen Problemen konfrontiert sind, dann verwenden Sie entsprechende Programme wie SAS oder eine Sprache wie R.

Ein Tool schreiben, um die Geschwindigkeit von Code zu messen

Auch diese Aufgabe ist komplexer, als sie zunächst aussieht. Laufen andere Prozesse im Hintergrund? Wie viel Prozessorzeit widmet der Rechner der Ausführung? Das ist vor allem (aber nicht nur) dann ein Thema, wenn man sich einen Server mit anderen Nutzern teilt. Es gibt für jede Programmiersprache fertige Lösungen, für JavaScript sind das Firebug (Firefox) oder Speedtracer (Chrome), Java hat `jvisualvm`, Python z.B. das `timeit`-Modul, in Ruby verwendet man `Benchmark`. Suchbegriffe sind *timing code* oder *code profiler*. Wer Datenbanken verwendet, sollte sich irgendwann einmal mit `explain` beschäftigen. Dieser SQL-Befehl gibt interessante interne Details darüber aus, wie eine Abfrage ausgeführt wurde. Mit etwas Übung können Sie daraus erschließen, ob die Datenbank eine Query optimieren konnte, ob Indizes verwendet werden konnten und wie Sie die Abfrage möglicherweise noch schneller machen können.

Ein Template-System zum Erzeugen von Websites schreiben

Es gibt genügend fertige Tools, die eine Suche nach `template engine` in Kombination mit der jeweiligen Sprache zutage fördert.

Einen eigenen Texteditor für HTML-Eingabefelder oder einen WYSIWYG-Editor, der im Browser läuft

Wie immer ist es leicht, die ersten 80% der Funktionalität hinzubekommen. Für die letzten 20% brauchen (im Fall der WYSIWYG-Editoren) selbst erfahrene Programmiererteams Jahre. Und auch bei den HTML-Eingabefeldern lohnt sich die Mühe angesichts der zahlreichen fertigen Lösungen nicht.

Mouseover-Code und andere gebräuchliche Website-Verschönerungen

Es ist sehr wahrscheinlich, dass um die 99% dessen, was Sie sich an Ajax-Funktionen wünschen, bereits in einer fertigen, fehlerfreien Version existiert. Fremdcode spart hier nicht nur Zeit und Arbeit, sondern bewahrt einen auch davor, sich bei Google unbeliebt zu machen. Google-Mitarbeiter Matt Cutts rät ausdrücklich davon ab, Mouseover-Code selbst zu schreiben, weil man dabei leicht versehentlich das Misstrauen der Google-Algorithmen erweckt, die Seiten mit verstecktem Spamtext aus dem Suchindex verbannen. *script.aculo.us* ist eine gute Anlaufstelle für fertigen Ajax-Zierrat.

Eigene Internationalisierungstools

Die Texte Ihrer Website sollen in unterschiedlichen Sprachen angezeigt werden. Diesen Wunsch hatten schon viele Menschen vor Ihnen, weshalb es auch fertige Hilfsmittel dafür gibt, z.B. die gettext-Utilities mit Bindings für alle gängigen Sprachen. Um weitere geeignete Bibliotheken zu finden, suchen Sie nach *internationalization*, *localization*, *i18n* in Kombination mit den Namen Ihrer bevorzugten Sprache.

Eigene Logging-Tools

Das gilt sowohl für Error-Logging als auch für Zugriffe auf Webseiten, Verfolgung von Nutzeraktionen und die Auswertung von Logfiles. log4j ist eine Logging-Bibliothek (siehe den Abschnitt »Logging« in Kapitel 13), die als log4js (JavaScript), log4r (Ruby), Log4net (.NET) in andere Sprachen übersetzt wurde. (In Python wurde sie gleich integriert und heißt dort einfach logging.) Um von log4j oder ähnlichen Paketen geschriebene Logs analysieren zu können, gibt es beispielsweise die Software *Apache Chainsaw*, die leider nicht mehr weiterentwickelt wird – allerdings kann man kurze Logfiles auch einfach im Texteditor lesen und analysieren.

Eine eigene Auszeichnungssprache für Text erfinden

Wenn Sie ein einfaches und laienfreundliches Format für die Eingabe von Text brauchen, der später automatisch z.B. in HTML umgewandelt werden soll, denken Sie sich bitte nicht selbst aus, wie kursiver oder fetter Text oder Listen gekennzeichnet werden sollen. Es gibt dafür zwar keine einheitlichen Standards, aber doch übliche Lösungen für bestimmte Anwendungsbereiche. So haben Wikis ihre eigenen Konventionen, in Foren kommt ein Format namens *BBCode* zum Einsatz, vielleicht ist auch *Markdown* oder *Textile* das, was Sie suchen. Der Wikipedia-Eintrag »Markup« bietet einen kurzen Überblick. Der Vorteil beim Einsatz einer gängigen Auszeichnungssprache: Es gibt fertige Bibliotheken für die Umwandlung aus vielen Formaten und in viele Formate. Wenn Ihnen also nach ein paar Wochen einfällt, dass Sie das Ergebnis statt als HTML doch lieber als PDF hätten, verursacht das wenig Arbeit.

Eigene Konventionen erfinden

Wenn Sie mit anderen zusammenarbeiten, verzichten Sie auf das Festlegen ganz neuer Codestandards. Es gibt genügend gebräuchliche Vorgaben auf der Welt, und die Einigung mit anderen ist schon mühsam genug, ohne dass man eigene Erweiterungen verteidigen muss (siehe auch Kapitel 4).

Was man auf keinen Fall selbst machen sollte

Die hier versammelten schlechten Ideen haben schmerzhaftere Folgen als die aus dem vorigen Abschnitt. Manche davon werden nicht nur Ihnen, sondern auch Ihren Nutzern Ärger und Kosten bescheren.

Datumsberechnungen anstellen

Unterschiedlich lange Monate. Zeitzonen. Sommerzeit. Die Nummerierung von Kalenderwochen. Schaltjahre. Schaltsekunden! Über all das haben sich viele andere Menschen ausführlich den Kopf zerbrochen und das Ergebnis in Bibliotheken niedergelegt. Machen Sie davon Gebrauch, sonst ergeht es Ihnen wie Jan Bölsche (siehe den Kasten »Mach es nicht selbst, sonst gibt es morgen schlechtes Wetter!«). Wenn Sie diese Regel beherzigen, haben Sie den Amazon- und Apple-Programmierern schon etwas voraus: Bei Amazon tragen am 29. Februar eingestellte Kindle-Bücher das Veröffentlichungsdatum 28.2., die Verkäufe vom 29. werden hingegen auf den ersten März gebucht. Apples Time Machine speichert zwar die Backupdaten vom 29. Februar, das Datum wird in der Benutzeroberfläche aber nicht angezeigt.

Mach's nicht selbst, sonst gibt es morgen schlechtes Wetter!

»Es regnet hier nun schon drei Tage durch.« Der Projektleiter am Telefon klingt etwas besorgt. Er steht unter einem künstlichen Himmel aus LEDs und blickt in die finstern Wolken über ihm, die sich eigentlich zeitgleich mit den realen Wolken über dem Gebäude vor ein paar Tagen hätten verziehen sollen. Und zwar vollautomatisch, als Reaktion auf eine Änderung in einer Textdatei auf dem Server des Meteorologischen Instituts Berlin.

Seit gut zwei Jahren hatte das vollkommen reibungslos funktioniert: Ein wissenschaftlicher Mitarbeiter im Institut trägt Bewölkungsgrad und die Art des Niederschlags in eine Textdatei ein, die wird von meiner Software alle 10 Minuten runtergeladen und geparst und dient dann als Input für die Erzeugung von Wolken auf dem riesigen Display unter der Decke des Wintergartens.

Während ich aus dem Telefon Regenprasseln höre, sehe ich im Logfile der Applikation nach und muss feststellen, dass sie erst in ungefähr 2 Milliarden Jahren wieder plant, sich beim Institut nach der aktuellen Wettersituation zu erkundigen.

Dabei war ich mir ganz sicher, dass die selbstgeschriebene Datumsklasse nach Jahren des ständigen Einsatzes und der Pflege nun aber wirklich fehlerfrei ist.

Jan Bölsche

Kryptografie selbst implementieren

Ohne Ausnahme eine schlechte Idee, auch wenn Ihr Plan über »ich XOR das einfach mal mit dem Namen meiner Katze« hinausgeht (siehe Kapitel 25). Kryptografie ist – ähnlich wie Atomenergie – ein Bereich, den man unbedingt Experten überlassen muss, da alle weniger Bewanderten ganz sicher die Konsequenzen ihres Handelns nicht überblicken. (Manche sagen, dass das zumindest im Falle der Atomenergie auch bei Experten nicht der Fall sei.) Bedenken Sie das nach dem Sicherheitsberater Bruce Schneier benannte »Schneier's Law«: »Es ist für alle Menschen ganz einfach, sich Sicherheitsverfahren auszudenken, die sie selbst nicht knacken können.«

Um Kryptografie handelt es sich übrigens nicht nur, wenn Sie vom Geheimdienst dafür bezahlt werden, sondern immer dann, wenn Passwörter im Spiel sind. Falls Sie denken, »Ach, so geheim sind die Daten nun auch nicht, da brauch ich doch keine echte Kryptografie«, dann stellen Sie sich vor, wie es wäre, alle Daten Ihrer Nutzer im Klartext abzulegen oder zu übertragen. Wenn Ihnen dieser Gedanke unangenehm ist, dann nehmen Sie »echte Kryptografie«, eine Zwischenlösung gibt es nicht. Das bedeutet unter anderem, dass Sie am besten keine eigenen Loginseiten bauen. Erstens ist es sicherer, zweitens gibt es fertige Lösungen und drittens kostet Sie der Umgang mit vergesslichen Nutzern weniger Nerven (siehe Kasten).

Passwort: Alzh31m3r

Weil das Riesenmaschine-Blog historisch aus einer kleinen ›News‹-Abteilung einer Website hervorgegangen ist, auf die nur drei Leute Zugriff hatten, und weil ich keine Ahnung von Authentifizierung habe, ist die Zugangssicherung einfach ein .htaccess-Verzeichnisschutz. Das hat vermutlich viele Nachteile, von denen ich bis heute nichts weiß, und einen auch für mich unübersehbaren: Jeder der zeitweise über 50 Zugangsberechtigten vergisst regelmäßig sein Passwort, und es gibt natürlich keinen Mechanismus, mit dem die Nutzer ihr eigenes Passwort ändern können. Das geht nur mit einer Mail an mich, und da ich mir die Passwörter natürlich auch nicht merke, muss ich mir ein neues ausdenken, das der Empfänger dann bis zur nächsten Woche wieder vergisst.

Kathrin

Ein eigenes Bugtracking-System entwickeln

Stack Overflow-Nutzer Constantin Veretennicov hat Zahlen über die existierenden Systeme zusammengetragen (Stand Ende 2012):

Trac: 44.000 Codezeilen, 10 Personenjahre, $ 577.003 Entwicklungskosten

Bugzilla: 54.000 Codezeilen, 13 Personenjahre, $ 714.437 Entwicklungskosten

Redmine: 171.000 Codezeilen, 44 Personenjahre, $ 2.400.723 Entwicklungskosten

Mantis: 182.000 Codezeilen, 47 Personenjahre, $ 2.562.978 Entwicklungskosten

Wenn Sie mit den Stärken und Schwächen der existierenden Systeme vertraut sind und gerade ein paar Jahrzehnte Zeit übrig haben, lassen Sie sich bitte nicht durch uns von Ihrem Plan abbringen. Die heutigen Bugtracker sind sicher noch nicht der Weisheit letzter Schluss. Wenn nicht: Finden Sie sich damit ab, dass die existierenden Bugtracker nicht 100% des Funktionsumfangs abdecken, der Ihnen vorschwebt, und genießen Sie 10 bis 47 Personenjahre zusätzliche Freizeit.

Ein eigenes Wiki entwickeln

Hier gilt das Gleiche wie beim Bugtracking-System.

Eigene Blogsoftware entwickeln

Hier gilt das Gleiche wie beim Bugtracking-System.

Eigene Dateiformate erfinden

Weil man gerade keine Lust hat, sich mit den Feinheiten von XML oder JSON zu befassen, schludert man schnell so was Ähnliches hin. Das ist an sich schon fahrlässig genug, aber im ungünstigsten Fall sieht das erfundene Dateiformat seinem Vorbild so ähnlich, dass künftige Leser (darunter man selbst) es für das Original halten und in der Folge viel Zeit mit Wundern und Haareraufen verbringen werden.

Code schreiben, der prüft, ob ein String eine URL oder eine Mailadresse ist

Wer das richtig machen will, braucht entweder eine Bibliothek oder eine Regular Expression von überraschender Länge und Komplexität – und wer es falsch macht, ärgert seine Nutzer, deren völlig legitime Adressen abgelehnt werden. Die vorhandenen Lösungen sind evolutionär aus der Zusammenarbeit vieler Menschen und dem wiederholten Scheitern an Sonderfällen entstanden. Dass jemand im Alleingang dieses Ergebnis reproduziert, ist ungefähr so wahrscheinlich wie die spontane Entstehung eines Gürteltiers aus dem Urschlamm. Nur zur Veranschaulichung sehen Sie hier einen solchen Lösungsvorschlag:

```
\b((([\w-]+://?|www[.])[^\s()<>]+(?:\([\w\d]+\)|([^[:punct:]\s]|/)))
```

(Quelle: *daringfireball.net/2009/11/liberal_regex_for_matching_urls*, hier eine Erklärung mit Verbesserungsvorschlägen: *alanstorm.com/url_regex_explained*)

Hier ein anderer Lösungsvorschlag:

```
/^(https?):\/\/((?:[a-z0-9.\-]|%[0-9A-F]{2}){3,})(?::(\d+))?((?:\/(?:[a-z0-9\-._
~!$&'()+,;=:@]|%[0-9A-F]{2}))*)(?:\?((?:[a-z0-9\-._~!$&'()+,;=:\/?@]|%[0-9A-F]{2}))?(?:
#((?:[a-z0-9\-._~!$&'()+,;=:\/?@]|%[0-9A-F]{2})*))?)?$/i
```

(*snipplr.com/view/6889/regular-expressions-for-uri-validationparsing/*)

Noch besser als der Einsatz fertiger Regular Expressions: Investieren Sie ein paar Minuten in die Suche nach *email validation library* in Kombination mit der jeweiligen Sprache.

Greifen Sie auf Regular Expressions nur dann zurück, wenn diese Suche kein brauchbares Ergebnis liefert.

Mithilfe von Regular Expressions HTML-Tags aus einem String entfernen

Dieses Verfahren übt eine unwiderstehliche Anziehungskraft auf weniger erfahrene Programmierer aus. Aber HTML ist komplexer, als man auf den ersten Blick annehmen möchte, und für jede funktionierende Regular Expression[5] gibt es mindestens einen Sonderfall, der sie scheitern lässt – und zwar an völlig legitimem HTML. Chuck Norris kann HTML mit Regular Expressions parsen. Jeder andere sollte stattdessen nach einer für seine Sprache zuständigen Bibliothek googeln (Suchbegriffe: »HTML Parser«, »HTML Sanitizer«, »HTML Purifier« oder parse html library). Das spart viel Arbeit sowohl beim Ausdenken als auch beim jahrelangen Korrigieren komplizierter Regular Expressions.[6]

Escaping-Routinen, um SQL, JavaScript oder XSS-Code zu entfernen

Vor allem, aber nicht nur im Web ist es gelegentlich nötig, Steuerzeichen einer Sprache zu maskieren, um Programmstücke in dieser Sprache verarbeiten zu können. Wenn Sie HTML-Beispiele auf einer Webseite darstellen wollen, können Sie nicht einfach das Beispiel-HTML irgendwo einfügen, sondern müssen die Zeichen < und > umcodieren. Escaping von aktiven Inhalten ist notorisch schwierig und es gibt in jeder Sprache Funktionen oder Bibliotheken dafür.

Eigene Lizenzen und Verträge formulieren

Auch hier gibt es fertige Lösungen, über die Fachleute lange nachgedacht haben. Ihre Verwendung erspart Urhebern wie Nutzern viel Arbeit (und potenziellen Ärger). Suchen Sie sich bei »Creative Commons« die richtige Lizenz, wenn Sie Fotos oder Texte online stellen wollen. Und wenn Sie Verträge brauchen, dann beauftragen Sie einen Anwalt.

Leider sind auch offizielle und verbreitete Lösungen nicht immer richtig. Alle guten Ratschläge in diesem Kapitel gelten deshalb nur für schlechte bis mittelmäßige Programmierer uneingeschränkt. Für sie ist die Entscheidung einfach, denn der Code anderer Menschen wird mit großer Sicherheit besser, schneller und fehlerärmer sein als der eigene, und man kann ihn bedenkenlos übernehmen. Trotzdem lohnt es sich manchmal auch für Anfänger, bestimmte Dinge selbst zu schreiben – vorausgesetzt, man kennt die Grenzen dieser Herangehensweise und weiß, worauf man sich einlässt. Das ist leider selten der Fall.

---

5   Die sieht dann zum Beispiel so aus: <(?:"[^"]*"['"]*|'[^']*'['"]*|[^'">])+>. Der Autor, Stack Overflow-Nutzer itsadok, warnt: »Diese Regex funktioniert nicht bei CDATA-Blocks, Kommentaren, Script- und Style-Elementen. Die gute Nachricht: Das alles kann man mithilfe einer Regex entfernen.«

6   Zwei Standardtexte zum Thema: www.codinghorror.com/blog/2009/11/parsing-html-the-cthulhu-way.html und oubliette.alpha-geek.com/2004/01/12/bring_me_your_regexs_i_will_create_html_to_break_them.

Das Netz ist nicht arm an Diskussionen über die Frage, wann es richtig ist, auf eigene Lösungen statt auf die Wiederverwendung vorhandener Tools und Bibliotheken zu setzen. Auch herrscht kein Mangel an Auskünften erfahrener Programmierer, die sich schon einmal oder mehrmals für das Selberschreiben entschieden haben und später zu dem Schluss gekommen sind, dass eine fertige Lösung letztlich auch gereicht und ihnen viel Zeit und Mühe erspart hätte. Eventuell handelt es sich um eine von diesen Erfahrungen, die jeder für sich selbst machen muss. Wenn Sie unsere Ratschläge ignorieren und sich für das Selberschreiben entscheiden, werden Sie hinterher zumindest wissen, was die grundsätzlichen Herausforderungen rund um Internationalisierung oder Datumsfunktionen sind. Das erleichtert Ihnen – einige Wochen, Monate oder Jahre später, nach der Entscheidung, doch auf eine fertige Lösung zu setzen – die Einschätzung des Problems und das Verständnis des Fremdcodes, und es fördert den Respekt vor der Arbeit und den Überlegungen, die in diese Lösung eingeflossen sind.

Drei Lösungen für ein Problem

Kathrin: »Die Person, die ich früher einmal war, hat eine Blog-Engine geschrieben, die die einzelnen Beiträge als XML-Dateien speichert (mit einer Begründung so ähnlich wie ›Eine Textdatei kann ich bei Bedarf einfach anfassen und ändern, einen Datenbankeintrag nicht‹). Zum Umgang mit diesen Dateien schrieb sie einen XML-›Parser‹, der beim Lesen kurzerhand alles wegwirft, was in spitzen Klammern steht, und beim Schreiben wiederum spitze Klammern an die Zeilen montiert. Ein Kommentar im Code vermerkt ›weil der XML-Parser von PHP so scheiße ist‹. Heute bin ich versucht, ein ›Hier irrt die Verfasserin‹ hinzuzufügen. Selbst wenn der PHP-Parser wirklich nichts taugte, wäre ich kaum in der Lage gewesen, das zu diagnostizieren.«

Johannes: »Zu der Zeit, als das Internet noch als Datenautobahn bekannt war und Wikipedia noch nicht erfunden, hatte ich eine Online-Enzyklopädie übernommen, um sie technisch und inhaltlich weiterzuentwickeln. Die erste Version war ein in C geschriebenes Programm ohne Web-Frontend, das Text-Dateien mit ein paar TeX-ähnlichen Formathinweisen in HTML übersetzte.

Das stellte mich vor gewisse Probleme, als ich die Site übernahm: schnell `configure &&
make` eingetippt, um auf dem neuen Server das Konverterprogramm zum Laufen zu kriegen. Leider war das Ergebnis eine höchst unerfreuliche Liste von Fehlern, weil diverse Bibliotheken nicht mehr kompatibel waren.

Da sich die Welt in den letzten fünf Jahren auch weiterentwickelt hatte, schien es eine hervorragende Gelegenheit, das Konvertierungsprogramm nicht nur neu zu erfinden, sondern die Daten gleich in eine XML-Beschreibung umzuwandeln. Man kann die Begeisterung, mit der die Stadtplaner der Nachkriegszeit die etwas lädierten deutschen Städte endgültig autogerecht verwüsteten, erst nachvollziehen, wenn man sich einmal eine XML-Beschreibung für die Speicherung strukturierter Dateien ausgedacht hat. Herrliche unbeschriebene Blätter, keine Fesseln durch Rückwärtskompatibilität, der Kreativität sind keine Grenzen gesetzt.

Leider waren die Server der damaligen Zeit für die Echtzeitverarbeitung von großen XML-Dateien nicht leistungsfähig genug, und die XML-Parser noch weit vom heutigen Optimierungsgrad entfernt. Um ein Web-Frontend realisieren zu können, verlegte ich mich also darauf, die in XML gehaltenen Daten mit ein paar Regular Expressions in HTML zu verwandeln und die Benutzereingaben auf gleichem Weg wieder zwischen Tags einzutüten. Das erzeugte eine Menge hübscher und schwer zu findender Fehler, die jeden validierenden XML-Parser dazu veranlassten, meine Daten mit gerümpfter Nase abzulehnen. Vor die Wahl gestellt, einen echten XML-Parser und -Generator zu schreiben oder das Problem irgendwie einzudämmen, entschied ich mich zum Glück dazu, den Datenbestand nachts per cron von einem richtigen Parser durchsortieren und die faulen Fische aussortieren zu lassen. Die gefundenen Fehler mussten per Hand ausgebügelt werden, was nicht sehr professionell war, aber leidlich funktionierte. Und das selbstgehäkelte XML war dann doch so brauchbar, dass man es nach HTML oder LaTeX für die Erzeugung von PDF übersetzen konnte.

Im Rückblick wäre es möglicherweise einfacher gewesen, das simple Datenformat der ersten Generation weiter zu verwenden – von den gesamten Zusatzfeatures, die ich eingeführt habe, kam nur der allerkleinste Teil jemals zum Einsatz.«

Jan Bölsche: »Für ein Projekt, das die beiden äußersten, einander feindselig gegenüberstehenden Enden des IT-Branchenspektrums, namentlich Finanzbuchhaltungssoftware und Computerspiel, einander näherbringen soll, brauchte ich eine Möglichkeit, Kontoauszüge zu speichern. Weil diese Aufgabe nicht zeitkritisch ist (der Vorgang wird durch die Kommunikation mit dem Bankserver dominiert, hier ist der Flaschenhals) und weil ich in dieser frühen Phase des Projektes ein einfach zu handhabendes und menschenlesbares Format haben wollte, entschied ich mich für XML. Meine Lieblingssprache war seinerzeit Python, also las ich ein paar Artikel und Blog-Postings über XML-Parsing in Python und sah mir die APIs der verschiedenen XML-Module an, die mit der Python-Distribution ausgeliefert werden. Auf Wikipedia las ich über die grundlegenden Unterschiede zwischen DOM- und SAX-Parsern. Letztendlich entschied ich mich dafür, jeweils die Daten für einen Monat in einer separaten XML-Datei zu speichern. Da diese Dateien nicht besonders groß werden, kann ich sie in einem Rutsch mit einem DOM-Parser lesen, was deutlich unkomplizierter ist, als auf die Parsing-Events eines SAX-Parsers zu reagieren. Am besten hat mir die API von ›ElementTree‹ gefallen, weil diese Bibliothek, obwohl damals noch nicht Teil der Python-Distribution, für meinen Geschmack am ehesten den Grundsatz verfolgt, einfache Lösungen für einfache Probleme bereitzustellen. Eine Liste aller Transaktionen eines Monats liefert beispielsweise dieser Zweizeiler:

```
import xml.etree.ElementTree as ET
transactions = ET.parse("transactions/2010-01.xml").getroot().findall("transaction")
```

Ein paar Python Versionen später wurde ElementTree in den Stand einer Standardbibliothek erhoben.«

KAPITEL 20

Werkzeugkasten

»Ich analysiere die Beitragsstatistik der Riesenmaschine mit einer Software zur Auswertung astronomischer Daten, die MIDAS heißt (Munich Image and Data Analysis System). Mit dieser Software mache ich im übrigen auch ALLES andere. Abgesehen von den Dingen, die man mit einem Tastaturmakro im Texteditor erledigen kann, zum Beispiel der Auswertung von astronomischen Daten.«

Aleks Scholz, Riesenmaschine

Wenn man von einem Thema keine Ahnung hat, fällt es einem schwer, die richtigen Werkzeuge zu wählen. Das ist bei Softwareentwicklung eher noch schlimmer als in anderen Lebensbereichen, Kapital-Lebensversicherungen vielleicht einmal ausgenommen. Gleichzeitig ist es jedoch für den Spaß an der Programmierung und – bei Fortgeschrittenen – für die Arbeitsproduktivität entscheidend, mit welchen Mitteln man arbeitet.

Viele erfahrene Programmierer stehen den Mudschaheddin in Fundamentalismus und Religionstreue nicht nach. Sie verteidigen ihre Lieblingssprachen, Texteditoren und Buildsysteme mit Inbrunst. Bringt man mehrere von ihnen zusammen und reicht etwas Alkohol, kann man das spontane Keimen von Religionskriegen beobachten.

Das liegt – neben Wichtigtuerei – daran, dass es für die allermeisten Fragen der Programmierung nicht die eine Sprache oder den einen Editor gibt, die bzw. der besser als alle anderen ist. Jedes Werkzeug hat Stärken, aber auch Schwächen. Bei einem sehr mächtigen Editor ist vielleicht die Einarbeitungszeit sehr lang, einem schnell zu erlernenden fehlen dafür viele Features. Da man sich aber im Laufe der Zeit an seine Werkzeuge anpasst, umgeht oder ignoriert man ihre schwachen Punkte und erkennt ihre Stärken umso besser.

Für den Einzeller unter den Programmierern lässt sich daraus die beruhigende Gewissheit schöpfen, dass man ruhig auf den Mainstream in einem bestimmten Bereich setzen kann – man wird damit schon irgendetwas erreichen. Viel genutzte Werkzeuge haben meist ein paar echte Vorteile, sonst wären sie nicht so weit verbreitet. Und ihre weite Verbreitung macht es leichter, zu Fragen und Problemen schnell eine Antwort zu finden.

Editoren

Auch wenn man größere Programme prinzipiell mit Notepad und einem Kommandozeilen-SFTP-Tool schreiben kann, ist das keine Lösung. Es ist streng genommen noch nicht einmal ein Provisorium, sondern eine schmerzhafte Wunde.

Obwohl Softwareentwicklung eine relativ komplexe High-Tech-Aufgabe ist, bei der etwas technische Unterstützung nicht schadet, kann man häufiger die Ansicht lesen, dass alles über einen Editor und Compiler Hinausgehende überflüssiger Schnickschnack sei. Das mag für Programmierer mit 20 Jahren Erfahrung tatsächlich so sein, aber als Einsteiger sollte man sich davon nicht verwirren lassen.

Es ist wirklich absolut, vollkommen unumgänglich, dass man einen Editor einsetzt, der ...

- UTF-8- und ISO-8859-Dateien lesen und im jeweils anderen Format speichern kann. Außerdem muss er Unix-Zeilenenden und Windows-Zeilenenden akzeptieren.
- ein Syntaxmodul für die Sprache besitzt, in der man zu programmieren gedenkt. Dieses Syntaxmodul färbt Text unterschiedlich ein, je nachdem, ob es sich um einen Kommentar, eine Funktion oder einen Syntaxfehler handelt.
- in mehreren Dateien gleichzeitig suchen und ersetzen kann. Editoren, die das nicht können, gibt es vermutlich außer Notepad gar nicht, deshalb muss der Ratschlag eigentlich lauten: Finden Sie heraus, wie man mit dem Editor Ihrer Wahl in mehreren Dateien gleichzeitig suchen und ersetzen kann. Beherzigen Sie allerdings auch die Warnungen vor globalem Suchen-und-Ersetzen im Abschnitt »Entwicklungsumgebungen« (Kapitel 20) und Kapitel 5.

Auch der bescheidenste Texteditor kann vermutlich mehr, als Sie in diesem Moment nutzen. Es schadet nicht, hin und wieder ein bisschen darüber herauszufinden. Zum Beispiel Folgendes:

- Wie kann man sich Makros für häufig wiederkehrende Aufgaben basteln?
- Gibt es multiple Zwischenablagen, die es einem ersparen, ständig zwischen zwei Dokumenten hin- und herzuspringen? Oder kann man vielleicht an die Daten, die sich bereits in der Zwischenablage befinden, hinten weitere kopierte Daten anhängen?
- Wie bringt man den Editor dazu, die Funktionen der verwendeten Programmiersprache anzuzeigen? Manchmal sind dafür Plugins erforderlich.
- Wie kann man Regular Expressions beim Suchen und Ersetzen einschalten?
- Wie motiviert man den Editor dazu, schlecht formatierten Code aufzuräumen? Insbesondere beim Schreiben von XML und HTML geht erfahrungsgemäß die Formatierung schnell kaputt.

Selbst wenn Sie jetzt nicht gleich herausfinden, wie das alles geht, ist es nützlich, zu wissen, ob der Editor überhaupt über diese Fähigkeiten verfügt. Irgendwann werden Sie dann verzweifelt oder motiviert genug sein, auch die Details näher zu erforschen. Die

»Rule of Three« (siehe Kapitel 14) leistet auch hier gute Dienste: Erledigt man zum dritten Mal etwas von Hand oder auf eine verdächtig umständliche Weise, dann sollte man vielleicht doch die paar Minuten Recherchezeit investieren und die Fähigkeiten erkunden, die der Editor wahrscheinlich für genau diese Aufgabe mitbringt.

Im englischsprachigen Wikipedia-Eintrag »Comparison of text editors« gibt es diverse Übersichtstabellen dazu, welche Editoren welche häufig gesuchten Fähigkeiten mitbringen. Dasselbe speziell für HTML und Webentwicklung findet sich im Eintrag »Comparison of HTML editors«.

Vorteile der Inkompetenz

Bis vor zehn Jahren hatte ich einen Editor, mit dessen Makros ich alles machen konnte, NoteTab unter Windows. Mit dem Kauf meines ersten Mac brauchte ich einen neuen Editor, und weder mit TextMate noch mit SublimeText habe ich je auch nur annähernd die Fähigkeiten von damals erworben. Das ist einerseits unpraktisch, und ich ärgere mich manchmal darüber. Andererseits hat mich meine Kompetenz im Umgang mit der wirklich sehr schlichten Makrosprache von NoteTab damals oft davon abgehalten, Probleme stattdessen wenigstens in, sagen wir, Perl zu lösen. Inzwischen zwingt mich meine Ahnungslosigkeit im Umgang mit meinem Editor oft dazu, eine erwachsenere Lösung zu finden, also zum Beispiel was mit Regular Expressions. Das hat unter anderem den Vorteil, dass es schneller geht und auch dann noch funktioniert, wenn ich das nächste Mal meinen Editor oder mein Betriebssystem wechsle.

Kathrin

Welche Programmiersprache ist die richtige?

»Ein Drittel aller Softwaredeveloper können mindestens eine Programmiersprache.«

Bernd Eckenfels / @eckes, Twitter, 26. September 2012

Wir gehen davon aus, dass Sie mindestens eine Programmiersprache rudimentär beherrschen, denn sonst würden Sie nicht dieses Buch lesen, sondern eines mit dem Titel »Überhaupt erst mal programmieren«. Aber vielleicht tragen Sie sich schon seit Jahren mit dem vagen Plan, eines Tages eine Zweit- oder sogar Drittsprache zu erlernen. Selbst wenn Sie sich bereits in fünf Sprachen ausdrücken könnten, wäre es kein Fehler, sich mit einer sechsten zu befassen.

Viele Menschen setzen sich in ihrer ersten oder zweiten Programmiersprache zur Ruhe und erklären, die jeweilige Sprache sei »gut genug« für ihre Pläne. Diese Trägheit hängt unter anderem mit einem Phänomen zusammen, das der Essayist und Programmierer Paul Graham am Beispiel eines Anhängers der fiktiven Sprache »Blub« beschrieben hat: »Wenn unser hypothetischer Blub-Programmierer weniger mächtige Sprachen betrachtet, dann weiß er, dass er nach unten schaut. Sprachen, die weniger mächtig sind als Blub, können offensichtlich weniger, ihnen fehlen Features, an die er gewöhnt ist. Aber wenn unser hypothetischer Blub-Programmierer in die andere Richtung schaut, zu den mächtigeren Sprachen, dann merkt er nicht, dass er den Blick nach oben richtet. Er sieht nur seltsame Sprachen. Vermutlich hält er sie für ungefähr so mächtig wie Blub, zusätzlich angereichert mit irgendwelchem haarigen Zeug.«[1]

Interview mit Lukas und Matthias

Lukas: Was mir viel gebracht hat, war, neue Sprachen zu lernen.

Matthias: Wenn man genug gelernt hat, wird es auch ganz leicht, noch mehr Sprachen zu lernen. Wenn man die grundsätzlichen Konzepte mal verstanden hat, ist das alles gar nicht mehr schwer. Der Rest ist dann nur Syntax, und die ist schnell gelernt. Das räumt auch das Hirn noch mal auf, wenn man dieselben Probleme in ganz vielen Sprachen mal gelöst hat. Einfach dadurch, dass eine Sprache ein bisschen anders aufgebaut ist, bevorzugt sie Lösungswege, die du dann auch in deiner ersten Sprache wieder verwenden kannst.

Lukas: Und es kann ja auch sein, dass du eine Sprache findest, die noch viel besser zu dir passt. Wenn man sehr mikromanagementmäßig unterwegs ist, sollte man vielleicht Assembler lernen.

Matthias: Wenn man in einer Sprache schon länger programmiert, hat man sich schon bestimmte Idiome angewöhnt, wie man Sachen macht, zum Beispiel einen String parsen oder so was. Und dann geht das in der neuen Sprache nicht mehr. Dann muss man sich neu überlegen, wie man das macht ...

Lukas: ... und merkt dabei vielleicht, oh, man hat das total umständlich gemacht oder einen veralteten Weg gewählt, oder man kommt überhaupt mal drauf, darüber was zu lesen.

Matthias: Andererseits überträgt man natürlich die in der ersten Sprache gelernten Konzepte immer auch auf andere Sprachen. Und man verlernt ja deshalb das alte Idiom nicht. Man hat dann einfach mehr im Werkzeugkasten.

Kathrin: Ich verlerne ja schon während der Arbeit mit einer einzigen Sprache ständig alles wieder.

Matthias: Aber du würdest dann mehr grundsätzliche Arbeitsweisen lernen und weniger »wie mach ich's konkret«. Das konkrete Machen kann ich mir dann für die jeweilige Sprache immer schnell wieder raussuchen. Mir so was zu merken, das lohnt sich für mich gar nicht, da müsste ich's mir in zu vielen Sprachen merken.

Lukas Hartmann und Matthias Rampke, Softwareentwickler

---

1   www.paulgraham.com/avg.html.

Das Netz ist voll mit mal mehr, mal weniger ernst gemeinten Aufzählungen der konkreten Vor- und Nachteile einzelner Programmiersprachen. Es ist zwar verlockend, diesen Listen eine weitere hinzuzufügen und dabei unsubtil die eigenen Vorlieben und Abneigungen einfließen zu lassen. Aber die Details solcher konkreten Empfehlungen ändern sich alle paar Jahre, und Sie lernen nicht viel dazu, wenn wir Ihnen einfach raten, »Nehmen Sie einfach Python, damit machen Sie nichts falsch!« (Obwohl Sie damit sicher wirklich nichts falsch machen.)

Der IT-Berater und Autor Geoffrey Moore teilt Technologienutzer in fünf Gruppen ein:

- Innovators, das sind diejenigen, die die Technologien erfinden oder ganz nahe an den Erfindern dran sind.
- Early Adopters, Technologieexperten, die gute Antennen für kommende Strömungen haben und sie sehr frühzeitig aufgreifen.
- Early Majority und Late Majority, das sind die Nutzergruppen, die den Mainstream ausmachen. Eine Technologie, die von diesen Gruppen aufgegriffen wird, hat sich etabliert.
- Laggards. Der unflexible Rest, der an den Technologien von vorgestern festhält.

Auch Programmiersprachen verbreiten sich nach einem ähnlichen Schema über mehrere, unterschiedlich risikoorientierte Nutzergruppen, und je erfahrener und technisch interessierter ein Programmierer ist, desto eher wird er zu den Early Adopters einer Sprache gehören. Das ist toll, wenn sich diese Sprache später durchsetzt, denn jetzt genießt man einen großen Startvorteil. Kann die Sprache sich jedoch nicht etablieren, hat man Pech gehabt. Jemanden, der sowieso schon mehrere Sprachen beherrscht, schmerzt das weniger, als wenn ein Ungeübterer erkennen muss, dass seine Lieblingsprache inzwischen als altbacken gilt.

Als weniger erfahrener Programmierer sollten Sie sich daher eher in der Early Majority tummeln: Sie haben einerseits keine eigenen Bibliotheken oder größeren Projekte in einer Sprache geschrieben und sind daher nicht an sie gebunden, wie es bei großen Firmen häufiger der Fall ist. Andererseits brauchen Sie länger als ein Experte, um sich in eine Sprache einzuarbeiten, und haben vermutlich auch nicht den Überblick darüber, was besonders vielversprechende neue Ansätze sein könnten.

Deshalb hier einige länger haltbare Ratschläge für die Suche nach der passenden Zweit- bis Fünftsprache:

Was eine Sprache kann, wird nicht nur durch ihre Fähigkeiten bestimmt, sondern – gerade für Anfänger – noch viel wesentlicher durch Dokumentation und Umfeld. Suchen Sie im Netz nach dem Namen der Sprache in Kombination mit *documentation*. Sehen Sie nach, wie gut Sie mit dem Ergebnis zurechtkommen. Manche Sprachen sind sehr ausführlich und vor allem einsteigerfreundlich dokumentiert, bei anderen ist zwar im Prinzip alles vorhanden, die Verständnishürde aber hoch, und gerade bei neueren Sprachen gibt es manchmal schlicht noch gar keine vollständige Dokumentation.

Suchen Sie nach dem Namen der Sprache plus *tutorial*. Testen Sie die ersten Schritte des Tutorials. Ignorieren Sie dabei die innere Stimme, die Ihnen erst mal bei jedem solchen Versuch mitteilt: »Das ist anders als bisher! Das will ich nicht!«

Finden Sie heraus, seit wann es die Sprache gibt. Ist sie jünger als fünf Jahre, dann gibt es für Ihre Bedürfnisse wahrscheinlich noch zu wenige einsteigerfreundliche Tools, zu wenig Dokumentation, zu wenige fertige Lösungen im Netz und zu viele Bugs. Die Nutzercommunity besteht aus ehrgeizigen, experimentierfreudigen Programmierern, die nicht immer die nötige Geduld für Ihre Probleme aufbringen werden. Die Antwort auf die Frage, »Bin ich denn wirklich der Einzige, der dieses Problem hat?«, ist relativ oft Ja. Ist die Sprache älter als 30 Jahre, steht man unter Umständen auch wieder allein mit seinen Problemen da, und durch die Nutzerforen rollt Tumbleweed.

Sie haben programmierende Freunde, Mitbewohner, Büronachbarn? Entscheiden Sie sich für die Sprache, in der auch die anderen arbeiten. Auch wenn die Sprache für sich genommen nicht ganz ideal für Ihre Zwecke erscheinen mag, werden viele Nachteile dadurch wettgemacht, dass Sie bei Problemen einfach jemanden fragen können. Falls die Freunde ehrgeizige Programmierer sind, die Ihnen viele Jahre Erfahrung voraus haben und sich nicht mit einer Programmiersprache aus dem Vorjahr in der Öffentlichkeit blicken lassen würden: Fragen Sie, mit welcher Sprache sie vor fünf Jahren gearbeitet haben, und nehmen Sie die.

Manchmal bestimmt die Idee, die man umsetzen möchte, die Programmiersprache: Wer für Android entwickeln will, nimmt am besten Java, für iOS-Geräte (iPad, iPhone) ist Objective-C die gängigste Sprache. Häufig ist das weitere technologische Umfeld entscheidend, wie im Fall des Web, das seit 20 Jahren einen prägenden Einfluss ausübt und HTML und JavaScript etabliert hat. Zu beidem gab es konkurrierende Ideen, aber weil das Web insgesamt so einen großen Erfolg hatte, konnten sie sich nicht durchsetzen.

Manchmal gibt es ein spezielles Tool, das Ihr Projekt entscheidend voranbringen kann, nur für ein oder zwei Sprachen. Wenn Sie sich dabei ertappen, die Zugriffsstatistiken eines Blogs mit Astronomiesoftware auszuwerten, sollten Sie vermutlich den Schritt zu einer mathematisch-statistischen Sprache wie R machen, die viele statistische Funktionen einfach eingebaut hat.

Recherchieren Sie, in welcher Sprache andere Programmierer ähnliche Probleme gelöst haben. (Und überlegen Sie dann, ob Sie nicht einfach deren fertige Lösung übernehmen können – siehe Kapitel 19.)

Vielleicht suchen Sie die richtige Sprache für ein gemeinsames Projekt mit anderen. Sind Sie der schlechtere Programmierer im Team, dann folgen Sie einfach den Vorschlägen Ihrer Kollegen und klagen Sie nicht darüber, dass Sie umlernen müssen. Betrachten Sie die Situation nicht als Zumutung, sondern als günstige Gelegenheit, eine neue Sprache in der Gesellschaft von Menschen zu lernen, die sich damit bereits auskennen. Protestieren Sie nicht auf der Basis von Viertelwissen über die vorgeschlagene Sprache (»Aber Java ist doch so langatmig!«), wenn Sie eigentlich nur »Das ist mir zu mühsam, muss ich wirklich?« meinen.

Wenn Sie gar kein konkretes Projekt haben, sondern nur zum Spaß ein bisschen besser programmieren lernen wollen, sollten Sie sich diejenigen Sprachen näher ansehen, die eine ganz bestimmte Denkweise gut vermitteln: Ruby, weil es eine angenehm flexible Sprache ist, Smalltalk, weil es objektorientierte Programmierung besonders elegant vermittelt, Scheme oder ein Lisp-Dialekt als Beispiele funktionaler Sprachen. Oder C bzw. sogar Assembler, weil Sie dann gezwungen werden, sich mit Grundlagen wie Pointern und Speicherverwaltung auseinanderzusetzen.

Die Verlockung mag groß sein, eine Zweitsprache zu wählen, die Ihrer vertrauten Erstsprache einigermaßen ähnlich sieht. Geht es Ihnen aber nicht so sehr um schnelle Ergebnisse, sondern eher darum, ein besserer Programmierer zu werden, dann kommen Sie mit einer möglichst unähnlichen Zweitsprache schneller voran. Wenn Sie bisher mit PHP oder Ruby gearbeitet haben, sollten Sie sich C, C++ oder Java anschauen. Wenn Sie auf objektorientierte Programmierung schwören, ist Lua oder R ein interessanter Kontrast. Und wenn Sie eher traditionsreiche Sprachen wie Python oder Perl kennen, sollten Sie sich vielleicht einmal eine ganz aktuelle wie Go oder Rust anschauen.

Manchmal zählt Coolness. Wenn es Ihnen (und sei es nur heimlich) wichtig ist, in Gesprächen mit anderen Programmierern für die Wahl Ihrer Programmiersprache (und sei es nur heimlich) bewundert zu werden, und wenn diese Bewunderung Ihre Motivation steigert, dann kann eine ganz frisch erfundene Programmiersprache trotz der oben genannten Nachteile das Mittel der Wahl sein. Auch alte Programmiersprachen haben manchmal einen gewissen Coolnessfaktor, Assembler oder Lisp zum Beispiel. Sie entfalten ihre lebenslaufschmückende Wirkung allerdings eher dann, wenn Sie selbst noch sehr jung sind. Sonst kommt leicht der Verdacht auf, Sie hätten die Sprache damals auf der Höheren Töchterschule gelernt und sich seitdem nicht weiterentwickelt.

Ignorieren Sie Tabellen dazu, wie viele Zeilen man in unterschiedlichen Sprachen für ein und dasselbe braucht. Als Anfänger können Sie froh sein, wenn Sie irgendetwas irgendwie hinkriegen, da ist Kürze nicht unbedingt ein Vorteil, möglicherweise sogar von Übel.

REPL

REPL ist ein Akronym für »Read-Evaluate-Print Loop«. Das klingt jetzt angenehm nach »Oh, das ist zu komplex, kann ich zum Glück überspringen«, aber das wäre schade, denn REPLs helfen ungemein, eine Sprache zu lernen.

Ein REPL (teilweise auch Interactive Shell genannt) nimmt die Eingabe von kurzen Programmschnipseln entgegen, lässt sie laufen und gibt das Ergebnis aus. Es ist für eine Programmiersprache das, was die Shell (oder bei Windows die DOS-Box) für das Betriebssystem ist: eine interaktive Umgebung, in die Sie Anweisungen eintippen, die dann sofort ausgeführt werden – kein Kompilieren und kein Hochladen irgendwohin nötig. Das Ergebnis wird in dasselbe Fenster ausgegeben. Alle Anweisungen, die Sie eingeben, werden in einer History protokolliert, so dass Sie später wieder darauf zurückgreifen können.

Weil man in einem REPL direkte Resultate seiner Kommandos sieht, anstatt dass Zeit mit Hochladen und/oder Kompilieren vergeht, eignen sie sich besonders für explorative Programmierung: Man spielt mit der Sprache herum und probiert Dinge aus. Wenn Sie Fehler machen, sehen Sie sie sofort.

Der Ausdruck »Read-Evaluate-Print Loop« wurde für eine interaktive Lisp-Umgebung eingeführt, weil sich diese Sprache in ihrer Formbarkeit besonders gut dazu eignet. Es gibt solche interaktiven Sprachshells inzwischen aber für sehr viele Sprachen, möglicherweise haben Sie sogar schon einmal damit gearbeitet:

- Relationale Datenbanken wie MySQL, msSQL oder PostgreSQL werden schon seit Jahrzehnten mit Kommandozeilen- oder GUI-Clients programmiert, die das interaktive Erstellen von Tabellen sowie Eingeben und Abfragen von Daten ermöglichen. Man tippt seine SELECT-Statements ein und bekommt sofort ein Ergebnis.
- Python bringt mit iPython ein recht bekanntes REPL mit.
- Für PHP kann man eines installieren (*www.phpsh.org/*).
- Ruby bringt mit irb (*Interactive RuBy*) ein REPL bei jeder Ruby-Installation mit.
- In Gestalt der JavaScript-Konsole ist ein REPL für JavaScript in die meisten Browser integriert. Öffnen Sie die JavaScript-Konsole, und schon können Sie JavaScript-Kommandos eingeben.[2]
- Mathematisch-statistische Sprachen wie R sind stark REPL-basiert, weil bei ihnen ein Großteil der Softwareentwicklung in der Modellierung von Datenauswertungsalgorithmen liegt. Eine solche Modellierung erfordert das Testen verschiedener Hypothesen, was mit dem explorativen Modell eines REPL besonders einfach und schnell geht.

Im Gegensatz dazu sind REPLs für Sprachen wie C++ seltener, deren Quellcode erst vollständig kompiliert wird und die eher für Systemprogrammierung und GUIs verwendet werden. Der Grund dafür ist, dass man solche Aufgaben nicht gut in kleine Codeschnipsel zerlegen und interaktiv entwickeln kann. Und zumindest früher dauerte es einfach zu lange, bis ein Programm kompiliert war.

Als Benutzer einer derartigen interaktiven Umgebung können Sie Variablen setzen, die für die Dauer der Session erhalten bleiben. Analog dazu können Sie Funktionen definieren und ein paar Zeilen später aufrufen. Das funktioniert wie ein Taschenrechner, nur für Programmiersprachen und viel großartiger.

Hier ein Beispiel in Ruby mit dem REPL irb:

```
C:\scripts>irb
irb(main):001:0> puts "hello"
hello
=> nil
```

Hier passiert Folgendes: In der ersten Zeile starten wir mit dem Befehl irb das *Interactive RuBy*, kurz irb. Dann geben wir die Anweisung puts "hello" ein, was nichts anderes als

---

2 Falls Sie den Menüeintrag nicht finden, benutzen Sie Firefox und installieren Sie die Erweiterung Firebug. Dort finden Sie die JavaScript-Console unter »Console«.

eine Print-Anweisung ist. In dem Moment, in dem wir die Returntaste drücken, wird sie ausgeführt und die Ausgabe `hello` erscheint auf dem Schirm. Zum Schluss gibt irb noch den Ausdruck => `nil` aus. Alles hinter => ist der Rückgabewert der Ruby-Anweisung. `puts` gibt zwar einen String auf dem Bildschirm aus, würde aber als Funktion keinen Rückgabewert liefern, daher erscheint hier `nil`.

Ganz anders sieht es aus, wenn Sie in irb Zahlen addieren:

```
irb(main):002:0> 1+1
=> 2
```

Man kann in REPLs auch Variablen setzen, die für die Laufzeit der REPL-Sitzung erhalten bleiben:

```
irb(main):003:0> pinkie_count = 3
=> 3
irb(main):004:0> pinkie_count -= 1
=> 2
irb(main):005:0> puts "Zahl der kleinen Finger: #{pinkie_count}"
Zahl der kleinen Finger: 2
=> nil
```

Hier definieren wir zunächst die Variable `pinkie_count` und weisen ihr den Wert 3 zu. Dieser wird von irb auch gleich ausgegeben. In der nächsten Zeile korrigieren wir den Variablenwert, indem wir 1 abziehen. Der Wert 2 wird ausgegeben, was zeigt, dass die Variable `pinkie_count` weiterhin definiert ist und ihren Wert hält. Und in der letzten Zeile geben wir ihren Wert in einer Print-Anweisung aus (siehe Abbildung 20-1).

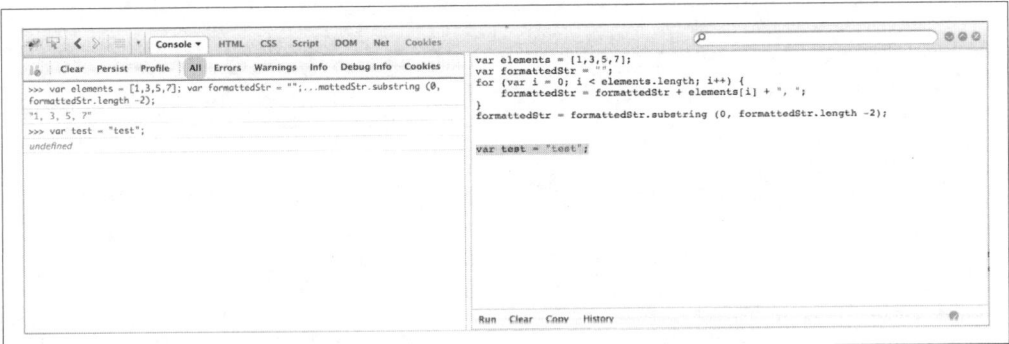

Abbildung 20-1: Firebug als JavaScript-REPL

Haben Sie nur eine ungefähre Vorstellung davon, wie Sie ein Problem lösen wollen, dann ist ein REPL ideal: Sie können experimentieren, Ideen ausprobieren und die Ergebnisse direkt betrachten, ohne die Datei erst abspeichern und als Programm laufen lassen zu müssen. Diese Interaktivität lädt dazu ein, wie auf einem Skizzenblock kürzere Codeblöcke zu entwickeln. Wenn Sie dann davon überzeugt sind, den richtigen Weg gefunden zu haben, können Sie den Code aus der History herauskopieren und in Ihr Programm integrieren. Wenn Sie sich verrannt haben, löschen Sie alles und fangen von Neuem an.

Auch um eine Sprache nur einmal kennenzulernen und ein Gefühl für sie zu bekommen, ist ein REPL eine feine Sache. Nur wenige Menschen lernen eine Sprache dadurch, dass sie ein Buch oder die Onlinedokumentation lesen – solange man nicht ein paar kleinere Probleme in der Sprache gelöst hat, hat man keine richtige Vorstellung davon, wie gut man mit ihr auskommt. Erst durch spielerisches Ausprobieren lernt man eine Sprache kennen.

Diff und Patch

Falls Sie einen neuen, schwer zu findenden Fehler im Code haben und irgendeine Form von Versionskontrolle oder zumindest ein Backup benutzen, hilft es, ein Diff-Tool einzusetzen. *Diff* steht für *difference*, zu Deutsch »Abweichung«. Es ist ein Werkzeug, das zwei Textdateien vergleichen und die Unterschiede markieren kann. Diff-Tools gibt es sowohl mit grafischer Benutzeroberfläche als auch für die Kommandozeile. Über Letzteres ist weiter unten im Zusammenhang mit Patch-Files noch die Rede.

Meist haben GUI-basierte Diff-Tools ein senkrecht geteiltes Fenster. Auf der einen Seite wird die eine Version angezeigt, auf der anderen die andere. Links von den Codeansichten findet sich ein vertikaler Balken, der eine kondensierte Ansicht der Unterschiede vermittelt. Mit dem vertikalen Scrollbalken auf der rechten Seite kann man synchron beide Dateien durchgehen.

Diff gibt es in der einfachsten Version als Option in vielen Editoren oder als eigenes Programm, zum Beispiel *WinMerge* oder *Diffmerge* (siehe Abbildung 20-2).

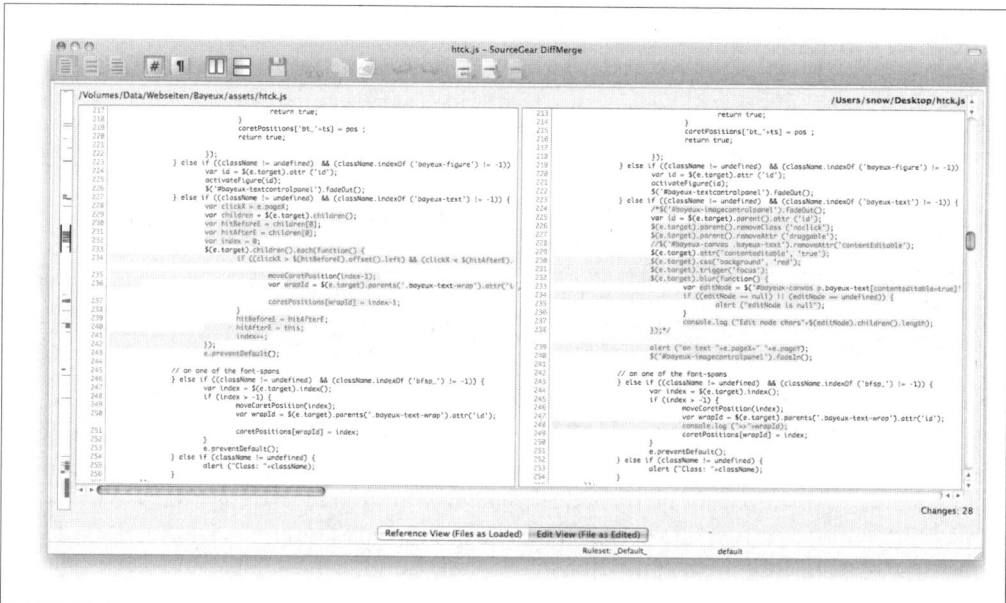

Abbildung 20-2: Diffmerge im Einsatz

Starten Sie das Programm, dann werden Sie aufgefordert, zwei zu vergleichende Dateien zu öffnen. Diff kann Code einigermaßen intelligent vergleichen. Je nachdem, wie man die Programmsettings einstellt, ignoriert es zum Beispiel Unterschiede in Whitespace-Zeichen komplett – das ist ungemein praktisch, wenn mehr als ein Programmierer mit dem Code gearbeitet hat und dadurch Tabstops zu Leerzeichen umformatiert wurden. Ein naiver Vergleich würde in dieser Situation den gesamten Text markieren, während Diff nur die inhaltlich unterschiedlichen Blöcke hervorhebt.

Häufig haben Sie bei Diff auch die Möglichkeit, ein Merge durchzuführen. Merge heißt in diesem Fall, dass die Software Änderungen auf Knopfdruck von einer Version in die andere kopiert, um etwa Konflikte aus einem Versionskontrollsystem auszubügeln. Man muss sich nur beim Öffnen der beiden Dateien ganz fest vornehmen, immer von rechts nach links oder umgekehrt zu kopieren – und an diesen Vorsatz muss man sich strikt halten, denn wenn man einmal in die falsche Richtung kopiert, verliert man die Übersicht und vergrößert das Chaos nur.

Wenn Sie lose mit anderen Entwicklern zusammenarbeiten wollen, etwa, indem Sie zu einem Open Source-Projekt ein paar kleine Änderungen beitragen, dann sollten Sie sich auch die Programme *diff* und *patch* anschauen. Häufig werden Sie nicht gleich schreibenden Zugang zum Versionskontrollsystem des Projekts bekommen, um ein paar Verbesserungen einzuspeisen, sondern die Projekteigner werden Sie bitten, einfach Patch-Files zu schicken.

Patch-Files sind Textdateien, die zeilenweise Änderungen zwischen zwei Versionen eines Textes enthalten. Das sieht dann beispielsweise so aus:

```
145c149
< * Nutzer können sich selbstständig neue Accounts anlegen und vergessene Passwörter
zuschicken lassen.
---
> * Nutzer können sich selbstständig neue Accounts anlegen und vergessene Passwörter
zurücksetzen lassen.
```

Das 145c149 in der ersten Zeile ist eine Nachricht des diff-Programms, die bedeutet: »In der einen Version des Textes fand ich folgende Stelle in Zeile 145, in der zweiten Version fand ich sie in Zeile 149.«

In der nächsten Zeile sagt das <, »diese Zeile muss raus«, und das > ein paar Zeilen später sagt, »dafür muss jene Zeile rein.« Zwischen diesen Patch-Anweisungen steht noch das ---, das die beiden trennt.

Gibt es zwischen den beiden Versionen des Textes Unterschiede an mehr als einer Stelle, dann sind im Patch-File alle Änderungen in dieser Syntax hintereinandergeschrieben.

Patch-Files werden vom Programm *patch* verarbeitet und von *diff* erzeugt. Mit dem Aufruf

```
diff code-version1.txt code-version2.txt > code.patch
```

erzeugen Sie eine Patch-Datei mit dem Namen *code.patch*, die Sie an jemand anderen schicken können. Dieser kann dann *patch* aufrufen

```
patch code-version1.txt < code.patch
```

und erhält dadurch eine Textdatei, die genau der Ihren entspricht.

Patch-Files statt der kompletten Dateien zu verschicken, bringt zwei Vorteile mit sich:

- Der Empfänger kann in die Patch-Datei hineinschauen (es ist ja ein einfaches Textformat) und einen schnellen Überblick darüber gewinnen, was genau Sie geändert haben.

- *patch* prüft den Stand der Datei, den es patchen soll. Das ist zwar keine sehr tiefgehende Prüfung, aber wenn sich beim Empfänger die Datei bereits verändert hat, warnt *patch* davor.

Patches können durch die Patch-Files auch rückstandslos entfernt werden:

```
patch -R code-version1.txt < code.patch
```

Und schon sind alle Ihre Änderungen beim Empfänger wieder ausgebaut.

Das Tandem *diff* und *patch* ist nicht nur für Programmierer interessant, man kann damit beispielsweise auch hervorragend gemeinsam Bücher schreiben, wenn man sich nicht monatelang über die richtigen Werkzeuge und Formate streitet.[3]

Paketmanager

Linux-Benutzer haben hier einen Vorteil, weil sie mit großer Wahrscheinlichkeit schon für die Installation von Programmiersprachen oder Webservern mit dem Paketmanager des Systems in Berührung gekommen sind – je nach Linux-Distribution sind das beispielsweise dpkg/apt oder rpm. Für Mac OS gibt es Mac Ports und Homebrew, allerdings muss man sie erst einmal nachrüsten. Hat man das erledigt, dann kann man sich die ganze Welt der Open Source-Software nach Belieben zusammenstellen und installieren. Windows-Nutzer können zu Cygwin oder Npackd greifen.

Zwar kann man Open Source-Software wie Programmiersprachen, Datenbankserver oder Webserver auch selbst kompilieren, weil man den Quellcode ja einfach herunterladen kann und darf. Das kann aber zu einer abendfüllenden Beschäftigung werden, weil viele kleine Kommandozeilentools und Bibliotheken nötig sind, um ein größeres Open Source-Paket zu kompilieren. Wenn Sie eine veraltete Version einer Bibliothek auf Ihrem System haben, wird der Compilerlauf fehlschlagen und Sie müssen erst einmal eine neue Version installieren, bevor Sie mit der von Ihnen eigentlich gewünschten Software weitermachen können. Und beim Kompilieren der Bibliothek passiert natürlich genau das Gleiche, weil irgendeine weitere Bibliothek auf Ihrem System fehlt.

Moderne Software bringt eine Menge Abhängigkeiten zu Bibliotheken mit, zu bestimmten Compilerversionen oder sogenannten Build-Tools, also Software, die beim Kompilie-

---

3   Ja, ja. Oder man nimmt stattdessen einfach Google Docs.

ren hilft. Diese Abhängigkeiten von Hand aufzulösen, ist eine undankbare Aufgabe, und genau deshalb wurden Paketmanager erfunden.

Paketmanager sorgen für einen standardisierten Installationskanal für (Open Source-)Software, indem sie nur Software in ihren Verzeichnissen (den sogenannten Repositories) zulassen, die nach den Regeln des Paketmanagers konfiguriert und strukturiert wurde. Die Paketmaintainer, also freundliche Zeitgenossen, die dafür sorgen, dass der Code mit einem bestimmten Paketmanager vertrieben werden kann, machen die ganze Arbeit. Da Sie sich Ihrerseits darauf verlassen können, dass der Paketmanager eine feste Softwareumgebung bereitstellt, haben Sie es leichter, als wenn Sie Ihre Software für alle möglichen Plattformen in allen Versionen kompilieren müssten.

Ein weiterer Vorteil beim Einsatz eines Paketmanagers ist, dass er Abhängigkeiten bändigt. Der Paketmaintainer muss nur angeben, welche Bibliotheken und Build-Tools er in welcher Version voraussetzt, und der Paketmanager kann diese bei der Installation nachladen. Für Sie als Benutzer kann es etwas erschreckend sein, wenn Sie nur einen Webserver installieren wollten und der Paketmanager zusätzlich 50 andere Pakete von Programmiersprachen bis hin zu SSL installiert, aber das sollte Sie nicht abschrecken, denn Festplatten sind heutzutage ja groß.

Wenn Sie direkt Sourcecode herunterladen und kompilieren, müssen Sie bei jeder neuen Version neu herunterladen, die Abhängigkeiten beachten, herausfinden, ob es neue Schwierigkeiten beim Kompilieren gibt und prüfen, ob die neue Version auf Ihrem System läuft. Das alles kann ein Paketmanager übernehmen und Sie müssen nur apt-get upgrade (oder ähnlich für andere Paketmanager) eintippen, um die jeweils aktuellen Versionen zu installieren. Wollen Sie aus bestimmten Gründen (Inkompatibilitäten mit anderer Software, die nicht mit dem Paketmanager klarkommt) ein bestimmtes Paket nicht auf die neueste Version updaten, dann ist das auch kein Problem, denn der Paketmanager kann auch Updates zurückhalten.

Häufig bieten Paketmanager eine Suchfunktion im Repository an, mit der Sie gezielt nach Paketen suchen können. Auf Eingabe eines Stichworts wie »SSL« hin gibt der Paketmanager dann eine Liste von Paketen aus, die vom SSL-Server über SFTP-Clients bis hin zu Webservern mit SSL-Unterstützung reicht.

Die Grundfunktionen der meisten Paketmanager sind ähnlich:

- update: Der Paketmanager zieht sich aus dem Netz die Liste der neuesten Versionen der Pakete.
- upgrade: Mit diesem Befehl installieren Sie für ein Paket die aktuelle Version. In der Regel gibt es auch ein upgrade, mit dem Sie alle Pakete upgraden können.
- install: Installiert ein Paket neu, dafur mussen Sie den Paketnamen angeben.
- remove (oder delete): Löscht ein installiertes Paket.
- list: Gibt die Liste der aktuell installierten Pakete und häufig auch deren Versionsnummern aus.
- find: Suche im Repository nach einem Paket.

Neben den großen Paketmanagern wie apt besitzen viele Programmiersprachen noch eigene, die sich speziell an Entwickler richten. Darin finden Sie keine Webserver, sondern Frameworks und Bibliotheken, die Sie für die eigene Programmierung einsetzen können und die Lösungen bieten, die in der Sprache selbst nicht abgedeckt sind. Diese oft »Package« genannten Module beinhalten nicht nur alle Dateien, die die Bibliothek ausmachen, sondern darüber hinaus auch Metainformationen, die unter anderem Namen und Mailadresse der Autoren, die URL der Homepage und eben auch die Abhängigkeiten auflisten. Weil diese Metainformationen maschinenlesbar sind, kann der Prozess der Paketinstallation samt dem automatischen Download und der Installation aller zusätzlich benötigten Pakete automatisiert werden.

Häufig gibt es für ein bestimmtes Problem, beispielsweise XML-Verarbeitung, mehrere konkurrierende Pakete, und die Entwickler der Sprache favorisieren kein bestimmtes davon. Sie können dann selbst entscheiden, welches Ihnen besonders sympathisch ist, und es mithilfe des spracheigenen Paketmanagers installieren. Natürlich gibt es auch verschiedene Paketformate und Paketmanager, sonst wäre ja wieder alles zu einfach. Aber keine Sorge, die Communities rund um die verschiedenen Sprachen haben sich meist auf je ein Format geeinigt.

Beispiele für Paketmanager einiger bekannter Sprachen:

- Perl: cpan
- Ruby: gem
- Python: pip
- PHP: PEAR oder Composer
- Java: Maven2, Ivy oder Gradle
- JavaScript: Bower oder Jam
- Node.js: npm
- .NET: NuGet
- Objective-C: CocoaPods

Gelegentlich können Sie ein Paket entweder mit dem »großen« Paketmanager Ihres Systems oder mit dem spracheigenen installieren. Wir raten in diesem Fall zum spracheigenen, weil die Pakete hier häufig aktueller sind. Früher oder später werden sie auch in das Repository des systemeigenen Paketmanagers aufgenommen, aber es gibt wenig Gründe, darauf zu warten. Allerdings sollten Sie möglichst vermeiden, ein Paket mit beiden Paketmanagern zu installieren, denn dann verlieren Sie schnell die Übersicht darüber, welche Version Sie in Ihrer Software einbinden.

Frameworks

Will man Software entwickeln, die komplexer wird als ein kleines Shellskript, dann kommt man nicht darum herum, fremden Code einzubinden, der Basisfunktionalität wie

Datenbankzugriff oder XML-Parsing ermöglicht. Häufig wird man auch für ein grafisches Benutzerinterface oder eine Webapplikation auf Fremdcode zurückgreifen.

Nützlichen Code, der allgemeine und immer wieder benötigte Grundfunktionen implementiert, bekommt man in der Regel in Paketen, die als Libraries (siehe Kapitel 19) oder Frameworks bezeichnet werden. Die Abgrenzung zwischen den Begriffen ist nicht immer ganz einfach, insbesondere weil sie nicht immer sauber getrennt werden.

Als Faustregel kann man sagen: Eine Library bietet Funktionen an, die man aus dem eigenen Programm aufrufen kann. Wie man programmiert und wie man die Library einbindet, ist der Entwicklerin überlassen. Ein Framework hingegen ist wie ein totalitärer Staat – will man nicht nach seinen Regeln leben, hilft es nur, auszuwandern und ein anderes Framework zu nutzen, denn ein Framework macht ziemlich strikte Vorgaben dafür, wie man sein Programm zu strukturieren hat.

Etwas weniger salopp: Eine Library bietet Lösungen für einen bestimmten Problembereich an (so z.B. XML-Parser, die das Einlesen von XML vereinfachen), während Frameworks ein Gerüst für das gesamte Programm bereitstellen, in das man eigenen Code an bestimmten Stellen nach den Regeln des Frameworks einfügt. Ein Beispiel sind Web-Application-Frameworks wie Ruby on Rails, die die schnelle Entwicklung von dynamischen Websites erleichtern. Während man Libraries zu einem Programm hinzufügt und deren Funktionen aufruft, arbeiten Frameworks nach dem Hollywood-Prinzip: Don't call us, we call you. Das bedeutet, dass man als Programmierer keine main-Methode mehr schreibt und das Programm nicht selbst startet, sondern in Konfigurationsdateien des Frameworks festlegt, welche Funktionalität man will, HTML- oder Code-Templates anlegt, Datenbankschemata einrichtet und dann nur noch den Code schreibt, der für die eigene Anwendung spezifisch ist.

Das muss nicht schlechter sein als die Verwendung einer Library, denn auch wenn es abschreckend klingt, hat die Verwendung eines Frameworks Vorteile:

- Als weniger erfahrener Programmierer hat man durch die Verwendung eines Frameworks weniger Gelegenheiten dazu, Fehler zu machen. Auch wenn das Framework nicht ideal ist, wird seine Philosophie jedenfalls nicht ganz untauglich sein.

- Gute Frameworks bauen ein logisches, einfaches Gerüst, dessen Verwendung dem Entwickler viel langweilige Arbeit abnehmen kann.

- Erfahrene Entwickler kennen die Philosophie, nach der das Framework entworfen wurde, und können ihren Code entsprechend einpassen.

- Räder nicht neu zu erfinden, ist in der Softwareentwicklung allgemein von Vorteil.

Wahl des Frameworks

Da man mit der Wahl eines Frameworks vielleicht nicht gerade seine Seele verkauft, aber zumindest für die Dauer des Projekts dieses Framework heiratet, ist die Wahl des idealen Partners noch schwerer. Man kann sowohl ein Framework wählen, das zu viel übernimmt und gerade wegen dieser vielen Funktionen unübersichtlich ist, als auch eines, dessen Funktionsumfang zu gering ist. Im Zweifelsfall ist es besser, ein zu bescheidenes Framework zu wählen, weil man dann schneller versteht, wie man damit arbeitet. Fehlende Funktionen programmiert man entweder selbst oder hofft auf eine zukünftige Version mit mehr Features. Ein zu komplexes Framework führt eher dazu, dass man das Projekt nicht weiter verfolgt, sondern sterben lässt.

Bei der Arbeit mit einem Framework kommt möglicherweise ein Moment, an dem Sie sich denken, »Was wollen die um Gottes Willen, das hätte ich ohne Framework in 5 Zeilen abgehandelt.« Das ist ein normaler Teil der Arbeit mit Frameworks – da sie für sehr unterschiedliche Anwendungsfälle ausgelegt sein müssen, sind sie so generisch, dass Einfaches manchmal komplex wird. Die Alternative, alles von Grund auf selbst zu schreiben, ist allerdings auch nur so lange einfach, wie das Programm klein ist. Wird es groß und komplex, dann wächst sich auch jede Änderung zu einem größeren Unterfangen aus. Daher ist die Verwendung eines Frameworks eine Abwägungssache – was ist mehr Arbeit: benötigte Grundfunktionen selbst zu implementieren oder das gewählte Framework zu verstehen und Code und Konfigurationsdateien zu schreiben, um mit ihm arbeiten zu können?

Warnzeichen beim Umgang mit Frameworks

Wenn Sie ständig das Gefühl haben, dass das Framework Ihnen Knüppel zwischen die Beine wirft und alles viel komplizierter ist, als es sein müsste, ist die Wahrscheinlichkeit ziemlich hoch, dass Sie das grundlegende Konzept des Frameworks nicht verstanden haben und versuchen, Ihren Code mit einem anderen Konzept zu schreiben. Manche nennen das »fighting the framework«, manche nennen es »eckige Pflöcke in runde Löcher hauen«.

Frameworks folgen grundsätzlich einer bestimmten Philosophie darüber, wie sie die Zusammenarbeit von Libraries, Templates, projektspezifischem Sourcecode und Ressourcen orchestrieren. Diese Philosophie wirkt sich auch auf Ihren Code aus, denn nur wenn Sie dem Konzept des Frameworks folgen, werden Sie relativ entspannt programmieren können. Andernfalls werden Sie sich ständig über Dinge wundern:

- »Ich müsste jetzt und hier eine Datenbankverbindung vom Framework bekommen können, aber ich finde nichts, wo ich sie beziehen könnte.« Der Fehler ist möglicherweise, dass das Framework den Entwickler von direkten Datenbankzugriffen abhalten will und stattdessen eine Schnittstelle anbietet, um die Daten wahlweise in eine Datenbank, in Dateien oder auf einen entfernten Server zu schreiben. Statt nach der Datenbankverbindung zu suchen, sollten Sie herausfinden, wo Sie Ihre Objekte dem Framework zur Aufbewahrung übergeben können.

- »Ich müsste an dieser Stelle Ergebnisse zurückliefern, auf die ich später noch mal zurückgreifen will, aber leider sind sie bis dahin schon in der Datenbank oder an den Benutzer ausgeliefert.« Hier könnte der Fehler sein, dass das Framework eine mehrstufige Verarbeitung vorsieht, in der zunächst Parameter geprüft, dann Daten geholt und zum Schluss Werte ausgeliefert werden. Vielleicht haben Sie Ihren Code an einer falschen Stufe eingehängt.

Es ist für Anfänger schwer, das Gefühl, gegen das Framework zu arbeiten, von den normalen Schwierigkeiten während der Lernphase zu unterscheiden. Sie müssen ohnehin ständig mit den Armen rudern, um nicht unterzugehen. Aber es gibt Gelegenheiten, an denen man laut »DAS KANN! DOCH! NICHT! SO SCHWER SEIN!« schreien möchte. Dann sollte man überdenken, ob es eventuell nicht am Framework liegt, sondern daran, dass man einen Schraubenzieher als Hammer einzusetzen versucht.

Falls im Namen des Frameworks der Begriff »Enterprise« auftaucht, ist dies ein untrügliches Warnzeichen. Hier handelt es sich nicht um ein lustiges Raumschiff, sondern um ein bürokratisches Monster, das für den Einsatz in Großkonzernen geschaffen wurde. Enterprise-Frameworks werden nicht geschrieben, um ein klar umrissenes Themengebiet überschaubar abzuhandeln, sondern mit Blick auf eine Featureliste: Egal, ob gerade Aspect Oriented Programming, Cloud oder Map/Reduce die Hype-Schlagwörter sind, ein Enterprise-Framework hat irgendwelche Features, die Hype-konform sind – leider häufig mehr schlecht als recht. Der Grund dafür ist, dass in Großkonzernen nicht die Entwickler entscheiden, sondern deren Vorgesetzte zwei Hierarchieebenen höher – und die sind zum einen risikoscheu und zum anderen selten noch mit aktuellen Trends vertraut. Also wird im Zweifel lieber ein Framework einer großen Firma mit eindrucksvoller Featureliste gewählt als ein kleines, das für 95 % der Anwendungsgebiete überlegen wäre.

Entwicklungsumgebungen

Entwicklungsumgebungen sind die Schweizer Taschenmesser der Softwareentwicklungstools. Ihr Sinn besteht darin, möglichst alle Werkzeuge, die der Entwickler braucht, in einer Oberfläche zu bündeln – daher auch der englische Name Integrated Development Environment (IDE). Sie verbinden einen Texteditor mit einer Projektverwaltung und in der Regel weiteren Werkzeugen wie Versionskontrollsystemen und Refactoring-Tools. IDEs glänzen dadurch, dass sie Debugger (siehe Kapitel 13) besonders komfortabel einbinden: Man kann ein Programm schreiben und auf Knopfdruck im Debugger starten, um seine Funktion zu überprüfen.

Diese Kombination erleichtert das Programmiererleben ungemein. Jedenfalls dann, wenn man sich erst einmal in eine Entwicklungsumgebung eingearbeitet hat. Bis es so weit ist, investiert man aber Zeit und Nerven. Denn eines haben fast alle Entwicklungsumgebungen gemeinsam: Ihre Bedienung lässt sich nicht an einem Nachmittag erlernen.

Man kann das am eindrucksvollsten an der sehr weit verbreiteten Open Source-Umgebung Eclipse sehen. Sie wurde als eierlegende Wollmilchsau der Softwareentwicklung konzipiert und bildet daher nur das Gerüst für eine in jede Richtung erweiterbare und konfigurierbare IDE. Die eigentliche Funktionalität wird durch Plugins hergestellt, also Erweiterungen. Man kann sich diejenigen herunterladen, die Unterstützung für die verwendete Programmiersprachen oder Frameworks bieten, und sich so eine maßgeschneiderte Umgebung zurechtlegen. Eclipse ist daher für die Entwicklung in nahezu allen Programmiersprachen nutzbar, und darüber hinaus auch als HTML-Editor.

Projektverwaltung

Viele Entwicklungsumgebungen organisieren Sourcecode in Projekten. Man kann daher den Code für verschiedene Programme mit derselben IDE verwalten, ohne dass sich die Dateien ins Gehege kommen, denn jede ist in ein bestimmtes Projektschächtelchen sortiert – und nur in eines. Selbst wenn Sie in den verschiedenen Projekten gleichnamige Dateien angelegt haben, weiß die Entwicklungsumgebung, welchem Projekt welche Datei zugeordnet ist. Das ist zunächst nicht so überraschend – jedes Projekt ist im Dateisystem als ein Verzeichnis abgelegt, die Software organisiert die Projektdateien also auch nicht anders, als man das selbst tun würde.

Zusätzlich legt die Software für jedes Projekt noch Informationen darüber ab, was benötigt wird, um aus dem Code ein lauffähiges Programm zu machen. Das ist von Sprache zu Sprache sehr unterschiedlich, es kann im Falle eines C++-Programms ein Compiler- und ein Linkerlauf sein, im Fall einer Java-Enterprise-Anwendung muss ein JAR-Archiv erzeugt oder ein Webserver gestartet werden. Es gibt auch Entwicklungsumgebungen für Webanwendungen, die entweder einen lokalen Webserver starten oder die Dateien per SSH auf einen Server hochladen können. Und bei Mobile-Anwendungen kommt zum Kompilieren noch das Signieren und das Hochladen auf einen Emulator oder ein Smartphone dazu. All das wird projektweise spezifiziert und in einer »Build Configuration« gebündelt. Wenn Sie Ihr Programm in seiner fertigen Form exportieren wollen, klicken Sie auf einen »Build«-Knopf, und schon setzt sich die Maschine im Inneren der Entwicklungsumgebung in Gang und arbeitet alle Schritte zum Produkt ab.

Entwicklungsumgebungen können für die von ihnen verwalteten Programme weiterhin Abhängigkeiten verwalten; das bedeutet, dass Sie angeben, welche Bibliotheken oder Frameworks Sie für ein Programm verwenden wollen, und die Entwicklungsumgebung Ihnen die entsprechenden Dateien zu der jeweiligen Build Configuration hinzufügen kann. Häufig können Entwicklungsumgebungen dazu Paketmanager (siehe den Abschnitt »Paketmanager« weiter oben in diesem Kapitel) wie Maven oder Bower einbinden: Sie suchen direkt in der IDE aus einer Liste von Bibliotheken die gewünschte aus und legen die benötigte Version fest, und die IDE lädt die Datei herunter. Das ist recht praktisch, wenn Sie testweise eine neuere Version einer Bibliothek verwenden wollen: Sie können nämlich in der IDE die benötigte Versionsnummer ändern, und das Programm lädt die neue Version runter und kompiliert Ihr Programm, und Sie können sehen, ob der Versionssprung zu Compiler- oder Laufzeitfehlern führt.

Codechecker

Der tägliche Workflow eines professionellen Programmierers sieht meistens so aus: Code aus dem Versionskontrollsystem auschecken, Programmieren, Refakturieren, Testen,

Änderungen ins Versionskontrollsystem einchecken. Genau das wird durch IDEs erleichtert. Wer bei dem Begriff »professioneller Programmierer« das Buch zur Seite legen möchte, sei getröstet: Die Werkzeuge, die eine IDE mitbringt, sind für alle nützlich, auch für die, die gerade seit gestern nicht mehr über das »hallo« von »Hallo Welt«-Programmen nachdenken müssen.

Entwicklungsumgebungen bringen einen Sprachparser mit Syntaxchecker mit, der Code noch während des Schreibens auf syntaktische Korrektheit hin prüft (siehe Abbildung 20-3). Der Editor versteht die Syntax der jeweiligen Sprache und markiert sofort fehlerhaften Code. Das spart Zeit, da Sie die Datei mit dem fehlerhaften Code nicht erst kompilieren oder auf einen Server hochladen müssen, um Fehler zu bemerken. (Der Fairness halber sei angemerkt, dass alle besseren Texteditoren wie emacs, vim, Sublime Text etc. das auch können.)

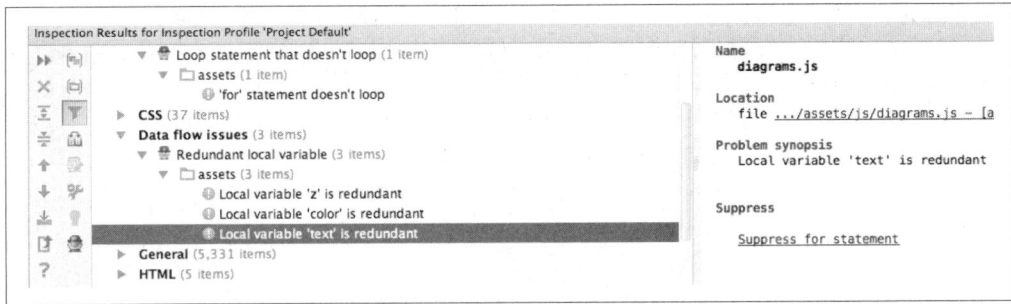

Abbildung 20-3: Code-TÜV bei der Arbeit

In statisch typisierten Sprachen (siehe Kapitel 26) wie Java kann die IDE auch überprüfen, ob Sie gerade einer Funktion, die eine Zahl als Input erwartet, eine Datei, einen String oder sonst einen falschen Typ als Variable übergeben wollen. In Abbildung 20-4 gibt Eclipse den freundlichen Hinweis, dass in Java keine automatische Typumwandlung von Strings nach Zahlen stattfindet und Sie daher eine Stringvariable nicht mit einer Zahl multiplizieren dürfen.

```
public void testMethod(String input) {
    int wrong = input * 2;
}
                         The operator * is undefined for the argument type(s) String, int
                                                              Press 'F2' for focus
```

Abbildung 20-4: Java mag keine Strings multiplizieren

Entwicklungsumgebungen können Code markieren, der zwar nicht fehlerhaft, aber unsauber ist und sogenannte Warnings produziert. Der markierte Code wird dann in einer »Problems«- oder »Warnings«-Liste geführt. Kleinere Codeprobleme wie vergessene Semikolons am Zeilenende oder überflüssige NULL-Tests treten immer mal auf und können in hektischen Zeiten toleriert werden, sie haben aber die Eigenschaft, sich unter ungünstigen Umständen zu echten Fehlern auszuwachsen. Eine Entwicklungsumgebung, die den Benutzer zu manierlicher Programmierung erzieht, hilft späteres Leid vermeiden.

Codevervollständigung

Während Sie einen Texteditor einfach öffnen und sofort losprogrammieren können, müssen Sie in Entwicklungsumgebungen Ihre Arbeit in Projekten organisieren. Die Entwicklungsumgebung weiß dann für jedes Projekt genau, welche Sprache oder Sprachen Sie verwenden werden, welche Frameworks und welche Bibliotheken. Von diesem Wissen ausgehend, macht sie auf Wunsch Vorschläge zur Codevervollständigung (siehe Abbildung 20-5).

Abbildung 20-5: Codevervollständigung in Eclipse

Das Beispiel zeigt einen Ausschnitt aus einem Java-Programm. `selection` ist eine lokale Variable vom Typ String. Die auf dieser Variable aufgerufene Codevervollständigung weiß, welche Methoden Strings in Java mitbringen, und zeigt sie als Codevorschläge an. Da Java eine stark typisierte Sprache ist, kann die IDE auch angeben, wie viele Parameter welchen Typs jede Methode erwartet und was der Rückgabewert der jeweiligen Methode ist (siehe Abbildung 20-6).

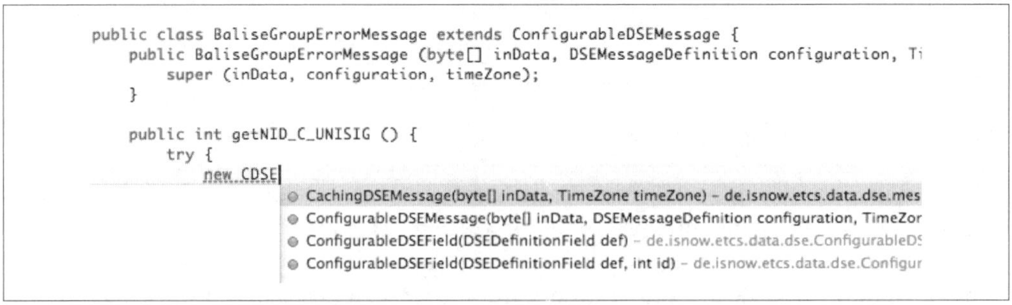

Abbildung 20-6: Kurzschreibung in Eclipse

Verwandt damit ist ein Vorschlagssystem, das es erlaubt, eine Kurzform eines Variablentyps zu schreiben.[4] Die IDE kann aufgrund der Abkürzung den gesuchten Typ erraten und anzeigen: CDSE wird zu ConfigurableDSEMessage. Das funktioniert besonders gut in Sprachen, die gerne lange Typnamen haben und diese im CamelCase schreiben. Man schreibt dann die Anfangs- und ein paar der Binnenmajuskeln hin und lässt den Typnamen expandieren. In Sprachen ohne explizite Typen, wo Variablen alle den Typ var haben, ist diese Unterstützung natürlich deutlich weniger wert.

Unterstützung der Arbeitsorganisation

Viele Entwicklungsumgebungen bringen Features mit, die die Programmiererin in ihrer Arbeitsorganisation unterstützen. Hierzu gehört die Einbindung von Versionskontrollsystemen (VCS). Zwar kann man problemlos nach jeder größeren Änderung aus dem Texteditor in die Desktopumgebung oder ein Terminal wechseln, um dort die letzten Änderungen in das Versionskontrollsystem einzuchecken, aber wenn man erst einmal einen Wechsel aus der Codeumgebung gemacht hat, liegt es nahe, kurz mal auf reddit zu schauen, wie sich die Katzenmeme-Situation entwickelt – und schon hat man den Faden verloren (siehe Abbildung 20-7).

Daher können Sie in einer Entwicklungsumgebung ein ganzes Projekt, ein Teilprojekt oder eine einzelne Datei wählen und ins Versionskontrollsystem einchecken, auf den Stand des VCS zurücksetzen oder die Änderungsliste betrachten. Das ist nichts, was nicht auch ohne IDE ginge, aber die Einbindung ist nahtlos.

---

4   Das folgende Beispiel stammt aus einer objektorientierten Sprache. In diesen Sprachen kann man seine Variablentypen in Form von Objekten selbst definieren, so wie in den Beispielen in Kapitel 23 die Typen Article, PngImage oder Customer.

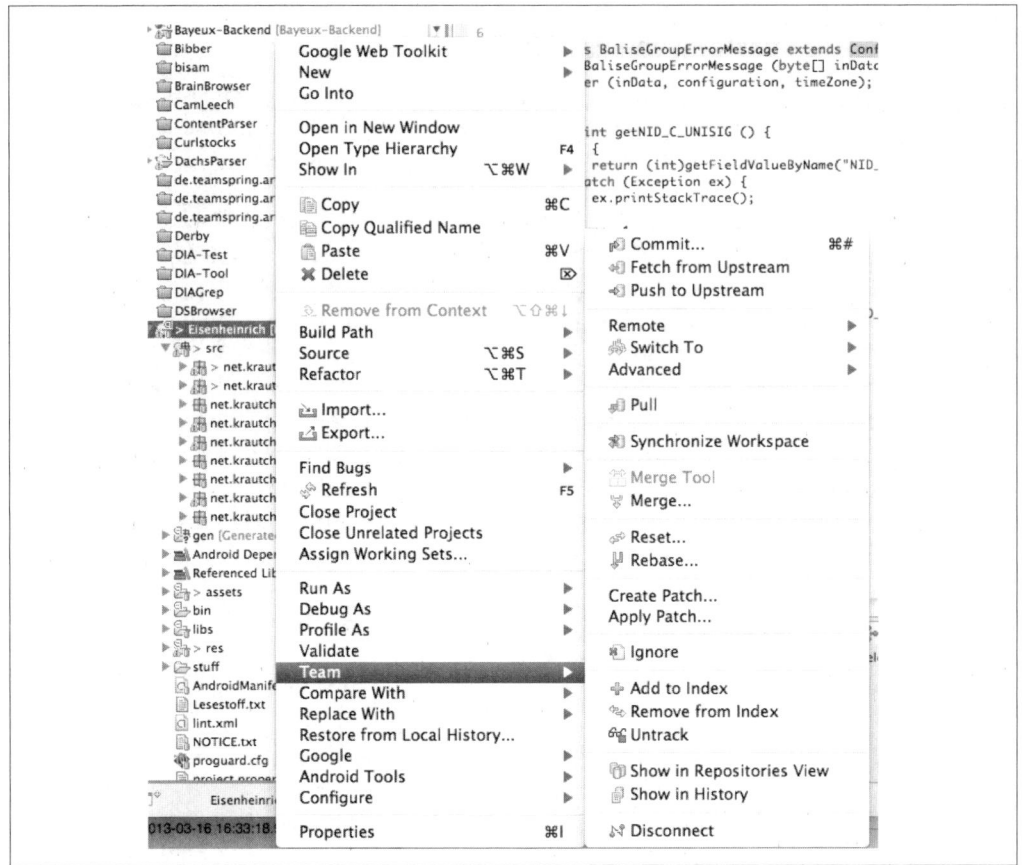

Abbildung 20-7: Einbindung von Git Eclipse

TODOs können in Kommentaren notiert werden – je nach Sprache beispielsweise so:

```
//TODO Error handling omitted for now
```

Und die IDE kann einem eine saubere Liste aller TODOs präsentieren. Auf Knopfdruck. Wenn man beispielsweise den Bauch voll hat vom Mittagessen und nicht zu echten kreativen Leistungen fähig ist, kann man sich dann dem Abarbeiten dieser Liste widmen. Ähnliche Listen gibt es auch für Fehler und Warnungen.

In Entwicklungsumgebungen sind Variablennamen und -typen häufig Hyperlinks. Man kann auf den Variablennamen klicken und der Texteditor springt zu ihrer Definition. Noch praktischer bei Variablentypen: Wenn man auf sie klickt, wird die Datei geöffnet, in der sie definiert sind. Auch dieser Vorteil wirkt sich nur in stark typisierten und objektorientierten Sprachen aus, weil nur hier zur Programmierzeit klar ist, welchen Typ eine Variable hat. Bei schwach typisierten und dynamischen Sprachen wie PHP oder Perl kann die IDE das nicht bestimmen.

Suchen und Refactoring

IDEs sind machtvolle Werkzeuge für die Programmierung und Pflege von Code. Wer einmal mit dem globalen Suchen-und-Ersetzen eines Variablennamens ein Projekt verwüstet hat, der weiß zu schätzen, dass die Entwicklungsumgebung Code versteht. Man kann mit ihrer Hilfe gezielt den Namen einer Variablen ändern, ohne dass dadurch die Namen von gleichlautenden Funktionen und Inhalte von Konstanten mitverändert werden. Stellen Sie sich vor, Sie wollen die Variable username in folgendem Codeabschnitt durch user_id ersetzen:

```
const prompt = "Please enter your username"
var username = get_username();
```

Dann wollen Sie wahrscheinlich nicht den String verändern, der im UI verwendet wird, möglicherweise auch nicht den Funktionsnamen, sondern nur den Variablennamen. Das wäre mit Suchen und Ersetzen schwierig, aber da die Entwicklungsumgebung den Unterschied zwischen der Variable, dem Funktionsnamen und der Stringkonstante versteht, kann sie Ihnen sehr helfen. Die integrierte Suche kann häufig auch zwischen »Suche in Funktionsnamen« und »Suche in Kommentaren« unterscheiden – das macht die Ergebnisse deutlich nützlicher.

Ist eine Datei zu lang geworden, dann muss man ihre einzelnen Bestandteile wie Variablen, Funktionen oder inneren Klassen mühsam herauskopieren und auf neue Dateien verteilen. Danach muss man sicherstellen, dass die neuen Module genauso importiert werden wie das bisherige, das unhandlich wurde. Und dann muss man im Code noch prüfen, welche Änderungen man nachziehen muss. Mit einer Entwicklungsumgebung ist es möglich, einen Codebereich oder eine innere Klasse zu markieren und sie automatisch in eine neue Datei zu verschieben. Alle Referenzen werden von der IDE automatisch nachgezogen. Zu groß gewordene Dateien in kleinere zu zerschlagen, verliert durch diese Hilfestellung deutlich an Schrecken.

Nachteile

Entwicklungsumgebungen gewinnen niemals Usability-Preise und haben eigentlich immer ein vollkommen überladenes User-Interface, in dem Knöpfe für wichtige Tasks wie »Kompiliere und starte das Programm« neben seltener benötigten wie »Neue C-Datei« angebracht sind. Wegen dieser fehlenden Benutzerfreundlichkeit und weil sie einen ungeheuer großen Funktionsumfang bieten, können sie auf weniger geübte Nutzer abschreckend wirken. Die Visual-Studio-Express-Produkte von Microsoft sind unter den traditionellen Entwicklungsumgebungen eine positive Ausnahme. Eclipse als das Open Source-Flaggschiff ist leider ein gutes Beispiel für schlechtes Oberflächendesign. Die Firma JetBrains stellt für verschiedene Sprachen Entwicklungsumgebungen her, die zwar hässlich, aber ziemlich gut durchdacht und hilfreich sind.

Weitere Nachteile sind folgende:

- Sie müssen erst einmal eine Entwicklungsumgebung finden und installieren. Das ist langweilig und unter Umständen schwierig. Eine Suche nach »IDE« und dem Namen der Programmiersprache sollte einige Links zum Vorschein bringen, unter denen Sie dann auswählen können.

- Als Nächstes kommt die Einarbeitung. Da der Funktionsumfang groß und die Benutzerschnittstellen eher schlecht sind, ist die Lernkurve steil. Das ist ungünstig für den blutigen Anfänger, der sich dann gleichzeitig mit den Problemen der neuen Sprache und der Lernkurve der IDE beschäftigen muss.

- Schlechte Angewohnheiten werden von einer IDE nur zu einem ganz kleinen Teil erkannt und korrigiert. Sie können problemlos auch innerhalb einer IDE miserablen Code schreiben.

- Zwar können Sie zwischen verschiedenen IDEs auswählen, sind dann aber auf die Eigenheiten dieser Umgebung festgelegt. Dadurch, dass eine Entwicklungsumgebung die verschiedenen Werkzeuge integriert, fährt man am besten, wenn man mit der vorgesehenen Werkzeugkiste auskommt. Wer bei IKEA mit den 5 vorgegebenen Billy-Farben nicht klarkommt, wird vermutlich ohne IDE zufriedener leben. Er wird sich seine Arbeitsumgebung dann mit Terminal & Co. direkt an die eigenen Bedürfnisse anpassen und keine Kompromisse machen müssen. Wer einen faulen Kompromiss längerer Konfiguration vorzieht, sollte sich Entwicklungsumgebungen zumindest anschauen.

Vielleicht verspüren Sie eine diffuse Abneigung dagegen, an Ihrer derzeitigen Werkzeugsituation etwas zu ändern. Es ging doch bisher auch so! Dagegen ist nichts einzuwenden. Betrachten Sie dieses Kapitel, wie man fremder Leute Heimwerkerkeller betrachtet. Sie haben jetzt zumindest schon einmal von der Existenz der hier beschriebenen Tools und einigen Anwendungsmöglichkeiten gelesen. Eines Tages kommt vielleicht der Moment, an dem Sie das Gefühl haben, beim Lösen des aktuellen Problems könnte Ihnen eines davon weiterhelfen.

Erfahreneren Programmierern ergeht es nicht wesentlich anders als Ihnen: Egal, wie viel man weiß, es gibt immer noch mehr Werkzeuge und Strategien, von denen man noch nie auch nur gehört hat. Erfahrenere entwickeln nur im Laufe der Zeit ein Gespür dafür, bei welcher Art von Problemen man auf die Existenz einer fertigen Lösung oder eines hilfreichen Tools hoffen kann. Sie haben Strategien, diese Lösungen aufzuspüren und im Alltag nebenbei zu verfolgen, was gerade neu hinzukommt. Und sie sträuben sich manchmal etwas weniger stark als unerfahrene Programmierer dagegen, ihre Arbeitsabläufe zu verändern, wenn eine solche Veränderung Vorteile verspricht.

KAPITEL 21

Versionskontrolle

»Team Fortress 2 auf dem Agenturrechner installiert. Falls jemand fragt, das ist ne Software für Versionskontrolle und Code Review.«

Tim Weber / @scy, Twitter, 17. Januar 2011

Versionskontrollsysteme (VCS) sind Gedächtnisstützen und Rettungsanker für Programmierer. Man kann einem VCS zu jedem beliebigen Zeitpunkt sagen, es möge den derzeitigen Stand des Programms speichern, und dann zu jedem beliebigen Zeitpunkt zu diesem Stand zurückkehren. Das funktioniert ähnlich wie das Abspeichern von Spielständen: Wenn man sich halbwegs sicher fühlt, speichert man den derzeitigen Stand ab. Wenn man später einem Monster vor die Reißzähne gelaufen ist, lädt man diesen Stand wieder.

Als Entwickler können Sie mithilfe eines VCS wesentlich angstfreier arbeiten. Haben Sie Ihr Programm mit einem schwer zu debuggenden Fehler ausgestattet, dann können Sie es entweder mühsam durchkämmen, bis Sie den Fehler gefunden haben, oder Sie spielen die alte Version wieder ein und fangen neu (und hoffentlich besser) an. Und wenn der Laptop geklaut wird, ist zumindest der Sourcecode noch im Versionskontrollsystemserver.

VCS sind also spezialisierte Backupsysteme für Softwareentwickler. Allerdings erstellen sie die Backups nicht einfach in einem bestimmten Intervall. Stattdessen stößt der Entwickler das Backup an (er »committet« oder »checkt Code ein«), wenn er weiß, dass die derzeitige Version aufhebenswert ist. Das Prinzip kennt jeder, der einmal einen Wikipedia-Artikel bearbeitet hat: Dort hat jeder Artikel eine Revisionsliste, in der man jederzeit die Änderungen zwischen zwei Versionen eines Artikels einsehen kann. Wikipedia-Administratoren können bei Bedarf Artikel auf eine frühere Version zurücksetzen. Hat man einen Artikel geändert, dann speichert man ihn als neue Revision ab. Der Unterschied zu VCS für Softwareentwickler ist, dass Wiki-Autoren immer einen einzelnen Eintrag verändern, Entwickler bei der Programmierung eines neuen Features in der Regel aber mehrere Dateien bearbeiten und diese Änderungen synchron als neue Version abspeichern wollen. Damit wird auch ein sogenanntes Rollback auf eine frühere Version vereinfacht, weil alle zusammenhängenden Änderungen in allen betroffenen Dateien gleichzeitig rückgängig gemacht werden.

Während Backupprogramme nur die Backupzeiten anzeigen und die Inhalte wiederherstellen, können VCS auch darstellen, welche Änderungen man wann vorgenommen hat. Zusätzlich fordern VCS für jedes Commit normalerweise einen Commit-Kommentar, in dem man kurz beschreibt, was man implementiert hat. Durch diese zusätzliche Transparenz findet man unter Umständen neue Fehler schneller, weil man nur die geänderten Codezeilen betrachten muss.

Ein Großteil der üblichen VCS sind kostenlose Open Source-Lösungen. Sie können daher Ihr eigenes Versionskontrollsystem betreiben, wenn Sie in der Kammer einen alten PC stehen haben oder irgendwo einen Server mieten. Allerdings müssen Sie dann auch die Backups machen und den Server administrieren; und im Fall des Besenkammerservers verschwinden im Brand- oder Einbruchsfall sehr wahrscheinlich Ihr Arbeitsrechner, das Versionskontrollsystem und die Backups – alles gleichzeitig.

Daher sind gehostete Lösungen eine Überlegung wert. Im Fall von Open Source Software gibt es gar keinen guten Grund für einen eigenen VCS-Server, hier sollten Sie schon wegen der besseren Sichtbarkeit Ihres Projekts einen der großen Hoster wählen. Die derzeit bekanntesten sind folgende:

sourceforge.net
> Einer der ältesten Hoster für Open Source-Projekte, bietet unterschiedliche Versionskontrollsysteme (SVN, git und Mercurial) an. Sourceforge beinhaltet weiterhin Downloadstatistiken und Diskussionsforen.

github.com
> Hat die Welt der gehosteten VCS revolutioniert, aber inzwischen haben die meisten anderen aufgeholt. Bietet kostenloses Hosting von Open Source-Projekten, kostenpflichtiges Hosting privater Repositories, einen Webeditor für viele Dateien und komfortable Möglichkeiten, zu einem fremden Projekt beizutragen. Überhaupt konnte sich Github wegen seiner starken »Social Coding«-Komponente durchsetzen, es hat Elemente des Social Web zum ersten Mal in die Open Source-Zusammenarbeit eingeführt. Github setzt auf git als VCS.

bitbucket.com
> Ähnlich wie github, bietet aber auch kostenloses Hosting kleinerer privater Repositories. Ermöglicht neben git auch Mercurial als VCS.

code.google.com
> Bleibt optisch und technisch etwas hinter den anderen zurück, ist aber bei Entwicklern beliebt, die sich an Wettbewerben wie »Google Summer of Code« beteiligen. Bietet Mercurial, Git und SVN-Hosting sowie ein projektspezifisches Wiki und Code-Review-Tools. *code.google.com* hostet nur Open Source-Projekte.

Wenn Sie Software entwickeln wollen, deren Code Sie zumindest derzeit nicht offenlegen wollen, dann müssen Sie bei den meisten VCS-Hostern dafür bezahlen.

Alle wichtigen VCS-Hoster bieten neben dem Projekthosting auch Bugtracking-Software.

Alternativen

Viele Gelegenheitsprogrammierer und Einsteiger sträuben sich dagegen, sich neben den absolut notwendigen Werkzeugen auch noch in ein VCS einzuarbeiten. Wenn Sie zu dieser Gruppe gehören, sollten Sie trotzdem die Augen nicht einfach vor dem Problem verschließen, sondern sich zumindest für eine Alternativlösung entscheiden. Diese Wahl haben Sie allerdings nur, wenn Sie alleine programmieren. In einem Team ist ein VCS absolut unumgänglich, weil nur so Code konsistent gehalten werden kann. Der schlimmste Alptraum in der Teamentwicklung ist, dass zwei Teammitglieder unterschiedliche Features implementieren wollen und dabei in denselben Dateien Änderungen vornehmen. Hat man kein VCS, dann überschreibt einer die Änderungen des anderen und man landet bei einem Programm, das nicht lauffähig ist oder dem die Erweiterungen des einen Teammitglieds fehlen.

Als Leser dieses Buchs sind Sie aber vermutlich nicht Teil eines Software-Entwicklungsteams – wenn Sie also wirklich kein VCS verwenden wollen, dann putzen Sie zum Ausgleich für Ihre nachlässige Lebensart etwas häufiger das Bad und suchen sich eine Alternative.

Die Vorteile von VCS sind so groß, dass Apple mit »Versions« inzwischen eine Art Versionskontrollsystem in sein Mac-OS-Betriebssystem eingebaut hat.[1] Wenn Sie Dateien bearbeiten, legt das Betriebssystem im Hintergrund archivierte Versionen an. Falls Sie an einem bestimmten Punkt den Stand festhalten wollen, können Sie manuell eine Version festlegen. Falls Sie jemals zu einer früheren Version zurückkehren wollen, lässt das Betriebssystem Sie durch die Versionen blättern. »Versions« eignet sich für Softwareentwicklung aber nur bedingt, weil Sie häufig mehrere Dateien verändern müssen, um ein Feature zu implementieren. Bei einem echten Versionskontrollsystem ist das kein Problem, Sie committen die zusammengehörigen Änderungen in allen Dateien, »Versions« arbeitet hingegen auf der Ebene einzelner Dateien – wenn Sie Pech haben, fehlt Ihnen eine Version einer bestimmten Datei. »Versions« ist daher auch für Benutzer von Mac OS nur dann eine Alternative, wenn Sie nur sehr kleine Projekte programmieren, deren Sourcen sich auf ganz wenige Dateien verteilen.

Die beste schlechte Alternative sind Backups. Eine externe Platte und ein Backupprogramm erlauben es, jederzeit zu früheren Versionen des Codes zurückzukehren. Backups sind etwas, das Sie hoffentlich sowieso machen, und wenn Backups auch nicht alle Möglichkeiten eines VCS ersetzen können, stellen sie zumindest sicher, dass Ihr Code nicht weg ist, wenn Ihr Notebook geklaut wird. Wenn Sie einmal ein Backup einspielen müssen, dann kehren Sie allerdings zu dem Stand zurück, der gerade aktuell war, als die Backupsoftware tätig wurde – das kann ein anderer sein als der, den Sie gerne wiederherstellen wurden. Außerdem gibt es keine Commit-Kommentare, Sie wissen also nicht, zu welchem Featurestand Sie zurückgekehrt sind. Backups funktionieren nur für Einzelkämpfer, denn sie ermöglichen keine Synchronisation des Sourcecodes zwischen zwei

---

1   Seit 2011 mit Mac OS X Lion.

Entwicklern. Ein weiterer Nachteil von Backups ist, dass zur Implementierung eines Features häufig Änderungen in mehreren Dateien gehören. Wenn Ihr Backup aus einer Zeit stammt, in der Sie erst einen Teil dieser Änderungen implementiert hatten, spielen Sie womöglich eine Codeversion ein, die ein nicht funktionierendes Programm erzeugt.

Wenn es Ihnen bisher nicht gelungen ist, sich regelmäßig – und damit meinen wir nicht »regelmäßig einmal jährlich« – zu Sicherungskopien gleich welcher Art aufzuraffen, sollten Sie sich nicht der Illusion hingeben, dass es in Zukunft klappen wird, nur weil Sie schließlich gleich ab morgen ein neuer Mensch zu werden gedenken. Suchen Sie sich lieber eine technische Lösung, die Ihr Motivationsproblem umgeht. Es gibt mittlerweile Anbieter wie Dropbox, iCloud und Backblaze für bezahlbare, automatisierte Cloud-Backuplösungen, die ohne jedes Nachdenken und Aufraffen in definierten Abständen Ihre wichtigsten Daten auf einen Server am anderen Ende der Welt schaufeln, auf Wunsch sogar verschlüsselt.

Wenn die Cloud Ihnen nicht privat genug ist, können Sie per cronjob (siehe Kapitel 22) wenigstens einmal täglich die wichtigsten Verzeichnisse auf dem Server in eine ZIP-Datei stecken. Backupprofis behaupten übrigens, erst ab *drei* Backups – zwei lokalen und einem außer Haus – habe man im Ernstfall Chancen auf wenigstens eine funktionierende Version.

Die Cronjob-Lösung kann ungefähr so aussehen: Mithilfe des Kommandozeilentools *rsync* (das bei Mac OS X und Linux mitgeliefert wird und sich unter Windows nachinstallieren lässt) lassen Sie regelmäßig, zum Beispiel jede Stunde, den Inhalt Ihres Entwicklungsverzeichnisses auf einen Server kopieren. Geht etwas kaputt, können Sie zumindest den Stand von gestern wiederherstellen. Der Eintrag in der Crontab müsste ungefähr so aussehen:

```
* * * * *  rsync -arze ssh --delete ~/development/ 192.168.1.20:/backups/development
```

Im Einzelnen bedeutet das: rsync soll per ssh, also über eine verschlüsselte Verbindung, den Inhalt des development-Verzeichnisses in Ihrem Home-Verzeichnis auf den Rechner mit der IP-Nummer 192.168.1.20 übertragen und dort unter /backups/development ablegen. Wenn Sie lokal eine Datei löschen, wird sie auch auf dem Backupserver gelöscht werden.

Arbeiten mit einem VCS

Die Arbeit mit einem VCS läuft im Grunde unabhängig vom System immer ähnlich ab:

Arbeiten mehrere Personen am Projekt, dann holt man sich als Erstes den aktuellen Stand des Projekts aus dem VCS (Check-Out). Dies sollte täglich und vor jedem eigenen Commit passieren, damit man mögliche Konflikte früh erkennen und beheben kann. Erst nach einem erfolgreichen Check-Out arbeitet man mit dem gleichen Stand wie alle anderen.

Man speichert seine Änderungen lokal; das VCS bemerkt zwar die Änderungen, macht aber nichts.

Hat man einen stabilen Stand erreicht, dann lädt man seine Änderungen in das Repository des VCS hoch (Commit oder Check-In). Das Repository eines VCS ist sein Aufbewahrungsort für alle Versionen aller Dateien aller Projekte, die unter Versionskontrolle stehen. Beim Commit wird man aufgefordert, eine kurze Beschreibung dessen einzugeben, was man gemacht hat. Das ist die Commit-Message.

Hat man neue Dateien erstellt, fügt man sie dem VCS hinzu (Add). Nach jedem Add muss man ein Commit machen, damit die Dateien auch ins Repository hochgeladen werden. Hier lauern für Anfänger zwei Fallen: Entweder vergisst man, neue Dateien zu adden, was dazu führt, dass die Kollegen sie nicht haben, oder man vergisst nach dem Add ein Commit, wodurch sie zwar zum Upload markiert sind, die Kollegen sie aber trotzdem nicht haben. Versionskontrollsysteme bestehen auf einen manuellen Add, damit der Entwickler in seinem Arbeitsverzeichnis auch Dateien liegen haben kann, die lokal bleiben sollen.

Bei manchen VCS wie git kommt noch Push als separater Schritt dazu, weil Commit zunächst in ein lokales Repository speichert. Erst mit Push wird es auf den Versionskontrollserver hochgeladen und veröffentlicht. Wie das genau funktioniert, wird weiter unten bei der Beschreibung von git erklärt.

Hat jemand anderes die gleiche Datei geändert wie man selbst, muss man die fremden und die eigenen Änderungen zusammenführen (Merge). Wenn man Glück hat und die Änderungen nicht an denselben Stellen vorgenommen wurden, schafft das VCS das selbstständig. Wenn nicht, muss man es selbst machen. Das VCS gibt beim Ein- und Auschecken eine entsprechende Meldung aus und markiert dann im Text die Stellen, an denen es konfligierende Änderungen gibt:

```
<<<<<<< .mine
.wrapchart {
.chartwrap {
.r550
```

In diesem Fall gab es einen Konflikt zwischen den Konfliktmarkern »<<<<<<<« und »>>>>>>«. Die lokale Version ist mit ».mine« bezeichnet und durch »=======« von der Revision 550 im VCS abgesetzt. In diesem Fall haben beide Entwickler einen CSS-Klassennamen verändert.

Wie Sie Konflikte auflösen, beschreiben wir im nächsten Abschnitt.

Wenn es Probleme gibt, können Sie den Zeitverlauf der Änderungen betrachten und herausfinden, wer dafür verantwortlich ist (History). In der History werden die Revisionen (entspricht einer Versionsnummer) mit Commit-Datum und Commit-Message in Blöcken aufgelistet. Das sieht dann beispielsweise bei git so aus:

```
commit da5b01220ce22e5f7e7dd4db58ebdde95158h753 Author: Johannes Jander
johannes@jandermail.de Date: Tue Apr 16 23:55:56 2013 +0200
English localization

commit c6f481a1cdc429875668786a17d2c9b67ff8d7a7 Author: Johannes Jander
johannes@jandermail.de Date: Wed Apr 10 21:53:50 2013 +0200
```

```
- flag to mark threads as visited (for the history)
- make images in ThreadView react to clicks
- Adjust target SDK version to 8 again to stop Activities from restarting when the device
orientation changes
```

Zunächst sieht man die eindeutige ID eines jeden Commit, dann den Autor und in der folgenden Zeile das Datum. Nach einer Leerzeile folgt dann die jeweilige Commit-Message und nach einer weiteren Leerzeile kommt der Block für den nächstfrüheren Commit.

Muss man zu einem Zustand zurückgehen, dann macht man ein Revert. Der lokale Stand wird verworfen und eine frühere Version aus dem VCS ausgecheckt. Im Normalfall ist das die neueste, aber man kann auch eine frühere Revision angeben.

Konflikte auflösen

Konflikte entstehen in Versionskontrollsystemen, wenn zwei am Projekt Beteiligte die gleiche Datei verändern und sie dann zu committen versuchen. Das VCS stellt dann fest, dass gleichzeitige Änderungen an einer Datei stattfinden sollen. Im günstigsten Fall betreffen die Änderungen nicht dieselben Textstellen und das Versionskontrollsystem kann die Änderungen zusammenführen (mergen). Häufig gibt es aber Änderungen in denselben Codezeilen, die dann von Hand aufgelöst werden müssen.

Wenn die Änderungen dieselben Zeilen betreffen, passiert Folgendes: Derjenige, der es zuerst versucht, hat Glück und seine Änderungen werden akzeptiert, aber der andere sieht eine hässliche Fehlermeldung. Beispielhaft wurde hier in einer Datei *ticker.css*, die unter SVN-Verwaltung steht, ein Klassenname von zwei Entwicklern geändert:

```
>svn ci -m "css classname changed"
Sende               am/assets/css/ticker.css
Übertrage Daten .svn: E160028: Übertragen schlug fehl (Details folgen):
svn: E160028: File '/Althorp-Menzies/am/assets/css/ticker.css' is out of date
```

Hmm, E160028, das sieht gar nicht so freundlich aus, was mag nur sein? Also doch noch mal ein Update nachschieben:

```
>svn up
C    am/assets/css/ticker.css
Konflikt in Datei »am/assets/css/ticker.css« entdeckt.

Auswahl: (p) später auflösen, (df) Änderungen anzeigen,
         (e) Datei bearbeiten, (m) Zusammenführung,
         (mc) eigene Seite des Konflikts,
         (tc) fremde Seite des Konflikts, (s) alle Optionen anzeigen:
```

Das C ist ein Bote des Unheils, denn es kündigt an, dass ein Konflikt entstanden ist und dieser vom Entwickler gelöst werden muss. Sie können an dieser Stelle mit p wie postpone die Auflösung noch ein wenig verschieben, aber man sollte Konflikte gleich ansprechen und lösen – das gilt nicht nur in Beziehungen, sondern auch bei der Arbeit mit Versionskontrolle. Wenn Sie genau wissen, dass Ihre Änderungen richtig sind, können

Sie mit mc die des Kollegen überschreiben. Wenn Sie lieber die Arbeit des Kollegen übernehmen wollen, können Sie das mit tc tun.

Üblicherweise werden Sie den Konflikt aber anschauen wollen, um zu beurteilen, wie sich die Änderungen zusammenführen lassen. In diesem Fall wählen Sie m und bekommen eine Darstellung, in der die fremden und eigenen Änderungen gegenübergestellt sind:

```
(1) fremde Version (in Zeile 6)     |(2) eigene Version (in Zeile 6)
------------------------------------+------------------------------------
.chartwrap {                        |.wrapchart {
------------------------------------+------------------------------------
Auswahl: (1) verwendet fremde Version, (2) verwendet eigene Version,
         (12) verwendet fremde Version zuerst, dann eigene,
         (21) verwendet eigene Version zuerst, dann fremde,
         (e1) bearbeitet fremde Version und verwendet das Ergebnis,
         (e2) bearbeitet eigene Version und verwendet das Ergebnis,
         (eb) bearbeitet beide Versionen und verwendet das Ergebnis,
         (p) Verschiebt Konfliktlösung für diesen Abschnitt und setzt
Konfliktmarkierungen,
         (a) Bricht Zusammenführung der Datei ab und kehrt zum Hauptmenü zurück:
```

An dieser Stelle ist es häufig sinnvoll, mit e1 die fremde Version zu öffnen, die eigenen Änderungen von Hand einzutragen und dann abzuspeichern. Das erfreut SVN:

```
Zusammenführung von »am/assets/css/ticker.css« abgeschlossen.
Auswahl: (p) später auflösen, (df) Änderungen anzeigen,
         (e) Datei bearbeiten, (m) Zusammenführung,
         (r) als aufgelöst markieren, (mc) eigene Seite des Konflikts,
         (tc) fremde Seite des Konflikts, (s) alle Optionen anzeigen:
```

In unserem Beispiel gab es nur einen Konflikt, daher ist die Zusammenführung abgeschlossen und Sie könnten SVN mit r mitteilen, dass Sie Ihre Arbeit getan haben.

Welches Versionskontrollsystem?

Es gibt derzeit eine unüberschaubare Anzahl an unterschiedlichen Versionskontrollsystemen. Die Spanne reicht von früher beliebten, aber inzwischen überholten wie CVS bis hin zu relativ neuen wie git. Es gibt sowohl kommerziell vertriebene proprietäre Systeme, zum Beispiel ClearCase von IBM oder Visual SourceSafe von Microsoft, als auch Open Source-Systeme.

Falls Sie nicht durch Firmenrichtlinien an ein bestimmtes Versionskontrollsystem gebunden sind, wählen Sie zwischen den beiden derzeit beliebtesten Open Source-Vertretern Subversion (SVN) und git, denn egal, welches Problem Sie haben, werden Sie mit einer Suche im Web eine große Anzahl hilfreicher Links finden. Wenn Sie privat programmieren oder Einzelkämpfer sind, spricht nichts für kommerzielle Angebote – und auch Firmen setzen eher aus Gewohnheit auf sie.

Die Abwägung zwischen Subversion und git ist für einen Einsteiger nicht unbedingt einfach. Subversion war *das* Versionskontrollsystem der Nuller Jahre und wird weiterhin sehr viel genutzt. Git tauchte 2005 auf und wurde gegen 2009 durch den Hostingservice *github.com* sehr rasch populär. Es hat zur Drucklegung dieses Buchs unter professionellen Softwareentwicklern sowie in Hackerkreisen Subversion weitgehend abgelöst. Auf manchen Websites werden Sie eine Art Banderole mit der Aufschrift »Fork me on github« sehen. Das ist ein Zeichen dafür, dass der Autor die Inhalte per git verwaltet.

Da beide Systeme weitgehend ausgereift sind und Aufmerksamkeit seitens der Softwareentwicklerszene nicht unbedingt das ausschlaggebende Kriterium sein sollte, hilft Ihnen vielleicht ein Vergleich der Vor- und Nachteile.

Subversion

Es gibt einen zentralen Subversion-Server, den Sie selbst betreiben können. Alternativ können Sie fertige Subversion-Hostingangebote buchen – für Open Source gibt es kostenlose Angebote; wollen Sie den Code für sich behalten, müssen Sie zahlen.

Jeder Commit wird direkt in das Repository des Subversion-Servers hochgeladen und ist für alle anderen Projektteilnehmer verfügbar.

Subversion führt eine Hauptlinie für jedes Projekt, den sogenannten *trunk*, und Branches, die zu einem bestimmten Zeitpunkt von der Hauptlinie abzweigen. Branches eignen sich, um Ideen auszuprobieren. Erweisen sie sich als gut, dann werden sie wieder in den Trunk zurückgeführt; erweisen sie sich nicht als günstig, dann lässt man sie einfach, wo sie sind, und arbeitet am Trunk weiter.

git

Es gibt einen zentralen git-Server, den Sie selbst betreiben können. Alternativ können Sie Ihre Projekte auf gehosteten Angeboten verwalten lassen – wie beim Subversion-Hosting gibt es kostenlose Angebote für Open Source. Die Spezialität von git ist, dass es neben dem zentralen Repository auf dem git-Server auch noch lokale auf dem Rechner jedes Teammitglieds gibt. Commits werden nicht auf den zentralen Server hochgeladen, sondern landen in den lokalen Repositories. Erst mit »Push« werden alle Commits auf den zentralen Server geladen.

Dieses zweistufige Veröffentlichen hat den Vorteil, dass Sie mehrere Arbeitsschritte jeweils einzeln committen können. Erst wenn alles fertig ist, pushen Sie die gesammelten Änderungen. Das fördert kleinere Commits, was es leichter macht, einen kleinen Schritt zurück zu machen. Im Gegensatz zu SVN werden die Commits nicht direkt ins gemeinsame Repository hochgeladen, so dass eventuelle Fehler nicht bei Ihren Teammitgliedern landen. Sie können mit git also ganz feinkörnig committen und im Problemfall auch wieder zurückgehen, aber erst nach erfolgten Tests die Arbeit den anderen zur Verfügung stellen. Andererseits können Sie bei git nicht nur das Commit vergessen, sondern auch noch das Push – Ihre Änderungen bleiben auf der lokalen Platte und gehen schlimmstenfalls durch eine Tasse Tee über dem Laptop verloren.

git ist viel flexibler in seiner Organisation. Es muss keine Hauptlinie eines Projektes geben, sondern häufige Branches werden vom System unterstützt und sind Teil der git-Kultur. Auch ein Nebeneinander gleichberechtigter Repositories ist möglich. Jedes dieser lokalen Repositories (üblicherweise eines pro Entwickler) kann dann seinerseits Branches haben, in denen der Entwickler Ideen ausprobiert. Damit die Entwickler bei einer solchen Arbeitsweise nicht endlose Zeit mit dem Mergen dieser Branches verbringen, stellt git sehr leistungsfähige Werkzeuge wie *rebase* zur Verfügung, mit denen ein lokaler Branch auch mit dem Hauptast synchronisiert werden kann, wenn dieser sich schon weiterentwickelt hat. Man kann git aber auch ähnlich wie Subversion anlegen und ein zentrales Repository neben den lokalen führen.

Diese Flexibilität hat ihren Preis. git scheint zunächst einfach, aber wenn Probleme durch Konflikte auftreten, dann kann es viel schwerer sein, sie zu beheben und wieder zu einem laufenden Repository zu gelangen.

Gute Ideen beim Arbeiten mit Versionskontrolle

Eine Grundregel lautet: Vor jedem Commit kommt ein Update, damit man sieht, ob jemand anders etwas eingecheckt hat. Ist das der Fall, dann werden erst die Änderungen der anderen in den eigenen Code übernommen und getestet und es wird erst dann commitet, wenn alles läuft. Ob noch alles läuft, können Sie am besten mit automatisierten Unit-Tests überprüfen; Kapitel 16 erklärt, wie das geht.

Manche Versionskontrollsysteme erzwingen die Commit-Message, andere lassen Sie auch ohne durchkommen, aber trotzdem sollte jeder Commit eine bekommen, auch wenn nur drinsteht »Beim letzten Commit vergessene Datei *personen.html* nachgereicht«.

Üblicherweise committet man nicht wahllos. Wenn man ein Feature implementiert oder einen Fehler beseitigt hat, ist es Zeit für einen Commit, nicht vorher (halbgare Änderungen), aber auch nicht nachher (zwei Änderungen in einem Commit). Seit es git und andere Versionskontrollsysteme mit einem lokalen Repository gibt, raten manche Autoren zu häufigeren Commits, weil diese neuen VCS viel schneller sind und ein Commit den Gedankenfluss weniger unterbricht. Will man aber jedem Commit eine Message beilegen – wozu wir raten –, dann ist es sinnvoll, nicht zu häufig zu committen, denn auch das Ausdenken einer halbwegs sinnvollen Message unterbricht das Nachdenken über den Code.

Gehen Sie vor dem Commit den Code noch einmal nach auskommentierten Codeblöcken durch und löschen Sie sie. Prüfen Sie die Codekommentare daraufhin, ob sie noch aktuell sind. Im Zweifel hilft hier ein diff, das alle eigenen Änderungen noch einmal übersichtlich (wenn man Patches lesen kann) bzw. verwirrend (wenn man Patches nicht lesen kann) zusammenfasst. Die in Kapitel 20 beschriebenen diff-Tools mit grafischer

Benutzeroberfläche nehmen diff einen Großteil seines Schreckens. Wenn Sie den Umgang mit der Kommandozeile nicht scheuen, können Sie sich auch vom VCS direkt ein diff ausgeben lassen.

Checken Sie alle Daten ein, die zu einem Projekt gehören. Wenn Sie nach einiger Zeit wieder an dem Projekt arbeiten, werden Sie außer dem Sourcecode auch andere Dateien benötigen. Haben Sie Testdaten, deren Größe nicht gerade im Gigabytebereich liegt? Checken Sie sie mit dem Code ein! Sie verwenden eine Datenbank? Exportieren Sie sich das Datenbankschema (und seine Inhalte) als sogenanntes DDL- oder *Dropskript* und checken Sie es ein. Denn wenn der Datenbankserver gewechselt wird oder die Datenbank kaputtgeht, können Sie das Schema mit so einem Skript in ein paar Minuten wiederherstellen.

Dropskript

Ein Dropskript ist eine Textdatei mit SQL-Anweisungen, mit denen das Datenbankschema mit allen Tabellen und ggf. Inhalten wiederhergestellt werden kann.

Schlechte Ideen beim Arbeiten mit Versionskontrolle

Ein leicht zu machender Fehler sind zu seltene Check-Outs (Updates). Eine Gefahr bei der Arbeit mit VCS ist, dass man tagelang nicht nachfragt, ob es Änderungen von anderen Entwicklern gibt, die eigenen Ergebnisse jedoch committet. Irgendwann wird sich das VCS dann bei einem Commit weigern, weil es einen Konflikt in einer Datei gibt. Man kann dann nicht »drübercommitten«, sondern muss erst den Konflikt lokal beheben.

Leicht zögert man auch Commits zu lange hinaus. Wenn in den drei Tagen seit dem letzten Commit jemand anders am selben Code gearbeitet hat, ist die Wahrscheinlichkeit für Konflikte ziemlich hoch. Das Problem ist ein ähnliches wie beim letzten Fall, aber hier bekommt man die Konfliktwarnung beim Check-Out. Auch in diesem Fall haben Sie als derjenige, der zu lange gewartet hat, den Schwarzen Peter und müssen die Konflikte lokal beheben, bevor Sie weiterarbeiten können.

Ein bekanntes Rezept für Ärger sind Commits um »fünf vor zwölf«, weil man schnell noch ein Feature vor der Deadline abspeichern möchte. Wenn sich in diesem Code ein Fehler verbirgt, gibt es berechtigten Ärger, weil er bei allen Kollegen und möglicherweise auch noch im fertigen Produkt landet.

Es gibt Daten, die nicht in ein Versionskontrollsystem gehören. Settings-Dateien, insbesondere solche, die Pfade, Usernamen und Passwörter enthalten, sollten auf dem lokalen Rechner bleiben – selbst wenn Sie ganz für sich allein programmieren. Wenn Sie das Versionskontrollsystem jemals irgendjemandem zugänglich machen, werden Sie vergessen, dass Sie Ihre wichtigen Passwörter eingecheckt haben. Ein großes Problem ist, dass einmal eingecheckte Passwörter in der History des Versionskontrollsystems bleiben.

Versionskontrollsysteme als Softwarebausteine

Man kann Versionskontrollsysteme nicht nur als Mittel zur Sourcecodeverwaltung einsetzen, sondern auch, um sie – ähnlich wie eine Datenbank – Programmdaten verwalten zu lassen.

VCS eignen sich dafür, weil sie Kommandozeilenclients mitbringen, die skriptbar sind. Man kann aus nahezu jeder Programmiersprache externe Programme aufrufen. Dazu gibt es einen Befehl, der meistens ähnlich wie system() lautet und in Kapitel 22 erklärt ist.

Haben Sie also eine neue Datei *20120903.txt* angelegt, dann können Sie diese mit system('svn add 20120903.txt') gefolgt von system('svn commit -m ""') in ein Subversion-Repository hochladen. Das kann auf dem lokalen Rechner geschehen oder auf einem Server. Wenn Sie jetzt beispielsweise ein Programm zur Datenauswertung schreiben, dann können Sie mit diesen zwei Zeilen ein Auswertungsergebnis auf einen entfernten Server übertragen, von wo aus der Webserver es mit system('svn up') regelmäßig auscheckt und in eine Website einbettet.

Das liest sich relativ simpel, aber ohne Versionskontrollsystem oder Datenbank müsste man ungefähr Folgendes selbst programmieren:

1. Die Software soll ihre Auswertungsergebnisse innerhalb weniger Minuten online auf Webserver *http://beispiel.test* verfügbar machen.
2. Die Übertragung der Ergebnisse auf Webserver *beispiel.test* muss verschlüsselt erfolgen.
3. Alle erzeugten Ergebnisse müssen lokal und auf einem Server archiviert werden.
4. Die Auswertung soll in regelmäßigen Abständen automatisch erfolgen. Die Übertragung der Ergebnisse soll ebenfalls ohne menschliches Eingreifen erfolgen.

Wollten Sie all das von Grund auf selbst implementieren, wären Sie damit lange beschäftigt. Subversion (oder ein anderes SVN) bietet einen verschlüsselten Übertragungsweg per ssh und ist leicht skriptbar – also ein ideales Werkzeug, das man relativ leicht in ein eigenes Programm einbetten kann.

Versionskontrollsysteme als Backend zur Datenhaltung haben gegenüber Datenbanken folgende Vorteile:

- Automatische Archivierung, weil VCS immer die eingehenden Daten versionieren. Ein Update in einer Datenbank überschreibt einfach die Daten.
- Hat man Daten, die sich eher als Dokumente denn als einzelne Datensätze auffassen lassen, dann nutzt man die Vorteile einer relationalen Datenbank nicht, wenn man sie nur als Datenablageplatz benutzt. Man kann dann genauso gut das Dateisystem verwenden oder eben ein VCS, und macht sich das Leben einfacher.

Versionskontrollsysteme als Backend zur Datenhaltung haben allerdings gegenüber Datenbanken auch folgende Nachteile:

- Man kann in Datenbanken sehr schnell und flexibel nach Datensätzen suchen, VCS sind nur eine Aufbewahrungslösung.
- Will man hierarchische Daten speichern, bieten Datenbanken durch Relationen und Tabellen wesentlich mehr Möglichkeiten.

VCS sind also in den meisten Fällen kein Ersatz für Datenbanken, aber für ein ganz einfaches Blog oder Redaktionssystem, das nur einzelne Seiten mit Änderungsdatum und letztem Bearbeiter erfassen muss, wäre ein VCS ein brauchbares Backend.

KAPITEL 22

Command and Conquer –
vom Überleben auf der Kommandozeile

»If it takes more than five clicks, learn the command line.«

Shawn Anderson, *blog.AdminArsenal.com*

Die Kommandozeile ist kein obsoleter Dinosaurier aus den Anfangstagen der Datenverarbeitung. Sie ist ein sehr ausgereiftes Computerinterface für extrem faule Menschen. Als unerfahrener Programmierer erkennt man das nicht unbedingt auf den ersten Blick. Schaut man ein bisschen genauer hin, dann können sich hier aber einfache Lösungen für Probleme verbergen, vor denen man auch als Gelegenheitsprogrammierer immer wieder steht.

Die Kommandozeilen und ihre Tools stammen aus einer Zeit, in der an grafische Benutzerinterfaces nicht zu denken war, Computernutzer durchweg Experten sein mussten und Workflows noch vergleichsweise einfach waren. Aufgrund der kleinen Speicher und langsamen Rechner waren die Hauptaufgaben der EDV damals immer wiederkehrende Reports, Gehaltsabrechnungen und Auswertungen von Logfiles – alles Dinge, die sich hervorragend mit kleinen Programmen lösen ließen, die auf immer wieder andere Weise durch Skripten verknüpft wurden – und genau dieser Aspekt ist bis heute sehr relevant.

Nach einer kurzen Eingewöhnungsphase erledigt man alltägliche Dinge wie das Verschieben von Dateien und das Kopieren von Verzeichnissen in der Shell oft schneller als in der GUI des Betriebssystems. Außerdem ist alles, was man tut, protokolliert, wiederholbar und damit sehr leicht automatisierbar.

Neben einer ganz allgemeinen Steigerung der Effizienz bei der Arbeit am Computer hilft die Beschäftigung mit den klassischen Unix-Kommandozeilentools einem auch dabei, Software besser zu designen: Viele dieser Programme sind nämlich Beispiele für gute Modularisierung, sie sind optimiert auf die Zusammenarbeit mit anderen Programmen. Statt zu versuchen, eine Vielzahl von Problemen einigermaßen gut zu lösen, legen sie einen ganz klaren Fokus darauf, ein winzig kleines Problem optimal zu lösen und sonst gar nichts. Alles andere überlassen sie anderen Programmen. Das entspricht in etwa der Arbeitsteilung zwischen den verschiedenen Klassen eines objektorientierten Softwaredesigns. Viele dieser Tools basieren zudem auf Libraries, die auch von eigenen Programmen genutzt werden können. Wenn Sie diese Programme kennen, werden Sie weniger leicht das Rad versehentlich neu erfinden und bekommen einen ersten Überblick über die Leistungsfähigkeit einer Bibliothek. Wer sich beispielsweise mit dem Tool openssl auseinandergesetzt hat, ahnt auch schon, wie er Kryptographie in sein eigenes Programm einbauen kann: indem er nämlich die Bibliothek nutzt, auf der dieses Tool basiert.

Mehr Effizienz durch Automatisierung

In der Autoindustrie hatte die Einführung des Fließbandes zur Folge, dass die recht abwechslungsreiche, interessante und befriedigende Tätigkeit des Autobaus ersetzt wurde durch eine Vielzahl von Arbeitsplätzen, an denen jeweils nur ein einziger Handgriff in steter Wiederholung ausgeführt wurde. Erst dieser Schritt des Herunterbrechens auf atomare, stets identische Handlungen in strenger Sequenz ermöglichte dann den zweiten Schritt der Automatisierung: die Einführung von programmierbaren Roboterarmen, die zuverlässiger als jeder Mensch die langweiligsten Jobs verrichten, ohne dabei ihren nicht vorhandenen Verstand zu verlieren. Menschen sind heute, grob vereinfacht gesprochen, am Autobau im Wesentlichen als Designer und Programmierer von Robotern beteiligt. Zwei Aufgaben, die recht abwechslungsreich, interessant und befriedigend sind.

Was beim Autobau das Fließband ist, ist beim Softwarebau die Kommandozeile: Sie macht das Leben erst einmal nicht unbedingt schöner und bunter, ermöglicht aber den nächsten Evolutionsschritt in Richtung Effizienz durch Automatisierung. Sie verschiebt das Betätigungsfeld des Softwareentwicklers vom Konkreten ins Abstrakte, hin zu dem, was er am liebsten macht: Programmieren!

Zwei Programmierer, zwei Meinungen

»Wenn ich darüber nachdenke, was mich zu einem weniger schlechten Programmierer gemacht hat, dann fällt mir als einer der ersten Punkte der Umstieg von der grafischen Benutzeroberfläche auf Kommandozeilentools als mein hauptsächlich genutztes Mensch-Maschine-Interface beim Programmieren ein.

Dieser Schritt hat sich bei mir recht lange herausgezögert. Zwar war ich auf dem Commodore Amiga schon in den Achtzigern mit einer Unix-ähnlichen Shell konfrontiert, aber der Umstieg in die DOS- und schließlich Windows-Welt hat mir zunächst nachhaltig den Umgang mit der Kommandozeile vermiest: Inkonsistenz und eklatantes Fehldesign machen die Benutzung der »Eingabeaufforderung« unter Windows bis heute zu einem frustrierenden Erlebnis.

$\rightarrow$

Es dauerte dann über 20 Jahre, bis ich bei einem neuen Job beobachten konnte, wie meine Teamkollegen sich in ihren Shells jeweils Umgebungen geschaffen hatten, die sie durch konsequente Automatisierung zu derart effizienten Entwicklern machten, dass ich es sehr eilig hatte, diesen Vorsprung aufzuholen. Mein Glück war, dass in diesem Unternehmen Pair Programming praktiziert wurde, man also stets einen »Beifahrer« beim Programmieren hatte, der noch dazu täglich wechselte. Sie hatten Nachsicht mit dem Neuen und brachten mir jede Menge Tricks bei, um schneller zum Ziel zu kommen und den Tag mit spannenderen Dingen zu verbringen als dem Navigieren im Windows Explorer. Meine Kollegen arbeiteten ganz selbstverständlich auf allen drei Plattformen (Linux, Windows und Mac OS X) parallel und fühlten sich an jedem Rechner zu Hause, denn alle hatten eine bash-Shell: OS X und Linux von Haus aus; bei einem neuen Windows-Rechner war die Installation von cygwin die allererste Handlung. Denn erst nach diesem Nachrüsten einer Unix-ähnlichen Umgebung galt das Gerät als benutzbar.«

Jan Bölsche

»Was die Kommandozeile bei mir recht häufig bewirkt, ist schlechte Laune. Wenn mich irgendwas zu einem weniger schlechten Programmierer gemacht hat, dann IDEs wie Intellij IDEA, die Code verstehen und einem tantenhaft sagen »Dieser Codezweig wird eh nie ausgeführt werden, tu ihn doch einfach weg«. Für mich funktionieren IDEs mit guten Keyboard-Shortcuts wesentlich besser als Shell-Skripte, allein weil ich nicht den Kontextwechsel aus einem Programm in ein anderes machen muss – vom Kulturschock einer GUI hin zur Kommandozeile ganz zu schweigen.

Allerdings bin ich Realist genug, um die Vorteile der Kommandozeile zu sehen: Meinen kleinen Linux-Mietserver administriere ich auch per ssh, und auch mit meinem Versionskontrollsystem arbeite ich je nach Projekt mal von der IDE, mal von der Kommandozeile aus. Dass mein Kopf sich Konzepte besser als Details merken kann, führte schon in der Schule zu schlechten Latein- und guten Mathematiknoten. Heute führt es leider dazu, dass ich die Parameter vieler Shell-Kommandos ständig nachschlagen muss.«

Hannes

Wenn Sie das Vorhandensein bestimmter Tools voraussetzen können, weil Sie beispielsweise ein cgi-Skript für eine Website schreiben und den Server selbst administrieren, dann ist die Kenntnis dieser Tools ebenso wichtig wie die Kenntnis der Standardbibliothek ihrer Sprache. Eine kurze Kommandozeile, die Sie von ihrem Programm aus aufrufen, kann Hunderte von Codezeilen einsparen helfen und erledigt die Aufgabe vermutlich effizienter und für andere nachvollziehbarer, als Ihr eigener Code es täte.

Im Extremfall bedeutet dieses Wissen, dass Sie ein Programmierprojekt gar nicht erst in Angriff nehmen, weil die Kombination von zwei oder drei Tools bereits genau das Ergebnis liefert, das sie haben wollen. Und der beste und garantiert fehlerfreie Code ist nun einmal der, der gar nicht erst geschrieben wird. Deshalb ist der beste und professionellste

Programmierer der, der schnell erkennt, dass es gar nichts zu programmieren gibt. Es kann sich also lohnen, sich ein bisschen mit der Kommandozeile auszukennen.[1]

Unsere langbärtigen Vorfahren

Ein Kommandozeileninterpreter ist ein Programm, das einen Befehl in Form von Text entgegennimmt und ausführt und das Ergebnis eines solchen Befehls auch wieder als Text ausgibt. Das ist eine Eigenschaft, die er mit dem interaktiven Modus von Programmiersprachen-Interpretern gemein hat, etwa von Python, Ruby oder TCL. Auch die JavaScript-Konsole im Firefox-Plugin »Firebug« funktioniert nach diesem Prinzip, das im Abschnitt »REPL« in Kapitel 20 näher erklärt wird.

Weil die Erfinder von Unix tippfaule Menschen waren, heißt dieser Interpreter »sh«, kurz für »Shell« und die Programme, die er ausführt, dementsprechend »shell scripts«. In dieser Sprache auch zu programmieren, ist durchaus nicht unüblich. Wir möchten jedoch davon abraten, denn die Syntax zum Beispiel von Kontrollstrukturen wie if und switch oder von Schleifen ist alles andere als schön oder intuitiv. Man fährt eigentlich mit Sprachen wie Perl, Python oder Ruby immer besser, es sei denn, es handelt sich um sehr kurze Aufgaben. Der interaktive Modus der Shell hingegen ist sehr hilfreich.

Es gibt eine ganze Reihe verschiedener Unix Shells, etwa die C-Shell, auch »csh« oder »tcsh« genannt, die Korn Shell (ksh) oder die Z Shell (zsh). Obwohl sie nicht die modernste ist, ist die Bourne Shell heute am geläufigsten.[2] Sie ist nach ihrem Erfinder Stephen Bourne benannt, der in den 70er Jahren Angestellter bei AT&T war.

Dass man mal »Shell«, mal »Terminal« und mal »Konsole« liest, hat hauptsächlich historische Gründe; gemeint ist damit heute im Wesentlichen dasselbe. Die Shell ist das eigentliche Programm; ihr Name stammt daher, dass es sich ursprünglich um eine »Hülle« um das Betriebssystem herum handelte – was heute wie eine sehr weit unten angesiedelte Ebene wirkt, war früher einmal die oberste. Terminal und Konsole verraten durch ihre Namen noch, dass sie früher einmal richtige Geräte waren, ein Bildschirm und eine Tastatur, die die interaktive Kommunikation mit einem Rechner – ganz ohne Lochkarten! – möglich machten. Heute sind die Geräte zu Software geworden, die Anwendung »Terminal« am Mac oder beispielsweise Ubuntu-Linux lebt in einem Fenster in

---

1   Nebenbei vermeidet man dadurch unglückliche Situationen wie die, in die sich die Programmiererin Heather Arthur Anfang 2013 brachte. Sie hatte für den Privatgebrauch ein Kommandozeilentool namens replace geschrieben und es dann als Open Source bei GitHub eingestellt. Daraufhin hagelte es Spott bei Twitter, weil Arthur nur die Fähigkeiten der vorhandenen Kommandozeilentools sed und find in etwas schlechter nachgebaut hatte. Eine ausführliche Diskussion des Problems und der möglichen Alternativen findet sich unter *news. ycombinator.com/item?id=5107491.*

2   Genauer gesagt handelt es sich bei der heute am häufigsten eingesetzten Shell um einen Nachbau der Bourne Shell, der aus urheberrechtlichen Gründen nötig war. Dieser Nachbau ist Teil des GNU-Projektes, das Varianten aller wichtigen Unix-Tools unter freier Lizenz zur Verfügung stellt, und heißt »bash«. Das steht für »Bourne-again Shell« und ist ein gutes Beispiel für die Wortspielverliebtheit von Unix Entwicklern.

einer grafischen Benutzeroberfläche, eröffnet aber den Blick auf eine darunterliegende Ebene des Betriebssystems.

Windows

Windows nimmt unter den Betriebssystemen eine Sonderstellung ein. Während Mac OS und Linux Unix-basiert sind und daher all die in diesem Kapitel aufgeführten Tools mitbringen, muss man unter Windows entweder eigene Wege gehen oder eine Art Unix-Umgebung in Form von cygwin nachinstallieren.

Wenn Sie also unter Windows entwickeln und Ihre Software auch auf Windows laufen soll, dann haben Sie drei Kommandozeilen-Interfaces zur Verfügung:

- Die DOS-Umgebung, die sich liebevoll »Eingabeaufforderung« nennt. Mit ihr ist nicht viel Staat zu machen, denn sie ist ziemlich beschränkt in ihren Fähigkeiten. Man kann zwar .bat-Skripte schreiben, um einiges zu automatisieren, allerdings fehlen der DOS-Umgebung viele praktische Tools.
- Die Windows PowerShell. Sie ist eine von der Idee her völlig andere Kommandozeilen- und Skripting-Umgebung als die Unix-Shells, weil sie objektorientiert ist. Ihre Tools (cmdlets genannt) können so verkettet werden, dass die Ausgabe des einen zur Eingabe des anderen wird, was ähnlich der Unix-Kommandozeilenphilosophie ist, aber die cmdlets übergeben keinen Text, sondern .NET-Objekte. PowerShell-Skripte können auch normale Windows-Programme ansprechen, dafür ist es weniger einfach, gängige Programmiersprachen wie Ruby oder Perl einzubinden. Die Power-Shell ist ein ziemlich interessantes Konzept, fällt aber so sehr aus dem Rahmen der üblichen Kommandozeilenbenutzung, dass wir sie in diesem kurzen Kapitel nicht behandeln können. Falls Sie ausschließlich mit Windows arbeiten, sollten Sie sich die PowerShell näher ansehen.
- cygwin. Cygwin eröffnet Windows-Nutzern die gesamte Welt der quelloffenen Kommandozeilentools. Nachdem Sie das Grundpaket installiert haben, können Sie mit der enthaltenen Paketverwaltung Datenbanken, Webserver, Programmiersprachen und kleine Hilfswerkzeuge nachinstallieren und haben dann die Möglichkeit, unter Windows ähnlich zu arbeiten wie unter Unix. Der Nachteil ist, dass Sie Windows-spezifische Funktionen nicht so nutzen können wie mit der PowerShell. Der Vorteil ist, dass Sie sich mit dem gleichen Wissen auf einem Windows-Rechner wie einem Linux-Server bewegen können.

Was jeder Programmierer wissen sollte

Verwirrung kann für Gelegenheitsnutzer der Kommandozeile daraus entstehen, dass einige Befehle zwar in die Shell eingebaut sind und sich von überall her aufrufen lassen (z.B. das Kommando cd), andere aber einen eigenen Wohnort haben, weil sie eigenständige kleine Programme sind. (Übliche Orte, an denen solche Teile der Shell verstaut sein können, sind /bin, /usr/bin, /usr/local/bin.) Im Alltag ist es meist unerheblich, ob ein Kommando jetzt ein in die Shell eingebautes ist, aber wundern Sie sich nicht, wenn es Befehle gibt, die weder in einem der oben genannten Verzeichnisse liegen noch mit find oder locate zu finden sind.

Hat man etwas gestartet, das zu große Textmengen oder gar nichts zurückliefert, kann man den Vorgang mit Strg-c (am Mac: ctrl-c) abbrechen. Das funktioniert nicht bei allen Befehlen: Hat man etwas gestartet, was auf eine Eingabe wartet, entkommt man eher mit Strg-d (ctrl-d). Hilft alles nichts, kann man immer noch das Terminalfenster zumachen und ein neues öffnen.

Optionen

In grafischen Benutzeroberflächen gibt es entweder unterschiedliche Buttons für ähnliche Varianten desselben Befehls, oder man kann allerlei Häkchen in Checkboxen setzen. Bei Shell-Kommandos wird dieselbe Aufgabe von Optionen übernommen, die man mit einem - einleitet:

ls

> Zeigt die Dateien im derzeitigen working directory an, spart aber versteckte Dateien aus. (Unter Unix gelten Dateien als versteckt, wenn ihr Name mit einem . anfängt.) Wer von Windows kommt, kennt den Befehl als dir.

ls -a

> Zeigt alle Dateien im derzeitigen working directory an. Die Option a steht für »alle Dateien anzeigen«, also auch die versteckten.

ls -la

> Zeigt alle Dateien an und formatiert das Ergebnis als Liste (Option l).

Die Reihenfolge der Optionen ist egal, -la funktioniert genauso gut wie -al. Beides ist eigentlich nur eine Kurzform von ls -l -a. Weil die Menge der Buchstaben begrenzt ist, bedeuten diese Optionen bei unterschiedlichen Kommandos oft unterschiedliche Dinge, zum Beispiel kann -i je nach Einsatzort für »interactive« stehen, aber auch für »case-insensitive«.

Leider gibt es auch für Optionen verschiedene Konventionen. Eine weitere wichtige davon stellen die sogenannten Longopts dar (nur bei GNU-Tools, was unter Linux zum Glück die meisten sind), bei denen die Option nicht aus einem Buchstaben, sondern einem ganzen Wort besteht. Mehrere Longopts müssen getrennt geschrieben werden und können nicht zusammengeschmolzen werden. Longopts werden durch -- gekennzeichnet:

    rsync -v

ist das gleiche wie

```
rsync --verbose
```

In einer grafischen Benutzeroberfläche nehmen die vielen verschiedenen Buttons, Links und Optionen Platz auf dem Bildschirm weg und sind in ihren Menüs und Untermenüs nicht immer leicht aufzustöbern. Aber zumindest sieht man auch als Unkundiger, dass es sie gibt. Auf der Kommandozeile bleibt einem die Existenz der zahlreichen Möglichkeiten erst einmal verborgen. Manchmal bekommt man mit -h, -help oder --help eine Hilfeseite mit den grundlegenden Optionen zu einem Kommando.

Mit man wie »manual« können Sie sich direkt auf der Kommandozeile die Details zu jedem Befehl ausgeben lassen, wenn Sie dessen Namen kennen, aber nicht so genau wissen, wie man damit umgeht: man grep zum Beispiel. Allerdings ist die Navigation in diesem Text für weniger gewandte Kommandozeilennutzer gewöhnungsbedürftig. Sie können ebenso gut eine Suchmaschine Ihrer Wahl nach *manpage grep* forschen lassen, das Ergebnis ist dasselbe. Leider sind diese *manpages* arm an Beispielen und eher für Profis genießbar, die im Prinzip alles schon wissen und nur noch mal kurz ihre Erinnerung an die Syntax eines Befehls auffrischen möchten. Jedes Kommandozeilentool hat natürlich auch seinen eigenen Wikipedia-Eintrag – manchmal sogar einen verständlichen und mit Anwendungsbeispielen versehenen. Hinweise auf Quellen mit geduldigeren Erklärungen und mehr Anwendungsbeispielen gibt es am Ende dieses Kapitels.

Argumente

Neben Optionen nehmen viele Kommandozeilenprogramme auch noch Argumente entgegen. Optionen beeinflussen, wie der Befehl genau arbeitet, Argumente kennzeichnen ein Quell- und/oder ein Zielobjekt, etwa eine Datei. Das Kommando cp kopiert eine existierende Datei und gibt der Kopie den angegebenen Namen:

```
cp quelle.txt ziel.txt
```

Viele Programme nehmen auch mehrere Argumente an, um mit allen das Gleiche zu machen, beispielsweise rm, das Dateien löscht:

```
rm datei1.txt datei2.txt
```

Hier lauert auch schon viel Verdruss, wenn Sie Dateinamen mit Leerzeichen verwenden:

```
rm dateiname mit leerzeichen.txt
```

Normalerweise wird rm einen Fehler ausgeben, weil es die Dateien dateiname, mit und leerzeichen.txt nicht findet. Aber Sie können Datenverluste vermeiden, indem Sie stattdessen

```
rm "dateiname mit leerzeichen.txt"
```

schreiben.

Kommandozeilenbefehle aus Programmiersprachen heraus aufrufen

Im Rest dieses Kapitels betrachten wir Shell-Kommandos nur unter dem Aspekt, wie sich durch Verknüpfung solcher Kommandos immer wiederkehrende Aufgaben vereinfachen lassen, denn das ist die bei weitem häufigste Anwendung in der Software-Entwicklung. Sie können aber auch aus Programmiersprachen heraus Shell-Kommandos nutzen, um sich Arbeit zu sparen.

Hierzu gibt es einen Befehl, der meistens ähnlich wie system() lautet:

- Ruby: system 'ls', '-l', '/usr/bin'
- Python: cmd = 'ls -l /usr/bin' os.system(cmd)
- Perl: my $cmd = "ls -l /usr/bin"; my $status = system($cmd);
- PHP: $cmd = 'ls -l /usr/bin'; $status = system($cmd, $retval);

Statt ls können Sie natürlich auch andere Kommandozeilenprogramme aufrufen, zum Beispiel svn (Subversion-Client) oder scp (kopiert Dateien von einem Server zum anderen).

Wohin mit dem Ergebnis?

Hat man nichts weiter vorgegeben, wird das Ergebnis eines Befehls einfach im Terminalfenster auftauchen. Soll es stattdessen in einer Datei landen, kann man es mit > umleiten:

```
ls >all_my_files.txt
```

Das ist unter anderem eine einfache Möglichkeit, Logfiles zu schreiben. Mit jedem Aufruf dieses Befehls wird all_my_files.txt allerdings überschrieben. >> hängt die Ergebnisse stattdessen ans Ende einer vorhandenen Datei an (und erzeugt diese Datei, falls sie noch nicht existiert).

< nimmt den Inhalt einer Datei und macht ihn zur Eingabe eines Programms. Mit < (aus einer Datei lesen) und > (in eine Datei schreiben) kann man wunderbare Filter basteln, um unübersichtliche Textmengen zu filtern und zu sortieren.

Traditionell gibt es zwei verschiedene Ergebnisströme: STDOUT (»standard output«) ist der Ort, an dem das normale Ergebnis eines Befehls auftauchen soll. Nach STDERR (»standard error«) werden eventuell auftauchende Fehler ausgegeben. Die beiden sind der Einfachkeit halber nummeriert, STDOUT ist 1 und STDERR 2. Will man nur den normalen Output ohne Fehlermeldungen in eine Datei umleiten, dann sieht das so aus:

```
echo test 1>testfile.txt
```

Um STDERR umzuleiten, ersetzt man die 1 durch eine 2. Das 2>&1, das Sie vermutlich schon öfter irgendwo gesehen haben, bedeutet: STDERR soll nach STDOUT umgeleitet werden. (Das & teilt der Shell mit, dass man nicht etwa eine Datei mit dem unvorteilhaften Namen 1 meint.)

Nebenbei gibt es auch noch STDIN mit der Nummer 0, das ist die standardmäßige Eingabe – normalerweise die Tastatur, aber wenn man eine Datei per < auf STDIN umleitet, eben der Inhalt dieser Datei.

Ergebnisse verketten

Der Hauptgrund dafür, dass die Kommandozeile bei ihren Anhängern so beliebt ist, besteht darin, dass sich alle Kommandos wie Legosteine aneinandersetzen lassen. Jedes Tool erledigt eine und nur eine Aufgabe so gut und flexibel wie irgend möglich. Komplexere Aufgaben löst man, indem man das Ergebnis eines Kommandos als Input an ein anderes übergibt. Das geschieht mit dem »Pipe«-Operator |.

```
ls -l | less
```

Weil die ausgegebene Liste aller Dateien recht lang und unhandlich ausfallen kann, wird sie an less überreicht, ein Kommando, das immer nur eine Bildschirmseite füllt (siehe unten).

Typische Kommandozeilen-Legosteine, an die solche Ergebnisse zur Bearbeitung überreicht werden, sind etwa sort (sortiert das Ergebnis, z.B. alphabetisch), grep (gibt nur die Zeilen zurück, die eine bestimmte Zeichenfolge enthalten), uniq (wirft alle Zeilen weg, die doppelt vorkommen), head und tail (zeigen Anfang und Ende einer Datei an). Beispiele für ihren Einsatz folgen weiter unten. Natürlich lassen sich auch mehrere dieser Bausteine aneinanderhängen:

```
sudo tail -n 100 /var/log/apache2/access.log | grep ' 404 ' | less
```

Diese Anweisung durchsucht die letzten 100 Zeilen eines Webserver-Logs nach Zugriffen auf nicht vorhandene Seiten und gibt das Ergebnis seitenweise aus. Bei großen Logfiles kann das deutlich schneller sein, als grep auf die gesamte Datei loszulassen.

Wildcards

Manches, was man ansonsten in einem grafischen Dateimanager oder SFTP-Client erledigen könnte, geht auf der Kommandozeile besser, weil man viel genauer angeben kann, mit welchen Dateien man hantieren möchte. Dabei helfen sogenannte Wildcards. Eine Übersicht über weit verbreitete Wildcards finden Sie in Tabelle 22-1.

Tabelle 22-1: Beliebte Wildcards

Wildcard	Bedeutung
*	steht für beliebige Zeichen
f*	erfasst alle Dateinamen, die mit »f« beginnen
f*.txt	erfasst alle Textdateien, deren Name mit »f« beginnt
?	steht für genau ein Zeichen
f??sch.png	erfasst frosch.png, aber nicht fisch.png
[abc] oder [A-Z]	stehen für eine Gruppe von Zeichen

Tabelle 22-1: Beliebte Wildcards (Fortsetzung)

Wildcard	Bedeutung
[abc]*	erfasst alle Dateinamen, die mit a, b oder c beginnen
[A-Z]*	erfasst alle Dateinamen, die mit einem großen A bis großen Z beginnen (Aber Vorsicht, hier werden keine Umlaute erfasst – um die auch mit hereinzubekommen, und das korrekt für die verschiedenen Schriftsysteme, sollten Sie sich mit *Character Classes* wie [[:upper:]] befassen.)
[!abc] oder [!A-Z]	bewirken das Gegenteil und schließen alle Zeichen dieser Auswahl aus
asdf[!0-9]	erfasst asdfg, aber nicht asdf3

Unterschiedliche Shells haben unterschiedliche Wildcard-Fähigkeiten, die darüber hinaus-gehen können, aber die hier genannten sollten überall funktionieren.

Navigation

Das »working directory« ist immer das, in dem man sich gerade befindet. Möchte man zum Beispiel mit ls alle Dateien in einem Verzeichnis auflisten, dann bezieht sich der Befehl – wenn man nichts anderes angibt – auf diesen Aufenthaltsort. home ist das Ver-zeichnis, in dem man anfangs landet, normalerweise heißt es /home/bernd oder so ähnlich.

pwd

> Kurzform von »Print Working Directory«. Sagt Ihnen, in welchem Verzeichnis Sie sich befinden. Profis schauen vor jedem Befehl, bei dem etwas unwiderruflich gelöscht wird, mit pwd erst einmal nach, ob sie auch wirklich an dem Ort sind, wo sie gerne etwas löschen wollen.

cd

> Kurzform von »Change Directory«. Damit wechseln Sie in ein beliebiges anderes Verzeichnis. Mit cd (also ohne Pfadangabe) kommen Sie in Ihr Home-Verzeichnis – so etwas wie /home/bernd/ – und mit cd ../ kommen Sie eine Verzeichnisebene höher, also beispielsweise von /home/bernd/ nach /home/. Nützlich ist auch cd -, denn damit kommen Sie wieder in das Verzeichnis zurück, in dem Sie zuletzt waren. So kann man schnell zwischen zwei Verzeichnissen hin- und und herwech-seln.

Dateien

Dotfiles

> Alle Dateien, deren Namen mit ».« beginnt, werden beim normalen ls nicht mit angezeigt und sind überwiegend dazu da, Einstellungen für Kommandozeilenpro-gramme zu speichern. (Mit ls -a bekommen Sie alles zu sehen, auch die Dotfiles.) ./ und ../ nehmen eine Sonderstellung ein: ./ ist immer das Verzeichnis, in dem man sich gerade befindet, ../ ist das Verzeichnis eine Ebene höher.

mv

Mit `mv` wie »move« kann man Dateien umbenennen, aber auch verschieben. Im Unterschied zum grafischen Dateimanager hat man dabei mehr Optionen, um beispielsweise sehr viele Dateien auf einmal nach bestimmten Kriterien herauszusuchen und umzubenennen. Und wenn man remote auf einen Server zugreift, ist `mv` bei jeder nicht sehr kleinen Anzahl von Dateien viel schneller als der SFTP-Client, weil sich Client und Server nicht über jede einzelne Datei verständigen müssen.

`mv file1 file2` benennt `file1` in `file2` um. Falls `file2` bereits existiert, wird die Datei überschrieben. Für Ungeschickte empfiehlt sich daher der Einsatz von `-i` wie »interactive«, dann fragt `mv` vor dem Überschreiben noch einmal nach. Die Option `-i` kommt dabei zwischen `mv` und den ersten Dateinamen.

`mv file1 file2 file3 some_dir` verschiebt drei Dateien ins Verzeichnis `some_dir`. Auch hier kann man von `-i` Gebrauch machen.

cp

`cp` steht für »copy«. Die Vorteile im Vergleich zu Dateimanager oder SFTP-Client sind dieselben wie bei `mv`.

`cp file1 file2` kopiert den Inhalt von `file1` nach `file2`. Wenn `file2` bereits existiert, wird die Datei überschrieben; dagegen hilft die Option `-i`.

`cp file1 some_dir` legt im Verzeichnis `some_dir` eine Kopie der Datei `file1` an.

`cp -r my_important_data_dir some_backup_dir` legt ein neues Verzeichnis namens `some_backup_dir` an und kopiert das Verzeichnis `my_important_data_dir` mitsamt allen Unterverzeichnissen hinein. Falls das Verzeichnis `some_backup_dir` bereits existiert, wird das Kopierte unter seinem ursprünglichen Namen in ein Unterverzeichnis gesteckt, also in `some_backup_dir/my_important_data_dir`.

rm

Mit `rm` wie »remove« löscht man Dateien und Verzeichnisse: `rm file1`

Um Verzeichnisse zu löschen, ruft man `rm` mit der Option `-r` wie »recursive« auf. Jetzt werden zuerst die Dateien im Verzeichnis gelöscht, dann das Verzeichnis selbst.

Weil gerade mit `rm` ungemein hässliche Dinge passieren können, empfiehlt es sich – insbesondere, wenn man mit Wildcards arbeitet –, Vorsichtsmaßnahmen gegen versehentliches Löschen der halben Festplatte zu treffen. Auch hier gibt es die interaktive Option `-i`, die vor jeder Löschung noch einmal nachfragt:

```
rm -i f*
rm: remove fisch.png (y/n)? y
rm: remove frosch.png (y/n)? n
```

Will man das Löschen von 100 Dateien nicht jeweils einzeln bestätigen, kann man auch zuerst dasselbe Kommando als `ls` hinschreiben, in unserem Beispiel also `ls f*`. Dann überprüft man, ob auch wirklich nur die zu löschenden Dateien aufgelistet werden, ruft das Kommando dann mit der Pfeiltaste nach oben wieder auf und ersetzt `ls` durch `rm`.

diff

> Dieser Befehl vergleicht zwei Dateien miteinander: `diff test1 test2`. Näheres zu diff steht in Kapitel 20.

Zugriffsrechte

Jede Datei ist mit Angaben darüber versehen, wer sie lesen, in sie hineinschreiben oder sie ausführen darf. Diese Rechte kann man auch mit dem Dateimanager oder FTP-Client ändern, aber wenn man mehr als eine Datei auf einmal bearbeiten möchte, geht es auf der Kommandozeile schneller. Lässt man sich Dateien mit `ls -l` anzeigen, dann sieht man, wie ihre Rechte gesetzt sind, zum Beispiel so:

```
$ ls -l
drwxr-xr-x 3 tomcat7 users 3350528 Jul 10 21:34 logs
-rw-r--r-- 1 snow    snow      470 Dec 18  2012 post.html
-rw-r--r-- 1 snow    snow     1955 Dec 18  2012 readme.txt
-rwxr-xr-x 1 snow    snow      126 Dec 18  2012 render.sh
-rw-r--r-- 1 snow    snow      494 Dec 18  2012 rendertemplate.htm
```

Was mit d anfängt, ist ein Verzeichnis, r steht für »read«, w für »write« und x für »execute«. Das erste `rwx` gibt an, welche Rechte der Eigentümer der Datei hat, das zweite die Rechte einer Gruppe von Nutzern, das dritte `rwx` sind die Rechte für den Rest der Welt. Ein - sagt, dass der Zugriff verwehrt wird. Meistens gibt man diese Rechte anstatt mit neun Buchstaben als Oktalzahlen an, weil das schneller geht und übersichtlicher ist. Zu dieser Form gelangt man, indem man die Buchstaben `rwx` durch die Zahlen 421 ersetzt und addiert. r-- entspricht einer 4, rw- einer 6, r-x einer 5. 777 bedeutet: Jeder darf alles.

Der Eigentümer einer neuen Datei ist immer der, der sie erzeugt hat. Nur dieser Eigentümer (oder eben `root`) darf die Rechte der Datei ändern. Das geht mit `chmod`.

    chmod 644 test.txt

bedeutet: Der Eigentümer von test.txt darf die Datei lesen und hineinschreiben, alle anderen dürfen sie nur lesen.

Wenn Sie Skripten auf ein Unix-System hochladen oder dort erzeugen, dann sind diese Dateien für das Betriebssystem zunächst reine Textdateien, die Sie nicht als Programme starten können. Um sie ausführbar zu machen, müssen Sie

    chmod +x meinskript.sh

eingeben. Alle PHP-Dateien in einem Verzeichnis machen Sie mit folgendem Befehl ausführbar:

    chmod +x verzeichnis/*.php

sudo

> Grundsätzlich dürfen Sie nur Dateien verändern, die Sie selbst erzeugt haben, und nur solche lesen, für die Sie die Berechtigung haben. Viele Systemlogs dürfen nur vom Administrator (dem »root«-User) gelesen werden, enthalten aber für Sie als Entwickler interessante Details zu aufgetretenen Fehlern.

Wenn Sie diese Dateien beispielsweise mit `tail` lesen wollen, dann müssen Sie vor diesen Befehl noch `sudo` schreiben, also `sudo tail /var/log/syslog`. Das sorgt dafür, dass `tail` nicht direkt ausgeführt wird, sondern Sie zunächst Ihr Passwort eingeben müssen. `sudo` ist universell: Egal, vor welchen Befehl Sie es schreiben, er wird dann mit dem Administratoren-Berechtigungslevel ausgeführt.

Bei Webentwicklung auf einer von vielen Kunden gemeinsam genutzten Maschine kann das für Verdruss sorgen, da Sie Ihren Berechtigungslevel nicht mit `sudo` verändern können.

Betrachten

less

less stammt aus einer Zeit, in der das Scrollen noch nicht erfunden war, kann aber auch heute noch ganz nützlich sein. Es zeigt den Inhalt einer Datei bzw. die Ausgabe eines anderen Kommandos an, und zwar immer nur eine Bildschirmseite auf einmal, zum Beispiel so:

    less logfile.txt

Am Ende der Seite steht ein Doppelpunkt, der auf eine Eingabe wartet. Diese Eingabe ist in den meisten Fällen ein Leerzeichen, mit dem man zur nächsten Bildschirmseite gelangt. Mit g springt man zum Anfang und mit G zum Ende des ganzen Textes.

head

Zeigt nur den Anfang einer Textausgabe, also die ersten n Zeilen an. Es kann sowohl auf eine Datei als auch auf die Ausgabe eines anderen Kommandozeilenprogramms angewendet werden:

    head -n 20 logfile.txt

Gibt die ersten 20 Zeilen aus der Datei `logfile.txt` aus. Auf die Ausgabe von `ls` angewendet, sieht es folgendermaßen aus:

    ls -lt | head -n 20

zeigt eine Liste der neuesten 20 Dateien im derzeitigen Verzeichnis an, sortiert nach Änderungsdatum. Die Option -l steht für »als Liste formatiert«, -t für »nach Zeit sortiert« und -n für die Anzahl der Dateien, die angezeigt werden sollen.

tail

Dieses Kommando ist das Gegenstück zu head, es zeigt »den Schwanz«, also das Ende einer Datei an. Es ist sehr nützlich, wenn Sie am Ende großer Logdateien nach einem bestimmten Logeintrag suchen. Um mit less an das Ende beispielsweise einer großen Apache-httpd-Logdatei zu kommen, müssten Sie schon einen Briefbeschwerer auf die Leertaste legen (damit der Rechner durch die Datei scrollt) und Kaffee trinken gehen. Dank tail können Sie sich das sparen und direkt die letzten Zeilen ansehen. Als Standard zeigt es zehn Zeilen an, mit der Option -n 100 können Sie tail beispielsweise mitteilen, dass es die letzten 100 Zeilen ausgeben soll.

Wenn Ihre Software in eine Logdatei schreibt, ist die Option `-f` wie »follow« noch nützlicher: `tail -f` zeigt Ihnen immer die letzten Zeilen einer Datei, und zwar dynamisch. Hängt ein Programm an die Datei neue Zeilen an, dann wird die Anzeige von `tail` aufgefrischt. `tail -f access.log` zeigt beispielsweise live an, was gerade auf Ihrem Webserver geschieht.

tee

Montiert ein »T-Stück« an ein Kommando, damit man den Output gleichzeitig in eine Datei schreiben und lesen kann, zum Beispiel so:

```
curl http://example.com/test.html | tee test.html | grep anfang
```

Das HTML der Website wird in die Datei `test.html` geschrieben. Gleichzeitig werden auf dem Terminal alle Zeilen angezeigt, die das Wort `anfang` enthalten. `tee` kann nützlich sein, wenn man länger laufende Programme startet, die viel Debug-Output erzeugen. Die gesamte Debug-Ausgabe wird für spätere Detailanalysen in eine Datei geschrieben, während Sie die Ausgabe beispielsweise auf Zeilen filtern, die `ERROR` enthalten, um nur die wichtigsten Fehler zu sehen.

wc

`wc` wie *word count* gibt an, wie viele Zeilen, Wörter und Bytes eine Datei enthält:

```
wc diplomarbeit.tex
  30    276     2489 diplomarbeit.txt
```

Das geht auch mit mehreren Dateien:

```
wc diplomarbeit_kapitel01.tex diplomarbeit_kapitel02.tex
  8    102      998 diplomarbeit_kapitel01.tex
 22    174     1491 diplomarbeit_kapitel02.tex
 30    276     2489 total
```

Da in Unicode ein Zeichen durchaus mehrere Bytes belegen kann, ist die Zahl der Bytes relativ wenig aussagekräftig. Daher gibt es in neueren Versionen von `wc` auch die Möglichkeit, sich die Zeichenzahl anzeigen zu lassen (mit `-c` oder `-m`).

Abgesehen von der Arbeit an Textdateien eignet sich `wc` zum Beispiel, um zu vergleichen, ob Dateien oder Tabellen die gleiche Anzahl Einträge enthalten.

Suchen und Finden

find

`find` ist ein vielseitiges Kommando, mit dem man alle Dateien finden kann, die bestimmte Bedingungen erfüllen. Es durchsucht dabei unaufgefordert auch Unterverzeichnisse, was nicht alle Shell-Kommandos tun. Beispiele:

```
find . -name "*hog.png" -print
```

Der Punkt bedeutet »im aktuellen Verzeichnis suchen«, dazu gehören auch dessen Unterverzeichnisse. `-name` heißt, dass `find` den Namen der Dateien betrachtet, und `"*hog.png"`, dass dieser Name auf »hog.png« enden soll, es werden also sowohl »warthog.png« als auch »hedgehog.png« gefunden. Das `-print` bedeutet lediglich, dass das Kommando Ihnen die Ergebnisse der Suche bitteschön auch mitteilen soll. Auf den meisten neueren Systemen können Sie -print auch weglassen. Probieren Sie es aus.

```
find animals/hedgehogs -mtime 7 -print
```

findet alle Dateien im Verzeichnis animals/hedgehogs, die zuletzt vor 7 Tagen geändert wurden. Geht es um Minuten, kann man statt -mtime -mmin verwenden.

```
find . -perm 777 -print
```

findet alle Dateien, deren Zugriffsrechte (siehe oben) Sie auf »jeder darf alles« gesetzt haben ... was keine so gute Idee ist (siehe dazu Kapitel 25).

Aber Vorsicht: Wenn Sie find / -name "*log" eingeben, können Sie gemütlich Kaffee trinken gehen, denn das Find-Kommando durchsucht die gesamte Platte nach dem gesuchten Begriff. locate ist eine wesentlich schnellere Möglichkeit für Suchen über größere Dateibäume.

locate

locate sucht nach allen Pfaden, die einen Begriff irgendwo als Substring enthalten:

```
locate wallet.dat
```

Sucht quer über alle Platten nach einer Datei, deren Namen wallet.dat enthält.

locate erledigt eigentlich dasselbe wie find, ist aber viel schneller, weil es nicht die gesamte Festplatte, sondern eine Datenbank durchsucht. Diese Datenbank muss man bei vielen Unix-Systemen allerdings erst einmal einrichten, was Kommandozeilenneulinge eher nicht getan haben werden – nicht zuletzt, weil das Kommando dazu nicht etwa so ähnlich wie locate --create sondern updatedb heißt. Falls man bei größeren Platten auf einem Unix-System versucht hat, mit find irgendetwas zu finden, und aus Frustration sofort wieder zu Windows wechseln möchte, lohnt sich die Auseinandersetzung mit locate.

grep

grep sucht im Inneren von Dateien und liefert zusammen mit den Fundorten kleine Vorschauen der gefundenen Stellen zurück.

```
grep "^<[Hh]1" index.html
```

gibt eine Liste der Überschriften vom Typ H1 aus, die in der Datei index.html vorkommen. Die Syntax ist dieselbe wie bei Regular Expressions: Das ^ bedeutet »am Anfang der Zeile« und die eckigen Klammern sorgen dafür, dass sowohl <h1> als auch <H1> gefunden werden. Das Ergebnis der Suche sieht dann ungefähr so aus:

```
index.html:<h1>Die lieben Igel</h1>
index.html:<H1>Eklige Egel</H1>
```

Alternativ hätte man auch mit -i wie »(case-)insensitive« dafür sorgen können, dass beide Schreibweisen gefunden werden:

```
grep -i "<h1>" index.html
```

Die Option -v bedeutet: Finde alles, auf das die Bedingung *nicht* zutrifft.

```
grep -v "index.html" access.log
```

liefert alle Zeilen aus dem Server-Logfile zurück, in denen jemand eine andere Seite als `index.html` aufgerufen hat.

Die Option `-c` zählt die Fundstellen. Mit

```
grep -c ungefähr /dissertation/kapitel4.tex
```

können Sie herausfinden, wie oft Sie das Wort »ungefähr« in Kapitel 4 Ihrer Dissertation strapaziert haben.

```
grep -ir ungefähr .
```

durchsucht das Verzeichnis, in dem Sie sich befinden (`.`) und dessen Unterverzeichnisse (`-r` wie »rekursiv«) nach »ungefähr« und »Ungefähr« (`-i` wie »(case-)insensitive«).

which

Manchmal gibt es in einem System mehr als eine Version eines Programms, zum Beispiel wenn Python bereits mitgeliefert wurde, man aber später selbst eine neuere Version nachgerüstet hat.

`which python` beantwortet die Frage »Welche der verschiedenen Python-Versionen auf meinem System wird anspringen, wenn ich den Befehl ohne `which` davor eingebe?«, und zwar in Form des Pfads zu dieser Datei. Also zum Beispiel so:

```
/usr/bin/python
```

Kommt gar keine Rückmeldung, obwohl man genau weiß, dass das Gesuchte irgendwo im System vorhanden ist, dann ist das Kommando nicht im `PATH` eingetragen. Dabei handelt es sich um eine Liste von Verzeichnissen, die das System nacheinander daraufhin durchsucht, ob dort das Gesuchte zu finden ist. Der erste Fund wird dann verwendet. Mit `echo $PATH` kann man sich den Inhalt dieser Liste anzeigen lassen, die einzelnen Verzeichnisse sind mit einem Doppelpunkt voneinander getrennt.

Ändern kann man den Inhalt der `PATH`-Variable auch:

```
export PATH=$PATH:/new/path
```

Durch den Doppelpunkt verkettet man den alten Inhalt der `PATH`-Variable mit dem neuen Pfad, in diesem Fall `/new/path`. Wollen Sie ein Verzeichnis wieder aus der `PATH`-Variable entfernen, dann können Sie den Inhalt in eine temporäre Datei schreiben:

```
echo PATH=$PATH > tmp
```

Nachdem Sie den Inhalt in einem Editor Ihrer Wahl angepasst und die Datei wie unter »Zugriffsrechte« beschrieben mit `chmod +x tmp` ausführbar gemacht haben, können Sie den Inhalt durch Aufruf dieser Datei wieder einlesen:

```
./tmp
```

Durch `echo $PATH` können Sie den Erfolg der Operation überprüfen.

Ressourcen schonen

ps

Mit ps (wie »process status«) kann man sich eine Liste der gerade laufenden Prozesse anzeigen lassen. Das ist vor allem hilfreich, um herauszufinden, ob man irgendwo peinliche Fehler gemacht hat, die jetzt dazu führen, dass ein Prozess seit Stunden in derselben while-Schleife im Kreis fährt. Hilfreiche Optionen sind -A wie »alles anzeigen, auch die Prozesse anderer User« und -f wie für »das volle Kommando anzeigen«.

In der von ps ausgegebenen Liste sind vor allem zwei Dinge wichtig: In der mit »START« oder »STIME« überschriebenen Spalte sieht man, seit wann ein Prozess läuft. Steht dort eine verdächtig lange zurückliegende Uhrzeit oder gar ein Datum, dann hängt der Prozess wahrscheinlich, und man kann ihn mit kill (siehe dort) abschießen. Dazu benötigt man seine »process id«, die in der Spalte »PID« zu finden ist.

top

top steht für »top CPU consumers« und zeigt ähnliche Informationen an wie ps. Die Anzeige aktualisiert sich alle zwei Sekunden und sieht ungefähr so aus:

```
top - 15:28:45 up 478 days, 15:59,  1 user,  load average: 0.61, 0.16, 0.08
Tasks: 181 total,   2 running, 179 sleeping,   0 stopped,   0 zombie
Cpu(s):  0.0%us,  4.7%sy, 50.8%ni, 44.4%id,  0.0%wa,  0.0%hi,  0.0%si,  0.1%st
Mem:   4190040k total,  2980332k used,  1209708k free,   345488k buffers
Swap:  4194296k total,   144912k used,  4049384k free,  2063132k cached
```

Hier ist vor allem *load average* von Interesse. Die drei Zahlen geben die durchschnittliche Prozessorauslastung in den letzten 1, 5 und 15 Minuten an. Was hier eine hohe und was eine niedrige Auslastung darstellt, hängt vom jeweiligen System ab, unter anderem von der Zahl der CPU-Kerne. Deshalb ist es sinnvoll, im Alltag hin und wieder top aufzurufen, damit man eine Vorstellung davon bekommt, was auf dem jeweiligen Rechner den Normalzustand darstellt. Ganz grob lässt sich sagen, dass eine Auslastung von 1 oder darunter optimal und alles unterhalb von 3 noch okay ist. Das gilt jedenfalls für Rechner mit einer einzigen CPU. Mit

```
grep -c processor /proc/cpuinfo
```

findet man heraus, wie viele CPUs der Rechner hat. Sind es zwei, ist eine Auslastung von 2 oder darunter optimal, alles unterhalb von 6 ist akzeptabel, und so weiter.

kill

```
kill 1234
```

Damit gibt man die Anweisung, den Prozess mit der Nummer 1234 zu beenden. Manchmal hilft das nicht, dann muss man andere Saiten aufziehen:

```
kill -9 1234
```

9 bedeutet »Keine Widerrede!« Weil dabei manchmal unordentliche Reste des Prozesses zurückbleiben, sollte man es aber erst einmal auf die höfliche Art versuchen.

du

Auf dem Server geht von einem Tag auf den anderen nichts mehr? Vielleicht haben Sie den Ihnen eingeräumten Speicherplatz, die »disk quota«, erschöpft. du ist kurz für »disk usage« und sagt Ihnen, ob Ihre Daten sich zu breit gemacht haben.

```
du -sh
```

verwendet die Optionen s für »summary« und h für »human-readable«. Wenn Sie es als du -sh / in der obersten Verzeichnisebene starten, gibt das Ergebnis an, wie viel Plattenplatz insgesamt belegt ist, und zwar nicht in Form einer unbequem langen Zahl ohne Maßeinheit, sondern lesbar, also zum Beispiel 9.8G, wobei das G für Gigabyte steht. Jetzt kann man noch herausfinden, in welchem Verzeichnis sich die größten Platzfresser verbergen, zum Beispiel so:

```
du -sm * / | sort -n
```

Die Option m gibt an, dass das Ergebnis in Megabyte angezeigt werden soll – das schönere »human-readable« funktioniert hier leider nicht, weil dann die folgende Sortierung versagt. Das -n sortiert numerisch, damit am Ende nicht »1, 10, 11, 2« herauskommt, sondern »1, 2, 10, 11«.

Zusammenarbeit

python -m SimpleHTTPServer 8080

Startet einen kleinen Webserver auf Port 8080[3], der Dateien in dem Verzeichnis ausliefert, in dem Sie sich gerade befinden. Wenn Ihre IP-Adresse 192.168.1.11 ist, können andere auf Ihre Dateien unter *http://192.168.1.11:8080/* zugreifen. Wenn Sie also schnell mal ein paar Textdateien, Urlaubsfotos oder dergleichen jemandem zugänglich machen wollen, reicht dieses Kommando aus. Mit seiner Hilfe können Sie auch beispielsweise auf einem Server anderen Personen temporären Zugriff auf Logfiles gewähren, ohne extra einen User-Account für sie anzulegen. Ähnlich wie bei »großen« Webservern wie Apache httpd wird, falls vorhanden, eine index.html-Datei als Einstiegsseite ausgegeben. Fehlt sie in dem per Python geteilten Verzeichnis, gibt der Server ein Dateilisting aus.

php -S 127.0.0.1 8080

Ähnlich wie das oben beschriebene Python-Kommando startet es einen Webserver, der Dateien per Web zugänglich macht. Dieser Webserver führt sogar PHP-Skripte aus.

Zeitsteuerung

cron

cron kann man sich vorstellen wie eine Zeitschaltuhr. Statt die Balkonpflanzen zu wässern oder die Heizung einzuschalten, startet es Skripte auf dem Server. Das ist

---

3   Normalerweise laufen Webserver auf Port 80, aber für schnelles Sharing von Dateien weicht man üblicherweise auf 8080 aus, weil nur Prozesse mit Administrator-Rechten auf die Portnummern kleiner 1000 zugreifen dürfen.

vor allem dann ungemein nützlich, wenn man nicht selbst immer wieder an etwas denken müssen will, zum Beispiel ans Anlegen von Backups oder ans regelmäßige Löschen überflüssiger Dateien, damit der Server nicht überläuft. cron kommt auch zum Einsatz, wenn man bestimmte Vorgänge zeitlich entzerren möchte: Vielleicht braucht Ihr kleines Webtool Daten von anderswo, weil Sie z. B. Ihre letzten Twitter-Mitteilungen in einer Randspalte Ihrer Website anzeigen wollen. Wenn Sie bei jedem Seitenaufruf erst den fremden Server kontaktieren, dauert es erstens vermutlich zu lange für Ihre ungeduldigen Besucher, bis die Daten da sind. Zweitens belastet es den anderen Server stark und verärgert dessen Betreiber – jedenfalls dann, wenn Ihre Seite öfter als nur ein paarmal pro Tag aufgerufen wird. Und drittens ist es schlicht unnötig, denn eigentlich braucht man nur selten sekundenaktuelle Daten. In der Regel genügt es, hin und wieder nachzusehen, was sich geändert hat, und diese Daten dann lokal zu speichern und weiterzuverwenden.

Wie beim Programmieren einer Zeitschaltuhr muss man auch hier mit kleinen verwirrenden Schaltern hantieren, aber es gibt an vielen Stellen im Netz ausführlich erklärte Beispiele. Jeder Auftrag steht in einer Datei namens crontab in einer eigenen Zeile, die etwa so aussieht:

```
05 1 * * * nice -n 19 php /home/bernd/backup.php >> /home/bernd/cronjob.log 2>&1
```

Die ersten fünf Positionen, von denen hier drei mit Sternchen belegt sind, geben die Abstände an, in denen etwas passieren soll. Die erste Position bezeichnet die Minuten, die zweite die Stunden, dann folgen Tag, Monat und Wochentag. Die Sternchen bedeuten »immer«. Hier wird also an jedem Tag des Monats um fünf Minuten nach ein Uhr nachts ein PHP-Skript namens backup.php aufgerufen. Das nice -n 19 bedeutet »Liebes Skript, bitte sei so nett und strapazier den Server dabei so wenig wie möglich. Falls er gleichzeitig noch 18 andere Dinge zu tun hat, haben die Vorrang.« Und wenn das Backup-Skript etwas mitzuteilen hat, etwa Erfolgs- oder Fehlermeldungen, dann sollen die ans Ende einer Datei namens cronjob.log angehängt werden. Durch das 2>&1 werden sowohl Fehlermeldungen als auch Ausgaben des Skripts in die Logdatei geschrieben.

So weit, so überschaubar. Das Problem besteht hier vor allem darin, dass man die crontab-Datei nicht einfach lokal im freundlichen Editor seiner Wahl ändern kann, denn sie residiert in den Eingeweiden des Systems. Sie müssen daher cron über Änderungen explizit informieren. Am einfachsten geht das, wenn Sie den Inhalt von crontab zunächst in eine temporäre Datei speichern:

```
crontab -l > cronjobs.txt
```

Diese Datei können sie dann beliebig auf dem Server oder per FTP-Client lokal bearbeiten. Sie informieren cron über die neuen Cronjobs mit crontab cronjobs.txt.

Wenn Sie jetzt crontab -l eingeben, sollten die neuen Jobs ausgegeben werden.

Editieren auf dem Server

Üblicherweise können Sie unter Unix auf ein bis mehrere Editoren zugreifen. Welche das sind, hängt von der Distribution ab. Wenn Sie gar nicht wissen, was es gibt, probieren Sie `which vi` oder `which nano`.

vi

> Ein Editor, an den man sich gewöhnen muss. Sie sollten ihn erst benutzen, nachdem Sie wenigstens eine grundlegende Einführung gelesen haben. Für Uneingeweihte ist vi ganz einfach: Er hat nur zwei Modi, im einen piept er und im anderen macht er den Text kaputt. Hat man einmal verstanden, dass man mit `<ESC>` und : arbeiten muss, kann man tatsächlich produktiv Texte editieren. vim ist eine verbesserte Neufassung. Bei *vim-adventures.com* kann man in einem Spiel den Umgang mit vim lernen.

nano

> Ein einsteigerfreundlicherer Editor, der immerhin die verfügbaren Kommandos unten in zwei Zeilen anzeigt. Das wichtigste Kommando ist Ctrl-G (oder Strg-G), mit dem man die Hilfe aufruft.

Internet

curl

> Das Programm curl ist ein kleines Schweizer Taschenmesser für den Zugriff auf Webserver. Man kann damit ganz banal eine Webseite auf die lokale Platte laden, um sie in einem Texteditor zu öffnen. Davon ausgehend, kann man mit ihm auch beispielsweise zeitgesteuert jeden Tag eine Datei mit Börsenkursen herunterladen und dann ihren Inhalt analysieren und in eine Datenbank schreiben.
>
> Interessanter ist curl für Webentwickler, weil man es für gezielte HTTP-Anfragen einsetzen kann. Haben Sie beispielsweise für eine AJAX-Site einen Webservice geschrieben, der seine Daten als JSON übergibt, und wollen diesen Webservice testen, dann können Sie curl viel besser als einen normalen Browser einsetzen. Öffnen Sie die URL des Webservice mit einem Browser, dann sagt dieser dem Webservice, dass er HTML, XML und Plaintext als Formate akzeptiert, aber nicht JSON. Ihr Webservice und der Browser finden also kein gemeinsames Format und Sie sehen nur eine traurige Fehlerseite.
>
> `curl -H "Accept: application/json" http://example.com/webservice -o webservice.json` hingegen ruft die URL auf und verlangt den Inhalt als JSON – also genau das, was Ihr Webservice ausliefert. Die Datei *webservice.json* (per Default schreibt curl nach stdout, -o gibt eine Datei als Ziel an) können Sie dann beliebig in einem Texteditor öffnen oder per grep durchsuchen.
>
> curl kann auch Uploads simulieren, mit dem Flag -X können Sie beispielsweise POST als HTTP-Verb einstellen (der Default ist GET). Wenn Sie das Programm mit dem Flag -i aufrufen, gibt es Ihnen die HTTP-Header aus, die der Webserver sendet. Mit

-v können Sie die gesamte Kommunikation zwischen curl und dem Webserver mitlesen, vom Aufbau der TCP-Connection bis hin zum Abbau, nachdem der Server geantwortet hat. Sie werden das nicht häufig brauchen, aber wenn Sie einmal mit einem hartnäckigen Problem in der Kommunikation mit einem Server kämpfen, dann werden Sie die Hilfe von curl schätzen lernen.

Zwar gibt es auch Browsererweiterungen, die es Ihnen erlauben, den Request-Header beliebig zu verändern, aber die curl-Zeile können Sie einfach als Test mit dem Code Ihres Webservice in Ihr Versionskontrollsystem mit einchecken. Sie können curl auch auf einem Server laufen lassen, auf dem Sie kein grafisches Benutzerinterface zur Verfügung haben, und können es aus einem Skript aufrufen. Der letzte Punkt ist für Programmierer besonders interessant, weil man so größere Codemengen möglicherweise durch einen curl-Aufruf ersetzen kann. libcurl ist eine Library, die Funktionen des Programms auch direkt für Programme zur Verfügung stellt, beispielsweise für PHP.

ssh

ssh oder »Secure Shell« ist eine Sammlung von Tools, um verschlüsselte und daher sichere Verbindungen von einem Rechner zu einem anderen aufzubauen. Hat Ihr Server die Domain example.com, dann können Sie per ssh username@example.com aus dem Terminal Ihres lokalen Rechners eine Verbindung zum Server aufbauen. username ist dabei Ihr Benutzername auf dem Server.

Will man beispielsweise auf einem Linux-Server arbeiten, dann wird man sich nicht – wie unter Windows – per Remote Desktop einloggen, sondern überwiegend auf der Kommandozeile des Servers arbeiten. ssh verschlüsselt die übertragenen Daten zumindest so zuverlässig, dass Sie sich auch aus einem öffentlichen WLAN auf Ihrem Server einloggen können, ohne Sorge haben zu müssen, dass andere Nutzer desselben WLANs Ihr Passwort mitlesen. Sie sollten sich auf keinen Fall per WLAN irgendwo unverschlüsselt einloggen, denn es ist für Dritte leicht möglich, den Funkverkehr mitzuschneiden und nach Passwörtern durchzukämmen.

scp

Wenn Sie bisher mit FTP gearbeitet haben, sollten Sie unbedingt auf scp oder sftp umsteigen, denn FTP ist nicht verschlüsselt: Wenn Sie an einem öffentlichen WLAN sitzen, kann mit wenig Aufwand jeder mitlesen. Dieser Teil des ssh-Pakets erlaubt verschlüsselte Dateiübertragungen von einem Rechner über das Netzwerk auf einen anderen. Sie können damit Dateien auf einen Server hoch- oder von dort herunterladen, ohne dass irgendjemand (mit Ausnahme der Geheimdienste) mitlesen könnte. Hochladen geht so:

```
scp datei.txt username@192.168.1.11:/data/
```

Die Datei datei.txt im aktuellen Verzeichnis wird auf den Rechner mit der IP-Nummer 192.168.1.11 hochgeladen, und zwar in das Verzeichnis /data/. Herunterladen geht so:

```
scp username@192.168.1.11:/data/datei.txt ./
```

Muss ich mir das alles merken?

Nein. Eine der schönen und sehr nützlichen Eigenschaften der Unix-Shell ist, dass sie ein Log der Kommandos führt, die Sie eingetippt haben. Dieses Log erspart es Ihnen, immer wieder die gleichen Dinge eintippen zu müssen. Um mit diesem Log zu arbeiten und auf die Einträge zuzugreifen, gibt es verschiedene Wege:

Pfeiltasten oben/unten

Mit der Pfeiltaste nach oben wird das letzte Kommando wieder in der Shell eingeblendet. Wenn Sie dann die Return-Taste drücken, wird es wieder ausgeführt. Drücken Sie wiederholt die Pfeiltaste nach oben, kommt das vorletzte, das vorvorletzte und so weiter. Um wieder zurück zu den neueren Kommandos zu kommen, können Sie die Pfeiltaste nach unten drücken. Drücken Sie sie häufig genug, dann ist die Eingabezeile wieder leer.

STRG-R

Um gezielt nach einem Kommando zu suchen, drücken sie die CTRL/STRG-Taste und die Taste R. Dann können Sie einen Teil des Kommandos eingeben, nach dem gesucht werden soll, und die Shell blendet das erste gefundene Kommando ein. Hatten Sie sich beispielsweise mit

```
ssh -l johannes bayeux.datensalat.net
```

auf einem Server eingeloggt, dann können sie diese Zeile durch STRG + R und das Eintippen von »bayeux« wieder hervorzaubern. Vorsicht: Wenn Sie die Eingabetaste drücken, wird das gefundene Kommando sofort ausgeführt.

history

history ist ein Kommando, das Ihnen das History-Log ausgibt. Sie sehen dann die letzten paar 100 Kommandos, die Sie eingegeben haben. Vor dem Kommando steht jeweils seine laufende Nummer im History-Log, also beispielsweise so etwas:

```
14  cd /usr/local/tomcat/logs/
15  tail -n 100 -f catalina.out
16  tail -f tomcat.log
```

Wenn Sie ein Kommando wiederholen möchten, können Sie ein Ausrufezeichen gefolgt von der Nummer eingeben, also beispielsweise !15 für das erste tail-Kommando. !! ist das letzte Kommando und entspricht daher Pfeiltaste nach oben. Im Gegensatz zu STRG + R und den Pfeiltasten setzt !zahl das gefundene Kommando nicht in der Eingabezeile ein. Wenn Sie die Return-Taste drücken, wird es dennoch ausgeführt.

Not the whole Shebang!

Wir sind hier nicht auf die Feinheiten der bash-Programmierung eingegangen, sondern haben nur ein paar Tipps gegeben, die das Überleben auf der Kommandozeile ermöglichen und den Programmieralltag generell vereinfachen helfen. Vermutlich handelt es sich um das im Internet am allerbesten dokumentierte und erklärte Themenfeld überhaupt, schließlich sind diese Tools die Ursuppe, aus der das Internet selbst herausgekrochen kam. Sie werden also keine Probleme haben, Hilfe in Foren zu finden oder die Parameter der einzelnen Werkzeuge im Netz nachzuschlagen.

Falls Sie sich aus beruflichen Gründen eingehender mit der Kommandozeile beschäftigen müssen oder das Kapitel Ihre Neugier geweckt hat, könnten Sie sich auf *www.commandlinefu.com* umsehen. Die Site bietet viele kleine Beispiele für nützliche Anwendungen von Kommandozeilenbefehlen, die Sie durchsuchen oder nach Kriterien wie »als besonders nützlich bewertet« durchstöbern können. Netterweise steht immer eine kurze Erläuterung bei diesen Snippets. »Unix Power Tools«[4] ist trotz des nach einer Profizielgruppe klingenden Titels ein sehr einsteigerfreundliches Buch mit ausführlichen Erklärungen aller Kommandos.

---

4   »Unix Power Tools« erschien ursprünglich 1997 bei O'Reilly und ist seitdem mehrmals überarbeitet worden; achten Sie darauf, die aktuellste Ausgabe zu bekommen.

KAPITEL 23

Objektorientierte Programmierung

»Die Studenten schauen sich den Kram an, den ich ihnen präsentiere, und sagen: ›Ach, man kann das doch auch alles hintereinanderschreiben, dann kann man es besser verstehen.‹«

Roland Krause, Bioinformatiker

Viele Menschen wünschen sich im Leben generell etwas mehr Ordnung. Schön, dass man so viele Stifte, Legosteine und Notebooks hat, aber noch schöner wäre es, wenn man nicht nachts drauftreten würde, weil sie überall rumliegen. Daher ist der Wunsch nach Aufbewahrungslösungen recht groß: Man stopft alles hinein, dann tritt man nicht mehr auf seine Sachen, sondern hat auch noch ungefähr im Kopf, in welcher Kiste sie sich befinden könnten.

Das Verfahren, alles in Kisten zu sammeln, hat allerdings auch seine Nachteile, denn irgendwann weiß man nicht mehr, was man in welchen Karton geräumt hat. Hier hilft es, die Dinge nach Ähnlichkeit zusammenzupacken: Stifte in eine Schublade und Kinderspielzeug in eine eigene Kiste (oder in fünf). Dann weiß man vielleicht immer noch nicht genau, wo die Kiste mit den USB-Kabeln ist, aber man muss nur noch nach Kisten suchen, nicht nach Einzelteilen, und das ist erfahrungsgemäß viel einfacher.

Prozedurale Programmierung entspricht häufig dem Vorgehen, einfach alles in *einer* Kiste zu lagern: Diverse Funktionen und Variablen werden in eine Datei gesteckt, aber wenn man eine bestimmte Funktion sucht, muss man ein gutes Gedächtnis haben. Eine Suchfunktion hilft zwar, aber wenn man nur noch ungefähr weiß, wie eine Funktion heißt, nutzt auch sie nicht viel. Das fundamentale Problem ist, dass es keine technischen Maßnahmen gibt, die einen zwingen, eine gewisse Ordnung zu halten.

Objektorientierte Programmierung erlaubt es hingegen, Sourcecode entsprechend dem zweiten Modell zu organisieren. Alles, was zu einem Objekt gehört, z. B. Variablen und Funktionen, wird in eine Datei geschrieben, in der ausschließlich das zu finden ist, was zu diesem Objekt gehört. Hält man sich nicht an diese Regel, mosert der Compiler.

Die Wahl, ob man seine Programme objektorientiert oder prozedural schreiben will, ist für Einsteiger schwierig zu beantworten. Sie haben vielleicht gelesen, dass Objektorientierung modern ist und dazugehört, sind sich aber nicht so genau im Klaren darüber, was diese Methode der Softwareentwicklung konkret bringen soll. Diese Unsicherheit rührt teilweise daher, dass bei der objektorientierten Programmierung vieles ganz anders heißt als in der prozeduralen Entwicklung, selbst wenn es ähnlich funktioniert. Auch wird objektorientierte Programmierung oft als grundverschieden von der prozeduralen dargestellt. Machen Sie sich darüber nicht allzu viele Sorgen, denn man lernt zwar durch OOP eine andere Art, sich Problemlösungen vorzustellen, aber das bedeutet nicht, dass man von Anfang an anders denken muss.

Tatsächlich ist Objektorientierung historisch gesehen eine Erweiterung prozeduraler Programmierung. Beide Arten zu programmieren sind gleich mächtig, es gibt also kein Problem, das man nicht auch prozedural lösen könnte. Objektorientierte Programmierung ist nur klarer und strukturierter. Das ist schnell dahinbehauptet, aber gedulden Sie sich einen Moment, wir kommen gleich zu den Begründungen.

Objektorientierung bedeutet auch nicht, dass Sie jetzt all ihr schönes Wissen über prozedurale Programmierung, Variablen und Funktionen über Bord werfen müssten. Das, was Sie aus der prozeduralen Programmierung als »Funktionen« kennen, nennt man in der OOP »Methoden«, und sie bestehen aus handelsüblichem prozeduralen Code. Die Besonderheit der OOP besteht darin, dass die Methoden zusammen mit Variablen (die hier gerne *Member* genannt werden) in spezielle Module verpackt werden, die dann »Objekte« heißen.

Der Unterschied zwischen prozeduralem und objektorientiertem Denken ist für den Programmierer hauptsächlich eine Frage der Perspektive. Beispielhaft lässt sich das gut anhand von Kochrezepten erläutern.

Ein Kochrezept beschreibt, wie eine Person die Zutaten abwiegt, mischt und erhitzt. Der Ablauf ist dabei zeitlich linear – zumindest in guten Rezepten. Erst misst man Zutat X ab, dann misst man Zutat Y ab, dann rührt man Zutaten X und Y zusammen, dann brät man sie und so weiter. Die Zutaten selbst sind nur rein passive Bestandteile, die vom Koch auf eine gewisse Weise behandelt werden. Die Schritte zum Endergebnis sind sehr detailliert beschrieben.

Die geistige Sicht eines objektorientiert Programmierenden entspricht eher der Rolle, die ein Chefkoch in einer Restaurantküche einnimmt: Er kennt das Rezept und kann Teile davon delegieren. Der Chefkoch weiß, dass er einem Hilfskoch genug Wissen über Salzkartoffeln zutrauen kann, dass er nur den Auftrag zur Salzkartoffelerstellung erteilt, ohne jeden Schritt vorzugeben. Wie der Hilfskoch die Salzkartoffeln genau kocht, ist seine Sache, solange das Ergebnis stimmt.

Es gibt in diesem vereinfachten Beispiel also eine Arbeitsteilung: Der Hilfskoch bereitet seine Kartoffeln so zu, wie es für ihn am effektivsten ist, und der Chefkoch prüft nur noch das Ergebnis und kümmert sich ansonsten um die Zubereitungsschritte, die in seinen eigenen Kompetenzbereich gehören, was ihn vor Mikromanagement bewahrt und von Details entlastet.

Vorteile der objektorientierten Programmierung

Historisch ist objektorientierte Programmierung aus einer Krise entstanden. Ende der 70er stieg die Speicherausstattung der Computer durch den Wechsel auf integrierte Schaltkreise stark an. Die Softwareentwickler der damaligen Zeit nutzten die neuen Ressourcen, um benutzerfreundlichere und leistungsfähigere Programme zu schreiben, was längeren Sourcecode pro Projekt bedeutete. Der niederländische Informatiker Edsger Dijkstra beschrieb die Entwicklung 1972 in einem Beitrag über die Frühgeschichte seines Fachs so:

> »Der Hauptgrund für die Softwarekrise liegt darin, dass die Maschinen um mehrere Größenordnungen zu mächtig geworden sind. Vereinfacht gesagt: Solange es gar keine Maschinen gab, war Programmierung kein Problem. Als wir ein paar schwache Computer hatten, wurde die Programmierung zu einem überschaubaren Problem, und jetzt, wo wir gigantische Computer haben, ist die Programmierung zu einem ebenso gigantischen Problem geworden.«
>
> E. W. Dijkstra Archive: »The Humble Programmer« Seite 340.

Und was für ihn gigantische Computer waren, ist nichts gegen das, was heute in einem Smartphone steckt.

Dadurch, dass jede Funktion überall aus dem Programm aufgerufen werden konnte, war es sehr schwer, durch Refactoring (siehe Kapitel 15) den Code zu verändern, denn jede Änderung einer Funktion kann Änderungen in den Bereichen nach sich ziehen, die diese Funktion aufrufen.

Die Projekte wurden auch schnell zu groß, als dass ein einzelner Entwickler noch die Übersicht über alles hätte behalten können. Also mussten die Aufgaben in Module aufgegliedert werden, und für jedes Modul war ein Team zuständig. Um weiterhin ein funktionierendes Programm zu erhalten, mussten zwischen den Modulen Schnittstellen vereinbart werden. Bald war der Sourcecode größerer Projekte mit den damaligen Mitteln nicht mehr zu bändigen. Die Entwickler verloren die Übersicht und begannen, Funktionalität mehrfach zu implementieren, weil ihnen nicht bewusst war, dass es sie bereits gab. In dieser Situation war objektorientierte Programmierung eine echte Hilfe, denn sie sorgt dafür, dass mehr Programmierer reibungsloser an größeren Projekten zusammenarbeiten können, und erleichtert die Definition von Schnittstellen zwischen Programmteilen.

Insbesondere das Aufkommen grafischer Benutzerinterfaces in den 1980ern verschärfte diese Krise, weil ihre Elemente, also etwa Fenster oder Menüs, besonders reichhaltige und damit komplexe Interaktionen mit sich bringen. Gleichzeitig lassen sich die Elemente von GUIs mit objektorientierten Mitteln besonders gut programmieren, was die damals neue Technologie für Entwickler interessant machte. Ein Schaltknopf in einem GUI kann beispielsweise mehrere Zustände annehmen: normal, geklickt und disabled. Um je nach Zustand ein anderes Aussehen anzunehmen, benötigt ein solches Interface-Element relativ viel internen Code und einige Variablen, wobei ein Programm, das diesen Knopf nur verwenden will, von diesem Code nichts wissen muss. Damit eignet sich so ein Knopf gut als wiederverwendbares Modul: Als Entwickler von Programmen mit grafischer Benutzeroberfläche muss ich mir nur merken, dass ein Schaltknopf unterschiedliche Zustände haben und auf Klicks eine von mir mitgegebene Funktion aufrufen kann. Wie er das genau macht, kann mir egal sein, und damit bleibe ich von einer Menge Komplexität verschont.

Objektorientierte Programmierung kann auf unterschiedliche Weise hilfreich sein:

Objekte geben Hinweise dazu, wie man sie verwenden soll.

Da die Methoden eines Objekts zu ihm gehören, kann man an ihnen ablesen, was man mit dem Objekt anstellen kann. Das Objekt definiert also eine Schnittstelle zur Außenwelt. In der prozeduralen Programmierung liegen Funktionen und Daten ohne Bezug nebeneinander, daher ist nicht ganz so leicht ersichtlich, mit welchen Funktionen man welche Daten verarbeiten kann.

Der Code wird besser wartbar, weil Objekte in sich abgeschlossen sind.

Nicht der gesamte Code, der zu einem Objekt gehört, ist für alle Welt sichtbar. Es kann private Methoden geben, die nur aus dem Objekt heraus aufrufbar sind. Das verbessert die Wartbarkeit, weil nicht jede Änderung auch Veränderungen in entfernten Codeabschnitten nach sich zieht (lokale Änderungen haben lokale Auswirkungen). Gut geschriebener prozeduraler Code legt zwar auch großen Wert auf Wartbarkeit, aber OOP unterstützt die Entwickler dabei. Dauerhaft modularen Code zu schreiben, gelingt ohne Unterstützung durch die Sprache nur ganz wenigen – es ist schon *mit* OOP nicht immer einfach.

Standardisierung

OOP ist eine Methode zur Organisation und Strukturierung von Code, die man Leuten, mit denen man zusammenarbeiten will, nicht erst mühsam erklären muss. Es gibt auch andere Methoden, aber irgendein gemeinsamer Standard ist wünschenswert – und OOP ist ein derzeit weit verbreiteter.

Zusammengehöriges wird zusammengefasst.

Dadurch, dass Variablen und der Code, der mit ihnen umgeht, zu einem Objekt zusammengefasst sind, wird der Code übersichtlicher, denn man kann die Zusammengehörigkeit leicht erkennen. Jedes Objekt hat einen Namen, der wie in unserem Spielzeugkistenbeispiel einen Hinweis darauf gibt, welche Funktionalität sich in ihm verbirgt. Beispielsweise wäre es in der prozeduralen Programmierung naheliegend, beim Datenbankcode eine `getUserId()`-Funktion zu haben und in einer anderen Datei bei der Benutzerverwaltung eine `deactivateUser()`-Funktion. In einem objektorientierten System würde man ein User-Objekt anlegen, und in ihm die beiden Methoden `User->getId()` und `User->deactivate()`.

Komplexität wird verkapselt.

Die Komplexität von Code steckt häufig in der Fülle an Details und Bedingungen, die beachtet werden müssen. Diese Komplexität verschwindet mit objektorientierter Programmierung nicht, wird aber im Objekt durch die oben erwähnten privaten Methoden verkapselt. (Das Prinzip der »Encapsulation« erklären wir weiter unten noch genauer.) Ein Objekt mag immer noch 100 Methoden haben, aber wenn man es nur benutzen will, benötigt man nur die Handvoll Methoden, die nach außen sichtbar sind. Man muss sich nicht mit seiner vollen Komplexität auseinandersetzen.

Objektorientierte Programmierung erleichtert es, Daten zu modellieren.

In der objektorientierten Programmierung versucht man immer, Ähnlichkeiten zwischen verwandten Daten bzw. Code zu entdecken und von diesen verwandten konkreten Beispielen zu einem allgemeinen Fall zu gelangen, der die konkreten Fälle abdeckt. In der prozeduralen Programmierung strebt man zwar ebenfalls die Abstraktion von konkreten Usecases zu allgemeinen Regeln an, objektorientierte Programmierung unterstützt die Suche nach einer generischen Lösung aber besonders wirkungsvoll durch das Mittel der Vererbung. Die Details folgen weiter unten, aber Vererbung erlaubt es, gewisse Eigenschaften eines generischen Objekts in konkreten Fällen zu verändern.

Die Prinzipien objektorientierter Programmierung

Modularität und Abschottung

Software, die über längere Zeit entwickelt wird, kommt häufig an den Punkt, dass jeder Teil eines Programms jede andere Funktion aufrufen kann. Wenn Ihnen das bekannt vorkommt, wissen Sie vermutlich auch, dass dieser Zustand sehr viel Arbeit verursacht, falls man jemals eine Funktion anpassen muss. Das System ist eng gekoppelt – verschiedene Programmbereiche haben Kreuz- und Querverbindungen untereinander. Solche eng gekoppelten Systeme enthalten Code, der sich nur schwer herauslösen und in anderen Systemen wiederverwenden lässt. Und häufig genug bedingt eine Änderung an einer Stelle weitere Änderungen in ganz anderen Codebereichen.

Wenn Sie so eine zusammengeschweißte Codemasse vermeiden wollen, dann muss es abgeschottete Bereiche geben, die für gewisse Teile des Quellcodes direkt zugänglich sind, während andere Bereiche nur durch Schnittstellen darauf zugreifen können. Sie wissen dann vorher, welche Codebereiche von Änderungen betroffen sein werden, denn das können nur die Funktionen aus dem gleichen Objekt sein, weil sie im gleichen abgeschotteten Bereich leben.

Entwickeln Sie beispielsweise ein Content-Management-System, bei dem es Benutzer mit einfachen Rechten wie »Artikel verfassen« und »Artikel lesen« sowie Administratoren mit weitergehenden Rechten gibt, dann müssen Sie das Berechtigungslevel jedes Benutzers ständig abfragen können, um im User-Interface Funktionen freizuschalten oder zu blockieren. In unserem Beispiel dürfen alle Admins und die regulären Benutzer, die dafür explizit freigeschaltet sind, Beiträge verfassen.

Sie würden die Benutzer in einem Array verwalten:

```
var $users = [
    { id: 1, name="Hans Meiser", mayWrite = true, level="user"},
    { id: 2, name="Bernd Lauert", mayWrite = false, level="admin"},
];
```

Überall, wo ein Benutzer neue Einträge anlegen könnte, prüfen Sie Folgendes:

- Ist der Benutzer Admin, dann darf er, unabhängig ob mayWrite true oder false ist.

- Ist der Benutzer einfacher User, dann darf er nur, wenn mayWrite true ist.

Sie können diese Prüfung natürlich in eine Funktion auslagern, aber trotzdem müssen Sie vor dem Aufruf den entsprechenden Benutzer aus $users heraussuchen und dieser Funktion zur Prüfung übergeben. Die Variable $users könnte auch durch Fehler in anderen Codebereichen verändert werden, möglicherweise selbst in solchen, die mit dem Verfassen von Beiträgen nichts zu tun haben.

Objektorientiert würden Sie ein Objekt erstellen, das die Prüfung erledigen kann und gleichzeitig die Angaben zum Benutzer enthält:

```
object User = {
    private var $id;
    private var $name;
    private var $mayWrite;
    private var $level;

    function hasWritePrivileges() {
        if ($level == "admin") {
            return true;
        }
        return $mayWrite;
    }

    function getId() {
        return $id;
    }

    function getName() {
        return $name;
    }
}
```

Die Funktion zur Prüfung, ob der Benutzer Artikel verfassen darf, ist jetzt in das Objekt gewandert. In unserer erfundenen OOP-Syntax ist sie nach außen sichtbar, während die Felder $mayWrite und $level nach außen nicht sichtbar sind. Die Spielregeln dafür, ob ein Benutzer aufgrund seiner expliziten Berechtigung oder seines Levels Artikel verfassen darf, werden nur noch im Objekt in der Methode `hasWritePrivileges()` geprüft. Der wesentliche Punkt ist hier, dass die Funktionen, die im Benutzerinterface bestimmte Funktionen erlauben oder verbieten, nichts über die Regeln des Rechtemanagements wissen müssen – das bleibt dem `User`-Objekt vorbehalten. Weder der Level noch die explizite Berechtigung können von außen durch einen Programmierfehler geändert werden, sie werden bei der Erzeugung des Objekts festgelegt.

Dieses Prinzip, englisch *Encapsulation* genannt, ist ein wichtiger Grundsatz der OOP. Es reduziert die Komplexität eines Programms, indem die innere Funktionsweise eines Objekts verborgen bleibt. Hier trifft der Begriff »objektorientiert« dann wieder halbwegs zu: Auch in der realen Welt wissen wir in der Regel weder auf der Hardware- noch auf der Softwareebene genau, wie ein Computer funktioniert. Die vollständige Komplexität ist hübsch verpackt und wir benutzen nur das Gesamtsystem.

Wie `hasWritePrivileges()` die Berechtigung bestimmt, ist nach außen absichtlich intransparent. Wenn Sie jemals die Rechteverwaltung in einer Datenbank implementieren wollen, dann können Sie das durch Verändern von `hasWritePrivileges()` tun, ohne den Rest des Programms zu stören. Und sollten Sie jemals einen neuen Berechtigungslevel wie »Editor« einführen, dann müssen Sie die Logik von `hasWritePrivileges()` und auch die Variablen wie `$level` nur an einer zentralen Stelle ändern. Nach außen ändert sich nichts, Sie prüfen weiterhin durch Aufruf von `hasWritePrivileges()`.

Objekte kennen ein »Innen« und ein »Außen«. Für die Methoden von `User`-Objekten sind die Felder (Variablen) `$mayWrite` und `$level` innen. Auch die Funktion `hasWritePrivileges()` gehört zum Innen und darf daher auf die Werte der Felder zugreifen. Von außen sind sie nicht zugänglich, weil sie als private deklariert sind.[1] Folgender Code würde also Fehler werfen:

```
var $user = new User();
print ($user->$level);
```

Die print-Anweisung versucht, von außen auf die private-Variable `$level` zuzugreifen, was aber nicht erlaubt ist. Sinn dieser Einschränkung ist, dass die Außenwelt brav beim Objekt anfragen muss, wenn sie etwas über als private deklarierte Variablen wissen will. Ähnlich wie lokale Variablen einer Funktion von außerhalb der Funktion nicht verändert oder gelesen werden können, sind private-Variablen lokal für ihr Objekt.

Abstraktion

Objektorientierte Programmierung ist darauf ausgelegt, den Programmierer in der Abstraktion von verwandten Problemen hin zu einem gemeinsamen Kern und unterschiedlichen Details zu unterstützen.

---

1   Es gibt auch objektorientierte Sprachen ohne private Variablen, beispielsweise Python. Hier obliegt es dem Programmierer, keinen Unfug mit dem Innenleben von Objekten anzustellen.

Um beispielsweise in einem Grafikprogramm verschiedene Bildformate darstellen zu können, müsste man in der prozeduralen Programmierung viele Funktionen schreiben:

```
function renderJpeg ($x, $y, $width, $height, $data){
    ...
}

function renderPng ($x, $y, $width, $height, $data){
    ...
}

function renderTiff ($x, $y, $width, $height, $data){
    ...
}
```

Man muss kein Top-Programmierer sein, um einzusehen, dass es zwischen (Raster-)Bildformaten neben einigen Unterschieden eine Menge Gemeinsamkeiten gibt: Ein Bild besteht aus Binärdaten, es hat eine Höhe und eine Breite und kann an einer beliebigen Position auf dem Display angezeigt werden. Diese Beschreibung ist eine Abstraktion, denn wir berücksichtigen nicht, welches Bildformat Transparenz beherrscht, welches verlustfrei komprimieren kann und ob es die Farben als 8 Bit (das sind 256 Farben, z. B. GIF) oder in 24 Bit (16,7 Mio. Farben und Transparenz, z. B. JPEG) codiert.

Es wäre schön, wenn wir nur eine renderImage-Funktion hätten. Aber in der prozeduralen Programmierung müssten wir entweder für jedes Grafikformat eine eigene schreiben oder in der Funktion untersuchen, welches Grafikformat in $data steckt, um dann die formatspezifischen Dekomprimierungsfunktionen aufzurufen, was zu hässlich langen und komplexen Funktionen führen würde.

Objektorientiert kann man diese Abstraktion viel leichter vollziehen, indem man ein Image-Objekt definiert:

```
object Image = {
    var $height;
    var $width;
    var $data;

    abstract function render ($x, $y);

}
```

Neben den Variablen $height, $width und $data gibt es eine Art Schablone für eine render()-Funktion. Sie ist nicht implementiert – das ist die Aufgabe der Entwickler, die spezifischen Code für bestimmte Bildformate schreiben wollen – und daher als »abstract« definiert. Wir legen an dieser Stelle schon mal fest, dass jede konkrete render()-Implementierung zwei Variablen $x und $y übergeben bekommt, die für die Position auf dem Schirm stehen, an die das Bild gerendert werden soll.

Mithilfe der oben beschriebenen Vererbung kann man jetzt spezifische Objekte für die Repräsentation und Darstellung verschiedener Bildformate definieren:

```
object PngImage inherits Image {

    function render ($x, $y) {
        ...
    }
}
```

Diesen Schritt von der Abstraktion zurück zu konkreten Implementierungen beschreiben wir im folgenden Abschnitt »Polymorphismus«.

Durch die Reduktion der verschiedenen Bildformate auf ihre Gemeinsamkeiten ist der Code teilweise weniger gut an die Besonderheiten jedes Bildformats angepasst: Ein Format, das seine Daten als 8 Bit hält, wäre besser dran, wenn es voraussetzen könnte, dass der Bildschirm auch nur in 8 Bit farbcodiert ist. Da wir aber höherwertige Grafikformate unterstützen wollen, muss die render()-Funktion des 8-Bit-Formats davon ausgehen, dass die Farbtiefe des Schirms 24 Bit ist, und die Daten entsprechend umcodieren.

Was zunächst als Nachteil erscheint, hat in der Praxis aber auch erhebliche Vorteile, denn die Reduktion von ähnlichen Typen auf ihre Gemeinsamkeiten macht die Benutzung des Codes viel einfacher. Einfacher deshalb, weil eher unwichtige Details wegabstrahiert werden: Als Entwickler muss ich nicht wissen, welche speziellen Optimierungen oder Fähigkeiten Format X besonders gerne voraussetzen würde, sondern ich kann mir eine einfache, formatübergreifende Art und Weise merken, Bilder auf den Schirm zu bekommen. Wie das genau geschieht, dafür ist derjenige verantwortlich, der die Unterstützung für sein bestimmtes Grafikformat programmiert.

Abstraktion betont die Essenz, den Kern einer Gruppe verwandter Datenstrukturen oder Codeblöcke und unterdrückt die spezifischen Details.

Abstraktion erzeugt eine klare Trennung zwischen Programmierern, die Codemodule nur verwenden wollen (in unserem Fall: Bilder zeichnen lassen), und Programmierern, die neue Codemodule schreiben wollen (in unserem Fall: neue Formate unterstützen). Die Aufgabe der einen ist damit erledigt, die Funktionen korrekt aufzurufen, während die anderen nur Funktionen schreiben müssen. Die beiden Gruppen müssen sich nicht mehr über eine Schnittstelle unterhalten – diese ist durch das abstrakte Objekt definiert.

Um erfolgreich objektorientiert zu programmieren, ist es gut, wenn man sich frühzeitig angewöhnt, nach Eigenschaften der Datenstrukturen oder Programmteile zu suchen, die sich so weit ähneln, dass sie abstrahiert werden können. So ist es in einem Warenwirtschaftssystem sinnvoll, alle Artikel auf ein Objekt zu reduzieren, das Eigenschaften wie Preis oder Lieferzeit hat. In einem Bildbearbeitungssystem würde man möglicherweise ein Basisobjekt Filter definieren. Jede konkrete Implementierung eines Filter-Objekts bringt dann eine Methode mit, die ein Eingabebild verändert. Wie sie arbeitet, ist der konkreten Implementation überlassen, das Basisobjekt hat damit nichts zu tun.

Definieren Sie zunächst Ihre abstrakten Basisobjekte und deren Eigenschaften und programmieren Sie dann die konkrete Implementierung, ergibt sich von allein eine bessere logische Gliederung Ihres Codes.

Polymorphismus

Nachdem Sie die Gemeinsamkeiten eines Objekts abstrahiert haben, müssen Sie sich um die Unterschiede kümmern, um diesen Code in unterschiedlichen konkreten Fällen anwenden zu können. In dem Beispiel von oben hatten wir mit dem Image-Objekt die grundlegenden Funktionen eines Bildes beschrieben. Um mit dem Code etwas Sinnvolles anzufangen, müssen Sie jetzt für unterschiedliche Bildformate spezifische Image-Objekte entwickeln:

```
object PngImage inherits Image {
    function render ($x, $y) {
        ...
    }
}

object JpegImage inherits Image {
    function render ($x, $y) {
        ...
    }
}
```

Die vorher abstrakte Funktion render() wird jetzt mit Leben gefüllt durch Code, der PNG- bzw. JPEG-codierte Daten (aus $data) auspacken und an eine Position auf dem Display schreiben kann. Die Variablen $height, $width und $data sind Teil des Elternobjekts Image und werden daher für die spezifischen Objekte nicht noch einmal definiert. Die Koordinaten $x und $y, an denen das Bild angezeigt werden soll, sind nicht Teil des Objekts, weil man das gleiche Bild eventuell auch an anderen Stellen auf dem Display anzeigen will.

Erst durch Polymorphismus kann man mit OOP wirklich modulare und wiederverwendbare Software erstellen, denn man entwickelt Schnittstellen, die für mehrere unterschiedliche, aber verwandte Bereiche unverändert bleiben. Egal, welches Grafikformat wir unterstützen wollen: Die grundlegenden Funktionen bleiben gleich. Wir können uns darauf verlassen, dass alle Grafikformate diese Funktionen unterstützen – wie das erreicht wird, interessiert uns an der Stelle nicht.

Das Zusammenspiel von Abstraktion und Polymorphismus erleichtert die Wiederverwendung von Code, weil man ihn auf immer gleiche Weise in verschiedenen Umgebungen einsetzen kann. In unserem Beispiel wäre die Einbindung eines neuen Grafikformats sehr einfach, allerdings wäre es möglicherweise aufwendig, die entsprechende render()-Funktion für dieses Format zu schreiben.

Vererbung

In der objektorientierten Programmierung spielt Vererbung eine große Rolle. Leider ist auch dieser Begriff nur teilweise mit dem in Einklang zu bringen, was wir üblicherweise darunter verstehen. Während in der realen Welt Eigenschaften von den Eltern auf Kinder einmal vererbt werden und die Kinder dann ein komplett eigenes Leben führen, bleiben Objekte in Verbindung: Ändern sich die Eigenschaften des Elternobjekts, verändern sich auch die abgeleiteten Objekte. Der gemeinsame Nenner ist, dass Eigenschaften übernommen werden, ohne dass sie neu erfunden werden müssen.

Unsere oben eingeführten `PngImage`- und `JpegImage`-Objekte sind nicht unabhängig voneinander, sondern Kinder von `Image`-Objekten. Während der Code, mit dem die PNG- bzw. JPEG-Dateien entpackt werden, je nach Grafikformat unterschiedlich aussieht, gibt es zwischen den Tochterobjekten doch Gemeinsamkeiten. Beispielsweise könnte man die Breite oder Höhe des Bildes in Pixeln wissen wollen, egal, welches Bildformat man vor sich hat. Den Code dafür will man natürlich nicht für jedes Bildformat neu schreiben.

Hier kommt Vererbung ins Spiel: Man schreibt den Code nur einmal als Methode im `Image`-Objekt, und dessen Kinder erben sie. Das sieht so aus:

```
object Image = {
    var $height;
    var $width;
    var $data;

    abstract function render ($x, $y);

    function getWidth () {
        return $width;
    }

    function getHeight () {
        return $height;
    }
}

object PngImage inherits Image {

    function render ($x, $y) {
        ...
    }
}
```

Um ein `PngImage`-Objekt zu erzeugen, schreibt man nun:

```
var $png = new PngImage(url);
print ("Breite: "+$png.getWidth()+" Höhe: "+$png.getHeight());
```

Wie Sie sehen, hat sich an der Definition des `PngImage`-Objekts nichts geändert, aber es hat Funktionalität hinzugewonnen, weil wir die Methoden `getWidth()` und `getHeight()` im Elternobjekt implementiert haben. Im gleichen Atemzug haben auch alle anderen spezifischen Bildformate diese Funktionalität ... tja, geerbt. Statt nur ein bestimmtes Bildformat zu erweitern, haben wir mit einem Handgriff alle schlauer und nützlicher gemacht.

Das ist natürlich kein Zauberwerk. In der prozeduralen Programmierung hätte man den Code für die verschiedenen Bildfunktionen eben um zwei erweitert, eine für die Höhe, eine für die Breite. Allerdings hätte man das dann für alle andern Formate nachziehen müssen.

Die Implementierung der Methoden im Elternobjekt hat drei Auswirkungen:

1. Wenn ein Programmierer den Code sieht, dann weiß er, dass die Methoden getHeight() und getWidth() für alle Bildformate aufrufbar sind. Würde man sie im PngImage- und im JpegImage-Objekt implementieren, könnte es ein drittes Bildformat geben, das sie nicht hat.

2. Jedes Bildformat, das wir unterstützen wollen, muss Höhe und Breite besitzen. Damit wird eine Anforderung explizit gemacht, die man leicht als gegeben betrachten würde, ohne sie zu überprüfen.

3. Die Kindobjekte enthalten nur den spezifischen Code für ihr Grafikformat. Das Elternobjekt enthält nur den allgemeineren Code. Das hält die Objekte aufgeräumt und trennt Aufgaben klar. In den allermeisten Fällen schaut man sich nur an, welche Methoden das Elternobjekt bereithält, weil man für die Anzeige von Bildern nicht unbedingt die Spezifika der Grafikformate beachten muss. Vererbung unterstützt also Polymorphismus.

Sinnvoller Einsatz von OOP

OOP ist immer dann eine gute Sache, wenn Sie es mit Daten zu tun haben, zwischen denen viel Interaktion stattfinden kann.

Denken Sie zum Beispiel an ein Shopsystem. Die Anforderungen an ein solches System sind folgende:

- Kunden können Artikel (Warenposten) auswählen und in den Einkaufswagen legen.
- Kunden können sich einen Gesamtpreis anzeigen lassen.
- Kunden können die Waren im Warenkorb bestellen oder den Warenkorb stornieren.

Wenn man diese Anforderungen in Software umsetzen will, sieht man schnell, dass sie sich gut mit verschiedenen logischen Einheiten umsetzen lassen: ein Lager, das Waren hält, ein Kunde, ein Einkaufswagen und verschiedene Artikel. Diese Hauptfiguren unserer Geschichte interagieren auf bestimmte Weise.

Wenn ein Kunde einen Artikel in den Warenkorb legt, wird eine Anfrage ans Lager abgesetzt, ob der entsprechende Artikel vorhanden ist.

Um den Gesamtpreis anzuzeigen, muss der Einkaufswagen wissen, welche Waren er enthält. Der Code, der den Einkaufswagen implementiert, berechnet den Gesamtpreis, indem er die Waren einzeln nach ihrem Preis fragt, um daraus eine Summe zu bilden.

Um die Bestellung abzuschließen, werden die Artikel aus dem Lager ausgebucht. Das Lager muss seinen Warenbestand aktualisieren und gleichzeitig muss der Warenkorb geleert werden.

Um eine Bestellung zu stornieren, wird der Warenkorb geleert.

Wenn Sie die Shopanforderungen auf diese Weise analysiert haben, dann haben Sie schon eine einfache Softwarearchitektur mit Modulen und Interaktionen entwickelt. Diese Architektur lässt sich einfach auf die Softwareobjekte Item (Artikel), Cart (Einkaufswagen), Customer (Kunde) und Magazine (Lager) abbilden:

```
Article {
    var id;
    var name;
    var price;
}

Cart {
    var articles[];

    function empty() {
        articles = new list();
    }

    function getTotalPrice() {
        var int price = 0;
        for (var i = 0; i < articles.length; i++) {
            price = price + articles.get(i).price;
        }
        return price;
    }

    function addArticle(Article article) {
        ...
    }
}

Customer {
    var cart;
    var store;

    function placeOrder() {
        var articles = cart.articles;
        cart.empty();
        ...          // mit den Artikeln dann zum Bezahlen.
        for (var i = 0; i < articles.length; i++) {
            store.removeArticle (articles.[i]);
        }
    }

    function cancelShoppingCart() {
        cart.empty();
    }
}

Magazine {
    var articles[];
```

```
var numInStore[];

function removeArticle(Article article) {
    for (var i = 0; i < articles.length; i++) {
        if (articles[i].id == article.id) {
            numInStore[i] = numInStore[i]-1;
        }
    }
}

function hasArticle(Article article) {
    ... // hat das Lager einen bestimmten Artikel?
}

function addArticle(Article article) {
    ... // füge dem Lager einen bestimmten Artikel hinzu
}
```

Bedenken Sie, dass jedes Objekt, das Sie anlegen, eine Daseinsberechtigung haben sollte, weil es nützliche Eigenschaften mitbringt, die bisher nirgendwo implementiert waren. Objekte haben immer dann eine überzeugende Daseinsberechtigung, wenn die Interaktion von Objekt A mit einem anderen Objekt den Status von Objekt A, dem anderen Objekt oder beiden ändert – in unserem Fall können Artikel in Warenkörbe gelegt und entfernt oder dem Lager entnommen werden. Es ist für jemanden, der Ihren Code liest, einfacher zu verstehen, wenn ein Warenkorb seinen Inhalt selbst kontrolliert und verändert, als wenn man in einem globalen zweidimensionalen Array (alle Kunden, alle Waren) erst den Warenkorb eines Kunden heraussucht und dann in diesem die Artikel verändert. Beim objektorientierten Ansatz hat jedes Kundenobjekt nur ein Warenkorbobjekt und kann die Artikelobjekte von diesem herausgeben lassen, ohne sich damit beschäftigen zu müssen, wie die Artikelobjekte genau vorgehalten werden. Man hat also nur mit einem einfachen Array statt einem zweidimensionalen zu tun.

Schreibt man eine Applikation objektorientiert, dann kann man mithilfe von kurzen umgangssprachlich formulierten Handlungsabläufen grob die Zusammenarbeit der Objekte skizzieren, ohne sich zu früh Gedanken über die Details zu machen. Eine solche grobe Kritzelei kann beim Entwurf eines Systems hilfreich sein, um die Features und Userinteraktionen zu skizzieren. Natürlich geht das bei prozeduraler Programmierung auch, aber OOP eignet sich besonders gut dazu, die Brücke von der umgangssprachlichen Beschreibung (»Also, wenn der Kunde bestellt, dann müssen alle Warenposten aus dem Einkaufskorb raus, und aus dem Lager müssen sie auch gelöscht werden«) zur Implementierung zu schlagen, weil man die Softwareobjekte als mentale Einheiten begreifen kann, die ihre eigenen Verhaltensweisen haben. Beispielsweise hat unser Cart-Objekt (der Warenkorb) die Methode empty(), die man von customer.placeOrder() aus mit cart.empty() aufruft.

Nachteile und Probleme

Weniger gut eignet sich objektorientierte Programmierung, wenn Sie einfach nur eine große Zahl ähnlicher einfacher Daten haben, denn die Objekte haben dann fast nur Methoden, die für das Lesen und Schreiben von Member-Variablen zuständig sind. Wenn man aber nur Daten ablegen will, kann man das einfacher in einem Array oder Hash tun. Stark typisierte objektorientierte Sprachen wie Java zwingen einen stattdessen, Objekte zu definieren, auch wenn der Objektansatz an dieser Stelle eher unpraktisch ist.

Objekte sind dann von Vorteil, wenn sie ...

- ... abhängig von ihrem inneren Zustand unterschiedliches Verhalten zeigen. Beispielsweise ein User-Objekt, das bestimmte Aktionen nur erlaubt, wenn es den Zustand »eingeloggt« hat.

- ... Berechnungen mit den eigenen Daten anstellen können und damit ein komplexes System nach außen hin ein einfach verwendbar machen.

- ... verschiedene Variationen eines Themas darstellen, so dass es Grundfunktionen gibt, die alle verwandten Objekte teilen, und darüber hinaus Spezialfunktionen.

In der Softwareentwicklung hat man es aber recht häufig mit gleichförmigen Daten zu tun, die keine komplexen Berechnungen oder Interaktionen aufweisen. Diese Art von Daten kann man zwar ebenfalls objektorientiert darstellen, man gewinnt aber wenig gegenüber prozeduraler Programmierung.

Als Beispiel könnte die Auswertung der Umsätze der letzten Jahre für alle Ihre Filialen dienen, also eine Zeitreihe einfacher Zahlen pro Filiale. Man könnte das zwar objektorientiert modellieren, indem man ein Auswerteobjekt, Filialobjekte und Umsatzobjekte definiert, aber es gibt zwischen den Umsätzen relativ wenig Interaktionen. Eine Auswertung der Durchschnittsumsätze pro Filiale liest einfach den Strom der Verkäufe ein, summiert ihn auf und bildet einen Durchschnittswert, der Zustand jedes einzelnen Verkaufs ändert sich nicht. Das gedachte Umsatzobjekt bringt auch keine eigene Intelligenz mit; das Umsatzobjekt wäre ein reiner Container für eine Zahl, im Gegensatz zu einem Warenposten, der Brutto- aus Nettopreisen bilden kann oder unterschiedliche Preise für unterschiedliche Konfigurationen hält. Diese Art von Daten können Sie besser und einfacher als Array abbilden und Funktionen, etwa zur Berechnung der durchschnittlichen Umsätze, prozedural programmieren.

```
var float[][] sales;

function getAverageRevenueForBranch (int branchId) {
    var sum = 0;
    for (var i = 0; i < sales[branchId].length; i++) {
        sum = sum + sales[branchId][i];
    }
    return sum / sales[branchId].length;
}
```

Unterschiedliche Objektmodelle, je nach Sprache

Objektorientierung ist ein Prinzip, das nicht in jeder Sprache genau gleich umgesetzt ist. Die in diesem Kapitel beschriebenen Eigenschaften von OOP sind mehr oder minder der gemeinsame Nenner, aber Sprachen unterscheiden sich doch stark darin, wie sie diese Eigenschaften implementieren.

Während beispielsweise Java für die Definition von Objekten eine Art Template, sogenannte Klassen, verwendet, sind andere Sprachen wesentlich liberaler und man kann Objekten zur Laufzeit des Programms beliebig neue Eigenschaften hinzufügen. Klassenbasierte OOP-Sprachen sind an dieser Stelle rigider – will man einem Objekt eine neue Eigenschaft hinzufügen, egal ob Methode oder Variable, dann muss man die Klassendefinition verändern oder per Vererbung eine erweiterte Klasse erzeugen.

Passen Sie sich unbedingt an die Konventionen Ihrer Sprache an: Wenn Sie bisher mit der eher dynamischen Natur von JavaScript gut gefahren sind, müssen Sie umlernen, falls Sie jemals C++ programmieren sollten. Auch wenn die statische Herangehensweise klassenbasierter Sprachen wie C++ zunächst umständlich und steif wirkt, müssen Sie sich auf sie einlassen oder ansonsten eben diese Sprachfamilie meiden. Wenn Sie umgekehrt von einem Java-Hintergrund kommen und auf eine eher flexible OOP-Sprache wie PHP umsteigen, dann sollten Sie sich davon verabschieden, alles in Klassen und Vererbungshierarchien zu denken. Je schneller Sie umlernen und Ihre Objekte zur Laufzeit mit neuen Methoden oder Instanzvariablen ausstatten, desto weniger arbeiten Sie gegen die Sprache.

Auch wenn man objektorientierte Programmierung beherrscht, gibt es beim Umstieg auf eine andere Sprache eine gewisse Hürde, weil die Konventionen unterschiedlich sein können. Schrauben Sie Ihren Ansprüche an sich selbst herunter und versuchen Sie nicht, Ihren Stil auf Biegen und Brechen auf die neue Sprache zu übertragen.

Objektorientierte Programmierung und Weltherrschaftspläne

Objektorientierte Programmierung ist wie eine Kiste mit Legos: Man kann aus kleinen Bausteinen größere Strukturen aufbauen und diese zu ganzen Welten zusammenklicken. Gerade weil das einfacher ist als in der prozeduralen Programmierung, haben viele Entwickler eine Phase, in der sie die objektorientierte Modellierung von Problemen übertreiben. Sie ergehen sich in ungeheuer abstrakten Klassenhierarchien selbst an Stellen, wo es sehr unwahrscheinlich ist, dass der Code an mehr als einer Stelle des Programms benötigt wird.

In der OOP wird Anfängern gerne der Rat gegeben, erst ein allgemeines, abstraktes Objekt hinzuschreiben und dann davon konkrete Implementierungen für die benötigten Fälle abzuleiten. Das ist zwar ein fundierter und für die meisten Fälle richtiger Rat, kann aber dazu verführen, selbst extrem spezifische Klassen, die außerhalb des speziellen Projekts keinen Sinn ergeben, auf Wiederverwendbarkeit zu trimmen.

Man sollte sich an der Stelle gerade als nicht so erfahrener Programmierer klar machen, dass man wahrscheinlich nicht dabei ist, die kommende Standardbibliothek der verwendeten Sprache zu schreiben, sondern bloß ein Programm, das eher geringe Verbreitung erfahren wird. Übertreiben Sie es daher für den Anfang nicht mit abstrakten Fällen und Vererbung und programmieren Sie nur das, was akut gebraucht wird. Wenn Sie sich ohne Not an Objekthierarchien versuchen, kommen Sie Ihrem eigentlichen Ziel häufig nicht näher, sondern prokrastinieren nur auf scheinbar produktive Weise. Wenn Sie einen geübteren Zugang zum objektorientierten Denken haben, werden Sie von selbst Gelegenheiten zur Abstraktion entdecken.

Viele Programmierer leiden unter dem »Hammer und Nagel«-Problem: Wenn sie einen Hammer in der Hand haben, sieht alles wie ein Nagel aus. Sie verwenden für jedes Problem das gleiche Werkzeug, auch wo es nicht sinnvoll ist. Viele kleine Probleme kann man mit etwas Übung ziemlich direkt runterprogrammieren, und die Möglichkeiten, die OOP für die Architektur eines Programms bietet, sind überflüssig, wenn man es nur mit ein paar hundert Codezeilen zu tun hat. Bis man so eine einfache Aufgabe objektorientiert umgesetzt hat, hat sich die Länge des Programms unter Umständen verdoppelt und man hat erheblich mehr Zeit damit verbracht, über Vererbungen und Objektinteraktionen nachzudenken, als dem Problem angemessen ist.

Wenn Sie daher in einer Sprache wie PHP oder JavaScript schreiben, die Objektorientierung nicht erzwingt, dann schreiben Sie dem Problem entsprechend: kleine Programme einfach prozedural, größere Projekte von Anfang an objektorientiert. Wenn Sie eine Sprache wie Java verwenden, hilft dieser Ratschlag wenig, denn Java kann man schwer prozedural schreiben und soll es auch nicht. In dem Fall gilt: Halten Sie den Ball flach und verschwenden Sie nicht viel Zeit auf eine ausgetüftelte Architektur.

KAPITEL 24

Aufbewahrung von Daten

»Wenn man nur mal eben schnell eine Tabelle braucht, die nicht mehr als 7 Spalten hat und die man bequem mit anderen Leuten zusammen bearbeiten kann, dann kann man übrigens auch einfach den Googlekalender nehmen.«

Kommentator »Blog zum Gärtner«, riesenmaschine.de

Manche Programme haben keine hohen Anforderungen an die Aufbewahrung von Daten. Wenn Sie beispielsweise eine Chatanwendung schreiben, müssen Sie sich nur über Konfigurationsdateien und gegebenenfalls Logging von Chats Gedanken machen. Im Großen und Ganzen ist die Kernaufgabe eines Chatprogramms nur, Nachrichten zu empfangen, darzustellen und selbst zu versenden.

Viele Spiele brauchen keine ausgefeilte Datenhaltung. Grafiken und Spielskripte werden mitgeliefert und die Spielstände können leicht in kleinen Dateien abgespeichert werden. Spieleprogrammierer müssen sich selten um Datenaustausch mit anderen Programmen oder geeignete Formate für die Langzeitarchivierung sorgen.

Auch die Entwickler von Texteditoren sind an dieser Stelle fein raus: Die Benutzer öffnen Dateien, bearbeiten sie und speichern sie, der Editor muss keine Datenbank führen. Der Benutzer ist in diesem Fall vollständig selbst dafür verantwortlich, wo und wie er seine Daten aufbewahren möchte.

In vielen Bereichen sieht es aber anders aus, und als Entwickler müssen Sie sich Gedanken darum machen, wie Sie Daten verwalten, durchsuchbar machen und möglicherweise archivieren. Manche Anwendungen wie wissenschaftliche Auswertungssoftware sind ohne ihre Daten völlig nutzlos. Hier sind die Daten häufig wichtiger als das Programm, und Sie als Entwickler sind recht häufig der einzige oder einer der wenigen Benutzer – Sie sollten also die Frage der Datenaufbewahrung bei der Entwicklung gleich mitbedenken.

Wenn Sie eine Mobile-App schreiben, dann haben Sie meist ein Backend, das sich um seine Userverwaltung kümmern und – je nach Typ der Anwendung – auch Geodaten oder von Nutzern eingegebene Inhalte speichern und wiedergeben können muss. Gerade Smartphone-Apps sind derzeit eine Gelegenheit, die Probleme früherer Programmierergenerationen am eigenen Leib zu erfahren: Die Geräte sind vergleichsweise langsam und haben wenig Speicher. Daher kann man als Entwickler nicht alle Daten einfach im RAM halten, sondern muss nicht benötigte Daten in den Flash-Speicher auslagern. Da die UMTS-Verbindung zum Backend viel langsamer ist als bei einem über DSL und WLAN angebundenen Computer, müssen Sie sich viel eher Gedanken darüber machen, welche Daten Sie zwischen Mobile-App und Backend austauschen und welche auf dem Gerät bleiben. Andererseits sollten kritische Daten auf dem Backend-Server lagern, denn Smartphones gehen recht häufig verloren. Ihre Anwenderin ist Ihnen dankbar, wenn danach nicht alles weg ist, sondern die Daten einfach auf ein neues Gerät synchronisiert werden können.

Die Entscheidung darüber, wie Sie Ihre Daten aufbewahren, müssen Sie frühzeitig treffen, und sie ist später schwer zu ändern. Es ist zwar prinzipiell möglich, eine Anwendung so zu refakturieren, dass sie ihre Daten in einer Datenbank statt in Dateien hält, aber diese Änderung kann ganz erheblichen Aufwand verursachen. Bevor Sie anfangen zu programmieren, sollten Sie sich daher über Ihre Anforderungen an die Datenhaltung Gedanken machen.

> »Die selbstgeschriebene Blog-Engine, mit der ich mehrere Blogs betreibe, verwendet keine Datenbank, weil mir Datenbanken bis heute auf diffuse Weise unangenehm sind, obwohl ich sie schon lange einsetze und auch hier gewusst hätte, wie es theoretisch ginge. Die vor Jahren leichtfertig getroffene Entscheidung ›ach, das geht sicher auch mit Textdateien‹ habe ich seitdem oft bereut, denn natürlich sind Datenbanken eine Lösung, die für exakt diese Aufgabenstellung entwickelt wurde.«
>
> Kathrin

Für diese Entscheidung sollte dabei nicht maßgeblich sein, wie Sie die Daten speichern (das ist ganz einfach), sondern wie Sie sie wieder abrufen wollen. Daten, die nur archiviert werden müssen, können in Dateien gespeichert werden. Aber wenn Sie die Daten flexibel durchsuchen wollen, wenn Sie Summen bilden und Datensätze filtern und verknüpfen wollen, dann sollten Sie über eine Datenbank nachdenken.

Im Großen und Ganzen gibt es drei verschiedene Verfahren, Daten zu speichern:

- *Dateien.* Für kleine Projekte und für den ersten Ansatz die einfachste Lösung.
- *Datenbanken.* An Datenbanken kommen Sie nicht vorbei, wenn Ihr Programm in den Daten suchen oder sie analysieren soll.
- *Versionskontrollsysteme.* Ein eher ungewöhnlicher Weg, Daten zu speichern. Kann aber nützlich sein, wenn sich die Inhalte häufig ändern.

Dateien

Wenn Sie nicht gerade eine reine Webanwendung mit JavaScript schreiben, kann Ihr Programm mit wenig Aufwand seine Daten in Dateien speichern und später wieder lesen.

Häufig werden Sie Daten schon in Dateien angeliefert bekommen – sei es, dass Sie CSV-Dateien mit Finanzdaten importieren sollen, um sie zu analysieren, sei es, dass Sie die

Ergebnisse wissenschaftlicher Messungen bearbeiten wollen. Aber selbst wenn Sie Daten aus dem Web beziehen oder Ihre Nutzer selbst die Daten erzeugen, können Sie sie in Dateien verstauen und später wieder einlesen.

Daten in Dateien abzulegen, hat ein paar Vorteile: Es ist einfach, egal in welcher Programmiersprache. Sie müssen sich nicht mit Datenbankverbindungen, SQL oder Versionskontrollsystemen auseinandersetzen. Auch die Archivierung der Daten ist kein Problem, das kann ein Backup-Programm miterledigen, wenn es Ihr System sichert. Der Datenaustausch mit anderen kann per Mail, Dropbox oder SFTP-Uploads erfolgen, auch bei sehr großen Dateien. Notfalls geht es immer noch mit einem USB-Stick.

Dem stehen aber auch ein paar Nachteile gegenüber: Eine Volltextsuche ist schnell programmiert und liefert auch schnell Ergebnisse, solange Sie nur kleine Datenbestände haben. Aber für große Dateien müssen Sie bereits eine Suchmaschine wie Lucene installieren und aus Ihrem Programm heraus ansprechen.

Wenn Sie flexible Abfragen wie »Alle Filialen mit einem Umsatz zwischen x und y Euro« unterstützen wollen, müssen Sie die Daten einlesen und für jeden derartigen Abfragetyp Code schreiben. Und wenn Sie viele und komplexe strukturierte Suchen anbieten wollen (»Alle Messwerte, die von Gerät ›Robot 183‹ stammen und bei denen der Messwert ›Joint 3 rotation‹ mehr als 45° ist«), wird es aufwendig. Mit einer Datenbank ist das simpel, denn genau dafür wurden Datenbanken und SQL erfunden.

Sollen Ihre Benutzer Daten verändern können? Dann müssen Sie die Datensätze laden und die geänderten wieder in Dateien schreiben. Und dann müssen Sie sich Gedanken darüber machen, wie Sie diese Änderungen verwalten wollen. Jedesmal den ganzen Datenbestand neu schreiben? Versionen führen? Auch das kann ziemlich aufwendig werden und ist in einer Datenbank oder einem Versionskontrollsystem einfacher. Und hier lauert auch gleich das Problem, das bei der Speicherung in Dateien am schwierigsten zu bewältigen ist: Wenn zwei Benutzer gleichzeitig Änderungen vornehmen, die unterschiedliche Teile derselben Datei betreffen, muss Ihr System diese Änderungen zusammenführen, ohne dass die Arbeit des einen Benutzers verloren geht. Das ist alles andere als einfach – immerhin wurden dafür eigens Versionskontrollsysteme erfunden. In einer Datenbank werden Datensätze in unterschiedlichen Tabellen (relationale Datenbanken) oder Einträgen (Document-Store Datenbanken) abgelegt, und die Datenbank sorgt dafür, dass parallele Änderungen konfliktfrei möglich sind.

Sollte Ihre Wahl auf Dateien zur Datenaufbewahrung fallen, dann müssen Sie sich für ein Format entscheiden. Derzeit sind CSV/TSV, XML, JSON oder ein freies Textformat üblich. Egal, für welches Format Sie sich entscheiden: Stellen Sie vorher sicher, dass die Daten UTF-8-codiert sind, sonst erleben Sie beim Einlesen unerfreuliche Überraschungen (siehe Kapitel 17).

Für alle Formate konstruieren wir jeweils ein Beispiel aus einem Warenwirtschaftssystem, das die Eigenschaften von zwei Artikeln in einer Datei festhalten will: einer Couch und einem Tisch.

Freie Textformate bieten volle Flexibilität: Sie entscheiden selbst, wie Sie Ihre Daten ablegen wollen. Sie können beispielsweise pro Zeile einen Datensatz schreiben. Für Logfiles und ähnliche Formate ist so eine Lagerung angemessen, denn die Logeinträge werden im laufenden Betrieb immer hinten an eine Logdatei angehängt. Das geht so schnell, dass das Programm nicht durch sein Logging aufgehalten wird. Ansonsten empfehlen wir, auf eigene Formate zu verzichten, weil Sie allen Code selbst schreiben müssen und keine Bibliotheken nutzen können, wie sie etwa für XML zur Verfügung stehen.

Ein Beispiel, bei dem verschiedene Waren durch eine Zeile mit @@item@@ getrennt werden:

```
@@item@@
name: couch
color: slab grey
dimensions: 200x90x70
@@item@@
name: table
color: wood
dimensions: 150x100x90
```

CSV/TSV

CSV/TSV sind Textformate, die von Tabellenkalkulationsprogrammen wie Excel importiert und exportiert werden können. Die einzelnen Zeilen sind durch Zeilenumbrüche getrennt, die Spalten durch Komma oder Semikolon (CSV) bzw. Tabs (TSV). CSV/TSV-Dateien sind ziemlich kompakt. Das Format ist eine gute Wahl, wenn Sie die Daten vor allem betrachten wollen. Sie können sich dann ersparen, selbst ein Programm zum Betrachten der Daten zu schreiben, und sie stattdessen in einem Tabellenkalkulationsprogramm öffnen.

In unserem Beispiel enthalten die erste Zeile die Namen der Spalten und die beiden folgenden die Artikel:

```
item;color;length;width;height
couch;slab grey;200;90;70
table;wood;150;100;90
```

Problematisch wird es, wenn ein Datensatz die Zeilen- oder Spaltentrenner (Komma, Semikolon oder Tab) enthält. Dann müssen Sie diesen Datensatz entweder filtern oder irgendwie umcodieren, weil sonst Ihre Lesefunktionen durcheinanderkommen. Teilweise werden auch Anführungszeichen verwendet, um Spalteninhalte zusammenzuhalten, die einen Spaltentrenner enthalten, dann müssen aber die Anführungszeichen umcodiert werden.

CSV/TSV sind ungeeignet, um hierarchische Daten abzuspeichern, weil das Format ein strenges Zellenraster aus Zeilen und Spalten vorgibt, eben wie in einem Blatt einer Tabellenkalkulation. Hierarchische Daten müssten in einer Zelle eine weitere Unterteilung vornehmen können, das ist aber nicht möglich.

XML

XML ist ein hervorragendes Aufbewahrungsformat für komplexe und hierarchische Daten. Sie können ohne Weiteres einen Kunden mit Namen und Anschrift sowie allen Bestellungen in XML ablegen. Auch viele Textverarbeitungsprogramme benutzen XML, um Texte mit Formatierungen abzuspeichern. Sowohl für das Lesen als auch für das Schreiben von XML gibt es für nahezu alle Sprachen Bibliotheken, die Ihnen das Leben erleichtern. Verwenden Sie unbedingt eine solche Bibliothek, denn dann müssen Sie sich keine Gedanken machen, wie Sie < oder & abspeichern – beides Zeichen, die zur Struktur von XML gehören und daher in Nutzerdaten nicht einfach auftauchen dürfen. XML-Bibliotheken kümmern sich darum, diese Zeichen so zu maskieren, dass gültiges XML entsteht, die Zeichen aber auch nicht verloren gehen.

Unsere Möbel in XML:

```
<item name="couch">
    <color="slab grey">
    <dimensions>
        <length>200</length>
        <width>90</width>
        <height>70</height>
    </dimensions>
</item>
<item name="table">
    <color="slab grey">
    <dimensions>
        <length>150</length>
        <width>100</width>
        <height>90</height>
    </dimensions>
</item>
```

Im Beispiel kann man gut erkennen, dass <dimensions> ein Container ist, der die Angaben für Länge, Breite und Höhe zu einer Einheit zusammenfasst. Das ist praktisch, um die Größenangaben im Programm in einem Hash zu speichern.

Allerdings gilt auch: XML ist häufig Overkill, wenn Sie nur einfache Daten speichern möchten. Gleichzeitig bietet es für sehr komplexe Daten aber nicht die Such- und Analysefunktionen einer Datenbank. Wenn Ihnen XML angemessen erscheint, dann denken Sie zumindest kurz darüber nach, ob eine Datenbank nicht die bessere Lösung wäre.

JSON

JSON ist ein insbesondere im Web 2.0 viel verwendetes Format, das von JavaScript abgeleitet ist. Es bietet die gleichen Möglichkeiten wie XML, hierarchische und komplexe Daten abzuspeichern, ist aber flexibler und kann zumindest aus JavaScript schneller gelesen werden. JSON wird gerne benutzt, um Daten zwischen verschiedenen Rechnern auszutauschen, ist als Speicherformat aber derzeit eher unüblich. Unser Beispiel sieht in JSON so aus:

```
[
  {
    "type" : "item",
    "name" : "couch",
    "color": "slab grey",
    "dimensions": {
        "length": 200,
        "width": 90,
        "height": 70
    }
  },

  {
    "type" : "item",
    "name" : "table",
    "color" : "wood",
    "dimensions": {
        "length": 150,
        "width": 100,
        "height": 90
    }
  }
]
```

Wie XML kann JSON tief verschachtelte Strukturen gut repräsentieren; im Beispiel sind das Länge, Breite und Höhe, die als eigenes »Dimension«-Objekt abgespeichert werden, statt als einzelne Eigenschaften.

Es gilt wie bei XML: Wenn Sie darüber nachdenken, Ihre Daten in JSON zu speichern, dann überlegen Sie, ob eine Datenbank nicht doch angebrachter wäre. Insbesondere Document-Store-Datenbanken, die wir weiter unten vorstellen, sind für die Speicherung von JSON ideal, denn sie speichern die Daten genau in diesem Format. Aber auch aus relationalen Datenbanken kann man leicht JSON erzeugen und für Webapplikationen verwenden.

YAML

YAML (kurz für »YAML Ain't Markup Language«) ist ein Speicherformat, das eine Erweiterung von JSON darstellt. YAML kann Kommentare beinhalten, es erlaubt geordnete Listen und benutzerdefinierte Datentypen. Angenehm: Strings müssen nicht in Anführungszeichen eingeschlossen werden, das liest sich leichter. Jede JSON-Datei ist auch eine gültige YAML-Datei, aber nicht umgekehrt. Unser Beispiel in YAML:

```
---
type: item
name: couch
color: slab grey
dimensions: {length: 200, width: 90, height: 70}
---
type: item
name: table
color: wood
dimensions: {length: 150, width: 100, height: 90}
```

Trotz guter Unterstützung durch eine Reihe von Bibliotheken für viele Sprachen ist YAML ein relativ seltenes Format.

Versionskontrollsysteme

Auch in Versionskontrollsystemen werden Dateien gelagert, man muss sich daher die gleichen Gedanken über die Formatwahl machen wie bei der Aufbewahrung im Dateisystem. Der große Vorteil beim Einsatz eines Versionskontrollsystems ist, dass die Speicherung der Daten von der Langzeitarchivierung getrennt wird und für die Archivierung ein bewährtes System zum Einsatz kommt, das Sie nicht selbst entwickeln müssen.

Versionskontrollsysteme sind als Datenspeicher-Backend eher ungewöhnlich. Sie helfen dem Entwickler nicht dabei, flexible Suchen oder Berechnungen in den Daten anzustellen. In Nischen können sie aber nützlich sein, nämlich immer dann, wenn Datensätze häufig geändert werden und alte Versionen aufbewahrt werden sollen, was in einer Datenbank zwar möglich, aber lästig ist. Beispielhafte Einsatzgebiete wären Wikis oder Blog-Engines.

Datenbanken

Über die Jahre sind ziemlich viele unterschiedliche Datenbanktypen entstanden. Viele Jahrzehnte lang waren relationale Datenbanken (zur Begriffserklärung siehe unten) die einzig relevanten – und auch heute noch denkt jeder an diesen Datenbanktyp, wenn er einfach nur von Datenbanken spricht.

In den 2000er Jahren wurden neben dem etablierten relationalen Standard noch weitere entwickelt, die unter dem Stichwort NoSQL zusammengefasst werden. Für einige Anwendungsbereiche sind sie eine interessante Alternative zu relationalen Datenbanken. Was sie vom relationalen Modell unterscheidet, erläutern wir gleich.

Suchen und Finden

Datenbanken sind nicht deswegen toll, weil man darin Daten ablegen kann, denn das geht genauso gut in Dateien. Datenbanken glänzen vielmehr durch die Flexibilität, mit der man in diesen Datenbeständen suchen kann.

Wollen Sie beispielsweise die Artikel aus einem Content-Management-System als XML-Dateien halten, dann könnten Sie die Einzeldateien entweder nach dem Entstehungszeitraum sortieren, indem Sie beispielsweise eine Verzeichnishierarchie Jahr/Monat/Tag anlegen und den genauen Zeitstempel als Dateiname verwenden. Oder Sie könnten für jeden Autor ein Verzeichnis mit seinen Beiträgen anlegen oder Mischformen zwischen Datum/Autor/Titel des Beitrags. In allen Fällen ist es ziemlich aufwendig, wenn Sie eine Suche nach einem Kriterium durchführen, das nicht in der Verzeichnishierarchie oder dem Dateinamen codiert ist, denn dann müssen Sie alle Dateien einlesen und in demjenigen XML-Feld suchen, das Ihrem Suchkriterium entspricht.

Datenbanken hingegen legen Daten strukturiert ab und erlauben Ihnen, nach allen Eigenschaften eines Datensatzes zu suchen. Sie haben die Freiheit, nach Autor zu suchen, nach Datum oder nach einer Kombination wie »Artikel, die von Johannes zwischen dem 29.1.2009 und dem 13.10.2013 geschrieben wurden«. Datenbanken können diese flexiblen Suchen sehr schnell durchführen, und noch schneller geht es, wenn Sie vorher Indizes im Datenbestand angelegt haben.

Indizes funktionieren im Grunde wie das Register eines Buchs. Wenn Sie in einem Sachbuch die Seiten suchen, auf denen ein bestimmter Begriff verwendet wird, dann lesen Sie nicht das Buch von Anfang bis Ende durch und notieren die Fundstellen, sondern Sie sehen im Schlagwortindex am Ende des Buches nach.

Wenn Sie daher Datenbanken verwenden, lohnt es sich, ein bisschen über das Thema Indizes zu lesen und für jede Eigenschaft, nach der Sie möglicherweise suchen wollen, einen Index zu definieren. Relationale Datenbanken, die wir im nächsten Abschnitt erklären, legen für Primärschlüssel automatisch einen Index an. Für alle weiteren Eigenschaften müssen Sie bei der Datenbank einen zusätzlichen Index in Auftrag geben. In NoSQL-Systemen müssen Sie meist alle Indizes explizit anlegen lassen. Indizes werden von der Datenbank ständig und automatisch aktuell gehalten: Fügen Sie neue Daten hinzu, dann werden diese auch gleich indiziert. Verändern Sie Daten, dann wird die Datenbank den entsprechenden Index sofort updaten. Wenn Sie merken, dass Sie zusätzliche Indizes benötigen, dann können Sie diese später nachbestellen. Legen Sie daher nicht spekulativ für alle Eigenschaften einen Index an, sondern beschränken Sie sich auf diejenigen, die Sie momentan brauchen, und legen Sie weitere Indizes dann an, wenn Sie bemerken, dass gewisse Abfragen sehr langsam sind.

Relationale Datenbanken

Relationale Datenbanken (oder RDBMS) setzen als Hauptordnungssystem auf Tabellen. Alle Informationen werden in Tabellen verwaltet, und diese Tabellen sind genau so organisiert, wie man sich das intuitiv vorstellt: in Spalten (Columns) und Zeilen (Rows). Zwischen Einträgen in verschiedenen Tabellen können Bezüge (Relationen) hergestellt werden, was immer zeilenweise geschieht und zu zeilenweisen Ergebnissen führt.

Relationale Datenbanken sind dann das Mittel der Wahl, wenn Sie Daten in einem immer gleichen Format vor sich haben: Jeder Datensatz hat die gleichen Eigenschaften (also etwa Vor- und Nachname bei einer Person). Relationale Datenbanken sind gut darin, sehr große bis riesige Datenmengen zu verwalten, und können Datensätze nach bestimmten, benutzerdefinierten Kriterien sehr schnell filtern und ausgeben. Weniger gut eignen sie sich, um Daten mit flexiblen Eigenschaften zu speichern, etwa in einer Adressverwaltung, wo der Benutzer neben fixen Eigenschaften auch noch eigene Notizen zu jedem Eintrag hinzufügen will. Auch komplexe Datenstrukturen wie etwa eine HTML-Seite mit ihren verschachtelten Tags lassen sich in einer relationalen Datenbank nicht besonders gut ablegen.

Welche Eigenschaften Sie in einer Tabelle abbilden möchten, definieren Sie selbst, wenn Sie das sogenannte Datenbankschema aufsetzen. Das ist nichts anderes als eine Definition dafür, wie die Daten in der Datenbank abgelegt werden:

```
CREATE TABLE USER (
    id INTEGER NOT NULL,
    firstname VARCHAR(30) NOT NULL,
    lastname VARCHAR(30) NOT NULL,
    department INTEGER,
    PRIMARY KEY (`id`)
);
```

Mit diesem Statement erstellen Sie eine Tabelle User mit vier Spalten , wobei jeder Datensatz eine ID, einen Vor- und Nachnamen sowie eine Abteilung haben soll.

Sie können diese Schemadefinitionen von Hand schreiben oder eines von vielen grafischen Frontends benutzen, mit dem sich Tabellendefinitionen, Indizes und teilweise auch Datenbankabfragen zusammenklicken lassen. Das bekannteste ist sicherlich Access von Microsoft, das aber an die Microsoft-Datenbanken gebunden ist. Für andere relationale Datenbanken gibt es ähnliche Tools.

Häufig legt man Tabellen so an, dass jeder Eintrag als erste Spalte (Eigenschaft) eine ID besitzt, und macht diese ID zum Primary Key (PK oder Primärschlüssel) der Tabelle. Primärschlüssel haben ein paar besondere Eigenschaften, unter anderem können sie nicht NULL sein und es kann keine zwei Zeilen in einer Tabelle geben, die den gleichen PK haben – der PK ist also eine Unique ID (siehe den Abschnitt »IDs, GUIDs, UUIDs« in Kapitel 26).

Relationale Datenbanken leben davon, dass Sie als Entwickler Wiederholungen in den Daten erkennen und in eigene Tabellen auslagern. Im Beispiel oben ist »Department«, also die Abteilung, in der ein Angestellter arbeitet, nur eine Zahl, obwohl eine Abteilung selbst einen Namen, ein oder mehrere Gebäude, Räume, Kostenstellen etc. hat. All diese Informationen will man aber nicht für jeden Angestellten immer und immer wieder in der User-Tabelle halten, sondern legt weitere Tabellen an: Department, Address und so weiter. Die Zahl in der User-Tabelle entspricht dann dem PK der Department-Tabelle und wird als *Foreign Key* bezeichnet. Dieses System, über Tabellen hinweg Beziehungen (Relationen) mithilfe von Foreign Key/Private Key-Beziehungen herzustellen, hat relationalen Datenbanken ihren Namen gegeben.[1]

Relationale Datenbanken werden in der Sprache SQL programmiert. SQL kann Daten in eine Datenbank füllen und sie auslesen, verändern sowie löschen. SQL bietet auch darü-

---

1   Wie Sie Wiederholungen durch Normalisierung Ihres Datenbankschemas entfernen, beschreiben wir in Kapitel 15.

ber hinaus noch eine ganze Menge Operationen wie Summieren, Aggregieren, Sortieren, aber die wichtigsten sind folgende:

- INSERT. Damit fügt man Daten zeilenweise in eine Tabelle ein.
- SELECT. Damit holt man seine Daten wieder aus der Datenbank.
- UPDATE. Damit kann man die Inhalte einzelner Zellen in einer Datenbanktabelle verändern.
- DELETE. Löscht Daten zeilenweise.

Auch wenn die kleinste Einheit in einer relationalen Datenbank eine Zelle ist, also der Wert im Schnittpunkt einer Spalte und einer Zeile, sind die meisten Operationen doch zeilenweise angelegt. Daher schreibt man

```
SELECT firstname, lastname FROM USER;
```

und bekommt die Vor- und Nachnamen aus allen Zeilen der Datenbank zurück.

Es gibt auch spaltenweise Operationen wie

```
SELECT DISTINCT lastname FROM USER;
```

Damit bekommen Sie eine Liste aller Nachnamen, wobei Dopplungen bereits entfernt wurden.

SQL ist eine deklarative Sprache (siehe den Abschnitt »Sprachfamilien« in Kapitel 26), was bedeutet, dass Sie keine Schleifen schreiben müssen (bzw. auch nur können). Sie schreiben SQL, indem Sie angeben, welche Operation (also SELECT oder INSERT) auf welche Tabelle angewendet werden soll, und können zusätzlich noch Filterkriterien angeben:

```
SELECT * FROM USER WHERE lastname = 'Meier'
```

In einer imperativen Sprache müssten Sie eine Schleife schreiben, die über ein User-Array geht, jeden Eintrag untersucht und – falls er eine Eigenschaft »Nachname« mit dem Wert »Meier« enthält – ihn in ein zweites Array steckt. Dieses zweite Array würden Sie dann zurückgeben:

```
function findUsersByLastName(usersIn, lastName) {
    var resultUsers = [];
    for (var i = 0; i < usersIn.length; i++) {
        if (usersIn[i].lastName == lastName) {
            resultUsers.push(usersIn[i]);
        }
    }
    return resultUsers;
}
```

Relationale Datenbanken laufen traditionell auf einem Server, und zur Entwicklung benutzt man einen SQL-Client. Das ist ein Programm, das Sie auf Ihrem lokalen Rechner installieren und mit dem Sie sich mit der Datenbank verbinden. In diesem Programm können Sie SQL-Statements eingeben und die Ausgabe der Datenbank direkt betrachten. Wollen Sie eine relationale Datenbank direkt aus Ihrem Programm abfragen oder Daten in der Datenbank ablegen, dann benutzen Sie eine Bibliothek, die die Datenbank anspricht.

Neben diesem Client/Server-Modell, das noch aus der Zeit der großen Rechenzentren stammt, hat sich SQLite als lokale Datenbanklösung etabliert. Insbesondere im Mobile-Bereich, wo es zu langsam wäre, jede SQL-Abfrage an einen Server zu stellen, spielt SQLite in der Programmierung von Apps eine wichtige Rolle. Der Vorteil: Wenn Sie SQL können, dann können Sie Ihre Daten wie auf einem Datenbankserver lagern. Da das lokal auf dem Smartphone passiert, geht es aber viel schneller. SQLite ist auch toll, wenn man angstfrei mit der Speicherung von Daten aus einer Anwendung in eine Datenbank experimentieren will. Man braucht keinen Server, es ist schnell – und wenn man aus Versehen die Daten in der Datenbank durcheinandergebracht hat, kann man den Zustand von vorher leicht wiederherstellen, denn SQLite speichert alle Daten in einer lokalen Datei, die man einfach kopieren und archivieren kann.

NoSQL-Datenbanken

Relationale Datenbanken waren so lange eine gute Lösung, wie immer gleiche Daten mit einer festen Struktur verarbeitet wurden. Wenn eine Krankenkasse ihre Mitglieder und deren Arztrechnungen, Zahlungseingänge und Zuordnung zu Geschäftsstellen verwalten will, dann ist eine relationale Datenbank das Mittel der Wahl, denn für jedes Kassenmitglied werden bestimmte gleiche Merkmale wie Namen und Adressen zu einer Mitgliedsnummer erfasst. Alle Ärzte bekommen eine ID, alle Geschäftsstellen auch, und man kann dann Relationen zwischen Mitglied und Arzt aufstellen: Rechnung 49378 für Mitglied 72627, ausgestellt durch Arzt 2625 über 129,87 EUR. Statistiken über Kosten pro Mitglied, Ausgaben pro Arzt und dergleichen sind einfach zu entwickeln und laufen relativ schnell.

Diese Art von Anwendungen war und ist wichtig. Sie wird auch in der Zukunft existieren und vermutlich mit relationalen Datenbanken umgesetzt werden. Mit dem Aufkommen des Web zogen aber für die Alleinherrschaft der relationalen Datenbanken Wolken am Horizont auf. Content-Management-Systeme und Wikis verwalten keine strukturell immer gleichen Datensätze in großen Massen, sondern relativ wenige Datensätze, die aber in sich stark strukturiert sind. Die starre und schematische Art, wie Daten in relationalen Datensätzen gespeichert werden, passt eher schlecht zu Dokumenten, in denen eine oder mehrere Tabellen, Bilder oder keine, Links und diverse Überschriften vorkommen können. Wenn der Benutzer auch noch die Freiheit haben soll, sich eigene Elemente wie in den Text eingestreute Kästen mit einer bestimmten Formatierung auszudenken, wird die Entwicklungsarbeit ungeheuer mühsam.

Die neu aufkommenden Suchmaschinen und sozialen Netze hingegen hatten ziemlich entgegengesetzte Bedürfnisse, die vom relationalen Modell ebenfalls nicht gut abgedeckt waren: Sie müssen ungeheure Datenmengen verwalten und Suchanfragen in

Sekundenbruchteilen beantworten können. Für diese Anwendungen war die Abfrageseite relationaler Datenbanken nicht optimal, denn diese Datenbanken wurden entwickelt, um Anfragen der Art »gib mir die jeweiligen Umsätze aller Filialen über die letzten 12 Monate« zu beantworten. Zwar sind sie durchaus in der Lage, die Volltextsuchen zu unterstützen, wie sie Suchmaschinen benötigen, aber ihre Performance ist dafür nicht ideal. Die Verbindungen zwischen Nutzern von sozialen Netzwerken können zwar auch in relationalen Datenbanken gespeichert werden, und man kann Abfragen durchführen wie »gib mir alle Benutzer, die ähnliche Interessen wie der Benutzer Jander haben«, aber SQL ist für die Programmierung solcher Anfragen eher schlecht geeignet.

Daher wurden in den späten 1990er und frühen 2000er Jahren neue Datenbankkonzepte entwickelt, die nicht mehr auf das relationale Modell setzen und für die Abfrage kein SQL verwenden – und die man daher unter dem Begriff NoSQL zusammenfasst. Da diese Datenbanken zu einer Zeit entstanden sind, in der das Web schon alltäglich war, setzen sie auch für die Abfrage und Speicherung von Daten auf Webtechnologien. Man braucht also keinen Datenbank-Client zu installieren, wie man das bei RDBMS tun müsste, sondern kann für die Entwicklung direkt mit einem Webbrowser arbeiten. Will man diese Datenbanken dann aus einem Programm aufrufen, kann man eine Bibliothek wie cURL aus den eigenen Funktionen aufrufen oder direkt eine für die verwendete NoSQL-Datenbank entwickelte Bibliothek.

Es gibt eine ganze Menge von NoSQL-Datenbanken, von denen für Einzelentwickler und kleine Gruppen besonders zwei Vertreter interessant sind:

Document Store-Datenbanken wie CouchDB oder MongoDB

Sie erlauben es, Daten mit einer ganz flexiblen Organisation abzuspeichern. Das ist ideal für Webseiten oder Content-Management-Systeme, denn man muss sich nicht überlegen, wie man eine Dokumentstruktur in der Datenbank abbildet. Die Benutzerin ist frei, dem Dokument ohne großen Programmieraufwand Absätze oder Links oder ursprünglich gar nicht vorgesehene neue Elemente hinzuzufügen.

Derartige Datenbanken haben keine Tabellen, keine Spalten und auch kein SQL. Stattdessen werden JSON-Dokumente abgelegt, die Kind-Elemente enthalten können. Die Kind-Elemente können ihrerseits wieder andere Kind-Elemente enthalten. Als Entwickler schreiben Sie kleine JavaScript-Funktionen, um Abfragen durchzuführen.

Wollen Sie den Besuchern die Möglichkeit eröffnen, Blogposts zu kommentieren? Dann müssten Sie im relationalen Modell eine COMMENT-Tabelle anlegen, die die Besucherkommentare enthält; weiterhin eine Tabelle für VISITOR, in der Informationen wie Name und E-Mail-Adresse jedes Besuchers erfasst wird; und eine Zuordnungstabelle zwischen COMMENT und VISITOR, um nachzuverfolgen, welcher Besucher welchen Kommentar geschrieben hat. Zwischen diesen drei Tabellen und der Tabelle für Blogposts müssten Sie dann ebenfalls noch eine Relation aufsetzen.

Im Document-Store-Modell ist das viel einfacher: Die Kommentare können einfach als zusätzliche Child-Objekte an jeden Blogpost angehängt werden und Sie haben dennoch die Möglichkeit, mit relativ wenig Aufwand alle Kommentare eines Spammers aus dem Verkehr zu ziehen. Diese Art der Ablage kommt unserem Denken viel näher: Kommentare zu einem Blogpost »gehören« diesem Posting und sind diesem untergeordnet. Das relationale Modell erfordert aber, sie vom Posting getrennt zu lagern und über Relationen später wieder zusammenzuführen.

Document-Store-Datenbanken sind immer dann eine gute Wahl, wenn Ihre Daten in der Struktur dynamisch sind oder Sie bei Beginn des Projekts noch nicht genau wissen, wie die Daten später strukturiert sein werden. Ändern sich nur die Inhalte, die Struktur aber eher selten, dann bieten sie keine großen Vorteile gegenüber relationalen Datenbanken. Auch Aggregations-Auswertungen (Summe der Verkäufe über alle Filialen, Durchschnittsgehälter der Mitarbeiter mit Maximal- und Minimalwerten) sind ihre Stärke nicht, dafür sind RDBMS erfunden worden.

Graphdatenbanken wie neo4j

Geht es hauptsächlich um die Vernetzung zwischen Datensätzen, dann könnten Graphdatenbanken eine gute Wahl sein, egal, ob es sich um chemische Reaktionswege, Geldflüsse oder soziale Netzwerke handelt. Anwendungen können beispielsweise ein Empfehlungssystem wie bei Amazon sein: Wenn das System Kunden und Artikel als Knoten modelliert und Käufe als Verbindungen zwischen einem Kundenknoten und einem Artikelknoten, dann kann es ziemlich einfach für einen Kunden A anhand seiner Käufe andere Kunden mit ähnlichen Kaufgewohnheiten finden. Geht es deren Käufe durch, dann kann es sie mit den Käufen von Kunde A vergleichen und diesem Kunden diejenigen Artikel vorschlagen, die er selbst bisher nicht gekauft hat, die aber von ähnlich veranlagten Kunden gerne gekauft werden.

Das Datenbankmodell von Graphdatenbanken ist ausgesprochen spartanisch: Es gibt nur Knoten und Verbindungen. Knoten können Eigenschaften wie eine ID, einen Namen oder vom Entwickler definierte, frei gewählte Eigenschaften besitzen. Die Verbindungen werden üblicherweise mit Verben wie »knows«, »likes« (bei sozialen Netzwerken) oder »inhibits«, »catalyzes« (in der Wissenschaft) belegt.

Facebook hat mit der »Graph search« eine Anwendung implementiert, die mit einer Graphdatenbank recht einfach umzusetzen ist. Man kann damit sein soziales Umfeld durchsuchen und Anfragen stellen wie »such mir die Freunde meiner Freunde, die auch häufig ins ›Gehäkelte Einhorn‹ gehen und gern Johnny Cash hören«.

Auch Graphdatenbanken werden nicht mit SQL durchsucht. Teilweise besitzen sie eine SQL ähnliche Abfragesprache, teilweise müssen Sie die Abfragen selbst programmieren.

Egal, für welche Art der Datenaufbewahrung Sie sich entscheiden: Treffen Sie diese Entscheidung bewusst und nicht aufgrund einer diffusen Abneigung gegen eine bestimmte

Technologie (»XML ist sooo 20. Jahrhundert!«) oder der Sorge, alternative Technologien nicht zu beherrschen. Es ist zwar Aufwand, sich in eine Datenbanktechnologie einzuarbeiten, aber auf längere Sicht kann es viel mehr Arbeit sein, sich jahrelang mit einer im Grunde ungeeigneten Technologie herumzuschlagen. Jedes weitere Stück Code, das Sie schreiben, um Ihr System in Gang zu halten, macht es schwieriger, auf eine bessere Möglichkeit umzusteigen.

KAPITEL 25

Sicherheit

»Wenn der Affe zuschaut, pflanze ich keine Erdnüsse.«

Sprichwort der Tiv

Dieses Kapitel wendet sich in erster Linie an Leser, die Webapplikationen schreiben wollen. Sicherheitslücken gibt es überall, sie werden aber vor allem unter den folgenden drei Bedingungen ausgenutzt: Es ist viel Geld im Spiel, man hat die Chance, mit fremden Daten Unfug zu treiben, oder man kann einen fremden Server zu bösen Dingen wie Spamversand missbrauchen. Ein in einer Arbeitsgruppe genutztes Datenanalysetool oder ein privates Haushaltsverwaltungsprogramm reizt kaum jemanden dazu, die vielleicht enthaltenen Sicherheitslöcher ausfindig zu machen. Das Hacken von Desktopanwendungen wird in der Hacker-Vorschule vielleicht noch als Übungsaufgabe praktiziert, aber niemand, der laufen und sprechen kann, interessiert sich wirklich dafür.

Zwar machen auch Sicherheitslücken in Desktopsoftware wie Microsoft Office oder Adobe Reader immer wieder Schlagzeilen, aber dabei handelt es sich um Software, die bei Millionen von Nutzern zum Einsatz kommt – und damit ein attraktives Angriffsziel bietet. Ihre selbstgestrickte Software für wissenschaftliche Reports, Ihr selbstgeschriebenes Sudoku oder ein kleines Helferskript werden sehr wahrscheinlich über zwei Handvoll Nutzer nie hinauswachsen. Und Software für Aktienhandel oder Homebanking werden Sie hoffentlich so bald nicht entwickeln wollen.

Anders sieht es aus, wenn Sie ein kleines Webprojekt umsetzen. Der überwiegende Anteil aller ausgenutzten Sicherheitslücken befindet sich in Software, die mit dem Internet interagiert (zum Beispiel Browsern und deren Plugins) oder als Webapplikation Dienste im Internet bereitstellt (Webforen oder Content-Management-Systeme). Auch wenn die Benutzerzahl Ihrer Webapplikation klein bleibt, kann praktisch jeder Internetnutzer auf sie zugreifen. Dabei ist die Applikation selbst für Hacker möglicherweise ganz uninteressant, sie ist aber das Einfallstor, durch das andere Menschen Zugriff auf Ihren Server erhalten. Der wird dann als Spamschleuder oder als Kommandozentrale für den dritten Weltkrieg missbraucht.

Reden Sie sich nicht ein, Ihre Webapplikation wäre so unbedeutend oder unbekannt, dass nichts Böses passieren könnte. Es gibt viele Menschen mit technischen Fähigkeiten und ausgeprägtem Gewinnstreben oder einer boshaften Natur, und früher oder später wird sich einer davon Ihre Anwendung vornehmen und nach Lücken suchen.

Selbst firmeninterne Anwendungen, die nur im LAN erreichbar sind, sollten mit einem wachen Auge daraufhin überprüft werden, was schlimmstenfalls passieren kann. Haben Mitarbeiter unkontrollierten Zugriff auf beliebige Datenmengen? Was geschieht, wenn ein besonders motivierter Mitarbeiter die Anwendung knackt? Dass derjenige damit einen Grund für eine fristlose Entlassung liefert, ist nur dann tröstlich, wenn er nicht Ihre Kundenliste oder sonstige interne Daten mitgenommen hat. Derartige Vorfälle werden normalerweise nicht bekannt. In die Medien haben es aber einige spektakuläre Fälle geschafft, darunter der 2008 bekannt gewordene Datendiebstahl bei der Liechtensteiner Bank LGT Treuhand. Hier war der Täter ein mit der Überprüfung eingescannter Unterlagen betrauter externer Mitarbeiter. Und der Geheimdienstanalyst Edward Snowden, der im Jahre 2013 große Teile der NSA-Internetüberwachung öffentlich machte, konnte das nur tun, weil er Zugang zu vielen internen Powerpoint-Präsentationen über die Überwachungsprogramme hatte.

Eigentlich ist der Begriff »Sicherheit« irreführend. Wo ein Austausch mit der Außenwelt stattfindet, da gibt es keine hundertprozentige Sicherheit. Der menschliche Körper arbeitet schon seit einigen Millionen Jahren daran, einerseits Luft und Nahrungsmittel aus der Umwelt aufzunehmen und andererseits Krankheitserreger abzuwehren, und doch stirbt ab und zu jemand an einer Infektion. Egal, ob Sie nur die elementaren Standards umsetzen, von denen in diesem Kapitel die Rede sein wird, oder ob Sie ein paar Wochen Lebenszeit investieren und sich gründlicher fortbilden – das Ergebnis ist in keinem Fall Sicherheit, sondern lediglich eine Verminderung der Risiken. Aus den zahlreichen veröffentlichten Sicherheitslücken auch bei großen Unternehmen sollte man nicht schließen, dass in deren IT-Abteilungen alle doof wären, sondern dass die Lücken immer zahlreicher sein werden als die Patches.

Es geht also nicht darum, Sicherheit herzustellen, denn die ist fiktiv. Ihr Ziel sollte es sein, kein ganz so leichtes Angriffsziel zu bieten. Kein Fahrradschloss der Welt ist unknackbar, aber ein gutes Schloss kann potenzielle Fahrraddiebe dazu bewegen, statt Ihres Rades ein anderes zu stehlen.

Wichtige Konzepte

Dass Sicherheit zu oft zu kurz kommt, hat nicht nur mit Unkenntnis und Zeitmangel zu tun. Selbst weniger erfahrene Programmierer wissen, dass es eigentlich ganz gut wäre, sich ein bisschen mehr mit Sicherheitsfragen zu befassen. Wahrscheinlich wissen sie auch, an welchen Stellen ihr Code Anlass dazu gibt, sorgenvoll die Luft durch die Zähne zu ziehen. Aber es ist allgemein unbeliebt, Vorsorge für unangenehme Ereignisse zu treffen. Die gedankliche Beschäftigung mit den möglichen Unannehmlichkeiten schmerzt zwar weniger als das tatsächliche Eintreten des Unglücksfalls, aber mehr als die naheliegende Alternative, das Nichtstun.

Das Problem zieht sich durchs ganze Leben, vom Vernachlässigen regelmäßiger Backups und Zahnarzt-Kontrollbesuchen bis hin zum Unwillen, sich mit Altersvorsorge zu befassen. In einer Studie aus dem Jahr 1974 heißt es im Zusammenhang mit der Einführung der Gurtpflicht in Deutschland, »dass der Sicherheitsgurt primär mit den Gefahren eines Unfalls und seinen Folgen assoziiert wird und erst sekundär mit seiner eigentlichen technischen Funktion, nämlich vor diesen Gefahren zu schützen«. Die Betroffenen gerieten daher beim Stichwort Anschnallen »psychologisch in die Klemme. Einerseits sehen sie ein, dass sie mit Gurten sicherer fahren, andererseits aktualisiert der Sicherheitsgurt bei ihnen Angst, die sie vermeiden wollen. Sie kommen aus einer Angstvermeidung nicht zu einer effektiven Gefahrenvermeidung.«[1]

Für den Fall, dass Sie dieses Kapitel nicht zu Ende lesen, weil Sie gern so wenig wie möglich über die fußballtorgroßen Sicherheitslücken Ihres Codes nachdenken möchten, kommen wir deshalb gleich zum zentralen Punkt dieses Kapitels: Sicherheit ist ein notorisch komplexes Thema, bei dem selbst die Besten immer wieder fatale Fehler machen. Als Neuling und selbst als fortgeschrittener Programmierer werden Sie ganz sicher ständig welche machen. Für alle sicherheitsrelevanten Aspekte der Softwareentwicklung existieren vorgefertigte Lösungen. Verwenden Sie sie (siehe auch Kapitel 19).

Wenn Sie sich entschließen, sicherheitsrelevanten Code zu schreiben, folgen daraus Verpflichtungen: Sie müssen nicht nur ein Mal, sondern immer wieder Zeit investieren, um auf dem aktuellen Stand zu bleiben. Was heute eine durchschnittlich sichere Lösung war, kann es schon morgen nicht mehr sein. Machen Sie sich mit dem Material vertraut, das das »Open Web Application Security Project« unter *www.owasp.org* für Sie zusammengetragen hat. Werfen Sie insbesondere einen Blick auf die Cheat Sheets (*www.owasp.org/index.php/Cheat_Sheets*), um eine Vorstellung vom Umfang der Aufgabe zu bekommen, auf die Sie sich einlassen.

Aber auch, wenn Sie sich gegen das Selberschreiben entscheiden, heißt das nicht, dass Sie gar nichts über Sicherheit zu wissen bräuchten. Sie sollten wissen, wo sich häufige Sicherheitsprobleme verbergen – an welche Stellen die »Mach es nicht selbst«-Regel also überhaupt zum Einsatz kommen soll. Es ist sinnvoll, dass Sie den eingesetzten Fremdcode und seine »Readme«-Dateien wenigstens in den Grundzügen verstehen. Und wenn der Einsatz fertiger Lösungen einmal wirklich nicht infrage kommt, dann sollte dieses Kapitel Sie in die Lage dazu versetzen, wenigstens die allerhäufigsten Fehler zu vermeiden. Aber auch nach der Lektüre gilt: Sobald Sie die Versuchung verspüren, ein eigenes Verschlüsselungsverfahren zu schreiben, ein Loginsystem, einen eigenen Webshop oder ein Kreditkarten-Bezahlsystem, halten Sie bitte inne, nehmen Sie die Hände von der Tastatur

---

1   Zitiert nach »Sicherheitsgurte: Furcht vor der Fessel«, Spiegel 50/1975, *www.spiegel.de/spiegel/print/d-41389557.html*.

und sticken Sie sich einen Kreuzstich-Wandbehang mit der Aufschrift »Mach es nicht selbst!«.

Es kann sinnvoll sein, schon die Wahl der Programmiersprache von Sicherheitsaspekten abhängig zu machen. Wenn Sie Software schreiben, die von anderen genutzt werden wird und potenziell eine größere Verbreitung erfahren kann und/oder direkt per Webinterface zu erreichen sein wird, dann müssen Sie über böswillige und fahrlässige User nachdenken. Für solche Projekte verbietet sich C als Sprache gleich von Anfang an, C++ für schlechte Programmierer eigentlich auch. Das Problem ist die Nähe zum Metall – in diesen Sprachen gibt es keinen doppelten Boden. Es ist sehr einfach, mit simplen Logikfehlern in der Verwaltung von Speicher komplett unvorhersehbare Effekte zu erzielen: Man greift auf ein Array-Element zu, das es nicht gibt, schreibt etwas hinein, und hat in dem Moment die Rücksprungadresse der Funktion verändert, in der man sich gerade befindet. Beim Herausspringen gerät man an eine unvorhersehbare Stelle im Code – und wenn man Pech hat, hat ein böswilliger Nutzer dort Code deponiert, der Ihren Server zur Spamschleuder macht. Das kann bei Sprachen mit automatischer Speicherverwaltung nicht passieren.

Wenn Sie SQL verwenden, bleibt es Ihnen nicht erspart, sich über SQL-Injection (siehe unten) schlau zu machen, bei JavaScript über XSS-Probleme (siehe unten).

Shared Hosting ist für Sie als Zielgruppe dieses Buchs sicherer als ein selbst administrierter Server. Bei Profis ist es umgekehrt, sie werden auf dem eigenen Server wahrscheinlich restriktivere Sicherheitsstandards einsetzen, als das ein Hoster tun würde. Aber wenn Sie nicht einen wesentlichen Teil Ihrer Arbeits- oder Freizeit mit Fragen der Serveradministration zubringen, werden die Default-Einstellungen und die Häufigkeit, mit der Sicherheitsupdates eingespielt werden, selbst bei einem mittelmäßigen Webhoster über dem liegen, was Sie selbst zustande bringen würden.

Vor- und Nachteile der Offenheit

Der erste Reflex zum Thema Sicherheit ist bei vielen Anfängern die Aussage »Ich halte meinen Quellcode geheim, dann kann niemand Sicherheitslücken finden.« Dieser Ansatz, im Englischen auch als »Security by Obscurity« (Sicherheit durch Undurchsichtigkeit) bekannt, ist unter professionellen Softwareentwicklern verpönt, weil sich gezeigt hat, dass sich viele Sicherheitslücken auch ausnutzen lassen, wenn man den Programmcode nicht kennt. Gleichzeitig verführt die Vorstellung, dass niemand die Schwächen des eigenen Codes kennt, einen dazu, sich um Sicherheitsbelange nicht zu kümmern. Legt man seinen Code offen, dann zwingt man sich dazu, Sicherheitslücken auszuräumen, und kann durch Codekritik von besseren Programmierern dazulernen.

Betrachten Sie daher Ihren Code von Anfang an so, als wäre er Gott und der Welt (dem Teufel sowieso) bekannt. Das hat nebenbei den Vorteil, dass Sie später noch jemanden in das Projekt aufnehmen können, ohne sich allzu sehr für die Codequalität zu schämen.

»Die URL kennt ja keiner« ist kein Argument.

Nicht verlinkte URLs sind keine Gewähr dafür, dass niemand auf die Seite findet. Um nur eine Möglichkeit von vielen zu nennen: Auf der geheimen Seite gibt es Links zu anderen Seiten. Klicken Sie eine dieser URLs, dann taucht die Adresse Ihrer unverlinkten Seite in den fremden Serverlogfiles auf und wird von neugierigen Menschen inspiziert. Weil auch die Betreiber dieser anderen Seiten nicht so genau wissen, was sie tun, stehen diese Logfiles womöglich außerdem offen im Netz und sind von Google durchsuchbar. Und wenn auch nur einer Ihrer Nutzer eine Google- oder Alexa-Toolbar im Browser installiert hat und auf die geheime URL zugreift, dann kommt recht bald der freundliche Googlebot vorbei und fügt Ihre vermeintlich unbekannte Seite dem Suchindex hinzu. Davor können Sie sich mit einem Eintrag in einer besonderen Datei auf Ihrem Server noch schützen, der *robots.txt*, aber nicht davor, dass jede URL, die von fremden Personen aufgerufen wird, nicht mehr geheim ist.

Liefern Sie im Fehlerfall möglichst wenig Informationen an den Browser zurück.

Viele erfolgreiche Angriffe basieren darauf, dass der Angreifer gezielt Fehler provoziert und aus den Antworten des Systems Informationen für einen erfolgreichen Angriff entnehmen kann. Fehlerseiten, die die Betriebssystemversion, die PHP-Revision oder den Pfad der Codedatei auf dem Server enthalten, sind schädlich. Für den legitimen Benutzer ärgerlich, aber unter dem Sicherheitsaspekt sinnvoll sind Fehlerseiten, die nur »Error 500« zurückgeben und sonst nichts. Wenn Sie während der Codeentwicklung zu Debuggingzwecken eine Option aktiviert haben, die Ihnen alle Fehlermeldungen detailliert anzeigt, sollten Sie sie vor dem produktiven Einsatz deaktivieren. Ersetzen Sie eine der Datenbank-Queries in Ihrer Applikation durch eine fehlerhafte und rufen Sie die entsprechende Seite auf, um zu prüfen, ob Ihr Skript die Fehlermeldung der Datenbank einfach an den Browser durchreicht. Werden Username oder Passwort falsch eingegeben, dann sollte die Applikation nicht verraten, welcher Teil falsch war. Auf diese Weise ist es nicht möglich, mit einem Skript die vergebenen Benutzernamen zu erraten.

Sichern Sie Verzeichnisse per `.htaccess` gegen Direktzugriffe.

Beim Verlinken von URLs ist es üblich, statt *example.com/some_directory/index.html* einfach nur *example.com/some_directory/* zu schreiben. Das funktioniert, weil der Browser selbstständig in diesem Verzeichnis nach einer Datei namens *index.html* sucht. Gibt es in dem Verzeichnis aber keine *index.html*, dann kann es sein, dass dem neugierigen Besucher stattdessen alle Dateien in diesem Verzeichnis aufgelistet werden. Das geschieht, wenn auf einem Apache-Server in der httpd.conf oder der für dieses Verzeichnis zuständigen .htaccess-Datei die Zeile Options +Indexes eingetragen ist. Options -Indexes verhindert das Anzeigen des Verzeichnisinhalts. Verlassen Sie sich nicht darauf, dass die sicherere Option schon fürsorglich voreingestellt sein wird. Sie ist es oft, aber nicht immer, wie das folgende Beispiel zeigt.

Heise Security berichtete 2008 über eine Sicherheitslücke beim Erotikkonzern Beate Uhse (*heise.de/-202226*), durch die 20 Dateien, die E-Mail-Adressen von Kunden enthielten, für alle sichtbar wurden: »Die Datenpanne ist Folge einer ganzen Reihe von Fehlern. Offenbar hatten die Administratoren die Daten zum Zugriff auf einen Online-Adventskalender mit Videoclips direkt auf dem Webserver gespeichert und zudem das Directory-Listing auf dem Server aktiviert. So konnte sich jeder Internetnutzer einfach per Webbrowser auf dem Server umsehen. Doch damit nicht genug: Der Google-Bot fand wahrscheinlich einen Link auf die nichtöffentlichen Verzeichnisse und indizierte kurzerhand alle Daten, die er dort vorfand. So waren die Daten nicht nur für Zufallsfunde offen, sondern auch ein einfaches und lukratives Ziel für Google-Hacks.«[2]

Vorsicht mit der Option `CheckSpelling`.

Wenn diese Option in der `httpd.conf`- oder einer `.htaccess`-Datei aktiviert ist, bekommen Besucher einer nicht existierenden Seite oder eines nicht existierenden Verzeichnisses Alternativen mit ähnlichen Namen angezeigt. Darunter sind womöglich Dateien, die Sie geheim halten wollten.

Vom Umgang mit Passwörtern

Während Benutzernamen üblicherweise kein Geheimnis darstellen, müssen Passwörter nicht nur vom Inhaber, sondern auch von Ihnen als Betreiber geheim gehalten werden. Gelangt ein Unbefugter an Ihre Passwortdatei, kann das das Ende Ihres Webprojekts bedeuten, weil der Täter viel Unfug anstellen kann, alle legitimen Nutzer neue Passwörter brauchen und generell das Vertrauen der Nutzer in Sie zerstört ist.

Passwörter dürfen daher auf keinen Fall im Klartext auf dem Server gespeichert werden. Nicht in einer Datenbank, nicht als Datei. Falls irgendjemand unbefugten Zugriff auf den Speicherort der Passwörter erhält, hat er plötzlich alle Benutzerkonten auf einmal in der Hand. Schon dass Sie als Betreiber eines Angebots Zugriff auf die Passwörter im Klartext haben, ist bei den Benutzern unerwünscht.

Bilden Sie daher bei der ersten Anmeldung eines Benutzers einen Hashwert (siehe den Abschnitt »Hashes, Digests, Fingerprints« in Kapitel 26) des Passworts und speichern Sie nur diesen. Damit kann ein Hacker schon nicht mehr an das Klartextpasswort gelangen, selbst wenn er Ihre Passwortdatenbank auslesen kann. Dieser Hashwert sollte aus dem Passwort und einem angehängten String Ihrer Wahl gebildet werden, denn es gibt inzwischen im Netz Verzeichnisse, in denen die Hashwerte für gängige Passwörter zu finden sind. Kann ein Einbrecher die Passwort-Hashes in Ihrer Datenbank einfach im Web nachschlagen, dann haben Sie durch das Hashing keine Sicherheit gewonnen. Wenn Sie hingegen das eingegebene Passwort durch einen selbst definierten String verlängern,

---

2   Durch Suchanweisungen wie »inurl« kann man Google dazu verwenden, nach bestimmten verwundbaren Systemen zu suchen.

dann unterlaufen Sie diese Verzeichnisse. Man nennt dieses Vorgehen *Hash salting*; der zusätzliche String ist das *salt*. Dieser Salzstring ist kein geheimer Teil eines Verschlüsselungsverfahrens, sondern dient nur dazu, die Suche in Passworthash-Verzeichnissen auszuhebeln. Sie können ihn also unbesorgt in derselben Datenbank wie die Passwörter aufbewahren oder in eine Config-Datei auslagern. Fällt er in die Hand eines Hackers, passiert nichts Schlimmes.

Jedes Mal, wenn sich der Benutzer einloggen will, bilden Sie aus dem angegebenen Passwort und dem Salzstring den Hash-Wert und vergleichen diesen mit dem gespeicherten. Sind die Hashes gleich, ist nach menschlichem Ermessen auch das richtige Passwort eingegeben worden. Als Algorithmus für das Hashing kommt derzeit nur bcrypt in Frage, alle anderen sind zu unsicher.

Selbst in großen Unternehmen, in denen erfahrene Programmierer arbeiten, kommt es immer wieder zu peinlichen Debakeln rund um die Speicherung von Passwörtern. Nicht immer ist es so schlimm wie bei reddit.com, wo im Jahr 2007 ein Backup der Datenbank abhanden kam, in dem Usernamen, Passwörter und E-Mail-Adressen aller Nutzer im Klartext gespeichert waren. Diese Geschichten sind so zahlreich, dass man ihnen eines zuverlässig entnehmen kann: Wer Passwörter speichert, macht dabei mit hoher Wahrscheinlichkeit Fehler.

Authentifizierungsverfahren

Wenn Sie nicht nur eine ganz einfache statische Website mithilfe eines SFTP-Clients und eines Texteditors entwickeln, müssen Sie sich Gedanken darüber machen, wer welche Teile der Site sehen und wer die Seiten verändern darf – und das zieht gleich die Frage nach sich, mit welchem Authentifizierungsverfahren Sie den Zugriff beschränken werden. Im Wesentlichen haben Sie die Wahl zwischen folgenden Authentifizierungsstrategien:

Sie verzichten ganz auf Authentifizierung.

Alle Nutzer dürfen dasselbe.

Vorteile:

- Die einfachste aller Lösungen.
- Kein Ärger mit vergessenen Passwörtern.
- Betreiber und Nutzer wissen genau, woran sie sind – es wird keine Sicherheit vorgegaukelt, wo keine ist.

Nachteile:

- Sie brauchen schnelle Reaktionszeiten, um den vorherigen Zustand wiederherstellen zu können, wenn es zu Vandalismus kommt.

- Sie als Betreiber sind Ihren Nutzern gleichgestellt. Sie haben keinen privilegierten Zugriff, zum Beispiel auf die eigenen Daten, eigene Beiträge und Kommentare – oder Sie müssen eben doch eine Privatauthentifizierung für sich selbst einbauen.

- Nutzer, die bereits unangenehm aufgefallen sind, lassen sich nicht sperren. (Das ist allerdings auch mit Authentifizierung nicht zuverlässig möglich. Ein neuer Account ist schnell eingerichtet.)

- Manchmal wird die IP-Adresse erhoben, um (z. B. in der Bearbeitungsgeschichte einer Wikipedia-Seite) die anonymen und nicht eingeloggten Nutzer trotzdem irgendwie zu kennzeichnen. Diese Identifikation über die IP-Adresse funktioniert nur als ungefährer Anhaltspunkt, weil dieselbe Nutzerin mehr als eine IP-Adresse haben kann und umgekehrt mehrere Nutzerinnen vom selben Proxyserver kommen und damit eine IP-Adresse teilen können.

HTTP-Authentifizierung (Basic Authentication oder Digest Authentication).

Sie tragen in eine .htaccess-Datei oder die Serverkonfigurationsdatei httpd.conf ein, welche Benutzer auf eine Datei oder ein Verzeichnis zugreifen dürfen.

Vorteile:

- Basic Authentication ist die einfachste Form der Authentifizierung: keine Cookies, keine Sessions, keine eigenen Loginseiten.

- Basic Authentication ist relativ leicht zu konfigurieren. Eventuell bietet Ihr Hosting-anbieter Ihnen in seinem Webinterface dafür Optionen wie »geschützte Verzeichnisse anlegen«, so dass Sie die .htaccess- oder httpd.conf-Dateien nicht einmal zu sehen bekommen.

- HTTP-Authentifizierung ist ein standardisierter Bestandteil des HTTP-Protokolls. Jeder HTTP-Client kann damit umgehen.

- HTTP-Authentifizierung ist »stateless« (siehe den Abschnitt »State und Stateless-ness« in Kapitel 26), das heißt, jede Anfrage wird unabhängig von allem behandelt, was bisher geschehen ist. Wenn der Rest der Anwendung *stateless* stattfindet, ist es praktisch, es bei der Authentifizierung genauso zu handhaben.

Nachteile:

- Die Eingabefelder für Benutzername und Passwort sehen in der Regel unansehnlich aus und lassen sich nicht verschönern. Es gibt keine Möglichkeit, aus der Passwort-abfrage direkt zur Neuregistrierung oder zu einer »Passwort vergessen«-Hilfe zu verlinken.

- Das Einrichten zusätzlicher Nutzer ist eher kompliziert.

- Bei Basic Authentication wird das Passwort, wenn kein HTTPS zum Einsatz kommt, jedes Mal im Klartext übertragen – das ist noch schlimmer, als es im Klartext zu speichern, und ein Feature, das nie hätte erfunden werden dürfen. Digest Authentication überträgt nur eine Checksumme des Passworts.

- Viele der bei Digest Authentication vorgesehenen Sicherheitsoptionen müssen explizit eingeschaltet werden
- Es gibt keine Möglichkeit, Nutzer automatisch auszuloggen. Der Browser merkt sich das Passwort mindestens, bis der Tab geschlossen wird, in vielen Fällen sogar, bis der Browser geschlossen wird oder der Nutzer von Hand die Browserhistory löscht. Wenn Ihre Nutzer auch mal an fremden Rechnern sitzen oder ihren eigenen Rechner kurz verlassen, kann das zum Problem werden: Jeder nicht autorisierte Nutzer kann dann die geschützte Seite aufrufen und zwar nicht ohne Umstände das Passwort einsehen, aber doch mit der geöffneten Seite Unfug anstellen.

Form-based Authentication/Sessions.

Die Nutzer werden einmal auf einer handelsüblichen Loginseite nach Username und Passwort gefragt. Sind sie eingeloggt, wird dieser Status in Sessionvariablen auf dem Server abgelegt. Eine in einem Cookie untergebrachte oder in der URL durchgereichte ID sagt dem Server, welcher Nutzer zu welcher Session gehört.

Vorteile:

- Die Loginseite ist frei gestaltbar.
- Nutzer können sich selbstständig neue Accounts anlegen und vergessene Passwörter wiederherstellen lassen.
- Der Server kann ein Session-Timeout machen und Nutzer damit automatisch z.B. nach Ablauf einer bestimmten Zeit ausloggen. Bekannt sind diese Timeouts vor allem aus dem Onlinebanking, wo die Dauer der Session sehr knapp bemessen ist, üblicherweise um die zehn Minuten.

Nachteile:

- Die Menge der möglichen Fehler, die man als weniger erfahrener Programmierer machen kann, ist viel größer als bei den bisher beschriebenen Methoden. Die Technik erzwingt weder Verschlüsselung noch sonstige Sicherheitsvorkehrungen. Es ist dem Entwickler freigestellt, die löchrigste Loginlösung der Welt zu basteln.
- Wenn das Cookie, das die Session-Daten enthält, nicht per HTTPS übertragen wird, kann es zum Session-Hijacking kommen, was vor allem in offenen WLANs ein Thema ist. Der Eindringling hat dann zwar nicht die Zugangsdaten, bleibt aber bis zum Ende der Session eingeloggt und kann Unheil anrichten.

Wenn Sie sich für diesen Ansatz entscheiden, setzen Sie bitte unbedingt auf schlüsselfertige Lösungen in Form separater Bibliotheken oder Tools. Das Angebot verändert sich hier im Moment so schnell, dass wir an dieser Stelle keine konkreten Tipps geben können. Eine Suche nach *authentication »best solution«* in Kombination mit dem Namen der jeweiligen Sprache sollte einige Ratschläge erbringen. Achten Sie auf das Datum der Antwort. Was vor einem Jahr die optimale Lösung war, kann längst schon wieder überholt sein.

OAuth/OpenID/Mozilla Persona.

Hier lagern Sie die Authentifizierung vollständig an Drittanbieter aus. Für alle, die nicht so genau wissen, was sie tun, ist das eine der sichersten Lösungen. Überall dort, wo Sie im Netz die Optionen »Login with Facebook«, »Login with Google« oder »Login with Twitter« sehen, hat der Anbieter sich für diesen Weg entschieden.

Vorteile:

- Die Nutzer haben vermutlich schon 100 über das Netz verstreute Profile und brauchen sich für Ihre Anwendung nicht noch ein weiteres anzulegen, sondern können einfach ein vorhandenes nutzen.

- Viele Ihrer Nutzer werden mehr Vertrauen in den OAuth-Anbieter haben – also etwa Twitter, Google oder Facebook – als in Ihre selbstentwickelte GetRichQuick-Anwendung.

- Den Support bei vergessenen Passwörtern muss jemand anders leisten. Sie sparen Zeit und verlieren nicht ganz so schnell den Glauben an die Zurechnungsfähigkeit Ihrer Mitmenschen.

- Sicherheitskritische Daten werden nicht auf Ihrem Server gespeichert, sondern auf dem des OAuth-Anbieters. Wenn Hacker alle Zugangsdaten stehlen, trifft Sie nur ein Teil der Schuld (nämlich, dass Sie sich für diesen unzuverlässigen Drittanbieter entschieden haben). Das ist besser, als ganz allein schuld zu sein, außerdem können Sie Ihr Leid dann mit vielen anderen teilen, die auf denselben Anbieter gesetzt haben.

Nachteile:

- Manche Nutzer werden *weniger* Vertrauen in Twitter, Google oder Facebook setzen als in Ihre Website, insbesondere seitdem bekannt ist, dass alle großen US-amerikanischen Internetunternehmen intensiv Daten an die NSA weitergeben. Wenn Sie diese Gruppe für relevant halten, dann könnten Sie Mozilla Persona anbieten. Auch hier wird Ihnen die meiste Arbeit abgenommen, aber Persona ist so aufgebaut, dass Mozilla keine Informationen über Ihre Nutzer erhält.

- Nutzer, die diese Bedenken zwar nicht teilen, aber einfach keinen Account bei einem OAuth-Anbieter haben, müssen Sie mühsam durch den fremden Registrierungsprozess lotsen – es sei denn, Sie sehen für solche Fälle parallel eine eigene Authentifizierungsoption vor. Damit sind dann aber wieder viele Vorteile der OAuth-Lösung dahin.

- Einige Ihrer Nutzer werden Ihrer GetRichQuick-Anwendung keinen verantwortungsvollen Umgang mit den doch oft sehr persönlichen Google- oder Facebook-Daten zutrauen.

- Wenn der OAuth-Anbieter gerade nicht erreichbar ist, gibt es keine Loginmöglichkeit.

- Wenn Sie sich nicht ganz so fest an einen bestimmten Anbieter binden wollen, können Sie mehrere OAuth-Loginoptionen vorsehen. Es wird dann aber auch schnell sehr viel komplizierter.

- Für Hacker ist es zwar viel schwieriger, aber auch viel attraktiver, ein großangelegtes, weltweit eingesetztes Sicherheitssystem zu knacken als Ihre kleine Privatlösung.

SQL Injection und XSS – die Gefahren in User-Content

Eins der derzeit häufigsten Sicherheitsprobleme ist das Cross-Site-Scripting (auch als XSS abgekürzt). Dabei wird einer Website JavaScript aus nicht vertrauenswürdiger Quelle untergeschoben und auf dem Browser des Benutzers ausgeführt. Hierdurch können beliebige Inhalte nachgeladen und auf eine Weise in die Seite eingebaut werden, dass der Benutzer den Angriff nicht erkennt. Schlimmstenfalls werden so Kreditkarteninformationen gestohlen, Spamlinks auf fremden Webseiten veröffentlicht oder in sozialen Netzwerken beliebige Nachrichten unter dem Profil des Nutzers versendet.

XSS-Probleme sind allgegenwärtig – auch bei großen und professionellen Anbietern. Anfang 2013 wurde eine XSS-Sicherheitslücke bei Amazon bekannt, durch die Sitzungscookies und damit Klarnamen, Mailadressen, Einkaufskörbe und Zugangsdaten für Unbefugte zugänglich waren. »Das Ausnutzen der Lücke war trivial«, berichtete heise Security, »man musste im Kundenforum lediglich einen Beitrag mit einem speziell formatierten Titel anlegen, etwa nach dem Muster "><script>alert('XSS')<script>. Da Amazon den angegebenen Beitragstitel nicht ausreichend überprüft hat, wurde der darin enthaltene JavaScript-Code in bestimmte Unterseiten des Forums eingebettet und dann bei deren Aufruf vom Browser ausgeführt.« Auch der Onlinebezahldienst Paypal war wenige Monate vorher durch eine XSS-Sicherheitslücke »an sehr zentraler Stelle« aufgefallen. 2011 berichtete heise Security über XSS-Lücken auf den Websites von 17 Banken – entdeckt wurden die Probleme von Schülern.

Das zweite Hauptproblem mit Nutzereingaben sind Angriffe, die durch sogenannte SQL-Injection Ihre Datenbank lesen und verändern. Wenn Ihnen das widerfährt, haben Sie nicht nur einen roten Kopf, sondern auch das Vertrauen Ihrer Nutzer verspielt. Die Daten können Sie mit einem guten Backup wiederherstellen, das Vertrauen eher nicht. Wenn Sie keine Vorsicht in der Programmierung walten lassen, genügt es für diesen Angriff schon, dass Ihre Applikation ein Suchformular zur Verfügung stellt und die Daten in einer Datenbank verwaltet.

Beide Probleme haben eine gemeinsame Wurzel: Es ist dem Anwender möglich, aktive Inhalte durch einfache Textfelder, URL-Parameter und Cookies in Ihr System einzuschleusen, wo sie dann ausgeführt (SQL-Injektion) oder ungeprüft an den Browser herausgegeben und dort ausgeführt werden (XSS-Attacke). Um das zu unterbinden, müssen alle Daten, die von außerhalb der eigenen Anwendung kommen, als zunächst gefährlich betrachtet und von möglicherweise enthaltenen Steuerzeichen befreit werden. Das betrifft nicht nur die Daten, die Benutzer in die dafür vorgesehenen Felder eintragen können, sondern auch URL-Parameter, Cookiedaten, das User-Agent-Feld des Browsers, Daten aus Datenbanken, Konfigurationsdateien und Dateisystemen, RSS-Feeds und sogar Barcodes. Alles, was aus Software stammt, die Sie nicht selbst geschrieben haben, ist verdächtig. »Vor der Verwendung« heißt hier auch: bevor Sie die Daten in einer Datenbank oder auf der Festplatte speichern, um sie erst später zu lesen.

Zum Reinigen von Inputdaten gibt es Bibliotheksfunktionen, die je nach Sprache und verwendeter Bibliothek unterschiedlich sind. Um Text in eine Datenbank zu schreiben, muss er von möglichen SQL-Injektionen befreit werden – dafür bieten sich parametrisierte Queries (siehe unten) oder ein SQL-Framework an. JavaScript-Injections werden dadurch verhindert, dass vom Benutzer generierte Inhalte in dem Moment, in dem sie ins System kommen, gegen Whitelists (siehe ebenfalls unten) geprüft und gefährliche Zeichen entfernt werden.

SQL-Injektionen kann man durch Filter auf der Inputseite unterbinden, denn sie sollen direkt auf dem Server ausgeführt werden, aber angesichts von XSS-Angriffen sollten Sie auf jeden Fall dafür sorgen, dass auch der Output gefiltert wird, den Ihr System an den Browser zurückgibt. Hierbei liegt der Schwerpunkt darauf, per Escaping Zeichensequenzen, die HTML-Tags und JavaScript enthalten könnten, in harmlose zu verwandeln.

Die Prüfung muss serverseitig geschehen.

Wenn man Nutzereingaben nur mit JavaScript auf dem Rechner des Nutzers überprüft, kann man es auch gleich bleiben lassen. Als Programmierer hat man ausschließlich den Server und die auf ihm laufenden Programme voll unter Kontrolle. Der Browser läuft auf dem Nutzerrechner und könnte durch ein Skript ersetzt sein. Daten werden vom Benutzerrechner zum Server über viele Zwischenstationen weitergereicht. Jeder dieser Router könnte die Daten mitlesen und verändern. Jeder, der sich die Mühe macht, ein paar Minuten nach einer Anleitung zu suchen, kann die Ergebnisse einer clientseitigen Prüfung nach Belieben manipulieren. Es kann sinnvoll sein, clientseitig zu testen, um dann den Nutzern mitzuteilen, dass mit ihren eingegebenen Daten oder hochzuladenden Bildern etwas nicht stimmt. Das dient aber wirklich nur der Benutzerfreundlichkeit, sicherheitstechnisch ist es irrelevant. Sie müssen diese Tests auf jeden Fall serverseitig noch einmal durchführen.

Verwenden Sie Nutzereingaben nicht direkt für die Ausgabe von Daten.

Nutzereingaben sollten Sie nicht einfach wieder ausgeben, ohne vorher problematische Zeichen zu maskieren. Es gibt in jeder Sprache fertige Befehle zu diesem Zweck, in PHP würde man für SQL `mysql_real_escape_string` verwenden; für Eingaben, die auf einer Website wieder ausgegeben werden und möglicherweise JavaScript enthalten, `htmlspecialchars`. Für Shell-Kommandos gibt es `escapeshellcmd` und `escapeshellarg`. Alle diese Funktionen versehen bestimmte Zeichen mit einem Backslash (\) und verhindern so die Ausführung eventuell eingeschmuggelten Codes.

Schreiben Sie also nicht

```
echo 'Ihre Eingabe war ' . $_GET["UserInput"];
```

Besser ist es, die Nutzereingabe in eine Variable zu stecken, einige problematische Zeichen in HTML-Code umzuwandeln und sie erst dann wieder auszugeben. In unserem PHP-Beispiel würde das so aussehen:

```
$rawUserInput = $_GET["UserInput"];
$userInput = htmlspecialchars($rawUserInput);
echo 'Ihre Eingabe war ' . $userInput);
```

htmlspecialchars wandelt die Zeichen &, <, >, " und ' in ihre HTML-Äquivalente um. Wenn der eingegebene Text HTML-Markup enthalten hat, steht im Ergebnis danach nicht mehr <script>, sondern das harmlose <script>. Für harmlose Nutzer, die in ihrem Beitrag einfach nur ein HTML-Beispiel geben wollten, genügt das, aber potenziell schädliches JavaScript kann jetzt nicht mehr ausgeführt werden.

Allerdings schützt htmlspecialchars nicht vor allen Gefahren. Wenn Sie wegen Ihrer überdurchschnittlich hackfreudigen Benutzer oder Ihrer besonders kritischen Daten höhere Sicherheitsstandards anlegen müssen, genügt diese Strategie nicht. Wir werden im Abschnitt »Weiße Listen sind besser als schwarze« weiter unten noch auf die Details zu sprechen kommen.

Verwenden Sie SQL, JavaScript und Shell-Kommandos nicht direkt für die Ausgabe von Daten.

Konstruieren Sie keine Queries oder Kommandos mit Nutzereingaben, ohne vorher problematische Zeichen zu maskieren.

Rufen Sie keine Anwendungen auf, deren Namen aus Nutzereingaben stammen.

Starten Sie also nicht mithilfe von system(), eval() oder vergleichbaren Aufrufen lokale Programme, wenn Name oder Pfad des Programms von außen beeinflusst werden können. Streichen Sie eval() am besten aus Ihrem Gedächtnis und verwenden Sie system() sehr vorsichtig.

Prüfen Sie Eingaben auf Plausibilität.

Hochzuladende Dateien sollten das erwartete Format haben und nicht irgendein beliebiges. Dasselbe gilt für Variablen, die Sie weiterverarbeiten möchten. In typsicheren Sprachen (siehe Kapitel 26) fällt von selbst auf, dass die vom Nutzer hereingereichte Variable id in Wirklichkeit keine Zahl, sondern einen halben Roman enthält. Arbeiten Sie aber mit einer schwach typisierten Sprache wie JavaScript oder PHP, dann müssen Sie selbst dafür sorgen, dass die Variable vom erwarteten Typ ist. In PHP finden Sie mithilfe von is_int(), is_numeric() etc. heraus, was Sie vor sich haben. Mit intval(), strval(), boolval(), floatval() oder settype() können Sie den Variablentyp erzwingen. In JavaScript greift man zu parseInt(), parseFloat() und isNaN() (»is not a number«). PHP bietet außerdem mit filter-var diverse Möglichkeiten, um herauszufinden, ob eine Variable in ein bestimmtes Schema passt, also beispielsweise wie eine korrekte Mailadresse oder URL geformt ist. Die zahlreichen vorgefertigten Filter decken vermutlich etwa 99 % von dem ab, was Sie selbst zu schreiben versucht sein könnten. (Siehe auch Kapitel 19.)

Wenn Sie eine Datenbank als Backend haben, benutzen Sie parametrisierte Queries.

Wenn Sie ein Content-Management-System haben, das URLs der Art /mypage?id=53 verwendet und diese IDs Primärschlüssel in der Datenbank sind, sollten Sie sich mit parametrisierten Queries befassen.

Schreiben Sie auf keinen Fall SQL-Strings in Ihr Programm, indem Sie von außen kommende Inhalte einfach einsetzen. Also niemals so:

```
var query = "select * from mytable where id = "+$pageId;
var result = query.execute();
```

Parametrisierte Queries sehen je nach Sprache unterschiedlich aus, funktionieren aber ungefähr so:

```
var query = "select * from mytable where id = ?";
query.setParameter(1, $pageId);
var result = query.execute();
```

Beim Ersetzen des Fragezeichens wird der Inhalt von $pageId daraufhin geprüft, ob er eine SQL-Injection enthält, und gegebenenfalls entschärft.

Prüfen Sie hochgeladene Dateien auf ihre Größe.

Verlassen Sie sich nicht darauf, dass niemand auf seltsame Ideen kommt und der vorgesehene Platz schon reichen wird, sonst öffnen Sie Ihr System für die »file space denial of service attack«, bei der Nutzer eine boshaft konstruierte Zip-Datei hochladen und damit die Festplatte Ihres Servers überfordern. Diese sogenannten Archivbomben sind sehr kleine (ungefähr 40 KByte) große Dateien, die beim Auspacken zu tera- oder sogar petabytegroßen Ergebnisdateien werden. Sie nutzen aus, dass Kompressionsalgorithmen absolut gleichmäßige Dateien, die beispielsweise nur 0 enthalten, extrem hoch komprimieren können. Als Gegenmaßnahmen sollten Sie hochgeladene Archive nicht einfach blind auspacken, sondern durch *libzip* zunächst die Größe prüfen lassen

Reichen Sie keine SQL-Queries als Query-String in der URL durch.

Eine Suche (hier in der Google-Version) nach inurl:& inurl:select inurl:from inurl:where fördert bedrückende Mengen an Ergebnissen ans Licht. Selbst Menschen ohne Hackerneigungen und -fähigkeiten werden hier kaum widerstehen können, durch simples Ändern der URL eine Kaffeefahrt durch die fremde Datenbank zu unternehmen.

Reichen Sie auch sonst nichts Sicherheitskritisches in der URL durch.

Entwickler von Webshop-Systemen müssen das Problem lösen, dass jeder Kunde einen Warenkorb mit Waren füllen kann, dann weiter durch den Webshop navigiert und zum Schluss an die Kasse geht und die Waren in seinem Warenkorb bestellen will. Da HTTP ein *stateless* Protokoll ist (siehe den Abschnitt »State und Statelessness« in Kapitel 26), muss sich der Entwickler Gedanken darüber machen, wie der Webshop sich den Zustand eines Warenkorbs merken kann und wie er einem Kunden zugeordnet wird.

Die empfohlene Lösung ist, auf ein Webframework zu setzen, das mithilfe von Cookies oder Parametern in der URL eine Session für jeden Benutzer öffnet, und in dieser Session den Zustand des Warenkorbs mitzuführen. Hierfür gibt es für die meisten Sprachen kompetente Lösungen.

Einige weniger erfahrene Entwickler kamen einmal auf die Idee, die Artikelnummern der Posten des Warenkorbs zusammen mit deren Preis in der URL oder im Cookie in die Session zu codieren. Wechselt der Benutzer auf eine andere Seite, werden die Informationen zum Warenkorb vom Browser des Kunden an den Server übergeben und von diesem mit der neuen Page wieder an den Browser. Gewitzte Kunden manipulierten dann die Anzahl der Artikel und den Preis und konnten an der Kasse statt drei Bügeleisen zu je 29,90 Euro fünf Bügeleisen zu je 2,99 Euro kaufen.

Der Fehler war hier, den Informationen, die vom Browser des Kunden zurückgeliefert wurden, zu vertrauen. Der Server hätte den Preis nur herausgeben, niemals aber wieder akzeptieren dürfen. Die Endabrechnung hätte komplett auf dem Server passieren müssen; die einzigen Angaben, die vom Browser hätten übernommen werden dürfen, sind die Zahl und Artikelnummern.

Sie dürfen daher niemals Passwörter, Kreditkartennummern, Preise und dergleichen an den Client übertragen und dann auf der Serverseite wieder vom Client übernehmen. Und bitte: Wenn Sie darüber nachdenken, mit Kreditkartendaten Ihrer Kunden zu hantieren, dann treiben Sie genug Geld auf, um einen Sicherheitsexperten zu bezahlen.

Geben Sie nicht zu viele Interna Ihrer Anwendung preis.

Wie Sie Ihre Daten aufbewahren, sollte nach außen möglichst nicht sichtbar sein, damit Sie keine unnötige Angriffsfläche bieten.

2009 berichtete der *Spiegel*: »Beim Online-Buchhändler libri.de hat es eine schwere Datenpanne gegeben. 563.610 Rechnungen Hunderttausender Kunden waren über einen Umweg für jeden Internetnutzer einsehbar.« Wer eine Rechnung als PDF-Dokument herunterlud, bekam dafür eine fortlaufende Nummer. Durch Eingabe zufällig gewählter anderer Nummern ließen sich sämtliche Rechnungen anderer Kunden aus den vergangenen 16 Monaten abrufen. Der *Spiegel* spottete: »Besonders peinlich: Auf Libri prangt ein Gütesiegel des TÜV Süd für sicheres Einkaufen im Internet.«

Hier kamen zwei Sicherheitsprobleme zusammen: Die gravierendere Sicherheitslücke war, dass nicht geprüft wurde, ob ein Benutzer auch Zugriff auf eine bestimmte Rechnung haben durfte. Bei jedem Zugriff auf eine Rechnung muss geprüft werden, ob der Benutzer eingeloggt ist und für diese Rechnung Zugriffsrechte besitzt. Auch wenn das schon ein grober Fehler war, wäre ohne die zweite Lücke wahrscheinlich nichts Schlimmes passiert: In der Webapplikation wurden interne IDs verwendet, wahrscheinlich aus einer Datenbanktabelle. Es war Angreifern ein leichtes, fortlaufende Nummern zu erraten. Ein kleiner zusätzlicher Schritt hätte diesen Angriff unmöglich gemacht, etwa indem die fortlaufende ID mit einem *salt* (siehe oben) verkettet und dann durch einen Hash-Algorithmus in einen Hashwert verwandelt worden wäre. Auf Serverseite wäre es durch einen Eintrag in der Datenbank ganz leicht gewesen, Usernamen, Rechnungsnummer und Hashwert zu verknüpfen, und auf Clientseite wäre es unmöglich, die URL für eine fremde Rechnungsnummer zu erraten.

Wenn Ihre Sprache Taint Checking anbietet, sollten Sie davon Gebrauch machen.

In Ruby und Perl gehört Taint zur Standardausstattung, in vielen anderen Sprachen lässt es sich über Bibliotheken oder Erweiterungen nachrüsten (eine Suche z. B. nach *taint php* oder *taint python* führt Sie hin). Im Taint-Modus legt das Programm eine Liste darüber an, welche Variablen von außen beeinflusst werden können und welche Variablen sich wiederum davon ableiten. Alle diese Variablen gelten dann als zweifelhaft. Wenn sie an gefährlichen Stellen zum Einsatz kommen sollen, zum Beispiel in SQL-Befehlen oder Kommandos auf Betriebssystemebene wie eval(), wird die Ausführung abgebrochen.

Weiße Listen sind besser als schwarze

Das Programm, das Ihre Website implementiert, ist der Agent, der die Benutzeraktionen ausführt. Um den Benutzer in seinen Aktionen einzuschränken, muss man die Aktionsmöglichkeiten des Programms einschränken. Sicherheit, dass das Programm nur das tut, was es soll, kann man prinzipiell auf zwei Wegen erreichen: Entweder verbietet man, was es nicht darf, oder man erlaubt nur, was es darf. Dieses Grundprinzip findet sich an ganz verschiedenen Stellen in unterschiedlicher Form wieder. So kann man aus Benutzereingaben alle <script>-Tags ausfiltern, die anderen Tags aber unverändert lassen (Blacklisting), oder man kann alle Tags entfernen, aber ein paar Auszeichnungshilfen wie <b> und <i> erlauben (Whitelisting).

Unter Sicherheitsaspekten ist es immer sinnvoll, so wenig wie möglich zu erlauben, das heißt: Erst einmal alles verbieten und nur das erlauben, was sicher keinen Schaden anrichtet. In unserem Beispiel gibt es neben <script>-Tags noch mehr Möglichkeiten, JavaScript einzuschmuggeln, zum Beispiel mit <p onmouseout="">. Das Problem wird deutlich entschärft, wenn man alle Attribute pauschal verwirft und nur eine Liste erlaubter Tags definiert. Oder HTML-Markup gleich ganz verbietet und durch Markdown ersetzt. Hier würde man fetten Text mit **b** auszeichnen statt mit <b>. Whitelisting macht für Sie als Programmierer mehr Arbeit – zuerst beim Ausdenken und dann beim Nachrüsten der hundert Dinge, die Sie anfangs auf die Whitelist zu setzen vergessen haben. Dieser Nachteil lässt sich nicht beschönigen. Die Unvollständigkeit Ihrer Whitelist wird Sie immer wieder ärgern – aber dieser Ärger ist insgesamt geringer als das potenzielle Unheil, das Ihnen andernfalls droht.

Meiden Sie in Regular Expressions wie .*. Meiden Sie auch die »non-greedy«-Variante .*?. Sagen Sie Ihrer Regex also nicht: »Verwende einfach alles, was an dieser Stelle steht, es wird schon gutgehen!« Besser ist es, »negated character classes« zu definieren, also zum Beispiel [^"]*, »verwende alles, bis ein Anführungszeichen auftaucht«. Das ist zwar eine Blacklist, aber schon mal ein Fortschritt. Noch besser ist es, auf eine Whitelist zu setzen, also genau anzugeben, welche Zeichen man zu akzeptieren bereit ist: [a-zäöü0-9]* zum Beispiel.

Alle Regler nach links

Das Whitelist-Prinzip lässt sich verallgemeinern und lautet dann: Alle Elemente in Ihrem Code und um ihn herum sollten nur die allernötigsten Rechte bekommen. »Alles verbieten« ist ein schlechtes Prinzip in der Kindererziehung, hat sich aber in der Softwareentwicklung bewährt. Alle Elemente, Objekte, Funktionen und Variablen Ihres Codes sollten mit niemandem kommunizieren, für niemanden zugänglich sein, keine Kekse von Fremden annehmen – es sei denn, Sie haben es ausdrücklich erlaubt. Denken Sie auch darüber nach, was passiert, wenn Sie eine Sicherheitslücke übersehen haben: Eröffnet sie dem Angreifer den Zugang zu allen anderen Teilen Ihres Systems?

Trennen Sie sicherheitsrelevante Ressourcen.

Ist die Datenbank Teil einer interaktiven Website, dann sollten der Webserver und der Programmcode möglichst auf einer anderen Maschine als die Datenbank laufen. Wird diese fremde Maschine kompromittiert, haben die Eindringlinge dann immer noch keinen vollen Zugriff auf den Datenbankserver.

Bei der Konfiguration der meisten relationalen Datenbanken können Sie für ein Schema verschiedene Benutzer zulassen. So kann es beispielsweise den Benutzer admin geben, der von localhost, also der Maschine, auf der die Datenbank läuft, zugreift. Dieses Benutzerkonto ist doppelt abgesichert: Man muss das Admin-Passwort besitzen und zusätzlich auf dem Datenbankserver eingeloggt sein. Daher hat dieser Benutzer alle Rechte, er kann Datenbanken anlegen und löschen (droppen), Nutzerkonten anlegen und Rechte der Nutzer verändern. Weil dieser administrative Benutzer so mächtig ist, sollte er wirklich nur zur Datenbankadministration benutzt werden und nicht etwa, um eine Webapplikation wie einen Webshop zu betreiben.

Dafür gibt es einen eingeschränkten Benutzer, beispielsweise des Namens webshop. Dieser verbindet sich vom Webserver aus mit der Datenbank, um Warenposten zu lesen und Bestellungen einzutragen. Sinnvollerweise hat dieses Benutzerkonto keinen lokalen Login auf dem Datenbankserver, sondern verbindet sich direkt auf die Datenbank. Zunächst limitiert man die IP-Adressen, von denen aus webshop sich mit der Datenbank connecten darf, auf die allernötigsten – Webserver und Rechner des Datenbankadministrators bzw. Entwicklers. Dieses Benutzerkonto bekommt auch stark eingeschränkte Rechte – es darf keine Datenbanken, Tabellen, Benutzerkonten oder Berechtigungen anlegen, verändern oder löschen. Es darf nur Zeilen aus Tabellen lesen, verändern und löschen.

Hat unser fiktiver Webshop noch eine separate Applikation, die für das Warenwirtschaftssystem zuständig ist, dann kann man dieser ein weiteres Benutzerkonto zuweisen, das Waren anlegen und löschen kann, Preise verändern und Rabatte eintragen. Der Benutzer webshop bekommt dann auf das Warenwirtschaftsschema nur lesenden Zugriff.

Durch diese abgestuften Zugriffsrechte können Sie die Folgen minimieren, falls der wahrscheinlichste Fall auftritt – jemand ist in den Webserver eingebrochen und kann sich mit den Rechten des Webshops mit der Datenbank verbinden. Dadurch, dass er die Waren und Preise nicht manipulieren kann, kann er viel schwerer Bestellungen teurer Artikel für einen lächerlichen Preis aufgeben. Und er kann Ihre Datenbank nicht einfach löschen oder verändern, weil diese Rechte dem administrativen User vorbehalten sind. Im schlimmsten Fall kann er aufgelaufene Bestellungen sehen und verändern – das ist schon unangenehm genug –, aber er kann vom kompromittierten Webserver aus nicht den Rest des Systems auch noch übernehmen.

Setzen Sie die Datei- und Verzeichnisrechte so restriktiv wie möglich.

Speziell wenn Sie fremde Tools und Skripten auf Ihrem Webserver installieren, läuft häufig erst mal nichts, weil bestimmte Dateien oder Verzeichnisse nicht genügend Rechte haben. Natürlich ist es am einfachsten, das lästige Problem ohne weiteres Nachdenken zu beheben, indem man alle Rechte auf 777 setzt (alle dürfen die Datei lesen, schreiben und ausführen). Tun Sie es trotzdem nicht. 777 sollte überhaupt nicht zum Einsatz kommen, denn sonst könnte irgendein Skript `rm -rf *` in eine Datei schreiben und ausführen – und schon sind Ihre Daten weg. Reale Angriffsszenarien sind zwar komplexer, aber die Kombination von »jeder darf in eine Datei schreiben« und »jeder darf diese Datei ausführen« ist brisant.

Andere Menschen, die auf die Anwendung, die Daten, den Server oder einen lokalen Rechner zugreifen können, sollten dort möglichst stark eingeschränkte Rechte haben.

Ihre Freunde und Mitarbeiter brauchen gar nicht böswillig zu sein, um Unheil anzurichten. Schon Fahrlässigkeit, Gedankenlosigkeit oder Unwissenheit genügen. Ein Beispiel des Nutzers *blowdart* aus der Stack Overflow-Sammlung »Worst security hole you've seen«: »Vor vielen Jahren wollte meine Firma ihre ASP-Website durchsuchbar machen. Ich ging also hin und setzte Index Server[3] auf, nahm ein paar Admin-Verzeichnisse von der Indizierung aus, und alles war gut. Allerdings hatte jemand ohne mein Wissen einem

---

3 Der Index Server ist ein inzwischen obsoleter Windows-Service, mit dem man lokale Rechner, interne Netzwerke und eben Websites durchsuchen konnte.

Sales-Mitarbeiter FTP-Zugriff auf den Webserver gegeben, damit er von zu Hause aus arbeiten konnte. Das war noch zu Dialup-Zeiten, und es war für ihn die einfachste Methode, Dateien auszutauschen. Er fing also an, Sachen hochzuladen, darunter Dokumente, in denen unsere Preisaufschläge auf alle Leistungen aufgeschlüsselt waren ... und *Index Server* indizierte alles und zeigte es an, wenn die Nutzer nach ›Kosten‹ suchten.« (*stackoverflow.com/questions/1469899/worst-security-hole-youve-seen*)

Ignorieren Sie die Compilerwarnungen nicht.

Sie haben zwar oft weniger mit Sicherheit zu tun, aber die großen Probleme riechen es, wenn jemand kleine Probleme ignoriert, und lassen sich dort dann besonders gerne nieder. Außerdem haben die Compilerwarnungen gelegentlich eben doch mit Sicherheit zu tun, und Sie erkennen bloß den Zusammenhang noch nicht.

Auch die Hintertür abschließen

Es ist sehr selten, dass man als Entwickler die unterschiedlichen Komponenten seiner Webapplikation gegeneinander abgrenzt. Teilweise ist das auch unmöglich, etwa weil Datenbankbenutzer und -passwort im Code oder in einer Konfigurationsdatei stehen müssen. Erlangt ein Unbefugter Zugriff auf eine Komponente, steht ihm in der Regel auch der recht einfache Zugriff auf andere Komponenten wie die Datenbank oder das Administrationsinterface offen. Eine Sicherheitslösung ist deshalb immer nur so sicher wie ihre unsicherste Komponente. Das merkt man spätestens, wenn man sein Fahrrad mit einem teuren Schloss an einem hölzernen Jägerzaun befestigt hat und den Heimweg zu Fuß zurücklegen muss.

Konzentriert man sich ganz darauf, weder SQL-Injektionen noch Cross-Site-Scripting zuzulassen, dann entgeht einem gerne mal, dass nicht nur das HTML-Frontend ein mögliches Einfallstor ist. Ein klassischer Fehler insbesondere von Webapplikationen ist, dass sie zwar in ihrer Funktion getestet und von außen aufgerufen auch relativ sicher sind, ihre Daten aber auf einer Windows-Freigabe liegen, die für einige Arbeitsgruppen oder gar die ganze Firma erreichbar ist. Oder die Administrationsseite des Servers ist mit einem schwächeren Passwort abgesichert als die Webapplikation.

Ein bekanntes Beispiel ist *phpMyAdmin*, ein webbasiertes Datenbank Administrationstool für MySQL-Datenbanken. Über die Jahre wurden über 130 Sicherheitslücken in dieser Software bekannt gemacht, nicht jede gleich gravierend, aber viele von ihnen erlaubten Unbefugten, Zugang zu einem Server zu erlangen, auf dem phpMyAdmin installiert war. Wer dieses Tool nur installierte, um bequem seine Datenbank einzurichten, vergaß es gerne zu deinstallieren oder upzudaten. Daher gibt es inzwischen Skripte, die automatisch veraltete phpMySQL-Installationen auf fremden Servern suchen und ihre Sicherheitslücken auszunutzen versuchen. Egal, wie sicher Ihre eigene Webanwendung ist: Haben Sie auf demselben Server eine unsichere phpMyAdmin-Version installliert, sind der Server und damit auch Ihre Webanwendung unsicher.

Bauen Sie nicht »mal schnell« eine ungesicherte Hintertür zum Testen ein. Das von John Gall erstmals beschriebene »Rohe's Theorem« besagt: »Entwickler von Systemen entwickeln gern Verfahren, mit denen sie selbst das System umgehen können.« Das bedeutet nicht nur, dass Politiker in sozialistischen Staaten sich selbst gerne Prachtvillen erbauen lassen. Es bedeutet auch, dass Sie versucht sein werden, sich einen Administrator-Account mit allerlei Privilegien und einem fest verdrahteten Passwort anzulegen. Tun Sie es nicht. Nicht einmal als »Provisorium«. Sonst ergeht es Ihnen wie der Telekom 2008, als der *Spiegel* herausfand, dass die Daten von mehr als 30 Millionen T-Mobile-Kunden von jedem beliebigen Rechner aus einzusehen und zu verändern waren: Schuld war ein einziges zentrales Administratorpasswort, das nicht nur zahllose Mitarbeiter der T-Punkt-Läden kannten, sondern auch diverse Hacker und am Ende eben auch die Spiegel-Redaktion.

Wenn Sie ein gewisses Sicherheitslevel für unabdingbar halten, dann müssen Sie auch mit dessen Unbequemlichkeiten leben: Beispielsweise muss ein privilegierter Account ein besonders sicheres Passwort besitzen, das System sollte Sie dazu zwingen, dieses Passwort alle paar Wochen zu ändern, und der Zugang mit diesem administrativen Account sollte nur über bestimmte IP-Adressen erlaubt sein – am besten über solche, die zu einem internen Netz gehören. Leider kann das allerdings zur Folge haben, dass Sie an einem Sonntag in die Firma fahren müssen, um ein System neu zu starten.

Penetration Testing

Es gibt sogenannte Penetration Testing Toolkits, das sind Programme, mit denen Sie Ihre Webapplikationen nach offenkundigen Lücken durchsuchen können lassen. Leider ist es mit ihnen wie mit Verschlüsselung: Sie erfordern Kompetenz und die Kenntnis der Angriffsszenarien, gegen die Sie Ihre Webapplikationen absichern wollen. Halbwissen ist unter Umständen gefährlich – nämlich dann, wenn es mit Selbstüberschätzung gekoppelt ist.

Automatisierte Penetration Testing Tools können niemals alle möglichen Angriffsszenarien testen; und um wirklich effektiv zu sein, müssen sie auf die Website abgestimmt werden, die getestet werden soll. Ein kompetenter Tester kann mit einem solchen Tool ein breites Spektrum von Sicherheitsaspekten einer Seite testen, aber es ist in keinem Fall eine Patentlösung.

Wir empfehlen diese Tools daher nur halbherzig: Wenn Sie eines verwenden, sollten Sie nicht dem Irrtum anheimfallen, Ihre Site für sicher zu halten, nur weil das Tool keine Lücken gefunden hat. In unseren unsystematischen Tests lieferten diese Tools neben Treffern sowohl falsch-positive (Lücken, die keine sind) als auch falsch-negative Ergebnisse (mögliche Probleme, die dem Tool entgehen).

Ein Beispiele für ein Penetration Testing Tool ist *Vega*, das lokal auf Ihrem Rechner laufen kann und den Links auf Ihrer Site folgt, um per Zufall irgendwann an unsichere Formulare zu gelangen. Es stellt die Ergebnisse in einer hübschen Liste dar. Ein weiteres, weniger komfortables Tool ist *OWASP ZAP*. Sowohl OWASP ZAP als auch Vega können sich als Proxy zwischen Ihrem Browser und dem Server einklinken und dann den Datenverkehr analysieren, während Sie sich auf der Site bewegen – das ist meist ein aussichtsreicheres Vorgehen als der Vollautomatikmodus von Vega.

Die Fehler der anderen

Wenn Sie nach der Lektüre dieses Kapitels ein bisschen mehr als vorher über Sicherheit wissen, führt das hoffentlich nicht dazu, dass Sie höhnische Bemerkungen ins Internet schreiben, wenn Sicherheitslücken bei anderen, größeren Projekten entdeckt werden. Der Unterschied ist nicht, dass es bei den anderen diese Sicherheitslücken gibt und bei Ihnen nicht, sondern nur der, dass sie dort bereits aufgeflogen sind und bei Ihnen noch nicht. Wenn Sie auf fremden Websites oder in fremdem Code Probleme entdecken, denken Sie nicht einfach: »Höhö, die wissen ja *noch* weniger als ich!« Na gut, wenn es sein muss, denken Sie eben: »Höhö, die wissen ja *noch* weniger als ich!« Aber dann seien Sie bitte so nett und schreiben eine freundliche Mail.

Wie das gehen kann, sieht man an dieser Nachricht von Helge Grimhardt, die die Riesenmaschine im Jahr 2008 erreichte. Weil sie viel Nachahmenswertes enthält, haben wir alle wichtigen Elemente noch einmal in Fußnoten erläutert.

> Sehr geehrte Damen und Herren,
>
> ich war gerade ein wenig auf riesenmaschine.de unterwegs. Dabei ist mir aufgefallen, dass die Seite stellenweise Sicherheitslücken aufweist, die das Einschleusen fremder Inhalte ermöglichen. Ein Angreifer könnte so z.B. nach Benutzerdaten fragen, ohne dass der Besucher merkt, dass die Anfrage nicht von riesenmaschine.de stammt.
>
> Es handelt sich dabei um eine so genannte 'Cross Site Scripting (XSS) Lücke'.[4] Das folgende Beispiel[5] zeigt, wie über einen normalen Link fremde Inhalte (hier ein Iframe auf Google) eingeschleust werden können.
>
> http://riesenmaschine.de/tshirts2006.html?shirt=1%22%3E%3Ciframe%20src=http://www.google.de/%3E
>
> Natürlich lassen sich theoretisch auch andere/unangenehmere Inhalte (Tags, Scripts usw.) einfügen – dieses Beispiel zeigt das Prinzip jedoch sehr anschaulich und ist zudem ungefährlich. Das Problem kann durch das Filtern der eingehenden Daten relativ leicht behoben werden.[6]
>
> Ich möchte Ihnen auf keinen Fall einen Schreck einjagen[7] (ich kenne leider auch Menschen, die auf Hinweise dieser Art mit Drohungen reagieren), denke aber, dass sich die

---

4   Der Verfasser schreibt nicht einfach »XSS-Sicherheitslücke!«, sondern beschreibt zuerst das Problem und benennt es dann.

5   Beispiele sind immer gut.

6   Ein Hinweis zur Behebung, versehen mit der beruhigenden Anmerkung, dass diese Behebung nicht schrecklich schwer ist. Wer es noch besser machen will, kann einen Link zu einer Anleitung mitliefern.

7   Einfühlung in die Lage des Empfängers und Ausräumen möglicher Bedenken.

Sicherheit einer Seite nur so verbessern lässt und schicke daher meist einen Hinweis, wenn mir eine Lücke ins Auge fällt.

Falls sich noch Fragen ergeben sollten, stehe ich natürlich gerne zur Verfügung.[8]

Mit freundlichen Grüßen, Helge Grimhardt

Sicherheit ist ein Prozess

Machen Sie sich frei von dem Gedanken, dass Sie Sicherheit nachträglich über den Code pinseln könnten. Sicherheit fängt bei Ihren allerersten Überlegungen zur Vorgehensweise an. In dem Moment, in dem Sie das erste Zeichen hinschreiben, sind viele Weichen bereits gestellt. Sicherheitsfragen sind nicht nur dort relevant, wo die Nutzer eine Aufforderung zum Einloggen angezeigt bekommen, sie durchziehen den gesamten Code. Und Sicherheit beschränkt sich nicht einmal auf den Code selbst. Sie ist ein umfassendes Konzept, das neben dem Sourcecode weitere Bereiche einer Organisation umfassen muss – sogar dann, wenn diese Organisation nur aus Ihnen selbst besteht. Dazu gehören der Zugang zu den Servern, sowohl physisch als auch der Fernzugriff, die Passwörter zu den Datenbanken und – ab einer gewissen Relevanz der Daten – auch die Auswahl der Menschen, die auf die Daten zugreifen können. Lassen Sie sich auf keine Sicherheitsversprechen festnageln, wenn gleichzeitig viele Kollegen die Inhalte einer Datenbank auslesen und auf einen USB-Stick übertragen könnten. Im Bereich Sicherheit gibt es kein »gut genug«, wenn die Existenz Ihrer Firma, Ihres Uniprojekts oder Ihrer Spaß-Community durch einen Bruch der Sicherheitsvorkehrungen gefährdet sein könnte. In einem solchen Fall hilft nichts anders, als Experten um Hilfe zu bitten.

Wenn es irgend möglich ist, sollten Sie Widerstand leisten, wenn Mitarbeiter oder Auftraggeber das Konzept »Sicherheit als Prozess« vernachlässigen und dabei Ihre Mithilfe erwarten. Verschieben Sie die Verantwortung nicht auf die Schultern anderer Mitarbeiter (»das sollen die Systemadministratoren machen«) oder zu den Endnutzern des Codes (»ihr habt es so gewollt«). Mit der IT-Sicherheit ist es so ähnlich wie mit der Hygiene in Krankenhäusern: Es funktioniert nur, wenn alle mitmachen und alle Beteiligten geduldig immer wieder an die Regeln erinnert werden. Sie sind nicht von der Mitarbeit an Sicherheitsfragen befreit, nur weil Sie ein weniger guter Programmierer sind. Sobald Sie sich dazu entscheiden, Code zu schreiben, der nicht nur von Ihnen benutzt wird, übernehmen Sie Verantwortung für die Daten anderer Menschen, mindestens aber für die Sicherheit der Rechner, auf denen Ihr Code läuft oder Ihre Website betrachtet wird. Im Straßenverkehr tragen Sie sogar als Fußgänger eine gewisse, wenn auch überschaubare Verantwortung für die Sicherheit anderer Menschen. Zum Beispiel dürfen andere Verkehrsteilnehmer hoffen, dass Sie nicht unerwartet vor ein Auto springen. Als Programmierer, der sich sicherheitsrelevante Aufgaben aussucht, sind Sie schon kein Fußgänger

---

8 Luxus-Bonuspunkt: Weitere Hilfe anbieten.

mehr, sondern mindestens Fahrradfahrer. Dieser Verantwortung sollten Sie sich bewusst sein.

Jeder Mensch kann sich nur mit einer begrenzten Anzahl von Bedrohungen auseinandersetzen, der Rest wird zur Erhaltung der geistigen Gesundheit ausgeblendet. Wenn Sie sich mit der Bewältigung der Alltagsrisiken bereits ausgelastet fühlen, müssen Sie Prioritäten setzen. Gehen Sie lieber regelmäßig zum Zahnarzt und kümmern sich um Ihre Altersvorsorge, denn Karies und Altern kommen unausweichlich auf Sie zu. Sicherheitsrelevanten Code zu schreiben, ist hingegen völlig optional. Überlassen Sie es einfach anderen. Es gibt vieles, wovon man als weniger guter Programmierer die Finger lassen sollte. Die Fähigkeit, die Grenzen der eigenen Kompetenz und Belastbarkeit zu erkennen und zu respektieren, macht Sie nicht zu einem schlechteren, sondern zu einem besseren Programmierer.

KAPITEL 26

Nützliche Konzepte

»Skandal: Erst mit 33 Jahren erfahre ich, dass der Hirsch gar nicht der Mann vom Reh ist! Bildungssystem, Staat, Eltern - alle versagt!«

Frollein / @dorfpunk, Twitter, 17. Mai 2011

Dieses Kapitel ist das positive Gegenstück zu »Warnhinweise«. Auch wenn die IT eine schnelle Entwicklung durchgemacht hat und im Vergleich zu den Ingenieurwissenschaften relativ jung ist, gibt es doch eine Reihe von Konzepten, die sich bewährt haben und daher in gleicher oder ähnlicher Form immer wieder in der Softwareentwicklung auftauchen.

Es ist gut, von den hier aufgelisteten Ideen und Praktiken schon einmal gehört zu haben und sie womöglich sogar einzusetzen, aber es fällt auch nichts überraschenderweise brennend vom Himmel, wenn nicht. Man lebt dann schlimmstenfalls ein wenig umständlicher und versteht ein paar Abschnitte in fremdem Code nicht.

Exceptions

Exceptions sind ein Mechanismus, um Fehler, die in einer tiefen Programmschicht auftreten, nach oben in Richtung Benutzerinterface oder Programmsteuerung zurückzumelden. Entwickler stehen häufig vor einem Problem: Sie rufen Funktionen auf, um zum Beispiel eine Datenbankverbindung zu öffnen; diese Funktionen rufen ihrerseits weitere Funktionen auf, und so kann es sein, dass ein Fehler – zum Beispiel eine abgebrochene Datenbankverbindung – in einer Funktion einer Bibliothek auftritt, während die Funktion, die die Datenbankverbindung benutzen wollte, zehn Ebenen höher liegt. Ruft eine Funktion A Funktion B auf, dann besteht eine direkte Verbindung: A kann B über Funktionsparameter Werte übergeben und B kann einen Rückgabewert an A zurückgeben. Ruft allerdings eine Funktion C Funktion A auf und A ruft Funktion B auf, dann gibt es zwischen B und C keine direkte Kommunikation mehr.

Wenn die Funktion nicht weiß, woher sie ursprünglich aufgerufen wurde, kann sie einen Fehler nicht dorthin zurückmelden. Das Programm aus der tieferliegenden Funktion hart zu beenden, kann zwar gelegentlich richtig sein (wenn es nicht sinnvoll weiterarbeiten kann), aber häufig ist das nicht im Sinne der Programmiererin, die dem Benutzer gerne einen Fehlerhinweis geben, Dateien ordentlich schließen oder andere Systeme über den Fehler benachrichtigen würde.

Um die Lücke zwischen dem Auftreten des Fehlers in einer Funktion und seiner Behandlung in einer ganz anderen zu schließen, wurde gelegentlich mit Error-Codes gearbeitet: Jede Funktion lieferte einen Fehlercode oder 0 für »kein Fehler« zurück und musste darauf achten, die Fehlercodes jeder aufgerufenen Funktion selbst als Fehlercode auszugeben. Das war mühsam und fehleranfällig, daher wurden schon in den 1960er Jahren Versuche mit einem anderen, globaleren Fehlerkommunikationskanal angestellt, aus denen sich dann später Exceptions und Exception-Handling entwickelten.[1]

Die Kommunikation per Exceptions zwischen Programmteilen oder zwischen Bibliotheken und aufrufendem Programm funktioniert so, dass die höhergelegene Funktion bekannt gibt, sich für Exceptions im von ihr aufgerufenen Code zu interessieren (sie will Exceptions »fangen«). Eine Bibliotheksfunktion gibt ihrerseits in Form einer Exception bekannt, dass ein schwerer Fehler aufgetreten ist (sie »wirft« eine Exception). Das Programm wird gestoppt und ein Exception-Handler sucht in den darüberliegenden Funktionen nach der ersten, die Exceptions fangen kann. Findet der Exception-Handler keine, wird das Programm beendet. Findet er eine, dann läuft das Programm in dieser Funktion weiter und gibt ihr die Chance, die Exception zu behandeln und geeignete Maßnahmen zu ergreifen. Das sieht ungefähr so aus:

```
function openDatabaseConnection(settings) {
    ... // vorbereitende Schritte
    var connection = DBDriver.openConnection();
    if (connection == null) {
        throw DatabaseException;
    }
    return connection;
}

function readData() {
    var dbSettings = readSettings();
    try {
        var connection = openDatabaseConnection(dbSettings);
    } catch (var exception) {
        print "ERROR: could not open database";
        LOG.log(LogLevel.Fatal, exception);
        exit (-1);
    }
    ... // ab hier wissen wir, dass wir eine gültige connection haben
}
```

---

1   In manchen Lowlevel-Bibliotheken wird auch heute noch aus Performancegründen mit Fehlercodes gearbeitet.

Die Funktion openDatabaseConnection() prüft, ob der Treiber geöffnet und eine Verbindung mit der Datenbank hergestellt wurde. Falls connection null ist, das Öffnen also fehlgeschlagen ist, wirft die Funktion mit throw eine Exception (vom Typ Database-Exception). Die Funktion readData() gibt durch den try-Block bekannt, dass sie Exceptions beim Öffnen der Datenbank auffangen und behandeln will. Falls readSettings() eine Exception würfe, würde sie von readData() nicht behandelt, denn readSettings() wird außerhalb des try-Blocks aufgerufen. In unserem einfachen Beispiel meldet read-Data() nur einen Fehler an den Anwender, loggt die Exception und beendet das Programm, aber die Funktion könnte den Anwender auch bitten, Username und Passwort für die Datenbankverbindung zu prüfen oder nachfragen, ob sie einen zweiten Anlauf starten soll, sich mit der Datenbank zu verbinden.

Wie Exceptions genau geworfen und gefangen werden, ist von Sprache zu Sprache unterschiedlich. So heißt das Werfen von Exceptions raise oder throw, das Fangen kann catch, rescue oder except heißen:

Ruby: Exception werfen: raise. Exception fangen: begin ... rescue Exception

Java: Exception werfen: throw new Exception("Message"). Exception fangen: try{...} catch (Exception ex)

JavaScript: Exception werfen: throw "Message". Exception fangen: try{...} catch (ex)

PHP: Exception werfen: throw new Exception("Message");. Exception fangen: try{...} catch(Exception $e)

Python: Exception werfen: raise Exception("Message"). Exception fangen: try ... except Exception

Ebenso sind die Konventionen im Umgang mit Exceptions unterschiedlich. So ist es in Python beispielsweise Usus, eine Datei zu öffnen und hineinzuschreiben – ohne zu prüfen, ob das Öffnen erfolgreich war und die Datei schreibbar ist. Wenn das Programm keine Schreibrechte hat oder das Öffnen aus anderen Gründen nicht erfolgreich war, wird eine Exception geworfen und gefangen.

Am anderen Ende des Spektrums steht Java, in dessen Gemeinde Exceptions nur für unvorhergesehene, schwere Fehler verwendet werden. Eine abbrechende Datenbankverbindung wäre ein Grund für eine Exception, aber es ist üblich, zu prüfen, ob das Öffnen einer Datei erfolgreich war, um Exceptions beim Schreiben möglichst zu vermeiden.

Beide Lager sind natürlich davon überzeugt, dass ihr Weg der richtige ist und die jeweils andere Seite nur Quatsch erzählt.

Lesen Sie sich daher in die Konventionen Ihrer Zielplattform im Umgang mit Exceptions ein, häufig gibt es interessante Möglichkeiten zu entdecken. So können Sie beispielsweise in Android einen eigenen programmweiten Exception-Handler installieren, der alle nicht gefangenen Exceptions zugewiesen bekommt. Von diesem Handler aus könnten Sie die Exceptions loggen und verhindern, dass Ihre App abstürzt.

Es ist prinzipiell möglich, Exceptions zu unterdrücken, aber tun Sie es bitte nicht:

```
try {
        var connection = openDatabaseConnection(dbSettings);
    } catch (var exception) {
    }
    ... // und weiter geht's
```

Der leere catch-Block wird zwar aufgerufen, aber da er das Programm nicht abbricht, geht es danach weiter, als wäre die Exception nicht aufgetreten. Diese Art, sich selbst wertvoller Diagnoseinformationen zu berauben, wird in allen Sprachen als schlechter Stil betrachtet. Wenn Sie eine Exception fangen und feststellen, dass Sie damit nichts anfangen können, dann werfen Sie sie im catch-Block mit throw einfach weiter, irgendjemand freut sich, wenn er sie fangen kann. Ist das kein gangbarer Weg, weil Ihr Programm nicht abbrechen soll und Sie nicht sicher sind, ob die Exception irgendwo gefangen wird, dann loggen Sie sie wenigstens.

Faustregeln

- Wenn Sie mit Ressourcen außerhalb Ihres Programms zu tun haben, also Dateien, Servern oder auch USB-Peripherie, dann müssen Sie mit Exceptions rechnen.
- Unterdrücken Sie keine Exceptions, lassen Sie lieber Ihr Programm crashen.
- Schreiben Sie nur dann try/catch-Blöcke, wenn Ihr Programm etwas Sinnvolles unternehmen kann, falls eine Exception auftritt.
- Lesen Sie sich in die Gewohnheiten Ihrer Sprache im Umgang mit Exceptions ein.

Error Handling

Die oben beschriebenen Exceptions sind ein Bereich von Error Handling, der für schwere Fehler und Ausnahmesituationen gedacht ist, es gibt aber auch mildere Fehler, die anders behandelt werden können.

Beispielsweise könnte ein Benutzer ein Kommandozeilenprogramm wie less aufrufen, aber einen Dateipfad übergeben, unter dem im Dateisystem keine Datei existiert. Hier eine Exception zu werfen, ist relativ sinnlos, denn dann wird das Kommandozeilenprogramm mit einer für den Anwender unverständlichen Fehlermeldung wie »uncaught Exception in Line 184« beendet. Oder eine Funktion in Ihrem Programm sucht in einer Adressdatenbank nach einem Benutzer mit einem bestimmten Nachnamen, findet aber keinen. Auch hier sollte keine »UserNotFoundException« geworfen werden, denn der aufgetretene Fehler ist im normalen Programmablauf zu erwarten.

Zur Laufzeit eines Programms können also verschieden schwere Fehler auftreten:

- Fehleingaben des Benutzers
- Suchen, die keine Ergebnisse zurückliefern
- Leere Arrays oder Strings der Länge 0 werden an Funktionen übergeben, die Array- oder Stringoperationen vornehmen möchten.
- In einer Variable steckt Text, obwohl sie eigentlich eine Zahl enthalten sollte.
- Das Programm versucht, durch 0 zu teilen.
- Statt eines Objektes wird einer Funktion NULL übergeben.
- Gelesene Dateien enthalten Daten, die nicht dem erwarteten Format entsprechen (zum Beispiel XML in einer CSV-Datei).
- Dateien können nicht gelesen oder geschrieben werden oder existieren gar nicht.
- Verbindungen zu einem Server oder der Datenbank brechen ab.
- Der Rechner geht in Flammen auf.

Bis auf ganz triviale Fehler wie Fehleingaben des Benutzers oder leere Suchergebnisse sollten Sie Fehler loggen. Machen Sie sich mit Logging-Bibliotheken (siehe den Abschnitt »Was man nicht selbst zu machen braucht« in Kapitel 19) vertraut und loggen Sie Laufzeitfehler. Benutzen Sie unterschiedliche Loglevel: für schwerste Fehler »fatal«, für schwere »error« und für leichtere »warn« oder »info«. Treten Fehler gehäuft auf oder verhält sich das Programm unerwartet, dann können diese Logs ein wichtiges Diagnosemittel sein. Hängen Sie an Log-Messages so viele Informationen wie möglich an, zum Beispiel den Funktionsnamen.

Je nach Schweregrad des Fehlers kommen unterschiedliche Strategien infrage:

- Einen Fehler nur ins Log schreiben, kurz warten und die Operation noch einmal versuchen, denn es könnte eine vorübergehende Störung gewesen sein.
- Einen Fehlercode bzw. NULL statt eines Wertes aus einer Funktion zurückgeben.
- Eine Exception werfen.
- Das Programm beenden.

Fehleingaben des Benutzers sollten möglichst noch im User Interface abgefangen werden und dem Benutzer mit einer aussagekräftigen Fehlermeldung präsentiert werden, damit er weiß, dass und wo er etwas falsch eingegeben hat. Suchen, die keine Ergebnisse liefern, sollten auch nicht als Fehler behandelt werden. In diesem Fall sollte das Programm weiterarbeiten und einfach nichts tun.

Sinnlose Parameter wie leere Strings in Funktionen, die Strings verarbeiten, müssen in der Regel auch nicht als Fehler behandelt werden. Üblicherweise gibt man je nach Rückgabeparametertyp entweder eine 0, NULL oder einen leeren String zurück.

Unpassende Datentypen können je nach Fall unterschiedlich gehandhabt werden. Wird Ihrer Funktion eine Zahl statt eines Strings übergeben, dann sollte sie die Zahl einfach in einen String umwandeln, statt einen Fehler auszulösen. Ja, Ruby, wir schauen genau *dich* böse an.[2] Bekommt eine arithmetische Funktion hingegen einen String übergeben, dann sollte sie entweder NULL zurückliefern oder NaN (für »Not a number«, »das Ergebnis ist keine Zahl«), oder eine Exception werfen. Hier unterscheiden sich Sprachen in ihren Gepflogenheiten allerdings stark. Während PHP und auch JavaScript dafür berüchtigt sind, ungefähr alles, was aus Bits besteht, notfalls nach 0, 1 oder false zu konvertieren, verhindern stark typisierte Sprachen wie C++ oder Java derartige Fehler häufig schon beim Kompilieren durch den Typcheck. Falls es während der Laufzeit doch dazu kommt, werfen sie eher eine Exception, als eine automatische Typkonversion durchzuführen. Orientieren Sie sich in Ihren Gepflogenheiten an denen der Sprache.

Divisionen durch 0 und ähnliche mathematische Ordnungswidrigkeiten werden ebenfalls je nach Sprache unterschiedlich behandelt. C als ganz alte, maschinennahe Sprache löst ein sogenanntes Signal SIGFPE aus, eine Art programmweiten Fehlercode, der vom Betriebssystem behandelt wird. JavaScript findet, dass 0/0 »NaN« ergibt, während beispielsweise 1/0 »Infinity« sein soll, und ist sich darin mit der mathematisch/statistischen Sprache R einig. Viele andere Sprachen werfen eine Exception. Entsprechend sprachspezifisch sollten Ihre Strategien im Umgang mit einer Division durch 0 aussehen: Entweder müssen Sie prüfen, ob das Ergebnis einer Division numerisch oder etwa »NaN« ist, oder die Berechnung in einem try/catch-Block durchführen. Am einfachsten ist natürlich, wenn Sie Ihre Eingangsdaten so filtern, dass es gar nicht zu Divisionen durch 0 kommt. Und wenn sie unvermutet auftreten, sind sie ein Hinweis auf einen Programmierfehler.

Bekommt eine Funktion als Parameter ein Objekt übergeben, ist es häufig sinnvoll, gleich zu Beginn der Funktion zu testen, ob dieses Objekt NULL ist, und in dem Fall sofort abzubrechen und ebenfalls NULL zurückzugeben:

```
function formatForOutput(userRecord) {
    if (userRecord == null) {
        return null;
    }
    ...// sonst kann die Funktion normal arbeiten
}
```

Im Abschnitt »Assertions« weiter unten in diesem Kapitel beschreiben wir, wie Sie diese Prüfung alternativ in Form einer Assertion implementieren können, damit ein solcher grob fehlerhafter Aufruf zu einem sofortigen und expliziten Laufzeitfehler führt.

Geben Sie nur dann NULL zurück, wenn Sie im normalen Programmablauf erwarten können, dass ein Eingabeparameter NULL sein könnte, aber schreiben Sie eine Assertion oder werfen Sie eine Exception, wenn dieser Fall nicht auftreten darf. Dieses Vorgehen

---

2 Wenn man in Ruby zu Debug-Zwecken puts "Number of Records: "+numRecords schreibt, bekommt man als Ergebnis eine kleinkarierte Fehlermeldung »can't convert Fixnum into String« zurück, statt dass die Sprache die Zahl von selbst in einen String konvertiert und an den ersten String anhängt.

wird auch als »Fail fast«-Prinzip bezeichnet: Es ist gut, Fehler frühzeitig aufzudecken, auch wenn das Programm deshalb crasht.

Bekommt Ihr Programm Inputdaten in einem falschen Format, kann es nicht in eine Datei schreiben; wird es mit einem nicht existierenden Dateipfad aufgerufen, ist eine Fehlermeldung an den Benutzer meist richtig. Kommandozeilenprogramme sollten sich dann direkt beenden, während Software mit grafischer Benutzeroberfläche weiterlaufen sollte, damit der Nutzer eine andere Datei auswählen kann.

Passieren wirklich außergewöhnliche Dinge – bricht z.B. eine Datenbankverbindung plötzlich ab –, dann sollte die Funktion, die diese Verbindung benutzen wollte, eine Exception werfen. Möglicherweise hat das Programm eine Chance, die Verbindung wieder aufzubauen, wenn es eine solche Exception fängt. Falls das möglich ist, sollte es das tun. Ist es nicht möglich, sollte das Programm den Benutzer warnen, dass es nicht mehr weiterarbeiten kann, und sich dann beenden. Ein anderes Beispiel, in dem eine Exception die richtige Wahl ist: Der Anwender hat die externe Festplatte abgestöpselt, auf der Ihr Programm eine Datei geöffnet hat. Auch hier sollte das User Interface die Exception fangen und den Anwender informieren.

Insbesondere Mobile-Apps müssen aber damit rechnen, dass aufgrund schlechten Empfangs Serveranfragen fehlschlagen, und sollten sich daraufhin *nicht* beenden, sondern die Anfrage noch ein paarmal versuchen. Klappt es dann immer noch nicht, sollten sie den Anwender informieren.

Wenn Sie dem Anwender eine Fehlermeldung präsentieren, sollte sie möglichst menschenfreundlich sein, also nicht so wie in Abbildung 26-1 gezeigt.

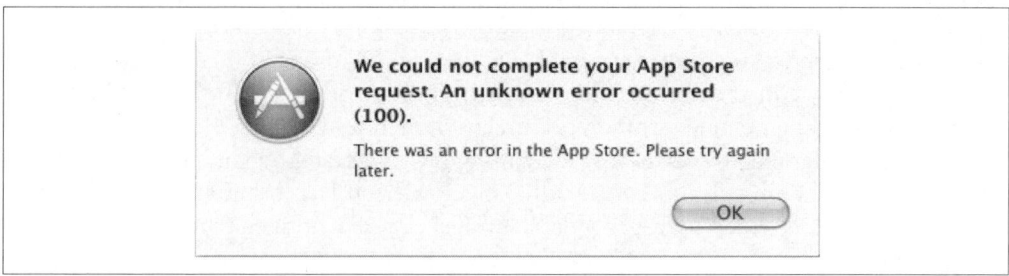

Abbildung 26-1: Eine wenig hilfreiche Fehlermeldung

Es ist zugegebenermaßen sehr schwer, für unbekannte Fehler sinnvolle Meldungen zu schreiben. Dennoch sollten Sie eine etwas detailliertere Fehlerbeschreibung und mögliche Maßnahmen mit ausgeben. Wir wissen nicht, was Fehler 100 bedeutet, aber es wäre schön, wenn irgendetwas in der Art da stünde wie: »Der Server hat nicht geantwortet. Möglicherweise ist er defekt, aber es könnte auch an Ihrer Internetverbindung liegen. Prüfen Sie doch mal, ob Sie andere Websites öffnen können. Falls ja, probieren Sie es in einigen Minuten noch einmal oder wenden sich an den Kundendienst unter ...«.

State und Statelessness

Ein »zustandsloses Protokoll« oder *stateless protocol* behandelt jede Anfrage so, als hätten der fragende Client und der antwortende Server vorher noch nie miteinander zu tun gehabt. Das *Internet Protocol* IP und das *Hypertext Transfer Protocol* HTTP sind *stateless*.

Betrachten wir zum Vergleich Telefonate mit Callcenter-Mitarbeitern: Wenn man sein Problem geschildert hat, heißt es, »Einen Moment, ich verbinde Sie«, und dann gerät man an einen neuen Mitarbeiter, dem man sein Problem wieder ganz von vorne schildern kann. Der Stand der bisherigen Konversation und eventuelle Zwischenergebnisse werden nicht mit durchgereicht. Benutzerfreundlichere Callcenter sind manchmal stateful, das heißt, man wird vom zweiten Mitarbeiter mit »Hallo Frau Passig, ich höre, Sie haben ein Problem mit Ihrem Router, und Sie haben auch schon nachgesehen, ob der Netzstecker in der Dose ist« begrüßt. Manchmal wird dieser *state* sogar langfristig gespeichert: »Ich sehe gerade in unseren Unterlagen, Sie hatten dasselbe Problem im letzten Jahr schon vier Mal.«

Der Vorteil der *statelessness* ist, dass sich Aufgaben problemlos auf mehr Callcenter-Mitarbeiter bzw. Serverinstanzen verteilen lassen, wenn es nötig wird, und dass die Erledigung dieser Aufgaben einfacher und ressourcenschonender verläuft: Niemand muss sich etwas merken oder etwas speichern, jede Anfrage wird einfach behandelt, abgehakt, fertig. Ein Server, der einfach nur *stateless* die angeforderten Daten herausgibt, kann mehr Last bewältigen als einer, der bei jeder Anfrage erst die nötigen Unterlagen für den Umgang mit diesem einen Nutzer herauskramen muss.

Weil HTTP *stateless* ist, man aber oft wiederkehrende Nutzer identifizieren oder bestimmten Nutzern mehr Rechte als anderen einräumen möchte, gibt es verschiedene Methoden zum Session-Management. Dazu gehören zum Beispiel Cookies, an denen der Server erkennen kann, dass ein Request von einem ganz bestimmten Client stammt. Der Server kann dann aus seiner Datenbank Details zur Session wie Username und Berechtigungslevel herausziehen und verwenden.

Im Web haben Sie keine Wahl: HTTP ist *stateless*, und wenn Sie *stateful* Verbindungen brauchen, müssen Sie diesen Zustand durch Cookies und Session-Management nachbilden.

IDs, GUIDs, UUIDs

Menschen wollen allem einen Namen geben, das ist bei den eigenen Kindern und Haustieren nicht anders als bei Kontinenten und Datenbankeinträgen. Was wir umgangssprachlich als Namen bezeichnen, ist in der Programmierung eine ID (Identifier) – etwas, das es erlaubt, eine Einheit von anderen, ähnlichen Einheiten zu unterscheiden. In der Programmierung werden IDs sehr häufig verwendet, zum Beispiel als Array-Indizes, um HTML-Elemente auf einer Page eindeutig zu kennzeichnen oder um in einer Datenbanktabelle Einträge wiederfinden zu können. Gute IDs haben ein paar Eigenschaften: Sie sind langzeitstabil, ändern sich also nicht mit einer neuen Softwareversion, immer vom selben Typ (also entweder String oder Ganzzahl, aber nicht gemischt) und so einzigartig, dass sie verwechslungssicher sind.

Auch wenn man Einzigartigkeit nicht steigern kann, gibt es doch IDs von unterschiedlich einzigartiger Einzigartigkeit.

Es gibt lokale IDs, die innerhalb eines lokalen Kontextes (zum Beispiel einer Funktion oder eines Arrays) nur einmal vorkommen dürfen. Für diese lokalen IDs werden häufig einfach fortlaufende Zahlen verwendet. Einträge in relationalen Datenbanktabellen bekommen beispielsweise häufig IDs, die eindeutig für die Einträge dieser Tabelle sind. In anderen Tabellen derselben Datenbank kann es IDs mit demselben Namen geben. Die Eindeutigkeit bleibt bewahrt, solange die ID nur für die Tabelle verwendet wird, aus der sie stammt. ID1 aus Tabelle1 kann durchaus denselben Wert wie ID1 aus Tabelle2 haben, ohne dass es zu Verwechslungen kommt. Außerhalb des Tabellenkontexts sind die Werte von ID1 und ID2 somit uneindeutig, was aber überhaupt kein Problem ist, da die Datenbank weiß, aus welcher Tabelle die Daten stammen.

```
insert into employee (id, firstname, lastname) values (1, "Hans", "Meiser");

insert into department (id, name) values (1, "Unterhaltung");

select * from employee;

+----+-----------+----------+
| id | firstname | lastname |
+----+-----------+----------+
|  1 | Hans      | Meiser   |
+----+-----------+----------+

select * from department;

+----+--------------+
| id | name         |
+----+--------------+
|  1 | Unterhaltung |
+----+--------------+
```

Wie Sie sehen, gibt es sowohl in der »employee«-Tabelle als auch in der »department«-Tabelle Einträge mit der ID 1. Wie Sie auch sehen, bringt das die Datenbank keineswegs durcheinander, weil in der Query sowohl die Tabelle, aus der Daten gelesen werden sollten, als auch die ID der Datensätze angegeben wurden.

UUIDs (universally unique IDs) sind dagegen IDs, die weltweit einzigartig sind. Auch wenn man Daten mit anderen Programmen austauscht oder Daten aus verschiedenen Quellen mischt, kann man bedenkenlos UUIDs für seine Datensätze verwenden, ohne dass es zu Verwechslungen mit anderen kommt. Für UUIDs kommen fortlaufende Zahlen nicht infrage, weil es keine zentrale Vergabestelle für UUIDs gibt, die darauf achtet, dass jede ID nur einmal vergeben wird. Daher werden entweder große Zufallszahlen oder Fingerprints (siehe den Abschnitt »Hashes, Digests, Fingerprints« in diesem Kapitel weiter unten) verwendet und man setzt auf statistische Wahrscheinlichkeiten, um sich vor Doppelverwendung zu schützen. UUIDs sind üblicherweise mindestens 128 Bit groß – ein Zahlenraum, der so groß ist, dass statistisch weltweit keine UUID mehrfach erzeugt wird. Es gibt einen internationalen Standard, der die Generierung und Darstellung von UUIDs regelt, diese Details sind aber für die meisten Belange völlig egal. Selbst wenn man ziemlich große Systeme entwickelt, muss man eigentlich über UUIDs nur wissen, wo man sie herbekommt und dass sie verwechslungssicher sind. Braucht man zuverlässige, eindeutige IDs, dann sollte man sich eine UUID-Library heraussuchen, die sie erzeugt. Davon gibt es in jeder Sprache mindestens eine.

GUIDs (globally unique IDs) sind eine spezielle Form von UUIDs, die speziell von Windows für diverse Daten verwendet werden. GUID wird häufig auch als Synonym für UUID verwendet, selbst wenn damit keine von Windows erzeugten UUIDs gemeint sind.

Wenn Sie in Ihren Programmen IDs verwenden, sollten Sie sich nicht auf fremde IDs verlassen, sondern diese selbst erzeugen, damit sie in Ihrem Kontext, also dem Programm, seiner Datenablage und Ausgabe, eindeutig sind. Insbesondere, wenn Sie von außen Daten in Ihrer Datenbank speichern, werden Sie immer wieder auf die Frage stoßen, ob Sie fremden IDs zutrauen können, eindeutig zu sein, sich im Laufe der Zeit nicht zu ändern und ihr Format beizubehalten. Ist man sich nicht absolut sicher, dann sollte man dem Datensatz neben der fremden ID unbedingt noch eine zusätzliche eigene ID zuweisen. Zum Beispiel könnte man auf die Idee kommen, dass die Kombination von Vor- und Nachname eine gute ID für einen Benutzereintrag abgäbe. Das ist aus zwei Gründen falsch: Zum einen ändern Menschen ihren Vor- oder Nachnamen gelegentlich, zum anderen kann es zwei »Hans Meiser« geben. Auch Steuernummern geben keine guten IDs ab, denn gelegentlich bekommen Ihre Kunden möglicherweise eine neue zugewiesen. Personalausweisnummern sind eine schlechte Idee, weil ein verlorener Ausweis durch einen mit einer anderen Nummer ersetzt wird. Und Kreditkarten- und Kontoinformationen gehen gar nicht, denn erstens ändern sie sich und zweitens kann jemand, der in Ihre Datenbank einbricht, dann mit dem Geld Ihrer Kunden einkaufen gehen.

Für den Hausgebrauch kann man häufig darauf verzichten, UUIDs aus einer speziellen Bibliothek zur Erzeugung eindeutiger IDs zu verwenden. Hält man Daten in einem Array, dann zählt man einfach den Array-Index hoch. Schreibt man Daten auf die Platte, kann man häufig einen Timestamp mit Millisekundenauflösung verwenden oder ebenfalls eine

Zählervariable erhöhen. Und wenn man eine Datenbank verwendet, überlässt man einfach der die Erzeugung der Primary Keys für jeden Datensatz.

Sprachfamilien

Es gibt, je nach Zählweise, zwischen 500 und über 8.000 Programmiersprachen. Von extrem hardwarenahen Sprachen wie Assembler bis hin zu Sprachen, die nur für ganz bestimmte Anwendungen zum Beispiel in der künstlichen Intelligenz entwickelt wurden, existiert eine sehr breite Spanne. Man kann Programmiersprachen jedoch in verschiedene Gruppen klassifizieren.

Da es auch von solchen Klassifizierungsschemata eine ganze Menge gibt und viele davon für die Praxis nicht wichtig sind, beschränken wir uns auf einen groben Überblick.

Unter den Programmiersprachen werden häufig zwei Großfamilien unterschieden:

- Imperative Sprachen, in denen der Programmierer dem Computer sagt, wie er ein Problem erledigen soll
- Deklarative Sprachen, in denen der Programmierer dem Computer sagt, was er erledigt haben will

Das klingt auf Anhieb nicht so unterschiedlich, die Herangehensweise ist dennoch nicht vergleichbar. Imperative Sprachen (das sind die gängigen, an die man bei Programmiersprachen sofort denkt, wie PHP, C, Java oder Python) funktionieren wie ein Backrezept: Nimm dies und mach das damit. Die Schritte zum Erreichen des gewünschten Ergebnisses sind einzeln und in chronologischer Reihenfolge als Aufforderungen (daher auch »imperativ«) aufgeführt. Um beispielsweise alle Benutzer mit Vornamen »Bernd« zu löschen, würden Sie eine Schleife verwenden und einzeln durch ein users-Array gehen:

```
for (var userIndex = 0; userIndex <= users.length; userIndex++) {
    var user = users[userIndex];
    if (user.firstName == "Bernd") {
        users.delete(userIndex);
    }
}
```

Deklarative Sprachen (Beispiele sind SQL, Regular Expressions und im weiteren Sinne auch CSS) funktionieren wie eine Restaurantbestellung: Ich möchte die Nummer 21 ohne Zwiebeln, aber mit extra Käse. Ich kenne zwar das Endergebnis, aber nicht notwendigerweise das Rezept, und werde dem Pizzabäcker seine Arbeitsschritte nicht vorschreiben. Entscheidender Unterschied: Die Details der Ausführung und auch die Reihenfolge bestimmt bei imperativen Sprachen der Programmierer, in deklarativen findet das Programm sie heraus.

Imperative Sprachen lassen den Programmierer alle Feinheiten und Details des Programms implementieren. Dafür sind Objekte, Schleifen und Variablen wichtig – immer, wenn Sie mit for oder while-Schleifen arbeiten, programmieren Sie mit einer imperativen Sprache. In deklarativen Sprachen geben Sie hingegen Filterkriterien in Form von Selektoren (siehe den Abschnitt »Selektoren« weiter unten in diesem Kapitel) vor und lassen die Sprache diese Filter auf Ihre Daten anwenden, beispielsweise bei CSS »Alle <div>-Tags der Klasse maincontent« oder bei SQL »alle Einträge in der USER-Tabelle mit dem Vornamen ›Bernd‹«. Ob die Sprache eine Schleife verwendet, um Ihre Filter auf die Daten anzuwenden, oder andere Tricks auf Lager hat, wissen Sie nicht. Um die Daten zu verändern, geben Sie bei deklarativen Sprachen eine Operation an, die auf die vorher selektierten Daten losgelassen wird – in unserem CSS-Beispiel ist das »background: white«, im SQL-Beispiel »löschen«. Unser Beispiel von oben würde in SQL so aussehen:

```
delete from USER where FIRSTNAME = 'Bernd';
```

Keine Schleife, keine Zählervariable, sondern die Daten in der Tabelle USER, das Kriterium where FIRSTNAME = 'Bernd' und die delete-Operation auf die selektierten Einträge.

Die weiteste Verbreitung haben derzeit imperative Sprachen, und das wird auch noch lange so bleiben. Jeder Programmierer muss mindestens eine Sprache aus dieser Großfamilie beherrschen, weil sie die Grundlage der Programmierung von Excel-Makros bis hin zu Desktopprogrammen sind.

Unter den imperativen Sprachen gibt es prozedurale wie C und objektorientierte wie C++, C# oder Java. Rein prozedurale Sprachen verlieren immer mehr an Bedeutung, sie werden zunehmend von verkappt objektorientierten Sprachen ersetzt – Sprachen, die man weitgehend prozedural verwenden kann, die aber auch Objektorientierung unterstützen. Da Objektorientierung, wie in Kapitel 23 beschrieben, eine Erweiterung des prozeduralen Ansatzes ist, kann man von rein objektorientierten Sprachen kaum sprechen: Es gibt Beispiele wie Java, die eine prozedurale Programmierung erschweren, während andere liberaler sind, z.B. PHP, Perl und JavaScript.

Schon als fortgeschrittener Einsteiger werden Sie aber auch mit den Konzepten von deklarativen Sprachen konfrontiert werden – spätestens wenn Sie Ihre Daten in einer Datenbank lagern, haben Sie mit SQL zu tun, und jeder Webentwickler wird mit CSS und seinen Selektoren in Berührung kommen.

Auch die früher eher esoterischen und stark an die Mathematik angelehnten funktionalen Konzepte sind inzwischen im Mainstream angekommen, denn JavaScript ist – sehr zum Ärger mancher Anhänger einer rein funktionalen Programmierung – ein höchst erfolgreicher Bastard aus funktionaler und imperativer Programmierung. AJAX, die JavaScript-Technologie, die es möglich macht, in Webapplikationen Daten nachzuladen, ist eine Anwendung funktionaler Programmierung: Man übergibt der Funktion, die den AJAX-Call macht, eine Callback-Funktion, die erst aufgerufen wird, wenn der AJAX-Call Ergebnisse (oder einen Fehler) verursacht hat:

```
var successHandler = function() {
    if (xmlHttpReq.readyState == 4) {
        update_page_content(xmlHttpReq.responseText);
    }
}
```

```
var xmlHttpReq = new XMLHttpRequest();
xmlHttpReq.onreadystatechange = successHandler;
xmlHttpReq.send(getquerystring())
```

In der Zeile xmlHttpReq.onreadystatechange = successHandler wird der Variable xmlHttp-Req.onreadystatechange nicht der Wert der Funktion zugewiesen, wie man in der imperativen Programmierung vermuten würde, sondern die Funktion an sich, damit das XMLHttpRequest-Objekt sie später aufrufen kann. Dass man Variablen Funktionen als Wert zuweisen kann, ist eine entscheidende Besonderheit funktionaler Programmierung.

Früher gab es eine harte Unterscheidung zwischen Skriptsprachen und kompilierten Sprachen. Skriptsprachen sind interpretiert, was bedeutet, dass der Sprachinterpreter während der Laufzeit durch den Sourcecode geht und jede Anweisung ausführt. Auf dem Rechner, auf dem das Programm laufen soll, müssen also der Quelltext liegen und die Sprache installiert sein. Kompilierte Sprachen werden lange vor der Ausführung des Programms in einem separaten Compilerlauf zu einem lauffähigen Programm gemacht und können dann auch auf anderen Rechnern gestartet werden (Desktopprogramme wie Browser und Textverarbeitungen gehören dazu). Skriptsprachen waren langsam und wurden meist nur auf Servern als Backend eingesetzt, gelegentlich wurde der Begriff »Skriptsprache« auch als Schimpfwort eingesetzt.

Inzwischen ist die Landschaft heterogener geworden. Zum einen werden moderne Skriptsprachen hinter den Kulissen ebenfalls kompiliert, allerdings zur Laufzeit. Zum anderen bringen viele klassisch kompilierte Programme eine Skripting-Möglichkeit mit – Webbrowser zum Beispiel bestehen nicht mehr nur aus C++, sondern auch aus JavaScript, und Webapplikationen ersetzen kompilierte Programme in vielen Bereichen.

Variablentypen

Es gibt Programmiersprachen, die für jede Art von Daten (Zahlen, Buchstaben, Buchstabenketten, Zeiten) eigene Variablentypen haben. Beispiele dafür sind C++, SQL und Java. Andere Sprachen sind wesentlich legerer und werfen aus Programmiersicht alle Daten in einen Typ, der dann zum Beispiel nur »var« heißt. Beispiele für diese Sprachen sind JavaScript und PHP. Diese Sprachen besitzen hinter den Kulissen durchaus Datentypen, wandeln den Typ einer Variablen jedoch dynamisch um, wenn nötig. Über die Frage, ob man Sprachen vorziehen sollte, die Datentypen im Sourcecode verlangen (»typsichere Sprachen«), oder solche, bei denen man keine Typen angeben muss (»schwach typisierte Sprachen«), gibt es seit vielen Jahren eine heftige Debatte.

Vorteile der typsicheren Sprachen ist, dass schon der Compiler eine Typanalyse durchführen kann. Das heißt, dass er in einem Ausdruck wie a = b vergleicht, ob a und b denselben Typ haben. Falls nicht, gibt er eine Fehlermeldung aus. Typsichere Sprachen schützen den Entwickler ziemlich zuverlässig vor einer ganzen Klasse von Flüchtigkeitsfehlern, beispielsweise ist es in ihnen unmöglich, die Quadratwurzel eines Strings zu berechnen.

Weiterhin helfen deklarierte Variablentypen, den Code zu dokumentieren. Ein char in C++ ist etwas gänzlich anderes als ein bool – auch wenn sie intern die gleiche Länge (1 Byte) haben. Und wenn eine Variable ein float ist, ist klar, dass man Kommazahlen erwarten kann – eine int-Variable kann hingegen nur ganzzahlige Werte enthalten. Im Gegensatz zu Codekommentaren ist diese implizite Dokumentation immer aktuell, denn sie ist Teil des Codes. Verändern Sie Ihren Code, um den Wertebereich einer int-Variable auf long zu erweitern, dann ist das in einer typsicheren Sprache ersichtlich. Haben Sie einen Codekommentar der Art »Wir erwarten hier nur Zahlen bis maximal 2 Mio« geschrieben und soll diese Erwartung nicht mehr gelten, dann müssen Sie diesen Kommentar auf den neuen Stand bringen, was häufig genug nicht passiert.

Schwach typisierte Sprachen verlangen von der Entwicklerin keine Typdeklaration einer Variable. Die meisten derartigen Sprachen bestimmen zur Laufzeit des Programms dennoch den Variablentyp. Das ist wichtig, denn a + b bedeutet in vielen Sprachen, zum Beispiel in PHP und JavaScript, dass addiert werden soll, wenn es sich bei a und b um Zahlen handelt. Ist eine der beiden Variablen ein String, dann wird b an a angehängt und das Ergebnis ist wieder ein String.

Beispiele:

```
var $v1 = 1;
var $v2 = 1;
print ($v1 + $v2);
```

Das Ergebnis ist 2.

```
var $v1 = "1";
var $v2 = 1;
print ($v1 + $v2);
```

Das Ergebnis ist 11.

Das Verhalten flexibler Variablentypen entspricht weitgehend unseren intuitiven Erwartungen: So kann man zum Beispiel Zahlen problemlos als Text schreiben, sie ausdrucken oder mit anderen Strings verketten, während wir nicht erwarten, dass sich der String »Hans Meiser« in eine Zahl umwandeln und es sich damit rechnen lässt. Dass unterschiedliche Datentypen unterschiedlich spezifisch sind, wird von schwach typisierten Sprachen dadurch widergespiegelt, dass sie auf deklarierte Variablentypen verzichten und im Bedarfsfall automatisch einen Typ in einen anderen umwandeln: Wenn man eine Zahl problemlos als String betrachten kann, sollte man eine Variable mit Zahleninhalt auch problemlos mit einer String-Variablen vergleichen können. In einer typsicheren Sprache müsste hingegen der Programmierer eine von ihnen in einen anderen Typ umwandeln.

Typsichere Sprachen machen unterschiedliche Variablentypen absichtlich inkompatibel, damit Sie als Entwickler schon während des Schreibens (oder spätestens beim Kompilieren) darauf aufmerksam gemacht werden, dass Sie gerade versuchen, die Quadratwurzel aus »Käsekuchen« zu ziehen.

Egal, ob Sie die Leitplanken typsicherer Sprachen oder die wilde Freiheit schwach typisierter Sprachen vorziehen: Programmieren Sie dem Sprachkonzept entsprechend. Zwar kann man auch in typsicheren Sprachen alle Zahlen in Strings verwandeln und nur String-Variablen verwenden, um ein paar Aufrufe zur Konvertierung von und nach Zahlentypen zu vermeiden. Das führt aber zu sehr schlechtem Code, weil er die Typprüfung einfach aushebelt, die Teil dieses Sprachkonzepts ist.

Müssen Sie in einer schwach typisierten Sprache in einer Schleife über ein Array ständig prüfen, ob Sie die Inhalte als Zahlen betrachten können, dann haben Sie sich bei der Entwicklung des Programms zu wenig Gedanken gemacht. Arrays sollten auch in schwach typisierten Sprachen nicht wie Rumpelkammern alles Mögliche enthalten können – legen Sie lieber zwei sortenreine Arrays an oder lernen Sie, wie Sie ein Array anlegen, das Objekte enthält, und geben Sie jedem Objekt die unterschiedlichen Variablentypen als Eigenschaften mit.

Also nicht so

```
var users = [];
users.push ("Hans Meiser");
users.push (1);
```

sondern lieber so:

```
var userIds = [];
var userNames = [];
userIds.push (1);
userNames.push ("Hans Meiser");
```

Oder noch besser so:

```
var users = [];
var user = new UserObject(id: 1, name: "Hans Meiser");
users.push (user);
```

Es ist schon eine schlechte Idee, in einer imperativen Sprache alle Daten in einen generischen Variablentyp wie String zu stecken. Ganz besonders schlecht ist diese Idee allerdings bei SQL, dessen allgemeinster Typ BLOB heißt, das ist ein einfacher Container für nahezu beliebig große binäre Daten. Da alle Arten von Daten auf Computern im Endeffekt binär sind, können Sie in so einem Containerformat beliebige Daten abspeichern. Die Versuchung, für alles BLOBs zu verwenden, ist zunächst einmal groß, wenn man als Anwendungsentwickler die Datenbank einfach als Speicherort für seine Daten betrachtet – ähnlich wie eine normale Datei –, denn man spart sich Arbeit: Statt sich mit den Feinheiten der verschiedenen String-Typen der verschiedenen SQL-Dialekte zu befassen (TEXT, TINYTEXT, VARCHAR(255), VARCHAR2(4000) und so weiter), legt man für alles einen BLOB an.

Schreibt man beispielsweise gerade an einer Warenverwaltung und ist sich nicht sicher, ob man Höhe und Breite der Artikel als Fließkommazahl ohne Einheiten abspeichern oder doch lieber die cm und mm mit in das Datenbankfeld schreiben will, dann scheint es ideal, die Felder als BLOBS zu definieren. Auch wenn man sich im Verlauf des Projekts noch entscheidet, die Einheiten doch mit in die Datenbank zu schreiben, muss man am Datenbankschema nichts mehr ändern.

Der Pferdefuß kommt allerdings genau in dem Moment, in dem man in der Applikation den Benutzern die Möglichkeit bieten will, die Artikel auch nach Attributen wie Größe suchen zu lassen. Idealerweise hat man die Größe als Integer definiert und die Einheiten nicht mitgenommen. Dann kann man ganz einfach so suchen:

```
$stmt = $dbh->prepare("SELECT * FROM ITEMS WHERE width = ?");
$stmt->execute($width);
```

Hat man die Einheiten doch mitgenommen und das Feld daher als VARCHAR(100) definiert, ist es immer noch nicht so schlimm. Der Code bleibt derselbe, die Suche wird nur deutlich länger dauern, weil die Datenbank für die String-Suche länger benötigt als für die Suche nach Integern.

Hat man alles in BLOBs geschrieben, dann muss man beim Abrufen zunächst jeden Eintrag in einen String umwandeln:

```
$stmt = $dbh->prepare("SELECT * FROM ITEMS WHERE CAST( width AS CHAR ) = ?");
$stmt->execute($width);
```

Das legt schlimmstenfalls den Indizierungsmechanismus der Datenbank für diese Einträge lahm, was die Laufzeiten für Datenbankabfragen explodieren lässt.

Trennung von Inhalt und Präsentation

Als Medien noch grundsätzlich auf Papier ausgeliefert wurden, war der Inhalt, also die Gedanken und Informationen, die transportiert wurden, an die äußere Form gebunden. Man konnte weder die Schrift vergrößern noch eine unterschiedliche Schriftart wählen oder – angenehm für manche Sehbehinderten – den Kontrast reduzieren. Daran änderte sich auch durch Radio und Fernsehen wenig.

Der Computer ist hingegen dazu in der Lage, Inhalte von ihrem Erscheinungsbild getrennt aufzubewahren. Jeder, der die Schriftart eines Dokuments in einer Textverarbeitung verändert, hat das schon ausprobiert. Tatsächlich sind Textverarbeitungsprogramme in dieser Hinsicht jedoch ein kleiner Rückschritt. In der Bronzezeit der IT wurden Texte in Systemen wie TeX geschrieben und erst dann zu einem Dokument mit einem bestimmten Aussehen kompiliert. Man konnte die Präsentationsvorlage separat ändern und eine neue Version kompilieren.

An die Stelle dieser Satzsysteme ist heute in vielen Bereichen das Web getreten, in dem Dokumente nicht mehr kompiliert, sondern im Browser mit visuellen Attributen wie Farbe, Schriftart, Schriftgröße und Rahmen versehen werden. Auch bei HTML sind Bereiche durch Markup gegliedert: Der Autor schreibt Anweisungen direkt in den Text, die bei der Ausgabe jedoch entfallen, weil sie nicht für den menschlichen Leser bestimmt sind. Im Falle von HTML sind das die Tags, die in <> eingeschlossen werden.[3]

---

3 Diese Trennung von logischer Gliederung des Textes und visuellen Anweisungen ist nicht unbedingt zwingend. Es gab verschiedene Ansätze, unter anderem in früheren Versionen von Mac OS, die visuellen Informationen in binären Dateien außerhalb des Textes zu halten. Letztlich konnten sie sich nicht durchsetzen.

Eine Trennung zwischen Dokumentstruktur und Inhalten auf der einen Seite und Präsentationsanweisungen auf der anderen Seite hat folgende Vorteile:

- Der Inhalt kann leicht auf ganz unterschiedlichen Geräten zugänglich gemacht werden – das ist mit dem Aufkommen von leistungsfähigen Browsern auf Smartphones mit ihren kleinen Displays ausgesprochen wichtig geworden.
- Dokumente können von Suchmaschinen und anderen Programmen viel leichter verarbeitet werden, weil die sich für die Darstellung nicht interessieren.

Das Prinzip der Trennung von Funktion und Aussehen hat sich nicht nur im Bereich von Dokumenten bewährt, es ist auch in der Softwareentwicklung relevant. Will man ein Programm entwickeln, das nicht nur ein paar Daten umformatiert, sondern als Webapplikation oder sogar als lokal installierbare Applikation laufen soll, dann muss man sich Gedanken über die Benutzerschnittstelle machen und darüber, wie man sie mit dem Backend des Programms verzahnt.

Auch wenn man nicht einfach ein Stylesheet zum Programmcode hinzufügen kann, um eine grafische Benutzeroberfläche zu erzeugen, kann man Frontend und Backend trennen. Das Frontend erzeugt die Benutzeroberfläche, das Backend (auch Businesslogik genannt) ist der Teil, der Daten hält, verarbeitet und in Datenbanken schreibt, URLs aufruft oder Benutzereingaben validiert.

Trennung von Entwicklungs- und Produktivserver

Webapplikationen werden häufig nach folgendem Modell geschrieben:

- Der Server, auf dem die Applikation später laufen wird, ist auch der Entwicklungsserver. Der Programmierer verbindet sich mithilfe eines FTP-Programms mit dem Server und lädt Programmdateien herunter und wieder hoch (oder der Texteditor hat FTP eingebaut und erlaubt es, scheinbar auf dem Server zu editieren, lädt aber im Hintergrund alles hoch und herunter).
- Änderungen werden lokal gemacht, nach dem Abspeichern wird die geänderte Datei auf den Server geladen und dort getestet.
- Läuft etwas nicht wie geplant, dann wird wieder lokal geändert und hochgeladen.

Dieses Modell ist zwar angenehm einfach, hat aber den Nachteil, dass die »Roundtrip-Zeit« (speichern, testen, ausbessern, neu speichern) immer ein paar Sekunden beträgt. »Ein paar Sekunden« klingt nicht viel, aber vor allem als ungeübter Programmierer braucht man häufig mehrere Anläufe, bis der Code ungefähr das macht, was er soll. Da sind aus den wenigen Sekunden schon einige Minuten geworden, in denen man stattdessen etwas weniger Stumpfsinniges hätte tun können, zum Beispiel das Altpapier rausbringen. Die paar Sekunden können auch ausreichen, dass man aus dem geistigen »Flow« gerissen wird – dem Zustand der Konzentration, in dem man die Vorstellung davon, was man implementieren will, zusammen mit dem Punkt, an dem man steht, im Kopf hat. Ist man erst einmal raus, kann es ziemlich lange dauern, wieder in diesen Zustand zu kommen, und so können aus wenigen Sekunden schnell Viertelstunden werden.

Eine Abhilfe kann sein, das Programm nicht auf einen entfernten Server hochzuladen, sondern auf dem Arbeitsrechner einen Webserver einzurichten und nur lokal zu entwickeln. Heutzutage erlaubt es jedes Betriebssystem, einen lokalen Webserver mit PHP-Unterstützung einzurichten, und falls man das lieber nicht möchte, kann man problemlos in VirtualBox oder einem ähnlichen Programm eine virtuelle Maschine starten, die einen Webserver, die Programmiersprachen der Wahl und SFTP-Zugang mitbringt. Arbeitet man mit einer derartigen Konfiguration, ist die Roundtrip-Zeit deutlich kürzer.

Hinzu kommt noch, dass die Verbindung zum entfernten Server auch einfach abreißen kann. Wer schon einmal im Zug per UMTS mal eben einen kleinen Fehler ausbügeln wollte, kennt das unangenehme Gefühl, wenn der Fortschrittsbalken einfach hängen bleibt. Sofort stellen sich interessante Fragen wie »führt ein halber Upload auch zu einer halben Datei auf dem Server?«. Und wenn irgendetwas richtig schiefgeht, jagt einem der Gedanke »Ich habe doch ein Backup – oder?« Schauer über den Rücken. Leider meist keine wohligen Schauer, weil man bei dieser Entwicklungsmethode in aller Regel eben kein Backup hat.

Bei der Entwicklung mit einem lokalen Entwicklungs- und einem Produktivserver muss man etwas mehr Aufwand in Konfigurationsmöglichkeiten stecken, denn das, was man lokal entwickelt, soll ja irgendwann auf den Produktivserver umziehen – und da sind üblicherweise einige Umgebungsvariablen und Pfade doch anders. Das muss nicht unbedingt ein Nachteil sein, sondern kann sich zum Vorteil entwickeln, weil man auf diese Weise von Anfang an darauf achtet, derartige serverspezifische Angaben in Config-Dateien auszulagern. Das ist grundsätzlich eine gute Idee, und es kann sich später auszahlen, weil man ja vielleicht eines Tages den Hoster wechseln wollen könnte.

Nebenbei hat die Trennung zwischen Entwicklungs- und Produktivserver den unschätzbaren Vorteil, dass man angstfreier entwickeln kann. Hat man unerklärliche Fehler in die Applikation eingebaut, dann kann man notfalls alles löschen und aus dem Versionskontrollsystem wieder einspielen. Hat man keines, dann von einem Backup. Oder im schlimmsten Notfall die Version vom Produktivserver. In dieser Zeit läuft die Applikation auf dem Produktivserver wie ein schnurrendes Kätzchen weiter.

Selektoren

Softwareentwicklung besteht zu einem Gutteil daraus, aus größeren Datenbeständen kleine Herden zu bilden. Hat man es – wie die Programmierer von Bildbearbeitungssoftware – mit unstrukturierten Daten zu tun (in diesem Beispiel mit einem Haufen Pixel), dann muss man jeden einzelnen Datensatz betrachten, wenn man z.B. alle roten Pixel grün machen möchte. Das dauert lange und ist nicht schön (es sei denn, man ist schon ein weniger schlechter Programmierer, der bequeme Tricks kennt).

Häufiger hat man es mit stark strukturierten Daten zu tun, die schon ganz unterschiedliche Namen, Frisuren und Hemden tragen – also vergleichbare Eigenschaften besitzen, anhand derer man sie gruppieren kann. Wenn man zum Beispiel eine Adressverwaltung schreiben will, dann kann man davon ausgehen, dass die Einträge allesamt einen Namen besitzen. Man kann weiterhin davon ausgehen, dass die Suche im Datenbestand nach dem Namen einer der häufigeren Anwendungsfälle sein wird. Während im vorigen Beispiel eine Suche nach »gib mir alle roten Pixel, die links neben einem blauen liegen« selten ist, laden strukturierte Daten zu Suchen wie »gib mir alle Maiers aus Berlin« geradezu ein. Solche flexiblen Suchen sind allerdings gar nicht so einfach zu programmieren, weil die Kriterien und ihre Zahl schwanken können. Während es noch ziemlich einfach ist, eine Suche zu programmieren, die in einem Adressdatenbestand alle Datensätze heraussucht, deren last_name = "Maier" und deren city = "Berlin" ist, wird es schon komplexer, wenn last_name auch noch "Meier" und "Mayer" umfassen soll. Als Nächstes kommt dann das Controlling und will aus diesem Bestand noch die haben, deren payment_status = "prepaid" ist. Oder die länger als ein Jahr Mitglieder sind. Spätestens dann beginnt die Angelegenheit auszuarten.

Aus dieser Not wurden beispielsweise Datenbank-Abfragesprachen wie SQL erschaffen. Mit ihrer Hilfe kann man in großen Mengen reich strukturierter Daten ziemlich flexibel suchen. Das Geheimnis für den Erfolg solcher Sprachen sind sogenannte Selektoren.

Selektoren stellen ein Vokabular dar, das beschreibt, welche Elemente aus einem größeren Datenbestand man gerne für die Weiterverarbeitung hätte – die Software ist dann dafür verantwortlich, mithilfe des Selektors die Daten zu sieben.

Wann immer man Gelegenheit dazu hat, mit Selektoren Daten zu filtern, sollte man es tun. Diese Art der angewandten Mengenlehre macht Programme wesentlich kürzer (häufig auch schneller) und reduziert die Zahl der Fehler ganz erheblich.

Ein Beispiel: Will man dem Nutzer ein Formular präsentieren, dann sollten Fehler beim Ausfüllen zu einer sichtbaren Fehlermeldung führen. So könnte man zum Beispiel einen Bereich rot hinterlegen, um auf den Fehler deutlich hinzuweisen.

Hier sehen Sie das HTML:

```
<div>
    <div class="error">Fehler!</div>
    <div class="ok">OK!</div>
</div>
```

Den <div>-Tag mit der Klasse »error« soll rot hinterlegt werden.

Um die Eingabeelemente im Formular zu finden, müsste man sich ohne Selektorensprache erst einmal alle <div>-Tags heraussuchen und sie dann einzeln durchgehen, um den richtigen Bereich zu finden. Das würde in JavaScript ungefähr so aussehen:

```
var nodelist = document.getElementsByTagName('div');
for (var i = 0; i < nodelist.length; i++) {
    var node = nodelist[i];
    var cName = node.className;
```

```
        if ((cName) && (cName.indexOf( 'error') != -1)) {
            node.setAttribute ('style', 'background: red');
        }
    }
```

Um das abzukürzen, kann man eine JavaScript-Bibliothek namens jQuery einbinden, die die Verwendung von Selektoren erlaubt.[4] Hat man sie im <head> eingebunden, genügt folgende Anweisung in JavaScript:

```
    $('div.error').css('background', 'red');
```

Das funktioniert so:

$('div.error') sucht im aktuellen HTML-Dokument alle <div>-Tags mit der Klasse error – es wird also ein Selektor angewendet, der mehrstufig arbeitet. Zunächst sucht er sich alle <div>-Tags, davon finden sich in diesem Beispiel drei. Dann grenzt er diese Menge auf solche ein, die ein class-Attribut besitzen, das sind zwei. Von diesen wählt er die aus, die im class-Attribut error stehen haben. Und schließlich wird im Ergebnis dieser Filteroperation der CSS-Eigenschaft background der Wert red zugewiesen.

Ein Beispiel in SQL:

```
    select street from users where town = 'Berlin';
```

Auch hier wird mehrstufig gefiltert. Zunächst weiß die Datenbank, dass wir uns für Einträge aus der users-Tabelle interessieren. Einträge in anderen Tabellen sind für die Suche also irrelevant. Dann sucht die Datenbank diejenigen Einträge heraus, in denen in der Spalte town der String Berlin eingetragen ist. Von diesen Einträgen wird nur der Wert der Spalte street zurückgegeben.

Selektoren sind Teil deklarativer Programmierung. Mit ihrer Hilfe gibt man vor, welcher Art die Objekte sind, mit denen man arbeiten will, man muss sie aber nicht selbst heraussuchen. Deklarativ zu programmieren, kann den Code erheblich verkürzen und hilft dabei, die Fehleranfälligkeit zu reduzieren – andererseits ist solcher Code gelegentlich schwerer zu lesen und zu debuggen, weil man in komplexe, mehrstufige Selektoren keine print-Anweisungen einfügen kann, die einem die Ergebnisse einer Zwischenstufe ausgeben. Verwendet man Selektoren, dann bekommt man als Ergebnis immer eine Menge zurück. Selbst bei einer eindeutigen Suche nach Elementen, die durch eine Unique-ID glasklar gekennzeichnet sind, bekommt man eine Menge mit einem Element zurück.

Namespaces

Größere Programme setzen sich typischerweise aus Teilen zusammen, die von verschiedenen Autoren stammen, beispielsweise aus Funktions- und/oder Klassenbibliotheken und extra für das Projekt geschriebenem Code. Daher besteht die Gefahr, dass zwei der

---

4   Wenn Sie sich um ältere Browserversionen keine Gedanken machen müssen, geht es auch ohne jQuery mit getElementsByClassName().

Autoren denselben Namen für eine global sichtbare Funktion oder Variable verwenden. Natürlich kann das auch passieren, wenn Sie eigenen Code wiederverwenden möchten, etwa die String-Funktionen aus Projekt A und die praktischen Listenfunktionen aus Projekt B. Wenn Sie nun feststellen, dass beide Module eine Funktion definieren, die sort() heißt und noch dazu in beiden Projekten etwas anderes tut, dann haben Sie erst einmal ein Problem. Im besten Fall macht der Compiler oder Interpreter Sie umgehend darauf aufmerksam. Dieses Problem nennt man »name clash«, das Aufeinanderprallen zweier Funktionen oder globaler Variablen mit demselben Namen.

Die traditionelle Lösung besteht in einem in Großbuchstaben geschriebenen Präfix vor jedem global sichtbaren Namen. Dieses Präfix, das häufig aus nur zwei Zeichen besteht, liefert einen Hinweis auf das Herkunftsmodul oder -projekt. Aus sort() und sort() wird also PROJECTA_sort() und PROJECTB_sort() oder, kompakter, PA_sort() und PB_sort().

Die allgemeine Lösung sind Namespaces, also das explizite Definieren eines benannten Namensraums. Der große Vorteil besteht darin, dass Sie keine hässlichen Großbuchstaben in Ihren Code einsprenkeln müssen. Stattdessen können Sie einmal am Anfang der Datei festlegen, welche Namensräume Sie importieren wollen. Der Compiler prüft dann, ob Sie wirklich den Code aus dem angegebenen Namensraum verwenden.

Beispielsweise könnte ein Content-Management-System HTML-Seiten sowohl für Artikel als auch für Blogposts generieren, wobei die Anforderungen für die unterschiedlichen Typen von Seiten unterschiedlich sein könnten. In Ruby würde man daher zwei Module definieren:

```
module Article
    class Page
    #...
    end
end

module Blog
    class Page
    #...
    end
end
```

Der Code wird in article.rb und blog.rb gespeichert. Um eine neue Page zu erzeugen, schreibt man dann

```
require "blog"
blogpost = Blog::Page::new
```

beziehungsweise

```
require "article"
article = Article::Page::new
```

Page wird also durch ihre Zugehörigkeit zu den Modulen Article und Blog eindeutig gekennzeichnet.

Der Verzicht auf Namespaces durch wenig erfahrene Programmierer, in unserem ersten Beispiel also die Autoren der beiden sort()-Funktionen, wird auch als »global namespace pollution« bezeichnet, als Verschmutzung des globalen Namensraums. Helfen Sie mit, den globalen Namespace sauber zu halten, denn wir haben nur den einen – und er ist von unseren Kindern nur geliehen!

Objektorientierte Sprachen bieten eine wesentlich elegantere Möglichkeit: Da jede Klasse einen eigenen Namensraum bildet, Funktionen und Member-Variablen also nur innerhalb einer Klasse eindeutig sein müssen, tritt hier das Problem seltener auf, nämlich nur bei Klassennamen. Das Problem ist mit Klassen als Namensräumen also nicht grundsätzlich gelöst, sondern eher verschoben und entschärft. In manchen objektorientierten Sprachen ist jede Klasse noch in eine Pakethierarchie eingebettet (zum Beispiel »java.util«), wodurch ein noch größerer Namensraum geschaffen wird.

Scope von Variablen

Variablen haben einen Geltungsbereich, den sogenannten Scope. Nur wenn sie »in scope«, also sichtbar sind, kann man ihnen Werte zuweisen oder ihre Werte auslesen. Außerhalb ihres Gültigkeitsbereichs kennt die Programmiersprache sie nicht (die Variable ist »nicht sichtbar«). Gültigkeitsbereiche haben in den meisten Sprachen folgende Eigenschaften:

- Sie sind hierarchisch. Es gibt übergeordnete Gültigkeitsbereiche (»global«, das heißt überall im Programm sichtbar) und kleinere (»lokal«, nur in einer Funktion, jedoch nicht außerhalb).

- Variablen mit einem globalen Gültigkeitsbereich sind in den lokalen Gültigkeitsbereichen sichtbar, umgekehrt jedoch nicht.

- Lokale Gültigkeitsbereiche haben Vorrang vor globalen. Angenommen, man verwendet eine Variable loop für eine globale Schleife, hat aber auch in den Funktionen, die von dieser Schleife aufgerufen werden, lokale Variablen mit Namen loop. Wenn man in einer solchen Funktion jetzt aus loop liest, wird man was zurückbekommen, den Wert für die globale Schleife oder die lokale? Die Antwort ist: Die lokale Variable geht vor, man kann also in der Unterfunktion den Wert der globalen Variable nicht sehen, weil sie von der lokalen »überschattet« wird. Wenn man der lokalen Variable in der Funktion einen Wert zuweist, dann wirkt sich das auf die globale nicht aus. Der Programmcode außerhalb der Unterfunktion hingegen sieht die globale Variable, nicht aber die lokale, weil er sich in einem übergeordneten Gültigkeitsbereich bewegt.

- Variablen in nebeneinanderliegenden lokalen Gültigkeitsbereichen derselben Hierarchie stören einander nicht. Verwendet man also in Funktion A und Funktion B jeweils eine Variable des Namens loop, dann sieht man in Funktion A nur die eigene, nicht aber die von Funktion B.

Auch wenn es zunächst wie eine lästige Einschränkung scheint, dass man nicht alle Variablen von überall her lesen kann, haben Scopes große Vorteile: Man sieht nur das, was man in einer Funktion wirklich benötigt, und kann anderen Funktionen nicht dazwischenfunken, indem man ihre Variablen unbeabsichtigt überschreibt.

Es gilt allgemein als gute Praxis, möglichst wenig globale Variablen zu benutzen, denn es kann ungemein schwer sein, nachzuvollziehen, wer wo genau Variablenwerte ändert. Je mehr man lokal arbeitet, desto leichter sind Probleme einzugrenzen. Funktionen sind lokale Codebereiche, die Parameter übergeben bekommen und nur mit diesen Parametern und ihren lokalen Variablen arbeiten sollten. Schreibt man in Funktionen in globale Variablen, dann durchbricht man diese schöne Strukturierung (siehe auch Kapitel 14).

Dieser Überlegung folgend, wurde in manchen Sprachen (zum Beispiel Java) der globale Geltungsbereich komplett abgeschafft. Wenn das in der Sprache Ihrer Wahl nicht der Fall ist (wie zum Beispiel bei JavaScript, PHP oder Perl), sollten Sie dennoch möglichst keine Variablen im globalen Scope anlegen.

Assertions

Assertions werden benutzt, um sich vor Fehlern durch falsche Eingangsdaten zu schützen, indem man den tatsächlichen Wert, den man erhalten hat, mit einem erwarteten Wert vergleicht.

In Funktionen, die sich auf bestimmte Werte für ihre Eingabeparameter verlassen, sollten Sie diese am Beginn der Funktion prüfen. Derartige Prüfungen werden »Sanity-Checks« genannt. Die folgende Schleife soll die ersten n Kunden aus einem Array zurückgeben, die gewünschte Zahl steht in numPersons:

```
function getFirstNCustomers (allCustomers, numPersons) {
    var foundCustomers = new Array();
    int loop = 0;
    while(foundCustomers.length < numPersons) {
        var customer = allCustomers[loop];
        if (customer != null) {
            foundCustomers.add (customer);
        }
        loop = loop + 1;
    }
    return foundCustomers;
}
```

Das funktioniert sehr gut, solange es in allCustomers mindestens so viele Kunden gibt, wie numPersons verlangt. Wenn wir also ein Kunden-Array definieren

```
var customers = new Array();
customers.add(new Customer("name" => "Hans Meiser", "id" => 1));
customers.add(new Customer("name" => "Bernadette Eisen", "id" => 2));
customers.add(new Customer("name" => "Tinchen von Lurk", "id" => 3));
```

und dann die Funktion so aufrufen, dass wir aus diesem Array die ersten zwei Einträge zurückbekommen wollen, erhalten wir

```
>getFirstNCustomers (customers, 2)
>Customer("name" => "Hans Meiser", "id" => 1)
>Customer("name" => "Bernadette Eisen", "id" => 2)
```

Das Problem der Funktion wird deutlich, wenn wir statt zwei mit den gleichen Eingangsdaten vier Kunden bekommen wollen. In diesem Fall wird aus der while-Schleife (in vielen Sprachen) eine Endlosschleife, weil loop irgendwann die Länge des customers-Arrays überschreitet. Jeder weitere gelesene Kunde in der Zeile var customer = allCustomers[loop]; ist dann null, das foundCustomers-Array kann keine weiteren Einträge erhalten und die Abbruchbedingung der Schleife wird nie erreicht.

Normalerweise würde man in diesem Fall nur so viele Kunden zurückliefern, wie es gibt, aber es kann Fälle geben, in denen ein so rigides Verhalten erwünscht ist, weil ein zu großer Wert in numPersons ein Anzeichen für einen Fehler im Rest des Programms ist. In der Sprache C wäre eine ähnlich naive Version beispielsweise eine Sicherheitslücke, die es erlauben würde, Speicher auszulesen, den das Programm möglicherweise nicht lesen sollte. Um absichtliche Exploits (also das Ausnutzen von Sicherheitsproblemen) oder Programmierfehler zu vermeiden, sollten in unserem Fall zwei Annahmen immer erfüllt werden:

Die verlangte Zahl von Einträgen kann nicht größer als die Länge des Eingangsarrays allCustomers sein.

Das Eingangsarray darf keine Kundeneinträge enthalten, die null sind.

Macht man diese Angabe maschinenlesbar, kann das Programm zur Laufzeit automatisch darauf hinweisen, dass die angegebenen Bedingungen verletzt wurden. Für die Prüfung derartiger sogenannter *Invarianten* (also Vorbedingungen, die sich nie ändern) gibt es in vielen Programmiersprachen assert(). Assertions statten die Funktion mit Klauen und Zähnen aus, um sich gegen Fehler und Manipulationen zu verteidigen. Die genaue Bezeichnung und Syntax ist von Sprache zu Sprache unterschiedlich, aber das Prinzip ist immer ähnlich:

```
assert (allCustomers.length >= numPersons, "Error: requested number exceeds Array length" );
```

assert() nimmt meist zwei Argumente entgegen, zunächst die Bedingung, die geprüft werden soll, und dann eine Fehlermeldung, die ausgegeben wird, wenn die Bedingung verletzt wird.

Eine mögliche robuste Version der Funktion würde daher so lauten:

```
function getFirstNCustomers (allCustomers, numPersons) {
    assert (allCustomers.length >= numPersons);
    var foundCustomers = new Array();
    int loop = 0;
    while(foundCustomers.length < numPersons) {
        var customer = allCustomers[loop];
        assert (customer != null)
```

```
            foundCustomers.add (customer);
            loop = loop + 1;
        }
        return foundCustomers;
    }
```

Die Funktion ist jetzt sehr penibel und bricht das Programm mit einer Assertion-Exception ab, wenn Sie mehr Kunden lesen wollen, als Sie überhaupt kennen, oder wenn ein Eintrag im customers-Array null ist.

Zwar ist es hilfreich, Invarianten in Codekommentaren zu der Funktion zu notieren, aber Kommentare können zur Laufzeit nicht automatisch geprüft werden und können veralten. Ändern sich die Vorbedingungen Ihrer Funktion und Sie verwenden Assertions, dann zwingt die resultierende Assertion-Verletzung Sie, noch einmal über die Funktion und ihre Invarianten nachzudenken.

Schreiben Sie immer Assertions, ...

- ... wenn Sie sicher sind, dass ein bestimmter Fall niemals eintreten kann. Passiert es doch, dann werden Sie prompt über einen Denkfehler informiert.

- ... wenn ein Fehler so schwerwiegend ist, dass das Programm nicht sinnvoll weiterarbeiten kann.

- ... wenn Sie mit Daten umgehen müssen, die einem bestimmten Schema gehorchen sollten. Prüfen Sie rigoros, ob die Daten sich an die Spielregeln halten, dann schützen Sie sich vor Datenverfälschungen. Gerade in Situationen, wo Sie große Datenmengen verarbeiten müssen, haben Sie kaum eine Chance, Datenfehler per Hand zu finden.

- ... wenn Sie versucht sind, in einem Codekommentar zu schreiben »... darf auf gar keinen Fall passieren«. Irgendwann wird es passieren, der Codekommentar wird es nicht verhindern.

- ... am Beginn einer Funktion, um zu erzwingen, dass Variablen nur bestimmte Wertebereiche annehmen können.

- ... am Ende einer Funktion, um zu prüfen, ob das Ergebnis sinnvoll ist, also ebenfalls in einem bestimmten Wertebereich liegt.

Allerdings sind Assertions ein scharfes Schwert. Wenn sie fehlschlagen, wird das Programm beendet, was nur in echten Notfällen passieren sollte. Wenn Ihr Programm also beispielsweise die Ergebnisse einer Berechnung in eine Datei schreiben will, diese aber schreibgeschützt ist und das Schreiben daher fehlschlägt, dann ist es sinnvoll, das Programm zu beenden. Die Alternative wäre, dass keine Daten geschrieben werden und der Anwender davon nichts merkt. assert(file.canWrite()) ist in diesem Fall also eine gute Praktik.

Weniger sinnvoll ist es hingegen, wenn Ihr Benutzerinterface Assertions verwendet, um Eingabefehlern durch den Benutzer vorzubeugen. Hat der sich in einer Maske vertippt oder eine Angabe vergessen, dann sollte das Programm ihn freundlich darauf aufmerksam machen und nicht mit einer hässlichen Fehlermeldung sterben.

Assertions sind dann nicht notwendig, wenn Sie wissen, dass ein Fehler sowieso eine Exception oder einen Programmabbruch hervorrufen wird, beispielsweise wenn Sie eine Datenbankverbindung öffnen wollen, das aber fehlschlägt. Sie können zwar per `assert(dbConnection.isValid())` den Zustand prüfen, aber wenn die Verbindung nicht geöffnet werden konnte, wird entweder direkt beim versuchten Öffnen eine Exception resultieren (Ihr Programm kommt dann gar nicht erst zu Ihrer Assertion-Prüfung) oder spätestens bei der ersten Datenbankoperation, die Ihr Programm über die Verbindung versucht.

Assertions sind weiterhin ein wichtiger Baustein in Kapitel 16, wo sie über den Erfolg von Unit-Tests entscheiden.

Transaktionen und Rollbacks

Transaktionen und Rollbacks sollen vor Datenverfälschung schützen, wenn mehrere Datensätze geändert werden.

Wenn Sie in einer Kundendatenbank bei einem Eintrag sowohl den Namen als auch die Adresse ändern wollen, können Sie das ganz bequem mit einem einzigen UPDATE-Statement erledigen. Diese Anweisung ist »atomar«, sie wird entweder ganz ausgeführt oder gar nicht, Sie müssen sich keine Gedanken darüber machen, ob vielleicht nur der Name geändert wurde.

Sind hingegen mehrere Anweisungen im Spiel, die nacheinander ablaufen müssen, aber inhaltlich zusammengehören, kann es ohne Transaktionen dazu kommen, dass nur die ersten Schritte ausgeführt werden, der Rest jedoch nicht. Ein Beispiel: Man hat zwei Konten und möchte Geld von A nach B transferieren. Wenn der Praktikant über die Stromleitung stolpert, nachdem das Geld von Konto A abgezogen wurde, aber bevor es auf Konto B ankommt, ist das Geld weg.

Daher werden solche mehrstufigen Vorgänge mit Transaktionen abgesichert: Nach außen verhält sich die Transaktion atomar, sie wird entweder komplett durchgeführt oder es kommt zu einem Rollback. Das bedeutet, dass alle bisherigen Änderungen wieder zurückgenommen werden, um den Vorgang gänzlich ungeschehen zu machen. In unserem Beispiel würde das Geld bei einer fehlerhaften Transaktion also auf Konto A zurücküberwiesen. Im Gegensatz zu einfachen SQL-Anweisungen müssen Beginn und Ende einer Transaktion bei Datenbankoperationen angekündigt werden, damit die Datenbank eine Chance hat, zusammengehörige Anweisungen zusammen rückgängig zu machen.

Außerhalb von Datenbanken begegnen Ihnen Transaktionen heute hauptsächlich im Dateisystem: Moderne Dateisysteme sind ziemlich robust dagegen, dass beispielsweise der Strom plötzlich weg ist. Selbst wenn ein Programm gerade in eine Datei schreibt, wenn der Strom ausfällt, wird das Dateisystem nicht beschädigt, denn die Kette »Datei anlegen, öffnen, schreiben, schließen« wird in einer Transaktion aufgezeichnet (im sogenannten *Journal*). Fällt der Strom aus, dann sieht das Betriebssystem, dass eine Dateioperation nicht beendet werden konnte, und löscht das Dateifragment aus dem Inhaltsverzeichnis. Die geschriebenen Daten sind zwar weg, aber Sie müssen nicht mehr wie früher die Festplatteninhalte reparieren oder neu installieren.

Die Idee hinter Transaktionen, nämlich ein Konzept zu haben, um Schäden durch Störungen zu minimieren, kann auch in der Softwareentwicklung nützlich sein. Wenn Ihr Programm beispielsweise Daten von einem Server herunterlädt und dann verarbeitet, kann es sinnvoll sein, erst die Daten komplett herunterzuladen und dann mit der Verarbeitung zu beginnen. Schlägt der Download fehl, können Sie die Reste löschen und noch einmal anfangen. Haben Sie die Daten schon teilweise verarbeitet, kann es schwierig sein, sie wieder rückstandsfrei zu entfernen.

Hashes, Digests, Fingerprints

Hashes oder digitale Fingerabdrücke sind Algorithmen, die fast beliebig lange Dateien zu einer quasieindeutigen Zahl einer bestimmte Länge eindampfen. Mathematisch ist es zwar unmöglich, allem – von einem Buchstaben bis zum Inhalt eines ganzen Rechenzentrums – einen unverwechselbaren Wert zuzuweisen, aber das ist auch nicht das Anliegen von Hashing-Algorithmen. Sie wollen nur digitale Fingerabdrücke erzeugen, die für praktische Anwendungen unverwechselbar sind.

Eines ihrer Einsatzgebiete für Programmierer sind schnelle Vergleiche zwischen sehr großen Digitaldateien. Wenn Sie beispielsweise Tausende oder sogar Millionen von Bildern haben und ein neues Bild dazukommt, möchten Sie eventuell wissen, ob Sie dieses Bild schon irgendwo in der Sammlung haben. Zwar könnten Sie das neue Bild einfach mit allen vorhandenen vergleichen, aber ein Vergleich mit allen Dateien würde ziemlich lange dauern. Wenn Sie jedoch von jedem Bild seinen Hashwert berechnen, müssen Sie pro Bild nur 20 Byte für den Hashwert vorsehen, beispielsweise in einer Datenbank. Bekommen Sie ein neues Bild herein, dann berechnen Sie seinen Hashwert und vergleichen ihn mit den bereits gespeicherten. Sind zwei Hashes gleich, sind mit an Sicherheit grenzender Wahrscheinlichkeit auch die beiden Dateien gleich. Daher werden Hashwerte auch als digitale Fingerabdrücke bezeichnet.

Gängige Hashing-Algorithmen gehorchen ein paar Regeln:

- Gleiche Eingangsdateien führen für einen bestimmten Hashing-Algorithmus zu gleichen Fingerabdrücken.
- Unterschiedliche Eingangsdateien führen mit einer extrem hohen Wahrscheinlichkeit zu unterschiedlichen Fingerabdrücken. Es kann sogenannte Hash-Kollisionen geben, bei denen zwei unterschiedliche Eingangsdateien zu gleichen Hashes führen, aber die Hashlänge und die Algorithmen sind so konstruiert, dass das nach menschlichen Gesichtspunkten nahezu unmöglich ist.

- Die Länge des Fingerabdrucks ist zwar je nach Algorithmus unterschiedlich, aber für einen bestimmten Algorithmus immer gleich, egal, wie lang die Eingangsdatei war.

- Sie sind keine Kompressionsalgorithmen, daher kann man aus dem Fingerabdruck die Ursprungsdatei nicht rekonstruieren. Während es leicht ist, den Hashwert einer bestimmten Eingabe zu berechnen, ist es praktisch nicht möglich, die Eingabedatei zu einem Hashwert zu berechnen.

- Eine kleine Veränderung der Eingangsdatei erzeugt einen ganz anderen Fingerabdruck, eine große Änderung auch. Sie können also Ähnlichkeiten von Hashwerten nicht als Maß für die Ähnlichkeit der Eingangsdateien nehmen.

In der Kryptografie werden Hashes als digitale Nachweise für Echtheit eingesetzt, indem zu einem Text ein Hash gebildet, verschlüsselt und das Ergebnis gespeichert wird: Verändert man am Originaltext irgendetwas, dann passt der (entschlüsselte) Hash nicht mehr zum Text. Der Empfänger kann also überprüfen, ob der Text manipuliert wurde, indem er seinen digitalen Fingerabdruck berechnet und mit dem Hash des Originaltextes vergleicht. Die Verschlüsselung des Unterschrifts-Hashs sorgt dafür, dass dieser nicht verändert werden kann. Man kann solche digital signierten Texte per Internet übertragen oder in einem Archiv ablegen und Verfälschungen auch Jahre später noch nachweisen. Zwar könnte man auch den gesamten Text verschlüsseln und damit fälschungssicher machen, das wäre für längere Texte jedoch etwas unpraktisch, weil sich ihre Länge verdoppeln würde.

Weitere Einsatzgebiete:

- Als Checksumme, um Übertragungsfehler zu erkennen.

- Als Unique ID einer bestimmten Version einer Datei. Die Versionskontrollsysteme *Mercurial* und *git* verwenden den Hashing-Algorithmus SHA-1, um Dateiversionen zu unterscheiden. In der Bioinformatik werden genetische Sequenzen gelegentlich durch ihren Hashwert identifiziert.

- Erzeugung von Zufallszahlen. Man beginnt mit einer beliebigen Zahl und bildet den Hash von ihr, dann den Hash dieses Hashs und so weiter. Da Hashfunktionen aus einer kleinen Abweichung komplett unterschiedliche Zahlen berechnen, ist die Abfolge solcher verketteten Hashberechnungen zufällig verteilt.

- Speicherung von Passwörtern. Statt des Passworts wird nur der Hash gespeichert. Will sich ein Benutzer einloggen, dann wird von dem von ihm eingegebenen Passwort der Hashwert gebildet und mit dem gespeicherten Hash verglichen. Wenn die Hashes gleich sind, war das Passwort richtig. Beachten Sie aber hierbei die Anmerkungen in Kapitel 25.

- Digitale Kryptowährungen wie *bitcoin* setzen umfassend darauf, dass die Berechnung eines Hashs sehr schnell geht, es jedoch praktisch unmöglich ist, zu einem gegebenen Hash einen passenden Eingangswert zu finden. Sie nutzen Hashes, um Konten und Transaktionen abzusichern.

Als Entwickler können Ihnen Hash-Algorithmen immer dann nützen, wenn der Inhalt einer Datei oder eines längeren Textstücks die zentrale Information ist, um sie bzw. es von anderen zu unterscheiden. Für eine Blogsoftware oder Bildverwaltung können Sie Ihre Inhalte hashen und die entstehenden Fingerabdrücke als Unique IDs verwenden – egal ob als Dateinamen oder in einer Datenbank. Im Gegensatz zu Timestamps sind Hashes langzeitstabil: Wenn Sie Dateien nach ihrem Änderungsdatum organisieren, wissen Sie nie hundertprozentig genau, was mit diesen Änderungsdaten passiert, wenn Sie auf einen anderen Server umziehen oder ein Backup einspielen müssen.

Hashes sind auch nützlich, um unterschiedlich lange Informationshäppchen zu vereinheitlichen. Falls Sie jemals einen Webcrawler schreiben wollen, der die Inhalte einer Page unter der URL als Unique ID ablegt, dann werden Sie schnell merken, dass URLs unpraktisch lang sein können – tatsächlich ist die maximale Länge nicht durch einen Standard vorgeben. Hashen Sie die URL jedoch mit SHA-1, dann wissen Sie sicher, dass sie danach verwechslungssichere 20 Byte in der Hand halten. Zwar werden Sie die ungehashte URL auch irgendwo aufbewahren wollen, aber als Unique ID kann eine Zahl mit definierter Länge angenehmer sein.

CRUD und REST

Programme, die Datenbankinhalte manipulieren, werden auch als CRUD-Software bezeichnet, nach den vier grundlegenden Operationen, die man auf die Inhalte von Datensammlungen anwenden kann:

- Create,
- Read,
- Update und
- Delete.

Natürlich kann man mit gelesenen Daten noch viel mehr machen, zum Beispiel sie mit anderen Daten vergleichen oder irgendwohin hochladen, aber das ist dann bereits außerhalb des Datenbankrahmens. Diese vier Grundoperationen sind keine willkürliche Auswahl, sondern genau das, was man mit Daten tun kann.

Weil es sich um die grundlegenden vier Operationen handelt, finden sie sich mit anderem Namen auch außerhalb von Datenbanken wieder. Alle Dateien auf Ihrem Computer gehorchen dem gleichen Grundsatz: Sie können sie anlegen, öffnen und daraus lesen, in sie hinein speichern und sie irgendwann löschen.

Auch wenn diese Operationen beim ersten (und zugegebenermaßen auch zehnten) Lesen nicht wie eine umwerfende geistige Leistung erscheinen, ist es gelegentlich nützlich, sich bei der Softwareentwicklung auf sie zu besinnen. Wenn Sie in Ihrem Programm temporäre Dateien hin und her verschieben, ist das nichts anderes als ein Update einer Metainformation, nämlich des Dateipfades. Wenn Sie die temporäre Datei öffnen, die

Inhalte auslesen und in eine andere Datei schreiben, dann machen Sie ein Read auf die temporäre Datei, ein Create auf die Zieldatei und zum Schluss ein Update auf die Zieldatei, bei dem sie den Inhalt in diese Datei schreiben.

Das funktioniert auch in großen verteilten Systemen wie zum Beispiel dem Web: In Content-Management-Systemen können Sie neue Beiträge anlegen, editieren und gegebenenfalls löschen. Und dass Sie im Web HTML-Seiten lesen können, versteht sich von selbst.

Weil diese vier Operationen so fundamental sind, haben die Entwickler des Hypertext-Übertragungsprotokolls HTTP, das die Grundlage des Web darstellt, sie in diesem Protokoll implementiert. HTTP funktioniert im Groben so, dass der Client (also zum Beispiel Ihr Webbrowser) an den Server eine Anfrage stellt, die aus einem Zielobjekt und einem Verb besteht. Das Zielobjekt wird durch die URL festgelegt, das Verb ist eines der in HTTP definierten: POST, PUT, PATCH, GET, DELETE.

Man kann CRUD ungefähr folgendermaßen auf die HTTP-Verben abbilden:

- Create: POST
- Read: GET
- Update: PUT und PATCH
- Delete: DELETE

In den 90er und 2000er Jahren wurde viel Schindluder mit diesen HTTP-Verben betrieben. Die Entwicklung des Web beschleunigte sich derart, dass mittelmäßige Hacks zu weitverbreiteter Software wurden. Dabei fiel häufig auch die unterschiedliche Bedeutung der HTTP-Verben unter den Tisch: Große Frameworks wie Java Servlets verwendeten POST, wo GET richtig gewesen wäre.

In den 2010er Jahren fand teilweise eine Rückbesinnung auf die Grundlagen des Web statt. Diese REST- (Representational State Transfer-)Bewegung betonte unter anderem, dass für das Abrufen und Manipulieren von Daten auf Webservern die HTTP-Verben verwendet werden sollten, anstatt die URL für die Kennzeichnung sowohl der Aktion als auch ihres Ziels zu missbrauchen.

KAPITEL 27

Wie geht es weiter?

»Programmiererschicksal: am Ende des Tages keinen Schritt weiter, aber dafür wenigstens viel dazugelernt.«

Anne Schüßler / @quarkkrokettchen, Twitter, 31. Mai 2011

Sie haben dieses Buch teilweise oder sogar vollständig gelesen und fühlen sich immer noch als schlechter Programmierer. Vielleicht ist Ihnen sogar noch klarer als zu Beginn der Lektüre, dass Sie tatsächlich nicht so gut programmieren. Die Lage wirkt aussichtslos, es wird noch 180 Jahre dauern, bis Sie wenigstens zur Mittelmäßigkeit aufsteigen, und Sie ärgern sich über sich selbst und die Autoren. Dieser Ärger ist kein schlechtes Zeichen. In John Galls »Systemantics« heißt es über das Training von Delfinen:

> »Kurz bevor ein Delfin schließlich versteht, worum es bei einem neuen Kunststück geht, bekommt er immer schlechtere Laune, er schwimmt im Kreis, und irgendwann reißt ihm der Geduldsfaden. Er springt aus dem Wasser und spritzt den Trainer nass. Psychologen haben dafür den Begriff der Kognitiven Dissonanz: das irritierende Gefühl, dass irgendwas nicht stimmt. Karen Pryor, die Delfintrainerin, deren Methoden weltweit zum Einsatz kommen, nennt die Reaktion ›Learning Tantrum‹, Lernzorn.«

Dazulernen ist ein langsamer Vorgang, und es ist schon möglich, dass Sie das Gefühl haben, es dauere bei Ihnen noch etwas länger als ohnehin üblich. Aber schneckengleiche Fortschritte sind immer noch besser als überhaupt keine, und schlechter Code ist ein legitimer und vergnüglicher – manche sagen: der einzige – Weg zu gutem Code. Außerdem garantiert Ihr schlechter Code, dass Sie damit in 20 Jahren ganze Partys[1] unterhalten werden und den Lesern dessen, was bis dann an die Stelle von *Coding Horror* und Reddit getreten sein wird, von Ihren Jugendsünden werden berichten können.

Vielleicht ist es Ihnen ein Trost, dass offenbar 90 bis knapp 100 Prozent derjenigen, die sich auf Stellen für hauptberufliche Programmierer bewerben, auch nicht programmieren können. Nicht nur nicht besonders gut, sondern gar nicht. Davon berichtet zumindest Jeff Atwood, der Betreiber von *Coding Horror* unter *www.codinghorror.com/blog/2007/*

---

1 Na gut, zumindest sehr lahme Partys.

02/why-cant-programmers-program.html und *www.codinghorror.com/blog/2010/02/the-nonprogramming-programmer.html*. Wenn Sie wissen, wie es um Ihre Programmierkünste bestellt ist, haben Sie diesen Bewerbern schon etwas voraus. Und wenn Sie der kognitiven Dissonanz nicht vollständig aus dem Weg gehen und sich dem Lernzorn hin und wieder stellen, wird eines Tages vielleicht versehentlich ein brauchbarer oder sogar guter Programmierer aus Ihnen.

Was ist ein guter Programmierer?

Ein guter Programmierer ist man nicht, weil man funktional programmiert, verstiegene Programmiersprachen beherrscht oder unbedarfte Fragensteller ganz besonders scharfsinnig demütigen kann. Das sind weder Ursachen noch Folgen von Kompetenz, es sind Nebenwirkungen, und ob ein Programmierer diese Eigenschaften hat oder nicht, hängt von seinen persönlichen Vorlieben ab. Man sagt ja auch nicht, ein guter Autofahrer sei jemand, der besonders schnell fahren kann oder ein Auto einer bestimmten Marke besitzt.

Ein guter Programmierer ist in der Lage, ein geistiges Modell seines Programms zu entwickeln. Er kann den Code lesen und sich vorstellen, was passiert, wenn man ihn ablaufen lässt. Er kann komplexe Aufgaben im Kopf in logische Einheiten zerlegen, die sich später auch gut als Codemodule abbilden lassen. Ein guter Programmierer kennt Konventionen der Programmierung, die er auf neue und unbekannte Programmierumgebungen übertragen kann, ist aber geistig nicht so eng mit seiner Lieblingssprache verwachsen, dass er deren Hammerlösungen auf alle fremden Nägel überträgt.

Gute Programmierer wissen, dass sie ihren Code in erster Linie für andere Programmierer und erst in zweiter Linie für Maschinen schreiben. Sie sind daher dazu in der Lage, menschenfreundlichen Code zu schreiben, der klar verständlich und lesbar sowie an den richtigen und wichtigen Stellen kommentiert ist und eine so logische Struktur besitzt, dass er sich auch anderen erschließt. Gute Programmierer haben ihren Code so gut verstanden, dass sie ihn Kollegen erklären können, auch wenn diese Kollegen selbst weniger gut programmieren können. Wer seinen Code einem weniger guten Programmierer erklären muss, muss eine Menge Hintergrundwissen vermitteln, Konzepte erklären und Wissenslücken füllen. Das erfordert, dass man diese Konzepte auch wirklich selbst verstanden hat.

Gute Programmierer arbeiten eher »top down«. Sie wissen, was das Programm leisten soll, und haben sich Gedanken über die dafür notwendige Architektur gemacht. Daraufhin implementieren sie die höheren Schichten des Programms und lassen die tieferen Schichten noch offen, um sich später darum zu kümmern. Gute Programmierer schreiben zunächst viel Code, ohne ihn zu testen, weil sie ein schlüssiges Konzept im Hinterkopf haben. Testen hat für sie die Funktion, echte Fehler zu finden, während es bei schlechteren Programmierern häufig dazu dient, auszuprobieren, ob ihre Ideen funktionieren. Andere gute Programmierer haben ihr Konzept so klar im Kopf, dass sie zunächst die Tests konzipieren und dann erst das Programm dazu schreiben.

Gute Programmierer verbringen relativ viel Zeit damit, die Entwicklung von Konzepten der Softwareentwicklung und Programmiersprachen zu verfolgen. Das ermöglicht ihnen, diese Konzepte später in ihrer Programmierung aktiv einzusetzen. Wo ein schlechterer Programmierer auf Nachfrage sagen müsste, »Ich habe das so gemacht, weil es mir als einziger Weg eingefallen ist«, kann ein guter Programmierer sagen: »Ich habe das so gemacht, weil es diese und jene Vorteile bringt und mir in Zukunft weniger Ärger bescheren wird als eine andere Variante.« (Es gibt noch eine dritte, wahrscheinlich häufigste Variante: Der schlechte Programmierer hat sich aus schlechten Gründen für seine Version entschieden, rechtfertigt sie aber mit nachträglich an den Haaren herbeigezogenen, ganz anderen Argumenten.) Diese Fähigkeit, eine Entscheidung zu begründen, hat auch viel mit der Fähigkeit zu tun, die Dinge beim richtigen Namen zu nennen. Wenn ein Arzt die Organe und Krankheiten nicht beim Namen nennen kann, macht es das schwierig, mit ihm zu reden.

Gute Programmierer wissen, dass sie trotz ihrer Qualifikation nicht immer recht haben. Sie gehen Reviermarkierungsstreitigkeiten aus dem Weg und folgen bei Bedarf fremden Programmierkonventionen, auch wenn die nicht ihren eigenen Vorlieben entsprechen. Ihnen ist klar, dass es in der Softwareentwicklung nicht ausschließlich um rationale Argumente geht, sondern immer auch persönliche Vorlieben, Abneigungen und unordentliche Rahmenbedingungen eine Rolle spielen. Gute Programmierer erkennen diese Gegebenheiten und gehen rücksichtsvoll mit den Gefühlen aller an einem Projekt Beteiligten um.

Wenn Sie einem solchen erleuchteten Geschöpf begegnen, seien Sie nett zu ihm, suchen Sie seine Nähe, und geben Sie ihm ab und zu ein Getränk aus. Statt 180 Jahren dauert Ihr Werdegang zum weniger schlechten Programmierer dann vielleicht etwas kürzer. Unsere Hoffnung ist natürlich, dass dieses Buch dazu beiträgt, dass Sie zu Ihrer Lernkurve stehen und sich nicht davon abhalten lassen, Code so zu schreiben, wie Sie es eben können – und dabei im Hinterkopf behalten, dass es mit einer relativ überschaubaren Zahl von Best Practices möglich ist, ein ganz passabler Entwickler zu werden.

Zum Weiterlesen

Steve McConnell: »Code Complete II« (Microsoft Press 2004, deutsche Ausgabe Microsoft Press Deutschland 2005). Wenn Sie nur ein einziges Buch lesen werden, sollte es dieses sein. Es wendet sich an fortgeschrittenere Programmierer, ist aber auch für Amöben größtenteils gut verständlich.

Dustin Boswell/Trevor Foucher: »The Art of Readable Code« (O'Reilly 2011). Wer über die hässlichen Illustrationen hinwegsehen kann, findet hier eine gute Kurzfassung einiger grundlegender Tipps mit einfachen Beispielen.

Pete Goodliffe: »Code Craft: The Practice of Writing Excellent Code« (No Starch Press 2006)

Martin Fowler: »Refactoring: Improving the Design of Existing Code« (Addison Wesley Professional 1999). Eine Kurzbeschreibung gibt es am Ende des »Refactoring«-Kapitels.

Peter Seibel: »Coders at Work« (Apress 2009, deutsche Ausgabe mitp 2011). Professionelle Programmierer berichten von ihren Arbeitsweisen. Hilfreich, um einen Eindruck davon zu bekommen, dass selbst Fachleute oft nur mit Wasser kochen (und dabei auch noch sehr unterschiedlich vorgehen).

John Gall: »Systemantics: The Systems Bible«, auch unter dem Titel »The Systems Bible: The Beginner's Guide to Systems Large and Small« erhältlich (in diversen Ausgaben). Ein unentbehrlicher und sehr lustiger Ratgeber für den Umgang mit komplexen Systemen. Der schnelle Weg zum Verständnis von kleinen Softwareprojekten und auch großen Unternehmen.

Danksagungen

Da sich die Arbeit an diesem Buch über fünf Jahre hingezogen hat, danken wir vor allem dem O'Reilly Verlag für seine große Geduld, insbesondere unseren Lektorinnen Christine Haite und Inken Kiupel, und außerdem Eva Lakas für ihre ebenfalls sehr langmütige Unterstützung. Einige Seiten Text sowie viele Verbesserungen stammen von Jan Bölsche, der sich das halbfertige Buch vorlesen ließ und geduldig immer wieder »Aber das stimmt doch alles gar nicht« sagte. Alle anderen Helfer sind hier in alphabetischer Reihenfolge aufgelistet (bis auf die Vergessenen, denen wir hiermit pauschal nicht nur für ihre Beiträge, sondern auch für ihre Nachsicht danken).

Dirk Ahlers (@dirkahlers), Matthias Bauer (@moeffju), @chinhzilla, Tobias Fiebiger (@scholt), Frollein (@dorfpunk), @gedankentraeger, Helge Grimhardt, Lukas Hartmann (@mntmn), Christian Heller (@plomlompom), Arne Janning, @ironmadna, Markus Kempken (@slowtiger), Mario Konschake (@Infinite_Monkey), Markus Krajewski, Fiona Krakenbürger (@Fotografiona), Roland Krause (@spitshine), Sonja Krause-Harder (@skh), Nils Dagsson Moskopp, Philipp Oelwein, Georg Passig, Rin Räuber (@rinpaku), Matthias Rampke (@matthiasr), Felix Rauch, @roarrrbert_we, Aleks Scholz (@dalcashdvinsky), Kai Schreiber, Anne Schüßler (@Quarkkrokettchen), Stefan Schwarzer, André Spiegel (@drmirror), Michael Spitzer, Cornelia Travnicek (@frautravnicek), Jan Varwig (@agento), Tim Weber (@scy), Lars Weisbrod (@6percentrecall), Ivo Wessel, Florian Felix Weyh (@FFWeyh).

Sehr kleine Teile dieses Buchs entstanden in der Stadtschreiberwohnung der Stadt Klagenfurt (leihweise zur Verfügung gestellt von Cornelia Travnicek) und im Rahmen eines Stadtschreiberprojekts des Goethe-Instituts São Paulo.

Index